JN410593

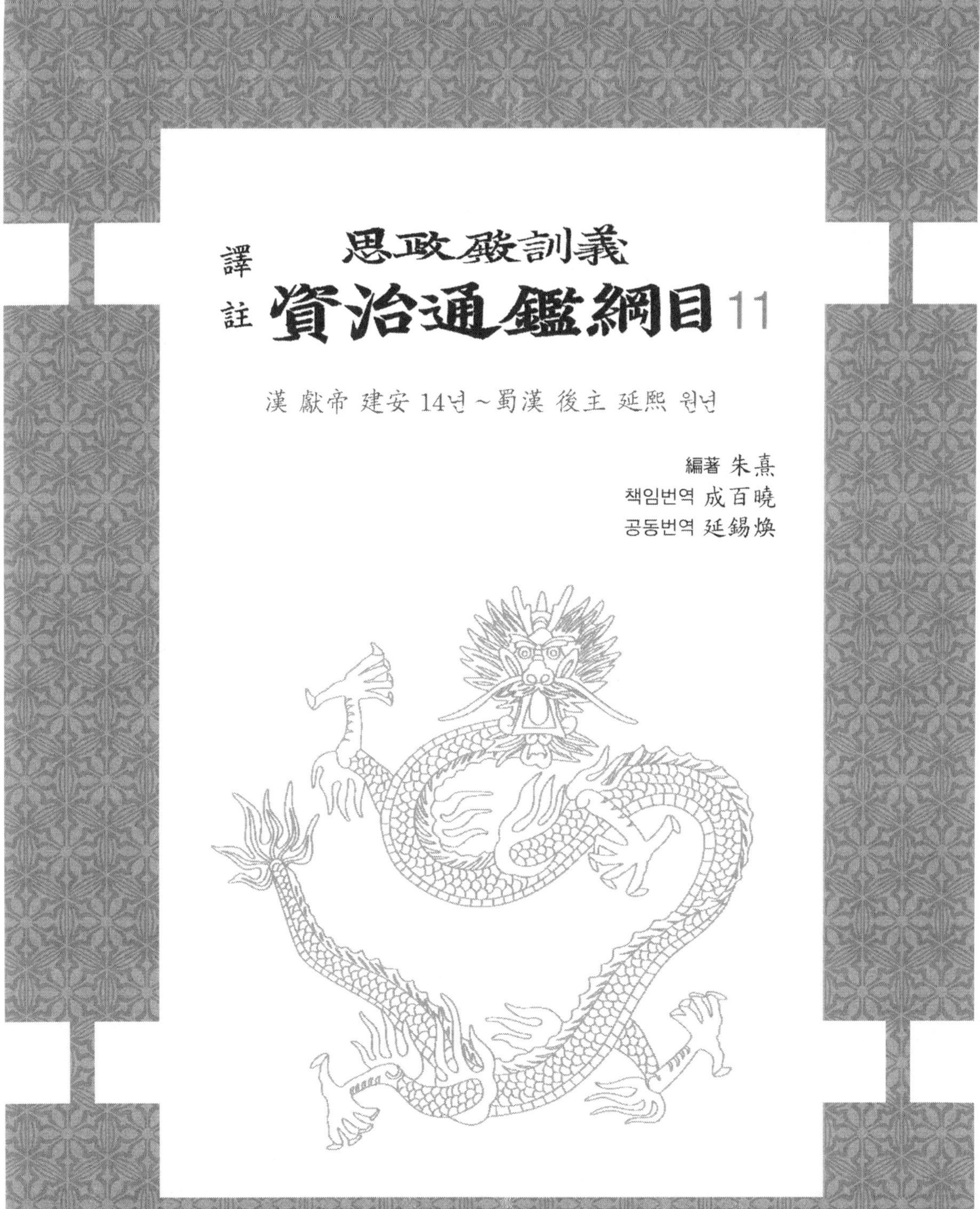

思政殿訓義
譯註 資治通鑑綱目 11

漢 獻帝 建安 14년～蜀漢 後主 延熙 원년

編著 朱熹
책임번역 成百曉
공동번역 延錫煥

전통문화연구회

國譯委員

責任飜譯　成百曉
共同飜譯　延錫煥
諮問委員　吳圭根
潤　　文　南賢熙
校　　訂　李孝宰　兪在衡
出　　版　金圭賢　金曉東
管　　理　咸明淑
普　　及　徐源英

思政殿訓義 資治通鑑綱目을 발간하며

본회가 東洋古典의 飜譯과 敎育, 情報化 등 古典現代化 사업을 시작한 지 어느덧 25년이 지났다. 그간 많은 어려움이 있었으나 1988년 본회가 발족한 뒤 동양고전 번역사업에 착수하여 四書三經을 註까지 懸吐完譯함으로써 東洋學과 韓國學 전공자들의 필독서가 되어 敎育界와 文化界까지 많은 영향을 주었다.

본회에서는 四書三經, 十三經 등 儒家의 핵심 경전을 번역하는 동시에 동양고전의 한 축인 歷史 고전에도 눈을 돌려 ≪通鑑節要≫, ≪國語≫, ≪戰國策≫뿐만 아니라, 동양 역사철학의 진수가 담긴 ≪春秋左氏傳≫을 완역함으로써 東洋學과 韓國學 연구에 礎石과 架橋를 마련하였다. 이러한 성과를 바탕으로 經史一體의 모범인 ≪資治通鑑綱目≫ 완역을 기획하여 번역에 착수하였다.

'經史一體'란 經典과 歷史가 하나라는 동양의 독특한 관념인데, 이는 기록을 통해 인물과 사건을 도덕적으로 평가하는 풍토를 낳았다. 이러한 기록문화의 중시는 다른 문화권에서는 엄두도 못 낼 막대한 역사 기록을 남기게 하는 배경이 되었다. 굳이 중국 역사서를 언급할 것 없이 ≪朝鮮王朝實錄≫, ≪承政院日記≫, ≪日省錄≫ 같은 방대한 우리의 역사문헌은 이를 잘 보여준다. 이러한 우리 선조들의 역사 서술에 큰 영향을 미친 책이 바로 朱熹의 ≪資治通鑑綱目≫이다.

≪資治通鑑綱目≫은 조선시대 經筵에서 가장 많이 읽은 역사서이자 우리나라 역사 서술에 가장 큰 영향을 미쳤다는 점에서 현재 韓國學 硏究에 필수적인 동양 역사 고전이라 할 수 있다. 비록 중국의 역사서이지만, 우리 先學들이 중국의 性理學을 독자적으로 계승 발전시킨 것처럼 ≪資治通鑑綱目≫ 역시 우리의 입장에서 보다 정밀하고 종합적으로 읽고자 하였다. 그 결실이 바로 世宗朝 때 간행된 思政殿訓義本 ≪資治通鑑綱目≫이다.

동양의 대표적 역사서는 紀傳體의 ≪史記≫, 編年體의 ≪資治通鑑≫, 綱目體의 ≪資治通鑑綱目≫으로 대변된다. 北宋 때의 司馬光은 帝王이 여가에 친람하여 정치에 도움이 되게 할 목적으로 ≪資治通鑑≫을 편찬하였고, 朱熹는 ≪資治通鑑≫을 바탕으로 이를 압축적으로 정리하여 보다 읽기 쉽게 하면서 유교적 褒貶을 엄정히 내렸다는 점에서, 이 책들은 제왕의 정치교과서 역할을 하였다. 이런 ≪資治通鑑≫과 ≪資治通鑑綱目≫에 대해 조선조 문화군주였던 세종의 주도하에 연구가 진행되었으며, 그 결과물이 바로 思政殿訓義本 ≪資治通鑑≫과 ≪資治通鑑綱目≫이다.

思政殿은 景福宮의 便殿으로, 세종이 이곳에서 당대 뛰어난 문신들을 참여시켜 ≪資治通鑑≫과 ≪資治通鑑綱目≫에 대한 訓義의 편찬을 주도하였다. 訓義는 의미를 해석한다는 뜻으로, 思政殿訓義는 기존 중국에서 이루어진 ≪資治通鑑≫과 ≪資治通鑑綱目≫의 주석을 集大成하고 군주와 신하들이 읽기 쉽도록 우리만의 주석서를 만든 것이다. 중국 이외 나라에서 ≪資治通鑑≫과 ≪資治通鑑綱目≫ 전체에 주석을 단 것은 조선이 처음일 것이다.

현재까지도 ≪資治通鑑≫과 ≪資治通鑑綱目≫을 원전으로 읽기 위해서는 중국의 연구 성과에 의지하여야 했다. 비록 ≪資治通鑑≫은 중국, 일본, 한국에서 번역되었으나 주석까지 완역되지 못하였고, ≪資治通鑑綱目≫도 중국에서 본문만 번역된 상황이다. 이번 우리나라의 독자적인 주석서인 思政殿訓義本 ≪資治通鑑綱目≫의 완역을 통해 기존에 잊혔던 세종 시기의 ≪資治通鑑綱目≫에 대한 연구 성과를 알리는 동시에, 이를 동양학과 한국학 연구에 활용할 수 있는 기반을 마련하고자 한다. 아울러 이를 통해 古典現代化의 水準을 높이고 融合的이고 自生的인 학문연구가 이루어질 수 있기를 바라는 바이다.

끝으로 이번 思政殿訓義本 ≪資治通鑑綱目≫의 번역에 참여하여 헌신하시는 모든 분들께 무한한 감사를 드린다. 또한 고전현대화에 대한 政府의 지대한 關心과 支援에 감사를 드리며, 그간 직간접으로 지도편달하여 주신 학계와 교육계 및 문화계 인사 여러분께 심심한 謝意를 표하며, 앞으로도 따뜻한 관심과 엄정한 叱正을 부탁드리며 내내 평강과 행복을 기원한다.

社團法人 傳統文化硏究會 會長 李啓晃

凡 例

1. 본서는 南宋 때 朱熹가 編著하고, 朝鮮 世宗 때 思政殿에서 訓義한 ≪資治通鑑綱目≫을 번역한 것으로 ≪譯註 思政殿訓義 資治通鑑綱目≫ 제11책이다.
2. 본서의 底本은 서울대학교 규장각 소장본(奎7500, 藍書 口訣)이며, 규장각(奎7512, 朱書 口訣)과 국립중앙도서관(한古朝50-5, 墨書 口訣) 소장본을 참조하였다. 이들은 모두 木版本으로, 大字(綱)는 晉陽大君(世祖)이 써서 鑄造한 丙辰字, 中小字(目, 訓義 등)는 甲寅字로 되어 있다.

   이 밖에도 嚴文儒와 顧宏義가 校點한 ≪資治通鑑綱目≫(≪朱子全書≫ 8~11, 上海古籍出版社·安徽教育出版社, 2002), 文淵閣四庫全書 ≪御批資治通鑑綱目≫, 朝鮮 世宗 때 간행된 思政殿訓義 ≪資治通鑑≫(국립중앙도서관 일산古221-43), 標點資治通鑑小組에서 標點한 ≪資治通鑑≫(中華書局, 1992(제5판)) 등을 참고하였다.
3. 綱과 目의 원문에는 규장각(奎7500, 奎7512)과 국립중앙도서관(한古朝50-5)의 口訣本을 참조하여 懸吐하였고, 訓義는 한국에서 재래로 사용해오던 표점방식을 보완하여 文理의 이해를 돕는 수준에서 간략히 標點하였다.
4. '綱'과 '目'을 구분하기 위해 각각 번역문 앞에 【綱】과 【目】을 표기하였다. 目은 단락이 길 경우 의미 단락별로 分節하였다. 訓義는 저본의 해당 위치에 ①, ②, ③ 등으로 표기하고 綱이나 目 아래에 번역문과 원문을 배치하였다.

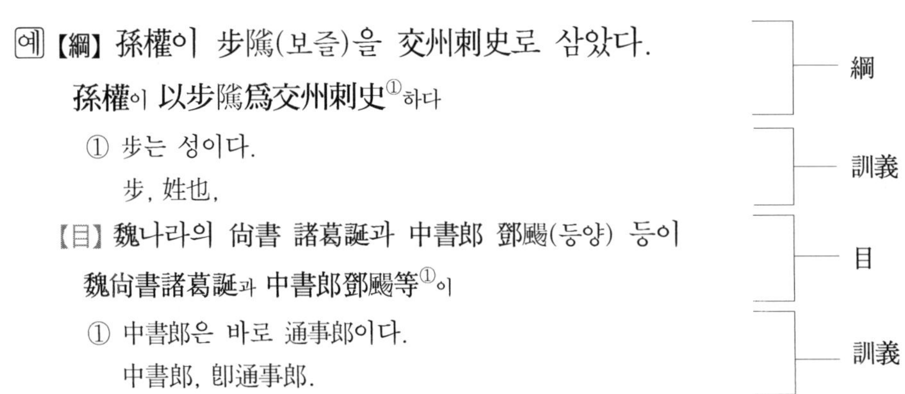
예 【綱】 孫權이 步騭(보즐)을 交州刺史로 삼았다.
孫權이 以步騭爲交州刺史①하다
① 步는 성이다.
步, 姓也,
【目】 魏나라의 尙書 諸葛誕과 中書郞 鄧颺(등양) 등이
魏尙書諸葛誕과 中書郞鄧颺等①이
① 中書郞은 바로 通事郞이다.
中書郞, 卽通事郞.

5. 번역문은 한글과 한자를 혼용하였으며, 맞춤법과 띄어쓰기는 한글 맞춤법과 표준어 규정을 따랐다.
6. 원문이나 번역문의 한자 중에 僻字나 讀音이 특수한 글자는 한글로 音을 달아주었다.
7. 譯註는 校勘, 人物, 制度, 官職, 역사적 사건, 인용문의 出典, 異說, 故事, 전문용어, 難解語 등에 관한 사항을 밝혔다.
8. 校勘은 원문의 誤字, 脫字, 衍文, 倒文 등을 대상으로 하였다.
9. 附錄에 실린 年表는 綱을 중심으로 ① 君王의 즉위와 사망, 年號, 改元 ② 정치, 경제, 사회, 문화의 주요 사건 ③ 주요 인물의 행적과 사망 등을 서술하되, 東洋史 학술 연표들을 참고하였다(參考書目 年表 관련 자료 참조).
10. 본서의 校勘에 사용된 符號는 다음과 같다.

( )〔 〕: (저본의 誤字)〔교감한 正字〕
〔 〕: 저본의 脫字 보충
( ): 저본의 衍字 표시

11. 본서에 사용한 주요 부호는 다음과 같다.

“ ”: 인용
‘ ’: “ ” 안의 재인용
「 」: ‘ ’ 안의 재인용
『 』: 「 」 안의 재인용
( ): 원문의 讀音 및 번역문의 間註
〔 〕: 번역문에서 뜻은 같으나 音이 다른 漢字, 원문의 漢字나 句節 표기
譯註에서 인용한 원문표기
≪ ≫: 書名
〈 〉: 篇章名, 作品名, 補充譯
【 】: 綱과 目의 표시
◑, ○ : 저본에 사용된 부호 遵用

12. 본서 訓義에 사용한 標點은 다음과 같다.

. : 문장의 종결
, : 한 문장 안에서 句나 節의 구분이 필요한 곳
· : 대등한 명사나 구절의 병렬
“ ”: 인용
‘ ’: “ ” 안의 재인용
「 」: ‘ ’ 안의 재인용

參考書目

◇ 底 本

• ≪資治通鑑綱目≫, 朱熹(宋) 撰, 思政殿 訓義, 규장각 소장본.(奎7500)

◇ 底本 관련자료

• ≪資治通鑑綱目≫, 朱熹(宋) 撰, 思政殿 訓義, 규장각 소장본.(奎7512)
• ≪資治通鑑綱目≫, 朱熹(宋) 撰, 思政殿 訓義, 국립중앙도서관 소장본.(한古朝50-5)
• ≪資治通鑑綱目≫(≪朱子全書≫ 8~11), 朱熹(宋) 撰, 嚴文儒・顧宏義 校點, 上海古籍出版社・安徽教育出版社, 2002.
• ≪御批資治通鑑綱目≫, 朱熹(宋) 撰, 聖祖(淸) 批, 文淵閣四庫全書, 제689~692책 史部447~450, 臺灣商務印書館, 1983~1986.
• ≪資治通鑑≫, 司馬光(北宋) 撰, 思政殿 訓義, 국립중앙도서관 소장본.(일산古221-43)
• ≪資治通鑑≫, 司馬光(北宋) 撰, 胡三省(元) 音註, 中華書局, 1992.(제5판)

◇ 經 部

• ≪論語集註大全≫, 朱熹(宋) 集註, 胡廣(明) 等 編, 朝鮮 內閣本, 影印本, 學民文化社.
• ≪孟子集註大全≫, 朱熹(宋) 集註, 胡廣(明) 等 編, 朝鮮 內閣本, 影印本, 學民文化社.
• ≪書傳大全≫, 蔡沈(宋) 集傳, 胡廣(明) 等 編, 朝鮮 內閣本, 影印本, 學民文化社.
• ≪詩傳大全≫, 朱熹(宋) 集傳, 胡廣(明) 等 編, 朝鮮 內閣本, 影印本, 學民文化社.
• ≪禮記集說大全≫, 陳澔(元) 集說, 胡廣(明) 等 編, 朝鮮 內閣本, 影印本, 學民文化社.
• ≪周禮注疏≫, 鄭玄(後漢) 注, 賈公彦(唐) 疏, 阮元(淸) 校刻, 十三經注疏(淸 嘉慶刊本), 中華書局, 1980.
• ≪周易傳義大全≫, 程頤(宋) 傳, 朱熹(宋) 本義, 胡廣(明) 等 編, 朝鮮 內閣本, 影印本, 學民文化社.

- ≪春秋經傳集解≫, 左丘明(周) 傳, 杜預(晉) 註, 林堯叟(宋)·朱申(宋·元) 附註, 朝鮮 金屬活字本(戊申字), 影印本, 保景文化社.
- ≪韓詩外傳≫, 韓嬰(漢) 撰, 文淵閣四庫全書 제89책 經部83, 臺灣商務印書館, 1983~1986.
- ≪孝經大義≫, 朱熹(宋) 刊誤, 董鼎(元) 註, 朝鮮 內閣本, 影印本, 學民文化社.

◇ 史 部

- ≪綱目訂誤≫, 陳景雲(淸) 撰, 文淵閣四庫全書, 제323책 史部81, 臺灣商務印書館, 1983~1986.
- ≪國語≫, 左丘明(周) 撰, 文淵閣四庫全書, 제406책 史部164, 臺灣商務印書館, 1983~1986.
- ≪史記≫, 司馬遷(漢) 撰, 中華書局, 1999.
- ≪史記索隱≫, 司馬貞(唐) 編, 文淵閣四庫全書 제246책 史部4, 臺灣商務印書館, 1983~1986.
- ≪史記正義≫, 張守節(唐) 編, 文淵閣四庫全書 제247~248책 史部5~6, 臺灣商務印書館, 1983~1986.
- ≪史記集解≫, 裴駰(南朝 宋) 編, 文淵閣四庫全書 제245~246책 史部3~4, 臺灣商務印書館, 1983~1986.
- ≪三國志≫, 陳壽(晉) 撰, 裴松之(南朝 宋) 注, 中華書局, 1959.
- ≪宋書≫, 沈約(南朝 梁) 撰, 中華書局, 1997.
- ≪水經注≫, 酈道元(北魏) 撰, 文淵閣四庫全書 제573책 史部331, 臺灣商務印書館, 1983~1986.
- ≪資治通鑑釋文≫, 史炤(宋) 撰, 臺灣商務印書館, 1980.
- ≪晉書≫, 房玄齡(唐) 等 撰 , 中華書局, 1997.
- ≪通鑑釋文辯誤≫, 胡三省(元) 撰, 文淵閣四庫全書 제312책 史部70, 臺灣商務印書館, 1983~1986.
- ≪通鑑五十卷詳節要解≫, 九淵禪師(朝鮮) 著, 국립중앙도서관 소장본.
- ≪通鑑地理通釋≫, 王應麟(宋) 撰, 文淵閣四庫全書 제312책 史部70, 臺灣商務印書館, 1983~1986.
- ≪通典≫, 杜佑(唐) 撰, 文淵閣四庫全書 제603~605책 史部361~363, 臺灣商務印書館, 1983~1986.

- ≪漢書≫, 班固(後漢) 撰, 中華書局, 2002.
- ≪漢書補註≫, 王先謙(淸) 補注, 王雲五 主編, 臺灣商務印書館, 1968.
- ≪後漢書≫, 范曄(南朝 宋) 撰, 中華書局, 1996.
- ≪後漢書集解≫, 王先謙(淸) 集解, 臺灣商務印書館, 1968.

◇ 子 部

- ≪孔子家語≫, 王肅(三國 魏) 撰, 文淵閣四庫全書 제695책 子部1, 臺灣商務印書館, 1983~1986.
- ≪管子≫, 管仲(周) 撰, 文淵閣四庫全書 제729책 子部35, 臺灣商務印書館, 1983~1986.
- ≪孫子≫, 孫武(周) 撰, 文淵閣四庫全書 제726책 子部32, 臺灣商務印書館, 1983~1986.
- ≪荀子≫, 荀況(周) 撰, 文淵閣四庫全書 제695책 子部1, 臺灣商務印書館, 1983~1986.
- ≪六韜≫, 呂望(周) 撰, 文淵閣四庫全書 제726책 子部32, 臺灣商務印書館, 1983~1986.
- ≪韓非子≫, 韓非(周) 撰, 文淵閣四庫全書 제729책 子部35, 臺灣商務印書館, 1983~1986.
- ≪淮南鴻烈解≫, 劉安(漢) 撰, 文淵閣四庫全書 제848책 子部154, 臺灣商務印書館, 1983~1986.

◇ 研究論著 및 飜譯書

- 加藤繁・公田連太, ≪國譯 資治通鑑≫, 景仁文化社, 1996.
- 宮崎市定, ≪九品官人法の研究≫, 同朋舍, 1977.
- 權重達, ≪資治通鑑≫ 1~32, 삼화, 2007~2010.
- 今鷹眞・井波律子 譯, ≪正史三國志≫1~8, 筑摩書房, 1993.
- 김유철・하원수, ≪三國志・晉書 外國傳 譯註≫, 동북아역사재단, 2009.
- ――――――, ≪後漢書 外國傳 譯註≫ 上・下, 동북아역사재단, 2009.
- 大庭脩, ≪秦漢法制史の研究≫, 倉文社, 1982.
- 渡邊義浩 等, ≪全譯後漢書≫ 1~18, 汲古書院, 2016.
- 馬建石 主編, ≪文白對照 資治通鑑輯覽≫ 1~36, 國際文化出版公司, 2002.
- 柏楊 編譯, ≪柏楊白話版 資治通鑑≫, 北岳文藝出版社, 2006.
- 成百曉 譯註, ≪譯註 通鑑節要≫ 1~9, 傳統文化研究會, 2005~2011.
- 孫通海・李巨泰 主編, ≪文白對照 資治通鑑綱目≫ 1~5, 長征出版社, 1996.
- 辛聖坤, 〈魏晉南北朝時期 部曲에 대한 再考察〉, ≪東洋史學研究≫ 40, 1992.

- 安作璋・熊鐵器, ≪秦漢官制史稿≫, 齊魯書社, 1984.
- 楊耀坤 等 校注, ≪三國志≫(今注本二十四史) 1~12, 巴蜀書社, 2013.
- 李國祥 等, ≪資治通鑑全譯≫, 貴州人民出版社, 1994.
- 李宗侗・夏德儀 等 校註, ≪資治通鑑今註≫ 1~15, 臺灣商務印書館, 1985.
- 資治通鑑新注編纂委員會 編, ≪資治通鑑新注≫ 1~10, 陝西人民出版社, 1998.
- 張宏儒・沈志華 主編, ≪文白對照全譯 資治通鑑≫ 1~3, 改革出版社, 1991.
- 周天游 校注, ≪後漢紀校注≫, 天津古籍出版社, 1987.
- 池松旭, ≪詳密註釋 通鑑諺解≫, 學民文化社, 1992.
- 許嘉璐 主編, ≪三國志全譯≫(二十四史全譯) 1~2, 漢語大詞典出版社, 2004.
- ――――――, ≪後漢書全譯≫(二十四史全譯) 1~3, 漢語大詞典出版社, 2004.

◇ 사전 및 공구서

- 戴逸 主編, ≪二十六史大辭典≫, 吉林人民出版社, 1993.
- 山腰敏寬, ≪中國歷史公文書讀解辭典≫, 汲古書院, 2004.
- 施丁・沈志華 共譯, ≪資治通鑑大辭典≫ 上・下, 吉林人民出版社, 1994.
- 呂宗力 主編, ≪中國歷代官制大辭典≫, 北京出版社, 1994.
- 李波 等 主編, ≪三國志索引≫, 中國廣播電視出版社, 2002.
- 日中民族科學硏究所 編, ≪中國歷代職官辭典≫, 國書刊行會, 1980.
- 張舜徽 主編, ≪三國志辭典≫, 山東教育出版社, 1992.
- 中國大百科全書總編輯委員會 編, ≪中國大百科全書≫, 中國大百科全書出版社, 2009.
- 中國歷史大辭典編纂委員會 編, ≪中國歷史大辭典≫, 上海辭書出版社, 2000.
- 陳振江, ≪二十六史典故辭典≫ 上・下, 天津人民出版社, 1994.
- 倉修良 主編, ≪史記辭典≫, 山東教育出版社, 1991.
- ――――――, ≪漢書辭典≫, 山東教育出版社, 1996.
- 貝塚茂樹 等 編, ≪アジア歷史事典≫, 平凡社, 1952~1962.

◇ 데이터베이스(DB) 자료

- 한국고전종합DB(http://db.itkc.or.kr)
- 동양고전종합DB(http://db.cyberseodang.or.kr)
- 電子版 文淵閣四庫全書, 上海古籍出版社.

- 상우천고(http://www.s-sangwoo.kr)

◇ 年表 관련 자료

- 金文京, ≪中國の歷史－三國志の世界≫, 講談社, 2005.
- 柏楊, ≪中國歷史年表 上・下≫, 南海出版社, 2006.
- 松丸道雄 等 編, ≪中國史2≫, 山川出版社, 1996.
- 沈起煒, ≪中國歷史大事年表≫, 上海辭書出版社, 2001.
- 川本芳昭, ≪中國の歷史－中華の崩壞と擴大≫, 講談社, 2005.

目 次

思政殿訓義 資治通鑑綱目을 발간하며
凡 例
參考書目

思政殿訓義 資治通鑑綱目 제14권 상
漢 獻帝 建安 14년(209)~漢 獻帝 建安 24년(219) / 13

思政殿訓義 資治通鑑綱目 제14권 하
漢 獻帝 建安 24년(219)~蜀漢 後主 建興 5년(227) / 129

思政殿訓義 資治通鑑綱目 제15권 상
蜀漢 後主 建興 6년(228)~蜀漢 後主 建興 12년(234) / 246

思政殿訓義 資治通鑑綱目 제15권 중
蜀漢 後主 建興 12년(234)~蜀漢 後主 延熙 원년(238) / 332

附 錄

1. 思政殿訓義 資治通鑑綱目 11 年表 / 423
2. 思政殿訓義 資治通鑑綱目 11 地圖 / 435
3. 三國世系表 / 449
4. 諸葛亮·周瑜·張昭 世系表 / 451
5. 思政殿訓義 資治通鑑綱目 11 圖版目錄 / 452
6. 思政殿訓義 資治通鑑綱目 總目次 / 454
7. 思政殿訓義 資治通鑑綱目 解 題 / 454

思政殿訓義 資治通鑑綱目 제14권 상

漢 獻帝 建安 14년(209)~漢 獻帝 建安 24년(219)

≪資治通鑑綱目≫ 제14권은 己丑年 漢나라 獻帝 建安 14년(209)부터 시작하여 丁未年 漢나라(蜀漢) 後主 建興 5년(227)까지이니, 모두 19년이다.

起己丑漢獻帝建安十四年하여 盡丁未漢後主建興五年하니 凡十九年이라

己丑年(209)

【綱】 漢나라 孝獻皇帝 建安 14년이다. 봄 3월에 孫權이 군대를 이끌고 돌아갔다.

十四年이라 春三月에 孫權이 引兵還하다

孫權

【目】 孫權이 合肥를 포위하여 오랫동안 함락하지 못하자, 자신이 직접 경무장한 기병을 인솔하고 가서 적진을 향해 돌격하고자 하였는데, 長史 張紘(장굉)이 다음과 같이 간하였다.

"麾下(손권)께서 건장한 기운을 믿고 강포한 적을 소홀히 하시니, 三軍의 병사들이 寒心해하지 않는 자가 없습니다. 비록 적의 장수를 참살하고 적의 깃발을 탈취해서 위엄이 적진에 진동하더라도, 이는 일개 副將의 임무이고 主將이 마땅히 해야 할 일이 아닙니다. 원컨대 孟賁과 夏育의 용맹[1]을 억제하고 霸者와 王者의 계책을 품으소서."

---

1) 孟賁과 夏育의 용맹 : 맹분과 하육은 모두 중국 고대의 勇士이다. 맹분은 齊나라 사람으로 살아 있는 소의 뿔을 손으로 뽑고, 물에서는 蛟龍도 피하지 않았으며 뭍에서는 호랑이와 코뿔소도 피하지 않았다고 한다. 하육은 衛나라 사람으로 千鈞의 무게를 들 수 있는 힘을 지니고 있었다고 한다. 1鈞은 120斤이다.

손권이 이에 출격을 중지하였다.

曹操가 군대를 보내어 합비를 구원하게 하였으나 구원병이 오랫동안 이르지 않았다. 揚州別駕 蔣濟가 구원병이 도착했다고 거짓말을 하고서 使者에게 편지를 주어 성안으로 들어가서 말하게 하니, 孫權의 군대가 이 편지를 얻어 보고는 마침내 군대를 이끌고 돌아갔다.

孫權이 **圍合肥**하여 **久不下**라 **率輕騎**하고 **欲身往突敵**이어늘 **長史張紘**이 **諫曰 麾下恃盛壯之氣**하고 **忽彊暴之虜**하시니 **三軍之衆**이 **莫不寒心**[1]이라 **雖斬將搴旗**하여 **威震敵場**이나 **此乃偏將之任**이요 **非主將之宜也**[2]니 **願抑賁, 育之勇**하고 **懷霸王之計**하소서 **權**이 **乃止**하다 **操遣兵**하여 **救合肥**로되 **久而不至**러니 **揚州別駕蔣濟 詐言救至**라하여 **遣使齎**(재)**書語城中**하니 **權軍**이 **獲之**하고 **遂引兵還**하다

① 麾下(將帥의 敬稱)는 閣下, 節下, 殿下라는 말과 같으니, 孫權이 군중에 있었기 때문에 휘하라고 칭한 것이다.
麾下, 猶言閣下・節下・殿下也. 以權在軍中, 故稱麾下.

② 搴은 음이 騫이니, 뽑아 취함이다.
搴, 音騫, 拔取之也.

【綱】 가을 7월에 曹操가 合肥에 군대를 주둔하고, 芍陂(작피)의 屯田을 개척하였다.

秋七月에 **曹操軍合肥**하고 **開芍陂屯田**[1]하다

① 芍은 음이 鵲이다. 陂는 물을 저축해두는 것이니, 芍陂는 廬江郡에 속하였다.
芍, 音鵲. 陂, 所以畜水也. 芍陂, 屬廬江郡.

【綱】 겨울 10월에 荊州에 지진이 있었다.

◑ **冬十月**에 **荊州地震**하다

【綱】 12월에 曹操의 군대가 譙縣으로 돌아갔다.

◑ **十二月**에 **操軍**이 **還**譙하다

【目】 曹操가 張遼, 樂進, 李典을 남겨두어 合肥에 주둔하게 하고 돌아갔다.

장료의 軍中에 일찍이 반역을 도모한 자가 있어서 밤중에 병사들이 놀라 허둥대다가

불길이 일어나니, 온 군대가 모두 소요하였다. 장료가 말하기를 "이것은 온 군대가 모두 배반한 것이 아니고, 반드시 변란을 조장한 자가 있어서 사람들을 놀라게 하고 동요시키고자 한 것이다." 하고, 마침내 군중에 명령하기를 "배반하지 않은 자는 편안히 앉아 있으라." 하였다.

장료가 親衛兵 수십 명을 거느리고 진영 가운데 서 있자 잠시 후에 모두 진정되니, 즉시 주모자를 잡아 죽였다.

張遼

操留張遼, 樂進, 李典하여 屯合肥而還하다 遼軍中에 嘗有謀反者하여 夜에 驚亂起火하니 一軍이 盡擾라 遼曰 是不一軍盡反이요 必有造變者하여 欲以驚動人耳라하고 乃令軍中호되 其不反者는 安坐하라 遼將親兵數十人하고 中陳而立이러니 俄頃에 皆定하니 即得首謀者하여 殺之①하다

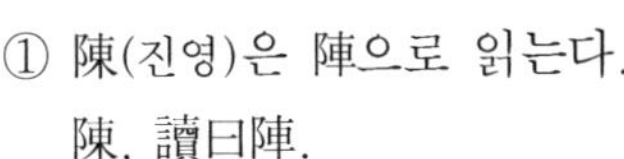

① 陳(진영)은 陣으로 읽는다.
陳, 讀曰陣.

【綱】 孫權이 표문을 올려 劉備에게 荊州牧을 겸하게 하였다.

孫權이 表劉備하여 領荊州牧[2)]하다

【目】 周瑜가 曹仁을 공격한 지 1년여에 殺傷당한 병사가 매우 많으니, 조인이 성을 버리고 달아났다. 孫權은 주유로 南郡太守를 겸하게 하여 江陵에 주둔시키고 程普로 江夏太守를 겸하게 하여 沙羨(사이)에 治所를 두게 하였으며, 呂範은 彭澤太守를 겸하고 呂蒙은 尋陽令을 겸하게 하였다.

周瑜攻曹仁歲餘에 所殺傷이 甚衆하니 仁이 委城走라 權이 以瑜領南郡太守하여 屯江陵하고 程普領江夏太守하여 治沙羨①하고 呂範領彭澤太守하고 呂蒙領尋陽令②하다

① 羨는 음이 夷이다. 沙羨는 縣의 이름이니, 江夏郡에 속하였다.
羨, 音夷. 沙羨, 縣名, 屬江夏郡.

2) 領荊州牧 : 領은 兼領의 의미로 겸직을 가리킨다.(安作璋·熊鐵基, 《秦漢官制史稿》, 齊魯書社, 1984)

② ≪三國志≫ 〈吳書 呂範傳〉에 "呂範은 彭澤太守를 겸하고서 彭澤, 柴桑, 歷陽을 奉邑(賦稅를 받아서 俸祿으로 삼는 封地)으로 삼았다." 하였다. ≪漢書≫ 〈地理志〉에 "尋陽縣은 廬江郡에 속한다." 하였다.
範傳云"範領彭澤太守, 以彭澤·柴桑·歷陽爲奉邑." 班志"尋陽縣, 屬廬江郡."

【目】 劉備가 표문을 올려 孫權을 行車騎將軍으로 삼아서 徐州牧을 겸하게 하였는데, 마침 劉琦가 卒하자 손권은 유비에게 荊州牧을 겸하게 하였다. 周瑜가 南岸의 땅을 나누어 유비에게 주니, 유비는 油口에 진영을 세우고 지명을 고쳐 公安이라 하였다.

劉備表權行車騎將軍하여 **領徐州牧**이러니 **會**에 **劉琦卒**한대 **權**이 **以備領荊州牧**이어늘 **周瑜分南岸地以給備**[①]하니 **備立營於油口**하고 **改名公安**[②]하다

① 荊江의 南岸은 바로 零陵, 桂陽, 武陵, 長沙 네 郡의 땅이다.
荊江之南岸, 則零陵·桂陽·武陵·長沙四郡地也.

② ≪水經≫에 "南平郡 孱陵縣(잔릉현)에 油水가 있으니, 서북쪽으로 양자강으로 유입되는데, 이곳을 油口라 한다." 하였다.
水經 "南平郡孱陵縣, 有油水, 西北注于江, 曰油口."

劉備가 孫夫人에게 장가들다

【目】 孫權이 자기의 妹氏를 劉備에게 시집보내니, 그 매씨는 재주가 있고 민첩하며 강하고 용맹하여 여러 오라비의 풍모가 있었다. 모시는 종 백여 명이 모두 칼을 잡고 모시고 서 있으니, 유비가 매번 그녀의 방에 들어갈 때마다 마음에 항

상 두려워하였다.

權이 以妹妻備하니 妹才捷剛猛하여 有諸兄風이라 侍婢百餘人이 皆執刀侍立하니 備每入에 心常凜凜①이러라

① 〈"心常凜凜"은〉 그녀에게 도모를 당할까 두려워한 것이다.
恐爲所圖也.

【目】 曹操가 비밀리에 辯士 蔣幹을 보내어 布衣와 葛巾을 착용하고 남몰래 길을 떠나 周瑜를 설득하게 하였는데, 주유가 나와 맞이하여 즉시 그에게 이르기를 "子翼이 참으로 고생한다. 멀리 江湖를 건너와서 曹氏를 위하여 유세하는 客이 되었는가." 하고는 장간을 맞이하여 함께 진영 안을 두루 구경하고 다니면서 창고와 군수물자, 병기와 의장을 보여준 뒤에 돌아와 술을 마시고 잔치할 적에 장간에게 모시는 자들의 아름다운 복식과 진귀한 완호품을 보여주었다.

주유는 인하여 장간에게 말하기를 "大丈夫가 세상을 살면서 자신을 알아주는 군주를 만나서 밖으로는 君臣의 의리를 의탁하고 안으로는 骨肉의 은혜를 맺어 말이 행해지고 계책이 시행되어서 禍와 福을 함께하니, 설령 蘇秦과 張儀[3] 같은 辯士가 다시 나온다 하더라도 나의 뜻을 바꿀 수 있겠는가." 하였다.

장간이 다만 웃기만 하고 끝내 아무 말이 없었다. 돌아가 조조에게 아뢰면서 주유의 아량과 높은 운치는 언어로 이간할 수 있는 것이 아니라고 칭찬하였다.

曹操密遣辯士蔣幹하여 布衣葛巾으로 私行하여 說(세)周瑜러니 瑜出迎하여 立謂之曰① 子翼이 良苦로다 遠涉江湖하여 爲曹氏作說(세)客邪②아하고 因延幹하여 與周觀營中하고 行視倉庫, 軍資, 器仗訖에 還飮宴할새 示之侍者服飾珍玩之物하고 因謂幹曰 丈夫處世에 遇知己之主하여 外託君臣之義하고 內結骨肉之恩하여 言行計從하여 禍福共之하니 假使蘇, 張更生이라도 能移其意乎③아 幹이 但笑하고 終無所言이러니 還白操하여 稱瑜雅量高致 非言辭所能間也④라하니라

① 立은 즉시이다.
立, 卽也.
② 子翼은 蔣幹의 자이다.

3) 蘇秦과 張儀 : 蘇秦과 張儀는 전국시대의 辯士로, 각국을 돌아다니며 교묘하게 제후들을 설득했던 인물들이다. 소진은 처음에 秦나라 惠王을 찾아갔으나 자신의 말을 써주지 않자, 燕·趙·韓·魏·齊·楚의 六國이 연합하여 秦나라에 대항하도록 하는 合從策을 가지고 각국의 군주를 설득하였고, 장의는 육국의 군주들에게 다시 秦나라를 섬기도록 하는 連衡策을 가지고 설득하였다.(≪史記≫ 〈蘇秦列傳〉, 〈張儀列傳〉)

子翼, 幹字.

③ "蘇, 張"은 蘇秦과 張儀를 이른다.

蘇・張, 謂蘇秦・張儀也.

④ 間(이간질하다)은 去聲이다.

間, 去聲.

庚寅年(210)

【綱】漢나라 孝獻皇帝 建安 15년이다. 봄에 曹操가 명령을 내려 인재를 구하게 하였다.

十五年이라 **春**에 **曹操下令求才**하다

【目】丞相掾인 和洽이 曹操에게 다음과 같이 말하였다.

"천하의 사람은 재주와 덕이 각기 다르니, 한 가지 일로 취할 수 없습니다. 검소함이 중도를 넘는 것은 스스로 처신하기에는 좋지만 이로써 남을 바로잡으면 실수하는 바가 혹 많게 됩니다. 지금 조정의 의논은 관리 중에 새 옷을 입고 좋은 수레를 타는 자가 있으면 淸白하지 못하다 하고, 形容(용모)을 꾸미지 않고 옷과 갖옷이 해진 자가 있으면 淸廉潔白하다고 합니다. 그리하여 심지어는 士와 大夫들이 일부러 자신의 옷을 더럽히고 수레와 복식을 감추며, 조정의 큰 관리가 혹 직접 물병과 밥을 가지고서 官府에 들어가는 지경에 이르렀습니다. 가르침을 세워 풍속을 관찰할 적에 中庸에 처함을 소중하게 여기는 것은 이렇게 해야 계속할 수 있기 때문입니다. 그런데 이제 한결같이 감당하기 어려운 행실을 숭상하여 재주와 덕이 다른 사람들을 검속하니, 억지로 이것을 하게 하면 반드시 수고로운 나머지 혹 거짓을 숨길 수가 있습니다."

掾和洽이 言於操曰 天下之人이 才德各殊하니 不可以一節取也라 儉素過中이 自以處身則可어니와 以此格物이면 所失或多[①]라 今朝廷之議 吏有著(착)新衣, 乘好車者하면 謂之不淸이라하고 形容不飾하고 衣裘敝壞者하면 謂之廉潔이라하여 至令士大夫로 故汚辱其衣하고 藏其輿服하고 朝府大吏 或自挈(설)壺飡하여 以入官寺[②]하니이다 夫立教觀俗이 貴處中庸은 爲可繼也[③]라 今崇一概難堪之行하여 以檢殊塗[④]하니 勉而爲之면 必有疲瘁而或容隱僞矣리이다

① 格은 바로잡음이다.

格, 正也.

② 挈은 듦이다. 壺는 술그릇이다. 飧은 음이 孫이니, 익은 밥을 飧이라 한다.
挈, 提也. 壺, 酒器也. 飧, 音孫, (熱)〔熟〕[4]食曰飧.

③ 《周易》 觀卦 〈象傳〉에 "선왕이 백성들을 관찰하여 가르침을 베푼다." 하였다.[5] 處(처하다)는 上聲이다.
易曰 "先王觀民設敎." 處, 上聲.

④ 行(행실)은 去聲이다. 檢은 검속함이다.
行, 去聲. 檢, 束也.

【目】 曹操가 그의 말을 옳게 여겨 다음과 같이 명령을 내렸다.

"'孟公綽이 趙氏과 魏氏의 家老가 되기에는 충분하지만 滕나라와 薛나라의 大夫는 될 수 없다.'[6] 하였으니, 만약 반드시 청렴한 재질을 가진 사람만을 등용해야 한다면, 齊나라 桓公이 어떻게 세상에 霸者가 되었겠는가. 그대들은 나를 보좌해서 이미 높은 지위에 있는 사람도 천거하여 밝히고 미천한 사람도 드날려[7] 오직 재주 있는 사람을 천거하라. 내 그를 얻어 등용하겠다."

操善之하여 下令曰 孟公綽이 爲趙魏老則優어니와 不可以爲滕薛大夫라하니 若必廉才而後可用이면 則齊桓이 其何以霸世①리오 二三子其佐我하여 明揚(反)〔仄〕[8]陋하여 惟才是擧하라 吾得而用之②호리라

① 管仲은 부유함이 公室에 비견되고 〈사치함을 좋아하여〉 三歸의 臺를 쌓고 병풍으로 문을 가리고 술잔을 되돌려놓는 자리를 두었으며, 簠簋(보궤)를 조각하고 면류관 끈을 붉은 실로 만들었는데,[9] 환공이 그를 등용하여 霸者가 되었다.

---

4) (熱)〔熟〕: 저본에는 '熱'로 되어 있으나, 《資治通鑑》 註에 의거하여 '熟'으로 바로잡았다.

5) 周易에……하였다 : 《周易》 觀卦 〈象傳〉에 "바람이 땅 위에 부는 것이 觀이니, 先王은 이를 본받아 사방을 두루 살피고 백성들의 풍속을 관찰하여 교화를 베푼다.〔風行地上 觀 先王以 省方觀民 設敎〕"라고 보인다.

6) 孟公綽이……없다 : 《論語》 〈憲問〉에 보이는 孔子의 말씀으로, 朱子의 《集註》에 "大家는 세력은 중하나 諸侯의 일이 없고, 家老는 명망이 높지만 관직을 맡은 책임이 없다. 滕과 薛은 나라가 작으나 정사가 번거로우며, 大夫는 지위가 높고 책임이 중하다. 그렇다면 孟公綽은 아마도 청렴하고 욕심이 적으나, 재능이 부족한 자인 듯하다." 하였다.

7) 이미……드날려 : '明明揚仄陋'를 축약하여 쓴 것으로 보인다. 《書經》 〈虞書 堯典〉에 "明明揚側陋"라고 보이는바, 이는 높은 지위에 있어 밝게 드러난 자도 천거하여 밝히고 側陋한 자도 드날리라는 뜻으로 조정에 있는 자와 초야에 있는 미천한 자를 가리지 말고 모두 천거하라는 堯임금의 말씀이다. 側陋는 미천한 자를 가리킨다.

8) (反)〔仄〕: 저본에는 '反'으로 되어 있으나, 《資治通鑑》에 의거하여 '仄'으로 바로잡았다. 아래 訓義도 같다.

管仲富擬公室, 築(二)〔三〕[10]歸之臺, 塞門反坫, 鏤簋朱紘, 桓公用之而霸.

② 仄은 側의 古字이다.

(反)〔仄〕, 古側字.

【綱】2월 초하루에 일식이 있었다.

二月朔에 日食하다

【綱】겨울에 曹操가 鄴城에 銅爵臺를 만들었다.

◑冬에 曹操作銅爵臺於鄴①하다

① ≪水經註≫에 "銅爵臺는 鄴城의 서북쪽에 있는데 성을 따라 만들었는바, 높이가 천 길이고 백여 칸의 건물이 있다." 하였다.[11]

水經註 "銅爵臺, 在鄴城西北, 因城爲之, 高千丈, 有屋百餘間."

銅雀臺圖

9) 三歸의……만들었는데 : ≪論語≫ 〈八佾〉에 孔子가 管仲을 두고 器局이 작다고 하셨는데, 혹자가 기국이 작은 것이 검소함이 되는가 의심하여 관중은 검소하냐고 묻자, 공자께서 말씀하기를 "管氏는 三歸를 두었으며 家臣의 일을 겸직시키지 않았으니, 어찌 검소하다고 할 수 있겠는가.〔管氏有三歸 官事不攝 焉得儉〕"라고 하셨고, 혹자가 다시 관중은 禮를 알았느냐고 묻자, 공자께서 "나라의 임금이어야 병풍으로 문을 가릴 수 있는데 관씨도 병풍으로 문을 가렸으며, 나라의 임금이어야 두 임금이 友好로 만날 때에 술잔을 되돌려놓는 자리를 둘 수 있는데 관씨도 술잔을 되돌려놓는 자리를 두었으니, 관씨가 예를 안다면 누가 예를 알지 못하겠는가.〔邦君樹塞門 管氏亦樹塞門 邦君 爲兩君之好 有反坫 管氏亦有反坫 管氏而知禮 孰不知禮〕"라고 하셨다. ≪禮記≫ 〈禮器〉에 "관중이 祭器에 장식을 하고 면류관의 끈을 붉게 하며 斗栱에 산을 새기고 들보 위의 동자기둥에 水草를 새기니, 君子가 그를 참람하다고 하였다.〔管仲鏤簋朱紘 山節藻梲 君子以爲濫矣〕"라고 보인다. 簋는 黍稷을 담는 祭器이니 鏤簋는 玉을 조각해 장식한 簋로 천자의 제기의 꾸밈이고, 紘은 冠冕의 끈이니 붉은 끈은 천자의 服飾이고, 山節은 斗栱에 산을 조각한 것이고, 藻梲은 동자기둥에 水草를 그린 것이니, 천자의 宗廟의 꾸밈인데, 관중이 大夫로서 천자의 禮制를 僭用한 것이다.

10) (二)〔三〕: 저본에는 '二'로 되어 있으나, ≪資治通鑑≫ 註에 의거하여 '三'으로 바로잡았다.

11) 水經註에……하였다 : ≪水經註≫에는 "銅雀臺는 높이가 열 길이고 101칸의 건물이 있었다.〔銅雀臺高十丈 有屋百一間〕"라고 하여, 爵이 雀으로 되어 있고 千이 十으로 되어 있으며, 百자 아래에 一자가 더 있다. 爵과 雀은 통용된다.

【綱】12월에 曹操가 사양하여 세 개의 縣을 돌려주었다.

◑ 十二月에 操讓還三縣[12)]하다

【目】曹操가 다음과 같이 명령을 내렸다.

"내가 처음 孝廉으로 천거되었는데, 스스로 생각하기에 나는 본래 초야에 있어 이름이 알려진 선비가 아니라서 사람들에게 범상하고 어리석은 사람이라고 인식될까 두려웠다. 그리하여 政教를 잘 만들어 名譽를 세우고자 하여, 濟南에 있을 적에 殘害하고 탐욕스러운 자들을 제거하고 공평한 마음으로 사람을 등용하였다.[13)] 이 때문에 豪强들에게 분노를 사서, 家禍를 불러들일까 염려되었으므로 병이 있다고 칭탁하고 鄕里로 돌아왔다. 마침내 譙縣 동쪽 50리 지점에 精舍를 짓고서 가을과 여름에는 책을 읽고 겨울과 봄에는 활쏘기를 하고 사냥하여 20년 계획을 하고 천하가 깨끗해지기를 기다려서 비로소 出仕하고자 하였노라. 그러나 내 뜻대로 하지 못하고 조정의 부름에 응하여 典軍校尉[14)]가 되니, 생각이 마침내 바뀌어서 국가를 위해 逆賊을 토벌하고 功을 세워서 나의 무덤에 '漢나라 故 征西將軍 曹侯의 묘'라고 쓰이기를 바랐으니, 이것이 내가 본래 뜻한

12) 操讓還三縣 : "'讓'이라고 쓴 것은 어째서인가. 비판한 것이다. 사양은 아름다운 일인데 어찌하여 비판하였는가. 거짓이기 때문이다. 武平縣을 스스로 봉했다고 썼으니, 그렇다면 사양하여 돌려준 것이 거짓이 됨을 알 수 있는 것이다. ≪資治通鑑綱目≫이 끝날 때까지 나라를 봉해주고 관직을 제수하였는데 받지 않았다고 쓴 것이 19번이고, 肅拜하지 않았다고 쓴 것이 3번이고, 사양했다고 쓴 것이 2번인데, 曹操와 司馬昭와 劉裕는 모두 비난한 것이다.〔書讓 何 譏也 讓 美事也 何譏 僞也 武平書自封 則讓還之爲僞 可知矣 終綱目 書封拜不受十九 不拜三 讓二 曹操司馬昭劉裕皆譏也〕" ≪書法≫

書法은 '筆法'이란 말과 같다. 朱子는 ≪資治通鑑綱目≫을 편찬할 적에 孔子의 ≪春秋≫ 筆法을 따라 綱과 目으로 나누었는바, 綱은 ≪春秋≫의 經文을, 目은 ≪春秋左氏傳≫의 傳文을 따랐다. ≪資治通鑑綱目≫의 筆法을 밝힌 것으로는 劉友益(宋)의 ≪綱目書法≫, 尹起莘(宋)의 ≪綱目發明≫이 그 대표작이라 할 수 있는데, 이 두 책은 현재 淸나라 聖祖(康熙帝)가 엮은 ≪御批資治通鑑綱目≫에 모두 수록되어 있다. 이 필법은 綱에 주안점이 맞춰져 있는데, 우리나라 학자들이 특별히 이 ≪자치통감강목≫을 愛讀한 이유는 바로 이 필법에 있다. ≪어비자치통감강목≫에는 이외에도 汪克寬(元)의 ≪綱目凡例考異≫ 등 많은 내용이 수록되어 있으나, 본서에서 다 소개하지 못하고 ≪강목서법≫과 ≪강목발명≫의 중요한 것만을 발췌하여 수록하였다. 또한 陳濟(明)의 ≪資治通鑑綱目集覽正誤≫를 인용하여 오류를 바로잡기도 하였다. 본고에서는 각각 ≪書法≫, ≪發明≫, ≪正誤≫로 요약하여 표기하였다.

13) 濟南에……등용하였다 : 曹操가 효렴으로 천거되어 郎官이 되고서 黃巾賊을 평정하는 데 공을 세워 濟南相이 되었다.(思政殿訓義 ≪資治通鑑綱目≫ 제12권 중 漢 靈帝 中平 원년(184))

14) 典軍校尉 : 黃巾賊의 난이 일어나자 漢 靈帝 中平 5년(188)에 西園八校尉를 두었다. 이는 황제의 친위부대로 환관인 小黃門 蹇碩을 上軍校尉로 삼고, 袁紹 등 8명의 校尉를 두어 건석의 통솔을 받게 하였는데 이때 조조는 典軍校尉에 임명되었다. 또한 大將軍이라도 건석에게 영속시켰는데, 이로 인해 대장군 何進과 건석 간에 갈등이 생겨 하진이 건석을 죽이고 정권을 장악하였다.(思政殿訓義 ≪資治通鑑綱目≫ 제12권 중 漢 靈帝 中平 5년(188))

바였다.

操下令曰 孤始擧孝廉①하니 自以本非巖穴知名之士라 恐爲人所凡愚②하여 欲好作政敎以立名譽라 故로 在濟南에 除殘去穢하고 平心選擧③라 以是로 爲强豪所忿하여 恐致家禍라 故로 以病還鄕里하여 乃於譙東五十里에 築精舍④하여 欲秋夏讀書하고 冬春射獵하여 爲二十年規⑤하고 待天下淸하여 乃出仕耳로라 然이나 不能得如意하여 徵爲典軍校尉하니 意遂更(경)하여 欲爲國家討賊立功하여 使題墓道에 言漢故征西將軍曹侯之墓 此其志也로라

① 曹操는 나이 20세에 孝廉에 천거되어 郎官이 되었다.
操年二十, 擧孝廉爲郎.

② 〈"恐爲人所凡愚"는〉 당시 사람들이 범상하고 어리석은 사람으로 대할까 두려워한 것이다.
恐時人以凡愚待之也.

③ 故(때문에)는 所以라는 말과 같다. 曹操가 濟南相으로 있을 적에, 濟南國에 10여 개의 소속된 縣이 있었는데 長吏(縣令)들 중에 貴戚에 아부하고 지나치게 贓物을 받은 자가 많았다. 이에 아뢰어서 그중 8명을 면직시키니, 간사한 자들이 도망해 숨어서 境內가 숙연해졌다.
故, 猶言所以也. 操爲濟南相, 國有十餘縣, 長吏多阿附貴戚, 贓汚狼藉. 於是奏免其八, 姦宄逃竄, 境內肅然.

④ 精舍는 바로 精廬(講學하는 장소)이다.
精舍, 卽精廬也.

⑤ 規는 계책함이다.
規, 圖也.

【目】 그런데 마침 董卓의 난[15]을 만나서 의병을 일으켜 黃巾賊을 격파하여 항복받고 또 袁術을 토벌하고 袁紹를 격파하여 그의 두 아들을 梟首하였으며, 다시 劉表를 평정하여 마침내 천하를 평정하고 몸소 재상이 되었으니, 人臣의 귀함이 이미 지극하여 내가 바라던 바를 이미 넘어섰다. 만일 국가에 내가 없었다면 마땅히 몇 사람이 황제를 칭하고 몇 사람이 왕을 칭했을지 알 수 없다.

그런데 혹자는 나의 세력이 강성한 것을 보고는 망령되이 추측해서 내가 不遜한 뜻을 품고 있다고 말하니, 나는 매번 이 때문에 마음에 잊지 못하여 염려하노라. 그러나 내가 곧바로 兵權을 버리고 封國으로 돌아가고자 한다면 이는 실로 불가한 일이다. 어째

---

15) 董卓의 난 : 董卓은 後漢 靈帝 때 장군으로, 영제가 죽자 병사를 거느리고 都城에 들어가 환관들을 죽이고 스스로 相國이 되어 少帝를 폐위하고 何太后를 시해한 뒤 獻帝를 세웠다. 袁紹 등이 토벌하자 長安으로 천도하였으나 뒤에 王允이 呂布를 끌어들여 그를 죽이게 한 다음 가산을 몰수하고 멸족시켰다.

서인가.

진실로 내가 병권을 놓으면 남에게 화를 당할 것이니, 이미 자손을 위하여 계책을 하였고 또 내가 실패한다면 국가가 따라서 기울고 위태로울까 두렵다. 이 때문에 〈겸양한다는〉 헛된 명예를 사모하여 실제의 화에 처할 수가 없다. 그러나 封地가 네 개의 縣을 겸하고 食戶가 3만이니, 내 무슨 덕으로 이를 감당하겠는가. 이제 陽夏와 柘縣(자현), 苦縣 세 縣의 戶口 2만을 조정에 돌려드리고 武平縣의 1만 호만을 식읍으로 하여, 우선 나를 비방하는 말을 덜고 나의 책임을 다소 줄이려 하노라."

遭値董卓之難하여 **興擧義兵**하여 **破降黃巾**하고 **又討擊袁術**하고 **摧破袁紹**하여 **梟其二子**하고 **復定劉表**하여 **遂平天下**하고 **身爲宰相**하니 **人臣之貴已極**하여 **意望已過矣**라 **設使國家無有孤**면 **不知當幾人稱帝**며 **幾人稱王**이라 **或者見孤彊盛**하고 **妄相忖度**(춘탁)하여 **言有不遜之志**①라하니 **每用耿耿**②하노라 **然**이나 **欲孤便爾委兵歸國**은 **實不可也**③라 **何者**오 **誠恐離兵**이면 **爲人所禍**④하니 **旣爲子孫計**요 **又已敗**하면 **則國家傾危**하리니 **是以**로 **不得慕虛名而處實禍也**로라 **然**이나 **封兼四縣**하고 **食戶三萬**을 **何德堪之**리오 **今上還陽夏, 柘, 苦三縣**의 **戶二萬**하고 **但食武平萬戶**⑤하여 **且以分損謗議**하고 **少減孤之責也**하노라

① 〈"言有不遜之志"는〉 曹操가 장차 황제의 지위를 찬탈할 것임을 말한 것이다.
言其將簒也.

② "耿耿"은 조금 밝음이니, 마음에 매여 있는 바가 있어서 잊지 못하는 모양이다.
耿耿, 小明, 心有所存, 不能忘之貌.

③ 國은 武平侯의 나라이다.
國, 謂武平侯國.

④ 離(떠나다)는 力智의 切[16]이다.
離, 力智切.

⑤ 陽夏, 柘縣, 苦縣, 武平縣 네 현은 모두 陳國에 속하였다.
陽夏・柘・苦・武平四縣, 皆屬陳國.

【綱】 孫權의 南郡을 지키는 장수 周瑜가 卒하니, 손권이 魯肅에게 대신 그 군대를 거느리게 하였다.

孫權의 **南郡守將周瑜卒**하니 **權**이 **以魯肅代領其兵**[17]하다

---

16) 切 : 反切音을 표시한 것이다. '反(번)'은 뒤집는다(되치다)는 뜻으로 번역을 의미하고, '切'은 자른다는 의미이다. 앞 글자의 初聲을 따고 뒷글자의 中聲과 終聲을 따서 읽는다.

17) 孫權……以魯肅代領其兵 : "≪資治通鑑綱目≫에 蜀漢, 吳, 魏, 晉의 諸臣들의 卒에 대해서 姓을 쓰지

【目】 劉表의 옛 관리와 병사들이 劉備에게 많이 귀의하였다. 유비는 周瑜가 준 땅이 적어서 귀의한 무리를 수용할 수 없다 하여 마침내 직접 孫權에게 찾아가서 荊州를 都督하게 해달라고 요구하였다. 이에 주유가 다음과 같이 상소하였다.

"유비는 영웅호걸의 자질로 곰과 호랑이처럼 용맹한 장수인 關羽와 張飛가 있으니, 반드시 오랫동안 굽혀서 남의 쓰임이 될 자가 아닙니다. 생각건대 마땅히 유비를 吳로 옮겨서 성대하게 궁궐을 건축하고 미녀와 완호품을 많이 주어서 그의 귀와 눈을 즐겁게 해야 합니다. 또 관우와 장비를 나누어 각각 다른 곳에 두고, 저 주유와 같은 자로 하여금 그들을 거느리고서 적과 싸우게 하면 大事를 정할 수 있습니다. 지금 토지를 지나치게 많이 떼어주어서 資業으로 삼게 하고 이 세 사람을 모아서 함께 한 지역에 있게 하니, 교룡이 구름과 비를 얻으면 끝내 못 가운데의 물건(칩거하고 있는 사람)이 아닐까 두렵습니다."

손권은 그의 말을 따르지 않았다.

劉表故吏士 多歸劉備라 備以周瑜所給地少하여 不足以容其衆이라하여 乃自詣孫權하여 求都督荊州①러니 瑜上疏曰 劉備以梟雄之姿로 而有關羽, 張飛熊虎之將하니 必非久屈爲人用者라 謂宜徙備置吳하여 盛爲築宮하고 多其美女玩好하여 以娛其耳目하고 而分羽飛하여 各置一方하고 使如瑜者로 挾與攻戰이면 大事를 可定也리이다 今猥割土地하여 以資業之하고 聚此三人하여 俱在疆埸②하니 恐蛟龍得雲雨면 終非池中物也니이다 權이 不從이러라

① 荊州의 여덟 개의 郡 가운데 周瑜가 이미 長江의 남쪽의 네 군(武陵, 長沙, 桂陽, 零陵)을 劉備에게 주었었는데, 유비가 또다시 長江과 漢水 사이에 있는 네 군을 겸하여 얻고자 한 것이다.

荊州八郡, 瑜旣以江南四郡給備, 備又欲兼得江漢間四郡也.

② 猥는 많음이다. "資業之"는 그에게 토지를 주어서 霸業을 이루게 함을 이른다. 埸은 음이 亦이다.

猥, 多也. 資業之, 謂資之土地, 使成霸業也. 埸, 音亦.

【目】 劉備가 돌아와서 이 말을 듣고 탄식하기를 "천하의 智謀가 있는 선비의 소견은 대략 같다. 지난번 孔明이 나에게 周瑜를 찾아가지 말라고 간하였는데, 그의 뜻도 이것을

않은 경우가 없는데, 그중에 官爵을 갖추어 쓴 것은 모두 찬미한 말이고, 오직 관작을 쓰지 않은 것은 폄하하는 말이다. 그러나 僭國(혼란한 시기에 簒位하거나 지역에 웅거한 나라)의 신하는 〈원칙적으로 이러한 褒貶에〉 해당되지 않는다.〔綱目卒蜀漢吳魏及晉諸臣 無不書姓者 具官爵 皆美辭也 惟不書官者 貶辭也 而僭國臣不與焉〕"≪書法≫

염려한 것이다." 하였다.

備還에 乃聞之하고 歎曰 天下智謀之士 所見略同이라 前時孔明이 諫孤莫行이러니 其意亦慮此也라하니라

【目】 周瑜가 京口에 나아가서 孫權을 만나보고 다음과 같이 말하였다.

"지금 曹操가 막 패하여 근심이 心腹에 있으니, 군대를 동원하여 장군과 함께 싸우지 못할 것입니다. 바라건대 奮威將軍과 함께 나아가 蜀 지방을 취하고 張魯를 겸병하고는 인하여 분위장군을 남겨두어 그 땅을 굳게 지키면서 馬超와 서로 지원해주기로 약속을 맺고, 저는 돌아와 장군과 함께 襄陽을 점거하고서 조조를 압박할 것이니, 이렇게 하면 北方을 도모할 수 있습니다."

손권이 이것을 허락하였다. 분위장군은 손권의 從弟인 孫瑜이다.

瑜詣京見權하고 曰① 今曹操新敗하여 憂在腹心하니 未能與將軍連兵相事也②라 乞與奮威로 俱進取蜀而幷張魯③하고 因留奮威하여 固守其地하여 與馬超結援④하고 瑜還하여 與將軍據襄陽하여 以蹙操하면 北方을 可圖也리이다 權이 許之하니 奮威者는 權從弟瑜也⑤라

① 京은 京口城이다. 매우 높은 것을 京이라 하니, 이 城이 산을 따라 보루를 만들고 강을 따라 경계를 삼고는 인하여 京口라 하였다. 孫權이 이때 경구에 거주하였으므로 周瑜가 경구에 가서 그를 만나본 것이다. 손권은 뒤에 秣陵에 도읍하고 경구에 京督을 두고 또 徐陵督이라 하였다.
京, 京口城也. 絶高曰京, 其城因山爲壘, 緣江爲境, 因謂之京口. 權時居京, 故瑜詣京見之. 後都秣陵, 於京口置京督, 又曰徐陵督.

② 曹操가 赤壁의 패전 때문에 위엄과 명망이 크게 깎이니, 중국(中原) 사람들 중에 혹 그의 패전을 빌미로 조조를 도모하고자 하였는바, 이에 조조의 근심이 심복에 있는 것이다. "相事"는 서로 더불어 전쟁함에 종사함을 이른다.
操以赤壁之敗, 威望頓損. 中國之人, 或欲因其敗而圖之, 是憂在腹心. 相事, 謂相與從事於戰攻也.

③ 이때 劉璋이 蜀 지방을 점거하였다.
時劉璋據蜀.

④ 이때 馬超가 關中을 점거하였다.
時超據關中.

⑤ 奮威는 奮威將軍을 이른다.
奮威, 謂奮威將軍.

【目】周瑜가 돌아가 行裝을 챙겼는데 도중에 병이 위독해지자, 孫權에게 다음과 같은 편지를 올렸다.

"오래 살고 일찍 죽는 것은 天命입니다. 〈제가 죽는 것은〉 진실로 애석할 것이 없으나, 다만 저의 작은 뜻을 떨치지 못하여 다시는 장군의 敎命을 받들지 못하게 되는 것이 한스러울 뿐입니다. 지금 曹操가 북쪽에 있어서 국경이 안정되지 못하고 劉備가 임시로 우리 吳나라에 붙어 있어서 호랑이를 기르는 것과 유사하니, 이는 조정의 선비들이 제때에 밥을 먹지 못하고 정사에 바빠야 할 시기이고 至尊께서 염려하셔야 할 때입니다. 魯肅은 忠烈이 뛰어나고 일에 임하여 구차하지 않으니, 저를 대신하게 할 만합니다. 혹시라도 제가 말한 것이 채택되면, 저는 죽어도 썩어 없어지지 않고 영원히 남을 것입니다."

주유는 巴丘에서 卒하였다.

周瑜還治行裝이러니 道病(因)〔困〕[18]하여 與權牋曰 修短이 命矣라 誠不足惜이나 但恨微志未展하여 不復奉敎命耳니이다 今曹操在北하여 疆埸未靜하고 劉備寄寓하여 有似養虎하니 此朝士旰食之秋요 至尊垂慮之日也①니이다 魯肅이 忠烈하고 臨事不苟하니 可以代瑜라 儻所言可采면 瑜死不朽矣라하고 卒於巴丘②하다

① 旰은 음이 幹이니, 늦음이다.
旰, 音幹, 晩也.

② 胡三省의 註에 "裴松之가 말하기를 '周瑜가 蜀 지방을 취하고자 하여 江陵으로 돌아와 행장을 챙겼다. 그렇다면 그가 죽은 곳은 응당 지금의 巴陵에 있을 것이니, 앞에 진주했던 巴丘와는 이름이 같으나 다른 곳일 것이다.' 하였고, ≪水經註≫를 근거해보면 巴丘山은 湘水 오른쪽 江岸에 있는데, 晉 武帝 太康 원년(280)에 巴陵縣을 세웠고 宋 文帝 元嘉 16년(439)에 巴陵郡을 설치하였는바, 지금의 岳州이다." 하였다.
胡三省註 "裴松之曰 '瑜欲取蜀, 還江陵治嚴, 所卒之處, 應在今之巴陵, 與前所鎭巴丘, 名同處異也.' 據水經註, 巴丘山在湘水右岸, 晉武帝太康元年, 立巴陵縣, 宋文帝元嘉十六年, 置巴陵郡, 今岳州也."

【目】孫權은 이 말을 듣고 애통하여 말하기를 "公瑾(周瑜의 字)이 王者를 보좌할 자품이 있었는데 이제 갑자기 단명하였으니, 내가 누구를 의뢰하겠는가." 하고는 직접 蕪湖에서 그의 상여를 맞이해오고 아들 孫登을 위하여 그의 딸에게 장가들게 하고, 자기의 딸을 주유의 아들 周循과 周胤에게 시집보냈다.

18) (因)〔困〕: 저본에는 '因'으로 되어 있으나, ≪資治通鑑≫에 의거하여 '困'으로 바로잡았다.

權이 聞之하고 哀慟曰 公瑾이 有王佐之資러니 今忽短命하니 孤何賴哉리오하고 自迎其喪於蕪湖[①]하고 爲子登하여 娶其女하고 而以女妻其子循, 胤[②]하다

① 蕪湖縣은 丹陽郡에 속하였다.
蕪湖縣, 屬丹陽郡.
② 周循과 周胤은 周瑜의 두 아들의 이름이다. ≪資治通鑑≫에는 "그의 아들 주순을 騎都尉로 삼아서 자기 딸을 시집보냈고, 주윤을 興業都尉로 삼아서 宗室의 딸을 시집보냈다." 하였다.
循·胤, 周瑜二子名. 通鑑 "以其男循爲騎都尉, 妻以女, 胤爲興業都尉, 妻以宗女."

【目】 처음에 周瑜는 孫策과 친구로 지냈는데 太夫人이 또 孫權으로 하여금 주유를 형으로 받들게 하였다. 이때 諸將과 賓客들이 손권에 대하여 예를 행함이 간략하였으나 주유는 신하의 예절을 지켰고, 程普가 나이가 많은 것을 믿고서 여러 번 주유를 능멸하고 모욕하였으나 주유는 허리를 굽혀 자신을 낮추어서 끝내 그와 더불어 曲直을 따지지 않았다.

정보는 뒤에 스스로 주유를 공경하고 심복하여 마침내 사람들에게 말하기를 "公瑾과 사귀다 보면 물을 타지 않은 진국술을 마신 듯 나도 모르게 훈훈하게 취하게 된다." 하였다.

손권이 魯肅으로 주유를 대신하게 하니, 노숙이 손권에게 荊州를 劉備에게 빌려주어 함께 曹操를 막을 것을 권하자, 손권이 그의 말을 따랐다.

初에 瑜見友於孫策이러니 太夫人이 又使權으로 以兄奉之하니 時에 諸將賓客이 爲禮尙簡이로되 而瑜는 便執臣節하고 程普以年長이라하여 數(삭)陵侮瑜호되 瑜折節下之하여 終不與校[①]러니 普後自敬服하여 乃告人曰 與公瑾交에 若飮醇醪(순료)하여 不覺自醉[②]라하니라 權이 以肅代瑜하니 肅이 勸權以荊州借劉備하여 與共拒曹操한대 權이 從之하다

① 校는 계교함이니, "不與校"는 그와 더불어 曲直을 따지지 않은 것이다.
校, 計校也, 不與校, 謂不與之校曲直也.
② 술에 물을 타지 않은 것을 醇이라 하며, 醪는 찌꺼기와 즙이 섞여 있는 술이다.
酒不澆爲醇. 醪, 滓汁酒.

【目】 처음에 孫權이 呂蒙에게 이르기를 "卿이 지금 중요한 要路를 담당하여 일을 관장하고 있으니, 배우지 않으면 안 된다." 하였다. 여몽이 軍中에 일이 많다고 사양하자, 손

권이 다음과 같이 말하였다.

"내 어찌 경에게 經典을 연구하여 博士가 되기를 바라겠는가. 다만 마땅히 여러 책을 섭렵하여 지나간 일을 알게 하려는 것이다. 경이 일이 많다고 말하나 어찌 나만 하겠는가. 나는 늘 책을 읽으면서 스스로 크게 유익한 바가 있다고 여긴다."

여몽이 이에 비로소 나아가 배웠다.

初에 權이 謂呂蒙曰 卿今當塗掌事하니 不可不學①이니라 蒙이 辭以軍中多務한대 權曰 孤豈欲卿治經爲博士邪아 但當涉獵見往事耳②로라 卿言多務라하나 孰若孤오 孤常讀書하여 自以爲大有所益이로라 蒙이 乃始就學이러라

呂蒙

① "當塗(要路를 담당하다)"는 當路라는 말과 같다.
當塗, 猶言當路也.

② "涉獵"은 널리 보고 두루 관찰함을 말한 것이니, 비유하면 물을 건너면서 짐승을 사냥하는 것과 같아서 온 정신을 다 쓰지는 않는 것이다.
涉獵, 言泛覽流觀, 譬如涉水獵獸, 不專精也.

【目】 魯肅이 尋陽을 지날 적에 呂蒙과 의논을 하고 크게 놀라 말하기를 "卿의 지금의 재주와 지략은 더 이상 吳下의 阿蒙[19]이 아니다." 하였다. 여몽이 말하기를 "선비는 헤어진 지 사흘이 지나면 눈을 비비고 상대를 다시 보아야 하는데, 大兄은 어찌 일을 알아차리는 것이 이렇게 늦습니까." 하였다. 노숙은 마침내 여몽의 어머니를 뵙고서 예를 다하고 여몽과 친구 관계를 맺고 떠나갔다.

及肅過尋陽에 與蒙議論하고 大驚曰 卿今者才略이 非復吳下阿蒙①이로다 蒙曰 士別三日에 卽更刮目相待하니 大兄이 何見事之晩乎②아 肅이 遂拜蒙母하고 結友而別하다

---

19) 吳下의 阿蒙 : 吳나라의 呂蒙으로, 전하여 식견이 짧고 文才가 부족한 사람을 비유하는 말로 쓰인다. 吳下는 長江 하류 일대로 吳 지역을 가리키며, 阿는 명사 앞에 쓰여 친근하거나 경시하는 뜻을 나타낸다.

① 阿는 〈姓이나 이름 중에〉 서로 전하기를 편안한 쪽을 따르는 것이니, 入聲이다.
阿, 相傳從安, 入聲.

② "刮目"은 눈을 씻고 다시 본다는 말과 같다.
刮目, 猶拭目也.

【綱】 劉備가 龐統을 治中從事로 삼았다.

劉備以龐統爲治中從事하다

【目】 劉備가 龐統을 守耒陽令으로 삼았는데 치적이 없어서 면직되니, 魯肅이 유비에게 편지를 보내기를, "士元(방통)은 百里의 고을을 다스릴 재주가 아닙니다. 그로 하여금 治中과 別駕[20]의 임무를 담당하게 하여야 비로소 그 뛰어난 재주를 펼 수 있을 것입니다." 하였고, 諸葛亮 또한 노숙과 같이 말을 하였다. 유비는 방통과 더불어 당세의 일을 말해보고 큰 그릇으로 여겨서 마침내 방통을 등용하여 治中으로 삼았다. 유비가 친애하여 대우하는 것이 제갈량의 다음이어서 방통은 제갈량과 함께 軍師中郎將이 되었다.

龐統

劉備以龐統守耒陽令이러니 不治하여 免①하니 魯肅이 遺備書曰 士元은 非百里才也라 使處治中, 別駕之任이라야 始當展其驥足耳②니이다 諸葛亮이 亦言之한대 備與善譚하고 大器之하여 遂用統爲治中하니 親待亞亮하여 竝爲軍師中郎將③하다

① 耒陽縣은 桂陽郡에 속하였다. 治는 다스린 효험(治績)이다.

20) 治中과 別駕 : 紀綱은 要職이라는 뜻이다. 治中과 別駕는 治中從事, 別駕從事인데, 從事는 州刺史의 막료로 자사의 辟召를 통해 임명된다. 종사는 別駕從事, 治中從事, 兵曹從事, 部從事 등 여러 직으로 구분되는데, 특히 별가종사와 치중종사가 屬吏의 長이 된다. 별가종사는 자사가 部를 순행할 적에 자사를 수행하여 자사의 측근으로 활동하며, 치중종사는 州의 屬吏의 선발과 諸曹의 일을 주관한다.(安作璋·熊鐵基, 《秦漢官制史稿》, 齊魯書社, 1984) 여기서는 牧使인 劉備를 보좌하는 요직을 빗대어 말한 것이다.

耒陽縣, 屬桂陽郡. 治, 理效也.

② 治中과 別駕는 모두 州의 紀綱이다.
治中·別駕, 皆州之紀綱.

③ 譚은 談과 같으니, "善譚"은 것은 당세의 일을 지극히 논하는 것이다. 물건 중에 쓸모가 있는 것을 器라 하니, "器之"란 큰 그릇으로 여겨 소중히 대하는 것으로, 그의 재주가 충분히 세상에 쓰일 만함을 소중하게 여긴 것이다.
譚, 與談同, 善譚者, 劇論當世事也. 物之有用者, 謂之器. 器之者, 器重之也, 重其才之足以用世也.

【綱】孫權이 步騭(보즐)을 交州刺史로 삼았다.

孫權이 **以步騭爲交州刺史**[①]하다

① 步는 성이다.
步, 姓也.

【目】처음에 士燮이 交阯太守가 되었을 적에 表文을 올려 그의 세 아우를 合浦, 九眞, 南海太守를 겸하게 하였다. 사섭은 器局이 너그럽고 후덕하니, 중국(중원)의 선비들이 많이 찾아가서 귀의하여 한 州의 으뜸이 되고 여러 蠻族들을 두렵게 하여 복종시켰다.

交州刺史 張津은 귀신의 일을 좋아하여 항상 붉은 帕頭巾을 쓰고 道家의 서적을 읽곤 하였는데, 그의 부하 장수에게 살해를 당하였다. 이때에 孫權이 步騭을 자사로 삼자, 사섭이 형제들을 데리고 와서 그의 節度(지휘)를 받들고 아들을 들여보내어 인질로 삼으니, 이로 말미암아 嶺南 지역이 처음으로 손권에게 복속되었다.

初에 **士燮**이 **爲交阯太守**에 **表其三弟領合浦, 九眞, 南海太守**[①]하다 **燮**이 **體器寬厚**하니 **中國士人**이 **多往依之**하여 **雄長一州**하고 **震服百蠻**이라 **而交州刺史張津**이 **好鬼神事**하여 **常著**(착)**絳帕頭**하고 **讀道書**러니 **爲其將所殺**[②]이라 **至是**하여 **權**이 **以騭爲刺史**한대 **燮**이 **率兄弟**하여 **奉承節度**하고 **遣子入質**[③]하니 **由是**로 **嶺南**이 **始服於權**하다

① 士壹은 合浦太守를 겸하고 士䵋(사유)는 九眞太守를 겸하고 士武는 南海太守를 겸하였다. 䵋는 于鄙·虎猥의 두 가지 切이다.
壹領合浦太守, 䵋領九眞太守, 武領南海太守. 䵋, 于鄙·虎猥二切.

② 帕는 음이 怕이니, 柏으로도 쓴다. 陸游가 말하기를 "帕頭란 두건의 따위이니, 지금의 幞頭라는 말과 같다." 하였다.
帕, 音怕, 亦作柏. 陸游曰 "帕頭者, 巾幘之類, 猶今言幞頭."

③ 質(인질)는 음이 致이다.
質, 音致.

辛卯年(211)

【綱】 漢나라 孝獻皇帝 建安 16년이다. 봄 정월에 曹操가 그의 아들 曹丕를 五官中郎將[21]으로 삼아 丞相의 副로 삼았다.

十六年이라 **春正月**에 **曹操以其子丕**로 **爲五官中郎將**하여 **爲丞相副**[①22]하다

① 漢나라 때 五官中郎將은 光祿勳에 소속되었고, 일찍이 丞相의 副가 된 적은 없었다.
漢五官中郎將, 領屬光祿勳, 未嘗爲丞相副也.

【綱】 3월에 鍾繇를 보내어 張魯를 공격하게 하였다.

○ **三月**에 **遣鍾繇**하여 **擊張魯**하다

【綱】 馬超와 韓遂 등이 반란을 일으키자, 가을에 曹操가 이들을 격파하였다.

◑ **馬超, 韓遂等**이 **反**이어늘 **秋**에 **曹操擊破之**하다

【目】 처음에 曹操가 鍾繇를 보내어 張魯를 토벌하게 하고 夏侯淵 등으로 하여금 河東으로 출동하여 종요와 만나게 하였는데, 倉曹의 屬官인 高柔가 다음과 같이 간하였다.

"대군이 서쪽으로 나가게 되면 韓遂와 馬超는 자기들을 습격할 것이라고 의심하여 반드시 서로 선동할 것이니, 마땅히 먼저 長安의 三輔 지방을 招諭하여 평안하게 해야 합니다. 삼보가 만일 평안하면 漢中(張魯)은 檄文만 돌리고도 평정할 수 있습니다."

---

21) 五官中郎將 : 五官將이라고도 한다. 여러 殿門의 宿營과 車駕의 경호를 담당하였다. 또한 使者로도 파견되었다.

22) 曹操以其子丕……爲丞相副 : "丞相의 副는 예전에는 있지 않았으니, 曹操가 관직을 독점하고 專橫한 것이 이때에 심하였다. '조조가 그 아들 조비를 〈승상의 부로 삼았다.〉'라고 썼으니, 이는 그를 죄책한 것이다. 이로부터 司馬昭는 그의 아들 司馬炎을 副相國으로 삼았고, 高歡은 그의 세자 高澄을 보내어 鄴城에 들어가 정사를 보필하게 하였고, 徐溫은 그의 아들 徐知訓을 남겨두어 江都에서 정사를 보필하게 하였으니, 이는 모두 조조가 가르친 것이다.〔丞相副 前乎此未有也 操之專錮 於是爲甚焉 書曰 曹操以其子丕 罪之也 自是司馬昭以其子炎副相國 高歡遣其世子澄 入鄴輔政 徐溫留子知訓江都輔政 皆操之敎也〕" ≪書法≫

조조가 그의 말을 따르지 않자, 關中의 여러 장수들이 과연 의심하여 마초와 한수 등 10部가 모두 반란을 일으켜서 그 무리 10만 명이 潼關을 점거하고 주둔하였다.

7월에 조조가 직접 군대를 거느리고 이들을 공격하였는데, 8월에 동관에 이르러서 은밀히 두 명의 장수를 보내어 蒲阪津을 건너가 河西(황하의 서쪽)를 점거하여 진영으로 삼게 하였다.

初에 **操遣鍾繇**하여 **討張魯**하고 **而使夏侯淵等**으로 **出河東**하여 **與繇會**①러니 **倉曹屬高柔 諫曰**② **大兵**이 **西出**이면 **韓遂, 馬超 疑爲襲己**하여 **必相扇動**하리니 **宜先招集**(二)〔三〕[23]**輔**니 **三輔苟平**이면 **漢中**은 **可傳檄而定也**리이다 **操不從**하니 **關中諸將**이 **果疑之**③하여 **馬超, 韓遂等十部皆反**하여 **其衆十萬**이 **屯據潼關**④이러라 **七月**에 **操自將擊之**러니 **八月**에 **至潼關**하여 **潛遣二將**하여 **渡蒲阪津**하여 **據河西爲營**⑤하다

① 夏侯淵은 夏侯惇의 族弟이다.
淵, 惇族弟也.

② 公府의 倉曹는 창고에 저장된 곡식에 관한 일을 주관하였는데, 掾과 屬官이 있었다.
公府倉曹, 主倉穀事, 有掾有屬.

③ 曹操가 關中을 버리고 멀리 漢中의 張魯를 정벌한 것은 옛날 晉나라가 虢(괵)나라를 치면서 虞나라를 점령한 계책이다.[24] 조조는 馬超와 韓遂를 토벌하고자 하였으나 명분이 없으므로 먼저 장로를 토벌하는 형세를 만들어서 그의 배반을 재촉한 뒤에 군대를 내어 공격한 것이다.
操舍關中而遠征張魯, 伐虢取虞之計也. 蓋欲討超·遂而無名, 先張討魯之勢, 以速其反, 然後加兵耳.

④ 10部는 馬超, 韓遂, 侯選, 程銀, 楊秋, 李堪, 張橫, 梁興, 成宜, 馬玩을 이른다. 潼關은 弘農郡 華陰縣에 있다.
十部, 謂馬超·韓遂及侯選·程銀·楊秋·李堪·張橫·梁興·成宜·馬玩也. 潼關, 在弘農華陰縣.

⑤ 두 장수는 徐晃과 朱靈이다. 蒲阪津은 蒲阪縣 서쪽에 있으니, 河西는 唐나라의 蒲津關이다.
二將, 徐晃·朱靈也. 蒲阪津在蒲阪縣西, 河西卽唐之蒲津關.

---

23) (二)〔三〕: 저본에는 '二'로 되어 있으나, ≪資治通鑑≫에 의거하여 '三'으로 바로잡았다.

24) 晉나라가……계책이다 : 晉나라가 虞나라에 많은 뇌물을 주면서 길을 빌려 虢나라를 치려 하자, 虞나라의 賢臣인 宮之奇가 虞나라와 虢나라는 '수레의 덧방나무와 바퀴가 서로 떨어질 수 없는 관계〔輔車相依〕'와 같고 '입술이 없어지면 이가 시린 관계〔脣亡齒寒〕'와 같으니, 그 요구를 들어주면 안 된다고 간하였다. 그러나 虞나라 임금은 이 말을 듣지 않았다가, 끝내는 晉나라가 虢나라를 멸망시키고 돌아오는 길에 虞나라까지 멸망시킨 고사가 전한다.(≪春秋左氏傳≫ 僖公 5년)

【目】 윤8월에 曹操가 북쪽으로 黃河를 건널 적에 병사들을 먼저 건너게 하고 조조 자신은 홀로 虎士[25] 100여 명과 함께 南岸에 남아 뒤를 차단하였다. 馬超가 步兵과 騎兵 1만여 명을 거느리고 와서 공격하여 화살이 비처럼 쏟아졌으나, 조조는 여전히 胡床에 걸터앉아서 동요하지 않았다.

閏月에 操北渡河할새 兵衆이 先渡하고 操獨與虎士百餘人으로 留南岸斷後러니 馬超將步騎萬餘人하고 攻之하여 矢下如雨호되 操猶據胡床不動①이러라

① 胡床은 그 제도가 본래 오랑캐에서 나왔는데, 隋나라에서는 圖讖書에 胡자가 있다 하여 이름을 交床으로 바꾸었다.
胡床, 其制本自虜來, 隋以讖有胡字, 改名交床.

馬超가 渭水에서 曹操와 크게 싸우다

【目】 許褚가 曹操를 부축하여 배에 올랐는데 뱃사공이 流矢에 맞아 죽자, 허저가 왼손으로 말안장을 들어 조조의 몸을 가리고 오른손으로는 배를 노질하였다.

校尉 丁斐가 소와 말을 풀어놓아 적을 유인하자, 적들이 어지럽게 소와 말을 취하니, 조조가 비로소 黃河를 건널 수 있었다. 마침내 蒲阪으로부터 西河를 건너 황하를 따라 甬道(용도)를 만들고서 남쪽으로 가니, 馬超 등이 후퇴하여 渭口를 지키며 저항

25) 虎士 : 범과 같이 용맹한 병사로, 周나라 때 虎賁氏에 소속되어 있던 戰士를 이른다. 《周禮》〈夏官 司馬 下〉에 "호분씨는 下大夫가 2명, 中士가 12명, 府가 2명, 史가 8명, 胥가 80명, 虎士가 800명이다." 하였다. 《三國志》〈魏書 許褚傳〉에 "許褚가 병사들을 거느리고 太祖(曹操)에게 귀의하자, 태조는 즉일에 허저를 都尉로 임명하고 들어와 宿衛하게 하였으며, 허저를 따르던 여러 빈객들을 모두 虎士로 삼았다."라고 보인다.

하였다.

조조는 마침내 疑兵을 많이 만들어놓고 은밀히 군대를 보내어 渭水로 들어가서 浮橋를 만들게 하고 밤에 병력을 나누어 위수 남쪽에 진영을 만들었다. 마초 등이 밤에 진영을 공격하자, 伏兵이 이들을 격파하였다.

許褚扶操上船하니 船工이 中流矢死라 褚左手擧鞍蔽操하고 右手刺(척)船[①]이러니 校尉丁斐 放牛馬以餌賊하니 賊이 亂取之어늘 操乃得渡하여 遂自蒲阪渡西河하여 循河爲甬道而南하니 超等이 退拒渭口[②]하다 操乃多設疑兵하고 潛遣兵하여 入渭作浮橋하고 而夜分兵하여 結營於渭南이러니 超等이 夜攻營이어늘 伏兵이 擊破之하다

① 刺(노를 젓다)은 음이 戚이다.
刺, 音戚.

② 渭口는 渭水의 어구이니, 위구의 동쪽은 바로 潼關이다.
渭口, 渭水口也, 渭口之東, 卽潼關也.

【目】 9월에 曹操가 진군하여 모두 渭水를 건너가니, 馬超 등이 여러 번 도전하였으나 조조는 이에 응하지 않았다. 마초 등이 〈河水 서쪽 지역의〉 땅을 떼어줄 것과 任子(인질)를 보낼 것을 굳이 요구하자, 賈詡(가후)는 거짓으로 허락해야 한다고 하였다. 조조가 다시 계책을 묻자, 가후가 말하기를 "이간시키기만 하면 됩니다." 하니, 조조가 "알았다."라고 하였다.

韓遂가 조조와 만나볼 것을 청하였는데, 조조는 한수와 구면이 있었다. 이에 말머리를 나란히 하고 한동안 말하였으나 군대의 일을 언급하지 않고 다만 都城에 있을 때의 옛일을 말하면서 손뼉을 치고 즐겁게 웃었다.

이때 구경하는 秦 지역의 사람과 오랑캐가 전후로 매우 많았는데, 조조가 웃으며 이들에게 말하기를 "너희들은 曹公을 보고 싶은가. 조공 또한 사람이니, 네 개의 눈과 두 개의 입이 있는 것이 아니고 다만 지략이 많을 뿐이다." 하였다.

九月에 進軍悉渡하니 超等이 數(삭)挑戰호되 不許러니 固請割地, 送任子어늘 賈詡以爲可僞許之니이다 操復問計한대 詡曰 離之而已니이다 操曰 解[①]라하다 韓遂請與操相見하니 操與遂有舊[②]라 於是에 交馬語移時호되 不及軍事하고 但說京都舊故하여 拊手歡笑하니 時에 秦, 胡觀者 前後重沓[③]이라 操笑謂之曰 爾欲觀曹公邪아 亦猶人也니 非有四目兩口요 但多智耳니라

① 解는 앎이다.

解, 曉也.

② ≪三國志≫ 〈魏書〉에 "曹操는 韓遂의 아버지와 같은 해에 孝廉에 천거되었고, 또 한수와 동시대의 동년배이다." 하였다.
魏志, 操與遂父, 同歲孝廉, 又與遂同時儕輩.

③ "秦, 胡"는 秦 지역의 사람과 오랑캐이다. 重(거듭)은 平聲이니, "重沓"은 重疊하고 雜沓한 것으로 구경하는 사람이 많음을 말한 것이다.
秦·胡, 秦地之人與胡人. 重, 平聲. 重沓, 重疊雜沓也, 言觀者衆多也.

【目】 曹操와 韓遂가 헤어지자, 馬超 등이 한수에게 묻기를 "曹公이 무슨 말을 하였습니까?" 하니, 한수가 말하기를 "〈특별히〉 말한 바가 없다." 하였다. 마초 등이 이 말을 의심하였는데, 후일에 조조가 한수에게 편지를 보낼 적에 글자에 점을 찍고 개칠한 것이 많아 마치 한수가 내용을 고친 것처럼 하니, 마초 등이 더욱 한수를 의심하였다. 조조는 마침내 마초와 날짜를 정하여 교전해서 대파하니, 한수와 마초가 涼州로 달아나므로 조조가 安定까지 추격하고 돌아왔다.

既罷에 超等이 問遂호되 公何言고 遂曰 無所言也라하니 超等이 疑之러니 他日에 操與遂書에 多所點竄하여 如遂改定者하니 超等이 愈疑遂[①]라 操乃與克日會戰하여 大破之[②]하니 遂, 超犇涼州어늘 操追至安定而還하다

① 〈"交馬語移時……拊手歡笑"와 "操與遂書 多所點竄"의〉 두 가지는 모두 〈曹操가 韓遂와 馬超를〉 이간질하기 위한 것이다. "點竄"은 塗注라는 말과 같으니, 편지 가운데의 글자 중에 덧칠하여 지우거나 고쳐 쓴 부분이 많이 있음을 이른다.
二者, 皆所以離之也. 點竄, 猶言塗注也, 謂書中之字, 多有點抹塗竄.

② 克(약정하다)은 剋과 통하니, "克日"은 그 날짜(교전할 날짜)를 정하는 것이다.
克, 通作剋. 克日者, 剋定其日也.

【目】 諸將들이 曹操에게 묻기를 "처음에 賊이 潼關을 지킬 적에 渭水 북쪽의 길이 망가져서 방비를 제대로 갖추지 못했는데, 公께서 河東을 따라 馮翊을 공격하지 않고 도리어 동관을 지키시다가 날짜를 지체한 뒤에야 북쪽으로 황하를 건넌 것은 어째서입니까?" 하니, 조조가 다음과 같이 말하였다.

"만약 내가 河東으로 들어갔으면 적이 반드시 군대를 이끌고 와서 여러 나루터를 지켰을 것이니, 이렇게 되면 우리가 西河를 건너갈 수가 없다. 내가 일부러 군대를 크게 진열하여 동관을 향하게 해서 적들로 하여금 병력을 모두 동원하여 남쪽을 지키게

함으로써 서하의 수비가 허술하게 되었기 때문에 徐晃과 朱靈 두 장수가 서하를 점령할 수 있었다. 그런 뒤에 군대를 이끌고 북쪽으로 도하하니, 적이 우리와 다툴 수가 없었다.

그리고 수레를 연결하고 木柵을 세우고 甬道를 만들어 남쪽으로 간 것은 적이 이미 우리를 이길 수 없게 만들어놓고 또 이로써 적이 약점을 보이게 한 것이고, 渭水를 건넌 다음 견고한 보루를 만들고서 적이 쳐들어와도 출전하지 않은 것은 적을 교만하게 하려 한 것이다. 그러므로 적이 진영과 보루를 만들지 않고 땅을 떼어달라고 요구한 것이다. 내가 순종하는 말로 그들의 요구에 응해서 적들로 하여금 대비하지 않게 하고, 이를 틈타 士卒의 힘을 비축했다가 하루아침에 공격하였으니, 이른바 빠른 우레에 미처 귀를 막지 못한다는 것이다. 군대의 변화는 진실로 한 가지 방법이 아니다."

諸將이 問曰 初에 賊守潼關에 渭北道缺①이어늘 不從河東擊馮翊하고 而反守潼關이라가 引日而後에 北渡는 何也②잇고 操曰 若吾入河東이면 賊必引守諸津하리니 則西河未可渡라 吾故盛兵向潼關하여 使賊悉衆南守하여 而西河之備虛故로 二將이 得取西河라 然後에 引軍北渡하니 賊이 不能與吾爭이라 連車樹柵하고 爲甬道而南은 旣爲不可勝하고 且以示弱③이요 渡渭爲堅壘하여 虜至不出은 所以驕之也라 故로 賊이 不爲營壘하고 而求割地어늘 吾順言許之하여 使不爲備하고 因畜士卒之力이라가 一旦擊之하니 所謂疾雷不及掩耳④라 兵之變化 固非一道也니라

① 缺은 망가져 방비를 갖추지 못함을 이른다.
缺, 謂缺而不備.
② 引은 오래 끎이다.
引, 延也.
③ 兵法에 "먼저 적이 이길 수 없도록 만들어놓고서 적을 이길 수 있는 기회를 기다린다." 하였다.26)
兵法 "先爲不可勝, 以待敵之可勝."
④ 〈"疾雷不及掩耳"는〉 ≪淮南子≫의 말이다.27)
淮南子之言.

26) 兵法에……하였다 : ≪孫子≫ 〈軍形〉에 나오는 말로, 여기에 "옛날에 전쟁을 잘한 자는 먼저 〈수비를 잘하여 적이〉 승리할 수 없게 만들어놓고 적에게 승리할 수 있는 틈을 기다렸으니, 승리할 수 없음은 자기에게 달려 있고 이길 수 있음은 적에게 달려 있다.〔昔之善戰者 先爲不可勝 以待敵之可勝 不可勝 在己 可勝 在敵〕"라고 보인다.

27) 淮南子의 말이다 : 이 말은 ≪淮南子≫에 보이지 않고, ≪六韜≫ 〈軍勢〉에 "빠른 우레에 미처 귀를 막지 못하고, 빠른 번개에는 미처 눈을 감지 못한다.〔疾雷不及掩耳 迅電不及瞑目〕"라고 보인다.

【目】 처음에 關中의 장수들(馬超, 韓遂 등)이 한 부대를 이끌고 도착할 때마다 曹操는 번번이 기뻐하는 기색이 있었다. 장수들이 그 이유를 묻자, 조조가 다음과 같이 말하였다.

"관중은 길이 머니, 만약 적이 각각 험한 곳을 의지하여 막으면, 이들을 정벌할 경우 1, 2년을 허비하지 않으면 평정할 수가 없다. 그런데 이들이 지금 모두 와서 모이니, 그 무리가 비록 많으나 주장하여 주인이 될 사람이 없어서 일거에 섬멸시킬 수 있다. 내 이 때문에 기뻐한 것이다."

〈관중을 평정하고〉 조조는 마침내 夏侯淵을 남겨두어 長安에 주둔하게 하고, 張旣를 京兆尹으로 삼아서 流民들을 불러 회유하고 縣邑을 회복시켰다.

始에 關中諸將이 每一部到에 操輒有喜色이어늘 諸將이 問其故한대 操曰 關中이 長遠하니 若賊이 各依險阻면 征之에 不一二年이면 不可定也라 今皆來集하니 其衆이 雖多나 莫適爲主하여 一擧可滅이라 吾是以喜라하더라 乃留夏侯淵하여 屯長安하고 以張旣爲京兆尹하여 招懷流民하고 興復(복)縣邑하다

【綱】 겨울에 劉璋이 使者를 보내어 劉備를 맞이하자, 유비가 군대를 남겨두어 荊州를 지키게 하고 서쪽으로 진출하니, 유장이 유비로 하여금 張魯를 공격하게 하였다.

冬에 劉璋이 遣使迎劉備어늘 備留兵守荊州而西하니 璋이 使備擊張魯하다

【目】 扶風 사람 法正이 劉璋의 軍議校尉가 되었는데 유장은 그의 계책을 제대로 쓰지 못하였고, 또 〈益州로〉 함께 이주하여 우거하는 동향 사람들에게 천시를 받으니,[28] 법정은 답답하여 뜻을 펴지 못하였다.

益州別駕 張松이 법정과 친하였는데, 그 또한 자기 재주를 자부하여 유장과는 함께 훌륭한 일을 할 수 없음을 헤아리고는 인하여 유장에게 劉備와 결탁할 것을 권하였다. 유장이 말하기를 "누구를 使者로 보낼 만한가?" 하니, 장송이 이에 법정을 천거하였다. 법정은 일단 사양하고 거짓 부득이한 체 길을 갔다가 돌아와서 장송에게 유비가 雄大한 지략이 있다고 말하고는 은밀히 유비를 추대하여 州의 주인으로 삼을 것을

28) 益州로……받으니 : ≪三國志≫ 〈蜀志 法正傳〉에 法正은 扶風 郿縣 사람으로 同郡의 孟達 등과 蜀으로 들어왔으며, 같이 온 사람들에게 품행이 없다는 비방을 받았다고 하였다.

모의하였다.

扶風法正이 爲劉璋軍議校尉러니 璋이 不能用[①]하고 又爲州里俱僑客者所鄙하니 正이 邑邑不得志[②]러라 別駕張松이 與正善이러니 亦自負其才하여 忖璋不足與有爲하고 因勸璋結劉備한대 璋曰 誰可使者오 松이 乃擧正하니 正이 辭謝하고 佯爲不得已而行이라가 還하여 爲松說備有雄略[③]이라하여 密謀奉戴以爲州主러라

① 軍議校尉는 그로 하여금 군사의 일을 의논하게 한 것이다.
軍議校尉, 使之議軍事.

② 僑는 음이 喬이니, 임시로 붙어사는 것이다. 鄙는 하찮게 여기는 것이다. "邑邑"은 즐겁지 않은 뜻이다.
僑, 音喬, 寄也. 鄙, 薄也. 邑邑, 不樂之意.

③ "還爲"의 爲(에게, 향해)는 去聲이다.
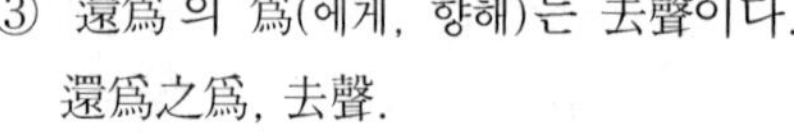
還爲之爲, 去聲.

張松

【目】 마침 〈曹操의 장수〉 鍾繇(종요)가 漢中으로 향하고자 하니, 劉璋이 두려워하였다. 張松이 인하여 다음과 같이 유장을 설득하였다.

"曹公의 군대는 天下無敵입니다. 만약 張魯의 물자를 이용하여 蜀 지방(益州)을 취하려 하면 누가 능히 그를 막겠습니까. 劉豫州(劉備)는 使君의 宗室이고, 조공의 깊은 원수입니다. 유예주는 用兵을 잘하니 만일 유예주로 하여금 장로를 토벌하게 하면 장로가 반드시 격파될 것입니다. 장로가 격파되면 우리 益州가 강해질 것이니, 조공이 비록 공격하러 오더라도 할 수 있는 일이 없을 것입니다. 지금 우리 州의 장수들은 功을 믿고서 교만 방자하여 밖으로 향하고자 하는 뜻이 있으니, 유예주를 얻지 못하면 적은 그 밖을 공격하고 백성들은 그 안을 공격할 것이니, 이는 반드시 패망할 방도입니다."

유장은 그의 말을 옳게 여겨 法正을 보내어 유비를 맞이하게 하였다.

會에 鍾繇欲向漢中하니 璋이 懼어늘 松이 因說(세)曰[①] 曹公兵은 無敵於天下라 若因張魯之資하여

以取蜀土면 誰能禦之리오 劉豫州는 使君之宗室이요 而曹公之深讐也라 善用兵하니 若使之討魯면 魯必破요 魯破則益州强하리니 曹公이 雖來나 無能爲也리이다 今州中諸將이 恃功驕豪하여 欲有外意②하니 不得豫州면 則敵攻其外하고 民攻其內하리니 必敗之道也니이다 璋이 然之하여 遣正迎備하다

① 說(설득하다)는 輸芮의 切이다.
說, 輸芮切.
② 〈"欲有外意"는〉 밖으로 다른 사람에게 귀의하고자 함을 이른다.
謂其意欲附外也.

【目】劉璋의 主簿인 黃權이 다음과 같이 간하였다.

"左將軍(劉備)이 용맹하다는 명성이 있으니, 이제 그를 부하로 대우하면 그 마음을 만족시키지 못할 것입니다. 그리고 그를 손님의 예로 대우하면 한 나라에는 두 군주를 용납하지 아니하여, 만약 객에게 泰山의 편안함이 있으면 주인에게는 累卵의 위태로움이 있을 것이니, 국경을 폐쇄하여 시절이 좋아지기를 기다리는 것만 못합니다."

從事 王累는 직접 州의 문에 거꾸로 매달려서 간하였으나, 유장은 하나도 받아들이지 않았다.

主簿黃權이 諫曰 左將軍이 有驍名①하니 今以部曲遇之면 則不滿其心이요 以客禮待之면 則一國不容二君이라 若客有泰山之安이면 則主有累卵之危하리니 不若閉境以待時淸이니이다 從事王累 自倒縣於州門하여 以諫호되 璋이 一無所納②이러라

① 曹操가 表文을 올려 劉備를 左將軍으로 삼았기 때문에 그를 좌장군이라고 칭한 것이다. 驍는 용감함이다.
曹操表備爲左將軍, 故稱之. 驍, 健也.
② 縣(매달다)은 懸으로 읽는다.
縣, 讀曰懸.

【目】法正이 荊州에 이르러 은밀히 劉備를 설득해서 益州를 점령하게 하자, 유비는 의심하고 결정하지 못하였다. 이에 龐統이 다음과 같이 말하였다.

"형주는 황폐하여 인물들이 모두 없어졌고 동쪽에는 孫車騎(孫權)가 있고 북쪽에는 曹操가 있으니, 우리가 뜻을 얻기가 어렵습니다. 지금 익주는 戶口가 백만이고 토질이 비옥하고 재정이 풍부하니, 진실로 이곳을 얻어 밑천으로 삼으면 大業을 이룰 수 있습

니다."

劉備는 다음과 같이 반대하였다.

"지금 나와 물과 불처럼 서로 반대된다고 지목되는 자는 曹操이다. 조조가 급함으로써 하면 나는 너그러움으로써 대응하고, 조조가 포악함으로써 하면 나는 인자함으로써 대응하고, 조조가 속임수로써 하면 나는 충성으로써 대응하여 매번 조조와 반대로 해야만 일을 비로소 성공할 수 있다. 그런데 이제 작은 이익 때문에 천하에 信義를 잃는다면 어찌하겠는가."

正이 至荊州하여 陰說(세)備取益州한대 備疑未決이어늘 龐統曰 荊州荒殘하여 人物殫盡하고 東有孫車騎하고 北有曹操하니 難以得志①라 今益州는 戶口百萬이요 土沃財富하니 誠得以爲資면 大業을 可成也리이다 備曰 今指與吾水火者는 曹操也②라 操以急이어든 吾以寬이요 操以暴어든 吾以仁이요 操以譎(휼)이어든 吾以忠하여 每與操反이라야 事乃可成耳라 今以小利而失信義於天下하면 奈何오

① 劉備가 表文을 올려 孫權을 車騎將軍으로 삼았기 때문에 孫車騎라고 칭한 것이다.
備表權爲車騎將軍, 故以稱之.

② 물과 불이라고 말한 것은 그 성질이 상반되기 때문이다.
言水火者, 以其性相反也.

【目】龐統이 다음과 같이 말하였다.

"천하가 크게 어지러울 때에는 진실로 한 가지 방법으로 천하를 평정할 수 있는 것이 아닙니다. 또 약한 자를 겸병하고 어두운 자를 공격하며,[29] 逆으로 취하고 順으로 지킴[30]은 古人이 귀하게 여긴 바입니다. 만약 일이 평정된 뒤에 劉璋에게 大國을 봉하면 어찌 信義를 저버리는 일이 있겠습니까. 오늘날 益州를 취하지 않으면 끝내 남의 이로움이 될 뿐입니다."

劉備는 그의 말을 옳게 여겨서 諸葛亮과 關羽 등을 남겨두어 荊州를 지키게 하고, 자신은 직접 步兵 수만 명을 거느리고 서쪽으로 진출하였다.

孫權은 劉備가 서쪽으로 올라간다는 말을 듣고는 선박을 보내어 누이(유비의 부인)를

29) 약한……공격하며 : 원문의 "兼弱攻昧"는 《書經》 〈商書 仲虺之誥〉에 보이는데, 약한 나라를 겸병하여 취하고 어두운(혼우한) 자를 공격하여 멸망시킴을 이른다.

30) 逆으로……지킴 : 원문의 "逆取順守"에서 逆은 이치를 거스르는 것이고 順은 이치를 순종하는 것이다. 이는 처음 천하를 취할 적에는 道德과 仁義를 돌아보지 않고 權謀術數를 사용하며, 천하를 얻은 뒤에는 도덕과 인의를 행하여 순리대로 나라를 지킴을 이른다.

맞이해오게 하였는데, 병사들이 유비의 아들 劉禪을 데리고 가고자 하였다. 그러나 張飛, 趙雲이 군대를 무장하여 강을 막아서 비로소 유선이 돌아올 수 있었다.

統曰 亂離之時엔 固非一道所能定也라 且兼弱攻昧하고 逆取順守는 古人所貴라 若事定之後에 封以大國이면 何負於信이리오 今日不取면 終爲人利耳리이다 備以爲然하여 乃留諸葛亮, 關羽等하여 守荊州하고 自將步卒數萬而西하다 孫權이 聞備西上하고 遣船迎妹한대 而軍人이 欲將備子禪去①어늘 張飛, 趙雲이 勒兵截江하여 乃得禪還하다

① 軍人은 《資治通鑑》에는 夫人으로 되어 있다.
軍人, 通鑑作夫人.

趙雲과 張飛가 강을 막고 劉禪을 구하다

【目】 劉璋이 所在地(沿途의 郡縣)마다 명하여 劉備를 供奉하고 선물을 주게 하니, 그 비용이 巨億으로 헤아려졌다. 巴郡太守 嚴顔이 가슴을 치며 탄식하기를 "이는 이른바 홀로 궁벽한 산속에 앉아서 호랑이를 풀어놓아 자신을 호위하게 하는 것이다." 하였다.

유비가 북쪽 涪縣으로 진출하니, 劉璋이 3만의 병력을 인솔하고 가서 유비와 만났는데, 張松이 法正으로 하여금 유비에게 아뢰어 회의 석상에서 유장을 기습하게 하였다. 龐統이 말하기를 "이와 같이 하면 전쟁하는 수고로움이 없이 가만히 앉아서 한 州를 평정하는 것이니, 기회를 놓쳐서는 안 됩니다." 하였다.

유비가 말하기를 "내가 막 다른 나라에 들어와서 은혜와 신의가 아직 드러나지 않았으니, 이것은 불가하다." 하고는 유장과 즐겁게 만나 백여 일 동안 술을 마셨다.

유장은 유비에게 병력을 증원해주고 물자를 후하게 주어서 張魯를 공격하게 하니, 유비가 북쪽으로 葭萌縣(가맹현)에 이르러서 은혜와 덕을 크게 베풀어 민심을 수합하였다.

劉璋이 隨在所하여 供奉贈遺 以巨億計라 巴郡太守嚴顔이 拊心歎曰 此所謂獨坐窮山하여 放

虎自衛者也로다 備北詣涪하니 璋이 率兵三萬하여 往會之①러니 張松이 令法正白備하여 於會에 襲璋한대 龐統曰 如此면 則無用兵之勞而坐定一州니 不可失也니이다 備曰 初入他國하여 恩信未著하니 此不可也라하고 歡飮百餘日하다 璋이 增備兵하고 厚加資給하여 使擊張魯하니 備北到葭萌하여 厚樹恩德하여 以收衆心②하다

① 涪는 음이 浮이니, 涪縣은 廣漢郡에 속하였다.
涪, 音浮. 涪縣, 屬廣漢郡.

② 葭萌縣은 廣漢郡에 속하였다.
葭萌縣, 屬廣漢郡.

壬辰年(212)

【綱】 漢나라 孝獻皇帝 建安 17년이다. 봄 정월에 曹操가 鄴城으로 돌아왔는데, 贊拜(황제 앞에서 呼名하여 절함)할 때 이름을 부르지 않고, 入朝할 적에 종종걸음으로 달려가지 않고, 劍과 가죽신을 그대로 착용하고 殿上에 올랐다.

十七年이라 春正月에 曹操還鄴하여 贊拜不名하고 入朝不趨하고 劍履上殿[31)]하다

【目】 曹操가 서쪽으로 정벌할 적에 河間의 백성인 田銀이 반란을 일으켜 幽州와 冀州를 선동하자, 世子 曹丕가 직접 토벌하고자 하였다. 功曹 常林이 말하기를 "지금 大軍이 먼 곳에 있고 밖에 강한 적이 있으니, 장군이 천하의 鎭守[32)]가 되어서 가볍게 출동하여 멀

---

31) 曹操還鄴……劍履上殿 : "《資治通鑑綱目》에 들어와 〈특별한 준례를〉 모두 3번 썼으니, 梁冀에게 '殊禮'라고 간략히 칭한 것은 여기에 포함되지 않는다. 蕭何에게는 '丞相 소하에게 검과 신을 그대로 착용하고 殿上에 오르고, 입조할 때에 종종걸음으로 달려가지 않을 것을 하사하였다.'라고 썼고, 董卓에게는 '동탁이 스스로 승상이 되어서 贊拜할 때에 이름을 부르지 않고, 입조할 때에 종종걸음으로 달려가지 않고, 검과 신을 착용하고 그대로 전상에 올랐다.'라고 썼고, 曹操에게는 곧바로 '조조가 鄴城으로 돌아왔는데, 찬배할 때에 이름을 부르지 않고, 입조할 때에 종종걸음으로 달려가지 않고, 검과 신을 그대로 착용하고 전상에 올랐다.'라고 썼으니, 조조의 흉악하고 도리에 어긋나 君上을 무시하는 기상을 알 수 있다. 《자치통감강목》이 끝날 때까지 이것을 자세히 갖추어 쓴 것이 4번이니, 太尉 劉裕는 조조와 같다. 간략한 말로 '殊禮'라고 쓴 것은 4번인데, 梁冀와 會稽王 司馬昱은 '加'라고 썼고, 蕭道成과 唐主 李淵은 '自'라고 썼다.〔入綱目 凡三書矣 梁冀略稱殊禮 不與 於蕭何 書賜丞相何劍履上殿 入朝不趨 於董卓 書卓自爲丞相 贊拜不名 入朝不趨 劍履上殿 於操則直書曹操還鄴 贊拜不名 入朝不趨 劍履上殿 其兇悖無上氣象 可知矣 終綱目 備書者四 太尉裕與曹操同 略辭稱殊禮者四 梁冀會稽王昱書加 蕭道成唐主淵書自〕" 《書法》

32) 鎭守 : 저본에는 '鎭' 아래에 訓義가 달려 있어 '守'를 아래 句로 연결한 것으로 보이나, 문리에 맞지 않으므로 '鎭守'를 한 구로 만들고 훈의 역시 진수 아래로 이동하였음을 밝혀둔다. 鎭守는 進駐하여

리 달려가면 비록 승리하더라도 武勇이 되지 못합니다.” 하자, 조비가 마침내 장군 賈信을 보내어 토벌하여 멸망시키니, 남은 적들이 항복을 청하였다.

操之西征也에 河間民田銀이 反하여 扇動幽, 冀어늘 世子丕欲自討之러니 功曹常林曰[①] 今大軍在遠하고 外有彊敵하니 將軍이 爲天下之鎭守[②]하여 輕動遠擧하면 雖克이나 不武라한대 乃遣將軍賈信하여 討滅之하니 餘賊이 請降이러라

① ≪三國志≫ 〈魏書 常林傳〉에 의하면, 常林은 이때 五官中郎將의 功曹로 있었다.
據林傳, 時爲五官將功曹.

② 〈"爲天下之鎭守"는〉 鄴城에 머물러 있음을 이른다.
謂留鄴也.

【目】 의논하는 자들이 모두 曹丕에게 말하기를 “曹公(曹操)은 옛날의 법도가 있었으니, 포위한 뒤에 항복한 자는 용서하지 않았습니다.” 하였다. 程昱이 말하기를 “이것은 바로 천하가 어지러운 때에 時宜에 걸맞는 대책을 세웠던 것입니다. 지금 천하가 대략 평정되었으니, 항복한 자들을 주살해서는 안 됩니다. 반드시 죽이고자 한다면 마땅히 먼저 曹公께 아뢰어야 합니다.” 하니, 의논하는 자들이 모두 말하기를 “군대의 일은 專制할 뿐, 굳이 청할 필요가 없습니다.” 하였다.

정욱이 말하기를 “무릇 장군이 되어 군대의 명령을 專制한다는 것은 당장의 시급한 일이 있을 때를 가리켜 말한 것일 뿐입니다. 지금 이 賊의 목숨은 賈信의 손에 달려 있습니다. 그러므로 老臣은 장군이 직접 벌을 시행하는 것을 원치 않는 것입니다.” 하였다. 曹丕가 “좋다.” 하고는 즉시 조조에게 아뢰니, 조조가 과연 주살하지 않았다.

얼마 후 조조는 이것이 정욱의 계책임을 듣고는 매우 기뻐하며 말하기를 “그대는 다만 군대의 계책에 밝을 뿐만 아니라 또 남의 부자간의 일을 잘 처리해주었다.” 하였다.

議者皆曰 公有舊法하니 圍而後降者는 不赦라한대 程昱曰 此乃擾攘之際에 權時之宜라 今天下略定하니 不可誅也니이다 必欲誅之면 宜先啓聞이니이다 議者皆曰 軍事는 有專無請이니이다 昱曰 凡專命者는 謂有臨時之急耳라 今此賊이 制在賈信之手하니 故로 老臣은 不願將軍行之也하노이다 丕曰 善타하고 卽白操하니 操果不誅러니 旣而요 聞昱之謀하고 甚悅曰 君은 非徒明於軍計라 又善處人父子之間[①]이로다

① 〈"必欲誅之 宜先啓聞"은〉 曹丕에게 마음대로 죽이지 말 것을 권한 것이다.

守備하는 것이다.

以勸丕不專殺也.

【目】故事에 적을 격파한 내용을 보고하는 문서에 1명을 죽이면 10명이라고 부풀려 올렸는데, 居府長史 國淵은 首級을 올리면서 모두 실제의 숫자대로 보고하였다. 曹操가 그 이유를 묻자, 국연이 말하기를 "밖에 있는 적을 토벌할 적에 참수하고 사로잡은 숫자를 부풀려 많게 하는 것은 武功을 키워 백성들의 귀를 고무시키려 한 것입니다. 지금 河間은 국경의 안에 있는데 田銀 등이 반역을 하였으니, 비록 승리하여 공이 있으나 저는 속으로 이를 부끄러워합니다." 하니, 조조가 크게 기뻐하였다.

故事에 破賊文書를 以一爲十이러니 居府長史國淵이 上首級호되 皆以實數어늘 操問其故한대 淵曰 夫征討外寇에 多其斬獲之數者는 欲以大武功하여 聳民聽也라 河間이 在封域之內어늘 銀等이 叛逆하니 雖克捷有功이나 淵竊恥之하노이다 操大悅하니라

【綱】여름 5월에 馬騰을 주살하고 三族을 멸하였다.

夏五月에 誅馬騰하고 夷三族①하다

① 7년에 아들 馬超가 배반하였기 때문에 馬騰을 주살한 것이다.
七年,[33] 子超反, 故誅騰也.

【綱】6월 그믐에 일식이 있었다.

◑ 六月晦에 日食하다

【綱】가을 7월에 蟲害가 있었다.

◑ 秋七月에 螟하다

【綱】鄜縣(부현)의 賊인 梁興이 난을 일으키자, 左馮翊인 鄭渾이 토벌하여 평정하였다.

◑ 鄜賊梁興이 作亂이어늘 左馮翊鄭渾이 討平之하다

33) 七年 : ≪資治通鑑綱目≫에서 馬超가 배반한 것은 建安 16년(211)이다. 建安 7년은 조조의 장수 鍾繇가 馬騰과 연합하여 袁尙이 河東으로 파견한 郭援과 高幹을 격파한 해이다. 여기의 '七'字는 오자인 듯하다.

【目】 鄜縣의 賊인 梁興이 馮翊 지역을 침범하여 약탈하자, 여러 縣이 두려워하여 모두 郡의 아래에 임시로 治所를 두어 다스렸다. 의논하는 자들이 마땅히 험한 要害處로 치소를 옮겨야 한다고 주장하였다.

馮翊 鄭渾은 말하기를 "양흥 등이 격파당하고 흩어져 산골짜기에 도망해 숨어 있으니, 비록 따르는 자가 있으나 대부분 위협에 못 이겨 따르는 것일 뿐이다. 이제 마땅히 항복하는 길을 널리 열어주어서 위엄과 信義를 펴서 招諭해야 하는데, 험한 곳에 의지하여 스스로 지키면 이는 나약함을 보이는 것이다." 하고는 마침내 관리와 백성들을 모아서 城郭을 수리하여 수비를 강화하고 백성들을 모집하여 적을 추격해서 적의 재물과 婦女를 얻으면 10분의 7을 賞으로 주니, 백성들이 크게 기뻐하여 모두 적을 잡기를 원하였다.

鄜賊梁興이 寇略馮翊①하니 諸縣이 恐懼하여 皆寄治郡下라 議者以爲當移就險阻라한대 馮翊鄭渾曰② 興等이 破散하여 藏竄山谷하니 雖有隨者나 率脅從耳라 今當廣開降路하여 宣諭威信이어늘 而保險自守하면 此는 示弱也라하고 乃聚吏民하여 治城郭하여 爲守備하고 募民逐賊하여 得其財物婦女하면 十以七賞하니 民이 大悅하여 皆願捕賊이러라

① 鄜는 음이 敷이니, 鄜縣은 前漢 때에는 左馮翊에 속하였는데 後漢 때에는 없어졌다.
鄜, 音敷. 鄜縣, 前漢屬左馮翊, 後漢省.

② 鄭渾은 鄭泰의 아우이다.
渾, 泰之弟也.

【目】 妻子를 잃은 賊들이 모두 항복하자, 鄭渾은 그들이 다른 賊들의 婦女를 빼앗아올 것을 책임지웠다. 그들이 그렇게 한 뒤에 그들의 처자를 돌려주었다. 이에 적들이 자기들끼리 서로 도둑질을 하여 梁興의 黨與가 離散되었다. 또 관리와 백성 중에 은혜와 신의가 있는 자를 보내서 적을 타이르게 하니, 산골짜기에서 나오는 적들이 서로 이어졌다. 이에 여러 縣의 長吏로 하여금 각각 원래의 치소로 돌아가서 백성들을 安集하게 하였다.

양흥이 남은 무리들을 거느리고 鄜城으로 모이자 정혼이 토벌하여 참수하니, 殘黨이 모두 평정되었다.

賊之失妻子者 皆降이어늘 渾이 責其得他婦女하고 然後還之하니 於是에 轉相寇盜하여 黨與離散하고 又遣吏民有恩信者하여 告諭之하니 出者相繼라 乃使諸縣長吏로 各還本治하여 以安集之하다

興이 將餘衆聚鄆城이어늘 渾이 討斬之하니 餘黨悉平하다

【綱】 孫權이 치소를 建業으로 옮겼다.

孫權이 徙治建業하다

【目】 처음에 張紘이 秣陵의 山川이 매우 좋다고 하여 孫權에게 말릉을 치소(國都)로 삼을 것을 권하였고, 劉備 또한 손권에게 말릉에 거주할 것을 권하였다. 손권이 이때 石頭城을 만들고서 치소를 말릉으로 옮기고 이름을 建業으로 바꾸었다.

初에 張紘이 以秣陵山川形勝이라하여 勸孫權以爲治所하고 劉備亦勸權居之러니 權이 於是에 作石頭城하여 徙治秣陵하고 改號建業①하다

① 張舜民이 말하였다. "石頭城은 천연적으로 만들어진 성벽인데 사람이 만든 성벽과 똑같다. 淸涼寺 북쪽 覆舟山 위에 있는데, 북쪽에서 흘러 내려오는 강물은 석두성을 따라 돌아서 秦淮河로 들어간다."
張舜民曰 "石頭城者, 天生城壁, 有如城然, 在淸涼寺北覆舟山上, 江行自北來者, 循石頭城, 轉入秦淮."

【綱】 孫權의 長史 張紘(장굉)이 卒하였다.

權長史張紘이 卒하다

【目】 張紘이 吳縣으로 돌아가 집안 식구를 맞이해 〈建業으로 오다가〉 중도에 병이 들어 아들 張靖에게 留牋을 주었는데, 그 내용은 다음과 같다.

"예로부터 국가를 소유한 자가 모두 德政을 닦아서 太平盛世의 융성함을 견주고자 하였으나 그 다스림에 있어서는 대부분 후세에 전할 만한 향기로운 명성을 얻지 못하였으니, 이는 忠臣과 어진 補佐가 없어서가 아니고, 군주가 자신의 감정을 이기지 못하여 〈충신과 어진 보좌를〉 등용하지 못했기 때문입니다. 사람의 마음은 어려운 것을 꺼리고 쉬운 것으로 달려가며, 자기 의견과 같은 것을 좋아하고 자기 의견과 다른 것을 싫어하기 때문에 나라를 잘 다스리는 방도와 상반되는 것입니다. 傳(옛 책)에 '善을 따르는 것은 높은 곳에 오르는 것처럼 어렵고, 惡을 따르는 것은 땅이 무너지는 것처럼 쉽다.' 하였으니, 선을 행하기 어려움을 말한 것입니다.

人君은 基業을 이어받고 권세를 점거하여 남에게 빌릴 것이 없는데, 충신은 실행하기 어려운 방책을 가지고 군주의 귀에 거슬리는 말을 토해내니, 군신간에 뜻이 부합하지 않는 것이 또한 마땅하지 않습니까. 그러므로 明君은 이를 깨달아서 賢者를 구하기를 굶주릴 때에 밥을 구하고 목마를 때에 물을 구하듯이 하며, 諫言을 받아들이고 싫어하지 않아서 감정을 억제하고 욕망을 덜어 義로써 은혜를 끊는 것입니다."

孫權은 이 글을 살펴보고는 그를 위해 눈물을 흘렸다.

紘이 還吳迎家라가 道病하여 授子靖留牋하여 曰① 自古有國家者 咸欲修德政하여 以比隆盛世호되 至於其治하여는 多不馨香②하니 非無忠臣賢佐也요 由主不勝其情하여 弗能用耳니이다 夫人情이 憚難而趨易하고 好同而惡(오)異故로 與治道相反이니이다 傳曰 從善如登이요 從惡如崩③이라하니 言善之難也라 人君이 承基據勢하여 無假於人이어늘 而忠臣이 挾難進之術하고 吐逆耳之言하니 其不合也 不亦宜乎잇가 故로 明君寤之하여 求賢如飢渴하고 受諫而不厭하여 抑情損欲而以義斷恩也니이다 權이 省書하고 爲之流涕하니라

① 留牋은 遺表(臨終하기 전에 써서 남기는 表)와 같다.
留牋, 猶遺表也.
② ≪書經≫ 〈周書 君陳〉에 "지극한 다스림은 크게 향기로워 神明을 감동시킨다." 하였다.[34]
書曰 "至治馨香, 感于神明."
③ 〈"傳曰……從惡如崩"은〉 ≪國語≫ 〈周語 下〉에 보인다.
國語(晉)〔周〕[35]語.

【綱】 孫權이 濡須에 塢(보루)를 만들었다.

權이 作濡須塢[36]하다

【目】 呂蒙은 曹操가 동쪽으로 군대를 진출하고자 한다는 말을 듣고는 孫權을 설득하여 濡須의 水口를 끼고서 塢를 세우게 하니, 장수들이 모두 말하기를 "우리는 강안으로 올

34) 書經……하였다 : ≪書經≫ 〈周書 君陳〉에 "지극한 다스림은 아름다운 향기가 널리 퍼지는 것과 같아서 신명을 감동시키게 마련이다. 그러니 기장과 같은 제물이 향기로운 것이 아니요, 밝은 덕이 바로 향기로운 것이다.〔至治馨香 感于神明 黍稷非馨 明德惟馨〕"라고 보인다.

35) 國語……보인다 : 저본에는 '晉'으로 되어 있으나, ≪國語≫에 의거하여 '周'로 바로잡았다.

36) 權 作濡須塢 : "塢를 쓴 적이 있지 않았는데 여기에서 쓴 것은 어째서인가. 중요한 關防이기 때문이다. ≪資治通鑑綱目≫이 끝날 때까지 '塢를 만들었다.'고 쓴 것은 이 1번뿐이다.〔塢未有書者 此其書 何關要也 終綱目 書作塢一而已〕" ≪書法≫

라가 적을 공격하고 발을 씻고서 배로 들어오니, 보루를 만들 필요가 어디에 있습니까." 하였다. 이에 여몽이 다음과 같이 말하였다.

"군대는 승리할 때가 있고 승리하지 못할 때가 있으며 전투는 百戰百勝하는 법이 없습니다. 만일 적을 갑자기 만났을 적에 적이 步兵과 騎兵으로 우리를 압박하면 강물에 들어갈 겨를도 없는데, 어찌 배에 들어갈 수가 있겠습니까."

손권은 마침내 그의 말을 따랐다.

呂蒙이 **聞曹操欲東兵**하고 **說**(세)**孫權**하여 **夾濡須水口立塢**①하니 **諸將**이 **皆曰 上岸擊賊**하고 **洗足入船**이니 **何用塢爲**리오 **蒙曰 兵有利鈍**하고 **戰無百勝**하니 **如有邂逅**에 **敵**이 **步騎蹙人**이면 **不暇及水**하니 **其得入船乎**아하니 **權**이 **遂從之**②하다

① 李賢이 말하기를 "濡須는 물 이름이니, 지금의 和州 歷陽縣 서남쪽에 있다. 孫權이 水口를 끼고 세운 보루는 모양이 반달과 같다." 하였다.
賢曰 "濡須, 水名, 在今和州歷陽縣西南. 孫權夾水立塢, 狀如偃月."

② 약속하지 않고 만나는 것을 "邂逅"라 한다. 蹙은 압박함이다.
不期而會曰邂逅. 蹙, 迫也.

【綱】 겨울 10월에 曹操가 孫權을 공격하여 濡須에 이르렀는데, 侍中 光祿大夫 參軍事 荀彧이 자살하였다.

冬十月에 **曹操擊孫權**하여 **至濡須**러니 **侍中, 光祿大夫, 參軍事荀彧**이 **自殺**[37)]하다

---

37) 曹操擊孫權……自殺 : "예전에 '曹操가 荀彧을 侍中 尙書令으로 삼았다.'고 쓴 것은 순욱을 비난한 것인데, 여기에 '侍中 光祿大夫 參軍事 순욱이 자살했다.'고 쓴 것은 어째서인가. 순욱을 안타깝게 여긴 것이다. 어찌하여 그를 안타깝게 여겼는가. 자신이 漢나라의 신하가 되어서 조조를 위해 계책을 도모하여 그 功業을 도왔는데 공업이 이뤄지고 나서야 비로소 올바른 의논을 하여 스스로 속였으니, 그 무익함을 알 수 있다. 이때에 자살하니, 군자가 이르기를 '이는 순욱이 자초했을 뿐이다.' 하였다. 그러므로 자살이라고 쓰면서 그 이유를 쓰지 않은 것이다.(甄豐과 劉秀(劉歆)의 자살과 뜻이 같다.)〔前書曹操以荀彧爲侍中尙書令 譏彧也 此其書侍中光祿大夫參軍事荀彧自殺 何 閔彧也 曷爲閔之 身爲漢臣 爲操謀畫 以贊其業 業已成矣 甫以正論自詭 其無益可知也 於是自殺 君子以爲自取而已矣 故書自殺而不書其故(與甄豐劉秀自殺義同)〕" ≪書法≫

"荀彧의 죽음은 또한 그를 인정한 것인가. 아니다. 그렇다면 어찌하여 관작을 썼는가. 이때 국가의 명령이 曹操의 손에서 나왔으니, 이른바 '侍中 光祿大夫 參軍事'라는 것은 조조가 加했을 뿐이다. ≪資治通鑑綱目≫에 이 관작을 쓴 것은 바로 순욱이 조조의 관작과 지위를 받아서 올바르지 않은 사람을 섬긴 잘못을 드러낸 것이니, 어찌 그를 인정한 것이겠는가. 조조는 간사하고 속임수가 많으며 남을 시기하고 이기려 하여, 재주가 있고 지혜로운 선비들 중에 그에게 용납된 자가 별로 없다. 그런데 순욱이 몸을 맡겨 조조를 섬겨서 승리하게 만들고 기이한 계책을 내어 계책에 잘못한 것이 없었으니, 이는 진실로 조조가 내심 시기한 것이다. 더구나 조조가 이미 찬탈하고 시해한 뒤에야 비로소 순욱이 올바른 의논으로 저지하고자 한 것은 어째서인가. 또 순욱이 조조와 周旋한 지가 20년

【目】 董昭가 曹操에게 다음과 같이 말하였다.

"예로부터 신하가 세상을 바로잡음에 公의 금일과 같은 공로가 있지 않았고, 금일과 같은 공로가 있으면서 오랫동안 신하의 지위에 처한 자는 있지 않습니다. 지금 明公은 慙德[38]이 있음을 부끄러워하고 명예와 절개를 보존하는 것을 좋아하십니다. 그러나 사람들로 하여금 大事(황제의 지위에 오르는 일)를 가지고 자신을 의심하게 하니, 진실로 거듭 생각하지 않을 수 없습니다."

동소는 이에 장수들과 함께 의논하여 丞相(조조)을 마땅히 國公으로 작위를 올리고, 九錫의 물건[39]을 구비하여 특별한 공로를 표창하여야 한다고 하였다.

이 넘어서 평상시에 心腹으로 서로 대하였으니, 어찌 조조의 사람됨을 몰라서 忠正을 지키고 겸양을 지킬 것을 조조에게 바랐단 말인가. 순욱이 자살한 것은 애당초 취할 만한 것이 없다. 漢나라를 보존하지 못하였고 또 殺身成仁을 하지 못하였으니, 그 잘못을 미루어 근원해보면, 다만 조조를 따르던 초기에 선택을 정밀하게 하지 못함에 있었고, 그 晩年과 末路에 이르러는 또한 어쩔 수가 없었던 것이다.

만일 순욱이 과연 漢나라를 위해서 죽었다면 ≪자치통감강목≫에서 마땅히 '조조에게 九錫을 가할 것을 의논하자 순욱이 자살했다.'라고 썼을 터인데, 이제 이것을 삭제하여 쓰지 않았고 또 司馬光이 순욱을 칭찬한 말까지 아울러 삭제하고 기록하지 않았으니, 그렇다면 순욱에 대해 불만스럽게 여긴 것을 분명히 알 수 있다. 그런 뒤에야 吳나라에서 벼슬하지 않고 魏나라에서 벼슬하지 않은 자(諸葛亮)가 행한 그 出處의 대의에 있어 더욱 미칠 수 없으며, 조조에게 지조를 잃은 자는 죽으나 사나 모두 치욕임을 알 수 있는 것이다. 후세에 재능을 가지고 스스로 나타내려 하는 자는 아마도 또한 선택하는 바를 잘 살펴야 할 것이다.〔荀彧之死 亦予之乎 曰 非也 然則何以書爵 曰 是時國命出於操手 所謂侍中光祿大夫參軍事者 操加之耳 綱目書之 正以著彧受操爵位 事非其人之失 豈予之哉 夫曹操姦詐忌克 凡才智之士 鮮有爲其所容 彧旣委身事之 制勝設奇 算無遺策 此固操之所忌者 況其篡弑已成 彧乃欲以正論尼之 何哉 且彧與操周旋 踰二十年 平時心腹相與 豈不知操之爲人 而欲以秉忠正守退遜責之乎 彧之殺身 初無可取 旣不足以存漢 又不足以成仁 推原其失 特在於從操之初 擇之不精 至其晩節末路 則亦末如之何矣 使彧果能爲漢而死 則綱目當以曹操議加九錫 荀彧自殺爲文 今旣削而不書 又倂司馬公光褒稱之語 棄之不錄 則其不滿於彧 昭然可知 然後知不仕吳 不仕魏者 其於出處大節 尤不可及 而失身於操者 生死皆辱也 後之以才能自見者 其亦審所擇哉〕" ≪發明≫

여기서 '사마광이 순욱을 칭찬한 말'이란 ≪資治通鑑≫에 사마광이 순욱의 죽음을 논평하면서, "建安 초기에는 온 천하가 전복되어 한 자의 영토와 한 명의 백성도 모두 漢나라의 소유가 아니었는데, 순욱이 魏 武帝(曹操)를 보좌하여 덕이 있는 賢者를 천거하고 유능한 자를 등용하며 병사들을 훈련시키고 병기를 갈고 닦아서 기회를 결정하고 계책을 내어 정벌하여 사방을 평정하였다. 그리하여 마침내 약함을 강함으로 만들고 어지러움을 변화시켜 다스림으로 만들어 천하를 열로 나눔에 그 여덟을 소유하였으니, 그 功이 어찌 管仲의 뒤에 있겠는가."라고 하여 순욱을 春秋時代에 齊 桓公을 도와 천하를 제패한 管仲에 견주었다.(≪資治通鑑≫ 권66 〈漢紀〉 58)

38) 慙德 : 덕이 옛사람에게 미치지 못하여 부끄러워하는 것을 이른다. ≪書經≫ 〈商書 仲虺之誥〉에 "成湯이 夏나라의 桀王을 南巢로 유폐시키고 慙德을 느끼면서 말하기를 '나는 후세에 나를 구실로 삼아서 〈신하가 제멋대로 임금을 정벌할까〉 두렵다.'라고 하였다.〔成湯放桀于南巢 惟有慙德 曰 予恐來世以台爲口實〕"라고 보인다.

39) 九錫의 물건 : 九錫은 고대에 天子가 제후와 대신에게 하사하는 아홉 가지의 물건으로, 첫째는 車馬, 둘째는 衣服, 셋째는 樂器, 넷째는 朱戶, 다섯째는 納陛(궁전의 기단부를 파서 처마 안으로 만든 계

荀彧이 말하기를 "曹公이 본래 義兵을 일으켜서 조정을 바로잡고 나라를 편안히 하여 忠貞의 정성을 지키고 겸양하는 실제를 지켰다. 군자는 사람을 사랑하기를 德으로써 하는 것이니, 이와 같이 해서는 안 된다." 하였다. 조조가 이 때문에 그를 좋아하지 않았다.

董昭言於曹操曰 自古以來로 人臣匡世 未有今日之功이요 有今日之功에 未有久處人臣之勢者也라 今明公이 恥有慙德하고 樂(락)保名節이라 然이나 使人以大事疑己하니 誠不可不重慮也[①]니이다 乃與諸將議하여 以丞相 宜進爵國公하고 九錫備物하여 以彰殊勳이라한대 荀彧이 以爲曹公이 本興義兵以匡朝寧國하여 秉忠貞之誠하고 守退讓之實하니 君子愛人以德이니 不宜如此[②]니라 操由是不悅이러라

① 重(거듭)은 直用의 切이다.
重, 直用切.

② ≪禮記≫ 〈檀弓 上〉에 "曾子가 말씀하기를 '군자가 사람을 사랑함은 德으로써 하고, 소인이 사람을 사랑함은 姑息으로써 한다.' 했다." 하였다.
記檀弓 "曾子曰 '君子之愛人也以德, 細人之愛人也以姑息.'"

【目】 曹操는 孫權을 공격하게 되자 표문을 올려 荀彧을 譙縣에 보내서 군대를 위로하게 할 것을 청하고, 인하여 자기 마음대로 순욱을 남겨두어 侍中 光祿大夫로 節을 잡고〔持節〕[40] 丞相의 參軍事[41]로 삼았다.

조조가 濡須로 향할 적에 순욱이 병으로 壽春에 남아 있다가 독약을 마시고 卒하였다. 순욱은 行義가 정돈되고 智謀가 있었으며 어진 이를 추천하고 선비를 등용하기를 좋아하였다. 그러므로 당시 사람들이 모두 그의 죽음을 애석히 여겼다.

及擊孫權에 表請彧勞軍于譙하고 因輒留彧하여 以侍中, 光祿大夫로 持節, 參丞相軍事[①]하다

단), 여섯째는 虎賁(호위병), 일곱째는 鈇鉞, 여덟째는 弓, 아홉째는 秬鬯(검은 기장으로 빚은 鬱鬯酒)이다.

40) 節을 잡고〔持節〕: 漢나라 말엽과 魏晉南北朝 시기에 지방의 軍政을 관장한 관리에게 종종 使持節, 持節, 假節이라는 칭호를 붙이기도 하였는바, 임시로 부절을 빌려주어 황제를 대리하여 군대를 통솔하고 명령에 따르지 않는 자를 처벌할 수 있는 권한을 가지고 있음을 보여준 것이다. 使持節은 二千石 이하의 관리를 주살할 수 있고, 持節은 관직이 없는 사람을 죽일 수 있고, 假節은 軍令을 어긴 자를 죽일 수 있었다.(大庭脩, ≪秦漢法制史の硏究≫, 創文社, 1982)

41) 丞相의 參軍事 : 參軍事는 後漢 때 설치된 임시직으로 예전에 孫堅도 張溫의 參軍事의 직위에 있었다. '參丞相軍事'라는 명칭이 보이는데 이는 曹操가 丞相이 되어 軍政을 다스리면서 軍事에 참여하는 參謀에게 부여하였는데, 南朝 시대에 정식 관직이 되었다.

操向濡須에 **彧**이 **以病留壽春**이라가 **飮藥而卒**[②]하다 **彧**이 **行義修整而有智謀**하고 **好推賢進士**라 **故**로 **時人**이 **皆惜之**하니라

① 輒은 전횡함을 말한 것이다. 이때 조조가 한창 전쟁을 지휘하였기 때문에 丞相府에 參軍事를 둔 것이다.
輒, 言專輒也. 時方用兵, 故丞相府置參軍事.

② ≪後漢書≫ 〈荀彧傳〉에 "曹操가 荀彧에게 음식을 선물하였는데, 풀어보니 바로 빈 그릇이었다. 이에 순욱은 독약을 마시고 卒했다." 하였다.
彧傳"操饋之食, 發視, 乃空器也. 於是飮藥而卒."

【綱】 12월에 孛星이 五諸侯의 별자리에 나타났다.

十二月에 **有星孛于五諸侯**[①]하다

① ≪晉書≫ 〈天文志〉에 "五諸侯의 다섯 별은 東井의 북쪽에 있고, 또 太微星 남쪽 울타리와 左執法의 동북쪽 한 별을 謁者星이라 하며, 알자성의 동북쪽 세 별을 三公星이라 하고, 삼공성의 북쪽 세 별을 九卿星이라 하며, 구경성의 서쪽 다섯 별을 內五諸侯라 하니, 內諸侯는 안으로 천자를 모시고 封國으로 가지 않는다." 하였다.
晉天文志"五諸侯五星, 在東井北, 又太微南蕃·左執法東北一星曰謁者, 謁者東北三星曰三公, 三公北三星曰九卿, 九卿西五星曰內五諸侯, 內侍天子, 不之國也."

【綱】 劉備가 涪城(부성)을 점거하였다.

◑ 劉備據涪城[42)]하다

【目】 劉備가 葭萌에 있을 적에 龐統이 유비에게 다음과 같이 말하였다.

"지금 은밀히 정예병을 선발하여 밤낮으로 행군속도를 倍加해서 지름길로 成都를 습격하여 일거에 즉시 평정하는 것이 이것이 上策입니다. 楊懷와 高沛는 劉璋의 名將으로, 각각 강력한 군대를 보유하고 關頭(關門)를 점거하여 지키고 있는데, 듣자 하니 이들은 자주 유장에게 간하여 장군(劉備)을 荊州로 돌려보내라고 한다 합니다. 장군이 사

42) 劉備據涪城 : "袁術에 대해 '南陽을 점거했다.'고 쓰고, '曹操의 군대가 兗州를 점거했다.'고 쓴 것은 모두 그들을 죄책한 것이다. 그런데 劉備에 대해서도 '涪城을 점거했다.'고 쓴 것은 어째서인가. 傳(≪孟子≫ 〈公孫丑 上〉)에 이르기를 '한 가지라도 의롭지 못한 일을 행하고서 천하를 얻는 것을 하지 않는다.' 하였으니, ≪資治通鑑綱目≫에서는 이때 유비를 위하여 이 사실을 숨겨주지 않았다.〔袁術書據南陽 曹操兵據兗州 皆罪之也 備也則其書據 何 傳曰 行一不義而得天下 不爲也 綱目於是 不得爲備隱矣〕" ≪書法≫

람을 보내어 이들과 서로 소식을 통해서 형주에 위급한 일이 있어 돌아가 구원하고자 한다고 말하면, 두 사람이 기뻐해서 반드시 찾아와 뵐 것입니다. 이때를 틈타 이들을 사로잡고 나아가 그들의 병력을 탈취하여 곧바로 성도로 향하는 것이 이것이 中策입니다. 그리고 白帝城으로 물러나서 형주와 연합하여 서서히 다시 도모하는 것이 이것이 下策입니다. 만약 머뭇거리며 떠나가지 않으면 장차 크게 곤궁한 지경에 이를 것이니, 오래 지체해서는 안 됩니다."

유비는 그의 中策을 옳게 여겼다.

備在葭萌에 龐統이 言於備曰 今陰選精兵하여 晝夜兼道하여 徑襲成都하여 一擧便定이 此上計也니이다 楊懷, 高沛는 璋之名將이라 各仗彊兵하고 據守關頭[①]러니 聞數(삭)諫璋하여 使遣將軍還荊州[②]라하니 將軍이 遣與相聞하여 說荊州有急하여 欲還救之[③]라하면 二子喜하여 必來見하리니 因此執之하고 進取其兵하여 乃向成都 此中計也니이다 還退白帝하여 連引荊州하고 徐還圖之 此下計也[④]니이다 若沈吟不去하면 將至大困하리니 不可久矣니이다 備然其中計러라

① 關頭는 白水關의 關頭이니, 白水關은 廣漢郡 白水縣에 있다.
關頭, 白水關頭也. 白水關, 在廣漢白水縣.

② 數(자주)은 음이 朔이다.
數, 音朔.

③ 遣은 사자를 보내는 것이다.
遣, 遣使也.

④ 白帝는 바로 巴東郡 魚復縣의 城이다. 公孫述이 成都를 점거하고 스스로 백제라고 칭하고는 어복현을 고쳐 白帝城이라 하였다.
白帝, 卽巴東魚復縣城也. 公孫述據成都, 自稱白帝, 改魚復曰白帝城.

【目】 曹操가 孫權을 공격하자, 손권이 劉備에게 구원을 청하였다. 유비가 劉璋에게 편지를 보내어 다음과 같이 말하였다.

"孫氏와 나는 본래 입술과 이빨의 관계입니다. 그런데 關羽의 군대가 약하니, 이제 내가 가서 구원하지 않으면 조조가 반드시 荊州를 점령하여 점차 益州의 경계를 침범할 것이니, 그 근심이 張魯보다도 심합니다. 장로는 다만 스스로를 지키는 賊이니, 염려할 것이 없습니다."

유비는 인하여 1만 명의 군대와 물자와 양식을 더 지원해줄 것을 요구하였는데, 유장은 다만 4,000명의 병력을 지원할 것을 허락하고 나머지도 모두 절반만을 지급하였다.

유비는 이로 인하여 자신의 병사들을 격노시키기를 "내가 益州를 위하여 강한 적을 정벌하느라 병사들이 수고롭고 지쳐 있는데, 유장은 재물을 쌓아놓고서 賞을 주는 것을 아끼니, 어떻게 士와 大夫들로 하여금 목숨을 걸고 싸우게 할 수 있겠는가." 하였다.

及曹操攻孫權에 權이 呼備自救한대 備貽書璋曰 孫氏與孤로 本爲脣齒어늘 而關羽兵弱하니 今不往救면 則曹操必取荊州하여 轉侵州界하리니 其憂甚於張魯라 魯는 自守之賊이니 不足慮也①라하고 因求益萬兵及資糧한대 璋이 但許兵四千하고 餘皆給半하다 備因激怒其衆하여 曰 吾爲益州征彊敵하여 師徒勤瘁어늘 而積財吝賞하니 何以使士大夫死戰乎아

① "州界"는 益州의 경계를 이른다.
州界, 謂益州界.

【目】張松이 劉備에게 편지를 보내기를 "지금 大事가 거의 이루어지게 되었는데, 어찌하여 이곳을 버리고 떠나가십니까?" 하니, 劉璋은 이 말을 듣고 장송을 체포하여 참수하고, 關戍에 명하여 다시는 유비와 통하지 못하게 하였다.

유비는 크게 노하여 楊懷와 高沛를 불러서 그들의 무례함을 책망하여 참수하고, 군대를 무장하여 곧바로 關頭에 이르러 그들의 병력을 합병하고는 나아가 涪城을 점거하였다.

張松이 書與備曰 今大事垂立이어늘 如何釋此去乎잇가하니 璋이 聞之하고 收斬松하고 勅關戍하여 勿復得與備通하다 備大怒하여 召懷, 沛하여 責以無禮斬之①하고 勒兵徑至關頭하여 幷其兵하고 進據涪城하다

劉備가 楊懷와 高沛를 참하다

① 〈"責以無禮"는〉 주인이 손님을 대접하는 禮가 없음을 책망한 것이다.
責其無客主之禮也.

癸巳年(213)

【綱】 漢나라 孝獻皇帝 建安 18년이다. 봄 정월에 曹操가 군대를 이끌고 돌아갔다.

十八年이라 春正月에 曹操引兵還하다

【目】 曹操가 濡須의 어귀로 진군하여 40만 대군이라고 부풀려 말하니, 孫權이 7만 병력을 인솔하고 조조를 막아서 서로 대치한 지가 한 달이 넘었다. 조조는 손권의 선박과 무기, 군대의 行伍가 정돈되고 엄숙한 것을 보고 감탄하여 말하기를 "자식을 낳으려거든 마땅히 孫仲謀(孫權)와 같은 자식을 낳아야 하니, 劉景升(劉表)의 자식(劉琮)과 같은 자는 돼지와 개에 불과할 뿐이다." 하였다.

손권이 편지를 써서 조조에게 보내어 말하기를 "봄물이 막 불어나려 하니, 公은 빨리 떠나가야 한다."라고 하자, 조조는 撤軍하고 돌아갔다.

操進軍濡須口하여 號四十萬이라하니 孫權이 率衆七萬禦之하여 相守月餘라 操見其舟船, 器仗, 軍伍整肅하고 歎曰 生子를 當如孫仲謀①니 如劉景升兒子는 豚犬耳라하더라 權이 爲牋與操하여 說春水方生하니 公宜速去라한대 操徹軍還하다

① 仲謀는 孫權의 자이다.
仲謀, 權字.

【綱】 14州를 합병하여 9州로 만들었다.

幷十四州하여 爲九州①하다

① 14州는 司州, 豫州, 冀州, 兗州, 徐州, 青州, 荊州, 揚州, 益州, 涼州, 雍州, 幷州, 幽州, 交州이다. "爲九州"는 司州의 河東과 河內, 馮翊과 扶風, 幽州와 幷州 두 주를 떼어서 모두 기주로 편입하고, 양주에 소속되었던 것을 모두 옹주에 편입하고 또 사주의 京兆를 옹주로 편입하였으며, 또 사주의 弘農과 河南을 예주로 편입하고 교주를 모두 형주로 편입하니, 그렇다면 사주, 양주, 유주, 병주, 교주를 줄여서 〈禹貢〉의 九州[43]를 회복한 것이다. 이는

曹操가 스스로 冀州牧을 겸하여 자신이 통솔하는 곳을 넓혀 천하를 통제하고자 한 것이다.
十四州, 司・豫・冀・兗・徐・青・荊・揚・益・涼・雍・幷・幽・交也. 爲九州者, 割司州之河東・河內・馮翊・扶風及幽・幷二州皆入冀州, 涼州所統悉入雍州, 又以司州之京兆入焉, 又以司州之弘農・河南入豫州, 交州幷入荊州, 則省司・涼・幽・幷・交, 而復禹貢之九州矣. 此曹操自領冀州牧, 欲廣其所統以制天下耳.

【綱】長江 가에 있는 郡縣의 백성들을 內陸으로 옮겼다.

◑ **徙濱江郡縣**하다

【目】처음에 曹操가 譙縣에 있을 적에 長江 가에 있는 郡縣들이 孫權에게 經略을 당할까 염려해서 內地 가까이로 옮기고자 하여 蔣濟에게 묻기를 "옛날 官渡에 군대를 주둔했을 적에 燕縣과 白馬縣의 백성들을 옮겼는데, 백성들이 도망하지 않고 적 또한 감히 노략질하지 못하였다. 이제 淮南의 백성들을 내지로 옮기고자 하니, 어떠한가?" 하였다. 이에 장제가 다음과 같이 대답하였다.

"그때에는 우리 군대가 약하고 적이 강하였으므로 옮기지 않으면 반드시 백성들을 잃었을 것입니다. 그러나 지금은 明公의 위엄이 천하에 진동하고 백성들에게 딴마음이 없으며, 또 人情은 자기가 살던 고향을 그리워하여 실로 옮기기를 좋아하지 않습니다. 백성들이 반드시 불안해할까 염려됩니다."

그러나 조조는 그의 말을 따르지 않았다. 얼마 후 백성들이 서로 놀라고 불안해하여 십여 만 家戶가 모두 동쪽으로 長江을 건너가니, 江西 지역이 마침내 텅 비게 되었고, 合肥 이남에는 오직 皖城(환성)만이 남게 되었다.

初에 **曹操在譙**에 **恐濱江郡縣**이 **爲孫權所略**하여 **欲徙令近內**하여 **以問蔣濟曰 昔軍官渡**에 **徙燕, 白馬民**이러니 **民不得走**하고 **賊亦不敢鈔**라 **今欲徙淮南民**하노니 **何如**①오 **對曰 是時**에 **兵弱賊强**하여 **不徙**면 **必失之**어니와 **今明公 威震天下**하고 **民無他志**하며 **人情**이 **懷土**하여 **實不樂徙**라 **懼必不安**이니이다 **操不從**이러니 **旣而**요 **民轉相驚**하여 **戶十餘萬**이 **皆東渡江**하니 **江西遂虛**라 **合肥以南**에 **惟有皖城**②이러라

① 燕縣과 白馬縣은 모두 東郡에 속하였다.

---

43) 禹貢의 九州 : 〈禹貢〉은 ≪書經≫의 편명으로, 禹가 홍수를 다스리고 九州를 아홉 등급으로 나누어 賦稅와 貢物을 바치게 한 것을 기록한 글이다. 여기에 구주의 경계와 名山大川을 열거하여 중국 최초의 地理書가 되었는바, 여기의 구주는 豫州, 冀州, 兗州, 徐州, 青州, 荊州, 揚州, 雍州, 梁州이다.

燕縣・白馬縣, 皆屬東郡.

② 大江(양자강)이 동북쪽으로 흐르므로 歷陽으로부터 濡須의 어귀까지를 모두 江西라 이르고, 建業(秣陵)을 江東이라 하였다.
大江東北流, 故自歷陽至濡須口, 皆謂之江西, 而建業謂之江東.

【綱】 여름 5월에 曹操가 스스로 서서 魏公이 되니, 九錫을 가하였다.

夏五月에 **曹操自立爲魏公**하니 **加九錫**[44]하다

【目】冀州의 10개 郡을 가지고 曹操를 봉하여 魏公으로 삼고 丞相으로서 예전처럼 冀州牧을 겸하게 하였다. 또 九錫을 가하니, 大輅와 戎輅가 각각 1대이고 玄牡(검은 수말)가 8필이며, 袞冕의 복식에 붉은 신이 뒤따르고, 軒縣의 음악과 六佾의 춤[45]이며, 朱戶에

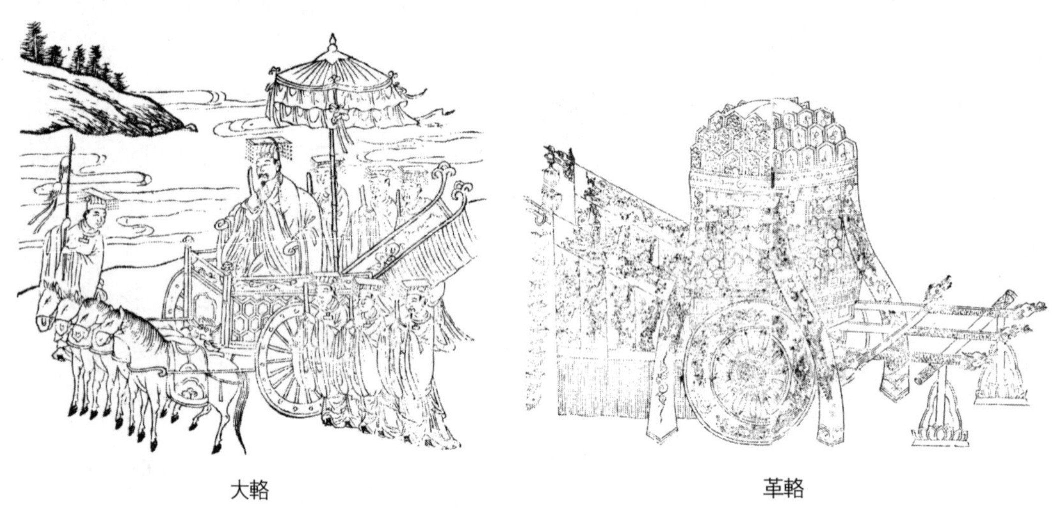

大輅　　革輅

44) 曹操自立爲魏公……加九錫 : "九錫은 王莽 때 처음 썼었는데, 이때에 다시 보인다. 그러나 왕망은 '安漢公 王莽에게 구석을 가했다.'고 썼으니, 그렇다면 이는 명령이 그래도 황제로부터 나온 것이고, 曹操에 이르러는 '自'라고 썼으니 왕망보다 더 심한 것이다. ≪資治通鑑綱目≫이 끝날 때까지 구석을 가할 적에 '自'라고 쓴 것이 11번이니, 모두 조조가 가르친 것이다.〔九錫自莽始書 於是再見 然莽書加安漢公莽九錫 則命猶自上出也 至操書自 則又甚於莽矣 終綱目 九錫書自者十一 皆操之敎也〕" ≪書法≫

45) 六佾의 춤 : 佾은 춤추는 자의 대열로 六佾은 6열을 이르는바, 天子는 8열, 諸侯는 6열, 大夫는 4열, 士는 2열인데, 1열에 8명이라고도 하고 열에 맞춰 2명씩 줄어든다고도 한다. 예컨대 8열에 8명씩이면 천자는 8×8=64명, 제후는 8×6=48명, 대부는 8×4=32명, 사는 8×2=16명이 된다. 그러나 열에 맞추면 천자는 8×8=64명이어서 변동이 없지만 제후는 6열에 6명씩이어서 6×6=36명, 대부는 4×4=16명, 사는 2×2=4명에 그치게 된다.

거처하고 納陛로 堂에 오르며, 虎賁이 300명이고 鈇鉞이 각각 하나씩이며, 붉은 활이 1개이고 붉은 화살이 100개이고 검은 활이 10개이고 검은 화살이 1,000개이며, 검은 기장과 鬱金으로 빚은 鬱鬯酒가 한 동이이고 珪와 瓚이 여기에 뒤따랐다.

以冀州十郡으로 封曹操爲魏公하고 以丞相으로 領冀州牧如故①하고 又加九錫하니 大輅, 戎輅各一이요 玄牡二駟②요 袞冕之服에 赤舄副焉③하고 軒縣之樂과 六佾之舞④요 朱戶以居하고 納陛以登하며 虎賁三百人이요 鈇鉞各一이요 彤弓一이요 彤矢百이요 旅(로)弓十이요 旅矢千⑤이요 秬鬯(거창)一卣(유)요 珪, 瓚副焉하다

① 이때 冀州의 河東, 河內, 魏郡, 趙國, 中山, 常山, 鉅鹿, 安平, 甘陵, 平原 등 모두 10개의 郡을 魏國으로 만들었다.
時以冀州之河東・河內・魏郡・趙國・中山・常山・鉅鹿・安平・甘陵・平原凡十郡, 爲魏國.

② 大輅는 金輅이니 제사 지낼 때 타는 것이고, 戎輅는 革輅이니 군대의 일에 타는 것이다. 玄牡는 검은색의 수소이니, 이것을 제물로 사용하여 皇天上帝에게 고하였다.[46]
大輅, 金輅也, 祭祀所乘. 戎輅, 革輅也, 兵事所乘. 玄牡, 黑色牡牛也, 用以告皇天上帝.

③ 舄은 가죽신이다. 舄은 세 등급이 있는데 赤舄이 최상이니, 冕服에 딸린 舄이다.
舄, 履也. 舄有三等, 赤舄爲上, 冕服之舄.

④ 縣(걸다)은 懸으로 읽는다. 諸侯는 악기를 軒縣하는데,[47] 南面에 걸지 않는 것은 天子의 禮를 피한 것이다.
縣, 讀曰懸. 諸侯軒縣, 去其南面, 以避王也.

⑤ 旅는 盧와 같으니, 검은색이다.
旅, 與盧同, 黑色也.

【綱】 큰비가 내려 홍수가 졌다.

大雨水하다

【綱】 劉璋이 장수 吳懿 등을 보내어 劉備를 막다가 패하여 모두 항복하니, 유비가 진군하여 雒城을 포위하였다.

46) 玄牡는……고하였다 : 玄牡는 天地에 제사 지낼 때 쓰이는 검은 수소로, ≪書經≫ 〈商書 湯誥〉의 검은 犧牲을 써서 上天과 后土에게 아뢴 내용에 근거하여 訓義를 낸 것으로 보인다. 그러나 九錫의 내용(玄牡二駟)에 근거하여 검은 수말로 해석하였다.

47) 諸侯는……軒縣하는데 : 王은 宮縣을 하고 諸侯는 軒縣을 하는데, 宮縣은 사방에 악기를 거는 것이고 軒縣은 남쪽을 제외한 삼면에 악기를 거는 것이다.(≪周禮≫ 〈春官 小胥〉)

◑ 劉璋이 遣將吳懿等하여 拒劉備라가 敗績하여 皆降하니 備進圍雒城하다

【目】 益州從事인 廣漢 사람 鄭度가 劉璋에게 다음과 같이 건의하였다.

"左將軍(劉備)이 孤立無援의 군대를 이끌고 우리를 습격하여 들판의 곡식을 먹으며 지내고 있으니, 巴西와 梓潼의 백성들을 모두 몰아내어서 涪水 서쪽으로 들여보내고[48] 창고와 들의 곡식을 한결같이 모두 불태워 없애며, 보루를 높이 쌓고 해자를 깊이 파고서 유비가 싸움을 청하여도 응하지 않는 것만 못합니다. 이렇게 하면 100일이 지나지 않아 저들이 장차 스스로 달아날 것이니, 달아날 때 공격하면 반드시 사로잡을 수 있을 것입니다."

劉備가 이 말을 듣고 그를 미워하였는데, 灋正(법정)이 말하기를 "유장이 끝내 그 계책을 쓰지 못할 것이니, 걱정할 것이 없습니다." 하였다. 유장이 과연 그 부하들에게 이르기를 "나는 敵을 막아 백성을 편안하게 한다는 말은 들었고, 백성을 옮겨 적을 피한다는 말은 듣지 못하였다." 하고는 그의 장수 吳懿 등을 보내어 유비를 막게 하였는데, 모두 패하여 후퇴하였다.

오의가 군중에 나와 항복하자, 유장은 다시 李嚴과 費觀을 보내어 군대를 감독하게 하였는데 이엄과 비관 또한 항복하니, 유비의 군대가 더욱 강성해졌다. 유비는 여러 장수들을 나누어 보내서 屬縣들을 평정하고 나아가 雒城을 포위하니, 낙성을 지키던 장수 張任이 나와 싸우다가 패하여 죽었다.

益州從事廣漢鄭度 謂劉璋曰 左將軍이 懸軍襲我하여 野穀是資하니 莫若盡驅巴西, 梓潼民하여 內(납)涪水以西하고 其倉廩野穀을 一皆燒除하고 高壘深溝하여 請戰勿許하면 不過百日에 彼將自走하리니 走而擊之면 此必禽矣①리이다 備聞而惡(오)之어늘 灋正曰 璋이 終不能用하니 無憂也②라하더니 璋이 果謂其群下曰 吾聞拒敵以安民이요 未聞動民以避敵也라하고 遣其將吳懿

48) 巴西와……들여보내고 : 訓義에 따라 원문의 '內涪水以西'를 '涪水 서쪽으로 들여보내다.'로 해석하였다. 그러나 《資治通鑑》 標點本(中華書局)에는 '盡驅巴西·梓潼民 內·涪水以西'로 떼어서 巴西와 梓潼의 백성들을 內水와 涪水 서쪽으로 모두 몰아내는 것으로 보았으며, 胡三省의 註에도 "梓潼의 물은 바로 五婦의 물이니, 함께 墊江으로 들어가는바, 바로 이른바 內水라는 것이다.〔梓潼水卽五婦水也 同入于墊江 卽所謂內水也〕" 하였다. 또 本書 아래 19년 조에 "劉備가 趙雲을 나누어 보내 外水를 따라 江陽과 犍爲를 평정했다.〔分遣雲 從外水定江陽犍爲〕" 하였고, 《자치통감》 호삼성의 주를 그대로 인용하여 "지금의 渝州 또한 漢나라 巴郡의 땅이다. 두 水口를 마주하였으니, 오른쪽은 涪內水이고 왼쪽은 蜀外水인바, 유주의 위 合州로부터 綿州에 이르는 것을 內水라 이르고 유주의 위 戎瀘로부터 蜀 지역에 이르는 것을 外水라 이른다.〔今渝州亦漢巴郡地也 對二水口 右則涪內水 左則蜀外水 自渝上合州至綿州者 謂之內水 自渝上戎瀘至蜀者 謂之外水〕" 하였는바, 여기의 內는 納의 뜻이 아니고 涪內水로 보아야 할 듯하다.

等하여 拒備러니 皆敗退하다 懿詣軍降이어늘 復遣李嚴, 費觀하여 督軍[③]이러니 嚴, 觀亦降하니 備軍이 益强이라 分遣諸將하여 平下屬縣하고 進圍雒城하니 守將張任이 出戰敗死[④]하다

① 劉璋은 巴郡의 墊江縣(점강현) 이상을 나누어 巴西郡으로 만들었다. 梓潼縣은 廣漢郡에 속하였다. 內(납)은 들임이다. 涪水는 廣漢의 남쪽에서 발원하여 漢水로 들어간다.
劉璋分巴郡墊江已上, 爲巴西郡. 梓潼縣, 屬廣漢郡. 內, 入也. 涪水, 出廣漢南, 入漢(墊).[49)]

② 灋은 法의 古字이다.
灋, 古法字.

③ 觀은 음이 貫이니, 費觀은 사람의 성명이다.
觀, 音貫, 費觀, 姓名.

④ 雒城은 廣漢郡 雒縣의 城이다.
雒城, 廣漢郡雒縣城.

【綱】 가을 7월에 魏나라가 처음으로 宗廟와 社稷을 세웠다.

秋七月에 魏始建宗廟社稷[50)]하다

【綱】 魏公 曹操가 세 딸을 황제에게 바쳐 貴人으로 삼게 하였다.

◑魏公操 納三女爲貴人[①51)]하다

---

49) (墊) : 저본에는 '墊'자가 있으나, ≪資治通鑑≫ 註에 의거하여 衍字로 처리하였다.

50) 魏始建宗廟社稷 : "'始'라고 쓴 것은 어째서인가. 참람한 시초를 기록한 것이다. 그러므로 '魏公操'라고 쓰지 않고 '魏'라고 써서 은연중에 한 敵國처럼 대한 것이다. ≪資治通鑑綱目≫에 宗廟에 '始'라고 쓴 것이 2번이고(이해와 後主 延熙 18년(255) 吳나라), '初'라고 쓴 것이 1번이니(五代時代 丁巳年(957) 北漢), 오직 吳나라와 北漢은 느슨한 말이 된다.〔書始 何 志僭始也 故不書魏公操 而書曰魏 隱若一敵國矣 綱目宗廟書始二(是年 後主延熙十八年吳) 書初者一(五代丁巳年北漢) 惟吳與北漢爲緩辭〕" ≪書法≫

51) 魏公操 納三女爲貴人 : "妃妾은 쓰지 않는데, 여기에서 쓴 것은 어째서인가. 曹操를 비난한 것이다. 劉聰이 劉殷의 세 딸을 받아들여서 貴嬪으로 삼자 '漢主納(漢主(劉聰)가 받아들이다.)'이라고 썼는데, 여기에서는 어찌하여 '操納(조조가 바치다.)'이라고 썼는가. 황제의 뜻이 아니기 때문이다. 이때 황제의 처소에 있는 사람들은 모두 조조의 耳目(첩자)였는데 또 세 貴人을 바쳤으니, 조조의 마음을 알 수 있다. '操納'이라고 특별히 쓴 것은 조조의 마음을 죄책한 것이다. 비첩을 쓴 것이 이때 처음 시작되었으니, ≪資治通鑑綱目≫이 끝날 때까지 '명하여 비첩을 들였다.'고 쓴 것이 모두 10번인데, 모두 비난한 것이다. 오직 鄭氏를 充華로 삼으려 한 것을 쓴 것은 찬미하는 말이다. 그리고 아래에서 위로 바친 것으로 글을 쓴 경우는 魏公 曹操 한 사람뿐이다.〔妃妾不書 此其書 何 譏也 劉聰納劉殷(三)〔二〕女 爲貴嬪 書漢主納 此則曷爲以操納書 非帝意也 於是帝所 皆操耳目 又納三貴人焉 操之心可知矣 特書操納 誅心也 書妃妾始此 終綱目 書命納妃妾十 皆譏也 惟鄭氏爲充華 爲美辭 至以下納上爲文者 魏公操一人而已〕" ≪書法≫ 劉聰의 일은 사정전훈의 ≪자치통감강목≫ 제18권 상 晉 懷帝 永嘉 6년(312) 綱에 "봄 정월에 漢主 劉聰이 劉殷의 두 딸을 받아들여 貴嬪으로 삼았다."라고 보이는바 이에 따르면 여기에서도 "獻帝가 曹操의 세 딸을 받아들여 貴人으로 삼았다."라고 표기해야 할 것이다. 이때는 황제

① 曹操의 세 딸은 장녀는 曹憲, 다음은 曹節, 그 다음은 曹華인데, 조절을 뒤에 皇后로 세웠다.
操三女, 長憲·次節·次華, 節後立爲皇后.

【綱】 8월에 馬超가 涼州에 침입하여 刺史를 죽였다. 9월에 參軍事인 楊阜가 군대를 일으켜 공격하니, 마초가 漢中으로 달아났다.

◑ 八月에 馬超入涼州하여 殺刺史어늘 九月에 參軍事楊阜 起兵攻之하니 超奔漢中하다

【目】 처음에 曹操가 馬超를 추격하여 安定에 이르렀다가 군대를 이끌고 돌아갈 적에, 涼州 參軍事인 楊阜가 조조에게 말하기를 "마초는 韓信과 黥布의 용맹이 있고 羌族과 胡族의 마음을 얻고 있으니, 만약 대비하지 않으면 隴上의 여러 郡이 국가의 소유가 아닐 것입니다." 하였다.

조조가 돌아가자, 마초는 과연 강족과 호족을 거느리고서 농상의 여러 군을 공격하여 점령하였는데, 오직 冀城[52]만이 굳게 지켰다. 정월부터 8월에 이르기까지 구원병이 오지 않으니, 涼州刺史 韋康과 太守가 항복하고자 하였다.

이에 양부가 울부짖고 통곡하며 간하기를 "저희들은 부형과 자제들을 인솔하고 의리로써 서로 격려하여 죽을 때까지 두 마음을 품지 않고서 使君을 위해 이 성을 지키고 있습니다. 그런데 지금 어찌하여 거의 이루어진 功을 버리고 不義하다는 罪名에 빠지십니까." 하였다. 그러나 위강 등은 듣지 않고 성문을 열어 마초를 맞이하니, 마초가 들어와서 마침내 위강 등을 살해하였다.

조조가 夏侯淵으로 하여금 구원하게 하였는데, 마초가 하후연을 맞아 싸워서 패퇴시켰다.

初에 曹操追馬超하여 至安定이라가 引軍還할새 參涼州軍事楊阜 言於操曰① 超有信, 布之勇하고 得羌, 胡心하니 若不設備면 隴上諸郡이 非國家之有也②리이다 操還에 超果率羌, 胡하여 擊隴上諸

의 뜻이 아니고 曹操가 자신의 세 딸을 황제에게 바쳐 궁중의 일을 정탐하게 하였으므로 이렇게 표현한 것이다.

鄭氏를 充華로 삼은 것은 ≪資治通鑑≫ 〈唐紀〉 貞觀 8년에 "隋나라 通事舍人 鄭仁基의 딸을 맞이하여 充華로 삼았다.[帝聘隋通事舍人鄭仁基女 爲充華]"라고 보인다. 정인기의 딸이 용모가 매우 뛰어나 太宗이 충화라는 후궁으로 삼고자 하여 詔令까지 내렸는데, 魏徵이 그녀가 이미 陸爽이라는 선비와 혼인을 약속한 사이라는 소문을 듣고는 태종에게 간하여 남의 처를 빼앗아 후궁으로 들이는 일을 중지시켰다.

52) 冀城 : 冀縣으로 漢陽郡에 속하며, 漢陽郡은 涼州에 속한다.

郡取之하니 惟冀城이 固守③라 自正月로 至八月히 救兵不至하니 刺史韋康及太守欲降이어늘 楊阜號哭諫曰 阜等이 率父兄子弟하여 以義相勵하여 有死無二하여 以爲使君守此城④이어늘 今奈何棄垂成之功하고 陷不義之名乎잇가 康等이 不聽하고 開門迎超러니 超入하여 遂殺康等이어늘 曹操使夏侯淵救한대 超逆戰敗之하다

① 涼州刺史 韋康이 楊阜를 辟召하여 別駕로 삼았다가 參軍事로 남아 있게 하였다.
涼州刺史韋康, 辟阜爲別駕, 留參軍事.

② "信, 布"는 韓信과 黥布[53]를 이른다. 隴西, 南安, 漢陽, 永陽은 모두 隴上의 여러 郡이다.
信・布, 謂韓信・黥布也. 隴西・南安・漢陽・永(楊)〔陽〕,[54] 皆隴上諸郡也.

③ 冀縣은 漢陽郡에 속하니, 한양군과 涼州刺史의 치소가 있는 곳이다.
冀縣, 屬漢陽郡, 郡及涼州刺史治焉.

④ 爲(위하다)는 去聲이다.
爲, 去聲.

【目】 마침 楊阜가 아내의 喪을 당하여 휴가를 받아 장례하러 갔는데, 양부의 外兄(外從兄)인 姜敍가 군대를 거느리고 歷城에 주둔해 있었다. 양부가 강서와 그 어머니(고모)를 만나보고 크게 탄식하며 몹시 슬퍼하였다. 강서가 묻기를 "어찌하여 이렇게 슬퍼하는가?" 하자, 양부가 다음과 같이 말하였다.

"나는 城을 제대로 지키지 못하였고 자사와 태수가 죽었는데도 함께 죽지 못했으니, 또한 무슨 면목으로 천하에 목숨을 보존할 수 있겠습니까. 馬超는 아버지를 등지고 군주를 배반하고 州의 장수(자사와 태수)를 참혹하게 죽였습니다. 그러나 이것이 어찌 저 혼자 근심하고 책임질 일이겠습니까. 한 州의 士와 大夫가 모두 그 치욕을 입었습니다. 君은 군대를 거느리고 마음대로 통제하면서도 역적을 토벌할 마음이 없으니, 이런 마음 때문에 ≪春秋≫에서 趙盾(조돈)이 군주를 시해했다고 쓴 것입니다. 마초는 강하지만 의리가 없고 약점이 많아 도모하기가 쉽습니다."

---

53) 韓信과 黥布 : 한신은 前漢 초기 淮陰 사람으로 처음엔 項梁과 項羽를 따랐으나 중용되지 못하자, 漢王 劉邦에게 망명하여 蕭何의 추천으로 大將軍에 올랐다. 유방에게 천하를 도모할 것을 건의하고, 군대를 이끌고 魏나라와 代나라를 격파한 뒤 燕나라를 함락시키고 齊나라를 점령하였다. 이어 유방과 함께 垓下에서 항우를 포위해 죽이고, 천하를 통일하고 楚王에 봉해졌으나, 뒤에 呂后와 소하의 謀計로 잡혀 모반죄로 三族이 멸족되었다. 경포는 항우의 밀명을 받고 義帝를 江中에서 시해하였는데, 뒤에 항우를 배반하고 유방을 도와 淮南王에 봉해졌다. 한신과 똑같은 功臣인 彭越이 유방에게 죽임을 당하자 경포는 자신도 그렇게 되리라고 생각하여 반란을 일으켰다가 高祖(유방)의 토벌을 받고 패망하였다.

54) (楊)〔陽〕: 저본에는 '楊'으로 되어 있으나, ≪資治通鑑≫ 註에 의거하여 '陽'으로 바로잡았다.

會에 **楊阜喪妻**하여 **求假以葬**①이러니 **阜外兄姜敍 擁兵屯歷城**②이라 **阜見敍及其母**하고 **歔欷**(허희) **悲甚**이어늘 **敍曰 何爲乃爾**오 **阜曰 守城不能完**하고 **君亡不能死**하니 **亦何面目以視息於天下**③리오 **馬超背父叛君**하고 **虐殺州將**④하니 **豈獨阜之憂責**이리오 **一州士大夫 皆蒙其恥**라 **君**이 **擁兵專制而無討賊之心**하니 **此趙盾所以書弑君也**⑤라 **超**는 **彊而無義**하고 **多釁**(흔)하여 **易圖耳**니이다

① ≪資治通鑑≫에는 "求假"의 위에 "就超(마초에게 찾아가서)" 두 글자가 있다. 假는 休假(暇)이니, "求假(휴가를 청함)"는 옛날의 請告, 請急이라는 말과 같다.
通鑑, 求假上, 有就超二字. 假, 休假也, 求假, 猶古之請告, 請急也.

② 外兄은 고모의 아들[55]이다. ≪水經註≫에 "歷城은 西縣에 있으니 仇池와의 거리가 120리인데, 뒤에 이름을 고쳐 建安城이라 했다." 하였다.
外兄, 姑子也. 水經註 "歷城在西縣, 去仇池一百二十里, 後改爲建安城."

③ "視息"은 눈만 뜨고 숨(생명)을 보전한 것이다.
視息, 瞻視喘息也.

④ "背父"는 馬騰이 鄴城에 있을 적에 馬超가 돌아보지 않고 배반한 것을 이른다.
背父, 謂馬騰在鄴, 不顧而反.

⑤ 趙盾은 晉나라의 卿인 趙宣子이다. ≪春秋左氏傳≫ 宣公 2년에 "趙穿이 靈公을 桃園에서 공격(시해)하였는데, 조선자가 〈망명하다가 이 소식을 듣고 국경에 있는〉 山을 나가지 않고 돌아왔다. 太史가 쓰기를 '조돈이 그 군주를 시해했다.' 하여 조정의 대신들에게 보이니, 조선자가 말하기를 '옳지 않다.' 하였다. 태사가 대답하기를 '그대가 正卿이 되어서 도망할 적에 국경을 넘지 않았고 돌아와서는 역적을 토벌하지 않았으니, 〈군주를 시해한 자가〉 그대가 아니고 누구인가?' 했다." 하였다. 이 글을 인용한 것은 州將(刺史)을 군주에 비유하고 姜敍를 조돈에 비유한 것이다.
趙盾, 晉卿趙宣子也. 左傳 "趙穿攻靈公於桃園, 宣子未出山而復. 太史書曰 '趙盾弑其君.' 以示於朝. 宣子曰 '不然.' 對曰 '子爲正卿, 亡不越境, 反不討賊, 非子而誰.' 引此文者, 以州將喩君, 敍喩盾也.

【目】 姜敍의 어머니가 분개하며 다음과 같이 말하였다.

"아, 伯奕아! 韋使君(韋康)이 난을 만난 것은 또한 너의 책임이기도 하니, 어찌 다만 義山의 책임일 뿐이겠느냐. 사람이 누구인들 죽지 않겠는가. 忠義에 죽는 것이 죽을 곳을 얻는 것이다. 너는 다만 마땅히 속히 군대를 일으켜야 하니, 나는 나의 餘生을 가지고 너에게 누를 끼치지 않겠다."

---

55) 外兄은……아들 : 外兄은 外從兄으로, 우리나라에서는 일반적으로 外從은 外叔(외삼촌)의 아들을, 內從은 고모의 아들을 지칭하여 이와 반대이다. 고대 문헌에는 모두 고모의 아들을 외종, 외숙의 아들을 내종이라 하였으며, 외숙을 內舅, 妻父(장인)를 外舅라 하였다.

강서는 마침내 趙昂, 尹奉 등과 함께 모여 擧事를 모의하고 또 사람을 冀城으로 보내서 梁寬, 趙衢와 결탁하여 그들로 하여금 內應이 되게 하였다.

이때 馬超가 이미 조앙의 아들 趙月을 데려다가 인질로 삼고 있었는데, 조앙이 아내 士異에게 이르기를 "나의 계책은 이와 같지만 저 조월을 어찌해야 한단 말인가?" 하니, 사이가 큰 소리로 대답하기를 "君父의 큰 치욕을 씻을 수 있다면 자신의 머리를 잃는 것도 아깝지 않은데, 하물며 한 자식이겠습니까." 하였다.

敍母慨然曰 咄(돌)伯奕아 韋使君遇難은 亦汝之負니 豈獨義山哉[①]아 人誰不死리오 死於忠義는 得其所矣라 但當速發이니 我不以餘年累汝也호리라 敍乃與趙昂, 尹奉等으로 合謀하고 又使人至冀하여 結梁寬, 趙衢하여 使爲內應하다 時에 超已取昂子月爲質이라 昂이 謂妻異曰 吾謀如是어니와 當奈月何[②]오 異厲聲應曰 雪君父之大恥면 喪元도 不足爲重이온 況一子哉[③]잇가

① 咄은 當沒의 切이니, 한탄하는 소리이다. 일설에 "꾸짖는 말이다." 한다. 伯奕은 姜敍의 자이다. 負는 罪責(過失)이다. 義山은 楊阜의 자이다.
咄, 當沒切, 嗟嘆聲. 一曰 "呵也." 伯奕, 敍字. 負, 罪負也. 義山, 阜字.

② 아내의 이름이 異이니, 士氏의 딸이다.
妻名異, 士氏女也.

③ 雪은 씻음이다. 元은 머리이다.
雪, 拭也. 元, 首也.

楊阜가 병사를 빌려 馬超를 격파하다

【目】 9월에 楊阜가 姜敍, 趙昂, 尹奉과 함께 馬超를 토벌하니, 趙衢가 이 틈에 거짓말로 마초를 설득하여 직접 나가 싸우게 하고는 梁寬과 함께 성문을 닫고 마초의 처자식을 모두 죽였다. 마초는 歷城을 기습하여 강서의 어머니를 사

로잡아 趙月과 함께 모두 죽이고, 양부와 싸워 패하자 漢中으로 달아났다.

張魯가 마초를 사위 삼으려고 하였는데, 혹자가 말하기를 "저 마초는 인품이 이와 같아서 자기 어버이도 사랑하지 않으니, 어찌 남을 사랑하겠습니까." 하자, 장로가 마침내 마초를 사위 삼으려는 생각을 접었다.

九月에 **阜與敍, 昂, 奉**으로 **討超**①하니 **衢因譎說**(휼세)**超**하여 **使自出戰**하고 **而與寬閉門**하고 **盡殺超妻子**②하다 **超襲歷城**하여 **得敍母**하여 **幷趙月皆殺之**하고 **與阜戰敗**하여 **奔漢中**하다 **張魯欲妻之**러니 **或曰 有人若此**하여 **不愛其親**이어니 **焉能愛人**이리오하니 **魯乃止**하다

① ≪資治通鑑≫에는 "楊阜가 姜敍와 함께 진군하여 鹵城(노성)으로 들어가자, 趙昂과 尹奉이 祁山을 점거하여 馬超를 토벌했다." 하였다.
通鑑 "阜與敍進兵入鹵城, 昂・奉據祁山, 以討超."
② 譎은 속임이다.
譎, 詐也.

【綱】 겨울 11월에 **魏**나라가 처음으로 **尙書, 侍中, 六卿**을 설치하였다.

冬十一月에 **魏初置尙書, 侍中, 六卿**56)하다

【目】 **荀攸**를 **尙書令**으로 삼고, 涼茂를 **僕射**(복야)로 삼고, **毛玠, 崔琰**(최염), **常林, 徐奕, 何夔**(하기)를 **尙書**로 삼고, **王粲, 杜襲, 衛覬**(위기), **和洽**을 **侍中**으로 삼고, **鍾繇**를 **大理**로 삼고, **王脩**를 **大司農**으로 삼고, **袁渙**을 **郎中令**으로 삼아 **御史大夫**의 일을 대행하게 하고, **陳群**을 **御史中丞**으로 삼았다.

以荀攸爲尙書令하고 **涼茂爲僕射**①하고 **毛玠, 崔琰, 常林, 徐奕, 何夔爲尙書**②하고 **王粲, 杜襲, 衛覬, 和(合)〔洽〕**57)**爲侍中**③하고 **鍾繇爲大理**④하고 **王脩爲大司農**하고 **袁渙爲郎中令**하여 **行御史大夫事**⑤하고 **陳群爲御史中丞**⑥하다

① 涼茂는 사람의 성명이다.
涼茂, 姓名.
② 魏나라가 五曹의 尙書인 吏部, 左民, 客曹, 五兵, 度支(탁지)를 설치하였다.

56) 魏初置尙書 侍中 六卿 : "이는 왕(황제)의 벼슬인데 魏나라가 설치하였으니, 曹操는 儼然히 황제인 것이다. '初'라고 쓴 것은 참람한 시초를 기록한 것이다.〔此王官也 而魏置之 儼然帝矣 書初 志僭始也〕" ≪書法≫

57) (合)〔洽〕 : 저본에는 '合'으로 되어 있으나, ≪資治通鑑≫에 의거하여 '洽'으로 바로잡았다.

魏置五曹尙書吏部・左民・客曹・五兵・度支.

③ 이로부터 이후로 侍中은 마침내 네 사람을 定員으로 삼았다.
自是以後, 侍中遂以四人爲定員.

④ 大理는 漢나라 廷尉의 직책이다.
大理, 漢廷尉之職.

⑤ 郎中令은 漢나라 光祿勳의 직책이다.
郎中令, 漢光祿勳之職.

⑥ 이때 御史大夫를 三公으로 삼았고, 御史中丞을 御史臺의 長官으로 삼았다.[58)]
時以御史大夫爲三公, 以中丞爲御史臺主.

【目】袁渙은 下賜받은 재물을 모두 사람들에게 흩어주니 집안에 저축된 바가 없었고, 궁핍하면 남에게서 취하여 썼으나 〈자신의 청렴함을〉 밝게 드러내는 행동을 하지 않았다. 그러나 당시 사람들이 모두 그의 淸白함에 감복하였다.

이때 劉備가 죽었다고 전하는 자가 있었는데, 여러 신하들은 모두 축하하였으나 오직 원환이 홀로 축하하지 않았다.

渙이 得賞賜에 皆散之하니 家無所儲하고 乏則取之於人호되 不爲皦(교)察之行이라 然이나 時人이 皆服其淸①이러라 時有傳劉備死者러니 群臣이 皆賀로되 唯渙이 獨否②러라

① 皦는 밝음이다.
皦, 明也.

② 〈"惟渙獨否"는〉 袁渙이 일찍이 劉備의 천거로 관리가 되었으므로 홀로 축하하지 않은 것이다.
渙以嘗爲備擧吏, 獨不賀.

【目】曹操가 肉刑[59)]을 회복하고자 하여 명령하기를 "옛날에 陳鴻臚(陳紀)가 말하기를 '사

58) 이때……하였다 : ≪宋書≫ 〈百官志〉에 御史大夫의 변천에 대해 서술하였다. 어사대부는 前漢 시기에 명칭이 계속 변하였는데 哀帝 元壽 2년(B.C. 1)에 大司空으로 명칭이 바뀌면서 어사대부의 次官으로 있던 御史中丞이 독립하여 御史臺의 長官이 되고 御史長史로 명칭이 바뀌었다. 光武帝 때에 御史中丞으로 환원되고 少府에 소속되었다. 獻帝 때 다시 御史大夫를 설치하지만 어사중승을 통솔하지는 못하였다.
訓義는 어사중승은 원래 어사대부의 次官이었지만 어사대부가 三公으로 격상하면서 탄핵을 담당하는 御史臺의 長官이 된 것을 말한 것이다.

59) 肉刑 : 죄인의 몸에 직접 형벌을 가하는 것으로, 첫 번째는 가벼운 죄를 지은 자에게 가하는 墨刑, 두 번째는 코를 베는 劓刑(의형), 세 번째는 발을 자르는 刖刑(월형), 네 번째는 去勢하는 宮刑, 다섯 번째는 死刑인 大辟이다.

형이 仁恩에 있어 더 나은 점이 있다.'[60] 하였으니, 御史中丞이 부친의 의논을 다시 펼 수 있는가?" 하였다. 이에 陳群이 다음과 같이 대답하였다.

"신의 아비 陳紀가 말하기를 '漢나라가 肉刑을 없애고 笞刑을 증가시킨 것[61]은 본래 인자하고 측은한 마음을 일으킨 것이었는데 죽는 자가 더욱 많아졌으니, 이른바 형벌의 명칭은 가벼워졌으나 실제는 무거워졌다는 것입니다. 형벌의 명칭이 가벼워지면 죄를 범하기 쉽고 실제가 무거워지면 백성을 상하게 됩니다. 또 사람을 죽인 자에게 죽음으로 補償하는 것은 옛날 제도에 부합하지만, 사람을 상해한 자에 대해서 혹은 그 신체를 훼손하고 그 모발을 깎는 것은 올바른 의리가 아닙니다. 만약 옛날 형벌을 사용하여 음탕한 자는 宮刑에 처해 蠶室로 내려보내고 도둑질한 자는 그 발을 베면, 음탕하고 도둑질하는 간악함이 영원히 없어질 것입니다.

3,000가지 五刑의 등속을 비록 다 회복할 수는 없으나 이와 같은 몇 가지는 세상 사람들이 두려워하는 바이니, 마땅히 먼저 시행해야 합니다. 漢나라의 법률에 殊死(사형)의 죄에 해당하는 사람에게는 仁이 미치지 않는 바이지만, 그 나머지 죽을죄에 가까운 죄를 지은 자는 肉刑으로 바꾸어야 합니다. 이렇게 하면 형벌(肉刑)을 가하는 것과 살려주는 것이 충분히 서로 補償될 수 있을 것입니다.[62] 지금 笞刑을 무겁게 하여 죄인을 죽이는 법으로써 죄인을 죽이지 않는 형벌(육형)과 바꾸었으니, 이는 사람의 支體를 소중히 여겨 〈肉刑을 가하지 않고 笞刑을 엄하게 시행하여〉 사람의 목숨을 가볍게 여기는 것입니다."

---

60) 사형이……있다 : 仁恩을 베풀기 위하여 肉刑을 없애고 대신 笞刑을 가하였으나 죄인들이 혹독한 태형을 받고 도리어 죽는 자가 많았는바, 이는 곧 죄가 가벼워 육형을 받아야 할 죄인들에게 결국 죄가 무거운 사형을 가하는 결과가 되었으므로 이렇게 말한 것이다.

61) 漢나라가……증가시킨 것 : 前漢 文帝 12년(B.C. 168)에 詔令을 내려 肉刑을 없앴으나 笞刑을 맞고 죽는 자가 계속되었다. 그리하여 태형을 줄였는바, 景帝 원년 조(B.C. 156)에 다음과 같이 보인다. "이보다 앞서 文帝가 肉刑을 없애니, 밖으로는 형벌을 경감했다는 이름이 있었으나 안으로는 실로 사람을 죽게 하였다. 오른발을 벨 자는 또 사형에 해당시키고, 왼발을 벨 자는 笞刑 500대를 치고, 코를 베는 데 해당하는 자는 태형 300대를 치니, 죽는 자가 많았다. 이해에 詔令을 내리기를 '태형을 가하는 것은 중한 죄(사형)와 다름이 없다. 요행히 죽지 않더라도 온전한 사람이 될 수 없으니, 법률을 정하여 태형 500대는 300대로 낮추고, 태형 300대는 200대로 낮추라.' 했다.〔初文帝除肉刑 外有輕刑之名 內實殺人 斬右趾者 又當死 斬左趾者 笞五百 當劓者 笞三百 率多死 是歲 下詔曰 加笞 重罪無異 幸而不死 不可爲人 其定律 笞五百曰三百 笞三百曰二百〕" 하였다.

62) 형벌을……것입니다 : 당시 劓刑이나 刖刑인 肉刑을 죄인의 신체에 직접 가하지 않고 대신 笞刑을 무겁게 가하여 태형을 맞은 자가 대부분 살아남지 못하였다. 이에 다시 육형을 회복하고 태형을 가하지 않는 것이 도리어 백성들에게 仁恩을 가하는 것이라 하여, 육형을 가하는 것과 살려주는 것이 서로 보상될 수 있다고 말한 것이다. 원문의 '貿'는 서로 物物交換하는 것으로 '보상'을 가리킨 것으로 보인다.

操欲復(복)肉刑하여 令曰 昔에 陳鴻臚以爲死刑이 有可加於仁恩者라하니 御史中丞이 能申其父之論乎①아 群이 對曰 臣父紀以爲漢除肉刑而增笞法은 本興仁惻이로되 而死者更衆하니 所謂名輕而實重者也니 名輕則易犯이요 實重則傷民이니이다 且殺人償死는 合於古制어니와 至於傷人에 或殘毁其體而裁翦毛髮은 非其理也라 若用古刑하여 使淫者下蠶室하고 盜者刖(월)其足이면 則永無淫放穿踰(천유)之姦矣②리이다 夫三千之屬을 雖未可悉復③이나 若斯數者는 時之所患이니 宜先施用이니이다 漢律殊死之罪는 仁所不及也나 其餘逮死者를 可易以肉刑이면 則所刑之與所生이 足以相貿矣④리이다 今에 以笞死之法으로 易不殺之刑하니 是는 重人支體而輕人軀命也니이다

① 陳群의 아버지인 陳紀가 漢나라의 大鴻臚를 지냈다. "仁恩"은 肉刑을 가리킨 것이다.
陳群父紀爲漢大鴻臚. 仁恩, 蓋指肉刑也.

② 蠶室은 腐刑을 받은 자가 거처하는 따뜻하고 밀폐된 방이다. 무릇 누에를 기르는 자는 누에를 기르는 방을 따뜻하게 하여 누에가 일찍 성장하기를 바라므로 밀실을 만들어서 불을 지펴두는데, 막 부형을 당한 자 또한 바람을 맞아 상처가 잘못될 염려가 있어서 모름지기 밀실에 들어가야 생명을 온전히 할 수 있으므로 인하여 잠실이라고 칭한 것이다.
蠶室, 腐刑所居溫密之室也. 凡養蠶者, 欲其溫而早成, 故爲密室, 蓄火以置之, 而新腐刑亦有中風之患, 須入密室, 乃得以全, 因呼爲蠶室.

③ ≪孝經≫ 〈紀孝行〉에 "五刑의 등속이 3,000가지이다." 하였다.[63)]
孝經 "五刑之屬, 三千."

④ 逮는 가까움이요, 貿는 交易함이다.
逮, 近也. 貿, 易也.

【目】 의논하는 자들 중에 오직 鍾繇가 陳群의 의견과 같았고 나머지는 모두 肉刑을 시행할 수 없다고 하니, 曹操는 군대의 일(전쟁)이 아직 끝나지 않았다 하여 여러 사람의 의견을 고려하여 육형을 회복하려는 생각을 접었다.

議者唯鍾繇與群議同하고 餘皆以爲未可行이라하니 操以軍事未罷라하여 顧衆議而止하다

---

63) 孝經……하였다 : 五刑은 다섯 가지 肉刑으로 얼굴에 자자하는 墨刑, 코를 베는 劓刑, 발꿈치를 베는 刖刑, 남녀의 생식기를 못 쓰게 하는 宮刑, 사형인 大辟이다. ≪孝經≫ 〈紀孝行〉에 "오형의 종류가 3,000가지인데, 不孝보다 큰 죄가 없다.〔五刑之屬三千 而罪莫大於不孝〕"라고 하여, 오형의 조목이 자세하지 않으나 ≪書經≫ 〈周書 呂刑〉에는 "墨罰의 종류가 1,000가지이고 劓罰의 종류가 1,000가지이고 剕(刖)罰의 종류가 500가지이고 宮罰의 종류가 300가지이고 大辟의 종류가 200가지이니, 五刑의 종류가 3,000가지이다.〔墨罰之屬千 劓罰之屬千 剕罰之屬五百 宮罰之屬三百 大辟之罰其屬二百 五刑之屬三千〕" 하여 그 조목이 자세히 보인다.

甲午年(214)

【綱】漢나라 孝獻皇帝 建安 19년이다. 봄에 張魯가 馬超를 보내어 祈山을 포위하자, 夏侯淵이 공격하여 물리쳤다.

十九年이라 **春**에 **張魯遣馬超**하여 **圍祈山**이어늘 **夏侯淵**이 **擊却之**①하다

① ≪水經註≫에 "祁山은 嶓冢山(파총산) 서쪽 70리 지점에 있는데, 산 위에 城이 있어 지극히 험하고 견고한바, 漢水가 그 남쪽을 지나간다." 하였다. 또 말하기를 "祁山은 上邽의 서남쪽 240리 지점에 있다." 하였다.
水經註 "祁山, 在嶓冢之西七十許里, 山上有城, 極爲險固, 漢水逕其南." 又曰 "祁山, 在上邽西南二百四十里."

【綱】3월에 魏公 曹操가 자신의 지위를 올려 諸侯王의 위에 있게 하였다.

◑**三月**에 **魏公操進位諸侯王上**64)하다

【目】황제가 曹操에게 금 옥새와 붉은 인끈, 遠遊冠으로 바꾸어 주었다.

改授金璽, 赤紱, 遠遊冠①하다

① 漢나라 제도에 諸侯王은 金印에 붉은 인끈과 遠游冠을 착용하였다. 董巴가 말하였다. "원유관은 격식이 通天冠과 같은바, 높이가 9寸이고 곧바로 수직으로 올라가서 위에서 조금 기울었다가 수직으로 내려와 철로 만든 卷과 梁이

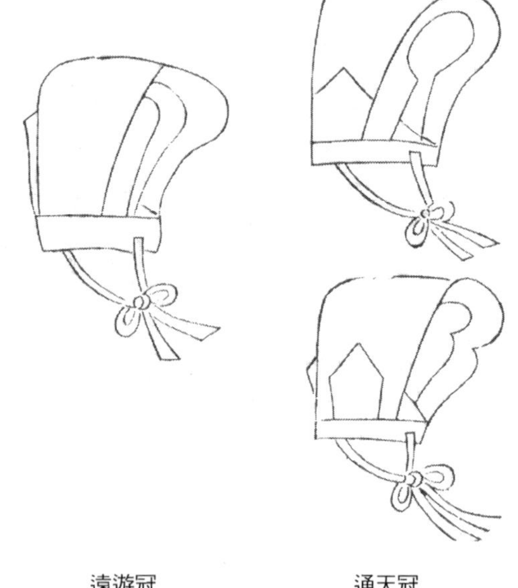
遠遊冠 通天冠

64) 魏公操進位諸侯王上 : "'位諸侯王上'을 王莽에게 일찍이 썼었는데, 그때는 '왕망이 宰衡에 올라 지위가 제후왕의 위에 있다.'라고 썼으니, 그렇다면 명령이 그래도 황제로부터 나온 것이다. 이때에는 '魏公 曹操가 자신의 지위를 올려 諸侯王의 위에 있게 하였다.'라고 썼으니, 이는 스스로 지위를 올린 것이다. ≪資治通鑑綱目≫이 끝날 때까지 '位諸侯王上'이라고 쓴 것이 2번이고(王莽과 曹操), '殊禮(특별한 예)'라고 약칭한 것이 1번이다(桓溫). 그러나 왕망은 '升'이라고 썼고 환온은 '加'라고 썼으니, 그렇다면 또 스스로 올린 자보다 나은 것이다.〔位諸侯王上 王莽嘗書之矣 書曰 升宰衡 位在諸侯王上 則命猶自上出也 於是 書曰 魏公操進位諸侯王上 是自進耳 終綱目 書位諸侯王上二(王莽 曹操) 略稱殊禮者一(桓溫) 然莽書升 溫書加 又愈於自進者矣〕" ≪書法≫

되는데, 展筩이 앞에 가로로 질러 있고 山과 述[65]이 없다."
漢制, 諸侯王金印・赤紱・遠游冠. 董巴曰"遠游冠, 制如通天, 高九寸, 正竪, 頂少邪, 乃直下爲鐵卷・梁, 有展筩, 橫之於前, 無山・述."

【綱】 여름 4월에 가뭄이 들었다.

夏四月에 **旱**하다

【綱】 5월에 큰비가 내렸다.

◑ **五月**에 **雨水**하다

【綱】 윤5월에 孫權이 그의 장수 呂蒙으로 하여금 晥城(환성)을 공격하여 격파하게 하였다.

◑ **閏月**에 **孫權**이 **使其將呂蒙**으로 **攻晥城**하여 **破之**하다

【目】 처음에 曹操가 廬江太守 朱光을 보내어 晥城에 주둔하여 벼를 심은 田地를 크게 개척하게 하였다. 呂蒙이 孫權에게 말하기를 "환성의 田地가 비옥하고 좋으니, 만약 한 번 익은 곡식을 수확하고 나면 저들의 병력이 반드시 증가할 것입니다. 마땅히 일찍 제거해야 합니다." 하였다.

손권이 마침내 직접 환성을 공격할 적에 여러 장수들이 土山을 만들고 성을 공격하는 도구를 더 마련하고자 하였으나, 여몽이 다음과 같이 말하였다.

"성을 공격하는 도구와 토산을 갖추려면 반드시 여러 날이 지나야 비로소 이루어질 것입니다. 성의 수비가 이미 견고한데 외부의 구원 또한 도착하게 되면, 우리가 도모할 수 없습니다. 또 우리가 큰 비가 내려 강물이 불어난 틈을 타고 왔으니, 만약 지체하여 여러 날이 지나면 강물이 반드시 줄어들어 돌아갈 길이 매우 어려울 것이니, 臣은 위태롭게 여깁니다. 지금 이 성을 관찰해보니, 그리 견고하지 못합니다. 三軍의 銳氣로써 사면에서 함께 공격하면 많은 시일이 걸리지 않고 함락할 수 있을 것이니, 강물이 불어

---

65) 卷과……述 : 卷은 笄(비녀)가 통과하는 부분이고, 梁은 冠의 상부에 있는 세로로 접힌 골이다. 山은 冠 앞면에 있는 삼각형의 장식이며, 展筩은 통모양의 장식품으로 筩은 대나무를 잘라 筒을 만든 것이다. 述은 鷸의 깃뿌리로 장식한 것이다.

났을 때에 맞춰 돌아가는 것이 全勝의 방법입니다."

손권이 그의 말을 따랐다.

初에 曹操遣廬江太守朱光屯皖하여 大開稻田이러니 呂蒙이 言於孫權曰 皖田肥美하니 若一收熟이면 彼衆必增이라 宜早除之[①]니이다 權이 乃親攻皖城할새 諸將이 欲作土山, 添攻具어늘 呂蒙曰 治攻具及土山이면 必歷日乃成이라 城備旣修에 外救亦至하면 不可圖也니이다 且吾乘雨水以入하니 若留經日이면 水必向盡하여 還道艱難하리니 蒙竊危之하노이다 今觀此城하니 不能甚固라 以三軍銳氣로 四面竝攻이면 不移時可拔이리니 及水以歸 全勝之道也니이다 權이 從之하다

① "收熟"은 벼가 성숙하여 수확함을 이른다. 양식이 있으면 병력을 증가할 수 있다.
收熟, 謂稻成熟而收之也. 有糧則可以增衆.

【目】 呂蒙이 甘寧을 천거하여 병사들이 城으로 올라가는 것을 감독하게 하였다. 감녕이 명주로 된 줄을 잡고 성으로 기어올라가자, 여몽이 精銳兵으로 하여금 그 뒤를 따르게 하고 자신은 손수 북채와 북을 잡고 치니, 士卒들이 모두 성으로 뛰어 올라갔다. 이른 새벽 진격해서 아침밥을 먹을 때에 皖城을 격파하고 朱光과 남녀 수만 명을 사로잡으니, 孫權은 여몽을 廬江太守로 임명하고, 돌아가 尋陽에 주둔하였다.

蒙이 薦甘寧爲升城督[①]하니 寧이 持練緣城이어늘 蒙이 以精銳繼之하여 手執枹鼓하니 士卒이 皆騰踊[②]이라 侵晨進攻하여 食時破之하고 獲朱光及男女數萬口하니 權이 拜蒙爲廬江太守하고 還屯尋陽하다

① 무릇 督이라고 말함은 〈감독하여〉 살핌이니, 〈"升城督"은〉 여러 군대가 성에 오르는 것을 감독하고 살피는 것이다.
凡言督, 察也. 督察諸軍升城也.

② "持練緣城"은 《資治通鑑》에는 "手持練 身緣城(손으로 명주로 된 줄을 잡고 직접 성으로 올라갔다.)"이라고 되어 있다. 練은 명주이다.
持練緣城, 通鑑作手持練, 身緣城. 練, 繒帛也.

【綱】 馬超가 劉備에게 투항하였다. 유비가 成都에 들어가서 스스로 益州牧을 겸하고 諸葛亮을 軍師將軍으로 삼았다.

馬超奔劉備하다 備入成都하여 自領益州牧하고 以諸葛亮爲軍師將軍[66)]하다

66) 備入成都……以諸葛亮爲軍師將軍 : "이때 劉璋이 성문을 열어 항복하자 劉備가 그를 公安으로 옮겼는데, 綱에 쓰지 않은 것은 이를 숨긴 것이다. 그렇다면 《資治通鑑綱目》이 어떻게 만세에 신

張飛가 嚴顔을 의롭게 여기고 풀어주다

【目】 諸葛亮이 關羽를 남겨두어 荊州를 지키게 하고, 張飛, 趙雲과 함께 군대를 거느리고 강물을 거슬러 올라가 巴東에서 승리하였으며 巴郡을 격파하고서 太守 嚴顔을 사로잡았다. 장비가 엄안을 꾸짖기를 "어찌하여 항복하지 않는가?" 하자, 엄안이 말하기를 "卿들이 禮義가 없어서 우리 州를 침탈하였으니, 우리 州에는 다만 머리가 잘린 장군이 있을 뿐, 항복하는 장군은 없다." 하였다.

장비가 노하여 끌고 가서 머리를 베게 하였는데, 엄안은 얼굴빛과 행동거지를 조금도 바꾸지 않으면서 말하기를 "머리를 베려면 곧바로 벨 것이지, 어찌하여 성을 내는가?" 하였다. 장비는 그를 장하게 여겨 풀어주고서 인도하여 賓客으로 삼았다.

諸葛亮은 군대를 나누어 조운을 보내 外水로부터 江陽과 犍爲를 평정하고, 장비를 보내 巴西와 德陽을 평정하였다. 龐統은 流矢를 맞고서 卒하였다.

諸葛亮이 留關羽하여 守荊州하고 與張飛, 趙雲으로 將兵泝流하여 克巴東하고 破巴郡하여 獲太守嚴顔①하다 飛呵顔曰 何以不降고 顔曰 卿等이 無狀하여 侵奪我州하니 我州에 但有斷頭將軍이요 無降將軍也②니라 飛怒하여 令牽去斫(작)頭한대 顔이 容止不變하여 曰 斫頭면 便斫頭니 何爲怒也오 飛壯而釋之하여 引爲賓客하다 分遣雲하여 從外水하여 定江陽, 犍爲하고 飛定巴西,

뢰를 받을 수 있는가. '入'이라고 쓰고 '自領'이라고 씀에 ≪자치통감강목≫에서 劉備를 비난한 뜻이 저절로 나타난다.〔於是璋開城降 備遷之公安 不書 諱之也 然則何以信萬世 書入 書自領 而綱目之意見矣〕" ≪書法≫

德陽③이러니 **龐統**은 **中流矢卒**하다

① 趙韙가 巴郡의 安漢 이하를 나누어 永寧郡으로 삼았는데, 劉璋이 영녕군을 巴東郡으로 개칭하였다.
趙韙分巴郡安漢以下, 爲永寧郡, 劉璋以永寧爲巴東郡.

② "我州(우리 州)"는 益州를 이른다.
我州, 謂益州也.

③ 胡三省의 註에 "江陽縣은 본래 犍爲郡에 속하였는데 劉璋이 나누어 江陽郡을 세웠고, 唐나라 때에는 瀘州가 되었다. 건위군은 唐나라 때 資州, 簡州, 嘉州, 眉州의 땅이 되었다. 지금 渝州 또한 漢나라 巴郡의 땅으로 두 水口를 마주하였으니, 오른쪽은 涪內水이고 왼쪽은 蜀外水인바, 유주의 위 合州로부터 綿州에 이르는 것을 內水라 이르고 유주의 위 戎瀘로부터 蜀 지역에 이르는 것을 外水라 이른다. 德陽縣은 廣漢郡에 속하니, 唐나라의 遂州의 땅이다."
胡三省註 "江陽縣, 本屬犍爲郡, 劉璋分立江陽郡, 唐爲瀘州. 犍爲郡, 唐爲資·簡·嘉·眉之地. 今渝州, 亦漢巴郡地也. 對二水口, 右則涪內水, 左則蜀外水. 自渝上合州至綿州者, 謂之內水. 自渝上戎瀘至蜀者, 謂之外水. 德陽縣, 屬廣漢郡, 唐遂州地."

【目】 **法正**이 **劉璋**에게 편지를 보내기를 "**左將軍**(劉備)이 옛 정을 잊지 못하고 그대를 사모하여 실로 박대하려는 뜻이 없으니, 변화를 도모하여 **尊門**을 보존하라." 하였으나, 유장은 답하지 않았다.

法正이 **牋與劉璋曰 左將軍**이 **舊心依依**하여 **實無薄意**①하니 **可圖變化**하여 **以保尊門**②하라호되 **璋**이 **不答**하다

① 당시 사람들이 劉璋이 劉備에게 의지하여 유비를 활용하려 하였는데 유비가 도리어 유장을 기습하였다고 하여 유비의 야박함을 비난하였다. "依依"는 사모하는 뜻이다.
蓋時人以璋倚備爲用, 備反襲璋, 譏備之薄也. 依依, 思慕之意.

② "尊門"은 유장의 가문을 이른다.
尊門, 謂璋家門.

【目】 **雒城**이 무너지자 **劉備**가 나아가 **成都**를 포위하니, **諸葛亮**과 **張飛**, **趙雲**도 군대를 거느리고 와서 모였다. **馬超**가 **張魯**와는 함께 일을 계획할 수 없음을 알고는 또한 와서 항복을 청하자, 유비가 마초로 하여금 군대를 이끌고 성 북쪽에 주둔하게 하니, 성안의 사람들이 두려워 떨었다.

유비는 **從事中郎 簡雍**으로 하여금 성안으로 들어가 **劉璋**을 설득하게 하였는데, 이때

성안에는 아직도 精銳兵 3만 명이 있고 1년을 지탱할 수 있는 곡식과 비단이 있었다.

관리와 백성들이 모두 결사적으로 싸우고자 하였으나, 유장이 말하기를 "우리 父子(劉焉, 劉璋)가 이 州(益州)에 있은 지 20여 년에 백성들에게 恩德을 가한 것이 없다. 그런데 백성들이 3년 동안 적과 싸우느라 초야에 살점과 기름을 뿌린 것은(시신이 버려진 것은) 나 때문이다. 내 마음이 어찌 편안하겠는가." 하고, 마침내 성문을 열고 나와 항복하니, 여러 부하들이 눈물을 흘리지 않는 자가 없었다.

유비는 유장을 公安으로 옮기고 그의 재물을 모두 돌려주었으며, 振威將軍의 印綬를 차게 하였다.

劉備가 益州를 평정하다

雒城이 潰①어늘 備進圍成都하니 亮, 飛, 雲이 引兵來會하다 馬超知張魯不足與計事하고 亦來請降이어늘 備令引軍屯城北하니 城中이 震怖러라 使從事中郎簡雍으로 之說(세)劉璋②하니 時에 城中에 尙有精兵三萬人이요 穀帛支一年이라 吏民이 咸欲死戰이어늘 璋이 言父子在州二十餘年에 無恩德以加百姓하고 百姓이 攻戰三年에 肌膏草野者는 以璋故也라 何心能安이리오하고 遂開城出降하니 群下莫不流涕러라 備遷璋公安하고 盡歸其財物하고 佩以振威將軍印綬③하다

① 백성들이 그 윗사람을 버리고 도망가는 것을 潰라 한다.
民逃其(土)〔上〕[67]曰潰.

---

67) (土)〔上〕: 저본에는 '土'로 되어 있으나, ≪春秋左氏傳≫ 文公 3년 조에 의거하여 '上'으로 바로잡았다. 여기에 "백성이 그 임금을 버리고 도망가는 것을 潰라 하고, 임금이 군대를 버리고 도망가는 것

② 漢나라 大將軍府에 從事中郎이 있었는바, 직책은 謀議에 참여하는 것이었다. 簡雍은 사람의 성명이다. '之說'는 ≪資治通鑑≫에 '入說'로 되어 있다.
漢大將軍府, 有從事中郎, 職參謀議. 簡雍, 姓名. 之說, 通鑑作入說.

③ 曹公(曹操)이 먼저 劉璋에게 振威將軍의 관직을 내렸으므로 劉備가 그대로 그 印綬를 차게 한 것이다.
曹公先加璋振威將軍, 故仍佩其印綬.

【目】劉備가 成都에 들어가서 스스로 益州牧을 겸하고는 諸葛亮을 軍師將軍으로 삼고 董和를 掌軍中郎將으로 삼아서 함께 左將軍府의 일을 다스리게 하였으며, 馬超를 平西將軍으로, 法正을 蜀郡太守로, 許靖을 左將軍長史로, 龐羲를 司馬로 삼았다.

董和가 蜀郡太守로 있을 적에 청렴하고 검소하고 공정하고 정직하여 백성과 오랑캐들에게 사랑과 신뢰를 받으니, 蜀 지역에서는 그를 循吏로 추대하였다. 그러므로 유비가 그를 들어 등용한 것이다.

備入成都하여 自領益州牧하고 以諸葛亮爲軍師將軍하고 董和爲掌軍中郎將하여 竝署左將軍府事[①]하고 馬超爲平西將軍하고 法正爲蜀郡太守하고 許靖爲左將軍長史하고 龐羲爲司馬하다 和爲蜀郡太守에 淸儉公直하여 爲民夷所愛信하니 蜀中이 推爲循吏라 故로 備擧而用之[②]하니라

① "署府事"는 軍府의 일을 총괄하여 다스리는 것이다.
署府事者, 摠錄軍府事也.

② 循은 순함이니, 〈"循吏"는〉 위로 국가의 법을 순종하고 아래로 人心에 순응하는 것이다.
循, 順也. 上順公法, 下順人心.

【目】劉備가 처음 新野에서 남쪽으로 도망할 적에 荊楚(荊州)의 여러 선비들이 구름 떼처럼 따라왔으나 劉巴만 홀로 북쪽으로 曹操에게 가니, 조조가 辟召하여 掾을 삼아서 그를 보내어 長沙와 零陵, 桂陽을 招諭하게 하였다. 마침 유비가 위의 세 郡을 점령하니, 유파는 交州를 경유하여 京師로 돌아가고자 하였다. 이때 諸葛亮이 臨蒸에 있으면서 편지로 그를 불렀으나 유파는 따르지 않고 蜀으로 돌아가니, 유비가 매우 한스러워

을 逃라 한다.〔民逃其上曰潰 在上曰逃〕" 하였는데, 그 註에 "潰는 무리가 흩어져 도망가는 것이 마치 堤防이 무너져 쌓인 물이 흩어지듯이 스스로 무너지는 형상이다. 國君이 경솔히 도망하여 신하들이 어찌할 바를 모르는 것은 匹夫가 도망가는 것과 다름이 없다. 그러므로 무리가 도망가는 것을 '潰'라 하고, 임금이 도망가는 것을 '逃'라 하니, 이는 각각 類似한 점을 가지고 말한 것이다.〔潰 衆散流移 若積水之潰 自壞之象也 國君輕走 群臣不知其謀 與匹夫逃竄無異 是以在衆曰潰 在上曰逃 各以類言之〕" 하였다.

하였다.

劉璋이 유비를 맞이하려 하자, 유파가 간하기를 "유비는 雄傑한 사람입니다. 들어오면 반드시 폐해가 될 것입니다." 하였다. 유비가 들어오자 유파가 또다시 간하기를 "만약 유비로 하여금 張魯를 토벌하게 하면 이는 山林에 호랑이를 풀어놓는 것과 같습니다." 하였으나 유장이 듣지 않으니, 유파가 문을 닫고 병을 칭탁하였다.

유비가 成都를 공격할 적에 軍中에 명령하기를 "유파를 해치는 자가 있으면 주벌이 三族에 미칠 것이다." 하였다. 유비는 유파를 얻자, 매우 기뻐하여 그를 西曹掾으로 삼았다.

備自新野南奔[①]할새 荊楚群士 從之如雲이로되 而劉巴獨北詣曹操하니 操辟爲掾하여 遣招納長沙, 零陵, 桂陽이러라 會에 備略有三郡하니 巴欲由交州道하여 還京師러니 時에 諸葛亮이 在臨蒸하여 以書招之[②]한대 巴不從而入蜀하니 備深恨之러라 及璋迎備에 巴諫曰 備는 雄人也라 入必爲害하리이다하고 旣入에 巴復諫曰 若使備討張魯면 是는 放虎於山林也라호되 璋이 不聽하니 巴閉門稱疾이러니 備攻成都에 令軍中曰 有害巴者면 誅及三族하리라 及得巴에 甚喜하여 以爲西曹掾하다

① 여기에서 句를 뗀다.
句.
② 吳나라가 衡陽郡을 세웠는데 臨蒸縣이 여기에 속하였으니, 吳나라가 설치한 것이다.
吳立衡陽郡, 臨蒸縣屬焉, 蓋吳所置也.

【目】이때 益州의 郡縣들이 모두 소문을 듣고 그림자처럼 劉備를 따랐으나 유독 黃權만이 성문을 닫고 굳게 지키다가 劉璋이 머리를 조아리고 복종한 뒤에야 비로소 항복하니, 유비가 그를 장군으로 삼았다.

李嚴은 본래 유장이 등용한 자였고, 吳懿와 費觀 등은 유장과 혼인한 인척이었으며, 彭羕(팽양)은 유장이 배척해 버린 자였다. 그런데 유비가 이들을 모두 현달한 지위에 두어 그 재능을 다하게 하니, 뜻이 있는 선비들이 다투어 勸勉하지 않는 이가 없었고, 익주의 백성들이 이 때문에 크게 화합하였다.

時에 益州郡縣이 皆望風景(영)附[①]호되 獨黃權이 閉城堅守[②]라가 須璋稽服하여 乃降하니 備以爲將軍[③]하다 李嚴은 本璋所授用[④]이요 吳懿, 費觀等은 璋之婚親[⑤]이요 彭羕은 璋所擯棄[⑥]로되 備皆處之顯任하여 盡其器能하니 有志之士 無不競勸이라 益州之民이 是以大和하다

① 景(그림자)은 影으로 읽으니, 〈"景附"는〉 복종하기 쉬움이 그림자가 형체를 따르는 것과 같

음을 말한다.

景, 讀曰影, 言服從之易, 如景之隨形也.

② 黃權은 廣漢縣長이었다.

權廣漢長.

③ "稽服"은 머리를 조아려 복종함을 말한 것이다.

稽服, 言稽首服從也.

④ 劉璋이 李嚴을 護軍[68]으로 삼았다.

璋以嚴爲護軍.

⑤ 劉璋의 형 劉瑁는 吳懿의 누이에게 장가들었고, 유장의 어머니는 費氏이다.

璋兄瑁娶吳懿妹, 璋母費氏.

⑥ 羕은 余亮의 切이다. 〈"彭羕璋所擯棄"는〉 彭羕이 益州에서 벼슬할 적에 書佐에 불과하였는데, 어떤 사람이 劉璋에게 그를 비방하자, 유장은 그의 머리를 깎고 項鎖(항쇄)를 채워 노예로 삼았다.

羕, 余亮切. 羕仕益州, 不過書佐, 人毁之於璋, 髡鉗爲徒隷.

【目】 처음에 劉璋이 許靖을 蜀郡太守로 삼았는데, 成都가 장차 무너지려 할 적에 허정이 성을 나와 항복할 것을 도모하니, 劉備가 이 때문에 그를 하찮게 여겨서 등용하지 않았다.

法正이 말하기를 "천하에 헛된 명예만 얻고 그 실제가 없는 자가 있으니, 허정이 바로 그러한 사람입니다. 그러나 이제 처음으로 大業을 창도하였으니, 천하 사람들에게 집집마다 찾아가서 설명할 수가 없습니다. 마땅히 그를 존경하고 소중히 여겨서 遠近의 바람을 위로해야 합니다." 하니, 유비가 마침내 허정을 예우하여 등용하였다.

初에 劉璋이 以許靖爲蜀郡太守러니 成都將潰에 靖이 謀踰城出降하니 備以此薄之하여 不用이라 法正曰 天下에 有獲虛譽而無其實者하니 許靖이 是也①라 然이나 今始創大業하니 天下之人을 不可戶說이라 宜加敬重하여 以慰遠近之望이니이다 備乃禮而用之②하다

① 許靖은 아우 許劭와 함께 모두 높은 명망이 있었으니, 汝南의 月旦評은 이들 두 사람이 만든 것이다.[69]

---

68) 護軍 : 軍을 지휘하는 장군이 황제의 명령을 위배하는지 감시하는 직위이다.(渡邊義浩 等, ≪譯註 後漢書≫ 別冊 〈後漢書硏究便覽〉, 2016)

69) 許靖은……것이다 : 許靖과 許劭는 從兄弟 사이로 汝南 平輿 사람인바, 허정은 자가 文休, 허소는 자가 子將이다. 이들은 새로 달이 바뀔 때마다 향리의 인물들에 대해서 품평을 하곤 하였는데, 그 뒤로 汝南에 月旦評의 풍속이 생겼다고 한다.(≪後漢書≫ 권98 〈許劭列傳〉, 思政殿訓義 ≪資治通鑑綱目≫ 제12권 중 漢 靈帝 中平 원년(184))

靖與弟劭竝有高名. 汝南月旦評, 二人者爲之也.

② 說(말하다)은 본음대로 읽는다. "不可戶說"은 집집마다 가서 그들을 설득할 수 없음을 말한 것이다.
說, 如字.[70] 不可戶說, 言不可戶戶而說之也.

【目】군대의 비용이 부족하자 劉備가 이를 근심하였다. 劉巴가 直百錢(가치가 100錢이 되는 돈)을 주조하여 物價를 고르게 하고 관리들로 하여금 官市를 열게 할 것을 청하였다. 유비가 그의 말을 따르니, 몇 개월 사이에 府庫가 충실해졌다.

軍用이 不足하니 備以爲憂어늘 劉巴請鑄直(치)百錢하여 平諸物價하고 令吏爲官市①한대 備從之하니 數月之間에 府庫充實이러라

① 直百錢은 동전 하나의 가치가 100錢에 해당하는데, 문양에 '直百'이라 쓰여 있으며 지름이 7分, 무게가 4銖이다.
直百錢, 一錢直百也. 文曰直百, 徑七分, 重四銖.

【目】혹자가 成都의 유명한 田宅(田地와 住宅)을 여러 장수들에게 나누어 주고자 하니, 趙雲이 다음과 같이 말하였다.

"霍去病은 '匈奴가 아직 멸망되지 않았으니 집을 마련할 필요가 없다.'고 하였습니다.[71] 지금 나라의 賊은 흉노뿐만이 아니니, 편안함을 구할 수가 없습니다. 천하가 모두 안정되기를 기다려서 각각 뽕나무와 가래나무가 심어 있는 고향으로 돌아가 本土(자신의 땅)를 경작하는 것이 마땅한 도리입니다. 益州의 백성들이 이제 막 兵難을 겪었으니, 전택을 모두 본래의 주인에게 돌려주어서 백성들로 하여금 편안히 살고 생업을 회복하게 해야 합니다. 이렇게 해야 비로소 백성들에게 부역을 시키고 세금을 징수할 수 있고 그들의 환심을 얻을 수 있으니, 전택을 빼앗아 좋아하는 사람들에게 사사로이 주어서는 안 됩니다."

劉備가 그의 말을 따랐다.

或[72]欲以成都名田宅으로 分賜諸將이어늘 趙雲曰 霍去病이 以匈奴未滅하니 無用家爲라하니이다

70) 如字 : 한 글자에 여러 독음이 있는 경우 본음대로 읽으라는 것이다.

71) 霍去病은……하였습니다 : 霍去病은 漢 武帝 때의 장군으로, 여러 차례 匈奴를 공격해서 큰 공을 세웠다. 武帝가 그에게 집을 마련해주려 하니, 곽거병은 "흉노를 아직 멸망시키지 못하였으니, 어찌 호화로운 집을 갖겠습니까." 하고 사양하였는바, 思政殿訓義 《資治通鑑綱目》 제4권 하 漢 武帝 元狩 4년(B.C. 119) 조에 보인다.

今國賊이 非但匈奴니 未可求安也라 須天下都定하여 各反桑梓하여 歸耕本土 乃其宜耳①니이다 益州人民이 初罷兵革하니 田宅을 皆可歸還하여 令安居復業이라야 乃可役調하고 得其歡心②이니 不宜奪之하여 以私所愛也니이다 備從之하다

① "都定"은 모두 안정되었다는 말과 같다. "桑梓"는 故鄕의 할아버지와 아버지가 심은 뽕나무와 가래나무를 이르니, ≪詩經≫ 〈小雅 小弁〉에 이르기를 "뽕나무와 가래나무도 반드시 공경한다." 하였다.[73]
都定, 猶言皆定也. 桑梓, 謂其故鄕祖父之所樹者, 詩云 "維桑與梓, 必恭敬止."
② 調(세금을 걷다)는 徒笑의 切이다.
調, 徒笑切.

【目】 劉備가 霍峻을 남겨두어 葭萌城을 지키게 하니, 劉璋의 장수 向存(상존)이 1만여 명을 거느리고 와서 1년 동안 공격하고 포위하였다. 곽준의 군대가 겨우 수백 명이었는데, 곽준이 적의 태만한 틈을 타 정예병을 선발하여 出擊해서 적을 대파하고 상존을 참수하니, 유비는 곽준을 梓潼太守로 삼았다.

備留霍峻하여 守葭萌城하니 璋將向存이 帥萬餘人하여 攻圍一年①이러니 峻兵이 纔數百人이라 伺其怠隙하여 選精銳出擊하여 大破斬之하니 備以爲梓潼太守②하다

① 向은 式亮의 切이니, 向存은 사람의 성명이다. 帥(거느리다)은 率로 읽는다.
向, 式亮切. 向存, 姓名. 帥, 讀曰率.
② 劉備가 이미 蜀 지방을 평정하고는 廣漢郡을 나누어 梓潼郡으로 만들었다.
備旣定蜀, 分廣漢爲梓潼郡.

【目】 法正은 밥을 한 끼 먹여준 은덕과 눈을 한 번 흘긴 원한[74]을 보복하지 않는 적이 없었다. 혹자가 諸葛亮에게 이르기를 "법정이 너무 횡포를 부리니, 마땅히 다소 억제해야 합니다." 하니, 제갈량이 다음과 같이 말하였다.

"主公(劉備)께서 公安에 있을 적에 북쪽으로는 曹操를 두려워하고 동쪽으로는 孫權을

---

72) 或 : ≪資治通鑑≫에는 "時議者(당시 의논하는 자)"로 되어 있다.

73) 詩經……하였다 : ≪詩經≫ 〈小雅 小弁〉에 "선조가 심어놓은 뽕나무와 가래나무도 반드시 공경하니, 우러러볼 것이 아버지 아님이 없으며 의지할 것이 어머니 아님이 없도다.〔維桑與梓 必恭敬止 靡瞻匪父 靡依匪母〕"라고 보인다.

74) 밥……원한 : 작은 은혜와 하찮은 원한도 반드시 갚는 것으로, ≪史記≫ 〈范雎列傳〉에 "밥 한 공기의 은혜도 반드시 갚고, 한 번 노려본 원한도 반드시 보복하였다.〔一飯之德必償 睚眥之怨必報〕"라고 보인다.

꺼렸으며, 가까이로는 孫夫人이 집안에서 변고를 낼까 두려워하셨다. 이때에 法孝直이 주공을 위해 보좌해서 주공으로 하여금 새가 높이 비상하듯이 뜻을 얻어 다시는 남의 제재를 받지 않게 하였으니, 지금 어찌하여 법효직을 금지하여 그 뜻을 다소나마 행하지 못하게 하겠는가."

法正이 一飡之德과 睚眦(애자)之怨을 無不報復이어늘 或謂諸葛亮曰 法正이 太橫하니 宜稍抑之①니라 亮曰 主公之在公安也②에 北畏曹操하고 東憚孫權하고 近則懼孫夫人生變於肘腋③이러니 法孝直이 爲之輔翼하여 令翻然翶翔하여 不可復制④하니 今奈何禁止孝直하여 使不得少行其意邪아

① 橫(횡포하다)은 胡孟의 切이다.
橫, 胡孟切.
② 主公이란 칭호는 東都(東漢)에서 시작되었으니, 明公을 고쳐 主公이라 함은 劉備를 높여 섬겨서 군주로 삼은 것이다.
主公之稱, 始於東都, 改明公稱主公, 尊事之爲主也.
③ 孫夫人의 일은 위의 建安 14년(209) 조에 보인다.
孫夫人事, 見上十四年.
④ 孝直은 法正의 자이다. "翶翔"은 스스로 만족함을 말한 것이니, 〈"令翻然翶翔 不可復制"는〉 劉備를 맞이하여 益州로 들어오게 한 일을 이른다.
孝直, 法正字. 翶翔, 言自得也, 謂迎備入益州也.

【目】 諸葛亮의 다스림이 자못 준엄함을 숭상하니, 사람들 중에 원망하는 자가 많았다. 法正이 제갈량에게 이르기를 "옛날에 高祖가 關中에 들어가서 〈가혹한 법을 폐지하고〉 법조문을 세 조항으로 줄이니,[75] 秦나라 백성들이 은덕으로 알았습니다. 君께서는 형벌을 늦추고 禁令을 풀어주어서 이 州의 백성들의 바람을 위로하기를 바랍니다." 하니, 제갈량이 다음과 같이 말하였다.

"그대는 하나만 알고 둘은 알지 못하도다. 秦나라가 무도한 까닭에 정사가 가혹하여 백성들이 원망하였다. 그리하여 匹夫가 크게 고함치자 천하가 흙처럼 무너졌으니,[76]

75) 옛날에……줄이니 : 원문의 '約法三章'은 漢 高祖인 劉邦이 關中에 들어가 종전에 있었던 秦나라의 가혹한 법령을 모두 폐지하고 법조문을 세 조항으로 줄여서 만든 것을 이른다. 그 내용은 "사람을 죽인 자는 사형에 처하고, 남에게 상해를 입힌 자와 도둑질한 자는 그에 상응하는 벌을 받는다.〔人者死 傷人及盜抵罪〕"이다.(≪史記≫ 〈高祖本紀〉)

76) 匹夫가……무너졌으니 : 匹夫는 일개 남자란 뜻으로 秦나라 말기에 봉기한 陳勝과 吳廣 등을 가리킨다. 진승과 오광은 秦나라 二世 황제 당시 漁陽으로 수자리를 가다가 기일 안에 당도하지 못해 斬

高祖가 뒤이어 다스림에 너그러움으로 功을 이룰 수 있었다.

그러나 劉璋은 어리석고 유약하며, 劉焉 이래로 대를 이어 베푼 은혜가 있었지만 〈상하가〉 법조문에 구애되어 〈명령을〉 서로 받들어 시행할 뿐 德政이 행해지지도 못하고 위엄과 형벌이 엄숙하지도 못하였다. 〈게다가 蜀 땅의 人士들이 전횡하고 방종해서〉[77] 君臣의 道가 점점 침체되어 그들에게 지위로써 은총을 내렸지만 그 지위가 지극해지면 이를 하찮게 여기고 그들에게 은혜를 베풀어 순종하게 하였지만 그 은혜가 다하면 태만해지니, 蜀 지방의 정사가 피폐해진 것이 실로 여기에서 연유하였다.

내 이제 법으로써 위엄을 보이니 법이 행해지면 은혜를 알고, 관작으로써 제한하니 관작이 가해지면 영화로운 줄을 알 것이다. 영화와 은혜가 함께 조화를 이루어야 上下에 절도가 있게 되니, 정치를 하는 요체가 이에 드러난다."

亮治頗尙嚴峻하니 人多怨者라 法正이 謂曰 昔에 高祖入關하여 約法三章하니 秦民이 知德이라 願君은 緩刑弛禁하여 以慰此州之望하노라 亮曰 君知其一이요 未知其二로다 秦以無道로 政苛民怨하여 匹夫大呼에 天下土崩하니 高祖因之에 可以弘濟어니와 劉璋이 暗弱하고 自焉已來로 有累世之恩①이나 文法羈縻하여 互相承奉하여 德政不擧하고 威刑不肅이라 君臣之道 漸以陵替하여 寵之以位나 位極則殘하고 順之以恩이나 恩竭則慢하니 所以政敝 實由於此라 吾今威之以法하니 法行則知恩이요 限之以爵하니 爵加則知榮이라 榮恩竝濟라야 上下有節이니 爲治之要 於斯著矣니라

① 劉焉은 劉璋의 아버지이다.
焉, 璋父也.

【目】劉備가 蔣琬(장완)을 廣都縣長으로 삼았는데, 장완이 고을을 잘 다스리지 못하자 유비가 크게 노하였다. 諸葛亮이 이에 청하기를 "장완은 社稷(국가)을 맡을 器局이지, 100리 고을을 다스릴 재주가 아닙니다. 그가 정사를 함은 백성을 편안히 하는 것을 근본으로 삼고 외면을 수식하는 것을 우선으로 삼지 않으니, 원컨대 主公께서는 거듭 살피소서." 하였다. 유비는 평소 제갈량을 공경하였으므로 마침내 장완에게 죄를 가하지 않았다.

刑을 당하게 되었다. 이에 진승이 "壯士가 죽지 않는다면 모르지만 한번 죽을 바에야 큰 이름을 얻어야 할 것이다. 王·侯·將·相이 어찌 씨가 따로 있겠는가.〔壯士不死卽已 死卽擧大名耳 王侯將相寧有種乎〕"라고 하면서, 무리를 규합하여 반기를 들고 일어나 스스로 楚王이 되어 세력을 확장했으나 마침내 패망하였다. 그러나 진승의 봉기는 秦나라가 망하고 漢나라가 일어난 계기가 되었다.(≪史記≫〈陳涉世家〉)

77) 게다가……방종해서 : ≪資治通鑑≫에는 "蜀土人士 專權自恣 君臣之道 漸陵替"라 하였다.

備以蔣琬爲廣都長이러니 **不治**라 **大怒**①어늘 **亮**이 **請曰 蔣琬**은 **社稷之器**니 **非百里之才也**라 **其爲政**이 **以安民爲本**하고 **不以修飾爲先**하니 **願主公**은 **重加察之**②하소서 **備雅敬亮**이라 **乃不加罪**하다

① 琬은 음이 宛이다. 廣都縣은 成都府에 속하였다. 長은 令과 같다. "不治"는 ≪資治通鑑≫에 "衆事不治(여러 일이 다스려지지 못함)"로 되어 있다.
琬, 音宛. 廣都縣, 屬成都府. 長, 猶令也. 不治, 通鑑作衆事不治.

② 重(거듭)은 直用의 切이다.
重, 直用切.

【綱】가을 7월에 魏公 曹操가 孫權을 공격하였다.

秋七月에 **魏公操擊孫權**하다

【目】曹操가 작은아들 曹植을 남겨두어 鄴城을 지키게 하고 邢顒을 조식의 家丞으로 삼았는데, 형옹이 禮로써 단속하고 금지하여 굽히거나 흔들리는 바가 없으니, 이 때문에 조식과 뜻이 부합하지 못하였다.

庶子 劉楨이 문장을 아름답게 지으니, 조식이 그를 친애하였다. 유정이 말하기를 "君侯께서 庶子(유정)의 봄꽃을 취하고 家丞(형옹)의 가을 열매를 잊으시어, 저 때문에 上께서 비방을 받게 되신다면, 그 죄가 적지 않습니다. 어리석은 저는 실로 이를 두려워합니다." 하였다.

操留少子植하여 **守鄴**하고 **以邢顒爲植家丞**하니 **顒**이 **防閑以禮**하여 **無所屈撓**라 **由是不合**하다 **庶子劉楨**이 **美文辭**하니 **植**이 **親愛之**①어늘 **楨曰 君侯採庶子之春華**하고 **忘家丞之秋實**하여 **爲上招謗**하면 **其罪不小**라 **愚實懼焉**②하노이다

① 邢은 姓이다. 漢나라 제도에 列侯는 家丞과 庶子[78] 각각 한 사람을 두어 모시고 살피는 일을 주관하게 하고 집안일을 다스리게 하였다. 防은 제방이고 閑은 울타리이니, 제방으로써 물을 막고 울타리로써 짐승을 제재하는바, 防과 閑은 모두 금지하는 뜻이다.
邢, 姓也. 漢制, 列侯置家丞・庶子各一人, 主侍候, 使理家事. 防, 隄也. 閑, 闌也. 防以制水, 閑以制獸, 皆禁止之義也.

② 爲(때문에)는 去聲이다. 上은 曹植을 가리킨다.
爲, 去聲. 上, 指植.

---

78) 家丞과 庶子 : 家丞은 皇室이나 諸侯國의 家事를 담당하는 家令의 보좌관이고, 庶子는 太子나 諸侯의 자제의 교육을 담당하였다.

【綱】魏나라 荀攸가 卒하였다.

魏荀攸卒[79)]하다

【目】荀攸는 침착하고 치밀하며 智謀와 방비가 있어서 帷幄에서 모의할 적에 당시 사람들과 子弟들이 그가 말한 내용을 알지 못하였다. 曹操가 일찍이 칭찬하기를 "荀文若(荀彧)이 좋은 계책을 올릴 적에는 그 계책이 쓰이지 않으면 건의를 그만두지 않고, 荀公達(荀攸)이 惡을 제거할 적에는 그 악이 제거되지 않으면 간언을 그치지 않는다." 하였고, 또 칭찬하기를 "두 荀氏가 사람을 논한 것은 오랠수록 더욱 信服하게 하니, 내 죽어도 잊지 못한다." 하였다.

攸深密有智防①하여 謀謨帷幄에 時人及子弟 莫知其所言이러라 操嘗稱荀文若之進善은 不進不休하고 荀公達之去惡은 不去不止②라하고 又稱二荀論人이 久而益信하니 吾沒世不忘이라하니라

① 〈"智防"은〉 지혜로 일을 헤아리고 방비함으로 몸을 보전하는 것이다.
智以料事, 防以保身.
② 文若은 荀彧의 자이고, 公達은 荀攸의 자이다.
文若, 彧字. 公達, 攸字.

【綱】枹罕(부한) 사람 宋建이 반란을 일으키자 겨울 10월에 토벌하여 참수하니, 여러 羌族이 다 항복하였다.

枹罕宋建이 反이어늘 冬十月에 討斬之하니 諸羌이 皆降하다

【目】宋建이 스스로 平漢王이라 칭하였다.

建이 自號平漢王이라하다

---

79) 魏荀攸卒 : "이때에 獻帝가 황제로 재위하여 漢나라에 근심이 없었는데, 다만 '魏'라고만 쓴 것은 어째서인가. 荀攸의 마음이 일찍이 漢나라에 있지 않았기 때문이다. 그러므로 漢나라가 〈망하지 않고 남아〉 있었는데도 순유가 卒함에 魏나라를 쓴 것은 마음이 魏나라에 있었기 때문이고, 晉나라가 망했는데도 陶潛이 卒함에 晉나라를 쓴 것은 마음이 晉나라에 있었기 때문이고, 唐나라가 망했는데도 張承業이 卒함에 唐나라를 쓴 것은 마음이 唐나라에 있었기 때문이다. ≪資治通鑑綱目≫에서는 마음을 주벌하기 때문에 순유에 대해서 '魏'라고 쓰고 그 관직을 삭제한 것이다.〔於是獻帝在上 漢無恙也 特書魏 何 攸之心 未嘗有漢也 是故漢在而荀攸卒 書魏 心在於魏也 晉亡而陶潛卒 書晉 心在於晉也 唐亡而張承業卒 書唐 心在於唐也 綱目誅心 故荀攸書魏而削其官焉〕" ≪書法≫

【綱】 11월에 魏公 曹操가 皇后 伏氏와 두 명의 皇子를 시해하였다.

十一月에 **魏公操弑皇后伏氏及皇子二人**[80]하다

【目】皇帝가 許昌에 도읍한 이래로는 황제의 지위를 지킬 뿐이고, 좌우에서 모시는 자가 曹氏의 사람 아닌 이가 없었다. 議郎 趙彦이 일찍이 황제를 위하여 당시의 계책을 말하니, 曹操가 그를 미워하여 살해하였다.

조조가 뒤에 일로 대궐에 들어가 황제를 뵈니, 황제가 그 두려움을 감당하지 못하고 인하여 말하기를 "君이 만약 나를 보필한다면 좋지만, 그렇지 못하면 부디 은혜를 베풀어 나를 놓아주어라." 하였다. 조조는 대경실색하여 몸을 굽히고서 나갈 것을 요구하였다.

옛 제도에 三公이 군대를 인솔하고 황제를 조회할 적에는 호위병인 虎賁으로 하여금 칼을 잡고 좌우에서 삼공을 끼고 있게 하였다. 조조가 대궐에서 나올 적에 〈좌우의 虎賁을 돌아보고〉 땀이 흘러 등을 적시니, 이후로 다시는 황제에게 조회하지

---

80) 魏公操弑皇后伏氏及皇子二人 : "漢나라 許皇后가 일찍이 시해당했을 때에도 오히려 숨겼는데, 황제의 곁에서 황후를 탈취하여 직접 시해하기를 曹操와 같이 한 자는 있지 않았으니, 이것을 차마 한다면 무슨 짓을 차마 하지 못하겠는가. 그러므로 명칭을 바로잡아 조조를 죄책한 것이다. ≪資治通鑑綱目≫이 끝날 때까지 황후가 아랫사람에게 시해당한 것이 3번이고(漢나라의 許后와 伏后, 元魏(北魏)의 于后), 시해를 '殺'이라고 쓴 것이 2번이다(晉나라의 賈后, 唐나라의 張后).〔漢許后嘗弑矣 猶隱之也 未有取於帝側而親弑之如操者 是可忍也 孰不可忍也 故正名罪之 終綱目 后爲下所弑三(漢許后, 伏后, 元魏于后) 弑書殺二(晉賈后, 唐張后)〕" ≪書法≫

"무릇 찬탈하고 도둑질한 사람은 진실로 죽임을 당해도 죄를 용서받을 수 없다. 그러나 그 찬탈하고 도적질하는 가운데에도 또 똑같이 논할 수 없는 것이 있으니, 어째서인가. 三家(韓氏, 魏氏, 趙氏)는 晉나라에 있어서 비록 나라를 나누어 가진 죄가 있으나 弑逆한 죄가 없고, 田氏는 齊나라에 있어서 나라를 도둑질한 죄가 있고 또 시역한 죄가 있으니, 이것이 바로 이른바 똑같이 찬탈하고 도적질하였으나 찬탈하고 도둑질한 내용은 똑같지 않다는 것이다. 曹操가 漢나라에서 대대로 국록을 먹었으니, 비록 적을 공격하고 정벌한 공이 있으나 모두 천자의 명령을 빌려 위력으로 海內를 제재하였을 뿐이다. 만일 天命이 자신에게 돌아오더라도 서서히 취하여도 늦지 않았을 터인데, 어찌 잔인하고 패역하여 마침내 천하의 國母를 시해함에 이르러 돌아보지 않았단 말인가. 그 흉악한 위엄과 포학한 기세가 王莽과 董卓의 아래에 있지 않은데, 마침내 文王으로 자처하고자 하였으니, 장차 누구를 속이겠는가. ≪資治通鑑綱目≫에서 명칭을 바로잡고 죄를 정하였으니, 그런 뒤에야 조조의 큰 죄악이 모두 드러나서 더욱 천지 사이에 용납될 곳이 없고, 또 그런 뒤에야 천하의 義兵을 일으킬 수 있어서 사람마다 그를 주벌할 수 있는 것이다.〔凡簒竊之人 固不容誅 然於其簒竊之中 又有不可概論者 何則 三家之於晉 雖有分國之罪 而無弑逆之誅 田氏之於齊 既有竊國之罪 又有弑逆之誅 此正所謂簒竊雖同 而所以簒竊 則不同者也 曹操在漢 世食下祿 雖有攻伐之功 然皆假天子之命 以脅制海內而已 如使天命有歸 徐而取之 殆亦未晚 夫何殘忍桀逆 遂至於弑天下之母而不顧 其凶威虐燄 不在莽卓之下 乃欲以文王自處 將誰欺哉 綱目正名定罪 然後操之大惡 暴白顯著 愈無所容於天地之間 而後天下之義兵可擧 人人得而誅之矣〕" ≪發明≫

않았다.

帝自都許以來로 守位而已요 左右侍御 莫非曹氏之人者라 議郞趙彦이 嘗爲帝陳言時策하니 操惡(오)而殺之①하다 操後以事入見(현)殿中하니 帝不任其懼②하고 因曰 君이 若能相輔則厚어니와 不爾면 幸垂恩相捨하라 操失色하고 俛仰求出하다 舊儀에 三公이 引兵朝見(현)에 令虎賁執刀挾之③라 操出[81)]에 汗流浹背하니 自後로 不復朝請이러라

① 爲(위하다)는 去聲이니, 아래의 "爲請"의 爲도 같다.
爲, 去聲, 下爲請同.

② "不任(감당하지 못한다)"은 不勝이란 말과 같다. 懼는 ≪後漢書≫ 〈伏皇后紀〉에는 憤(울분)으로 되어 있다.
不任, 猶言不勝也. 懼, 伏后紀作憤.

③ "引兵"은 ≪資治通鑑≫에는 "領兵"으로 되어 있다. "三公領兵"은 三公으로서 또 군대를 거느리는 자를 이른다. 挾은 양 옆을 끼고 있는 것이다. 〈"執刀挾之"는〉 曹操가 군대를 거느렸으므로 변란을 일으킬까 두려워하여 이를 방비한 것이다.
引兵, 通鑑作領兵. 三公領兵, 謂爲三公, 又領兵者. 挾, 挾其兩旁也. 以其領兵, 懼其爲變, 故防之也.

【目】董承의 딸이 貴人이 되었는데, 曹操가 동승을 죽일 적에 귀인도 찾아내어 죽이려 하였다. 황제는 귀인이 임신 중이라 하여 그녀를 살려줄 것을 청하였으나 조조의 허락을 얻지 못하였다.

伏后가 두려워하여 아버지 伏完에게 편지를 보내어 은밀히 曹操를 도모하게 하였는데, 이때 이 일이 누설되었다. 조조는 郗慮(치려)로 하여금 節을 가지고 가서 策書로 皇后의 옥새와 인끈을 거두게 하고, 尙書令 華歆을 副로 삼아서 군대를 무장하고 궁중에 들어가 황후를 체포하게 하였다.

황후가 문을 닫고 벽장 속에 숨어 있었는데 화흠이 문을 부수고 壁牆을 들어내어 황후를 찾아서 끌어내었다. 이때 황제가 바깥 궁전에 있었는데, 황후가 머리를 풀어 산발하고 맨발로 걸으면서 흐느끼다가 황제의 곁을 지나며 永訣하기를 "저를 다시 살려줄 수 없습니까?" 하자, 황제가 말하기를 "내 목숨도 언제까지 부지할 수 있을지 모른다." 하였다. 황제는 치려를 돌아보고 이르기를 "郗公아! 천하에 어찌 이런 일이 있겠는가." 하였다.

마침내 황후를 暴室로 내려보내 유폐하여 죽이고 그녀가 낳은 두 皇子를 모두 독살하

81) 操出 : ≪資治通鑑≫에는 이 뒤에 "顧左右"라는 말이 있다.

였으며, 황후의 형제와 宗族으로서 죽은 자가 100여 명이었다.

董承女爲貴人이러니 操誅承에 求貴人殺之한대 帝以貴人有姙이라하여 爲請이나 不得[①]이라 伏后懼하여 與父完書하여 令密圖之러니 至是事泄하다 操使郗慮로 持節하여 策收皇后璽綬하고 以尙書令華歆으로 爲之副하여 勒兵入宮收后하다 后閉戶藏壁中이어늘 歆이 壞戶發壁하여 就牽后出하니 時에 帝在外殿이라 后被髮徒跣하고 行泣하여 過訣曰 不能復相活邪잇가 帝曰 我亦不知命在何時로라 顧謂慮曰 郗公아 天下에 寧有是邪아 遂將后下暴室하여 以幽死하고 所生二皇子를 皆酖殺之하고 兄弟及宗族死者 百餘人이러라

① 姙(임신하다)은 혹 妊으로 되어 있다.
姙, 或作妊.

曹操가 伏皇后를 杖殺하다

【綱】 12월에 曹操가 高柔를 丞相 理曹[82)]掾으로 삼았다.

十二月에 操以高柔爲丞相理曹掾[①]하다

① 理曹는 漢나라 公府에는 없었으니, 아마도 曹操가 설치한 것일 것이다.
理曹, 漢公府無之, 蓋操所置.

【目】 옛 법에 군대가 출정하였는데 병사가 도망하였을 경우, 그 처자식을 끝까지 조사해서 취조했는데도 도망하는 자가 여전히 그치지 않았다. 曹操가 그 형벌을 더욱 무겁게 하여 부모와 형제에게까지 아울러 형벌을 가하려 하자, 高柔가 다음과 같이

82) 理曹 : 後漢 말 曹操가 丞相府에 설치한 掾屬으로 司法과 刑獄을 관장하였다.

아뢰었다.

"士卒들이 군대에서 도망하는 것은 진실로 미워할 만하나, 듣건대 그 가운데에는 때로 후회하는 자가 있다고 하니, 저는 마땅히 그 처자식들을 너그럽게 용서하여 사졸들이 군대로 돌아오려는 마음을 유도해야 한다고 생각합니다. 그런데 지나치게 또다시 형벌을 무겁게 하면, 저는 염려컨대 지금부터 병사들이 한 사람이 도망가는 것을 보면, 주벌이 장차 자신에게 미칠까 두려워하여 자기도 따라 달아나서 다시는 잡아서 죽일 수 없을 듯합니다. 이처럼 형벌을 무겁게 하는 것은 도망하는 것을 그치게 하는 것이 아니고, 바로 도망하는 것을 더하게 하는 것입니다."

조조가 그의 말을 좋게 여겼다.

舊法에 **軍征士亡**에 **考竟其妻子**로되 **而亡者猶不息**①이라 **操欲更重其刑**하여 **并及父母兄弟**한대 **柔啓曰 士卒亡軍**이 **誠在可疾**이나 **然竊聞其中**에 **時有悔者**라하니 **愚**는 **謂乃宜貸其妻子**하여 **以誘其還心**이라하노이다 **猥復重之**②하면 **柔恐自今軍士 見一人亡逃**하면 **誅將及己**하여 **亦且相隨而走**하여 **不可復得殺也**하노니 **此重刑**은 **非所以止亡**이요 **乃所以益走耳**니이다 **操善之**하다

① "考竟"은 끝까지 조사해서 취조하는 것이다.
考竟, 考覈而窮竟之也.

② 貸는 음이 態이니, 너그럽게 함이다. 猥는 많음이고, 넘침이다.
貸, 音態, 寬也. 猥, 多也, 濫也.

乙未年(215)

【綱】 漢나라 孝獻皇帝 建安 20년이다. 봄 정월에 貴人 曹氏를 세워 皇后로 삼았다.

二十年이라 **春正月**에 **立貴人曹氏**하여 **爲皇后**[83]하다

---

83) 立貴人曹氏爲皇后 : "일찍이 '大將軍 霍光의 딸을 세워 皇后로 삼았다.'고 썼고, 또 '安漢公 王莽의 딸을 세워 황후로 삼았다.'고 썼는데, 여기에서 魏公 曹操의 딸을 세웠다고 쓰지 않은 것은 어째서인가. 명령이 황제로부터 나왔기 때문이다. 그렇다면 명령이 황제로부터 나온 것은 어째서인가. 伏皇后가 시해되자 황제는 더욱 두려워하였다. 이에 조조의 딸을 세워 황후로 삼아서 황제가 장차 조조에게 잘 보이기를 구하였으니, 또한 매우 슬퍼할 만하지 않은가.〔嘗書立大將軍光女爲皇后矣 又書立安漢公莽女爲皇后矣 此其不書立魏公操女 何 命自上出也 其自上出 何 伏后之弑 帝蓋凜凜矣 於是立其女爲皇后 帝將求以自媚於操也 不亦可悲甚哉〕" ≪書法≫

【目】 曹氏는 曹操의 딸이다.

操之女也라

【綱】 3월에 魏公 曹操가 張魯를 공격하였다.

三月에 **魏公操擊張魯**하다

【綱】 여름 5월에 韓遂가 그 부하에게 살해당하였다.

◑**夏五月**에 **韓遂爲其下所殺**[84)]하다

【綱】 劉備와 孫權이 荊州를 분할하여 유비는 關羽로 하여금 江陵을 지키게 하고 손권은 魯肅으로 하여금 陸口에 주둔하게 하였다.

◑**劉備, 孫權**이 **分荊州**하여 **備使關羽守江陵**하고 **權使魯肅屯陸口**하다

【目】 처음에 劉備가 荊州에 있을 적에 周瑜와 甘寧 등이 여러 번 孫權에게 蜀 지방을 취할 것을 권하자, 손권이 使者를 보내 유비에게 다음과 같이 말하였다.

"劉璋이 武勇이 없어서 스스로 지키지 못하니, 만약 曹操가 촉 지방을 얻는다면 형주가 위태로울 것입니다. 이제 먼저 유장을 공격하여 취하고 다음에 張魯를 취하고자 하니, 南方을 하나로 통합하면 비록 10명의 조조가 있더라도 근심할 것이 없습니다."

이에 유비가 다음과 같이 답하였다.

"益州는 백성들이 부유하고 지형이 험고하니 유장이 비록 약하나 충분히 스스로 지킬 수 있습니다. 또 지금 조조가 막 吳會(吳郡과 會稽郡)에서 군대의 위용을 보이고자 하니, 同盟(유장을 가리킴)끼리 연고 없이 서로 공격하고 정벌하여 조조로 하여금 그 틈을 타게 하는 것은 좋은 계책이 아닙니다."

孫權이 劉備의 말을 듣지 않고 孫瑜를 보내어 水軍을 거느리고 夏口에 주둔하게 하자, 유비가 손유를 막아서 지나가지 못하게 하고 말하기를 "네가 蜀 지방을 취하고자

84) 韓遂爲其下所殺 : "'남에게 살해당하였다〔爲所殺〕'고 쓴 것은 어째서인가. 죽임을 당한 이유가 남에게 있지 않고 〈자신이 자기 몸을 잘 保衛하지 못함을〉 비난한 것이다. ≪資治通鑑綱目≫이 끝날 때까지 '爲所殺'이라고 쓴 것이 11번이다.〔爲所殺 何 譏不在人也 終綱目 書爲所殺者十一〕" ≪書法≫

하면, 내 응당 머리를 풀어 산발하고 산중에 들어가서 천하 사람들에게 信義를 잃지 않겠다." 하였다. 이에 손권이 부득이하여 손유를 불러 돌아오게 하였다.

初에 劉備在荊州에 周瑜, 甘寧等이 數(삭)勸孫權取蜀한대 權이 遣使謂備曰 劉璋이 不武하여 不能自守하니 若使操得蜀이면 則荊州危矣라 今欲先攻取璋하고 次取張魯하노니 一統南方이면 雖有十操나 無所憂也니라 備報曰 益州는 民富地險하니 劉璋이 雖弱이나 足以自守요 今曹操方欲觀兵吳會어늘 而同盟이 無故自相攻伐하여 使承其隙은 非長計也[①]니라 權이 不聽하고 遣孫瑜하여 率水軍住夏口어늘 備遏之不得過하고 謂曰 汝欲取蜀이면 吾當被髮入山하여 不失信於天下也[②]리라 權이 不得已하여 召瑜還하다

① "觀兵"은 군대의 위용을 보이는 것이다.
觀兵, 示威也.

② 〈"吾當被髮入山 不失信於天下也"는〉 宗室(劉璋)이 공격을 당하는데도 구원하지 못하니, 천하에 설 면목이 없음을 말한 것이다.
言宗室被攻而不能救, 無面目以立於天下也.

【目】 劉備가 劉璋을 공격하게 되자 關羽를 남겨두어 江陵을 지키게 하였는데, 관우는 魯肅을 의심하여 반목하는 마음을 자주 품었으나 노숙은 항상 우호적으로 그를 어루만졌다.

유비가 益州를 점령하자, 孫權이 諸葛瑾으로 하여금 유비에게 가서 荊州의 반환을 요구하게 하니, 유비가 말하기를 "내 지금 막 涼州를 도모하고 있으니, 양주가 평정되면 형주 땅을 모두 돌려주겠다." 하였다. 손권이 말하기를 "이는 땅을 빌려서 돌려주지 않고 도리어 빈말로 시간을 끌고자 하는 것이다." 하고는 마침내 長沙와 零陵, 桂陽에 長吏를 배치하니, 관우가 이들을 축출하였다.

及備攻璋에 留關羽하여 守江陵하니 與魯肅으로 數(삭)生疑貳로되 肅이 常以歡好撫之러라 及備得益州에 權이 令諸葛瑾으로 從備求荊州한대 備曰 吾方圖涼州하니 涼州定이면 乃盡以荊州相與耳리라 權曰 此는 假而不反하고 乃欲以虛辭引歲也[①]라하고 遂置長沙, 零陵, 桂陽長吏하니 羽逐之하다

① 〈"引歲"는〉 세월(시간)을 끌어 지연시킴을 이른다.
謂延引歲時也.

【目】 孫權이 呂蒙을 보내어 세 郡을 점령하게 하였는데, 오직 零陵太守 郝普(학보)가 항복하지 않았다. 劉備가 직접 公安에 가서 關羽를 보내어 세 군을 다투게 하니, 손권이

진군하여 陸口에 주둔하고 魯肅으로 하여금 1만 명의 병력을 거느리고 益陽에 주둔하여 관우를 견제하게 하고 여몽을 불러 돌아와 노숙을 돕게 하였다.

여몽은 자신을 부르는 손권의 편지를 받은 다음 이를 숨기고는 밤중에 여러 장수들을 불러서 方略을 전달하고서 새벽에 零陵을 공격할 적에, 학보의 친구인 鄧玄之에게 거짓으로 이르기를 "左將軍(劉備)은 漢中에서 夏侯淵에게 포위당하였고, 關羽는 현재 南郡에 있는데 至尊(孫權)께서 몸소 가서 토벌하신다. 저들은 머리와 꼬리가 거꾸로 매달려서 죽음을 구제하기에도 부족한데, 어찌 여력이 있어 다시 이곳(영릉)을 경영하겠는가. 그대는 가서 학보를 만나보고 그에게 禍福을 말하라." 하였다.

등현지가 학보를 보고 여몽의 뜻을 자세히 말하자, 학보가 두려워하며 나와 항복하니, 여몽은 마침내 익양으로 달려갔다.

權이 遣呂蒙하여 取三郡이러니 惟零陵太守郝普不降이라 備自至公安하여 遣羽爭三郡하니 孫權이 進住陸口[①]하고 使魯肅으로 將萬人하고 屯益陽하여 以招羽하고 召呂蒙하여 還助肅[②]하다 蒙이 得書秘之하고 夜에 召諸將하여 授以方略하여 晨에 當攻零陵할새 而詐謂普故人鄧玄之曰 左將軍이 在漢中에 爲夏侯淵所圍하고 關羽在南郡에 至尊이 身自臨之하니 彼方首尾倒懸하여 救死不給이라 豈有餘力復營此哉아 君可見之하고 爲陳禍福[③]하라 玄之見普하고 具宣蒙意한대 普懼하여 出降이어늘 蒙이 乃赴益陽하다

① ≪水經≫에 "江水는 왼쪽으로 烏林의 남쪽을 경유하고 또 동쪽으로 옛 강안에 蒲磯口라는 곳이 있으니, 바로 陸口이다." 하였다.
水經 "江水左逕烏林南, 又東古岸得蒲磯口, 卽陸口也."

② 益陽縣은 長沙郡에 속하였다. "招羽"는 ≪資治通鑑≫에는 "拒羽"로 되어 있다.
益陽縣, 屬長沙郡. 招羽, 通鑑, 作拒羽.

③ 爲(위해, 향해)는 去聲이다.
爲, 去聲.

【目】 魯肅이 關羽를 불러 만나보고는 인하여 관우를 책망하자, 관우가 말하기를 "烏林의 전투에 左將軍(劉備)이 몸소 대오에 있으면서 힘써 적을 격파하였으니, 한갓 수고롭기만 하고서 한 덩이의 땅도 차지하지 못했는데, 어찌 足下가 와서 이 땅을 거두고자 하는가." 하니, 노숙이 다음과 같이 말하였다.

"그렇지 않다. 처음 내가 劉豫州와 長坂에서 만났을 적에 유예주의 병력은 한 부대도 감당하지 못하였다. 계책이 곤궁하고 생각이 다하여 멀리 도망하고자 하였는데, 主上

(孫權)이 유예주가 몸 둘 곳이 없음을 가엽게 여기시어 토지와 병사와 백성들의 힘을 아끼지 않고서 그 환란을 구제하였다. 그런데 유예주는 사사로이 자기 한 몸을 위하여 실정을 꾸며서 은덕을 배반하고 우호를 파괴하였다. 이제 이미 西州(益州)를 얻는 데 도움을 받고도 또다시 荊州 땅을 겸병하고자 하니, 이는 범상한 지아비도 차마 행하지 않는 것인데, 하물며 사람들을 통솔하는 군주이겠는가."

이에 관우가 더 이상 대답하지 못하였다.

魯肅이 **邀羽相見**하고 **因責數羽**하니 **羽曰 烏林之役**에 **左將軍**이 **身在行間**하여 **戮力破敵**[①]하니 **豈得徒勞**하여 **無一塊土**어늘 **而足下來欲收地邪**아 **肅曰 不然**하다 **始與豫州**로 **覲於長坂**[②]할새 **豫州之衆**이 **不當一校**라 **計窮慮極**하여 **圖欲遠竄**[③]이러니 **主上**이 **矜愍豫州身無處所**하여 **不愛土地士民之力**하여 **以濟其患**이어늘 **而豫州私獨飾情**하여 **愆德墮**(휴)**好**[④]라 **今已藉手西州**하고 **又欲翦并荊土**[⑤]하니 **斯蓋凡夫所不忍行**이어든 **而況整領人物之主乎**아 **羽無以答**이러라

① 〈"烏林之役"은〉 바로 赤壁大戰을 이른다. 行(항오)은 胡郎의 切이다.
即謂赤壁之戰也. 行, 胡郎切.

② 覲은 만나봄이다.
覲, 見也.

③ "一校"는 한 부대이다. "圖欲遠竄"은 예전에 劉備가 吳巨에게 가서 의탁하고자 했던 일을 이른다. 위의 建安 13년(208)에 魯肅이 유비를 當陽의 長坂에서 맞이하여 孫權의 뜻을 말하고 간곡한 뜻을 전달하였으며, 또 유비에게 묻기를 "劉豫州가 지금 어디로 가고자 합니까?" 하니, 유비가 말하기를 "蒼梧太守 오거와 옛 친분이 있으므로 그에게 가서 의탁하고자 한다." 하였다. 노숙이 말하기를 "지금 君을 위하여 계획해보건대, 心腹을 보내어 동쪽 吳나라와 스스로 결탁해서 함께 세상의 大業을 이루는 것만 못합니다. 그런데 오거에게 의탁하고자 하시니, 오거는 범상한 사람으로 먼 郡에 홀로 치우쳐 있어서 장차 남에게 합병될 것입니다. 어찌 의탁할 수 있겠습니까." 하니, 유비가 매우 기뻐했다.
一校, 一部也. 圖欲遠竄, 謂欲投吳(臣)〔巨〕[85]也. 上十三年, 魯肅迎備於當陽長坂, 宣權旨, 致殷勤之意, 且問備曰 "豫州今欲何至." 備曰 "與蒼梧太守吳(臣)〔巨〕有舊, 欲往投之." 肅曰 "今爲君計, 莫若遣腹心自結於東, 以共濟世業, 而欲投吳(臣)〔巨〕, (臣)〔巨〕是凡人, 偏在遠郡, 行將爲人所併, 豈足託乎." 備甚悅.

④ "私獨"은 자기 한 몸의 이익을 사사로이 도모함을 이른다. 墮(파괴하다)는 隳와 같다. 好는 우호이다.
私獨, 謂私其一己之所獨也. 墮, 與隳同. 好, 交好也.

---

85) (臣)〔巨〕: 저본에는 '臣'으로 되어 있으나, ≪資治通鑑≫ 註에 의거하여 '巨'로 바로잡았다. 아래도 같다.

⑤ "藉手西州"는 益州를 얻는 데 도움을 받았음을 이른다.
藉手西州, 謂得益州, 有以藉手也.

【目】마침 曹操가 장차 漢中을 공격하려 한다는 말을 듣고 劉備가 마침내 孫權에게 화친을 청하니, 손권은 諸葛瑾으로 하여금 復命하게 하고, 마침내 荊州를 분할해서 湘水를 경계로 삼아 長沙, 江夏, 桂陽의 동쪽은 자신에게 소속시키고 南郡, 零陵, 武陵의 서쪽은 유비에게 소속하게 하였다.

제갈근은 매번 使命을 받들고 蜀에 갈 때마다 그의 아우 諸葛亮과는 다만 공식의 모임에서만 서로 만나보고, 물러나서는 사사로이 대면하는 일이 없었다.

會에 聞曹操將攻漢中하고 備乃求和於權하니 權이 令諸葛瑾報命하고 遂分荊하여 以湘水爲界하여 長沙, 江夏, 桂陽以東은 屬權하고 南郡, 零陵, 武陵以西는 屬備①하다 瑾이 每奉使至蜀에 與其弟亮으로 但公會相見하고 退無私面이러라

① ≪漢書≫ 〈地理志〉에 "湘水는 零陵 陽海山에서 발원하여 酃縣(영현)을 지나 長江으로 들어간다." 하였다.
班志 "湘水出零陵陽海山, 至酃入(汀)〔江〕."[86]

曹操가 漢中에서 張魯를 격파하다

【綱】가을 7월에 魏公 曹操가 漢中을 취하여 張魯를 패주시키고, 장군 夏侯淵과 張郃(장합)을 남겨두어 지키게 하고 돌아갔다.

86) (汀)〔江〕: 저본에는 '汀'으로 되어 있으나, ≪資治通鑑≫ 註에 의거하여 '江'으로 바로잡았다.

秋七月에 **魏公操取漢中**하여 **走張魯**하고 **留將軍夏侯淵, 張郃**하여 **守之而還**하다

【目】 曹操가 陽平에 이르자 張魯는 항복하고자 하였으나, 그의 아우 張衛가 항복하려 하지 아니하여 병력을 이끌고 관문을 막고서 굳게 수비하였다.

操至陽平하니 **張魯欲降**호되 **其弟衛不肯**하여 **率衆拒關堅守**①하다

① 陽平은 關의 이름이니, 漢中郡 褒中縣 서북쪽에 있다.
陽平, 關名, 在漢中郡褒中縣西北.

【目】 처음에 張魯 측에서 항복해온 사람들이 대부분 말하기를 "장로는 공격하기가 쉽습니다. 陽平城 아래 南山과 北山이 거리가 서로 멀어 지킬 수 없습니다." 하니, 曹操는 그들의 말을 믿고 참으로 그럴 것이라고 여겼다. 그런데 이때 자신이 직접 가서 보니, 들은 바와 같지 않았다.

조조는 이에 탄식하기를 "다른 사람의 헤아림은 자신의 생각과 같은 경우가 드물도다." 하고는 양평의 여러 진영을 공격하였는데, 산이 험하여 오르기가 어려워서 사졸들은 부상을 당하고 군대의 양식은 장차 다 떨어지게 되었다. 조조는 의기가 저상되어 돌아가고자 하였다.

初에 **操以降人**이 **多言張魯易攻**이라 **陽平城下南北山**이 **相遠**하여 **不可守**라하니 **信以爲然**이러니 **至是身履**하니 **不如所聞**이라 **乃歎曰 他人商度**(탁)은 **少如人意**로다하고 **攻陽平諸屯**하니 **山峻難登**하여 **士卒傷夷**하고 **軍食且盡**이라 **操意沮欲還**이러라

【目】 마침 前軍이 밤에 길을 잃어 張衛의 別營으로 잘못 들어가니, 장위의 진영이 크게 놀라 후퇴하여 흩어졌다. 曹操가 진군하여 공격하자, 장위 등이 밤을 틈타 도망하였다.

張魯가 南山으로 달아나 巴中으로 들어갈 적에, 좌우의 부하들이 寶貨와 창고를 모두 불태우고자 하였는데, 장로가 말하기를 "내 본래 조정에 귀의하고자 하였으나 뜻을 이루지 못하였다. 지금 銳鋒을 피하는 것은 惡意가 있는 것이 아니니, 보화와 창고는 국가의 소유이다." 하고는 마침내 봉함하고 떠나갔다. 조조는 南鄭에 들어간 뒤에 사람을 보내어 장로를 위로하고 타일렀다.

會에 **前軍夜迷**하여 **誤入張衛別營**하니 **營中**이 **大驚退散**이어늘 **操進兵攻之**한대 **衛等**이 **夜遁**하다 **魯犇南山**하여 **入巴中**①할새 **左右欲悉燒寶貨倉庫**어늘 **魯曰 本欲歸命國家**로되 **而意未得達**이러니

今避鋒銳는 非有惡意하니 寶貨倉庫는 國家之有라하고 遂封藏而去하다 操入南鄭하여 遣人慰喩之②하다

① 胡三省이 말하였다. "지금 興元府는 옛날 漢中郡의 땅이다. 흥원의 남쪽에 큰길이 있어 巴州와 통하는데, 그 길이 매우 험준하여 3일이 지나야 산 정상에 도달할 수 있다. 가장 높은 곳을 孤雲과 兩角이라고 이르니, 하늘과의 거리가 한 줌밖에 되지 않는다. 고운과 양각은 두 산의 이름이다. 지금의 파주는 漢나라 때 巴郡 宕渠縣의 북쪽 경계인데, 三巴의 지역 가운데 이곳이 그 중앙에 위치해 있으므로 이곳을 中巴라 하며, 파주의 북쪽 경계에는 米倉山이 있는데 아래로 흥원을 내려다보니, 실로 큰길이다."
胡三省曰 "今興元府, 古漢中之地也. 興元之南, 有大行路, 通於巴州, 其路險峻, 三日而達于山頂. 其絶高處, 謂之孤雲·兩角, 去天一握. 孤雲·兩角, 二山名也. 今巴州, 漢巴郡宕渠縣之北界也. 三巴之地, 此居其中, 謂之中巴. 巴之北境, 有米倉山, 下視興元, 實孔道也."

② 南鄭縣은 漢中郡의 治所가 있는 곳이다.
南鄭縣, 漢中郡治所.

【目】 主簿인 司馬懿가 曹操에게 다음과 같이 말하였다.

"劉備가 속임수와 무력으로 劉璋을 사로잡아서 蜀 지방 사람들이 따르지 않습니다. 그런데 멀리 江陵을 다투고 있으니, 이 기회를 놓쳐서는 안 됩니다. 이제 우리가 漢中을 점령하여 益州가 진동할 것이니, 진군하여 임하면 저들은 형세가 반드시 와해될 것입니다. 聖人은 때를 어기지도 않고 또한 때를 잃지도 않습니다."

조조가 말하기를 "사람은 너무도 만족할 줄을 모른다. 이미 隴 땅을 얻고 다시 蜀 땅을 바란단 말인가." 하였다.

主簿司馬懿 言於操曰 劉備以詐力虜劉璋에 蜀人未附어늘 而遠爭江陵하니 此機를 不可失也니이다 今克漢中하여 益州震動이라 進兵臨之하면 勢必瓦解하리이다 聖人은 不能違時하고 亦不可失時也니이다 操曰 人苦無足이라 既得隴하고 復望蜀邪①아

① 〈"人苦無足……復望蜀邪"는〉 이는 漢나라 光武帝의 말을 인용한 것이니, 光武帝 建武 8년 조에 있다.[87]
此引光武語也, 在光武建武八年.

87) 이는……있다 : 建武 8년(32)에 光武帝가 上邽를 출발하여 이른 새벽부터 밤늦게까지 동쪽으로 달려갈 적에 岑彭 등에게 글을 내리기를 "隗囂(외효)의 두 城이 만약 함락되면 곧바로 군대를 거느리고 남쪽으로 蜀의 오랑캐(公孫述)를 공격하리라. 사람은 너무도 만족할 줄을 모른다. 이미 隴(외효)을 평정하고 또다시 蜀(공손술)을 바라는구나. 한 번 군대를 일으킬 때마다 머리와 수염이 하얗게 센다.〔兩城若下 便可將兵 南擊蜀虜 人苦不知足 既平隴 復望蜀 每一發兵 頭須爲白〕" 하였다.(思政殿訓義 ≪資治通鑑綱目≫ 제9권 상 漢 光武帝 建武 8년(32))

【目】劉曄이 다음과 같이 말하였다.

"劉備는 人傑입니다. 그러나 도량은 있지만 행동이 더디며, 蜀 지방을 얻은 지가 얼마 되지 않아 촉 지방 사람들이 아직 믿지 않습니다. 이제 우리가 漢中을 격파함에 촉 지방 사람들이 두려워하여 그 형세가 저절로 기울 것이니, 이 틈을 타서 압박하면 반드시 승리할 것입니다. 만약 조금이라도 늦추면, 諸葛亮은 治國에 밝은데 정승이 되었고, 關羽와 張飛는 용맹이 三軍의 으뜸인데 장수가 되었으니, 촉 지방 백성들이 이미 안정된 뒤에 험한 지세를 믿고 要害處를 지키면 범할 수가 없습니다. 지금 취하지 않으면 반드시 後患이 있을 것입니다."

曹操는 그의 말을 따르지 않았다.

劉曄曰 劉備는 人傑也로되 有度而遲하고 得蜀日淺하여 蜀人이 未恃也라 今破漢中에 蜀人震恐하여 其勢自傾하리니 因而壓之하면 無不克也①리이다 若小緩之하면 諸葛亮은 明於治國而爲相하고 關羽, 張飛는 勇冠三軍而爲將하니 蜀民이 旣定에 據險守要하면 則不可犯矣라 今不取하면 必爲後憂하리이다 操不從이러라

① 壓은 압박함이니, 임하여 압박한다는 뜻이다.
壓, 笮也, 臨迫之義.

【目】7일이 지난 뒤에 蜀 지방에서 항복해온 자들이 말하기를 "촉 지방은 병사들이 하루에도 수십 번 놀라서, 守將이 비록 동요하는 자들을 참수하나 안정시키지 못한다." 하였다.

曹操가 劉曄에게 묻기를 "지금도 여전히 공격할 만한가?" 하니, 유엽이 말하기를 "지금은 이미 다소 안정되었으니, 공격할 수 없습니다." 하였다. 조조는 이에 돌아가고 夏侯淵으로 하여금 張郃과 徐晃 등을 거느리고서 漢中을 지키게 하였다.

居七日에 蜀降者 說蜀一日數十驚하여 守將이 雖斬之나 而不能安也라하여늘 操問曄曰 今尙可擊不①아 曄曰 今已小定하니 未可擊也②니이다 乃還하고 以夏侯淵으로 督張郃, 徐晃等하여 守漢中하다

① 不는 否로 읽는다.
不, 讀曰否.

② 〈"今已小定 未可擊也"는〉 7일이 지났을 뿐인데, 어찌 대번에 조금 안정되었다고 말하는가. 劉曄은 아마도 劉備가 蜀 지방을 지킬 적에 범할 수 없는 점이 있음을 엿본 듯하다. 그러므로 이 말을 하여 曹操에게 대답하였을 뿐이다.

七日之間, 何以遽謂之小定. 曄蓋窺覘備之守蜀有不可犯者. 故爲此言以對操焉耳.

【綱】 8월에 孫權이 合肥를 공격하였는데, 대패하고 돌아갔다.

八月에 孫權이 攻合肥러니 大敗而還하다

【目】 曹操가 張魯를 공격하러 갈 적에 봉함한 敎令을 만들어서 合肥의 護軍 薛悌에게 주고, 봉함한 글 한쪽에 쓰기를 "賊이 쳐들어오거든 뜯어보라." 하였다.

이때에 이르러 孫權이 10만 명의 병력을 거느리고 합비를 포위하자 설제가 봉함을 뜯어보니, 교령에 "만약 손권이 쳐들어오거든 張將軍(張遼)과 李將軍(李典)은 나가서 싸우고, 樂將軍(樂進)은 수비하고, 護軍(薛悌)은 그들과 더불어 싸우지 말라." 하였다.

曹操之征張魯也에 爲敎하여 與合肥護軍薛悌하고 署函邊曰 賊至乃發①하라하다 及是하여 孫權이 率衆十萬하고 圍合肥어늘 悌發函하니 敎曰 若孫權至者어든 張, 李將軍은 出戰하고 樂將軍은 守하고 護軍은 勿得與戰②하라하다

① 敎는 교령이니, "爲敎"는 作書(글을 짓다, 편지를 쓰다)와 같다. 署는 서명을 하는 것이다. 函은 匱로 글을 넣는 상자이니, 〈"署函邊曰 賊至乃發"은〉 교령이 들어 있는 함의 밖에 서명하고 쓰기를 "봉함한 함을 열라." 한 것이다.
敎, 令也. 爲敎, 猶言作書. 署, 簽書也. 函, 匱也, 所以盛書者, 謂簽署於敎函之外邊云"發啓函封也."

② 이때 張遼와 李典과 樂進이 7천여 명을 거느리고 合肥에 주둔하였는데, 曹操는 장료와 이전은 용맹하므로 그들로 하여금 싸우게 하고 악진은 신중하므로 그로 하여금 수비하게 하고 薛悌는 文官이므로 더불어 싸우지 말도록 한 것이다.
時張遼・李典・樂進將七千餘人, 屯合肥, 操以遼・典勇銳, 使之戰, 樂進持重, 使之守, 薛悌文吏也, 使勿得與戰.

【目】 여러 장수들이 衆寡不敵이라 하여 진격을 주저하자, 張遼가 다음과 같이 말하였다.

"公(曹操)이 멀리 정벌하러 가서 밖에 계시니, 구원병이 오기를 기다리면 저들이 우리를 격파할 것이 틀림없다. 이 때문에 敎令에 저들이 모이기 전에 미리 공격해서 적의 강성한 기세를 꺾어 사람들의 마음을 안정시켜야 하니, 그런 뒤에야 지킬 수 있다고 하신 것이다."

樂進 등이 대답하지 않으니, 장료는 노하여 장차 홀로 출전하려 하였다. 李典은 평소

장료와 不和하였는데, 분개하며 말하기를 "이는 국가의 대사이니, 다만 그대의 계책이 어떠한지 돌아볼 뿐이다. 내 어찌 사사로운 감정 때문에 공적인 의리를 잊겠는가. 그대를 따라 출전하기를 청한다." 하였다.

諸將이 以衆寡不敵이라하여 疑之어늘 張遼曰 公이 遠征在外하니 比救至면 彼破我必矣라 是以로 教指及其未合에 逆擊之하여 折其盛勢하여 以安衆心이니 然後에 可守也니라 樂進等이 莫對하니 遼怒하여 將獨出이라 李典이 素與遼不睦이러니 慨然曰 此는 國家大事니 顧君計何如耳라 吾豈可以私憾而忘公義乎아 請從君而出호리라

【目】〈張遼가〉 이때에 밤중에 용감하게 따르는 병사를 모집해서 다음 날 아침 적진을 함락하고 적의 보루를 무너뜨리고서 孫權의 麾下에까지 이르렀다. 손권이 크게 놀라 달아나 撤軍하고 돌아갈 적에 逍遙津 북쪽에 이르렀다. 장료가 보병과 기병을 거느리고 갑자기 쳐들어왔다.

甘寧과 呂蒙은 힘써 싸워서 적을 막고, 凌統은 시종하는 사람을 거느리고 손권을 부축하여 포위망을 탈출해서 駿馬를 타고 津의 다리에 올라와 보니, 다리의 남쪽 부분이 이미 철거되어서 한 길 남짓 판자가 없었다. 親近監 谷利가 손권으로 하여금 말안장을 잡되 고삐를 늦추게 하고는 뒤에서 채찍을 쳐서 말을 몰아 마침내 다리를 뛰어넘을 수 있었다.

張遼가 逍遙津에서 크게 싸우다

於是에 夜募敢從之士하여 明旦에 陷陣衝壘하여 入至麾下하니 權이 大驚走하고 撤軍還할새 至逍遙

津北[①]하니 遼將步騎奄至[②]라 甘寧, 呂蒙이 力戰扞敵하고 凌統이 率親近하여 扶權出圍하여 乘駿馬하고 上津橋하니 橋南이 已撤하여 丈餘無版이라 親近谷利 使權持鞍緩控하고 於後著(착)鞭하여 遂得超度[③]하다

① ≪水經註≫에 "合肥 동쪽에 逍遙津이 있는데, 물가에 원래 橋梁이 있었다." 하였다.
水經註 "合肥東有逍遙津, 水上舊有梁."

② 奄은 갑자기이다.
奄, 忽也.

③ 親近 谷利는 ≪資治通鑑≫에는 親近監 谷利로 되어 있으니, 親近監은 관직이고 谷利는 사람의 성명이다. ≪江表傳≫[88]에 "谷利는 본래 좌우에서 심부름을 하는 사람이니, 신중하고 정직함으로써 친근감이 되었다." 하였다. 控은 바로 말고삐이다.
親近谷利, 通鑑作親近監谷利. 親近監, 官也. 谷利, 姓名. 江表傳"谷利者, 本左右給使也, 以謹直爲親近監." 控, 卽馬鞚.

【目】 賀齊가 3천 명을 인솔하고 津의 남쪽에 있다가 孫權을 영접하여 배에 올랐다.

하제는 눈물을 흘리며 말하기를 "至尊의 군주는 평상시에 마땅히 신중해야 합니다. 오늘의 일에 부하들이 모두 두려워하여 天地가 없어진 것처럼 여기니, 원컨대 이 일을 終身의 경계로 삼으소서." 하였다. 손권은 직접 앞으로 가서 그의 눈물을 닦아주며 말하기를 "크게 부끄럽다. 내가 이미 삼가 명심하였으니, 단지 띠에 쓸 뿐만이 아니다."[89] 하였다.

賀齊率三千人하고 在津南이라가 迎接入船하다 齊涕泣하여 曰 至尊人主는 常當持重이라 今日之事에 群下震怖하여 若無天地하니 願以此爲終身之誡하소서 權이 自前收其淚하고 曰 大慙이로라 謹已刻心하니 非但書紳也라하니라

【綱】 겨울 10월에 처음으로 名號侯(封號만 있고 食邑이 없는 侯)를 설치하여 軍功을 세운 자에게 상으로 주었다.

---

88) 江表傳 : 西晉 사람 虞溥가 撰한 책으로 산실되었는데, ≪三國志≫ 裴松之 注에 일부가 보인다. 양자강 이남인 江表를 묘사한 작품이다.

89) 단지……아니다 : 원문의 "書紳"은 중요한 말을 잊지 않도록 허리에 맨 실띠에 적어두는 것으로, ≪論語≫ 〈衛靈公〉에 "子張이 道가 행해짐을 묻자, 孔子께서 '말이 忠信하고 행실이 篤敬하면 비록 오랑캐의 나라라도 행해질 수 있지만, 말이 충신하지 못하고 행실이 독경하지 못하면 〈자신이 사는〉 州里라도 행해질 수 있겠는가?"라고 하시니, 자장이 〈이 말씀을〉 띠에 썼다.〔子張問行 子曰 言忠信 行篤敬 雖蠻貊之邦 行矣 言不忠信 行不篤敬 雖州里 行乎哉 子張 書諸紳〕"라고 한 데서 유래하였다.

冬十月에 **始置名號侯**하여 **以賞軍功**①하다

① ≪三國志≫〈魏書 武帝〉註에 "名號爵 18級과 關中侯爵 17급을 두었는데 모두 金印에 붉은 인끈이고, 關內侯와 關外侯 16급을 두었는데 銅印에 龜紐(거북 모양 印의 손잡이)이고 검은 인끈이니, 이들은 모두 식읍의 조세를 먹지 않았다." 하였다.
魏書曰 "置名號爵十八級・關中侯爵十七級, 皆金印・紫綬. 又置關內外侯十六級, 銅印・龜紐・墨綬, 皆不食租."

【綱】11월에 張魯가 나와 항복하므로 鎭南將軍으로 삼고, 그의 관속인 閻圃를 봉하여 列侯로 삼았다.

◑ **十一月**에 **張魯出降**이어늘 **以爲鎭南將軍**하고 **封其屬閻圃爲列侯**[90]하다

【目】習鑿齒[91]가 다음과 같이 평하였다.

"閻圃가 張魯에게 왕이 되지 말라고 간하였는데 曹公이 추후에 그를 봉하였으니, 장차 오려는 사람들 중에 누가 조공에게 귀순할 것을 생각하지 않겠는가. 本源을 막아서 末流가 저절로 그친다는 것은 이것을 말함일 것이다."

習鑿齒曰 閻圃諫魯勿王이어늘 **而曹公**이 **追封之**하니 **將來之人**이 **孰不思順**이리오 **塞其本源而末流自止**는 **其此之謂與**인저

【綱】劉備가 군대를 보내어 巴賨(파종)을 격파하였다.

劉備遣兵하여 **擊巴賨破之**①하다

① 巴는 巴郡을 이른다. ≪晉中興書≫[92]에 "賨은 廩君의 후손이니, 巴氏의 아들 務相이 배를 타고 강물을 떠다니자, 사람들이 기이하게 여겨 늠군으로 세우니, 자손들이 巴中에 나열되

---

90) 封其屬閻圃爲列侯 : "閻圃를 어찌하여 봉하였는가. 張魯에게 왕이 되지 말라고 간하였기 때문이다. 賞罰을 제대로 내리지 못한 지가 오래되었는데 이를 쓴 것은 曹操를 좋게 여긴 것인가. 위에서는 '閻圃를 봉했다.'라고 쓰고 아래에서는 '魏公 曹操가 작위를 올려 왕이 되었다.'라고 썼으니, 그렇다면 조조를 좋게 여긴 것이 아니고, 조조가 이로써 사람들을 속였다고 여겼을 뿐이다.〔閻圃何以封 諫魯毋王也 賞罰不類久矣 書此 其善操與 上書封閻圃 下書魏公操進爵爲王 則非善操也 以是爲欺而已矣〕" ≪書法≫

91) 習鑿齒 : 晉나라의 史學家로 字가 彦威인데 桓溫의 천거로 벼슬길에 나아갔으나 뒤에 환온이 배반할 마음을 품자, ≪漢晉春秋≫를 지으면서 蜀漢에 正統을 주어 은밀히 諫하는 뜻을 붙였으나, 현재는 전하지 않는다.

92) 晉中興書 : 南朝 宋나라의 史學家인 何法盛인 편찬한 紀傳體 史書로 모두 78권이다.

었다. 秦나라가 천하를 합병하자 세금을 적게 부과하니, 파중 사람들이 賦稅를 賨이라 하므로 인하여 巴賨이라 이름했다." 하였다.

巴, 謂巴郡. 晉中興書云"賨者, 廩君之苗裔, 巴氏子務相, 乘上船而浮, 衆異之, 立爲廩君, 子孫列巴中. 秦幷天下, 薄其稅賦, 巴人謂賦爲賨, 因名巴賨."

【目】張魯가 巴中으로 달아날 적에 黃權이 劉備에게 말하기를 "만약 漢中을 잃으면 三巴를 구원하지 못할 것이니, 이는 蜀 지역의 팔다리를 잘라버리는 것입니다." 하니, 유비가 마침내 황권으로 하여금 장로를 맞이하게 하였다.

마침 여러 오랑캐들의 우두머리인 朴胡(부호), 杜濩(두호), 任約이 이미 曹操에게 항복하였고, 장로 또한 항복하였다. 황권은 마침내 부호 등을 공격하여 격파하였다. 조조가 張郃을 보내어 삼파 지역을 경략하게 하자, 유비가 巴西太守 張飛로 하여금 공격하게 하니, 장합이 패주하여 돌아갔다.

張魯之走巴中也에 黃權이 言於劉備曰 若失漢中이면 則三巴不振하리니 此爲割蜀之股臂也①니이다 備乃使權迎魯러니 會에 諸夷帥(수)朴胡, 杜濩, 任約이 已降於曹操하고 而魯亦降②이라 權이 遂擊胡等破之하다 操遣張郃하여 徇三巴어늘 備使巴西太守張飛擊之하니 郃이 走還하다

① 三巴는 巴東, 巴西, 巴郡이다.
三巴, 巴東·巴西·巴郡也.

② 朴는 음이 浮이니, 朴胡는 사람의 성명이다. 濩는 음이 戶이니, 杜濩 또한 사람의 성명이다. 《資治通鑑》에는 "9월에 巴賨의 오랑캐의 우두머리인 朴胡, 杜濩, 任約이 각각 그 무리를 모두 거느리고 와서 歸順하니, 이에 巴郡을 나누어 부호를 巴東太守로, 두호를 巴西太守로, 임약을 巴郡太守로 삼고는 모두 列侯에 봉했다." 하였다.
朴, 音浮. 朴胡, 姓名. 濩, 音戶. 杜濩, 亦姓名. 通鑑"九月, 巴賨夷帥朴胡·杜濩·任約, 各擧其衆來附, 於是分巴郡, 以胡爲巴東太守, 濩爲巴西太守, 約爲巴郡太守, 皆封列侯."

丙申年(216)

【綱】漢나라 孝獻皇帝 建安 21년이다. 여름 4월에 魏公 曹操가 爵位를 올려 王이 되었다. 조조가 尙書 崔琰을 죽였다.

二十一年이라 夏四月에 魏公操進爵爲王하다 操殺尙書崔琰[93]하다

93) 魏公操進爵爲王 操殺尙書崔琰 : "'進爵(爵位를 올림)'이라 쓴 것은 어째서인가. 조조가 스스로 올린

【目】 처음에 崔琰이 楊訓을 천거하니, 曹操가 양훈을 예우하여 辟召하였다. 조조가 작위를 올려 왕이 되자 양훈이 表文을 지어 〈조조의 덕을〉 칭송하니, 혹자가 양훈이 세상에 영합하여 거짓되다고 비웃으면서 최염의 천거가 잘못되었다고 말하였다.

최염이 양훈의 草稿를 가져다가 보고는 그에게 편지를 보내기를 "표문을 살펴보니 일(내용)이 매우 아름다울 뿐이다. 때여, 때여! 마땅히 변화가 있어야 한다." 하였으니, 최염의 본의는 비난하는 자들이 남을 견책하기를 좋아하고 情理를 찾지 않음을 비판한 것이었다.

그런데 최염과 不和한 자가 있어서 이를 조조에게 고자질하자, 조조가 노하여 최염을 잡아다가 下獄하고서 머리를 깎아 노예를 삼았다. 어떤 자가 다시 아뢰기를 "최염이 빈객들을 대면할 적에 수염을 꼬고 사람들을 곧바로 직시해서 마치 노하여 눈을 부릅뜬 듯합니다." 하니, 조조는 마침내 최염에게 사약을 내려 죽게 하였다.[94]

初에 崔琰이 薦楊訓이어늘 操禮辟之하다 及操進爵에 訓이 發表稱頌하니 或이 笑訓希世浮僞하여 謂琰失擧어늘 琰이 取其草視之하고 與訓書曰 省表하니 事佳耳라 時乎時乎여 會當有變이라하니 琰本意는 譏論者 好譴呵而不尋情理①러라 有與琰不平者 白之한대 操怒하여 收琰付獄하여 髡爲徒隷러니 白者復云 琰이 對賓客에 虬須直視하여 若有所瞋이라하니 遂賜琰死②하다

① "譴呵"는 호되게 책망하는 것이다.

것이다. '進爵'이란 말은 두 가지가 있으니, '아무개의 작위를 올려 왕을 삼았다.'는 것은 위에서 승진시킨 것이고(晉나라 愍帝 建興 3년(315)에 '代公 猗盧의 작위를 올려 왕을 삼았다.'고 쓴 것에 의거한 것이다.), '아무개가 작위를 올려 왕이 되었다.'는 것은 스스로 올린 것이다.(이해의 曹操) '崔琰을 죽였다.'고 쓴 것은 어째서인가. 조조가 남의 讒言을 믿었기 때문이다. 위에서 '위공 조조가 작위를 올렸다.'라고 썼으니, 아래에서는 '최염을 죽였다.'라고 써서 윗글을 이어받으면 될 터인데, 어찌하여 조조를 두 번 썼는가. 조조를 두 번 쓰지 않으면 누가 최염을 죽였는지를 알 수 없으니, 조조를 두 번 쓴 것은 조조를 깊이 죄책한 것이다.〔進爵 何 自進也 進爵之辭二 進某爵爲王者 上進之也(據晉愍帝建興三年 書進代公猗盧爵爲王) 某進爵爲王者 自進之也(是年曹操) 書殺琰 何 操信讒也 上書魏公操進爵 下書殺琰 蒙上文可矣 曷爲再書操 不再書操 則未知其誰殺之 再書操 所以深罪操也〕" ≪書法≫

94) 그런데……하였다 : ≪三國志≫ 〈魏書 崔琰傳〉에 "어떤 사람이 최염의 이 편지는 세상을 오만하게 보고 원망하고 비방하는 뜻이 있다고 고하였는데, 太祖(曹操)가 노여워하여 말하기를 '속담에 「딸을 낳았을 뿐이다.〔生女耳〕」라고 할 때 耳는 좋은 말이 아니다.('事佳耳(일이 아름다울 뿐이다.)'를 빗대어 말한 것임) 「마땅히 변화하는 때가 있어야 한다.〔會當有變時〕」는 뜻이 불손하다.'라 하고 이에 최염을 벌주어 노예로 삼았다. 그리고 사람을 시켜 살펴보게 하였는데, 언사와 태도에 굴복함이 없자, 태조가 명하기를 '최염이 비록 형벌을 받으면서도 빈객과 왕래하여 문전성시를 이루고, 빈객을 대면할 적에 수염을 꼬고 사람들을 곧바로 직시하여 마치 노하여 부릅뜬 듯하다.'라고 하고 마침내 최염을 賜死하였다.〔有白琰此書傲世怨謗者 太祖怒曰 諺言生女耳 耳非佳語 會當有變時 意指不遜 於是罰琰爲徒隷 使人視之 辭色不撓 太祖令曰 琰雖見刑 而通賓客 門若市人 對賓客 虬鬚直視 若有所瞋 遂賜琰死〕" 하였다.

譴呵, 責怒也.

② 虬는 음이 求이니 용의 새끼로 뿔이 없는 것이다. 須(수염)는 鬚와 통하니, "虬須"는 규룡처럼 꼬불꼬불한 수염이다. 直視는 눈이 다른 곳을 바라보지 않는 것이다. 瞋은 노하여 눈을 부릅뜨는 것이다.

虬, 音求, 龍子無角者. 須, 與鬚通, 虬須, 卷鬚也. 直視者, 目不他矚也. 瞋, 怒目也.

【目】毛玠는 崔琰이 죄 없이 죽은 것을 서글퍼하여 마음에 기뻐하지 않았다. 어떤 사람이 또 모개가 조정을 원망하고 비방한다고 아뢰자, 曹操가 그를 체포하여 下獄하려 하였다. 桓階와 和洽이 모개를 위하여 변호하자, 조조가 말하기를 "이는 군신 간의 은혜와 의리를 버리고 망령되이 죽은 벗을 위하여 원망하고 한탄한 것이니, 내 자못 참을 수가 없다." 하니, 화흡이 다음과 같이 말하였다.

"신이 감히 사사롭게 모개를 변호하여 군신 간의 큰 윤리를 굽히는 것이 아닙니다. 모개는 다년간 국가의 은총을 입어서 강직하고 충성스럽고 공정함으로써 사람들의 경외를 받았으니, 이런 일이 있을 리 없습니다. 그러나 사람의 마음은 보장하기 어려우니, 요컨대 상고하고 조사하여 〈고자질을 하고 고자질을 당한〉 양쪽 모두에게서 그 실정을 증험하여야 합니다. 그런데 이제 차마 양쪽 모두를 법에 맡겨 조사하지 못하시어 曲直의 구분을 더욱 불분명하게 하였습니다."

조조가 말하기를 "상고하지 않은 이유는 모개와 이 일에 대해 말한 자를 모두 온전히 보전하고자 해서이다." 하니, 화흡이 말하기를 "모개가 진실로 비방하는 말을 했다면 마땅히 그를 죽여 市朝에 시신을 진열해야 할 것이고, 만약 이런 말을 한 적이 없다면 이 일을 말한 자가 大臣을 모함하여 主君의 총명을 그르친 것이니, 신은 불안합니다." 하였다.

조조가 끝내 끝까지 治罪하지 않으니, 모개는 마침내 면직되고 축출당하였다.

毛玠傷琰無辜하여 心不悅이러니 人復白玠怨謗한대 方收付獄하다 桓階, 和洽이 爲之陳理[①]어늘 操曰 此捐君臣恩義하고 妄爲死友怨歎하니 殆不可忍也[②]니라 洽曰 臣이 非敢曲理玠以枉大倫也[③]라 以玠歷年荷寵하여 剛直忠公으로 爲衆所憚하니 不宜有此니이다 然이나 人情을 難保니 要宜考覈하여 兩驗其實이어늘 今不忍致之于理하여 更使曲直之分不明[④]이로이다 操曰 所以不考는 欲兩全玠及言事者耳니라 洽曰 玠信有謗言이면 當肆之市朝[⑤]요 若無此言이면 言事者 誣大臣以誤主聽이니 臣竊不安하노이다 操卒不窮治하니 玠遂免黜하다

① 爲(위하다)는 去聲이니, 아래 "妄爲"의 爲도 같다.

爲, 去聲, 下妄爲同.

② "死友"는 그 공정함을 저버리고 서로 벗을 위하여 죽음을 말한 것이다.
死友, 言其背公而相爲死也.

③ "曲理玠"는 사사롭고 편파적인 태도로 毛玠를 변호함을 말한 것이다.
曲理玠, 謂以私曲陳理毛玠.

④ 理는 法이다. 分(구분)은 扶問의 切이다.
理, 法也. 分, 扶問切.

⑤ 肆는 시신을 진열하는 것이니, 〈무거운 죄가 있어 죽일 경우〉 大夫 이상은 시신을 조정에 진열하고 士 이하는 시신을 시장에 진열한다.
肆, 陳尸也, 大夫以上尸諸朝, 士以下尸諸市.

【目】이때에 西曹掾인 丁儀가 권력을 행사하였는데 毛玠가 죄를 얻을 적에 정의가 큰 역할을 하니, 이에 여러 부하들이 두려워서 감히 똑바로 정의를 보지 못하였다. 何夔(하기)와 徐奕만이 유독 정의를 섬기지 않자, 정의가 서혁을 모함하여 外職으로 내보내니, 傅選이 하기에게 말하기를 "그대는 마땅히 다소 몸을 낮추어야 한다." 하였다. 하기가 말하기를 "의롭지 못한 일을 하면 자기 몸을 해칠 뿐이니, 어찌 남의 몸을 해칠 수 있겠는가." 하였다.

崔琰의 從弟인 崔林이 일찍이 陳群과 함께 冀州의 人士를 평론할 적에 최염을 칭찬하여 으뜸이라고 하자, 진군은 그의 지혜가 자신의 몸을 보존하지 못한다고 폄하하였다. 최림이 말하기를 "大丈夫는 남이 어려운 일을 만나면 서로 구제해줌이 있을 뿐이다. 卿과 같은 사람을 진실로 귀하게 여길 것이 있겠는가." 하였다.

時에 西曹掾丁儀用事하니 玠之獲罪에 儀有力焉이라 群下側目이러라 何夔, 徐奕이 獨不事儀한대 儀 譖奕出之하니 傅選이 謂夔호되 宜少下之니라 夔曰 爲不義면 適足害身이니 焉能害人이리오 琰從弟林이 嘗與陳群으로 共論冀州人士할새 稱琰爲首한대 群이 以智不存身으로 貶之어늘 林曰 大丈夫爲有邂逅耳①라 即如卿諸人은 良足貴乎아하니라

① 〈"爲有邂逅"는〉 창졸간에 서로 구제함을 말한 것이다.
言倉卒之際相救濟也.

【綱】5월 초하루에 일식이 있었다.

五月朔에 日食하다

【綱】裴潛을 代郡太守로 삼았다.

◑ 以裴潛爲代郡太守[95]하다

【目】代郡에 있는 烏桓의 세 大人이 모두 單于(선우)를 칭하고 힘을 믿고 교만 방자하니, 太守가 이들을 다스리지 못하였다. 이때에 裴潛이 한 대의 수레를 타고 가서 郡에 부임하니, 선우가 놀라고 기뻐하였다. 배잠이 은혜와 위엄으로 어루만지니, 이들은 마침내 모두 두려워하여 기운을 잃고 복종하였다.

代郡烏桓三大人이 皆稱單于하고 恃力驕恣하니 太守不能治①러니 至是하여 潛이 單車之郡한대 單于驚喜어늘 潛이 撫以恩威하니 遂皆讋(섭)服②하다

① 代郡의 烏桓單于는 그 첫 번째가 普廬이고, 그 두 번째가 無臣氐이고, 그 세 번째는 알려진 것이 없다.
代郡烏桓單于, 其一曰普(盧)〔廬〕[96], 其二曰無臣氐, 其三則未之聞也.

② 讋은 之涉의 切이니, 기운을 잃은 것이다.
讋, 之涉切, 失氣也.

【綱】가을 7월에 南匈奴 單于가 魏나라에 入朝하고 마침내 머물러 鄴城에 거주하였다.

秋七月에 南匈奴單于 入朝于魏하고 遂留居鄴하다

【目】처음에 南匈奴가 오랫동안 변방 안에 거주하여 編戶(호적에 편입된 일반 민가)와 대략 같았으나 貢物과 賦稅를 바치지 않으니, 의논하는 자들은 그들의 호구가 많아지면 점점 통제하기가 어려울까 염려하여 미리 방비하고자 하였다.

이때에 이르러 單于 呼廚泉이 魏나라에 입조하자, 曹操가 인하여 그를 鄴城에 머물게 하고는 右賢王 去卑로 하여금 그 나라를 감독하게 하였다. 또 선우에게 해마다 솜과 비단, 돈과 곡식을 列侯와 같이 주고, 자손들에게 선우의 칭호를 세습하게 하였으며, 그

95) 以裴潛爲代郡太守 : "'孫堅을 太守로 삼았다.'고 쓴 이후로 이때까지 태수라고 쓴 것이 18명인데 오직 裴潛이 처음으로 은혜와 신의로써 칭찬을 받았으니, 그렇다면 그 사이에 전혀 없다가 겨우 나타난 훌륭한 태수인 것이다. 이에 특별히 써서 그를 허여하였다.〔自書以孫堅爲太守 至是 書太守者十八 惟潛始以恩信見稱 則絶無而僅有者也 特書予之〕" 《書法》

96) (盧)〔廬〕: 저본에는 '盧'로 되어 있으나, 《資治通鑑》 註에 의거하여 '廬'로 바로잡았다.

무리를 나누어 다섯 部를 만들어서 각각 貴人을 세워 우두머리로 삼고, 漢族을 뽑아 司馬를 삼아서 감독하게 하였다.

初에 南匈奴久居塞內하여 與編戶大同而不輸貢賦[①]하니 議者恐其戶口滋蔓하여 浸難禁制하여 欲豫爲之防이러라 至是하여 單于呼廚泉이 入朝于魏[②]어늘 操因留之於鄴하고 使右賢王去卑로 監其國하고 單于歲給綿絹錢穀如列侯하고 子孫襲號하고 分其衆爲五部하여 各立其貴人爲帥[③]하고 選漢人爲司馬하여 以監督之하다

① 南匈奴는 光武帝 建武 26년(50)부터 곧바로 변방 안에 들어와 거주하였다.
南匈奴, 自光武建武二十六年, 卽入居塞內.

② 呼廚泉은 單于의 이름이다.
呼廚泉, 單于名.

③ 左와 右, 前과 後, 中央의 5部로 만들어서 幷州의 여러 郡에 나누어 거주하게 하고, 나라를 감독하는 자는 平陽에 거주하게 하였다.
分爲左・右・前・後・中五部, 分居幷州諸郡, 而監國者居平陽.

【綱】 8월에 魏나라가 鍾繇(종요)를 相國으로 삼았다.

八月에 魏以鍾繇爲相國하다

丁酉年(217)

【綱】 漢나라 孝獻皇帝 建安 22년이다. 봄 정월에 魏王 曹操가 孫權의 군대를 공격하니, 3월에 손권이 항복하였다.

二十二年이라 春正月에 魏王操擊孫權軍하니 三月에 權이 降하다

【目】 처음에 孫權의 護軍인 蔣欽이 徐盛과 원한이 있었는데, 이때에 장흠이 여러 軍의 지휘를 맡으면서 매번 서성의 좋은 점을 칭찬하였다. 손권이 그 이유를 묻자, 장흠이 다음과 같이 대답하였다.

"서성은 충성스럽고 부지런하고 강하며 膽略과 器局이 있으니, 萬人의 督(大將)으로 삼기에 좋습니다. 지금 大事가 아직 정해지지 못하였으니, 신은 마땅히 나라를 도와 인재를 구해야 합니다. 어찌 감히 사사로운 원한을 가지고서 賢者를 은폐하겠습니까." 하

였다.

初에 權護軍蔣欽이 與徐盛有隙[①]이러니 至是하여 欽이 持諸軍節度하여 每稱其善이라 權이 問之한대 欽曰 盛이 忠而勤强하고 有膽略器用하니 好萬人督也[②]라 今大事未定하니 臣當助國求才니 豈敢挾私恨以蔽賢乎잇가

① 蔣欽이 宣城에 주둔했을 적에 徐盛이 장흠의 주둔군의 관리를 체포하고 表文을 올려 참수하게 하였다.
欽屯宣城, 盛收欽屯吏, 表斬之.

② 督은 大將이다.
督, 大將也.

【目】 孫權이 魏나라에 항복을 청하고서 장군 周泰를 남겨두어 濡須를 감독하게 하니, 장수들은 주태가 미천한 가문의 출신이라 하여 복종하지 않았다.

손권은 장수들을 모아 즐겁게 술을 마시고는 주태에게 옷을 벗게 한 다음 손으로 그의 상처를 가리키며 상처가 난 이유를 물었다. 그리고는 그의 팔뚝을 잡고 눈물을 흘리면서 말하기를 "幼平아! 卿이 우리 형제를 위하여 곰과 호랑이처럼 용감하게 싸워서 수십 곳의 상처를 입었으니, 나 또한 무슨 마음으로 경을 骨肉의 은혜로 대하여 兵馬의 重任을 맡기지 않겠는가." 하였다. 장수들은 그제야 주태에게 복종하였다.

權旣請降에 留將軍周泰하여 督濡須하니 諸將이 以泰寒門이라하여 不服[①]이라 權이 會諸將樂飮하고 命泰解衣하여 手指其瘡痕問之하고 因把其臂하여 流涕曰 幼平아 卿이 爲孤兄弟하여 戰如熊虎하여 被創數十하니 吾亦何心不待卿以骨肉之恩하여 委卿以兵馬之重乎아 諸將이 乃服[②]하다

① "寒門"은 출생이 미천함을 말한 것이다.
寒門, 言所出微也.

② 幼平은 周泰의 자이다. 爲(위하다)는 去聲이다. ≪三國志≫ 〈吳書 周泰傳〉에 "孫權이 宣城에 거주해 있을 적에 방비를 소홀히 하여 울타리를 고치지 않았는데 山賊이 갑자기 쳐들어왔다. 손권이 막 말에 올랐는데, 산적들의 예리한 칼날이 이미 눈앞에 있었다. 이때 주태가 몸을 던져 손권을 호위하다가 몸에 12곳의 상처를 입었으니, 이날 주태가 없었으면 손권은 거의 생명이 위태로울 뻔하였다." 하였다. 또 주태는 黃祖를 토벌하고 曹公을 막고 曹仁을 공격할 때에 종군하여 모두 功이 있었으므로, 손권이 그에게 중임을 맡긴 것이다.
幼平, 泰字. 爲, 去聲. 周泰傳 "權住宣城, 忽略不治圍落, 山賊卒至, 權始上馬, 賊鋒刃已交. 泰投身衛權, 身被十二創, 是日微泰, 權幾危." 又從討黃祖, 拒曹公, 攻曹仁, 皆有功, 故委之.

【綱】 여름 4월에 魏王 曹操가 天子의 수레와 의복을 사용하고, 나가고 들어올 적에 警蹕[97]하였다.

夏四月에 魏王操用天子車服하고 出入警蹕[98]하다

【目】 면류관에 玉을 꿴 12개의 술을 드리우고 金根車[99]를 타고 6마리의 말을 멍에하고 五時副車[100]를 갖추었다.

冕十二旒요 乘金根車하고 駕六馬하고 設五時副車①하다

---

97) 警蹕 : '出警入蹕'의 줄임말로 외출할 때에는 경계하고 들어올 때에는 사람들을 辟除함을 이른다. 一說에는 출경입필은 한 가지씩만을 든 것으로, 실제는 출입할 적에 모두 경계하고 벽제하는데, 互文을 사용하여 각각 한 가지씩 든 것이라 한다. 호문은 같은 내용이 중복될 경우 다 쓰지 않고 각각 한 가지만을 듦을 이른다.

98) 魏王操用天子車服 出入警蹕 : "옛날 周나라 成王이 周公에게 天子의 禮樂을 하사한 것은 추후에 하사한 것이다. 천자가 위에 계신데 천자의 수레와 의복과 儀制를 참람하게 사용하면 이는 천자가 둘인 것이니, 曹操의 죄를 이루 다 주벌할 수 있겠는가. 《資治通鑑綱目》이 끝날 때까지 1,300년 동안 1번 썼을 뿐이다.〔昔成王賜周公以天子禮樂 蓋追賜也 天子在上 而僭其車服儀制 是二天子矣 操之罪 可勝誅哉 終綱目 千三百年 一書而已〕" 《書法》

"曹操는 建安 18년(213) 여름에 '스스로 서서 魏公이 되고 九錫을 가했다.'고 썼고, 이해 가을에 '처음으로 社稷과 宗廟를 세웠다.'고 썼고, 이해 겨울에 '처음으로 尙書 등의 관직을 설치하였다.'고 썼고, 다음 해 봄에는 '지위를 올려 諸侯王의 위에 있게 하였다.'고 썼고, 21년(216)에 이르러는 '작위를 올려 왕이 되었다.'고 썼는데, 금년에는 마침내 '천자의 수레와 의복을 사용하고 출입할 적에 警蹕하였다.'고 썼으니, 이는 이미 완전히 천자의 제도를 사용한 것이다. 만일 조조가 죽지 않았다면 황제를 폐하여 山陽公으로 삼은 것이 어찌 五官將(曹丕)의 손에서 나오기를 기다렸겠는가. 그러나 이때에 漢나라가 비록 멸망하지 않았지만 황제라는 빈 그릇(명칭)만 가지고 있었을 뿐이다. 이는 德을 대신할 만한 王者가 있지 않은데 두 왕(황제)이 있는 것이니, 황제가 위에 계신데 신하가 어찌 천자의 수레와 의복을 사용하고 나갈 때 경계하고 들어올 때 辟除할 수 있겠는가. 조조가 이때에도 이미 스스로 황제 노릇 한 것이 매우 분명하여 漢나라를 보존할 뜻이 조금도 없었다. 그런데 혹자는 도리어 조조가 명분과 의리를 두려워해서 종신토록 감히 황제를 폐위하고 스스로 즉위하지 않았다고 말하니, 이는 다만 깊이 살피지 못했을 뿐이다. 《資治通鑑綱目》에 쓴 것을 가지고 앞뒤를 모아 살펴보면 조조가 직접 漢나라를 찬탈한 실제가 이와 같이 분명하니, 그 간사한 마음으로 과연 천하와 후세를 속일 수 있겠는가. 아! 슬프다.〔操十八年之夏 書自立爲魏公 加九錫 其秋 書始建社稷宗廟 其冬 書初置尙書等官 次年春 書進位諸侯王上 至二十一年 書進爵爲王 今年遂書用天子車服 出入警蹕 已全用天子之制矣 使操不死 則廢帝爲山陽公 豈待出於五官將之手 然是時漢雖未滅 特擁虛器而已 未有代德而有二王 烏有至尊在上 人臣可用天子車服 出警入蹕者乎 操於斯時 亦旣自帝甚明 略無存漢之意 或者顧謂操畏名義 沒身不敢廢帝自立 是特未深察耳 卽綱目之所書 合前後而觀之 則操躬自簒漢之實 昭昭若此 其姦詐之心 果可以欺天下後世乎 吁〕" 《發明》

99) 金根車 : 제왕이 타던 황금으로 장식한 수레를 이른다. 根車는 천연적으로 둥글게 굽은 나무로 만든 바퀴가 달린 수레이다.

100) 五時副車 : 제왕의 車駕를 호종하던 五色(靑, 赤, 黑, 白, 黃)의 副車로, 五時車 또는 五帝車라고도 한다.

① 旒는 면류관에 드리운 玉을 꿴 술이다. 면류관에 술을 드리워 눈을 지나게 하는 것은 밝음을 가리기 위함이다. 12개의 술은 하늘의 12방위의 數를 본받은 것이다. 金根은 금으로 장식하였으니 德車라고 하는바, 殷나라에서는 乘根이라고 하였는데, 秦나라에서 금근이라고 고쳤다. 五時副車는 그 꾸밈이 모두 덕거의 제도와 같은데, 각각 五方의 색깔[101]과 같이 하고, 말〔馬〕도 이와 같이 하였다.
旒, 垂玉也. 旒垂過目, 所以蔽明. 十二旒, 以則天數. 金根, 以金爲飾, 是爲德車, 殷曰乘根, 秦改曰金根. 五時副車, 其飾皆如德車之制, 各如方色, 馬亦如之.

【綱】 6월에 魏나라는 華歆을 御史大夫로 삼았다.

六月에 魏以華歆爲御史大夫하다

【綱】 겨울 10월에 魏나라는 世子 曹丕를 王太子로 삼았다.

◑ 冬十月에 魏以世子丕爲王太子하다

【目】 처음에 曹操가 丁夫人에게 장가들었는데 자식이 없었고, 첩 劉氏가 아들 曹昂을 낳고 첩 卞氏가 曹丕, 曹彰, 曹植, 曹熊 네 아들을 낳았는데, 이때 정부인을 내치고 변씨를 세워 繼室로 삼았다. 조식은 機智가 있고 다재다능하며 文才가 민첩하고 넉넉하니, 조조가 그를 사랑하였다.

初에 操娶丁夫人이러니 無子하고 妾劉氏生子昂하고 卞氏生四子丕, 彰, 植, 熊이러니 於是에 出丁夫人하고 而立卞氏爲繼室[①]하다 植이 性機警多藝能하고 才藻敏瞻(섬)하니 操愛之러라

① ≪春秋左氏傳≫ 隱公 원년 조에 "聲子를 繼室로 삼았다." 하였는데, 杜預의 註에 "제후가 처음 장가들면 그 시집온 여자의 同姓國에서 시집온 여자의 조카딸이 되고 동생딸이 되는 여자를 媵妾으로 보낸다. 元妃가 죽으면 次妃가 원비를 대신해 宮內의 일을 처리한다. 그러나 夫人이라고는 칭할 수 없기 때문에 繼室이라고 한다." 하였다.
左傳 隱公元年曰 "繼室以聲子." 杜預曰 "諸侯始娶, 則同姓之國, 以姪娣媵, 元妃死, 則次妃攝治內事, 猶不得稱夫人, 故謂之繼室."

【目】 曹操가 딸을 丁儀에게 시집보내려 하였는데 曹丕는 정의가 애꾸눈이라고 하여 저지하였다. 정의는 이로 말미암아 조비를 원망하여 아우 丁廙(정이), 楊脩와 함께 자주

101) 五方의 색깔 : 五方은 東・西・南・北과 中央으로, 東方은 靑色, 南方은 赤色, 西方은 白色, 北方은 黑色, 중앙은 黃色이다.

曹植의 재주를 칭찬하고 조조에게 조식을 세워 후사로 삼을 것을 권하였다.

조조가 글을 써서 은밀히 외부에 물으니, 尙書 崔琰이 露版(봉함하지 않은 奏章)을 보내 답하기를 "≪春秋≫의 의리는 후계자를 세울 적에 연장자로 하였으며, 五官中郎將(조비)은 인자하고 효성스럽고 총명하니 마땅히 정통을 이어야 합니다. 臣 최염은 죽음으로써 지키겠습니다." 하였다.

操以女妻丁儀러니 丕以儀目眇라하여 止之[①]하니 儀由是怨丕하여 與弟廙及楊脩로 數(삭)稱植才하고 勸操立以爲嗣[②]러라 操以函密訪於外[③]하니 尙書崔琰이 露版答曰[④] 春秋之義는 立子以長[⑤]이요 五官將이 仁孝聰明하니 宜承正統이라 琰이 以死守之호리이다

① 眇는 한 눈이 작은 것이다.
眇者, 一目小.
② 楊脩는 楊彪의 아들이다.
脩, 彪之子也.
③ 函은 書信을 이른다.
函, 謂函書.
④ 露版은 봉함하지 않은 奏章이다.
露版, 不封緘也.
⑤ ≪春秋公羊傳≫ 隱公 원년에 "嫡子를 세울 적에는 年長으로써 하고 현명함으로써 하지 않으며, 庶子(媵妾 및 姪娣의 아들)를 세울 적에는 모친의 신분의 귀함으로써 하고 연장으로써 하지 않는다." 하였다.
春秋公羊傳"立嫡以長, 不以賢, 立子以貴, 不以長."

【目】曹丕가 사람을 시켜 太中大夫 賈詡(가후)에게 자신의 지위를 견고히 할 계책을 묻자, 가후가 말하기를 "원컨대 將軍은 덕과 도량을 넓히고 높여 몸소 검소한 선비의 일을 행하고 아침저녁으로 부지런히 힘써서 자식의 도리를 어기지 말아야 하니, 이와 같이 할 뿐입니다." 하였다.

후일에 曹操가 사람을 물리치고 가후에게 물으니, 가후가 묵묵히 입을 다물고 대답하지 않았다. 조조가 그 이유를 묻자, 가후가 말하기를 "마침 생각하는 바가 있었기 때문에 즉시 대답하지 못했습니다." 하였다. 조조가 묻기를 "무슨 생각을 하였는가?" 하니, 가후가 말하기를 "袁本初(袁紹)와 劉景升(劉表) 父子를 생각하였습니다." 하였다. 이에 조조가 크게 웃었다.

丕使人問太中大夫賈詡以自固之術한대 詡曰 願將軍은 恢崇德度하여 躬素士之業하고 朝夕孜

孜하여 不違子道니 如此而已①니이다 它日에 操屛人問詡하니 詡嘿然不對어늘 操問其故한대 詡曰 屬(촉)有所思라 故로 不卽對耳②니이다 操曰 何思오 詡曰 思袁本初, 劉景升父子也로이다 操大笑③하니라

① 曹丕가 五官中郞將이었으므로 그를 칭하여 將軍이라 한 것이다.
丕爲五官將, 故稱之爲將軍.
② 屬은 음이 燭이니, 때마침이다.
屬音燭, 適也.
③ 袁紹와 劉表는 모두 嫡子를 폐하고 庶子(次子)를 세워서 패망하였다.
袁紹・劉表, 皆廢嫡立庶以敗.

【目】 曹操가 일찍이 출정할 적에 曹丕와 曹植이 함께 전송하였는데, 조식은 조조의 공덕을 칭송하여 말에 문채가 있으니 좌우 신하들이 주목하였고 조조 또한 기뻐하였다.

조비가 이것을 보고 망연자실해 하자, 吳質이 그의 귀에 대고 말하기를 "대왕이 출정하실 적에 눈물을 흘리시는 것이 좋습니다." 하였다. 작별할 적에 조비가 눈물을 흘리고 절하니, 조조와 좌우 신하들이 모두 서글퍼하여 흐느꼈다. 이에 모두 조식은 화려한 말이 많으나 誠心이 조비에게 미치지 못한다고 생각하였다.

조식은 이미 성질대로 행동하여 스스로 꾸미지 않았고, 조비는 교묘한 방법을 사용하여 실정을 숨기고 스스로 꾸미니, 宮人과 좌우 측근들이 모두 그를 위하여 칭송하였다. 그러므로 조조는 마침내 조비를 太子로 정하였다.

操嘗出征에 丕, 植이 竝送이러니 植이 稱述功德하여 發言有章하니 左右屬(촉)目하고 操亦悅焉이라 丕悵然自失①이어늘 吳質이 耳語曰 王이 當行에 流涕可也니이다 及辭에 丕流涕而拜하니 操及左右咸歔欷라 於是에 皆以植多華辭而誠心不及也라하니라 植은 旣任性而行하여 不自彫飾하고 丕는 御之以術하여 矯情自飾하니 宮人左右 竝爲之稱說②이라 故로 遂定爲太子하니라

① "悵然"은 뜻을 잃은 모양이다.
悵然, 失志貌.
② 爲(위하다)는 去聲이다.
爲, 去聲.

【目】 曹丕가 議郞 辛毗의 목을 안고 말하기를 "辛君은 내가 얼마나 기뻐하는지 아는가." 하였다. 신비가 이 말을 그의 딸인 辛憲英에게 전하자, 신헌영이 말하기를 "태자는 군주

를 대신하여 宗廟와 社稷을 주관하는 자이니, 군주를 대신함은 슬퍼하지 않을 수 없고 나라를 주관함은 두려워하지 않을 수 없습니다. 마땅히 슬퍼하고 마땅히 두려워해야 하는데 도리어 기뻐하니, 어찌 능히 長久하겠습니까. 魏나라는 아마도 번창하지 못할 것입니다." 하였다.

丕抱議郎辛毗頸而言曰 辛君이 知我喜不①아 毗以告其女憲英한대 憲英曰 太子는 代君主宗廟社稷者也니 代君은 不可以不戚이요 主國은 不可以不懼라 宜戚宜懼어늘 而反以爲喜하니 何以能久리오 魏其不昌乎인저

① 不는 否로 읽는다.
不, 讀曰否.

【目】 얼마 후에 曹植이 수레를 타고 馳道 가운데로 달려가고 司馬門을 열고 나가니, 曹操가 크게 노하여 公車令[102]이 이 일에 연루되어 죽임을 당하였다. 이로 말미암아 제후(王子)들의 禁令을 무겁게 하니, 조식에 대한 총애가 날로 쇠하였다.

久之요 植이 乘車行馳道中하고 開司馬門出①하니 操大怒하여 公車令이 坐死라 由是로 重諸侯科禁하니 而植寵이 日衰러라

① 魏나라 제도에 司馬門은 오직 군주의 수레가 나갈 때에만 비로소 열었다.
魏制, 司馬門惟車駕出, 乃開.

【綱】 劉備가 漢中으로 진군하니, 魏王 曹操가 장군 曹洪을 보내어 그를 막게 하였다.

劉備進兵漢中하니 魏王操遣將軍曹洪하여 拒之하다

【目】 法正이 劉備를 다음과 같이 설득하였다.

"曹操가 일거에 張魯를 항복시키고 漢中을 평정하였는데, 이 기세를 인하여 巴와 蜀 지역을 도모하지 않고 夏侯淵과 張郃을 남겨두어 주둔하여 지키게 하고 자신은 급히 북쪽으로 돌아갔으니, 이는 그의 지혜가 미치지 못하고 힘이 부족해서가 아니요, 반드시

102) 公車令 : 漢代의 官名으로 衛尉에 소속되었는바 宮門의 출입을 관장하였다. ≪史記≫ 〈張釋之傳〉에 "上(文帝)이 張釋之를 공거령으로 제수했다." 하였는데, ≪集解≫에 "여러 宮殿의 門과 司馬門을 출입할 적에 수레를 탄 자들은 모두 수레에서 내려야 하니, 내리지 않으면 罰金 4냥을 내게 했다." 하였다.

국내에 우환이 있어 압박을 받기 때문일 것입니다.

이제 헤아려보건대, 하후연과 장합의 재주와 지략이 우리나라의 장수를 감당하지 못하니, 군대를 일으켜 가서 한중을 토벌하면 반드시 승리할 수 있을 것입니다. 승리하는 날에 농업을 크게 장려하여 곡식을 저축해두고서 틈과 기회를 엿보면, 위로는 寇敵을 전복시켜 왕실을 높이고 도울 수 있고, 다음으로는 雍州와 涼州를 잠식하여 국경을 넓힐 수 있을 것이요, 또 그 다음으로는 요해처를 굳게 지켜서 오랫동안 버틸 계책을 세울 수 있을 것입니다. 이는 하늘이 우리에게 준 기회이니, 이 시기를 놓쳐서는 안 됩니다."

유비가 마침내 진군하여 張飛와 馬超, 吳蘭 등을 보내어 下辨에 주둔시키니, 조조는 曹洪을 보내어 막게 하였다.

法正이 說(세)劉備曰 曹操一擧而降張魯하고 定漢中이어늘 不因此勢以圖巴, 蜀하고 而留夏侯淵, 張郃屯守하고 身遽北還하니 此는 非其智不逮而力不足也요 必將內有憂偪故耳[①]리이다 今策淵, 郃才略이 不勝國之將帥[②]하니 擧衆往討면 必可克之리니 克之之日에 廣農積穀하여 觀釁伺隙이면 上可以傾覆寇敵하여 尊獎王室이요 中可以蠶食雍, 涼하여 廣拓境土요 下可以固守要害하여 爲持久之計니 此는 蓋天以與我니 時不可失也니이다 備乃進兵하여 遣張飛, 馬超, 吳蘭等하여 屯下辨하니 操遣曹洪拒之하다

① 偪은 핍박함이다.
偪, 迫也.
② 策은 헤아림이다.
策, 料也.

【綱】 陸口를 지키던 孫權의 장수인 魯肅이 卒하니, 손권이 呂蒙으로 그를 대신하게 하였다.

孫權陸口守將魯肅이 卒하니 權이 以呂蒙代之하다

【目】 孫權이 嚴畯으로 魯肅을 대신하여 군대를 감독해서 陸口에 진주하게 하니, 엄준이 자신은 질박한 書生이라서 군대의 일에 익숙하지 못하다고 굳이 사양하였다. 손권이 마침내 呂蒙으로 대신하게 하니, 사람들은 엄준이 진심으로 사양한 것을 훌륭하게 여겼다.

孫權이 以嚴畯代肅하여 督兵鎭陸口하니 畯이 固辭以樸素書生이라 不閑軍事①어늘 權이 乃以呂蒙代之하니 衆이 嘉畯能以實讓이러라

① 閑은 익숙함이다.
閑, 習也.

【綱】 孫權이 陸遜을 보내어 丹陽의 山越을 토벌하여 평정하였다.

權이 遣陸遜하여 討丹陽山越하여 平之하다

【目】 吳郡 사람 陸遜이 孫權에게 말하기를 "賊을 이기고 亂을 평정하여 편안하게 하는 일은 많은 병력이 아니면 성공하지 못합니다. 그런데 山越의 적들이 아직 평정되지 않았으니, 먼 곳을 도모하기 어렵습니다. 部伍(部曲, 부대)를 크게 증설하여 그중에 정예병을 선발해야 합니다." 하니, 손권이 그의 말을 따라 육손에게 명해서 동쪽의 세 郡을 部伍로 만들어서 강한 자는 병사로 삼고 약한 자는 編戶(호적에 편입된 일반 가호)에 보충하니, 정예병 수만 명을 얻었다. 육손은 오랜 元兇을 깨끗이 제거하고 지나가는 곳마다 엄숙하게 정돈하고서 돌아가 蕪湖에 주둔하였다.

陸遜

吳郡陸遜이 言於權曰 克敵寧亂은 非衆不濟어늘 而山寇未平하니 難以圖遠이라 可大部伍하여 取其精銳니이다 權이 從之①하여 命遜部伍東三郡하여 强者爲兵하고 羸者補戶하니 得精卒數萬人②이라 宿惡盪除하고 所過肅淸하여 還屯蕪湖하다

① 部伍는 部曲과 行伍이다. 〈"可大部伍 取其精銳"는〉 크게 部伍를 증설하여 그중에 정예병을 뽑아 취함을 말한 것이다.
部伍, 部曲行伍也. 言可大爲部伍, 擇取精銳也.
② "東三郡(동쪽의 세 郡)"은 丹陽과 新都와 會稽이다. ≪資治通鑑≫에는 "마침 단양의 賊帥인 費棧이 난을 일으켜 山越을 선동하자, 孫權이 陸遜에게 명해서 비잔을 토벌하여 격파하고

는 마침내 동쪽 세 군을 部伍로 만들었다." 하였다.
東三郡, 丹陽・新都・會稽也. 通鑑"會丹陽賊帥費棧作亂, 扇動山越, 權命遜討棧, 破之, 遂部伍東三郡.

【目】 會稽太守 淳于式이 表文을 올려 陸遜이 人民들에게 함부로 탈취한다고 아뢰었는데, 육손이 뒤에 도성에 와서 말하던 차에 순우식을 훌륭한 관리라고 칭찬하였다. 孫權이 말하기를 "순우식은 그대의 잘못을 고발하였는데, 그대가 그를 천거함은 어째서인가?" 하니, 육손이 대답하기를, "순우식은 마음에 백성을 편안히 기르고자 합니다. 이 때문에 저의 잘못을 아뢰었으니, 제가 어찌 다시 순우식을 훼방하여 聖上의 귀를 어지럽히겠습니까." 하였다.

손권은 말하기를 "이는 진실로 長者의 일인데, 다만 보통 사람이 할 수 없는 일이다." 하였다.

會稽太守淳于式이 表遜枉取民人이러니 遜이 後詣都言次에 稱式佳吏①한대 權曰 式白君이어늘 而君薦之는 何也오 遜對曰 式이 意欲養民이라 是以白遜하니 遜이 豈可復毁式以亂聖聽乎잇가 權曰 此誠長者之事로되 顧人不能爲耳니라

① 孫權이 이때 秣陵에 도읍하였다. "言次"는 말하던 차를 이른다.
權時都秣陵. 言次, 謂言論之次.

戊戌年(218)

【綱】 漢나라 孝獻皇帝 建安 23년이다. 봄 정월에 少府 耿紀와 司直[103] 韋晃이 군대를 일으켜 魏王 曹操를 토벌하였는데, 이기지 못하고 죽었다.

二十三年이라 春正月에 少府耿紀와 司直韋晃이 起兵討魏王操러니 不克死之①[104]하다

103) 司直 : 漢 武帝 元狩 5년(B.C. 118)에 丞相司直을 두었는데, 사직으로 약칭하였다. 丞相을 보좌하고 불법을 저지르는 자를 탄핵하였다. 秩이 比二千石이다. 後漢 때 司徒에 소속되었으나 建武 11년(35)에 폐지하였다. 建安 8년(203)에 다시 설치하였는데, 사도에 소속시키지 않고 京師의 百官을 감독하게 하였다.

104) 少府耿紀……不克死之 : "少府와 司直은 귀한 大臣이 아니니, 신분이 귀한 대신이 아닌데도 군대를 일으킨 것은 《資治通鑑綱目》에서 깊이 인정한 것이다. 그러므로 특별히 '討'라고 쓰고 '死之'라고 썼으니, 曹操의 徒黨을 부끄럽게 한 것이 깊다.〔少府司直 非貴大臣也 非貴大臣而能起兵 綱目所深予也 故特書討 書死之 所以愧黨操者深矣〕" 《書法》

① 司直은 바로 丞相司直이다.
司直, 卽丞相司直.

【目】 이때 金禕(김휘)라는 자가 자신은 대대로 漢나라의 신하였다 하여, 마침내 울분을 터뜨려 耿紀와 韋晃과 함께 군대를 일으키고서 천자를 의지하여 魏나라를 정벌하면서 남쪽으로 劉備를 구원하고자 하였다. 그러나 이기지 못하고 죽었다.

時有金禕者 自以世爲漢臣①이라하여 **乃發憤**하여 **與紀, 晃起兵**하여 **欲挾天子以伐魏**하고 **南援劉備**러니 **不克而死**하다

① 禕는 음이 輝이다. ≪三輔決錄≫ 註에 "金禕는 스스로 생각하기를 자신은 대대로 漢나라의 신하가 되어서 金日磾가 馬何羅를 토벌한 때로부터 국가에 대한 忠誠이 드러나 여러 대에

"살펴보건대 ≪資治通鑑≫에는 이 사건을 기재하기를 '曹操가 長史 王必로 하여금 군대를 담당하게 하니, 이때 京兆 사람 金禕가 耿紀, 韋晃, 吉邈 등과 함께 왕필을 살해하고 천자를 의지하여 魏나라를 공격할 것을 모의하였다. 그런데 길막 등의 병력이 무너지자 왕필이 이들을 토벌하여 참수하였다.' 하였고, ≪三國志≫ 〈魏書〉를 참고해보면 곧바로 '경기와 위황 등이 반란을 일으키자 왕필이 토벌하여 참수했다.' 하고 또 김휘를 그 아래에 附注하였으니, 이와 같다면 이는 위황 등이 賊이 된 것이고 역적을 토벌한 것이 아니다. 그러나 유독 范曄의 ≪後漢書≫에는 '경기와 위황이 군대를 일으켜 조조를 토벌하다가 이기지 못하여 三族이 멸했다.'라고 써서 의리를 세움이 자못 정밀하다.

이제 ≪資治通鑑綱目≫을 보면 '군대를 일으켰다.'라고 썼고, '조조를 토벌하다가 죽었다.'라고 썼으니, 이는 온전한 절개로 경기와 위황을 인정하여 ≪자치통감≫과 魏나라의 史書(〈魏志〉)와 조금도 같지 않으니, 어째서인가. 陳壽가 ≪삼국지≫ 〈위서〉를 지은 것은 대체로 잘못되고 망령되어 이치에 맞지 않으니 요컨대 굳이 깊이 논할 것이 못 되고, ≪자치통감≫은 魏나라를 위주로 사건을 기록하였기 때문에 대략 진수의 〈위서〉와 서로 出入함을 면치 못하였으니, 이는 後人이 折衷하기를 기다리고자 한 것이다. 그런데 ≪자치통감강목≫은 명분을 바로잡고 확정하여 ≪春秋≫에서 법을 취하였기 때문에 그 書法이 이와 같은 것이다.

조조가 간사한 역적의 자질로 직접 弑逆을 행하여 漢나라의 국통을 찬탈하였으니, 사람이라면 누구나 그를 주벌할 수 있는 것이다. 그렇다면 어찌 그의 세력이 강대하다는 이유로 그의 죄를 末減하여 역적을 토벌한 의리로 하여금 굽혀서 펴지지 못하게 하겠는가. 더구나 위황 등은 비록 미천하였으나 요컨대 이들은 漢나라의 신하이다. 울분으로 역적을 토벌하여 비록 승리하지 못하고 죽었으나 오히려 당시에 고개를 숙여 역적을 섬긴 사람들을 부끄럽게 하였으니, ≪자치통감강목≫에서 正色하고 쓴 것은 綱常을 붙들고 天理를 보존해서 천하 후세에 名分과 義理의 바름을 보여주어 비록 신분이 미천하나 반드시 기록하고 비록 죽었으나 영화로움을 나타낸 것이다. 아! 역적을 토벌함이 이와 같으니, 역적이 된 자가 어찌 발붙일 곳이 있겠는가.〔按通鑑 載操使長史王必典兵 時京兆金禕與耿紀韋晃吉邈等 謀殺必 挾天子攻魏 邈等衆潰 必討斬之 及參以魏志 則直謂紀晃等反 王必討斬之 且附注金禕於其下 如此 則是晃等爲賊 非討賊也 獨范史載紀晃起兵誅操 不克 夷三族 立義頗精 今觀綱目書起兵 書討操死之 是以全節予紀晃 與通鑑魏史略不相似 何哉 陳壽志魏 大抵謬妄無理 要之不足深論 通鑑主魏紀事 故大略未免與魏志相出入 蓋欲待後人折之耳 綱目正名定分 取法春秋 故其書法如此 夫操以姦賊之資 躬行弑逆 簒奪漢祚 人皆得而誅之 豈得以强大之故 末減其罪 而使討賊之義 屈而不伸 況晃等雖微 要是漢之臣子 發憤致討 縱使不克而死 猶足以愧當時俛首事賊之人 綱目正色書之 所以扶綱常 存天理 示天下後世名義之正 以見雖微必錄 雖死爲榮也 嗚呼 討賊若此 爲賊者 豈有容足之地哉〕" ≪發明≫

명예와 절개가 있었다고 여겼다."105) 하였다.
禕, 音輝. 三輔決錄註 "自以世爲漢臣, 自日磾討馬何羅, 忠誠顯著, 名節累葉."

【綱】 3월에 孛星이 東方에 나타났다.

三月에 **有星孛于東方**①106)하다

① ≪春秋左氏傳≫ 哀公 13년 조에 "孛星이 동방에 나타났다." 하였는데, 註에 "새벽에 여러 별이 모두 사라진 뒤에 孛星이 마침내 나타났기 때문에 孛星이 있는 位次를 말하지 않은 것이다." 하였다.
春秋哀十三年 "有星孛于東方." 註 "平旦衆星皆沒, 而孛星乃見, 故不言所在之次."

【綱】 여름 4월에 代郡의 上谷에 있던 烏桓이 반란을 일으키자, 魏王 曹操가 그의 아들 曹彰을 보내어 격파하였다.

◑**夏四月**에 **代郡上谷烏桓**이 **反**이어늘 **魏王操遣其子彰**하여 **擊破之**하다

【目】 魏王 曹操가 裴潛을 불러 丞相의 理曹掾으로 삼자, 배잠이 다음과 같이 말하였다. "저는 백성들에게는 비록 너그러우나 여러 오랑캐들에게는 준엄하였으니, 지금 저의 뒤를 잇는 자는 반드시 제가 지나치게 엄격하게 다스렸다고 생각하여 일마다 더 너그럽고 은혜롭게 할 것입니다. 그러나 저 오랑캐들은 평소 교만하고 방자하므로 지나치게 너그러우면 반드시 해이해질 것이고, 해이해진 다음에 또다시 법으로써 단속하면 원망과 배반이 이로 말미암아 생겨날 것입니다. 형세로써 헤아려보건대, 代郡의 烏桓은 반드시 다시 반란을 일으킬 것입니다."

---

105) 金禕는……여겼다 : 金日磾는 匈奴 休屠王의 太子로 자가 翁叔이었는데, 武帝가 즉위한 초기에 漢나라로 귀순하여 侍中이 되었는바, 독실하고 신중하여 황제의 총애를 받았으며, 休屠國에서는 金人을 만들어 하늘에 제사한다 하여 金氏 姓을 하사하였다. 馬何羅는 태자의 巫蠱 獄事를 일으킨 江充과 친했는데, 뒤에 강충이 태자에게 죽임을 당하고 황제가 그의 黨與들을 다스리자, 武帝 後元 원년(B.C. 89) 禍가 자신에게 미칠까 두려워하여 반역을 도모하고 황제를 시해하려 하였으나, 김일제가 이를 알아차리고 마하라를 안고 궁궐 아래로 투신하여 그를 잡아 처형하였다. 김휘는 김일제의 후손이므로 이렇게 생각한 것이다.

106) 有星孛于東方 : "獻帝의 시대에 이보다 앞서는 孛星을 6번 썼고 이때에 7번 썼다. ≪資治通鑑綱目≫이 끝날 때까지 孛星을 쓴 것이 53번인데, 한 대에 7번 쓴 것은 오직 武帝와 獻帝뿐이다. 그러나 무제는 禍가 병란에 그쳤는데 헌제는 천하를 잃는 데에 이르렀으니, 이는 헌제의 재주가 漢나라 國統의 쇠퇴를 만회할 수 없었기 때문이었다.〔獻帝之世 先是六書孛矣 於是七書 終綱目 書孛五十三 而一世七書者 惟武帝獻帝焉 然武止兵禍 而獻至於失天下 則獻之才不足以挽漢祚之衰故也〕" ≪書法≫

수십 일 뒤에 과연 반란을 일으켰다는 소식이 이르자, 조조는 그의 아들 曹彰으로 하여금 토벌하게 하였다.

魏王操召裴潛하여 爲丞相理曹掾한대 潛曰 潛은 於百姓雖寬이나 於諸胡爲峻하니 今繼者必以潛爲治過嚴이라하여 而事加寬惠하리니 彼素驕恣라 過寬必弛요 既弛에 又將攝之以法이면 此怨叛所由生也①라 以勢料之컨대 代必復叛이리이다 後數十日에 反問이 果至어늘 操使其子彰討之하다

① 攝은 잡음이고 정돈함이다.
攝, 持也, 整也.

【目】曹彰은 어려서부터 활쏘기와 말 몰기를 잘하였으며 힘이 보통 사람보다 뛰어났다. 曹操가 그에게 경계하기를 "집안에 있을 때에는 부자간이 되고, 임무를 받았을 때에는 군신 간이 된다. 나는 언제나 王法에 따라 從事(처리)할 것이니, 너는 이것을 경계하라." 하였다.

彰이 少善射御하고 膂力過人이라 操戒曰 居家에 爲父子요 受事에 爲君臣이라 動以王法從事하리니 爾其戒之하라

【綱】劉備가 張郃을 공격하였는데 승리하지 못하였다.

劉備擊張郃이러니 不克하다

【目】劉備가 陽平關에 주둔하여 張郃 등을 공격하였는데 이기지 못하니, 급히 편지를 보내어 益州의 병력을 징발하게 하였다.

諸葛亮이 이 문제를 犍爲郡 사람 從事 楊洪에게 묻자, 양홍이 다음과 같이 대답하였다.

"漢中은 益州의 목구멍과 같은 중요한 지역이어서 나라의 存亡이 달려 있는 중요한 關鍵이니, 만약 한중이 없으면 蜀 지방도 없게 될 것입니다. 이는 家門의 禍이니, 군대를 징발하는 것에 대해 어찌 의심하십니까."

이때 蜀郡太守인 法正이 유비를 따라 북쪽으로 갔다. 제갈량은 이에 表文을 올려 양홍에게 임시로 蜀郡太守를 겸하게 하였는데 모든 일이 제대로 해결되니, 마침내 양홍으로 하여금 정식으로 太守의 지위에 오르게 하였다.

劉備屯陽平關하여 攻郃等不克하고 急書發益州兵이어늘 諸葛亮이 以問從事犍爲楊洪한대 洪曰

漢中은 益州咽喉라 存亡之機會니 若無漢中이면 則無蜀矣라 此家門之禍也니 發兵何疑리잇고 時에 法正이 從備北行이라 亮이 於是에 表洪領蜀郡太守하니 衆事皆辦이라 遂使即眞①하다

① 〈"遂使即眞"은〉 마침내 그(양홍)로 하여금 法正의 직위를 대신하게 한 것이다.
遂使之代法正.

【目】 처음에 犍爲太守 李嚴이 楊洪을 辟召하여 功曹로 삼았는데 이엄이 건위군을 떠나기 전에 양홍이 이미 蜀郡太守가 되었다. 또 양홍은 문하에 있는 書佐 何祗(하지)가 재주와 계책이 있다고 천거하였는데, 양홍이 촉군에 있을 때에 하지가 이미 廣漢太守가 되었다. 이 때문에 서쪽 지역 사람들은 모두 諸葛亮이 당시 사람들의 재주를 충분히 이용하는는 데에 탄복하였다.

初에 犍爲太守李嚴이 辟洪爲功曹러니 嚴이 未去犍爲에 而洪이 已爲蜀郡하고 洪이 擧門下書佐何祗有才策이러니 洪이 尙在蜀郡에 而祗已爲廣漢太守하니 是以로 西土咸服諸葛亮能盡時人之器用也러라

黃忠이 夏侯淵을 베다

【綱】 가을 7월에 魏王 曹操가 劉備를 공격하여 9월에 長安에 이르렀다.

秋七月에 魏王操擊劉備하여 九月에 至長安하다

己亥年(219)

【綱】漢나라 孝獻皇帝 建安 24년이다. 봄 정월에 劉備가 夏侯淵을 격파하여 참수하였다.

二十四年이라 春正月에 劉備擊夏侯淵하여 破斬之하다

【目】처음에 夏侯淵이 전투에서 비록 여러 번 승리하였으나 魏王 曹操는 항상 그에게 경계하기를 "장수가 되어서는 마땅히 두려운 마음을 품고 약해져야 할 때가 있으니, 오직 용맹만을 믿어서는 안 된다. 장수는 마땅히 용맹을 근본으로 삼고 지모와 계책으로 행해야 하니, 만약 단지 용맹에 맡기면 일개 匹夫의 적수일 뿐이다." 하였다.

이때 하후연이 劉備와 1년이 넘도록 서로 대치하고 있었는데, 유비가 陽平關에서 남쪽으로 沔水(면수)를 건너 산을 따라 점점 전진하여 定軍山에 진영을 설치하니, 하후연이 군대를 이끌고 와서 정군산을 다투었다. 法正이 아뢰기를 "공격할 만합니다." 하니, 유비가 討虜將軍 黃忠으로 하여금 높은 곳에 올라가 북을 치고 함성을 지르며 공격하게 하였다. 하후연의 군대가 크게 패하니, 마침내 하후연을 참수하였다.

張郃이 군대를 이끌고 돌아가자 督軍 杜襲이 흩어진 병졸들을 수습해서 장합을 추대하여 군대의 주장으로 삼으니, 병사들의 마음이 비로소 진정되었다.

初에 夏侯淵이 戰雖數(삭)勝이나 魏王操常戒之曰 爲將에 當有怯弱時니 不可但恃勇也라 將은 當以勇爲本이요 行之以智計니 若但任勇이면 則一匹夫敵耳라하니라 及與劉備로 相拒踰年에 備自陽平으로 南渡沔水하여 緣山稍前하여 營於定軍山①하니 淵이 引兵爭之어늘 法正曰 可擊矣니이다 備使討虜將軍黃忠으로 乘高鼓譟攻之하니 淵軍이 大敗라 遂斬之하다 張郃이 引兵還이어늘 督軍杜襲이 收斂散卒하여 推郃爲軍主하니 衆心이 乃定②하다

① ≪華陽國志≫에 "漢中郡 沔陽縣에 定軍山이 있으니, 북쪽으로 沔水에 임했다." 하였다.
華陽國志 "漢中沔陽縣, 有定軍山, 北臨沔水."

② 처음에 曹操가 동쪽으로 돌아갈 적에 杜襲을 남겨두어 漢中의 군대의 일을 감독하게 하였다.
初操東還, 留襲督漢中軍事.

【綱】2월 그믐에 일식이 있었다.

二月晦에 日食하다

【綱】3월에 魏王 曹操가 斜谷으로 진출하자, 劉備의 장수 趙雲이 조조의 군대를 공격하여 敗退시켰다. 여름 5월에 조조가 군대를 이끌고 돌아가니, 유비가 마침내 漢中을 점령하였다.

◑三月에 魏王操出斜谷이어늘 劉備將趙雲이 擊其軍敗之하다 夏五月에 操引還하니 備遂取漢中하다

【目】曹操가 長安에서 斜谷으로 진출하여 군대를 내어 요해처를 막고서 漢中에 접근하니, 劉備가 말하기를 "曹公이 비록 오더라도 능히 무슨 일을 하지 못할 것이다. 내 반드시 漢川(漢中)을 소유할 것이다." 하고는 마침내 병력을 거두어 험한 곳을 막고 끝내 交戰하지 않았다.

曹操가 北山 아래로 쌀을 운반해오자, 黃忠이 그 쌀을 탈취하고자 하여 군대를 이끌고 출동하였는데, 돌아올 시기가 지나도 돌아오지 않았다. 趙雲이 수십 명의 기병을 거느리고서 진영을 나가 순찰하였는데, 위세를 드날리며 크게 출동하는 조조의 군대를 만났다. 조운은 마침내 적진으로 돌진하여 한편으로는 싸우고 한편으로는 퇴각하니, 魏나라 병사들이 흩어졌다가 다시 모여서 조운의 진영 아래에까지 추격하였다.

조운이 진영에 들어가 성문을 열고서 깃발을 눕히고 북소리를 그치니, 魏나라 병사들은 조운이 伏兵을 설치했는가 의심하여 군대를 이끌고 떠나갔다. 조운이 〈弓弩部隊로 하여금〉 강한 쇠뇌로 魏나라 군대를 향해 쏘게 하니, 魏나라 병사들이 놀라 자기들끼리 서로 밟혀서 물에 떨어져 죽은 자가 매우 많았다. 兩軍이 서로 대치한 지 한 달이 넘자 魏나라 병사들 중에 도망간 자가 많았다.

操自長安出斜谷하여 軍遮要以臨漢中①하니 劉備曰 曹公雖來나 無能爲也라 我必有漢川矣라하고 乃斂衆拒險하고 終不交鋒이러라 操運米北山下어늘 黃忠이 引兵欲取之러니 過期不還이라 趙雲이 將數十騎하여 出營視之할새 値操揚兵大出하다 雲이 遂前突其陣하여 且鬪且却하니 魏兵이 散而復合하여 追至營下하다 雲이 入營開門하고 偃旗息鼓하니 魏兵이 疑雲有伏하여 引去어늘 雲이 以勁弩射魏兵하니 魏兵이 驚駭하여 自相蹂踐하여 墮水死者 甚多하고 相守積月에 魏軍士 多亡②이러라

① 〈"軍遮要以臨漢中"은〉 斜谷의 길이 험하므로 曹操는 劉備가 길을 막고 습격할까 염려해서 미리 군대를 이끌고 요해처를 막고서야 비로소 漢中으로 접근한 것이다. 혹자는 말하기를

"遮要는 지명이다." 하였다.
斜谷道險, 操恐爲備所邀截, 先以軍遮要害之處, 乃進臨漢中. 或云"遮要, 地名."

② 亡은 도망하는 것이다.
亡, 逃亡也.

【目】 5월에 曹操가 군대를 이끌고 長安으로 돌아가니, 劉備가 마침내 漢中을 소유하였다.

조조는 유비가 북쪽으로 武都의 氐族을 취하여 關中을 핍박할까 염려해서 雍州刺史 張既에게 물으니, 장기가 대답하기를 "무도의 저족으로 하여금 북쪽으로 진출하여 곡식이 있는 곳으로 가서 적(유비)을 피하도록 권하되, 앞서 이동한 자에게 후한 상을 내리면, 먼저 이동한 자들이 이익을 얻어서 뒤에 오는 자들이 반드시 이를 사모할 것입니다." 하였다. 조조가 그의 말을 따라 저족의 5만여 部落을 옮겨서 扶風과 天水의 경계로 나와 살게 하였다.

유비가 장군 孟達을 보내어 房陵을 공격해서 방릉태수를 죽이게 하였다. 또 養子인 中郎將 劉封을 보내어 맹달과 회합하여 上庸을 공격하게 하니, 상용태수 申耽(신탐)이 郡을 들어 항복하였다.

五月에 操引兵還長安하니 備遂有漢中하다 操恐備北取武都氐以逼關中하여 問雍州刺史張既한대 既曰 可勸使北出就穀以避賊호되 前至者를 厚其寵賞이면 則先者知利하여 後必慕之하리이다 操從之하여 徙氐五萬餘落하여 出居扶風, 天水界하다 備遣將軍孟達하여 攻房陵하여 殺其太守①하고 又遣養子中郎將封하여 與達會하여 攻上庸하니 太守申耽이 擧郡降②하다

① 房陵縣은 본래 漢中郡에 속하였으니, 이 郡은 아마도 劉表가 설치한 듯하다.
房陵縣, 本屬漢中郡. 此郡, 疑劉表所置.

② 劉備가 寇氏의 아들로 이름이 封인 자를 양자로 들여 中郎將으로 삼았다. 上庸縣은 漢中郡에 속하였다. 《魏略》에 "申耽이 먼저 西城과 上庸 사이에 있으면서 수천 가호의 무리를 모아 張魯와 통하였으며, 또 曹公에게 사신을 보내었다. 이에 조공이 그에게 將軍이라는 칭호를 가하고 그로 하여금 上庸都尉를 겸하게 했다." 하였다.
備養寇氏子名封, 爲中郎將. 上庸縣, 屬漢中郡. 魏略曰 "申耽初在西城·上庸間, 聚衆數千家, 與張魯通, 又遣使詣曹公, 公加其號爲將軍, 使領上庸都尉."

【綱】 가을 7월에 劉備가 스스로 서서 漢中王이 되었다.

秋七月에 劉備自立爲漢中王[107]하다

【目】 劉備가 沔陽에 祭壇을 설치하고 병력을 진열하니 여러 신하들이 배석하였는데, 신하들은 〈황제인 獻帝에게〉 유비를 漢中王으로 삼을 것을 아뢰었다.[108] 아뢰는 글을 다 읽자, 유비가 절하고서 玉璽와 印綬를 받고 王冠을 쓰고 아들 劉禪을 세워 王太子를 삼았다. 또 牙門將軍 魏延을 발탁하여 漢中太守를 겸하게 해서 漢川에 진주하게 하였다.

유비가 돌아와서 成都에 治所(도읍)를 정하고서 許靖을 太傅로 삼고 法正을 尙書令으로 삼았으며, 關羽, 張飛, 馬超, 黃忠은 모두 차등을 두어 승진시켰다.

劉備가 漢中王의 자리에 나아가다

備設壇場於沔陽하여 陳兵列衆하니 群臣陪位①러니 奏以備爲漢中王하니 讀訖에 備拜受璽綬하고 御王冠②하고 立子禪爲王太子하고 拔牙門將魏延하여 領漢中太守하여 以鎭漢川③하다 備還治成都하여 以許靖爲太傅하고 法正爲尙書令하고 關羽, 張飛, 馬超, 黃忠이 皆進位有差④하다

107) 劉備自立爲漢中王 : "'自立'이라고 쓴 것은 어째서인가. 獻帝를 보존해준 것이다. 헌제가 살아 있으면 비록 劉備라도 〈그의 잘못을 드러내어〉 '自立'이라고 썼으니, 《資治通鑑綱目》에 드러난 君臣의 의리가 엄격하다.〔書自立 何 存獻帝也 獻帝在 雖劉備 以自立書之 綱目君臣之義凜凜矣〕" 《書法》

108) 여러……아뢰었다 : 이는 직접 獻帝에게 아뢴 것이 아니고, 다만 황제에게 아뢰는 형식을 취한 것으로 보인다. 뒤에 劉備가 황제에게 절하고 玉璽와 印綬를 받은 것 역시 형식적으로 꾸민 것으로 보인다.

① 沔陽縣은 漢中郡에 속하였다. 陪는 수행함이고 동반함이다.
沔陽縣, 屬漢中郡. 陪, 隨也, 伴也.
② 王冠은 遠游冠이다.
王冠, 遠游冠也.
③ 牙門將軍은 劉備가 처음 설치한 것이다.
牙門將軍, 備所創置.
④ 關羽는 前將軍이 되고 張飛는 右將軍이 되고 馬超는 左將軍이되고 黃忠은 後將軍이 되었으니, 전장군・후장군・좌장군・우장군은 모두 漢나라의 관직이다.
羽爲前將軍, 飛爲右將軍, 超爲左將軍, 忠爲後將軍, 前・後・左・右將軍, 皆漢官.

【目】〈劉備가〉 司馬 費詩를 보내어 關羽에게 나아가서 印綬를 전해주자, 관우는 黃忠의 지위가 자기와 똑같다는 말을 듣고 노하여 말하기를 "大丈夫는 끝내 이 老兵(황충)과 同列이 될 수 없다." 하고는 제수하는 인수를 받으려 하지 않았다. 비시가 관우에게 다음과 같이 말하였다.

"王業을 세우는 자는 사람을 등용하는 방법이 한 가지가 아닙니다. 옛날에 蕭何와 曹參은 高祖와 젊었을 때부터 친구 사이였고 陳平과 韓信은 亡命하여 뒤에 왔습니다. 그러나 그 班列을 논하면 한신이 가장 위에 있었는데 소하와 조참이 이 때문에 원망했다는 말을 듣지 못하였습니다.

지금 大王(漢中王)이 한때의 功으로 漢升(黃忠)을 높이고 있으나 마음의 輕重이야 어찌 君侯와 똑같겠습니까. 또 대왕과 군후는 비유하면 한 몸과 같아서 좋은 일과 궂은일을 함께하여 화와 복을 함께하니, 어리석은 저는 군후께서 官號의 높고 낮음과 爵祿의 많고 적음을 계산하여 마음에 두어서는 안 된다고 생각합니다.

저는 일개 使者로 명을 받든 사람입니다. 군후께서 제수하는 인수를 받지 않으면 이에 곧 돌아가서 復命하면 되지만, 다만 장군을 위하여 이 행동을 애석히 여기는 것은 장군께서 후회하게 될까 두려워서입니다."

관우가 크게 감동하고 깨달아서 즉시 제수하는 인끈을 받았다.

遣司馬費詩하여 卽授羽印綬①한대 羽聞黃忠位與己竝하고 怒曰 大丈夫終不與老兵同列이라하고 不肯受拜라 詩謂羽曰 夫立王業者는 所用非一이라 昔에 蕭, 曹與高祖로 少小親舊요 而陳, 韓이 亡命後至로되 論其班列하면 韓最居上이나 未聞蕭, 曹以此爲怨②이니이다 今王이 以一時之功으로 隆崇漢(室)〔升〕[109]이나 然意之輕重이 寧當與君侯齊乎③아 且王與君侯는 譬猶一體라 同休

109) (室)〔升〕: 저본에는 '室'로 되어 있으나, 《資治通鑑》에 의거하여 '升'으로 바로잡았다.

等戚하여 禍福共之하니 愚는 謂君侯不宜計官號之高下와 爵祿之多少爲意也니이다 僕은 一介之使로 銜命之人이니 君侯不受拜하면 於是便還이어니와 但相爲惜此擧動이 恐有後悔耳④로이다 羽大感悟하여 遽卽受拜하다

① 卽은 나아감이다.
卽, 就也.
② 陳平과 韓信은 楚나라에서 망명해왔는데, 한신은 王이 되고 蕭何와 曹參은 諸侯가 되었다. 그러므로 한신이 가장 윗자리에 있었다고 말한 것이다.
陳平・韓信自楚而來, 韓信王而蕭・曹侯, 故曰韓最居上.
③ 〈"今王……寧當與君侯齊乎"는〉 劉備가 일시적으로 黃忠을 關羽와 같은 반열에 놓았으나 마음의 輕重은 여기에 있지 않음을 말한 것이다. 曹操가 일찍이 表文을 올려 관우를 漢壽亭侯로 삼았으므로 그를 칭하여 君侯라고 한 것이다.
言備以一時使忠與羽班, 而意之輕重, 則不在此. 曹操嘗表羽爲漢壽亭侯, 故稱之爲君侯.
④ 爲(위하다)는 去聲이다.
爲, 去聲.

【綱】 魏王 曹操가 그 夫人을 칭하여 王后라 하였다.

魏王操號其夫人하여 **爲王后**[110]하다

【綱】 8월에 漢中의 장수 關羽가 襄陽을 점령하였다.

◑ **八月**에 **漢中將關羽 取襄陽**하다

【目】 關羽가 糜芳으로 하여금 江陵을 지키게 하고 傅士仁으로 하여금 公安을 지키게 하고는, 자신은 직접 군대를 이끌고 樊城에서 曹仁을 공격하였다. 조인은 于禁과 龐德 등으로 하여금 번성의 북쪽에 군대를 주둔하게 하였는데, 8월에 큰 장맛비가 내려 漢水가 범람하니, 평지에도 물이 몇 길이 되었다. 우금이 장수들과 함께 높은 곳으로 올

110) 魏王操號其夫人 爲王后 : "魏王 曹丕가 夫人 甄氏를 죽인 것을 근거하여 보면 '其'라고 쓰지 않았는데, 여기에서 '其'라고 쓴 것은 어째서인가. 曹操가 夫人이라고 말했을 뿐이기 때문이다. 아내는 남편의 官爵을 따르고 또 魏公에게 夫人이 있는 것은 당연한데, 어째서 굳이 '그 夫人'이라고 칭하였는가. 조조가 魏公이 되었을 적에 '曹操가 스스로 섰다.'라고 썼으니, 그렇다면 夫人 또한 그가 스스로 夫人이라고 말했을 뿐이다. 그러므로 夫人을 后라고 칭함에 '위왕 조조가 칭하였다.'라고 쓴 것이다.〔據魏殺夫人甄氏 不書其 其者 何 其所謂夫人云爾也 婦從夫爵 魏公之有夫人 宜矣 曷爲必稱其夫人 魏公書操自立 則夫人亦其所自謂之而已矣 故號之爲后 書曰魏王操號〕" ≪書法≫ 여기의 夫人은 제후의 妻에 대한 봉호이다.

라가 물을 피하였는데, 관우가 큰 배를 타고 가서 공격하니, 우금 등이 곤궁하고 급박하여 항복하였다.

龐德은 힘을 다해 싸워서 화살이 다 떨어졌는데도 싸움이 더욱 맹렬해지고 기세가 더욱 강성하였다. 그러나 물이 더욱 점점 불어나니, 관리와 병사들이 모두 항복하였다. 방덕이 작은 배를 타고 조인의 진영으로 돌아가려고 하다가 배가 뒤집혀 관우에게 사로잡혔는데, 꼿꼿하게 서서 무릎을 꿇지 않았다. 관우가 "어째서 빨리 항복하지 않는가?" 하니, 방덕이 관우를 꾸짖었다. 이에 관우가 그를 죽였다.

關羽가 華夏에서 위엄을 떨치다

關羽使麋芳守江陵하고 傅士仁守公安하고 羽自率衆하여 攻曹仁於樊하니 仁이 使于禁, 龐德等으로 屯樊北이러니 八月에 大霖雨하여 漢水溢하니 平地數丈이라 禁이 與諸將으로 登高避水어늘 羽乘大船하여 就攻之하니 禁等이 窮迫遂降하다 龐德이 力戰하여 矢盡에 戰益怒하고 氣益壯이로되 而水浸盛하니 吏士盡降이라 德이 乘小船하여 欲還仁營이라가 船覆하여 爲羽所得하니 立而不跪라 羽謂曰 何不早降고 德이 罵羽한대 羽殺之하다

【目】關羽가 급히 樊城을 공격하니, 성벽에 무너진 곳이 많아서 사람들이 모두 두려워하였다. 혹자가 말하기를 "관우의 포위망이 아직 완전히 연결되지 않았을 때에 가벼운 배를 타고 밤중에 달아나야 합니다." 하였다. 이에 滿寵이 曹仁에게 다음과 같이 말하였다.

"산골짝의 물은 유속이 빠르니 얼마 지나지 않아 물이 빠질 것입니다. 들건대 관우가 別將을 보내 이미 郟下에 군대를 주둔시켰다고 합니다. 許都 이남의 백성들이 소요하고 있는데도 관우가 감히 전진하지 못하는 이유는, 우리 군대가 그 뒤를 공격할까 두려워해서입니다. 지금 만약 우리가 도망하면 洪河 이남이 다시는 국가의 소유가 아닐 것이니, 君은 마땅히 기다려야 합니다."

조인이 "좋다." 하고는 마침내 白馬를 물에 던지고서 병사들과 맹세하고 한마음으로 굳게 지켰다. 침몰되지 않은 성벽이 겨우 몇 板[111] 높이였는데, 관우가 배를 타고 성에 접근하니, 성 안팎의 소식이 두절되었다.

急攻樊城하니 城多崩懷라 衆皆恟懼러니 或曰 可及圍未合하여 乘輕船夜走니라 滿寵曰① 山水速疾하니 冀其不久요 聞羽遣別將하여 已在郟下②라하니 自許以南으로 百姓이 擾擾로되 羽所以不敢遂進者는 恐吾軍掎其後耳라 今若遁去하면 洪河以南이 非復國家有也리니 君宜待之③니이다 仁曰善타하고 乃沈白馬하여 與軍人盟誓하고 同心固守하니 城不沒者 數板이라 羽乘船臨城하니 外內斷絶이러라

① 滿寵은 汝南太守로 있었는데, 曹操가 그로 하여금 曹仁을 도와 樊城에 주둔하게 하였다.
寵爲汝南太守, 操令助曹仁, 屯樊城.
② 郟縣은 潁川郡에 속하였으니, 郟下는 許都를 許下라고 말하는 것과 같다.
郟縣, 屬(穎)〔潁〕[112]川郡. 郟下者, 猶言許曰許下也.
③ 洪河는 大河(黃河)이다.
洪河, 大河也.

【目】 關羽는 또 別將을 보내어 襄陽을 포위하게 하니, 刺史 胡脩와 太守 傅方이 모두 항복하였다. 曹操는 龐德이 죽었다는 말을 듣고 눈물을 흘리며 말하기를 "내가 于禁을 안 지 30년이 되었는데, 위태로운 일을 당함에 도리어 방덕만도 못할 줄을 어찌 생각이나 했겠는가." 하였다.

羽又遣別將하여 圍襄陽하니 刺史胡脩와 太守傅方이 皆降①하다 操聞龐德死하고 流涕曰 吾知于禁三十年이러니 何意臨危에 反不及龐德邪②아하니라

① 胡脩는 荊州刺史였고 傅方은 南鄕太守였다.
脩荊州刺史, 方南鄕太守.
② 曹操가 병력을 兗州에서 수습할 적에 于禁이 곧바로 장수가 되었다.

111) 板 : 고대에 城壁을 계량하던 단위로, 높이가 2尺, 길이가 8尺이다. 그러나 규모는 자세하지 않아서 張守節의 ≪史記正義≫에는 何休의 말을 인용하여 "8尺을 板이라 한다." 하였고, 또 일설에 의하면 길이가 1丈 또는 6尺이라고도 한다.

112) (穎)〔潁〕 : 저본에는 '穎'으로 되어 있으나, ≪資治通鑑≫에 의거하여 '潁'으로 바로잡았다.

操收兵兗州, 禁卽爲將.

【綱】魏王 曹操가 丞相主簿 楊脩를 죽였다.

魏王操殺丞相主簿楊脩하다

【目】처음에 楊脩와 丁儀가 曹植을 세워 魏나라의 後嗣를 삼을 것을 모의하자, 曹丕가 이를 근심하여 수레에 낡은 상자를 싣고서 거기에 吳質을 숨겨 들여와서 함께 상의하였다. 양수가 이 사실을 曹操에게 아뢰니 조비가 두려워하여 오질에게 고하자, 오질이 말하기를 "나쁠 것이 없습니다." 하였다.

다음 날 조비가 다시 수레에 상자를 실어서 비단을 들여왔는데, 양수가 다시 이 사실을 조조에게 아뢰었다. 조사하여 증험해보았는데 상자 안에 사람이 없으니, 조조가 이로 말미암아 양수를 의심하게 되었다.

初에 楊脩, 丁儀 謀立曹植爲魏嗣하니 丕患之하여 以車載廢簏(록)하고 內(납)吳質하여 與之謀[①]러니 脩以白操한대 丕懼하여 告質이어늘 質曰 無害也니이다 明日에 復以簏載絹入이러니 脩復白之하니 推驗에 無人이라 操由是疑[②]러라

① 簏은 음이 鹿이니, 대나무로 만든 높은 상자이다. 內(들이다)은 納으로 읽는다.
簏, 音鹿, 竹高篋也. 內, 讀曰納.

② 推는 조사함이다.
推, 案也.

【目】뒤에 曹植이 교만하고 방종하다 하여 曹操로부터 소외를 당하였으나, 楊脩는 감히 그와의 관계를 끊지 못하였다.

양수는 매번 조식에게 나아가게 되면 잘못되는 일이 있을까 염려해서 曹操의 뜻을 헤아려 教令에 답할 10여 조항을 미리 만들어 조식의 門下에 명령해서 조조의 물음에 따라 답하게 하였다. 이에 조조의 교령이 나오자마자 바로 조식의 답안이 이미 들어와 있었다. 조조는 대답이 빠른 것을 괴이하게 여기고 심문하여 비로소 진상을 알아내고는, 마침내 양수를 체포하여 죽였다.

後에 植이 以驕縱見疏[①]로되 脩亦不敢自絶이라 每當就植에 慮事有闕하여 忖度(촌탁)操意하여 豫作答教十餘條하여 勅門下하여 隨問答之하니 於是에 教裁出에 答已入[②]이라 操怪其捷하여 推問에

始泄하니 遂收殺之하다

① 曹植이 수레를 타고 馳道 가운데로 달려갔고 은밀히 司馬門을 열고 나가서 이미 죄를 얻었으며, 曹仁이 關羽에게 포위되었을 적에 曹操가 조식을 보내어 조인을 구원하고자 하였으나 조식이 술에 취하여 명령을 받지 못하니, 조식은 이에 더욱 조조로부터 소외를 당하였다.
植乘車行馳道中, 私開司馬門出, 旣得罪矣. 曹仁爲關羽所圍, 操欲遣植救仁, 而植醉, 不能受命, 於是益見疏.

② 裁(하자마자)는 纔와 같다.
裁, 與纔同.

【綱】關中의 營帥인 許攸가 항복하였다.

關中營帥許攸降[①]하다

① 이는 또 다른 한 명의 許攸이니, 袁紹로부터 도망해온 허유가 아니다.
此又一許攸, 非自袁紹來奔之許攸也.

【目】許攸가 병력을 보유하고서 曹操에게 귀의하지 않고 게다가 교만한 말까지 하자, 조조가 노하여 그를 공격하고자 하니, 신하들 중에 諫하는 자가 많았다. 조조는 무릎에 칼을 비껴 세우고 怒氣를 띠면서 간언을 듣지 않았다. 長史 杜襲이 들어가서 간하고자 하였는데, 조조가 미리 그에게 이르기를 "내 계책이 이미 결정되었으니, 卿은 다시 말하지 말라." 하였다. 이에 두습이 다음과 같이 말하였다.

"만약 殿下의 계책이 옳다면 신이 바로 전하를 도와 계책을 이루어야 하겠지만, 만약 전하의 계책이 옳지 않다면 비록 결정되었다 하더라도 마땅히 바꾸어야 합니다. 전하께서 미리 신에게 말하지 말라고 명령하시니, 어찌 아랫사람을 대하심이 이처럼 좁고 분명하지 못하십니까."

조조가 말하기를 "허유가 나를 무시하니, 어찌 내버려둘 수 있겠는가." 하였다.

攸擁衆不附而有慢言이어늘 操怒하여 欲伐之하니 群臣이 多諫이라 操橫刀於膝하고 作色不聽이어늘 長史杜襲이 入欲諫이러니 操逆謂之曰 吾計已定하니 卿勿復言하라 襲曰 若殿下計是邪인댄 臣方助殿下成之어니와 若殿下計非邪인댄 雖成이나 宜改之니이다 殿下逆臣令勿言하시니 何待下之不闡乎[①]잇가 操曰 許攸慢吾하니 如何可置[②]리오

① 闡은 큼이고, 개방함이고, 분명함이다.

闡, 大也, 開也, 明也.

② 置는 捨와 같으니, 버려두고 묻지 않는 것이다.
置, 猶捨也, 捨而不問也.

【目】 杜襲이 다음과 같이 말하였다.

"이제 豺狼이 길을 막고 있는데 여우와 살쾡이를 먼저 제거하려고 하시니,113) 사람들은 장차 殿下께서 강자를 피하고 약자를 공격한다고 말할 것입니다. 이렇게 되면 전진하여도 용맹이 되지 못하고 후퇴하여도 仁이 되지 못합니다. 신은 듣건대 '千鈞의 쇠뇌는 생쥐를 잡기 위하여 발사하지 않고, 萬石의 鍾은 풀줄기로 쳐서 울리지 않는다.' 하였습니다. 지금 하찮은 許攸가 어찌 족히 대왕의 神武를 수고롭게 할 것이 있겠습니까."

曹操는 "좋다." 하고는 마침내 허유를 후하게 어루만지니, 허유는 즉시 歸順하였다.

襲曰 今에 豺狼當路어늘 而狐狸是先하시니 人將謂殿下避彊攻弱이라 進不爲勇이요 退不爲仁이니이다 臣은 聞千鈞之弩는 不爲鼷(혜)鼠發機①하고 萬石之鍾은 不以莛撞起音②이라하니 今區區之許攸 何足以勞神武哉잇가 操曰 善타하고 遂厚撫攸하니 攸卽歸服하다

① 30斤을 鈞이라고 한다. "千鈞之弩"는 그 무거움을 말한 것이다. 鼷는 음이 奚이다. "鼷鼠"는 작은 쥐이니, 매우 작아서 얼핏 보면 볼 수 없고 사람과 새와 짐승을 물어도 모두 아프지 않다.
三十斤爲鈞. 千鈞之弩, 言其重也. 鼷, 音奚. 鼷鼠, 小鼠也, 極細, 不可卒見, 嚙人及鳥獸, 皆不痛.

② 4鈞을 石이라고 한다. 莛은 음이 庭이니, 풀줄기이다. 撞은 침이다.
四鈞爲(百)〔石〕.114) 莛, 音庭, 草莖也. 撞, 擣擊也.

---

113) 豺狼이……하시니 : 豺狼은 승냥이(늑대)로 강한 劉備의 군대를 비유하고 여우와 살쾡이는 약한 적으로 許攸를 말하는 것이다.

114) (百)〔石〕 : 저본에는 '百'으로 되어 있으나, ≪資治通鑑≫ 註에 의거하여 '石'으로 바로잡았다.

思政殿訓義 資治通鑑綱目 제14권 하

漢 獻帝 建安 24년(219)~蜀漢 後主 建興 5년(227)

【綱】겨울 10월에 孫權이 呂蒙으로 하여금 江陵을 기습 점령하게 하였다. 魏王 曹操가 군대를 거느리고 樊城을 구원하니, 關羽가 패주하여 돌아오자 손권이 요격하여 참수하였다. 12월에 여몽이 卒하였다.

冬十月에 孫權이 使呂蒙襲取江陵하고 魏王操帥師救樊하니 關羽走還이어늘 權이 邀斬之하다 十二月에 蒙이 卒[1)]하다

【目】許都 이남이 왕왕 멀리 關羽에게 호응하니, 관우의 위엄이 華夏(中原)에 진동하였다. 曹操가 도읍을 許都로 옮겨서 그의 銳鋒을 피할 것을 의논하였는데, 司馬懿와 蔣濟

---

1) 十二月 蒙卒 : "周瑜와 張紘(장굉)과 魯肅이 卒하였을 적에 모두 관직을 썼다. 그런데 이때 呂蒙이 大督(총사령관)으로 있었으나 그가 卒하였을 적에 관직을 갖추어 쓰지 않은 것은 어째서인가. 여몽을 죄책한 것이다. 劉備와 孫權이 함께 曹操를 원수로 여겼는데 여몽이 맨 먼저 서로 병탄할 계책을 내었으니, 이 때문에 魏나라는 더욱 강성해졌고 漢나라는 다시 회복되지 못하였다. 그러므로 關羽가 돌아왔을 적에 '요격하여 참수하였다.'고 써서 손권을 심하게 여겼고, 여몽이 卒하였을 적에 관직을 쓰지 않았다. 《資治通鑑綱目》에서 蜀漢과 吳나라, 魏나라와 晉나라의 여러 신하들이 卒하였을 적에 관직을 쓰지 않은 경우는 呂蒙과 孫峻·陳祗·劉穆 네 사람이다. 여몽을 이 사람들과 똑같이 대하였으니, 《자치통감강목》에서 죄책한 것이 깊다.〔周瑜張紘魯肅卒 皆書官 於是蒙爲大督 則其卒也 不具官 何 罪蒙也 劉孫同仇 而蒙首發相吞之謀 此魏之所以益彊而漢之所以不復也 故關羽之還 書邀斬之 以甚孫權 而蒙之卒 不書官 綱目於蜀漢吳魏及晉諸臣卒 不書官者 呂蒙孫峻陳祗劉穆之四人焉 夷蒙於數子 綱目罪之深矣〕" 《書法》

"呂蒙이 江陵을 기습하여 점령할 계책을 세웠는데, 어찌하여 '孫權이 시켰다.〔權使〕'고 썼는가. 關羽가 潘璋의 손에 죽었는데, 어찌하여 '손권이 요격하여 참수하였다.'고 썼는가. 이때에 劉備와 孫權이 함께 曹操를 원수로 여겨 토벌하고 있었는데, 손권이 도리어 관우를 공격하여 마침내 귀신과 물여우처럼 험악한 조조로 하여금 뜻을 얻고 勝勢를 더욱 떨치게 하였으니, 그 잘못은 이 조처에 있었다. 書法이 이와 같으니, 이 때문에 손권에게 죄를 돌려서 그가 漢나라를 도우려는 마음이 없고 桀王을 도와준 악함이 있음을 드러냈을 뿐이다. 여몽은 미처 封爵을 받기 전에 卒하였는데 곧바로 아래에 이것을 썼으니, 또 〈善한 자에게 福을 내리고 악한 자에게 禍를 내리는〉 天道가 멀리 있지 않은 뜻을 나타낸 것이다.〔呂蒙爲襲取江陵之計 何以書曰權使 關羽死於潘璋之手 何以書曰權邀斬之 是時劉孫同仇討操 而權乃自相攻擊 遂使鬼蜮得志 勝勢益張 其失蓋在此擧 書法若此 所以歸罪孫權 著其無翊漢之心 有助桀之惡耳 呂蒙未及受封而卒 卽書于下 又見天道不遠之意云〕" 《發明》

가 다음과 같이 반대하였다.

"于禁 등은 홍수에 패몰된 것이지 전투를 잘못한 것이 아니니, 국가의 大計에 있어 손해가 되지 않습니다. 劉備와 孫權이 겉으로는 친하나 안으로는 소원하니, 관우가 뜻을 얻는 것을 손권은 반드시 원하지 않을 것입니다. 사람을 보내어 손권에게 은밀히 관우의 뒤를 밟도록 권하고 江南을 떼어서 손권에게 봉해줄 것을 허락한다면, 樊城의 포위가 저절로 풀릴 것입니다."

조조가 그의 말을 따랐다.

自許以南이 往往遙應關羽하니 羽威振華夏라 曹操議徙許都以避其銳러니 司馬懿, 蔣濟曰 于禁等이 爲水所沒이요 非戰攻之失이니 於國家大計에 未足有損이니이다 劉備, 孫權이 外親內疎하니 關羽得志를 權必不願也리니 可遣人勸權躡其後하고 許割江南以封權이면 則樊圍自解리이다 操從之하다

【目】 처음에 魯肅은 항상 孫權에게 권하기를 "曹操가 아직 건재하니, 마땅히 우선 關羽를 어루만져 화목한 관계를 유지하여 그와 함께 조조를 원수로 여겨야 하고, 그를 잃어서는 안 됩니다."라고 하였다.

呂蒙이 魯肅을 대신하게 되자, 여몽은 관우가 평소 용맹하여 吳나라를 兼幷할 마음을 가지고 있고 더구나 吳나라의 上流 지역에 있으니 형편상 우호관계가 오래 지속되기 어렵다고 생각하여, 孫權에게 은밀히 다음과 같이 말하였다.

"지금 征虜將軍 孫皎로 하여금 南郡을 지키게 하고 潘璋은 白帝에 주둔하게 하고 蔣欽은 游兵(유격대)을 거느리고 강을 따라 오르내리면서 敵에게 대응하게 하고, 저는 국가(孫權)를 위해서 전진하여 襄陽을 점거할 것이니, 이와 같이 하면 어찌 조조를 근심할 것이 있으며 어찌 관우에게 의뢰할 것이 있겠습니까. 또 관우의 군주와 신하는 속임수와 무력을 멋대로 행사하여 있는 곳마다 反覆無常하니, 心腹으로 대해서는 안 됩니다."

初에 魯肅이 常勸孫權以曹操尙存하니 宜且撫輯關羽하여 與之同仇요 不可失也라하더니 及呂蒙代肅에 以爲羽素驍雄하여 有兼幷之心하고 且居國上流하니 其勢難久라하여 密言於權曰 今令征虜守南郡①하고 潘璋住白帝하고 蔣欽將游兵하여 循江應敵하고 蒙爲國家하여 前據襄陽②이니 如此면 何憂於操며 何賴於羽리오 且羽君臣이 矜其詐力하여 所在反覆하니 不可以腹心待也니이다

① 孫皎가 이때 征虜將軍이었다.
孫皎時爲征虜將軍.

② 爲(위하다)는 去聲이니, 아래 "嘗爲"의 爲도 모두 같다.
爲, 去聲, 下嘗爲皆同.

【目】 孫權이 말하기를 "내 지금 먼저 徐州를 점령한 뒤에 關羽를 공격하여 취하고자 하니, 어떠한가?" 하니, 呂蒙이 다음과 같이 대답하였다.

"지금 曹操가 幽州와 冀州를 어루만지고 수습하느라 동쪽을 돌아볼 겨를이 없으니, 서주의 땅은 우리가 쳐들어가면 반드시 점령할 수 있습니다. 그러나 서주는 지형이 사방의 육로와 통하여 금일에 점령하더라도 조조가 후일에 반드시 와서 다툴 것이니, 비록 7, 8만의 병력을 남겨두어 지키게 하더라도 오히려 근심해야 할 것입니다. 관우를 공격하여 취하여 長江을 완전히 점거하여 우리의 형세가 더욱 커져서 수비하기가 쉬운 것만 못할 것입니다."

손권이 그의 말을 좋게 여겼다.

權曰 今欲先取徐州然後에 取羽하노니 何如[①]오 對曰 今操撫集幽, 冀하여 未暇東顧하니 徐土는 往自可克이니이다 然이나 地勢陸通하여 今日取之라도 操後旬必來爭[②]하리니 雖以七八萬人守之라도 猶當懷憂[③]라 不如取羽하여 全據長江하여 形勢益張하여 易爲守也니이다 權이 善之[④]러라

① 廣陵 이북은 모두 徐州의 땅이다.
自廣陵以北, 皆徐州之地.
② "後旬"은 日後(후일)라는 말과 같다.
後旬, 猶言日後也.
③ 呂蒙은 吳나라의 병력이 북쪽을 향하여 中原을 다툴 수 없다고 스스로 헤아렸으니, 이는 〈徐州 지방이〉 兵車와 騎兵을 사용하여 싸우는 지역이라서 남쪽 병사들이 편리하게 여기는 바가 아님을 알았기 때문이었다.
呂蒙自量吳國之兵力, 不足北向以爭中原者, 知車騎之地, 非南兵之所便也.
④ 張(커지다)은 去聲이다.
張, 去聲.

【目】 孫權이 일찍이 자기 아들을 위하여 關羽에게 청혼을 하였는데, 관우가 그 使者를 꾸짖고 허락하지 않았다. 이때에 呂蒙이 다음과 같이 상소하였다.

"관우가 樊城을 토벌하면서 수비병을 많이 배치하였으니, 이는 반드시 제가 그 뒤를 도모할까 염려해서입니다. 저는 항상 병이 있으니, 바라건대 병력을 나누어 建業으로 돌아가서 병을 치료한다고 구실을 삼게 하소서. 그리하면 관우가 이 말을 듣고 반드시

수비병을 철수하여 모두 襄陽으로 달려갈 것이니, 우리의 大軍이 강에 배를 띄워 밤낮 없이 上流로 치달려 올라가서 그의 빈 진영을 습격한다면, 南郡(江陵)을 함락시키고 관우를 사로잡을 수 있을 것입니다."

여몽이 마침내 병이 위독하다고 칭하니, 손권은 露檄을 보내 여몽을 불러 돌아오게 해서 은밀히 계책을 도모하려 하였다.

權이 嘗爲其子求昏於羽어늘 羽罵其使하고 不許러니 至是하여 蒙이 上疏曰 羽討樊而多留備兵하니 必恐蒙圖其後故也라 蒙이 常有病하니 乞分士衆還建業하고 以治疾爲名이면 羽聞之하고 必撤備兵하여 盡赴襄陽하리니 大軍浮江하여 晝夜馳上하여 襲其空虛하면 則南郡可下而羽可禽也①라하고 遂稱疾篤하니 權이 乃露檄召蒙還하여 陰與圖計②러라

① 여기의 南郡은 江陵을 이른다.
此南郡, 謂江陵.

② 露檄(봉함하지 않은 문서)은 露布, 露板과 같으니, 반드시 관우로 하여금 그 내용을 알게 하고자 한 것이다.
露檄, 猶露布・露板也, 必欲使羽知之也.

【目】 呂蒙이 하류로 내려가 蕪湖에 이르자, 陸遜이 여몽에게 이르기를 "關羽와 국경선을 마주하고 있는데, 어찌하여 먼 곳까지 내려오십니까?" 하니, 여몽이 말하기를 "진실로 그대의 말과 같으나, 내 병이 위독하다." 하였다. 육손이 말하기를 "관우는 北進을 힘써서 우리를 의심하지 않고, 지금 君께서 병환이 있다는 말을 들으면 반드시 더욱 대비하지 않을 것이니, 우리가 만약 저들이 예상과 달리 지금 출동하면 관우를 사로잡을 수 있을 것입니다. 내려가 至尊(孫權)을 뵙거든 계책을 잘 세워야 합니다." 하였다. 여몽이 말하기를 "관우는 평소 용맹하니, 쉽게 도모할 수 없다." 하였다.

下至蕪湖에 陸遜이 謂曰 關羽接境하니 如何遠下오 蒙曰 誠如來言이나 然我病篤이로라 遜曰 羽務北進하여 未嫌於我요 今聞君病이면 必益無備하리니 若出其不意하면 羽可禽也라 下見至尊이어든 宜好爲計①니이다 蒙曰 羽素勇猛하니 未易圖也니라

① 至尊은 孫權을 이른다. 손권은 建業에 도읍하였고 陸遜은 蕪湖에 있었으니, 이곳은 강물의 상류에 있으므로 아래로 내려가서 뵙는다고 한 것이다.
至尊, 謂孫權也. 權都建業, 遜在蕪湖, 居水之上流, 故云下見.

【目】 呂蒙이 도성(建業)에 이르자, 孫權이 묻기를 "누가 卿을 대신할 만한 자인가?" 하니,

여몽이 다음과 같이 대답하였다.

"陸遜은 사려가 매우 깊고 재주가 重任을 감당할 만하며, 아직 원대한 명성이 없어서 관우가 꺼릴 상대가 아니니, 이보다 더 나은 자가 없습니다. 만약 그를 등용하신다면 응당 밖으로는 자신의 의도를 감출 수 있고 안으로는 적의 형세를 잘 살피게 해야 하니, 그런 뒤에야 관우를 이길 수 있을 것입니다."

손권이 이에 육손을 불러 여몽을 대신하게 하였다.

蒙이 至都하니 權이 問誰可代卿者오 蒙이 對曰 陸遜이 意思深長하고 才堪負重이요 而未有遠名하여 非羽所忌라 無復是過也니 若用之면 當令外自韜隱하고 內察形便然後에 可克①이니이다 權이 乃召遜代蒙하다

① 韜는 감춤이다.
韜, 藏也.

【目】陸遜은 陸口에 이르러 편지를 써서 關羽에게 보내어 관우의 공로와 훌륭한 德을 칭송하고 깊이 스스로 겸양하니, 관우는 내심 매우 편안히 여겨 점차 수비병을 철수하여 樊城으로 달려갔다.

육손이 이러한 상황을 자세히 아뢰니, 孫權은 마침내 군대를 징발하여 관우를 습격하였다. 이때 손권은 孫皎로 하여금 呂蒙과 좌·우를 나누어 감독하게 하고자 하였는데, 여몽이 다음과 같이 말하였다.

"만약 征虜將軍(손교)이 재능이 있다고 여기신다면 마땅히 그를 등용해야 할 것이요, 제가 재능이 있다고 여기신다면 마땅히 저를 등용하셔야 합니다. 예전에 周瑜와 程普가 左督과 右督이 되어서 江陵을 공격할 적에 모든 일을 주유에게 결정하게 하였으나, 정보는 자신이 오랫동안 장수로 있었던 경력을 믿고서 마침내 서로 화목하지 못하여 거의 國事를 망칠 뻔하였으니, 이는 目前의 경계입니다."

손권이 깨닫고서 마침내 여몽을 大督[2)]으로 삼았다.

2) 大督 : 後漢 시기 御史, 中郎將 등을 파견하여 임시로 지방의 軍事를 담당하게 하였는데, 이때 督이라는 명칭을 사용하였다. 이후 三國時代 吳나라가 長江의 요지에 屯兵을 두면서 夏口督, 武昌左部督 등 그 지휘관을 督이라 하였다. 《資治通鑑》 권69에 陸遜을 大都督으로 임명한 기사의 註에 "孫權이 처음으로 呂蒙을 임명하여 大督으로 삼아 관우를 사로잡았다.〔孫權始命呂蒙爲大督以取關羽〕"라고 하였다. 이를 통해 大督은 총사령관의 의미로 기존의 督보다 우위에 둔 것으로 보이며 大督이 발전하여 大都督이 된 것으로 보인다. 이후 魏나라에서도 대도독을 두었는데, 이를 都督中外諸軍事라 하였다.

遜이 至陸口하여 爲書與羽하여 稱其功美하고 深自謙抑하니 羽意大安하여 稍撤兵以赴樊이러라 遜이 具啓形狀하니 權이 遂發兵襲羽할새 欲令孫皎與蒙으로 分督左右①[3]러니 蒙曰 若以征虜能인댄 宜用之요 以蒙能인댄 宜用蒙이니이다 昔에 周瑜, 程普爲左右督하여 攻江陵할새 事決於瑜나 普恃久將하여 遂共不睦하여 幾敗國事하니 此目前之戒也니이다 權이 悟하여 乃以蒙爲大督하다

① 孫皎는 孫靜의 아들이다.
皎, 靜之子也.

【目】 曹操가 徐晃을 宛 땅에 주둔시켜 曹仁을 돕게 하니, 孫權이 편지를 써서 조조에게 보내어 關羽를 토벌하여 스스로 功을 세울 것을 청하고, 아울러 이 사실을 누설하지 아니하여 관우로 하여금 대비하지 못하게 해달라고 청하였다. 여러 신하들이 모두 이 사실을 비밀로 숨겨야 한다고 말하자, 董昭가 다음과 같이 말하였다.

"軍事는 權道(임시변통)를 숭상하니, 마땅히 안으로 이 사실을 노출시켜서 관우로 하여금 손권이 올라온다는 말을 듣고 돌아가 스스로 지키게 해야 합니다. 그렇게 하면 樊城의 포위가 빨리 풀릴 것이고, 또 두 賊(蜀漢과 吳)으로 하여금 서로 지구전을 하게 하여 우리가 가만히 앉아서 그 피폐함을 기다릴 수 있으니, 이 사실을 숨기고 노출시키지 않아서 손권으로 하여금 뜻을 얻게 하는 것은 좋은 계책이 아닙니다. 또 포위되어 있는 장수와 관리들이 상부에서 구원할 계획이 있다는 것을 알지 못하고 혹시라도 딴마음을 품게 되면 대처하기 어려운 점이 적지 않을 것이니, 노출시키는 것이 유리합니다. 또 관우는 사람됨이 강하고 용맹하니, 스스로 江陵과 公安의 두 城의 수비가 견고함을 믿고서 반드시 속히 후퇴하지 않을 것입니다."

조조가 즉시 서황에게 명하여 손권의 편지를 화살에 매달아 포위된 성안과 관우가 주둔하고 있는 陣中으로 쏘아 보내니, 포위된 성안에서는 이 말을 듣고 意氣가 백배가 되었고, 관우는 과연 망설이면서 떠나가지 못하였다.

曹操使徐晃屯宛하여 以助曹仁하니 孫權이 爲牋與操하여 請以討羽自效하고 及乞不漏하여 令羽有備하다 群臣이 咸言宜密之한대 董昭曰 軍事는 尙權하니 宜內露之하여 使羽로 聞權上而還自護하면 則圍速解요 且可使兩賊相持하여 坐待其敝니 秘而不露하여 使權得志는 非計之上也니이다 又圍中將吏 不知有救하고 儻有他意하면 爲難不小리니 露之爲便이니이다 且羽爲人이 强梁하니 自恃二城守固하고 必不速退①하리이다 操卽勅徐晃하여 以權書로 射著(석착)圍裏及羽屯中②하니 圍裏聞之에

3) 分督左右 : ≪三國志≫ 〈吳書 孫皎傳〉과 ≪資治通鑑≫에는 "左右部大督"으로 되어 있다. 아래의 "周瑜程普爲左右督" 역시 ≪삼국지≫와 ≪자치통감≫에는 "左右部督"으로 되어 있다.

志氣百倍하고 羽果猶豫不能去[③]러라

① 〈"强梁"은〉 물건이 강한 것은 들보만 한 것이 없으니, 들보는 그 體이고 강함은 그 用이다.
物之强莫若梁, 梁則其體, 强則其用也.

② 射(쏘다)은 食亦의 切이다. 著(로 향하다)은 陟略의 切이다.
射, 食亦切. 著, 陟略切.

③ 關羽가 비록 孫權의 편지를 보았으나, 江陵과 公安의 수비가 견고하여 손권이 하룻저녁에 함락할 수 있는 곳이 아니라고 스스로 믿었다. 또 水勢를 인하여 포위망을 쳐서 樊城에 임하여 반드시 적을 격파할 기세가 있는데 이곳을 버리고 떠나가면 반드시 그동안에 세운 功을 잃게 될 것이니, 관우는 이 때문에 망설이면서 떠나가지 못한 것이다.
羽雖見權書, 自恃江陵·公安守固, 非權旦夕可拔, 又因水勢結圍, 以臨樊城, 有必破之勢, 釋之而去, 必喪前功, 此其所以猶豫也.

【目】 曹操가 雒陽에서 남쪽으로 曹仁을 구원하기 위해 군대를 摩陂에 주둔하였는데, 徐晃이 關羽를 공격하여 격파하니 관우가 포위망을 풀고 후퇴하였다. 그러나 관우의 선박들이 아직도 沔水를 점거하고 있었다.

呂蒙은 潯陽에 이르러 정예병을 배 안에 모두 숨기고는 흰옷을 입은 자들[4])로 하여금 노를 젓게 하고 장사꾼의 의복을 갖춰 입고 밤낮으로 행군 속도를 배가해서 관우가 설치한 江邊의 斥候兵을 모두 잡아 포박하였다.

糜芳과 士仁은 모두 평소 관우

呂蒙이 智謀로 荊州를 취하다

4) 흰옷을……자들 : 병기와 갑옷으로 무장하지 않은 일반 백성을 이른다.

가 자신을 무시하는 데에 불만을 품고 있었는데, 관우가 군대를 출동시켰을 적에 군수물자를 제때에 공급하지 못하였다. 관우가 "돌아가서 이들을 治罪하겠다."라고 말하니, 미방과 사인은 모두 두려워하여 이에 즉시 항복하였다.

操自雒陽으로 南救曹仁하여 駐軍摩陂[①]러니 晃이 攻羽破之하니 羽撤圍退로되 然舟船이 猶據沔水러라 呂蒙이 至潯陽하여 盡伏其精兵𦨴𦪇(구록)中하고 使白衣搖櫓하여 作商賈服하여 晝夜兼行하여 羽所置江邊屯候를 盡收縛之[②]하다 糜芳, 士仁이 素皆嫌羽輕己[③]러니 羽之出軍에 供給軍資를 不悉相及한대 羽言還當治之라하니 芳, 仁이 咸懼하여 於是卽降하다

① ≪水經≫을 근거해보면 摩陂는 潁川郡 郟縣에 있으니, 길이와 너비가 15리쯤 된다.
據水經, 摩陂在潁川郟縣, 縱廣可一十五里.

② "𦨴𦪇"은 音이 句鹿이니, 배의 이름이다. 𦨴는 혹 䑳로도 쓴다. "搖櫓(노를 젓다)"는 배를 전진하게 하는 것이다.
𦨴𦪇, 音句鹿, 船名. 𦨴或作䑳. 搖櫓, 所以進船也.

③ ≪三國志≫ 〈蜀書 關羽傳〉에는 傅士仁이라 하였는데, ≪삼국지≫ 〈吳書 呂蒙傳〉에는 士仁이라 하였으니, 士 또한 성씨이다.[5)]
關羽傳云傅士仁, 呂蒙傳云士仁, 士亦姓也.

【目】 呂蒙은 江陵에 들어가서 于禁을 석방하고 關羽와 장병들의 가솔을 거두어 모두 어루만지고 위로하였으며, 軍中에 명하여 민가에 함부로 亂入하여 물건을 요구하거나 탈취하는 바가 없게 하였다. 여몽의 麾下 중에 여몽과 같은 郡의 사람이 민가의 삿갓 하나를 가져다가 公用의 갑옷을 덮었는데, 여몽은 이것도 軍令을 범한 것이라 하여 눈물을 흘리며 그를 참수하였다. 이에 군중이 두려워하여 길에 떨어진 물건도 줍지 않았다.

여몽은 아침저녁으로 친근한 사람을 시켜서 노인들을 위문하여 부족한 바를 묻고 의약품을 지급하고 옷과 양식을 하사하였다.

蒙이 入江陵하여 釋于禁[①]하고 得關羽及將士家屬하여 皆撫慰之하고 令軍中하여 不得干歷人家有所求取하다 蒙麾下同郡人이 取民家一笠以覆(부)官鎧[②]어늘 蒙이 猶以爲犯軍令이라하여 垂涕斬之하니 於是에 軍中震慄하여 道不拾遺라 旦暮에 使親近으로 存恤耆老하여 問所不足하고 給醫藥, 賜衣粮이러라

---

5) 三國志……성씨이다 : ≪三國志≫ 〈蜀書〉 권6 〈考證〉에 士仁은 字가 君義이고 廣陽 사람이라 하면서, 〈吳書〉의 〈吳主傳〉과 〈呂蒙傳〉에 모두 士仁이라 하였고 〈關羽傳〉에만 傅士仁으로 되어 있으니 여기의 傅는 오자라고 하였다.

① 처음에 曹仁이 于禁으로 하여금 樊城의 북쪽에 주둔하게 하였는데, 關羽가 우금을 공격하여 항복시키고 그를 江陵에 가두었다.
初, 曹仁使于禁屯樊北, 關羽攻降禁, 而囚之於江陵.
② 笠(삿갓)은 비를 막는 것이다. 覆는 敷救의 切이니, 덮음이다.
笠, 所以禦雨. 覆, 敷救切, 蓋也.

【目】 關羽가 패주하여 돌아가자 曹仁이 장수들을 모아 의논하니, 모두 말하기를 "지금은 관우가 근심하고 두려워하고 있으니, 이 틈을 타서 추격하여 사로잡을 수 있습니다." 하였다. 이에 趙儼이 다음과 같이 말하였다.

"孫權과 관우가 군대를 연합하였으니, 손권은 우리가 저들의 피폐한 상황을 틈탈까 염려하여 공손한 말로 〈마음과 힘을 다해〉 功을 바치겠다고 한 것일 뿐입니다. 지금 관우가 이미 고립무원의 지경이 되어 달아났으니, 다시 그를 남겨두어서 손권의 골칫거리로 삼아야 합니다. 만약 우리가 깊이 쳐들어가서 패한 적들을 추격한다면, 손권은 장차 관우를 방비하는 마음을 바꾸어서 우리에게 환란이 될 것이니, 왕(조조)께서는 반드시 이것을 깊이 염려하시게 될 것입니다."

조인이 이에 엄하게 경계시킨 군대를 해산하였다. 曹操는 관우가 패주했다는 말을 듣고는 장수들이 그를 추격할까 염려해서 급히 조인에게 명하였는데, 과연 조엄이 예측한 바와 같았다.

關羽走還이어늘 曹仁이 會諸將議한대 咸曰 今因羽危懼하여 可追禽也니이다 趙儼曰 權, 羽連兵하니 恐我承其兩疲故로 順辭求效耳①라 今羽已孤迸하니 更宜存之하여 以爲權害②라 若深入追北(배)하면 則權將改虞於彼而生患於我矣③리니 王必以此爲深慮리이다 仁이 乃解嚴④이러니 操聞羽走하고 恐諸將追之하여 果疾勅仁如儼所策이러라

① "求效"는 스스로 功을 바치기를 바란다는 말과 같다. 혹자는 말하기를 "그 말을 공손히 하여 功效를 이루고자 한다는 것이다." 하였다.
求效, 猶言求自效也. 或曰 "巽順其辭, 以求成效."
② "孤迸"은 근본을 잃고 형세가 고립되어 달아남을 말한 것이다.
孤迸, 言失根本而勢孤奔迸也.
③ 虞는 헤아림이고 방비함이다. 〈"若深入追北 則權將改虞於彼而生患於我矣"는〉 손권은 關羽가 자신들의 폐해가 되지 못할 것이라고 헤아리면 관우를 막으려던 마음을 바꾸어서 曹操를 막게 될 것이니, 이렇게 되면 반드시 조조의 우환이 될 것임을 이른 것이다.
虞, 度也, 防也. 謂度羽不能爲害, 則改其防羽之心而防操, 則必爲操之患矣.

④ "解嚴"은 엄하게 경계시킨 군대를 풀어서 다시는 關羽를 추격하지 않음을 이른다.
解嚴, 謂解所嚴兵, 不復追羽也.

【目】 關羽가 자주 使者를 보내어 呂蒙에게 소식을 전하니, 여몽은 그때마다 관우의 사자를 후대하였고 성안을 두루 다니면서 집집마다 안부를 물었으며 혹은 직접 쓴 편지로 信義를 보였다. 사자가 돌아오자, 사람들은 자기 집에 아무 탈이 없고 평상시보다 더 대우를 잘 받고 있음을 알고는 모두 전투할 마음이 없어졌다.

孫權이 江陵에 오자 荊州의 장수와 관리들이 모두 歸附하였으나, 오직 治中從事인 潘濬(반준)이 병을 칭탁하고 만나보지 않았다. 손권이 사람을 보내어 수레를 타고 오게 하니, 반준은 땅에 엎드려 일어나지 않고 눈물을 줄줄 흘렸다. 손권이 간곡하게 위로하고 타이르자 반준이 일어나 절하고 사례하니, 즉시 그를 治中으로 삼아서 荊州의 軍事를 일체 그에게 자문하였다.

羽數(삭)使人與蒙相聞하니 蒙이 輒厚遇其使하고 周游城中하여 家家致問하고 或手書示信하니 使還에 人知家門無恙하고 見待過於平時하고 皆無鬪心①이러라 權이 至江陵하니 荊州將吏悉歸附로되 獨治中從事潘濬이 稱疾不見이라 權이 遣人輿至하니 濬이 伏而不起하고 涕泣交橫이어늘 權이 慰諭懇惻한대 濬이 起拜謝하니 卽以爲治中하여 荊州軍事를 一以諮之하니라

① "使還"은 《資治通鑑》에는 '羽人還(關羽의 사람(부하)이 돌아오자)'으로 되어 있다.
使還, 通鑑, 作羽人還.

【目】 從事 樊伷(번주)가 여러 오랑캐들을 유인하여 서쪽으로 漢中에 歸附하였다. 어떤 사람이 군대 1만 명을 보내어 토벌할 것을 아뢰자, 潘濬이 말하기를 "5,000명의 병력으로 쳐들어가면 충분합니다." 하였다. 孫權이 말하기를 "卿은 어찌 적을 가벼이 여기는가?" 하니, 반준이 다음과 같이 말하였다.

"번주는 입술을 잘 놀리나 실제로는 재주와 지략이 없습니다. 일찍이 고을 사람들을 위하여 음식을 마련할 적에 점심때에 이르렀는데도 밥을 먹을 수가 없어서 10여 명이 스스로 자리에서 일어났으니, 이 또한 난장이는 한 肢節(뼈마디)만 봐도 알 수 있다는 것입니다."

손권이 크게 웃고는 즉시 반준을 보내어 5,000명을 거느리고 가게 하니, 반준이 과연 번주를 참수하고 평정하였다.

從事樊伷 誘導諸夷하여 西附漢中하니 外白遣萬人討之①한대 濬曰 以五千兵往이면 足矣리이다 權曰 卿이 何以輕之오 濬曰 伷能弄脣吻이나 而實無才略②이니이다 嘗爲州人設饌할새 比至日中에 食不可得하여 而十餘自起하니 此亦侏儒觀一節之驗也③니이다 權이 大笑하고 卽遣濬하여 將五千人往하니 果斬平之하다

① 伷는 胄와 같다. 樊伷가 이때 武陵部 從事로 있었는데, 劉備가 당시 漢中王이 되어서 漢水의 서쪽에 있었으므로 "서쪽으로 귀부하였다."라고 말한 것이다. "外白"은 어떤 사람이 이와 같이 아뢴 것이다. ≪資治通鑑≫에는 "번주가 武陵을 가지고 漢中王 유비에게 귀부할 것을 도모하였는데, 어떤 사람이 〈孫權에게〉 督을 차임해서 1만 명의 병력을 감독하고 가서 토벌하라고 아뢰었다."라고 되어 있다.
伷, 與胄同. 伷時爲武陵部從事, 劉備時爲漢中王, 在漢之西, 故曰西附也. 外白者, 有人如此稟白也. 通鑑"圖以武陵附漢中王備, 外白差督, 督萬人往討之."
② 吻은 武粉의 切이니, 입가이다.
吻, 武粉切, 口邊也.
③ 比는 미침(이름)이다. 侏儒는 난장이이다. 節은 肢節을 이르니, 굳이 全身을 보지 않아도 오직 한 지절이 짧은 것만 보면 그가 난장이임을 알 수 있음을 말한 것이다. 一說에는 "侏儒는 광대이니 해학과 우스갯소리를 잘하여 총애를 받는바, 그 한 가지 일을 보면 그의 기예를 징험할 수 있다."라고 한다.
比, 及也. 侏儒, 短人. 節, 謂肢節, 言不必見全身, 但觀一節之短, 可知其爲侏儒矣. 一說"侏儒, 優人, 以能諧笑取寵, 觀其一節, 足以驗其技."

【目】孫權이 呂蒙을 南郡太守로 삼고 陸遜을 右護軍으로 삼아서 모두 侯를 봉하고, 육손으로 하여금 夷陵에 군대를 주둔하여 峽口를 지키게 하였다.

關羽가 도망하여 달아났는데 군대가 모두 해산하여 겨우 10여 명이 남아 있었다. 손권은 미리 潘璋으로 하여금 관우가 도주할 지름길을 차단하게 하였는데, 12월에 관우를 사로잡아 참수하고 마침내 荊州를 평정하였다.

權以蒙爲南郡太守하고 遜爲右護軍하여 皆封侯①하고 使遜屯夷陵하여 守峽口②하다 關羽遁走하니 兵皆解散하여 纔十餘騎라 權이 先使潘璋으로 斷其徑路러니 十二月에 獲羽斬之하고 遂定荊州하다

① 呂蒙은 孱陵侯로 봉하고, 陸遜은 승진시켜 婁侯로 봉하였다.
蒙封孱陵侯, 遜進封婁侯.
② 峽口는 西陵의 峽口이다. ≪宜都記≫[6]에 "黃牛灘으로부터 동쪽으로 西陵의 경내로 들어가

6) 宜都記 : 晉나라의 袁山松이 지은 책이다. 地理와 그 지방 人物에 대한 기록으로 인용문에는 자주 보이나 ≪宜都記≫에 대한 자세한 내용은 보이지 않는다. 袁山松은 袁崧으로도 표기하는바, 字는 橋孫

서 협구에 이르기까지 100여 리인데, 산과 물이 굽어 있고 두 강안과 높은 산과 험한 산봉우리가 병풍처럼 겹겹으로 둘려 있어서 점심때와 한밤중이 아니면 해와 달을 보지 못한다." 하였다.

峽口, 西陵峽口也. 宜都記 "自黃牛(難)〔灘〕,[7] 東入西陵界, 至峽口一百許里, 山水紆曲, 兩岸高山重嶂, 非日中夜半, 不見日月."

【目】 처음에 全琮이 상소하여 關羽를 잡을 수 있는 계책을 아뢰자, 孫權은 이 일이 누설될까 염려하여 묵살하고 대답하지 않았다. 그런데 이때에 이르러 전종에게 이르기를 "君이 예전에 이 말을 아뢰었을 적에 내가 비록 그대에게 답하지 않았으나, 금일의 승리는 실로 그대의 功이다." 하였다.

初에 全琮이 上疏하여 陳關羽可取之計한대 權이 恐事泄하여 寢而不答이러니 至是에 謂琮曰 君이 前陳此에 孤雖不相答이나 今日之捷은 抑亦君之功也라하다

【目】 孫權이 다시 劉璋을 益州牧으로 삼아서 秭歸(자귀)에 머물게 하였는데 얼마 있지 않아 卒하고, 呂蒙 또한 미처 封侯를 받기 전에 병이 나서 卒하니, 손권은 매우 애통해하였다.

權이 復以劉璋爲益州牧하여 駐秭歸러니 未幾而卒①하고 呂蒙이 未及受封에 疾發亦卒하니 權이 哀痛殊甚이러라

① 劉備가 益州로 들어가서 劉璋을 公安으로 옮겼는데, 지금 孫權에게 잡히게 된 것이다.
劉備入益州, 遷璋于公安, 今爲權所得.

【目】 뒤에 孫權은 陸遜에게 다음과 같이 말하였다.

"公瑾(周瑜)은 웅장하고 맹렬하며 담략이 보통 사람보다 뛰어나 마침내 曹孟德(曹操)을 격파하고 荊州를 개척하였으니, 아득히 높아 필적할 만한 이가 드물다. 子敬(魯肅)은 공근이 나에게 추천하였는데, 나를 만나자마자 곧바로 帝王의 큰 도략을 언급하였으니, 이것이 첫 번째 통쾌한 일이다. 또 뒤에 맹덕이 동쪽으로 내려올 적에 여러 사람들은 모두 그를 맞이하고자 하였으나 자경이 불가하다고 논박하고는 나에게 급히 공근을 불러와서 임무를 맡기라고 권하여, 공근이 무리를 거느리고 맹덕을 맞아 공격하였으니,

---

이고, 陽夏 사람이다.

7) (難)〔灘〕: 저본에는 '難'으로 되어 있으나, ≪水經註≫에 의거하여 '灘'으로 바로잡았다.

이것이 두 번째 통쾌한 일이다. 뒤에 비록 玄德(劉備)에게 땅을 빌려주라고 나에게 권하였으니 이는 그의 한 가지 단점이나, 이로써 두 가지 장점을 가릴 수는 없다. 그러므로 나는 항상 그를 鄧禹에게 견주노라.

子明(呂蒙)이 젊었을 때에는, 나는 그가 어려운 일이든 쉬운 일이든 사양하지 않고 과감하여 담력이 있다고 여겼을 뿐이었다. 그런데 자명은 몸이 長大해지자 학문이 啓發되었고 또 계책과 지략이 몹시 빼어나서 공근의 다음이 될 만하였다. 다만 언론에 英氣가 드러나는 것이 공근에게 미치지 못할 뿐, 關羽를 도모하여 취함은 자경보다 나았다.

자경이 말하기를 '관우는 굳이 꺼릴 것이 못 됩니다.' 하였으니, 이는 안으로 제대로 대비하지 못하고 밖으로만 큰소리를 친 것일 뿐이다. 나 또한 그를 용서하여 구차히 책망하지 않았노라. 그러나 그가 군대를 출동시키고 진영에 주둔했을 적에 명령을 내리면 그대로 행해지고 금하면 즉시 그쳐져서 사람들이 길에 떨어진 물건도 줍지 않았으니, 법 또한 아름다웠다."

後에 謂陸遜曰 公瑾은 雄烈하고 膽略兼人하여 遂破孟德하고 開拓荊州하니 邈焉寡儔라 子敬은 因公瑾하여 致達於孤러니 一見에 便及帝王大略하니 此一快也요 後에 孟德東下에 諸人은 皆欲迎之로되 子敬이 駁言不可하고 勸孤急呼公瑾付任하여 以衆逆而擊之하니 此二快也①라 後雖勸吾借玄德地하니 是其一短이나 不足以損其二長이라 故로 孤常以方鄧禹也②로라 子明은 少時에 孤謂不辭劇易(극이)하고 果敢有膽而已③러니 及身長大에 學問開益하고 籌略奇至하여 可次公瑾이로되 但言議英發이 不及之耳④요 圖取關羽는 勝於子敬이라 子敬云 羽不足忌라하니 此內不能辦(판)하고 外爲大言耳라 孤亦恕之하여 不苟責也하노라 然이나 其作軍屯營에 不失令行禁止하여 路無拾遺하니 法亦美矣라하니라

① 駁은 異論을 하는 것이니, 이론을 세워서 여러 의논의 잘못을 논박한 것이다.
駁, 異也, 立異議以糾駁衆議之非.

② 鄧禹가 계책을 세워서 光武帝의 中興하는 基業을 열었으나 그 뒤에 赤眉를 평정하지 못하였으므로[8] 魯肅을 그에게 견준 것이다.
鄧禹建策, 以開光武中興之業, 而其後不能定赤眉, 故以肅比之.

③ 子明은 呂蒙의 자이다. 劇은 어려움이다.
子明, 呂蒙字. 劇, 艱也.

④ 長(자라다)은 知兩의 切이다.

8) 鄧禹가……못하였으므로 : 등우는 光武帝 劉秀를 보필하여 漢나라를 中興한 功臣으로 많은 戰功을 세우고 長安을 수비하였다. 그러나 建武 2년(26) 赤眉兵에게 패하고 군량이 다하여 곤경에 처하자, 광무제는 등우를 소환하고 馮異를 대신 보내 長安에 있는 적미병을 토벌하게 하였다.

長, 知兩切.

【目】 曹操가 荊州의 피폐한 백성들을 옮기려 하자, 司馬懿가 다음과 같이 말하였다.

“荊楚 지역의 사람들은 행동거지가 가볍고 취약하여 동요하기 쉽습니다. 또 關羽가 막 격파되어 여러 악행을 저지른 자들이 도망해 숨어서 관망하고 있습니다. 善良한 자들을 옮기면 그들의 뜻을 해치게 되고 또 도망간 자들로 하여금 감히 다시는 돌아오지 못하게 할 것입니다.”

조조가 그의 말을 따르니, 이 뒤로는 도망한 자들이 모두 돌아왔다.

曹操欲徙荊州殘民이어늘 司馬懿曰 荊楚는 輕脆(취)易動하고 關羽新破하니 諸爲惡者 藏竄觀望이라 徙其善者면 旣傷其意요 將令去者로 不敢復還이리이다 操從之하니 是後에 亡者悉還하다

【綱】 孫權을 票騎將軍으로 삼아 荊州牧을 겸하게 하였다.

以孫權爲票騎將軍하여 領荊州牧[9]하다

【目】 曹操가 표문을 올려 孫權을 票騎將軍으로 삼아서 符節을 빌려주고 荊州牧을 겸하게 하고 南昌侯를 봉하였다. 손권이 글을 올려 조조에게 臣을 칭하고 天命이 조조에게 돌아갔다고 말하자, 조조는 이 글을 밖의 사람들에게 보이며 말하기를 “이 아이는 나를 화롯불 위에 앉혀놓고자 하는가?” 하니, 陳群 등이 모두 다음과 같이 말하였다.

“漢나라의 국운이 이미 끝났으니, 비단 오늘의 일이 아닙니다. 殿下의 功德이 높고 높아서 모든 백성들이 屬望하고 있으므로 손권이 멀리 있으면서 신을 칭하였으니, 이는 하늘과 사람이 응하는 것입니다. 氣類가 다른 자들이 똑같은 목소리로 전하를 칭송하니, 전하께서는 마땅히 大位(大統)를 바로잡아야 합니다. 다시 무엇을 의심하십니까.”

조조가 말하기를 “만약 天命이 나에게 있다면, 나는 周나라 文王이 되겠다.” 하였다.

曹操表孫權爲票騎將軍하고 假節領荊州牧하고 封南昌侯①하다 權이 上書稱臣於操하고 稱說天

---

9) 以孫權爲票騎將軍 領荊州牧 : “曹操가 고아를 속이고 과부를 깔본 것(獻帝를 폐하여 山陽公으로 삼고 皇后 伏氏를 죽인 일)은 羯奴인 石勒(後趙의 군주)도 부끄럽게 여긴 것인데, 마침내 자신을 周나라 文王에게 견주고자 하였고, 孫權은 江東 지역을 점거하였으나 漢室을 위해 간악하고 더러운 자들을 제거하지 못하고 도리어 조조에게 臣을 칭하였으니, 이들은 모두 漢나라의 죄인이다. 작위를 올리고 州를 겸하여 다스리게 한 것을 쓴 것이 어찌 이들을 인정한 것이겠는가. 이는 또한 둘 다 비난한 것일 뿐이다.〔曹操欺孤弱寡 羯奴所恥 乃欲自比周文 孫權據有江東 不能爲漢室除殘去穢 乃反稱臣於操 是皆漢之罪人也 進爵領州 豈予之乎 蓋亦交譏之耳〕” ≪發明≫

命이어늘 操以示外曰 是兒欲踞吾著(착)爐火上邪②아하니 陳群等이 皆曰 漢祚已終하니 非適今日③이라 殿下功德巍巍하여 群生注望④故로 孫權이 在遠稱臣하니 此天人之應이라 異氣齊聲하니 殿下宜正大位라 復何疑哉리잇고 操曰 若天命이 在吾인댄 吾爲周文王矣⑤로리라

① 南昌縣은 豫章郡에 속하였다.
南昌縣, 屬豫章郡.

② 踞(앉다)는 坐와 같다. 著은 둠이다. 〈"欲踞吾著爐火上邪"는〉 漢나라가 火德으로써 왕 노릇하였으니, 孫權이 曹操를 그 위에 두고자 함을 말한 것이다.
踞, 猶坐也. 著, 置也. 蓋言漢以火德王, 權欲使操加其上也.

③ "非適"은 非特(非但)이라는 말과 같다.
非適, 猶言非特也.

④ 注(모으다)는 屬(촉)과 같다.
注, 猶屬也.

⑤ 文王이 천하를 셋으로 나눔에 그 둘을 소유하고서 복종하여 殷나라를 섬겼다.[10]
文王三分天下, 有其二, 以服事殷.

【目】 司馬公(司馬光)이 다음과 같이 평하였다.

"教化는 국가의 시급한 일인데 세속의 관리들이 태만히 하고, 風俗은 천하의 큰일인데 용렬한 군주가 소홀히 한다. 오직 밝고 지혜로운 君子는 깊이 알고 길게 생각한 뒤에 〈교화와 풍속이〉 유익함이 크고 功을 거둠이 원대함을 안다.

光武帝는 漢나라가 중간에 쇠약할 때를 만나서 예전의 전통을 이어 회복하고 四方을 정벌하여 날마다 여가가 없었으나, 마침내 經學을 돈독히 숭상하여 유학자들을 손님으로 맞이하고 학교를 열고 넓혀서 禮樂을 닦고 밝혔다. 뒤이어 明帝와 章帝가 선대의 뜻을 이어서 辟雍(太學)에 가서 三老에게 절하고[11] 경서를 옆에 끼고 道를 물어서 公卿과 大夫로부터 郡縣의 관리에 이르기까지 모두 경학에 밝고 행실이 닦인 사람을 선발하여 등용하였다. 이 때문에 교화가 위에서 확립되고 풍속이 아래에서 이루어졌으니, 三代가

10) 文王이……섬겼다 : ≪論語≫ 〈泰伯〉에 "천하를 셋으로 나눔에 그 둘을 소유하고서 복종하여 殷나라를 섬기셨으니, 周나라 〈文王의〉 덕은 지극한 덕이라고 이를 만하다.〔三分天下 有其二 以服事殷 周之德 其可謂至德也已矣〕"라고 하신 孔子의 말씀이 보이는데, 朱子의 ≪集註≫에 "≪春秋左氏傳≫ 襄公 4년에 '문왕이 商(殷)나라에 배반한 나라들을 거느려 紂를 섬겼다.' 하였으니, 이때 천하에 문왕에게 귀의한 자가 6개 州였으니, 荊州, 梁州, 雍州, 豫州, 徐州, 揚州이고 오직 靑州, 兗州, 冀州가 아직도 紂王에게 속하였다." 하였다.

11) 辟雍에……절하고 : 後漢의 明帝가 辟雍의 위에서 친히 희생을 잡아 三老와 五更(오경)을 봉양하였으며, 연향과 大射禮를 행한 뒤에는 바르게 앉아 스스로 經典을 講論하였다.(≪後漢書≫ 〈儒林列傳〉)

망한 뒤로 풍속과 교화의 아름다움이 東漢처럼 성대한 때가 있지 않았다.

司馬公曰 敎化는 國家之急務也어늘 而俗吏慢之하고 風俗은 天下之大事也어늘 而庸君忽之하나니라 夫惟明智君子 深識長慮然後에 知其爲益之大而收功之遠也라 光武遭漢中衰하여 紹恢前緖하고 征伐四方하여 日不暇給이로되 乃能敦尙經術하여 賓延儒雅하고 開廣學校하여 修明禮樂이러니 繼以明, 章이 遹(율)追先志①하여 臨雍拜老하고 橫經問道하여 自公卿大夫로 至于郡縣之吏히 咸選用經明行修之人이라 是以로 敎立於上하고 俗成於下하니 自三代旣亡으로 風化之美未有若東漢之盛者也라

① 遹은 음이 律이니, 전술함이고 따름이다.
遹, 音律, 述也, 遵也.

【目】 그러다가 孝和皇帝 이후로는 혼란하다고 이를 만하였다. 그러나 위로는 袁安, 楊震, 李固, 杜喬, 陳蕃, 李膺의 무리가 있어 황제의 면전에서 잘못을 꾸짖고 조정에서 간쟁하여 公義로써 국가의 위태로움을 扶持하고,[12] 아래로는 符融, 郭泰, 范滂, 許劭의 무리가 있어 사사로운 의논을 세워 조정의 잘못을 바로잡았다.[13] 이 때문에 政治가 비록 혼탁하였으나 풍속이 쇠퇴하지 않았으니, 이때를 당하여 만약 현명한 군주가 나와서 교화와 풍속을 진작하였다면 漢나라의 국운을 측량할 수 없었을 것이다.

불행히 桓帝와 靈帝가 거듭 어둡고 포악해서 간사한 자를 보호하고 기르기를 骨肉보다도 더 심하게 하고, 충성스럽고 선량한 자를 죽이고 없애기를 도적과 원수보다도 더 심하게 하였다. 그리하여 많은 선비들의 울분을 쌓고 四海의 노여움을 쌓으니, 이에 宗廟가 빈터가 되고 여러 백성들이 도탄에 빠져서 大命(天命)이 끊기어 다시는 구원할 수 없게 되었다.

그러나 병력을 보유하고 토지를 점거한 자들이 비록 서로 병탄하였지만 그래도 일찍이 漢나라를 높이는 것을 구실로 삼지 않은 적이 없었고, 魏나라 武帝(曹操)는 강포하고 굳센데다가 천하에 큰 공이 있어서 군주를 무시하는 마음을 간직한 것이 오래되었으나, 마침내 종신토록 감히 漢나라를 폐하고 스스로 즉위하지 못하였으니, 어찌 그 마음에 이를 바라지 않았겠는가마는 그래도 名義를 두려워하여 스스로 억제한 것이다. 이로 말미암아 보건대, 교화를 어찌 태만히 하며 풍속을 어찌 소홀히 할 수 있겠는가."

12) 위로는……扶持하고 : 袁安과 楊震은 和帝와 安帝 때의 名臣이고 李固와 杜喬는 桓帝 때의 명신이며, 陳蕃과 李膺은 靈帝 때의 명신이다.

13) 아래로는……바로잡았다 : 符融 등 네 사람은 桓帝와 靈帝 때의 名士들이다.

及孝和以降으로 可謂亂矣라 然이나 上則有袁安, 楊震, 李固, 杜喬, 陳蕃, 李膺之徒 面引廷爭하여 用公義以扶其危하고 下則有符融, 郭泰, 范滂, 許劭之流 立私論以救其敗①라 是以로 政治雖濁이나 而風俗不衰하니 當是之時하여 苟有明君이 作而振之면 則漢祚를 未可量也라 不幸重以桓靈之昏虐하여 保養姦回를 過於骨肉하고 殄滅忠良을 甚於寇仇하여 積多士之憤하고 畜四海之怒하니 於是에 宗廟丘墟하고 烝民塗炭하여 大命殞絶하여 不可復救라 然이나 擁兵專地者 雖互相呑噬로되 猶未嘗不以尊漢爲辭하고 以魏武之暴戾强伉으로 加有大功於天下하여 其蓄無君之心이 久矣②로되 乃至沒身不敢廢漢而自立하니 豈其志之不欲哉리오 猶畏名義而自抑也라 由是觀之컨대 敎化를 安可慢이며 風俗을 安可忽哉리오

① "私論"은 조정의 의논에 참여할 수 없으므로 사사로이 아래에서 의논을 세워 잘못된 조정의 의논을 바로잡음을 이른다.
私論者, 謂其不得預議於朝, 而私立論於下, 以矯朝議之失也.

② "强伉"은 강포하고 굳셈을 이른다.
强伉, 謂强暴伉健也.

【目】程子가 말씀하였다.

"後漢의 명분과 절개가 風俗에서 이루어졌으니, 이것은 저절로 이루어진 것이 아니다. 그러나 한 번 변했으면 道에 이르렀을 것이다."[14)]

程子曰 後漢名節이 成於風俗하니 非自得也라 然이나 一變之면 則可以至於道矣러라

庚子年(220)

【綱】 漢나라 孝獻皇帝 建安 25년이다.

二十五年이라

【目】魏나라 文帝 曹丕 黃初 원년이다. 이해에 僭國(혼란한 시기에 帝位를 찬탈하거나 지역에 웅거한 나라)이 하나이다.

---

14) 한 번……것이다 : 한 번 크게 개혁하여 잘 변했으면 道가 있는 나라에 이를 수 있음을 말한 것으로, ≪論語≫ 〈雍也〉에 "齊나라가 한 번 변하면 魯나라에 이르고 魯나라가 한 번 변하면 道에 이른다.〔齊一變 至於魯 魯一變 至於道〕"라고 한 孔子의 말씀이 보인다.

魏文帝曹丕黃初元年①이라 ◑ **是歲**에 **僭國一**이라

① 魏나라가 漢나라의 禪讓을 받으니, 五德의 運行을 미루어볼 적에 土德으로 火德을 이었는 바, 土의 색깔이 黃色이므로 紀元을 黃初라 한 것이다.[15]
魏受漢禪, 推五德之運, 以土繼火, 土色黃, 故紀元曰黃初.

【綱】 봄 정월에 丞相 冀州牧 魏王 曹操가 洛陽에 돌아와 卒하니, 太子 曹丕가 즉위하고 스스로 승상 기주목이 되었다.

春正月에 **丞相冀州牧魏王曹操 還至洛陽**하여 **卒**하니 **太子丕立**하고 **自爲丞相冀州牧**[16]하다

【目】 曹操는 사람을 잘 알아보고 잘 살펴서 거짓으로 현혹시키기가 어려웠고, 기이한 재

---

15) 五德의……것이다 : 오덕은 五行의 德으로, 옛날에는 나라마다 오행 가운데 숭상하는 덕이 있어서, 이를 火德이니 土德이니 하였는바, 漢나라는 화덕으로 왕 노릇 하고 赤色을 숭상하였다. 이는 오행에 있어 木은 青色, 火는 赤色, 金은 白色, 水는 黑色, 土는 黃色이며, 五行相生에 火가 土를 낳으므로 魏나라가 漢나라의 뒤를 이었다 하여 황색을 사용하고 연호를 黃初라 한 것이다.

16) 丞相……冀州牧 : 賀善의 贊에 말하였다. "曹操가 군대를 일으킨 이래로 ≪資治通鑑綱目≫에서 쓴 것이 무려 8, 90가지 일인데, 일찍이 한 마디 말도 조조를 인정한 적이 있지 않다. 그가 처음 여러 장수들과 동맹할 적에는 '싸우다가 이기지 못하여 돌아왔다.'고 썼고, 관직을 올렸을 적에는 兗州牧 이외에는 '自稱', '自爲', '自領'이라고 쓴 것이 모두 6번이고, 지위를 올리고 작위를 올렸을 적에도 모두 '自進'이라고 글을 썼으며, 또 '贊拜할 적에 이름을 부르지 않고 入朝할 적에 종종걸음으로 달려가지 않고 劍과 가죽신을 착용하고 殿上에 오르게 하였다.'고 썼고, 또 '천자의 수레와 의복을 사용하고 나가고 들어올 적에 警蹕했다.'고 썼으니, 이는 모두 조조를 罪責한 것이다. 그가 군대를 가하여 공격한 대상이 비록 황제를 참칭한 袁術이고 '배반했다〔叛〕'라고 쓴 張繡와 高幹이고 '반란했다〔反〕'라고 쓴 馬超와 韓遂였지만 또한 조조가 '공격했다〔擊〕'라고 썼을 뿐이었는데, 劉備와 耿紀에 이르러서는 '조조를 토벌했다.'고 썼으며, 또 '죄 없는 사람을 죽였다.'고 4번 썼고 '황제를 옮겼다.'고 1번 썼으며 '皇后를 시해하였다.'고 1번 썼으니, 조조를 미워함이 심하다. 이때 조조가 卒함에 관직을 쓰고 작위를 쓰고 姓을 쓰기를 鄧禹와 똑같게 하였으니, 이는 그를 인정한 것이 아니고 그의 죽음을 요행으로 여긴 것이다. 만일 조조가 죽지 않았으면 반드시 장차 크게 신하 노릇 하지 않았다고 끝마쳤을 것이다. 그러므로 兩漢의 여러 신하가 卒하였을 적에 관직과 작위와 姓을 구비한 자가 16명이니(蕭何, 曹參, 陳平, 霍去病, 衛青, 金日磾, 霍光, 張安世, 魏相, 丙吉, 卓茂, 祭遵, 馮異, 吳漢, 鄧禹, 楊賜) 모두 찬미한 것인데, 조조는 여기에 포함되지 못한 것이다.〔賀善贊曰 操自兵興以來 綱目所書無慮八九十事 未嘗有一語予之 其始與諸將同盟也 書戰不克還 其遷官也 自兗州牧外 書自稱自爲自領者凡六 進位進爵 亦皆以自進爲文 又書贊拜不名 入朝不趨 劍履上殿 又書用天子車服 出入警蹕 皆罪之也 其所加兵 雖袁術僭帝 張繡高幹書叛 馬超韓遂書反 亦止書擊 至劉備耿紀 則以討操書 而又四書殺無罪 一書遷帝 一書弑皇后 其惡操也甚矣 於是而卒 書官書爵書姓 如鄧禹 非予之也 幸之也 使操不死 必將大以不臣終矣 故兩漢諸臣卒 官爵姓具者 十有六(蕭何 曹參 陳平 霍去病 衛青 金日磾 霍光 張安世 魏相 丙吉 卓茂 祭遵 馮異 吳漢 鄧禹 楊賜)皆美也 操不與焉〕" ≪書法≫

주가 있는 사람을 알아보고 발탁하여 신분의 미천함을 구애하지 않았으며, 재능에 따라 맡기고 부려서 모두 그 쓰임을 얻었다. 敵과 대진할 적에는 意思가 편안하고 한가하여 마치 싸우지 않을 것처럼 하다가도 기회를 얻어 의사를 결정하고 勝機를 잡음에 미쳐서는 氣勢가 가득히 넘쳤다. 공로가 있어 마땅히 상을 주어야 할 경우에는 천금을 아끼지 않았고 공이 없으면서 상을 바라는 경우에는 털끝만큼도 주지 않았다.

법을 적용함이 준엄하고 급하여 법을 범하는 자가 있으면 반드시 죽여서 혹은 그를 마주하고서 눈물을 흘리기도 하였으나 끝내 사면하는 바가 없었고, 평소 성품이 절약하고 검소하여 화려함을 좋아하지 않았다. 그러므로 능히 群雄들을 제거하여 거의 海內를 평정하였는데, 이때에 이르러 薨하였다.

操知人善察하여 難眩以僞①하고 識拔奇才하여 不拘微賤하고 隨能任使하여 皆獲其用하다 與敵對陳에 意思安閑하여 如不欲戰이라가 及決機乘勝엔 氣勢盈溢②하다 勳勞宜賞엔 不吝千金하고 無功望施엔 分毫不與③하며 用法峻急하여 有犯必戮하여 或對之流涕로되 然終無所赦하고 雅性節儉하여 不好華麗④라 故로 能芟刈(삼예)群雄하여 幾平海內러니 至是薨하다

① 眩은 눈에 일정한 초점이 없는 것이니, "難眩以僞"는 사람들이 그의 눈 밝음을 어지럽히지 못함을 이른다.
眩者, 目無常主. 難眩以僞, 謂人不能亂其明也.
② 陳(진형)은 陣으로 읽는다.
陳, 讀(口)〔曰〕[17]陣.
③ 施(베풀다)는 去聲이다.
施, 去聲.
④ 雅는 평소이다.
雅, 素也.

【目】太子 曹丕가 鄴城에 있었는데, 鄢陵侯 曹彰이 長安에서 달려와 옥새와 인끈이 있는 곳을 물었다. 諫議大夫 賈逵가 正色하며 말하기를 "나라에 태자가 있으니, 先王의 옥새와 인끈은 君侯가 물어야 할 바가 아니다." 하였다.

부음이 업성에 이르자, 여러 신하들이 모여 哭하여 다시는 행렬을 이루지 못하였다. 太子中庶子인 司馬孚가 조정에서 큰 소리로 말하기를 "君王이 逝去함에 天下가 진동하니, 마땅히 일찍 嗣君을 세워서 萬國을 진정시켜야 하는데, 곡만 하고 있단 말인가." 하

17) (口)〔曰〕: 저본에는 '口'로 되어 있으나, ≪資治通鑑≫ 註에 의거하여 '曰'로 바로잡았다.

고는 마침내 신하들을 해산시키고 禁衛를 갖추어 初喪을 치르게 하였다. 사마부는 司馬懿의 아우이다.

太子丕在鄴이라 鄢陵侯彰이 自長安來赴하여 問璽綬所在①어늘 諫議大夫賈逵 正色曰 國有儲副하니 先王璽綬를 非君侯所宜問也니라 凶問이 至鄴하니 群臣이 聚哭하여 無復行列②이어늘 太子中庶子司馬孚 厲聲於朝曰③ 君王이 晏駕에 天下震動하니 當早拜嗣君하여 以鎭萬國이어늘 而但哭邪아하고 乃罷群臣하고 備禁衛하여 治喪事하니 孚는 懿之弟也라

① 曹操가 漢中에서 회군하여 동쪽으로 오자 曹彰이 代郡을 평정하고 서쪽으로 가서 조조를 맞이하니, 조조는 인하여 조창을 長安에 남겨두었다.
操自漢中還師而東, 彰定代而西迎操, 因留彰長安.
② 〈"無復行列"은〉 반열과 행렬이 옛 의식을 따르지 않음을 말한 것이다.
謂班行序列, 不按舊儀.
③ ≪續漢志≫[18]에 "太子中庶子는 秩이 六百石으로, 직책이 侍中과 같다." 하였다.
續漢志 "太子中庶子, 秩六百石, 職如侍中."

【目】 여러 신하들은 太子가 즉위할 적에 마땅히 황제의 詔命을 기다려야 한다고 하였는데, 尙書 陳矯가 말하기를 "왕이 外地에서 별세하였는데 사랑하는 아들이 옆에 있으니, 피차에 변란이 생기면 社稷이 위태롭게 된다." 하고, 마침내 관원을 구비하고 禮를 갖추어서 하룻저녁에 즉위식 준비를 마치고, 다음 날 아침 왕후의 명령으로 태자를 책봉하여 왕위에 오르게 하고 大赦를 행하였다.

얼마 후 황제가 御史大夫 華歆을 보내어 책서와 詔令을 받들어 丞相의 印綬와 魏王의 옥새와 인끈을 曹丕에게 주고 冀州牧을 겸하게 하니, 王后를 높여 王太后라 하고 武王(曹操)을 高陵에 장례하였다.

群臣이 以爲太子卽位에 當俟詔命①이라한대 尙書陳矯曰 王薨于外에 愛子在側하니 彼此生變이면 則社稷危②라하고 乃具官備禮하여 一夕而辦하고 明旦에 以王后令으로 策太子하여 卽王位하고 大赦러라 帝尋遣御史大夫華歆하여 奉策詔하여 授丞相印綬, 魏王璽綬하고 領冀州牧하니 尊王后曰王太后라하고 葬武王于高陵③하다

---

18) 續漢志 : 晉나라 때의 司馬彪가 지은 ≪續漢書≫의 八志 중에 하나이다. 南朝 宋나라 때에 范曄이 지은 ≪後漢書≫가 세상에 유통되자 사람들은 이미 나와 있던 ≪속한서≫를 점차 읽지 않게 되었다. 그러나 ≪후한서≫는 범엽이 彭城王의 반란에 참여하였다가 처형되면서 志 부분이 완성되지 못한 상태였다. 그 후 北宋 때에 이르러 ≪속한서≫의 八志, 즉 〈律曆志〉, 〈禮儀志〉, 〈祭祀志〉, 〈天文志〉, 〈五行志〉, 〈郡國志〉, 〈百官志〉, 〈輿服志〉를 ≪후한서≫에 합하여 간행함으로써 ≪후한서≫에 없었던 志를 보충하였는바, 이것이 바로 현전하는 ≪후한서≫가 되었다.

① 〈"當俟詔命"은〉 漢나라 황제의 詔命을 기다려야 함을 이른다.
謂須待漢帝詔命也.

② "愛子"는 曹彰을 이른다. 일설에 "'愛子'는 曹植을 이르니, 曹操가 일찍이 조식을 後嗣로 세우고자 하였으므로 그를 '愛子'라 했다." 하였다.
愛子, 謂彰也. 一說 "愛子, 謂植也, 操嘗欲立植爲嗣, 故曰愛子."

③ 魏王 曹操를 武라고 시호하였다. 高陵은 鄴城 서쪽에 있다.
魏王操謚曰武. 高陵, 在鄴城西.

【綱】 2월 초하루에 일식이 있었다.

二月朔에 日食하다

【綱】 魏나라는 賈詡를 太尉로 삼고 華歆을 相國으로 삼고 王朗을 御史大夫로 삼았다.

◑ 魏以賈詡爲太尉하고 華歆爲相國하고 王朗爲御史大夫하다

【綱】 魏王 曹丕가 그 아우 鄢陵侯 曹彰 등을 내보내어 모두 封國으로 나아가게 하였다.

◑ 魏王丕遣其弟鄢陵侯彰等하여 皆就國[19)]하다

【目】 曹丕가 그의 아우들을 내보내어 모두 封國으로 나아가게 하니, 臨菑 監國謁者가 왕의 뜻에 영합해서 臨菑侯 曹植이 술에 취하여 무례하고 거만하며 使者를 협박했다고 아뢰었다. 조비는 조식을 폄하하여 安鄕侯로 삼고 그의 黨인 丁儀와 丁廙(정이)를 주살하고 이들의 남자 식구까지 아울러 죽였다.

丕遣其弟皆就國하니 臨菑監國謁者 希指하여 奏臨菑侯植이 醉酒悖慢하고 劫脅使者①라한대 丕貶植爲安鄕侯하고 誅其黨丁儀, 丁廙하고 幷其男口②하다

---

19) 魏王丕遣其弟鄢陵侯彰等 皆就國 : "鄢陵侯는 누구인가. 漢나라에서 봉한 것이다. 漢나라에서 봉했으면 漢나라에서 보내어 封國으로 나아가게 하면 되는데, '魏王 曹丕가 보냈다.'고 쓴 것은 어째서인가. 사사롭게(제멋대로) 행하였기 때문이다. 형제간에 우애하는 의리가 박한 것이 조비보다 더 심한 자가 없으므로 곧바로 '魏王 曹丕가 그 아우를 내보냈다.'라고 쓴 것이다.〔鄢陵侯 何 漢所封也 漢所封則漢遣就國爾 書魏王丕遣 何 私也 友于義薄 莫甚於曹丕者矣 故直書曰魏王丕遣其弟〕" ≪書法≫

① 監國謁者는 官名이다. 이때 藩國의 제후들을 통제하여 謁者로 하여금 그들의 나라를 감독하게 하였다.
監國謁者, 官名. 時禁切藩侯, 使謁者監其國.

② 남자 식구까지 아울러 죽인 것은 그 대를 끊으려는 것이다.
幷男口誅之, 絶其世也.

【綱】魏나라에서 법을 세워 지금부터 宦官들은 관직이 여러 署의 令을 넘지 못하게 하였다.

魏立法하여 **自今**으로 **宦者官不得過諸署令**①20) 하다

① 〈"諸署"는〉 左尙方, 右尙方, 中尙方, 中黃, 左藏, 右藏, 左校, 甄官, 奚官, 黃門, 掖庭, 永巷, 御府, 鉤盾, 中藏府, 內者 등의 관서를 이른다.
謂左右中尙方·中黃·左右藏·左校·甄官·奚官·黃門·掖庭·永巷·御府·鉤盾·中藏府·內者等署也.

【目】金策을 만들어서 石室에 보관하였다.

作金策하여 **藏之石室**하다

【綱】魏나라에서 九品의 法을 세우고 州郡에 中正官을 설치하였다.[21]

---

20) 魏立法 自今宦者官不得過諸署令 : "《資治通鑑綱目》에서 魏나라를 미워함이 심하였다. 그런데 '법을 세웠다.'고 쓴 것은 어째서인가. 비난한 것이다. 어찌하여 비난하였는가. 天子가 아니면 制度를 만들지 못하는데, 曹丕는 왕을 세습했을 뿐인데도 제 마음대로 법을 세웠으므로 '법을 세웠다.'고 써서 비난한 것이다. 그러나 비난은 하였지만 이것은 좋은 법이다. 《자치통감강목》에서는 宦官의 화를 징계하여, 좋은 법이 있으면 반드시 삼가 기록하였다. 그러므로 中書官을 파하고 尙書의 인원을 5명을 增置하였을 때에 썼고(成帝 建始 4년(B.C. 29)), 公卿의 子弟들이 宦官에 보임되는 것을 제거했을 때에 썼고(靈帝 中平 6년(189)), 환관들이 여러 署의 令을 넘지 못하게 했을 때에 썼고(이해), 환관에게 명하여 紗縠과 綾羅를 입지 못하게 했을 때에 썼다.(唐 文宗 太和 3년(829))〔綱目 惡魏甚矣 書立法 何 譏也 何譏焉 非天子 不制度 丕襲王耳 而專立法 故書譏之 雖然 是良法也 綱目懲閹豎之禍 有良法 必謹錄之 故罷中書官 置尙書員五人 書(成帝建始四年) 除公卿子弟補宦官 書(靈帝中平六年) 宦者不得過諸署令 書(是年) 命宦官毋得衣紗縠綾羅 書(唐文宗太和三年)〕" 《書法》

21) 魏나라에서……설치하였다 : 이는 九品官人法 또는 九品中正制라 불리는 관리 등용제도이다. 漢나라의 秩石制에 의한 관직의 등급을 1品에서 9품까지의 官品으로 재편성하고서 郡國에 中正官을 설치하고 이들에게 현 관료들과 仕官 대상자들의 자질을 심사하게 하였다. 이 제도는 처음에 漢나라 관료를 평가하여 魏나라 관료로 재편입하는 데 목적을 두었다. 그러나 시간이 갈수록 현임자들에 대한 평가가 아닌 신임관을 주 대상으로 하였다. 중정관이 관내 인물들을 1품에서 9품까지 등급을 매겼는데, 이를 鄕品이라고 한다. 초임관을 起家官이라 하는데, 기가관은 향품보다 4등급 낮추어 그에 해당하는 관품의 관직을 부여받았다. 魏나라 말기 司馬懿의 건의에 따라 州에 中正을 두게 되

魏立九品法하고 **置州郡中正**하다

【目】 尙書 陳群이 天朝(漢나라 조정)에서 人才를 선발하여 등용한 것이 인재를 발굴함에 미진했다 하여 마침내 九品으로 任官하는 법(九品官人法)을 세우고 州郡에 모두 中正官을 설치하고는 지식과 안목이 있는 자를 선발하여 중정관으로 삼아서 인물을 구별하여 그 高下를 차등하게 하였다.

尙書陳群이 以天朝選用이 不盡人才①라하여 乃立九品官人之法하고 州郡에 皆置中正하고 擇有識鑑者爲之하여 區別人物하여 第其高下②하다

① 天朝는 漢나라 조정을 이른다.
天朝, 謂漢朝也.

② 九品中正制가 이로부터 시작되었다. 九品는 上上, 上中, 上下와 中上, 中中, 中下와 下上, 下中, 下下이다. 이것을 정하여 아홉 등급으로 만들고는 혹 5품에서 4품으로 승진하고 6품에서 5품으로 승진하였으며, 혹은 5품에서 6품으로 물러나고 6품에서 7품으로 물러났다. 中正은 官名이다.
九品中正, 自此始. 九品, 上上・上中・上下・中上・中中・中下・下上・下中・下下也. 定爲九等, 或以五升四, 以六升五, 或自五退六, 自六退七. 中正, 官名.

【綱】 여름 6월에 魏王 曹丕가 남쪽으로 순행하다가 譙縣(초현)에 이르러 軍士와 父老들에게 크게 연향을 베풀었다.

夏六月에 **魏王丕南巡至譙**하여 **大饗軍士父老**[22)]하다

【目】 曹丕가 譙縣에 이르러 六軍과 초현의 父老들에게 크게 연향을 베풀고 伎樂(妓女들이

어 향품의 결정권이 점차 중앙으로 집중되었다.(宮崎市定, ≪九品官人法の硏究≫, 岩波書店)

22) 魏王丕南巡至譙……大饗軍士父老 : "천자가 제후국에 가는 것을 巡狩라 한다. 曹丕는 왕을 세습했을 뿐인데, '남쪽으로 순행했다.'고 쓴 것은 어째서인가. 魏나라는 曹操로부터 천자의 수레와 의복을 사용하고 출입할 때 警蹕을 하여 스스로 황제 노릇을 한 것이 오래되었으니, 인하여 이것을 기록한 것은 그의 悖惡을 드러낸 것이다. 더구나 온갖 놀이와 伎樂을 베풀어서 죽은 부친(曹操)에게 1년 동안의 사랑도 없었음에랴. '大饗'이라고 쓴 것은 심히 비난한 것이다. ≪資治通鑑綱目≫이 끝날 때까지 '大饗軍士'라고 쓴 것이 3번이다.(光武帝 建武 13년(37)에 장병들에게 크게 연향을 베풀었고, 이해와 晉나라 成帝 咸和 7년(332)에 趙나라가 여러 신하들에게 크게 연향을 베풀었다.)〔天子適諸侯曰巡狩 丕襲王耳 其書南巡 何 魏自曹操 而用天子車服 出入警蹕 其自帝久矣 因而錄之 所以著其悖也 況設百戲伎樂 無一年之愛於其父乎 書大饗 甚譏之 終綱目 書大饗軍士三(光武建武十三年 大饗將士 是年 晉成帝咸和七年 趙大饗群臣)〕" ≪書法≫

연주하는 歌舞)과 온갖 놀이를 베푸니, 관리와 백성들이 上壽하여 날이 저물어서야 파하였다.

丕至譙하여 大饗六軍及譙父老하고 設伎樂百戲하니 吏民이 上壽하여 日夕而罷하다

【目】 孫盛[23]이 다음과 같이 평하였다.

"부모의 삼년상은 天子로부터 庶人에 공통되니, 비록 三季의 말엽과 七雄의 쇠망한 즈음에도 이것을 폐한 적이 있지 않았다. 그런데 漢나라 文帝에 이르러서 옛 제도를 바꾸어 人道의 기강이 하루아침에 황폐해지니,[24] 진실로 이미 道는 당시에 박해지고 풍속은 百代에 무너졌다. 魏王이 喪中에 있으면서 宴樂(연락)을 베풀고 처음 즉위하여 교화의 기틀을 무너뜨렸으며, 禪讓을 받자 공공연히 황제의 두 딸을 받아들였다. 이 때문에 왕의 수명이 길지 못하고 國運이 짧을 것임을 알 수 있다."

孫盛曰 三年之喪은 自天子達于庶人하니 雖三季之末, 七雄之敝라도 未之有廢也①러니 逮于漢文하여 變易古制하여 人道之紀 一旦而廢하니 固已道薄當年하고 風頹百代矣라 魏王이 處哀而設宴樂하고 居始而墮(휴)化基②하고 及至受禪에 顯納二女라 是以로 知王齡之不遐와 (十)〔卜〕[25]世之期促也③하니라

① "三季"는 夏, 商, 周의 말세를 이른다. "七雄"은 戰國時代의 秦, 韓, 魏, 趙, 燕, 齊, 楚의 일곱 나라를 이른다.
三季, 謂夏·商·周之季也. 七雄, 謂戰國時秦·韓·魏·趙·燕·齊·楚七國也.

② 墮(무너지다)는 隳로 읽는다.
墮, 讀曰隳.

③ 齡은 음이 靈이니, 해(나이)이다.
齡, 音靈, 年也.

---

23) 孫盛 : ?~? 晉나라의 史學家로 자는 安國이며, 山西省 太原 사람이다. 浙江省 會稽의 淸談界에서 이름이 알려져 佐著作郞을 거쳐 秘書監까지 승진하였다. ≪魏氏春秋≫, ≪晉陽秋≫ 외에 詩賦와 논문 수십 편을 저술하였는데, 晉나라의 역사서인 ≪진양추≫ 31권은 당시 良史라 불렸으나, 산일되어 전하지 않는다.

24) 漢나라……황폐해지니 : 漢 文帝가 喪期를 단축한 일을 가리킨 것이다. 思政殿訓義 ≪資治通鑑綱目≫ 제3권 하 漢 文帝 後7년(B.C. 157) 綱에 "여름 6월에 황제가 붕하였는데, 遺詔를 내려 喪期를 단축하게 하였다."라고 보이며, 目에 "천하의 관리와 백성들로 하여금 臨哭한 지 3일에 모두 상복을 벗고, 시집가고 장가들고 제사 지내고 술을 마시고 고기를 먹는 것을 금하지 말며, 궁중 가운데에 마땅히 임곡해야 할 자는 아침저녁으로 모두 15번만 슬피 곡하고, 下棺한 뒤에는 大功服은 15일, 小功服은 14일, 가는 삼베옷을 입는 繐麻服은 7일을 입고서 服을 벗도록 하라."라는 詔令이 보인다.

25) (十)〔卜〕: 저본에는 '十'으로 되어 있으나, ≪資治通鑑≫에 의거하여 '卜'으로 바로잡았다.

【綱】 漢中의 장수 孟達이 上庸을 가지고 魏나라에 항복하였다.

漢中將孟達이 以上庸降魏하다

【目】 益州의 將軍 孟達이 上庸에 주둔해 있었는데, 副軍 中郎將 劉封과 不和하여 部曲[26]을 거느리고 魏나라에 항복하였다. 맹달은 행동거지와 볼만한 재주가 있으니, 曹丕가 그를 사랑하여 함께 輦(연)을 탔으며 房陵과 上庸, 西城을 합쳐서 新城郡을 만들고는 맹달을 新城太守로 삼았다.

劉曄이 말하기를 "맹달은 구차히 벼슬을 얻으려는 마음이 있으며 재주를 믿고 술수를 좋아하니, 반드시 은혜에 감사하고 의리를 생각하지 못할 것입니다. 신성군은 孫權과 劉備의 나라와 연접해 있으니, 만약 변란의 사태가 있게 되면 국가에 환란이 될 것입니다." 하였으나, 조비는 듣지 않고 장군 夏侯尙과 徐晃을 보내어 맹달과 함께 劉封을 기습하게 하니, 유봉이 敗走하여 成都로 돌아갔다.

益州將軍孟達이 **屯上庸**이러니 **與副軍中郎將劉封**으로 **不協**하여 **率部曲降魏**하니 **達**이 **有容止才觀**①이라 **曹丕愛之**하여 **引與同輦**하고 **合房陵, 上庸, 西城**하여 **爲新城郡**하고 **以達爲太守**②하다 **劉曄曰 達**이 **有苟得之心而恃才好術**하니 **必不能感恩懷義**라 **新城**이 **與孫, 劉接連**③하니 **若有變態**면 **爲國生患**④이리이다 **丕不聽**하고 **遣將軍夏侯尙, 徐晃**하여 **與達襲封**하니 **封**이 **敗走**하여 **還成都**⑤하다

① 觀은 음이 貫이니, "才觀"은 재주가 준걸스러워 볼만한 점이 있음을 이른다.
觀, 音貫. 才觀, 謂才性俊爽, 有可觀者.
② 西城縣은 漢中郡에 속하였으니, 劉備가 나누어 郡을 만들었다.
西城縣, 屬漢中郡, 劉備分爲郡.
③ 蜀漢의 漢中과 吳나라의 宜都가 모두 新城과 연접해 있다.
蜀之漢中, 吳之宜都, 皆與新城接連.
④ 爲(위하다, 향하다)는 去聲이다.
爲, 去聲.
⑤ 夏侯尙은 夏侯淵의 從子이다.
尙, 淵從子也.

---

26) 部曲 : 원래 군대의 편제를 지칭하는 말로 部 아래 曲을 두고 曲 아래 屯을 두었다. 이것이 군대나 부하를 뜻하는 말로도 쓰이게 되었다. 특히 後漢 末과 삼국시대에 장군이나 호족의 사적 예속성을 띤 무장세력을 지칭하게 되었고 더 나아가 그들의 예속민까지 지칭하게 되었다. 또한 이를 良賤制의 입장에서 南北朝時代를 거쳐 일반 民보다 사회적 지위가 낮은 賤民의 일종으로 바라보는 견해가 있다.(辛聖坤, 〈魏晉南北朝時期 部曲에 대한 再考察〉, ≪東洋史學硏究≫ 40, 1992)

【目】劉封은 본래 寇氏의 아들인데, 漢中王 劉備가 荊州에 이르러 아직 後嗣가 있지 않았으므로 양자로 맞아들였다. 諸葛亮이 그의 성질이 강하고 사나워서 代가 바뀐 뒤에 끝내 제어하기가 어려울 것을 염려해서 유비에게 이 기회에 제거할 것을 권하자, 마침내 그를 賜死하였다.

封은 本寇氏之子라 漢中王備 至荊州하여 以未有嗣로 養以爲子러니 諸葛亮이 慮其剛猛하여 易世之後에 終難制御라하여 勸備因此除之한대 遂賜死하다

【綱】賈逵를 豫州刺史로 삼았다.

以賈逵爲豫州刺史[27]하다

【目】이때 천하가 막 평정되어서 刺史들이 대부분 郡을 제대로 통제하지 못하였다. 이에 賈逵는 다음과 같이 말하였다.

"州는 본래 六條詔書[28]로 二千石(太守와 國相) 이하의 관리를 규찰하였습니다. 그러므로 이에 대한 글에 모두 '엄하고 현능하고 매처럼 용맹하여 督察하는 재주가 있다.'라고 말하고, '안정되고 너그럽고 인자하여 愷悌하는 덕이 있다.'라고 말하지 않았습니다. 지금 長吏들이 법을 태만히 하고 도적들이 공공연히 통행하는데, 州에서 이것을 알면서도 규찰하지 않는다면 천하가 다시 어느 곳에서 바름을 취하겠습니까."

가규는 이천석 이하로서 아부하고 방종하여 법대로 하지 않는 자들을 모두 아뢰어 면직시키고, 밖으로 軍政을 닦고 안으로 백성들의 일을 다스려서 저수지와 못을 만들고 漕運하는 물길을 개통하니, 관리와 백성들이 그를 칭송하였다. 曹丕가 말하기를 "이 사람은 참으로 훌륭한 자사이다." 하고는 천하에 布告하고 關內侯의 관작을 하사하였다.

---

27) 以賈逵爲豫州刺史 : "아울러 州牧을 설치한 이래로(靈帝 中平 5년(188)) 刺史를 쓴 것이 17번인데, 직책을 잘 수행했다고 쓴 것은 앞에서는 梁習을 썼고 여기에는 賈逵를 썼고 뒤에서는 徐邈을 썼으니, 세 사람뿐이다.〔自兼置州牧以來(靈帝中平五年) 書刺史十有七 以稱職書者 前書梁習 此書賈逵 後書徐邈 三人而已耳〕" ≪書法≫

28) 六條詔書 : 漢 武帝는 ≪書經≫ 〈虞書 禹貢〉과 ≪周禮≫ 〈職方〉에 의거하여 京畿 지역을 제외한 전국을 13州로 나누고 주마다 직접 임명한 刺史 1인을 두었는데, 이때 반포한 여섯 조항의 조서를 이른다. 그 구체적인 내용은 ① 지방의 土豪들이 田宅을 겸병하여 백성을 괴롭히는 것, ② 二千石이 조서를 받들지 않고 私益을 취하는 것, ③ 이천석이 獄事를 분명하게 결단하지 않고 무고한 백성을 처형하는 것, ④ 이천석이 부속 관리의 임명을 공평하게 하지 않는 것, ⑤ 이천석의 子弟가 부형을 믿고 권세를 부리는 것, ⑥ 이천석이 公을 저버리고 豪强을 비호하고 뇌물을 주고받는 것인데, 이를 자사로 하여금 다스리게 한 것이다.

時에 天下初定하여 刺史多不能攝郡[①]이라 逵曰 州本以六條詔書로 察二千石以下[②]라 故로 其狀에 皆言嚴能鷹揚하여 有督察之才하고 不言安靜寬仁하여 有愷悌之德也하나이다 今長吏慢法하고 盜賊公行하니 州知而不糾면 天下復何取正乎잇가하고 其二千石以下阿縱不如法者를 皆奏免之하고 外修軍旅하고 內治民事하여 興陂田하고 通運渠하니 吏民이 稱之라 曹丕曰 眞刺史矣라하고 布告天下하고 賜爵關內侯하다

① 攝은 총괄하여 통솔함이다.
攝, 揔錄也.

② 〈"州本以六條詔書 察二千石以下"는〉 漢나라 제도를 든 것이다.
擧漢制也.

【綱】 겨울 10월에 魏王 曹丕가 皇帝를 칭하고, 獻帝를 폐하여 山陽公으로 삼았다.

冬十月에 魏王曹丕稱皇帝하고 廢帝爲山陽公[29)]하다

29) 魏王曹丕稱皇帝 廢帝爲山陽公 : "'稱'이라고 쓰고 '廢'라고 써서 傳禪(황제의 자리를 선양함)했다는 말을 한결같이 삭제하였으니, 亂臣賊子가 비로소 스스로 문식할 수 없게 되었다. 《資治通鑑綱目》에서 마음을 주벌한 법이 엄격하다.〔書稱 書廢 一削傳禪之說 亂臣賊子 始無以自文矣 綱目誅心之法 嚴矣哉〕" 《書法》

"하늘이 뭇 백성을 내고 司牧(백성을 맡아 기르는 군주)을 세우니 천하에 군주가 없을 수 없으며, 하늘에는 두 태양이 없고 백성에게는 두 王이 없으니 천하에 군주가 둘일 수 없는 것이다. 唐堯와 虞舜이 禪位하여 계승한 뒤로부터 舜과 禹가 뒤를 이었으니, 그 이름(명칭)을 따르면 그 실제를 책망할 수 있는바, 古人이 어찌 진실로 이것을 빌려 천하 사람들을 속였겠는가. 成湯이 桀王을 추방하고도 오히려 부끄러워하는 마음이 있었고, 武王이 紂王을 정벌하자 義士(伯夷·叔齊)가 그르다 하였다. 그러나 탕왕과 무왕은 聖人이 됨에 부끄럽지 않았고 商나라와 周나라는 正統이 됨에 부끄럽지 않았으니, 또한 그 실제를 찾을 뿐이다.

후세에는 孤兒(어린 군주)를 속이고 과부를 깔보아 찬탈하고 도둑질함이 서로 이어졌다. 그 실제를 상고해보면 모두 后羿·寒浞(한착)·王莽·董卓의 무리였으나 그 이름(내세운 명분)을 찾아보면 바로 商나라와 周나라의 위로 높이 솟아나고자 한 것이었다. 그런데 예전의 史書에서는 그들의 거짓말을 믿고 쇠퇴한 세상에서는 그들이 남긴 자취를 인습하여, 한쪽에서는 禪位라 하고 다른 한쪽에서는 禪位를 받았다고 하니, 漢나라 이후로 어찌면 이리도 堯, 舜이 많단 말인가.

지금 살펴보건대 《資治通鑑綱目》은 이에 대해서 곧바로 황제를 칭하고 군주를 폐했다고 책에 크게 기록하고, 傳禪하였다(傳位하여 禪讓했다)는 말에 이르러서는 절대로 다시 거론하지 않았으니, 이 말이 한 번 나오자 여러 사서가 다 폐지되었다. 어찌 《자치통감강목》이 異論을 세우기를 좋아해서였겠는가. 또한 그 실제를 찾음에 불과할 뿐이다.

아, 亂臣賊子가 남의 집안과 나라를 도둑질할 적에는 항상 탈취함에 명분이 없음을 근심하고 반드시 왜곡하여 曲折을 만들어서 문식을 하였다. 韓·魏·趙 三家가 晉나라를 나누고 田氏가 齊나라를 겸병할 때에 周나라의 皇命을 빌려서 스스로 미화하였고, 역적인 王莽이 漢나라를 찬탈할 적에 그 구실을 찾고자 하였으나 찾지 못하자 마침내 周公이 居攝한 것을 칭하였는데, 曹

獻帝를 폐위하고 曹丕가 漢나라를 찬탈하다

【目】左中郎將 李伏과 太史丞 許芝가, 魏나라가 마땅히 漢나라를 대신하게 될 것이라는 내용이 圖讖과 緯書에 보인다고 말하니, 魏나라의 여러 신하들이 인하여 표문을 올려서 曹丕에게 황제의 지위를 찬탈할 것을 권하였다.

이때에 이르러 황제가 마침내 高皇帝(劉邦)의 사당에 고하여 제사하고는 使者를 보내어 符節을 가지고 가서 자신의 옥새와 인끈을 魏王에게 주고서 詔策을 내려 魏나라에 황제의 지위를 禪讓하였다.

위왕 조비가 글을 올려 세 번 사양하고 마침내 繁陽에 壇을 만들고서 단에 올라가 황제의 옥새와 인끈을 받아 황제의 자리에 오르고, 불을 피워 하늘과 땅에 제사하고 黃初라고 改元하였으며, 漢나라 황제를 받

操와 曹丕에 이르러서는 비로소 帝位를 傳禪한 것으로 문식하였다. 이후로 찬탈과 도둑질이 서로 이어져서 모두 이것을 뒤따라 행하였으니, 그 근원은 曹氏가 作俑(나쁜 前例를 만듦)함에서 시작되었다. ≪資治通鑑綱目≫에서는 이미 그 내용을 설파하였다. 그런 뒤에야 간사하고 거짓된 무리들에게 비로소 천하와 후세를 속일 도구가 없어지게 되었으니, 名敎에 보탬이 됨이 어찌 크지 않겠는가. 그러므로 '≪자치통감강목≫이 편수됨에 난신적자가 두려워했다.'라고 한 것이다.〔天生烝民 立之司牧 天下不可以無君也 天無二日 民無二王 天下不可以二君也 自唐虞禪繼 舜禹承之 循其名 可以責其寔 古人豈固假此以欺天下哉 成湯放桀 惟有慙德 武王伐紂 義士非之 湯武不失爲聖人 商周不失爲正統 亦惟求其實耳 後世欺孤弱寡 簒竊相尋 考其實 皆羿, 浞, 莽, 卓之徒 而求其名 乃欲高出商周之上 前史信其僞辭 衰世襲其遺蹟 一則曰禪位 二則曰受禪 胡爲自漢而下 一何堯舜之多邪 今觀綱目於此 直以稱帝廢主 大書于冊 至於傳禪之說 絶不復擧 斯言一出 諸史皆廢 豈綱目好爲立異哉 亦不過求其實而已 嗚呼 亂臣賊子竊人家國 常患於取之無名 則必曲爲委折以文之 三家分晉 田氏倂齊 借周人之命以自蓋 莽賊簒漢 欲求其說而不可得 乃以周公居攝稱之 至操丕 始以傳禪爲文 自後簒竊相繼 皆踵而行之 其原始於曹氏之作俑也 綱目旣破其說 然後姦僞之徒 始無以爲欺天下後世之具 其有補於名敎 豈不大哉 故曰 綱目修而亂臣賊子懼〕" ≪發明≫

들어 山陽公이라 하여 천자의 禮樂을 사용하게 하였다. 武王(曹操)을 追尊하여 武皇帝라 하고 廟號를 太祖라 하였으며 王太后를 높여 皇太后라 하였다. 相國을 고쳐 司徒라 하고, 御史大夫를 司空이라 하였다.

魏 文帝

左中郎將李伏과 太史丞許芝 言魏當代漢이 見(현)於圖緯①라하니 魏之群臣이 因表勸丕簒位②하다 至是하여 帝乃告祠高廟하고 遣使持節奉璽綬하여 詔策禪位于魏하니 魏王丕上書三讓하고 乃爲壇於繁陽③하여 升受璽綬하여 即皇帝位하고 燎祭天地하고 改元黃初하고 奉漢帝爲山陽公하여 用天子禮樂④하다 追尊武王曰武皇帝라하고 廟號太祖하고 尊王太后曰皇太后라하다 改相國爲司徒하고 御史大夫爲司空⑤하다

① 孝獻皇帝의 傳에 근거해보면, 李伏은 ≪孔子玉板≫[30]을 인용하고, 許芝는 ≪春秋≫의 緯書인 ≪漢含孳≫, ≪玉板讖≫, ≪佐助期≫와 ≪孝經≫의 위서인 ≪中黃讖≫과 ≪易經≫의 위서인 ≪運期讖≫을 인용하였다.[31]
據獻帝傳, 李伏引孔子玉板, 許芝引春秋漢含孳·玉板讖·佐助期·孝經中黃讖·易運期讖.

② 이때 魏主 曹丕에게 황제의 지위에 오르라고 권한 자는 辛毗, 劉曄, 傅巽, 衛臻, 桓階, 陳矯, 陳群, 蘇林, 董巴이고, 뒤를 이은 자는 司馬懿, 鄭渾, (李)〔羊〕[32]秘, 鮑勛이다.
時勸進者, 辛毗·劉曄·傅巽·衛臻·桓階·陳矯·陳群·蘇林·董巴. 繼之者, 司馬懿·鄭渾·(李)〔羊〕秘·鮑勛.

③ 이때 曹丕가 남쪽으로 순행하여 潁川의 潁陰縣에 이르러 曲蠡의 繁陽亭에 壇을 쌓았다.
時南巡至潁川潁陰縣, 築壇於曲蠡之繁陽亭.

30) 孔子玉板 : 漢나라 때 있었던 河圖의 讖緯書인 ≪河圖玉板≫으로 보이는바, 지금은 산일되어 전하지 않는다.

31) 孝獻皇帝의……인용하였다 : 이에 대한 자세한 내용이 ≪三國志≫ 〈魏書 文帝紀〉 裴松之의 註에 자세히 보인다.

32) (李)〔羊〕 : 저본에는 '李'로 되어 있으나, ≪資治通鑑≫ 註에 의거하여 '羊'으로 바로잡았다.

④ 山陽縣은 河內郡에 속하였다.
山陽縣, 屬河內郡.

⑤ 〈"改相國爲司徒 御史大夫爲司空"은〉 漢나라 獻帝 建安 13년(208)에 三公의 관직을 혁파하였는데, 이제 옛 제도를 회복한 것이다.
漢獻帝建安十三年, 罷三公官, 今復舊.

【目】 山陽公이 두 딸을 받들어 魏나라에 시집보냈다.

魏主 曹丕가 正朔을 고치고자 하였는데, 辛毗가 말하기를 "孔子는 '夏나라의 책력을 행해야 한다.' 하였고,[33] 左氏는 말하기를 '夏나라의 曆數가 天時와 符合한다.' 하였으니,[34] 어찌 굳이 서로 반대되는 것을 기약하십니까." 하니, 조비가 그의 말을 따랐다.

山陽公이 奉二女하여 以嬪于魏하다 魏主丕欲改正朔이어늘 辛毗曰 孔子曰 行夏之時라하시고 左氏曰 夏數得天이라하니 何必期於相反이니잇고 丕從之하다

【目】 魏主 曹丕가 太后의 부모를 追封하고자 하자, 陳群이 다음과 같이 말하였다.

"창업하여 제도를 고칠 적에는 마땅히 후일의 법식이 되어야 합니다. 禮典을 살펴보면 부인은 남편의 작위를 따르고 땅을 나누고 작위를 명하는 제도가 없습니다. 秦나라가 옛법을 어겼는데 漢나라가 이것을 인습하였으니, 先王의 훌륭한 법이 아닙니다."

조비가 말하기를 "尙書의 의논이 옳다."고 하고, 이에 일정한 제도를 만들어서 臺閣에 보관하였다.

○ 魏主丕欲追封太后父母어늘 陳群曰 創業革制에 當爲後式이니 按禮典에 婦因夫爵이요 無分土命爵之制①라 秦違古法이어늘 漢氏因之하니 非先王令典也니이다 丕曰 尙書議是라하고 其著定制하여 藏之臺閣②하다

① ≪禮記≫ 〈郊特牲〉에 "부인은 작위가 없어서 남편의 작위를 따른다." 하였다.

---

33) 孔子는……하였고 : 顔淵이 孔子에게 나라를 다스리는 방법을 묻자, 공자는 "夏나라의 책력을 쓰고, 殷나라의 수레를 타고, 周나라의 면류관을 쓰고, 음악은 韶舞를 쓰고, 鄭나라 음악을 추방하고, 말재주 있는 사람을 멀리해야 한다.〔行夏之時 乘殷之輅 服周之冕 樂則韶舞 放鄭聲 遠佞人〕"라고 하였다.(≪論語≫ 〈衛靈公〉)

34) 左氏는……하였으니 : 左氏는 左丘明으로 ≪春秋左氏傳≫의 저자로 알려져 있다. ≪춘추좌씨전≫ 昭公 17년에 彗星이 나타나자 梓愼이 제후국에 火災가 일어날 것을 예언하여 이르기를 "大火星이 出現하는 時期가 夏正(夏曆)으로는 3월이고 商正으로는 4월이고 周正으로는 5월인데, 夏나라의 曆數가 天時와 符合하니, 만약 화재가 발생한다면 아마도 宋·衛·陳·鄭 네 나라가 화재를 당할 것이다.〔火出 於夏爲三月 於商爲四月 於周爲五月 夏數得天 若火作 其四國當之 在宋衛陳鄭乎〕" 하였다.

禮記 "婦人無爵, 從夫之爵."

② 臺閣은 尙書臺 가운데 옛 전고를 보관하는 곳이다.
臺閣, 尙書中藏故事之處.

【目】魏主 曹丕가 侍中 蘇則(소칙)에게 이르기를 "西域이 지난번에 지름이 한 치가 되는 큰 진주를 바쳤으니, 다시 구하여 얻을 수 있겠는가?" 하자, 소칙이 대답하기를 "만약 교화가 中國에 흡족하고 德이 沙漠에까지 미친다면 구하지 않아도 절로 이를 것이니, 구하여 얻는 것은 귀하게 여길 것이 못 됩니다." 하니, 조비는 묵묵히 말을 하지 않았다.

○ 魏主丕謂侍中蘇則曰 西域이 前獻徑寸大珠하니 可復求市得不①아 對曰 若化洽中國하고 德流沙漠이면 卽不求自至러니 求而得之는 不足貴也니이다 丕嘿然이러라

① 不는 否로 읽는다.
不, 讀曰否.

【目】魏主 曹丕가 蔣濟를 불러 散騎常侍로 삼았는데, 이때에 詔令을 내어 征南將軍 夏侯尙에게 글을 하사하기를 "卿은 心腹의 중요한 장수이다. 내가 특별히 맡기고 부려야 하니, 위엄을 만들고 복을 만들어서 마음대로 사람을 죽이고 사람을 살리라." 하니, 하후상이 이것을 장제에게 보였다.

장제가 도성에 이르자 조비가 그에게 듣고 본 바가 무엇인지를 물으니, 장제가 대답하기를 "다른 좋은 일은 있지 않고, 다만 나라를 망칠 말을 들었습니다." 하였다. 조비가 분노하여 그 이유를 묻자, 장제가 자세히 답하고 인하여 말하기를 "위엄을 만들고 복을 만듦은 ≪書經≫의 분명한 경계입니다.[35] 천자는 희롱하는 말이 없으니, 바라건대 陛下는 살피소서." 하였다. 조비는 즉시 사람을 하후상에게 보내어 예전에 내린 詔令을 거둬오게 하였다.

○ 魏主丕召蔣濟하여 爲散騎常侍①러니 時에 有詔하여 賜征南將軍夏侯尙曰 卿은 腹心重將이라 特當任使니 作威作福하여 殺人活人하라 尙이 以示濟러니 濟至에 丕問以所聞見한대 對曰 未有他

35) 위엄을……경계입니다 : 원문의 '作威作福'은 刑罰을 내리기도 하고 賞을 내려 관직을 제수해주기도 하는 것으로 君王의 職分이다. ≪書經≫ 〈周書 洪範〉에 "오직 君主만이 福을 짓고 오직 군주만이 威嚴을 짓고 오직 군주만이 玉食을 할 수 있으니, 臣下는 복을 짓고 위엄을 짓고 옥식을 하는 일이 있어서는 안 된다.〔惟辟作福 惟辟作威 惟辟玉食 臣無有作福作威玉食〕"라고 보인다.

善이요 但見亡國之語耳로이다 丕忿然問其故어늘 濟具以答하고 因曰 作威作福은 書之明誡요 天子는 無戲言하니 惟陛下는 察之하소서 丕卽遣追取前詔하다

① 散騎常侍는 秦나라의 관직이니, 秦나라는 散騎를 두고 또 中常侍를 두었는바, 산기는 乘輿車의 뒤에서 말을 타고 황제를 수행하였으며 중상시는 궁중을 출입하였는데, 모두 加官(겸직)으로 삼았다. 漢나라는 東京(東漢) 초기에 산기를 없애고 중상시를 宦官으로 등용하였다. 그런데 이때에 처음으로 산기를 설치하여 중상시와 합쳐서 한 관직을 만들고 散騎常侍라 칭하였는데, 산기상시는 規諫을 관장하고 일반적인 사무는 맡지 않았다. 貂璫(담비 꼬리와 金銀으로 만든 冠의 장식)을 오른쪽에 꽂고 말을 타고 흩어져 수행하였는데, 뒤에는 마침내 현달한 관직이 되었다. 散騎侍郎은 魏나라로부터 晉나라에 이르기까지 散騎常侍, 侍中, 黃門侍郎과 함께 尙書에서 아뢰는 일을 함께 처리하였는데, 江左(東晉)에서는 마침내 혁파하였다.

散騎常侍, 秦官也. 秦置散騎, 又置中常侍. 散騎, 騎從乘輿車後, 中常侍, 得入禁中, 皆以爲加官. 漢東京初, 省散騎, 而中常侍用宦者. 至是, 初置散騎, 合之於中常侍, 爲一官, 曰散騎常侍. 掌規諫, 不典事, 貂璫揷右, 騎而散從, 後遂爲顯職. 散騎侍郎, 自魏至晉, 與散騎常侍・侍中・黃門侍郎, 共平尙書奏事, 江左乃罷.

【綱】 12월에 魏主 曹丕가 洛陽에 가서 宮室을 경영하였다.

十二月에 魏主丕如洛陽하여 營宮室하다

【綱】 魏나라가 冀州의 士卒의 家屬을 옮겨 河南을 채웠다.

◑ 魏徙冀州士卒家하여 實河南하다

【目】 魏主 曹丕가 冀州의 士卒의 가속 10만 戶를 옮겨 河南(洛陽)을 채우고자 하였다. 이때 旱害와 蟲害로 백성들이 굶주렸으므로 百官이 불가하다고 하였으나 조비의 뜻이 매우 완강하였다.

侍中 辛毗가 뵙기를 청하자, 조비가 얼굴빛을 바꾸고 그를 대하여 말하기를 "卿은 백성을 옮기는 것이 잘못이라고 여기는가?" 하니, 신비가 말하기를 "진실로 잘못이라고 여깁니다." 하였다. 조비가 말하기를 "내 卿과 상의하지 않겠다." 하니, 신비가 말하기를 "陛下께서 신을 謀議하는 관직에 두셨는데, 어찌 신과 상의하지 않을 수 있습니까. 신이 말하는 것은 사사로운 것이 아니고 바로 社稷을 염려하는 것인데, 어찌 신을 노여워하실 수 있습니까." 하였다.

조비가 대답하지 않고 안으로 들어가자 신비가 뒤따라가서 그의 소매를 잡아당기니, 조비는 옷을 떨치고 떠나갔다가 한참 뒤에야 비로소 나와서 말하기를 "佐治야, 卿은 나를 어찌면 이리도 급하게 압박하는가." 하였다. 신비가 말하기를 "지금 백성들을 옮긴다면 民心을 잃게 되고 또 백성들을 제대로 먹일 수 없어서 굶주린 백성들이 반드시 도둑이 될 것입니다. 그러므로 신이 감히 강력히 간쟁하지 않을 수가 없습니다." 하니, 조비는 마침내 그중의 절반만을 하남으로 옮겼다.

魏主丕欲徙冀州士卒家十萬戶하여 實河南①하다 時에 旱蝗民饑라 群司以爲不可로되 而丕意甚盛이러니 侍中辛毗求見(현)②한대 丕作色待之曰 卿이 謂徙民非邪아 毗曰 誠以爲非로이다 丕曰 吾不與卿議호리라 毗曰 陛下置臣謀議之官하시니 安得不與臣議③니잇고 臣所言은 非私요 乃社稷之慮也니 安得怒臣이니잇고 丕不答하고 入內어늘 毗隨引其裾하니 丕奮衣而去러니 良久에 乃出하여 曰 佐治아 卿이 持我何太急邪④오 毗曰 今徙는 旣失民心이요 又無以食(사)하여 必將爲寇故로 臣不敢不力爭⑤이로이다 丕乃徙其半하다

① 이때 洛陽을 경영하였으므로 冀州의 士卒의 가속을 옮겨 〈河南에〉 채우고자 한 것이다.
時營洛陽, 故欲徙冀州士卒家以實之.
② 見(뵙다)은 賢遍의 切이다.
見, 賢遍切.
③ 侍中은 천자의 좌우에 있으면서 간절히 묻고 가까운 곳에서 대답하여 황제의 잘못을 바로잡고 보좌하는 일에 충임되었다.
侍中在天子左右, 備切問近對, 拾遺補闕.
④ 佐治는 辛毗의 자이다.
佐治, 毗字.
⑤ 食(먹이다)는 음이 飼이다.
食, 音飼.

【目】 曹丕가 일찍이 사냥하러 나가서 꿩을 쏘아 잡고는 여러 신하들을 돌아보고 말하기를 "즐겁다." 하니, 辛毗가 말하기를 "陛下에게는 매우 즐거운 일이나, 여러 신하들에게는 매우 괴롭습니다." 하였다. 조비는 묵묵히 있었는데, 뒤에는 이 때문에 사냥을 나가는 것이 드물었다.

丕嘗出射雉하고 顧群臣하고 曰 樂哉로다 毗曰 於陛下에 甚樂이나 於群臣에 甚苦라한대 丕默然이러니 後爲之稀出①이러라

① 爲(때문에)는 去聲이다.
爲, 去聲.

辛丑年(221)

【綱】 漢나라(蜀漢) 昭烈皇帝 章武 원년이다.

昭烈皇帝章武元年[36)]이라

【目】 魏나라 文帝 曹丕 黃初 2년이다.

魏黃初二年이라

【綱】 봄 정월에 魏나라가 孔羨(공선)을 봉하여 宗聖侯로 삼았다.

春正月에 **魏封孔羨爲宗聖侯**[①]하다

① 孔羨은 孔子의 21세손이다.
羨, 孔子二十一世孫.

【目】 孔子의 사당을 받들게 하였다.

奉孔子祠하다

【綱】 魏나라가 五銖錢을 다시 사용하였다.

魏復五銖錢[①37)]하다

---

36) 昭烈皇帝章武元年 : "'章武'라고 크게 쓴 것은 어째서인가. 昭烈이 高祖와 光武帝의 뒤를 이었기 때문이다. 魏나라가 찬탈하여 황제의 자리에 섰고 吳나라가 江東 지역을 割據하였는데, 소열은 漢나라 皇室의 親族인 中山靖王의 후손이다. 이름(명분)이 바르고 말이 순하니, 〈帝位가〉 이 사람을 버리고 어디로 돌아가겠는가. ≪資治通鑑綱目≫은 '章武 元年'을 게시하여 크게 썼으니, 그런 뒤에야 正閏(正統과 非正統)과 順逆(順理와 邪逆)이 각각 제자리를 얻게 되었다. 그러므로 '國統이 아래에서 바로 잡혀서 人道가 정해졌다.'라고 한 것이다.(이 내용은 본래 習鑿齒의 ≪漢晉春秋≫에 보인다.)〔大書章武何 紹昭烈於高光也 魏簒立 吳割據 昭烈親中山靖王之裔 名正言順 舍此安歸 綱目揭章武之元而大書之 然後正閏順逆 各得其所 故曰統正於下而人道定矣(本習鑿齒漢晉春秋)〕" ≪書法≫

37) 魏復五銖錢 : "'復'이라고 쓴 것은 어째서인가. 董卓이 혁파한 것이 이때 32년이 되었다.〔書復 何 卓壞之也 於是三十有二年矣〕" ≪書法≫

① 漢나라 獻帝 初平 원년(190)에 董卓이 五銖錢을 혁파하였는데, 이제 다시 회복한 것이다.
漢獻帝初平元年, 董卓壞五銖錢, 今復之.

【綱】 여름 4월에 漢中王(劉備)이 皇帝의 자리에 올랐다.

◐**夏四月**에 **漢中王**이 **卽皇帝位**[38]하다

---

38) 漢中王 卽皇帝位 : "'卽皇帝位(황제의 자리에 올랐다.)'고 쓴 것은 어째서인가. 正統이기 때문이다. 그러므로 孫權과 曹丕는 모두 그의 성명을 지적하여 '황제를 칭했다.'고 썼고, 后를 세우고 太子를 세웠을 적에 모두 '皇'이라고 쓰지 않았으니, 이는 정통과 차별하기 위한 것이다. ≪資治通鑑綱目≫이 끝날 때까지 '卽皇帝位'라고 쓴 것이 4번이다.(高帝와 光武帝, 昭烈帝, 晉나라 元帝에 자세히 보인다.)〔書卽皇帝位 何 正統也 故孫曹皆斥姓名 書稱皇帝 立后 立太子 皆不書皇 所以殊之於正統也 終綱目 書卽皇帝位四(詳高帝光武昭烈晉元帝)〕" ≪書法≫

"三代 이후로 오직 漢나라가 천하를 얻은 것이 정통이 된다. 無道한 秦나라를 주벌하고 逆賊 項羽를 토벌하여 國祚(국통)를 전한 것이 400년이 넘었으니, 한 자의 땅과 한 명의 백성도 漢나라의 소유 아님이 없었다. 桓帝와 靈帝에 이르러 임금답지 못하여 董卓이 禍를 일으키자, 영웅들이 떼 지어 일어나 동탁을 공격하였으니, 동탁이 이미 주륙을 당하였으면 천하는 진실로 漢나라의 천하인 것이다. 그런데 曹操가 때를 타고 皇命을 제멋대로 행사하여 천자를 협박하고 國母를 시해하니, 義士들이 이 때문에 탄식하고 격분하였다. 이때 만일 한 명의 지아비라도 천하에 의리를 宣揚하는 자가 있었다면 모두 君子가 허여하였을 것이니, 하물며 당당한 皇室의 後裔로서 뛰어난 명성이 세상을 뒤덮을 만한 자(劉備)에 있어서이겠는가.

曹丕가 이미 제위를 찬탈하자 漢나라의 제사를 주관할 사람이 없었는데, 昭烈이 蜀漢에서 제위를 바로잡아 친히 大統을 이었으니, 명분이 바르고 말이 순하여 본래 의심할 만한 것이 없었다. 그런데 陳壽의 ≪三國

劉備가 成都에서 稱帝하다

志≫로부터 天子의 제도로 온전히 魏나라를 인정하고 蜀漢을 列國으로 대우하였다. 그러므로 ≪資治通鑑≫에서 이를 인습하여 魏나라를 기준으로 삼아 年度를 기록했는데, ≪資治通鑑綱目≫에 이르러서 비로소 소열로 獻帝의 뒤를 계승하여 漢나라의 남은 正統을 이었으니, 진실로 왜곡하여 異說을 세워 矛盾을 만들기를 좋아한 것이 아니다. 다만 ≪자치통감≫에는 〈司馬溫公이〉 스스로 이르기를 '우선 그 연도를 취하여 여러 나라의 일을 기록한 것이고, 이것을 높이고 저것을 낮추어서 正閏의 구분을 둔 것이 아니다.' 하였으니, 이는 史筆을 인습하여 기술한 것이고, 애당초 특별히 의리를 천명하는 事例를 세운 것이 아니다. 그러므로 그 說이 저것을 취하지 않을 수 없었던 것이다. ≪자치통감강목≫으로 말하면 ≪春秋≫의 의리를 취하여 천하 만세에 正論을 보여주었는바, 曹操와 曹丕의 찬탈과 도둑질로 인하여 大義를 펼 수 없었는데, 다행히 소열이 있어서 漢나라의 大統을 충분히 보존할 수 있었다. 그러므로 그 말이 여기에서 나오지 않을 수 없었던 것이다. 이 두 가지는 진실로 병행되어 서로 어긋나지 않으니, 요컨대 또한 서로 발명해주기를 기다리는 뜻이 있는 것이다.

蜀主 劉備

진수의 ≪삼국지≫를 살펴보면 '소열은 涿縣 사람으로 中山靖王 劉勝의 후손이다. 유승의 아들 劉正이 元狩 6년(117)에 탁현의 陸城亭侯에 봉해졌는데, 酎金의 죄에 걸려 侯의 지위를 잃고 인하여 이곳에 살게 되었다. 할아버지는 劉雄이고 아버지 劉弘이 소열을 낳았다.' 하여, 그 世次와 本末이 매우 분명하다. 또 歐陽脩의 ≪五代史≫를 살펴보면 〈南唐世家〉가 실려 있는데, 여기에 '李昪은 徐州 사람이다. 대대로 본래 미천하였고 아버지 李榮은 唐나라 말기에 난리를 만나서 어느 곳에서 죽었는지 알지 못한다. 이변이 어려서 고아가 되자 楊行密이 길러 자식으로 삼았고, 또 徐溫에게 주어서 인하여 徐氏 姓을 따랐는데, 吳나라를 찬탈한 뒤에 비로소 李氏 姓을 회복하고는 스스로 唐나라 憲宗의 아들인 建王 李恪의 후손이라 했다.' 하였다.

≪資治通鑑≫을 살펴보면 '唐主(南唐의 군주 李昪)가 吳王 李恪을 先祖로 삼고자 하였는데, 혹자가 말하기를 「李恪은 죄를 짓고 죽었으니, 鄭王 李元懿를 선조로 삼는 것만 못하다.」 하자, 당주가 有司에게 명령하여 두 왕의 후손들을 상고하게 하니, 吳王의 孫子 李禕가 功이 있고 이의의 아들 李峴이 재상이 되었다 하여 마침내 오왕을 선조로 삼아 이현으로부터 5대를 지나 아버지 李榮에 이르렀다 하였으니, 그 이름이 모두 유사들이 만들어낸 것이다.' 하였다.

이는 소열과 현격한 차이가 나는 것이다. 더구나 諸葛亮이 한 번 소열을 보고는 맨 먼저 '장군은 皇室의 後孫'이라고 칭하였고, 뒤에 孫權에게 구원을 청할 때에도 손권을 대하여 '劉豫州는 皇室의 후손'이라고 말하였으니, 제갈량은 진실로 함부로 말하는 자가 아니다. 이 때문에 張松이 劉璋을 설

【目】 蜀 지방에서 전하기를 "황제(獻帝)가 이미 살해를 당하였다." 하니, 이에 漢中王이 喪을 발표하고 喪服을 만들어 입고 獻帝의 諡號를 孝愍皇帝라 하였다. 여러 신하들이 다투어 왕에게 尊號를 칭할 것을 권하자, 司馬 費詩가 다음과 같이 상소하였다.

"殿下께서는 曹操의 父子가 황제의 지위를 찬탈하였기 때문에 萬里 먼 객지의 나그네가 되시어 병력을 규합하여 역적을 토벌하셨는데, 이제 큰 敵을 이기기 전에 먼저 스스로 황제의 지위에 서시면, 사람들의 마음이 의심할까 두렵습니다."

왕은 기뻐하지 아니하여 그를 좌천시키고, 마침내 武擔山의 남쪽에서 황제의 지위에 올라 大赦를 하고 改元을 하였으며, 諸葛亮을 丞相으로 삼고 許靖을 司徒로 삼았다.

蜀中이 傳言帝已遇害라하니 於是에 漢中王이 發喪制服하고 諡曰孝愍皇帝라하다 群下競勸王稱尊號어늘 司馬費詩 上疏曰① 殿下以曹操父子簒位故로 羈旅萬里하사 合衆討賊이러니 今大敵未克而先自立하시면 恐人心疑也하노이다 王이 不悅하여 左遷之하고 遂卽帝位於武擔之南②하여 大赦, 改元하고 以諸葛亮爲丞相하고 許靖爲司徒하다

득할 때에도 '유예주는 使君의 宗室'이라고 말하였고, 훗날에 苻堅이 晉나라를 정벌하는 것을 諫하는 苻融에게 대답한 말에 또한 이르기를 '劉禪은 漢나라의 遺祚(後嗣)가 아니겠는가. 그러나 또한 中國에게 합병당하였다.' 하였으니, 그렇다면 소열이 漢나라 황실의 후손이 됨은 명백하여 의심할 나위가 없는바, 이로써 大統을 이음에 다시 무슨 말을 하겠는가.

이해에 조비가 즉위하자 소열이 곧바로 지위와 칭호를 바로잡아서 漢나라의 국통이 땅에 떨어지지 않게 하였으니, 사리의 마땅함에 깊이 부합한다. 光武帝가 鄗(학) 땅에서 즉위하고 晉나라 元帝가 江左에서 즉위한 것과 전후로 자취가 똑같으니, 기타의 참람하고 도둑질하여 스스로 황제라 칭할 것을 급하게 여긴 자와는 진실로 비할 바가 아니다. 이 일은 ≪자치통감강목≫ 가운데 가장 중대한 일이다. 나는 그러므로 顚末을 낱낱이 상고하고 자세히 분별하여 후세의 君子에게 고하고, 또한 朱子가 붓을 잡고 이것을 기록한 뜻을 온 천하에 밝게 드러내는 것이다.〔三代而下 惟漢得天下爲正 誅無道秦 討逆賊羽 傳祚踰四百年 尺地一民 莫非漢有 至桓靈不君 董卓煽禍 英雄群起而攻之 卓旣誅戮 則天下固漢之天下也 曹操乘時擅命 脅制天子 戕殺國母 義士爲之歎憤 苟有一夫唱義於天下 皆君子之所予 況於堂堂帝室之胄 英名蓋世者乎 丕旣簒位 漢祀無主 昭烈正位蜀漢 親承大統 名正言順 本無可疑 自陳壽志三國 全以天子之制予魏 而以列國待漢 故通鑑因之 以魏紀年 至綱目 始以昭烈承獻帝之後 紹漢遺統 固非曲立異說 好爲矛盾 特通鑑自謂姑取其年 以紀諸國之事 非尊此卑彼 有正閏之辨 此蓋因史筆以紀述 初不別立義例 故其說不得不取於彼 若夫綱目 則取春秋之義 以示天下萬世之正論 所以因操丕之簒竊 大義莫得而伸 幸有昭烈 足以存漢氏之統 故其說不得不出於此 二者固竝行而不相悖 要亦有待於互相發明之意也 按陳壽志 昭烈涿縣人 中山靖王勝之後 勝子正 元狩六年 封涿縣陸城亭侯 坐酎金失侯 因家焉 祖雄 父弘 生昭烈 其世次本末甚明 又按歐陽脩五代史 載南唐世家 李昪徐州人 世本微賤 父榮遇唐末之亂 不知所終 昪少孤 楊行密養以爲子 又乞與徐溫 因冒姓徐 至簒吳之後 始復姓李 自言唐憲宗子建王恪之後 及考以通鑑 則曰唐主欲祖吳王恪 或曰 恪誅死 不若祖鄭王元懿 唐主命有司 考二王苗裔 以吳王孫禕有功 禕子峴爲宰相 遂祖吳王 自峴五代 至父榮 其名率皆有司所撰 此與昭烈大相遼絶 況諸葛一見昭烈 首稱將軍帝室之胄 及後求救孫權 亦以豫州王室之胄 對權稱之 亮固非妄言者也 是以張松之說劉璋 且謂豫州使君之宗室 而異時苻堅答苻融諫伐晉之語 亦曰 劉禪可非漢之遺祚 然亦爲中國所并 然則昭烈之爲漢裔 顯顯無疑 以之紹統 夫復何說 是年曹丕旣立 昭烈卽正位號 不使漢統墜地 深合事宜 其與光武卽位于鄗 晉元卽位江左 先後一轍 固非其他僭竊急於自帝者之比 斯事在綱目中 最其大者 臣故歷考顚末 詳而辨之 以告後之君子 亦使朱氏秉筆之志 暴白於天下云〕" ≪發明≫

① 이때 費詩가 益州의 前部司馬로 있었다.
時詩爲益州前部司馬.

② 擔은 都濫・都覃의 두 切이다. 武擔山은 成都의 서북쪽에 있으니, 이는 乾方의 위치가 서북쪽에 있으므로 건방에 나아가 즉위한 것이다.
擔, 都濫・都覃二切. 武擔山, 在成都西北, 蓋以乾位在西北, 故就之以卽祚.

【目】 司馬公(司馬光)이 다음과 같이 평하였다.

"三代 이전에 海內 모든 나라 중에 人民과 社稷을 보유한 자를 통틀어 君이라 일렀고, 모든 나라를 합하여 군주 노릇을 하는 자를 王이라 일렀고, 王의 德이 이미 쇠한 뒤에 方伯과 連帥(연수)가 능히 자기 무리를 거느리고서 天子를 높이는 자를 霸者라 일렀다. 漢나라의 儒者로부터 五德(五行의 덕)이 相生하고 相剋하는 이치를 미루어 秦나라를 閏位(비정통의 帝位)로 보아 木德과 火德의 사이에 있다 해서 秦나라를 패자로 여기고 왕으로 여기지 않았다. 이에 正位와 閏位에 대한 논의가 일어나게 되었다. 三國과 五胡, 南朝와 北朝의 혼란에 이르러서는 나라마다 각각 國史가 있어서 상대되는 나라를 서로 배척하였다. 朱氏(朱全忠)가 唐나라를 대신하자 사방이 분열되었고, 朱邪氏(李存勖)가 汴京에 들어오자 〈朱氏의 後梁을〉 옛날 夏나라를 찬탈한 有窮氏와 漢나라를 찬탈한 王莽의 新나라에 비유하여 曆法과 紀年을 모두 버리고 따지지 않았으니, 이는 모두 편벽된 말이고 공정한 의논이 아니다.

그러므로 지금 이 책에서는 오직 周・秦・漢・晉・隋・唐만을 정통으로 삼아서 그 뒤의 자손들이 비록 미약하고 流離하였더라도 祖宗의 基業을 잇게 하였다. 그리고 사방에서 이들과 더불어 優劣을 다투는 자들은 모두 옛 신하이기 때문에 여전히 天子의 제도를 사용하여 그들에게 군림하게 하였고, 천하가 분열됨에 이르러는 본래 君臣 관계가 아니었으면 모두 列國의 제도로 대하였다.

그러나 歲, 時(四時)와 月, 日로써 일의 先後를 표시하지 않을 수가 없다. 帝位를, 漢나라가 魏나라에 전하였는데 晉나라가 받았고, 晉나라가 宋나라(南朝)에 전하여 陳나라에 이르렀는데 隋나라가 취하였으며, 唐나라가 梁나라에 전하여 周나라에 이르렀는데 大宋이 이어받았다. 그러므로 그 年號를 취하여 그 나라의 일을 기록하지 않을 수 없었으니, 이것을 높이고 저것을 낮추어서 正位(正統)와 閏位(閏統)의 구분을 둔 것이 아니다.

昭烈이 비록 中山靖王의 후손이라고 하나 그 世次를 기록할 수가 없어서 이 또한 南

唐의 烈祖 李昇이 吳王 李恪의 후손이라고 칭한 것과 다름이 없었다. 그러므로 감히 後漢과 東晉[39]에 견주어 漢나라의 傳統을 잇게 할 수 없는 것이다."

司馬公曰 三代之前에 海內萬國에 有人民社稷者를 通謂之君하고 合萬國而君之者를 乃謂之王하고 王德旣衰에 方伯連帥(수) 能帥(솔)其屬하여 以尊天子면 則謂之霸러니 自漢儒로 推五德生勝하여 以秦爲閏位하여 在木火之間이라하여 霸而不王하니 於是에 正閏之論이 興矣①라 及三國五胡南北之亂에 各有國史하여 互相排黜②이라 朱氏代唐에 四方幅裂하고 朱邪(야)入汴에 比之窮新③하여 運歷年紀를 皆棄而不數하니 此皆偏辭요 非公論也라 故로 今此書는 獨以周, 秦, 漢, 晉, 隋, 唐爲正統하고 其後子孫이 雖微弱播遷이나 然猶承祖宗之業하고 四方與之爭衡者는 皆其故臣也라 故로 猶得用天子之制以臨之하고 至於天下離析하여는 本非君臣이면 則皆以列國之制處之라 然이나 不可無歲, 時, 月, 日以識(지)事之先後④라 漢傳於魏而晉受之하고 晉傳於宋以至於陳하여 而隋取之하고 唐傳於梁以至於周하여 而大宋이 承之라 故로 不得不取其年號하여 以紀其國之事하니 非尊此而卑彼하여 有正閏之辨也라 昭烈이 雖云中山靖王之後나 然不能紀其世次하여 與南唐稱吳王恪後로 無異⑤라 故로 不敢以後漢, 東晉爲比하여 使得紹漢氏之遺統也로라

① 五德의 相生과 相剋은 秦 始皇 26년(B.C. 221) 조에 자세히 보인다.[40] 秦나라는 水德을

39) 後漢과 東晉 : 後漢의 光武帝가 前漢(西漢)을 계승한 것과 東晉의 元帝가 西晉을 계승한 것을 가리킨다.

40) 五德의……보인다 : 五德은 五行의 德으로, 오행은 金·木·水·火·土의 다섯 가지 기운이 운행됨을 이르며, 相生은 木이 火를 낳고 火가 土를 낳고 土가 金을 낳고 金이 水를 낳고 水가 木을 낳는 것이며, 相剋은 木이 土를 이기고 土가 水를 이기고 水가 火를 이기고 火가 金을 이기고 金이 木을 이김을 이른다. 秦 始皇 26년 조 綱에 "水德으로 정하고 10월을 歲首로 삼았다.〔定爲水德 以十月爲歲首〕" 하였고, 그 目에 "齊나라 사람 鄒衍이 五德이 끝나고 시작하는 運을 논하여 저술하였다.〔齊人鄒衍 論著終始五德之運〕" 하였는데, 이에 대한 訓義에 다음과 같이 말하였다.
"伏羲가 木德으로 왕이 되었는데, 木은 火를 낳으므로 神農은 火德으로 왕이 되었고, 火는 土를 낳으므로 黃帝는 土德으로 왕이 되었고, 土는 金을 낳으므로 少昊는 金德으로 왕이 되었고, 金은 水를 낳으므로 顓頊은 水德으로 왕이 되었고, 水는 木을 낳으므로 帝嚳은 다시 木德으로 왕이 되었고, 木은 다시 火를 낳으므로 帝堯는 火德으로 왕이 되었고, 火는 다시 土를 낳으므로 帝舜은 土德으로 왕이 되었고, 土는 다시 金을 낳으므로 夏나라는 金德으로 왕이 되었고, 金은 다시 水를 낳으므로 商나라는 水德으로 왕이 되었고, 水는 다시 木을 낳으므로 周나라는 木德으로 왕이 되었다는 것이다. 이것이 五德이 끝나고 다시 시작하는 것이다. 鄒衍은 周나라가 火德을 얻었다고 생각하였는데, 이는 武王의 집에 불이 흘러든 것을 周나라가 천명을 받은 증거로 삼았고, 또 복색에 붉은색을 숭상하였기 때문이다. 추연의 설을 가지고 시작과 끝을 삼는다면 秦나라는 마땅히 土로써 行을 삼아야 하는데, 지금 始皇은 水가 火를 이긴다 하여 스스로 水로써 行을 삼았으니, 이른바 '五行이 서로 이기는 것을 미루었다.'라는 것이다. 漢나라 초에 土로써 行을 삼았으니, 이 또한 오행의 설에 근거한 것이다.〔伏羲以木德王 木生火 故神農以火德王 火生土 故黃帝以土德王 土生金 故少昊以金德王 金生水 故顓頊以水德王 水生木 故帝嚳又以木德王 木又生火 故帝堯以火德王 火又生土 故帝舜以土德王 土又生金 故夏以金德王 金又生水 故商以水德王 水又生木 故周以木德王 此五德之終而復始也 鄒衍以爲周得火德 蓋以火流王屋爲周受命之符 且服色尙赤故也 就衍之說以爲終始 秦當以土爲行 今始皇以水勝火 自以水爲行 所謂推五勝也 漢初以土

사용하여 周나라와 漢나라의 木과 火의 사이에 있어서 오덕이 상생하는 正運에 있지 않으므로 閏位라 한 것이다.
五德生勝, 詳見秦始皇二十六年. 秦以水德, 在周漢木火之間, 不在五德相生之正運, 故曰閏位.

② "三國"은 漢나라(蜀漢), 魏나라, 吳나라이다. 晉나라는 惠帝 이후로 五胡가 포학함을 부리니, 漢나라의 劉淵은 匈奴族이었고 後趙의 石勒은 羯族이었으며, 前燕의 慕容廆는 鮮卑族이었고 前秦의 苻洪은 氐族이었으며, 後秦의 姚弋仲은 羌族이었다. 南朝는 宋, 齊, 梁, 陳을 이르고, 北朝는 後魏(北魏), 北齊, 後周를 이른다. "互相排黜"은 피차 공격하고 배척함을 이른다. 남조에서는 북조를 일러 索虜(삭로)라 하고 북조에서는 남조를 일러 島夷라 하였으니, 삭로란 북쪽 사람들이 머리를 땋아 늘어뜨렸으므로 그들을 '머리에 새끼를 꼬았다.'고 말한 것이고, 도이는 동남쪽이 바닷가에 있어서 토지가 낮으므로 그들을 '섬 가운데'라고 말한 것이다.
三國, 漢·魏·吳也. 晉惠帝以來, 五胡肆虐, 漢劉淵, 匈奴也, 後趙石勒, 羯也, 前燕慕容廆, 鮮卑也, 前秦苻洪, 氐也, 後秦姚弋仲, 羌也. 南, 謂宋·齊·梁·陳. 北, 謂後魏·北齊·後周也. 互相排黜, 謂彼此貶斥也. 南謂北爲索虜, 北謂南爲島夷, 索虜者, 以北人辮髮, 謂之索頭也, 島夷者, 以東南際海, 土地卑下, 謂之島中也.

③ 後梁의 朱晃(朱全忠)이 唐나라의 禪位를 받았다. 邪는 音이 耶이니, 後唐의 莊宗인 李存勖은 本姓이 朱邪氏인데, 汴京에 들어가 後梁을 멸망시키고 스스로 唐나라의 뒤를 이었으므로 朱梁(後梁)을 夏나라를 찬탈한 有窮과 漢나라를 찬탈한 新室(新나라)에 견준 것이다.
後梁朱晃, 受唐禪. 邪音耶, 後唐莊宗李存勖, 本姓朱邪氏. 入汴, 滅後梁, 自以爲繼唐, 比朱梁於有窮簒夏, 新室簒漢.

④ 識(기록하다)는 音은 誌이다.
識, 音誌.

⑤ 五代 사이에 李知誥(李昪)가 淮南을 점거하고 스스로 唐 太宗의 세 번째 아들인 吳王 李恪의 후손이라 하였다.[41]
五代間, 李知誥據淮南, 自謂唐太宗第三子吳王恪之後.

【綱】 孫權이 치소를 武昌으로 옮겼다.

爲行 蓋亦祖行之說也]"

41) 吳王……하였다 : 이는 본서 164쪽 ≪發明≫의 唐 憲宗의 아들 建王 李恪의 후손이라 한 것과 다르다. 李昪의 선조에 대해 세 가지 설이 있는데, ≪南唐書≫, ≪江南野史≫ 등에 기록된 建王 李恪의 후예라는 설과 ≪舊五代史≫ 등에 기록된 唐 玄宗의 아들 永王 李璘의 후예라는 설이다. 또한 唐 太宗의 아들 建王 李恪이라는 설이 있다. ≪발명≫은 첫 번째 설을 따른 것이고 ≪資治通鑑≫에서는 세 번째 설을 따른 것이다. ≪자치통감≫ 胡三省의 註에도 세 번째 설을 따랐는데 訓義에서는 이를 수용한 것으로 보인다.

孫權이 **徙治武昌**하다

【目】 孫權이 公安에서 鄂邑으로 도읍을 옮기고는 악읍을 武昌으로 改名하였다.

權이 **自公安徙都於鄂**하고 **更名鄂曰武昌**①이라하다

① 鄂邑은 漢나라 江夏의 邑이다.
鄂, 漢江夏邑.

【綱】 〈昭烈帝가〉 宗廟를 세우고 高皇帝 이하를 祫祭하였다.

立宗廟하고 **祫祭高皇帝以下**[42)]하다

【綱】 5월에 夫人 吳氏를 세워 皇后로 삼고, 아들 劉禪을 皇太子로 삼았다.

◑ **五月**에 **立夫人吳氏爲皇后**하고 **子禪爲皇太子**하다

【目】 吳氏는 장군 吳懿의 누이이고, 劉璋의 형인 故 劉瑁의 아내이다.

吳氏는 將軍懿之妹요 故劉璋兄瑁之妻也라

【綱】 6월에 魏나라가 夫人 甄氏(견씨)를 죽였다.

六月에 **魏殺夫人甄氏**[43)]하다

---

42) 立宗廟 祫祭高皇帝以下 : "《周易》의 萃卦와 渙卦에 모두 '王者가 宗廟의 가운데에 이른다.'고 말하였으니, 漢王(劉邦) 2년 8월에 '종묘와 사직을 세웠다.'고 쓴 아래에 나는 이미 그 뜻을 말하였다. 지금 四海가 분열되어서 이산된 때라고 이를 만한데, 昭烈이 처음으로 蜀漢을 얻고서 황제의 지위를 바로잡고 大統을 이었고, 또 마침 인심을 취합하는 시초를 당하였으니, 《資治通鑑綱目》에서 이것을 쓴 것은 光武帝가 즉위한 2년에 '종묘와 사직을 洛陽에 세웠다.'고 쓴 것과 같은 뜻이다. 이는 모두 여러 사람의 마음을 총집하여 취괘와 환괘의 뜻을 깊이 얻은 것이다. 그렇지 않다면 《資治通鑑》에서는 이것을 기재하지 않았는데, 《자치통감강목》은 어찌하여 특별히 예전의 여러 史書에서 취하여 썼겠는가.〔在易之萃渙 皆言王假有廟 臣於漢王二年八月 書立宗廟社稷之下 已言其義矣 今爲四海分裂可謂渙散之時 而昭烈始得蜀漢 正位繼統 又適當萃聚人心之始 綱目書此 蓋與光武卽位二年 書立宗廟社稷于洛陽 同意 是皆總攝群情 深得萃渙之義者也 不然 通鑑卽不載此 綱目何以特取諸前史而筆之哉〕" 《發明》

43) 魏殺夫人甄氏 : "甄氏는 누구인가. 曹丕의 正妃이다. 조비가 황제라고 칭한 지 1년이 넘었는데, 어찌하여 여전히 夫人이라고 칭하였는가. 이때 貴嬪인 郭氏가 큰 총애를 입고 있었는데 오래도록 皇后로 서지 못하니, 조비의 뜻이 屬望한 바가 있었다. 견씨가 비록 원망하는 말을 하지 않았더라도, 화를 면하고자 한들 면할 수 있었겠는가. 《資治通鑑綱目》은 그 심정을 깊이 탐구하였으므로 그녀에

【目】 처음에 魏主 曹丕가 太祖(曹操)를 따라 鄴城에 들어가서 袁熙의 아내 甄氏를 좋아하니, 태조가 그를 위하여 견씨를 부인으로 맞아들이게 하여 아들 曹叡를 낳았다. 그러나 조비가 즉위하고 난 뒤에는 郭貴嬪이 총애를 받았다. 견씨가 업성에 머물러 있으면서 失意에 빠져 원망하는 말을 하니, 귀빈이 참소하여 그녀를 죽였다.

初에 魏主丕從太祖入鄴하여 悅袁熙妻甄氏하니 太祖爲聘焉하여 生子叡①러니 及卽位에 郭貴嬪이 有寵②이라 甄氏留鄴하여 失意하여 出怨言하니 貴嬪이 譖殺之하다

① 爲(위하다)는 去聲이다. 叡는 古文에는 睿로 되어 있다.
爲, 去聲. 叡, 古作睿.

② 嬪은 婦人의 美稱이니, 손님으로 공경할 만한 것이다. 六宮[44]에 貴嬪을 둔 것이 이때 처음 시작되었다.
嬪, 婦人之美稱, 可賓敬也. 六宮置貴嬪, 始此.

【綱】 魏나라가 太祖(曹操)를 建始殿에서 제사하였다.

魏祀太祖於建始殿[45]하다

【目】 魏主 曹丕는 宗廟가 鄴城에 있다 하여 太祖를 洛陽의 建始殿에서 제사하여 평민의 禮와 같이 하였다.

魏主丕以宗廟在鄴이라하여 祀太祖于洛陽建始殿하여 如家人禮①하다

① 〈獻帝가〉 武王(曹操)을 魏王에 봉하자, 宗廟를 鄴城에 세웠다. 建始殿은 曹丕가 처음 세운 것이니, 建國의 시초라 하여 건시전이라 命名한 것이다.

게 죄가 없다고 여겨 '殺'이라고 쓴 것이다.〔甄氏 何 丕正妃也 丕稱皇帝踰年矣 曷爲猶稱夫人 於是貴嬪郭氏方有大寵 久而不立 丕意有所屬矣 雖微怨言 甄氏欲免 得乎 綱目深探其情 故以無罪書殺〕" ≪書法≫

44) 六宮 : 옛날 皇后의 寢宮으로 正寢이 하나, 燕寢이 다섯으로 합하여 六宮이라 하였다. ≪禮記≫ 〈昏義〉에 "옛날 天子의 后는 六宮과 三夫人, 九嬪과 29명의 世婦, 81명의 御妻를 두어 천하의 內治를 다스렸다.〔古者 天子后位之宮 三夫人 九嬪 二十七世婦 八十一御妻 以聽天下之內治〕"라고 보이나 자세한 내용을 알 수 없다.

45) 魏祀太祖於建始殿 : "建始殿은 어찌하여 썼는가. 비난한 것이다. 건시전을 어째서 비난하였는가. ≪禮記≫ 〈曲禮〉에 '궁실을 지으려고 할 적에 종묘를 먼저 세운다.' 하였다. 지난해에 '曹丕가 洛陽에 가서 궁실을 경영했다.'고 썼는데, 이때 궁실의 殿宇가 이미 이루어졌으나 종묘가 세워지지 못하여 마침내 太祖를 건시전에서 제사하면서 평민의 예와 같이 하였으니, 이는 禮가 아니다. '건시전에서'라고 쓴 것은 올바른 장소가 아니기 때문이다.〔建始殿 何 譏也 建始殿則何譏 禮將營宮室 宗廟爲先 去年書如洛陽營宮室矣 及是 殿宇已成 而宗廟不立 乃祀太祖于建始殿 如家人禮 則非禮矣 書曰於建始殿 非地也〕" ≪書法≫

武王之封魏王, 建宗廟於鄴. 建始殿, 丕所起, 以建國之始命名.

【綱】이달 그믐에 일식이 있었다.

是月晦에 日食하다

【目】魏나라 有司가 日食이 있다 하여 太尉를 免職할 것을 아뢰자, 다음과 같이 詔令을 내렸다.

"災異가 일어남은 元首(군주)를 견책한 것인데 허물을 股肱의 大臣에게 돌리니, 어찌 禹王과 湯王이 자신을 罪責한 의리이겠는가. 百官들로 하여금 각각 자기 직책을 경건히 수행하게 하고, 뒤에 天地의 재앙이 있을 때에는 三公을 탄핵하지 말라."

魏有司以日食으로 奏免太尉한대 詔曰 災異之作은 以譴元首어늘 而歸過股肱하니 豈禹, 湯罪己之義乎①아 其令百官으로 各虔厥職하고 後有天地之眚에 勿劾三公②하라

① ≪春秋左氏傳≫ 莊公 11년에 臧文仲이 말하기를 "禹王과 湯王이 자신을 罪責하였으므로 그 나라가 일어난 것이 빨랐다." 하였다.
左傳 "臧文仲曰 禹·湯罪己, 其興也勃焉."

② 漢나라 제도에 災異가 있으면 三公을 면직하였다.
漢制, 有災異則免三公.

【綱】가을 7월에 昭烈帝가 직접 군대를 거느리고 孫權을 정벌하였다.

秋七月에 帝自將伐孫權[46)]하다

【目】황제(劉備)는 關羽가 戰歿한 것을 수치로 여겨서 장차 孫權을 공격하려 하였는데, 장군 趙雲이 다음과 같이 諫하였다.

"나라의 賊은 曹操이고 손권이 아니니, 만약 먼저 魏나라를 멸망시키면 손권이 저절로 복종할 것입니다. 지금 조조가 비록 죽었으나 그의 아들 曹丕가 황제의 자리를 찬탈하여 도둑질하였으니, 마땅히 여러 사람의 마음을 인하여 일찍 關中을 도모하여야 합니다. 우리가 河水와 渭水의 上流를 점거하여 흉악한 역적을 토벌하면 關東의 義士들이

46) 帝自將伐孫權 : "初平 연간 이래로 병력을 가하여 공격한 사람들에게 '攻'이나 '擊'이라고 썼을 뿐이었는데, 여기에서 '伐'이라고 쓴 것은 어째서인가. 吳나라를 죄책하고, 또 漢나라를 높인 것이다.〔自初平以來 諸相加兵者 書攻擊而已 此其書伐 何 罪吳 且尊漢也〕" ≪書法≫

반드시 양식을 싸서 짊어지고 말을 채찍질하여 왕자의 군대를 맞이할 것이니, 魏나라를 버려두고 먼저 吳나라와 싸워서는 안 됩니다. 兵勢는 한 번 교전하면 반드시 단번에 결판이 나지 않을 것이니, 좋은 계책이 아닙니다."

신하들 중에 간언하는 자가 매우 많았으나 昭烈帝는 모두 듣지 않고 마침내 諸葛亮을 남겨두어 太子를 보좌해서 成都를 지키게 하고, 직접 諸軍을 거느리고 동쪽으로 내려갔다.

帝恥關羽之沒하여 將擊孫權이어늘 將軍趙雲曰 國賊은 曹操요 非孫權也니 若先滅魏면 則權自服하리이다 今操雖斃나 子丕簒盜하니 當因衆心하여 早圖關中이라 居河, 渭上流하여 以討凶逆이면 關東義士 必裹糧策馬하여 以迎王師하리니 不應置魏하고 先與吳戰이니이다 兵勢一交면 不得卒解하리니 非良策也[①]니이다 群臣諫者 甚衆이로되 帝皆不聽하고 乃留諸葛亮하여 輔太子하여 守成都하고 而自率諸軍東下하다

① 卒(갑자기)은 猝로 읽는다.
卒, 讀曰猝.

先主 劉備가 군대를 일으켜 吳나라를 정벌하다

【綱】 車騎將軍 張飛가 그 부하에게 살해당하였다.

車騎將軍張飛 爲其下所殺[47]하다

47) 車騎將軍張飛 爲其下所殺 : "'爲所殺(살해당하였다)'이라고 한 것은 어째서인가. 경계하지 않음을 비난한 것이다. ≪資治通鑑綱目≫에 '爲所殺'이라고 쓴 것이 11번이니, 夷蠻은 여기에 포함되지 않는 바, 모두 살해당한 이유가 남에게 있지 않고 〈자신에게 있음을〉 비난한 것이다.〔爲所殺 何 譏不戒也 綱目書爲所殺十一 夷蠻不與焉 皆譏不在人也〕" ≪書法≫

【目】張飛는 영웅스럽고 용맹함이 關羽의 다음이었다. 관우는 병졸들을 잘 대우하고 士와 大夫들에게는 교만하였으며, 장비는 군자들을 사랑하여 예우하고 軍人(병사)을 돌보지 않으니, 황제(劉備)가 항상 경계하였으나 장비는 고치지 않았다. 이때에 장비는 1만 명의 병력을 거느리고 江州에서 회합하기로 하였는데, 출발에 앞서 부하가 살해하여 그의 머리를 가지고 孫權에게로 달아났다.

昭烈帝는 장비 진영의 都督이 표문을 올렸다는 말을 듣고는 말하기를 "아, 슬프다. 장비가 죽었다." 하였다.

飛雄猛이 亞於關羽라 羽는 善待卒伍而驕於士大夫하고 飛는 愛禮君子而不恤軍人하니 帝常戒之로되 飛不悛이러라 至是하여 當率萬人하고 會江州러니 臨發에 爲帳下所殺하여 以其首奔孫權하다 帝聞飛營都督이 有表하고 曰 噫라 飛死矣①라하니라

① 噫는 音이 醫이니, 한탄하는 소리이다. 표문은 마땅히 張飛가 직접 올려야 하는데, 都督이 차례를 넘어 올렸으므로 장비가 반드시 죽었음을 안 것이다.
噫, 音醫, 恨聲. 表當自飛上, 而都督越次上之, 故知其必死也.

【綱】孫權이 화해를 청했으나 황제(劉備)가 허락하지 않으니, 손권은 마침내 陸遜을 보내어서 장수들을 감독하여 막게 하였다.

孫權이 請和어늘 不許하니 遂遣陸遜하여 督諸將拒守하다

【目】孫權이 사신을 보내어 화친을 청하니, 諸葛瑾이 인하여 편지를 보내기를 "關羽가 어찌 先帝(獻帝)만큼 친하며, 荊州가 어찌 海內만큼 크겠습니까. 吳와 蜀漢이 모두 魏나라를 원수로 여겨 미워해야 할 것이니, 그렇다면 누구를 앞에 두고 누구를 뒤에 두어야 하겠습니까. 만약 이 도리를 살핀다면 손바닥을 뒤집는 것처럼 알기가 쉬울 것입니다." 하였으나, 황제가 듣지 않았다.

이때 吳나라의 어떤 사람이 말하기를 "제갈근이 친한 사람을 별도로 보내서 漢나라와 서로 소식을 전한다."라고 하였는데, 孫權이 말하기를 "나와 子瑜(諸葛瑾)는 死生 간에도 바꾸지 않을 굳은 맹세가 있으니, 자유가 나를 저버리지 않는 것은 내가 자유를 저버리지 않는 것과 같다." 하였다.

孫權이 遣使求和하니 諸葛瑾이 因致牋하여 曰 關羽之親이 何如先帝며 荊州大小 孰與海內①오 俱應仇疾이니 誰當先後오 若審此數하면 易於反掌矣리이다 帝不聽하다 時에 吳人이 或言瑾別遣親

人하여 與漢相聞者어늘 權曰 孤與子瑜는 有生死不易之誓[②]하니 子瑜之不負孤는 猶孤之不負子瑜也니라

① 이때 蜀 지방 사람들이 漢나라 獻帝가 이미 살해 당했다고 전하였으므로 인하여 헌제를 칭하여 先帝라 한 것이다.
時蜀人傳漢帝已遇害, 因稱之爲先帝.
② 子瑜는 諸葛瑾의 자이다.
子瑜, 瑾字.

【目】 陸遜 또한 표문을 올려서 諸葛瑾이 반드시 이러한 일이 없을 것이라고 밝히자, 孫權이 답장을 보내어 다음과 같이 말하였다.

"玄德이 예전에 孔明을 우리 吳나라에 보내왔을 적에 내 일찍이 子瑜에게 말하기를 '卿과 공명은 같은 부모에게서 태어난 형제간인데, 어찌 그를 우리 吳나라에 머물게 하지 않는가?' 하니, 자유가 말하기를 '諸葛亮은 이미 남에게 폐백을 바쳐 신하가 되었으니, 의리상 두 마음을 품을 수가 없습니다. 저의 아우가 吳나라에 머물지 않는 것은 제가 그의 나라로 가지 않는 것과 같습니다.' 하였으니, 그 말이 충분히 神明을 감동시킬 수 있다. 이제 어찌 이런 일이 있겠는가. 나와 자유는 정신으로 사귄다〔神交〕 이를 만하니, 외부의 말이 이간할 수 있는 것이 아니다. 경의 뜻이 지극함을 알기에 곧바로 올린 표문을 봉합하여 자유에게 보이노라."

陸遜이 亦表明瑾必無此라한대 權이 報曰 玄德이 昔遣孔明至吳[①]에 孤嘗語子瑜曰 卿與孔明同產이니 何不留之오한대 子瑜言亮已委質於人하니 義無二心이라 弟之不留는 猶瑾之不往也라하니 其言이 足貫神明이라 今豈當有此乎아 孤與子瑜는 可謂神交니 非外言所間[②]이라 知卿意至일새 輒封來表示之矣[③]라하니라

① 〈"昔遣孔明至吳"는〉 諸葛亮이 吳나라에 와서 구원을 청했을 때를 말한다.
蓋謂亮至吳求救時也.
② 間(이간하다)은 居莧의 切이다.
間, 居莧切.
③ 〈"表示之矣"는〉 表文을 子瑜에게 보인 것이다.
以示子瑜.

【目】 황제가 吳班과 馮習을 보내서 孫權의 장수인 李異 등을 巫縣에서 격파하고 秭歸로

진군하니, 손권은 陸遜을 大都督으로 삼아 朱然 등 5만 명을 감독해서 막도록 하였다.

帝遣吳班, 馮習하여 攻破權將李異等於巫하고 進軍秭歸①하니 權이 以陸遜爲大都督하여 督朱然等五萬人하여 拒守②하다

① 巫縣은 漢나라 때에는 南郡에 속하였고 吳나라 초기에는 宜都郡에 속하였는데, 뒤에 孫休가 나누어 建平郡을 세우니, 무현이 여기에 속하였다.
巫縣, 漢屬南郡, 吳初屬宜都郡, 後孫休分立建平郡, 巫屬焉.

② 孫權이 처음으로 呂蒙을 명하여 大督으로 삼아서 關羽를 잡았는데, 지금 또다시 陸遜을 명하여 대도독으로 삼아 황제를 막게 하였으니, 대도독이라는 칭호가 이때 시작되었다.
權始命呂蒙, 爲大督以取關羽, 今又復命陸遜, 爲大都督以拒帝. 大都督之號, 蓋昉此.

【綱】 魏나라가 凌雲臺를 쌓았다.

魏築凌雲臺①[48]하다

① ≪水經註≫에 근거해보면 凌雲臺는 洛陽城 안 金市의 동쪽에 있었다.
據水經註, 陵雲臺, 在洛陽城中金市之東.

【綱】 8월에 孫權이 사신을 보내어 魏나라에 항복하니, 魏나라가 손권을 봉하여 吳王으로 삼았다.

◑ 八月에 孫權이 遣使降魏하니 魏封權爲吳王[49]하다

48) 魏築凌雲臺 : "무릇 '臺를 쌓았다.'고 쓴 것은 비난한 것이다. ≪資治通鑑綱目≫에 대를 쌓았다고 쓴 것이 6번인데, 모두 비난한 것이다.〔凡書築臺 譏也 綱目書築臺六 皆譏也〕" ≪書法≫

49) 孫權……魏封權爲吳王 : "孫氏가 江左(江東)에 나라를 세움에 大義가 분명하지 못하였다. 처음 曹操가 동쪽으로 내려 올 적에 이미 조조를 맞이하여 항복하려는 계책이 있었는데, 다행히 孔明이 밖에서 激發하고 周瑜와 魯肅이 안에서 계책을 바친 데 힘입어 마침내 한 번 승리를 얻었다. 이윽고 의리를 지킴이 돈독하지 못해서 關羽를 도모하여 잡아서 順함을 버리고 逆으로 나아갔다. 이 때문에 建安 22년(217)에 '손권이 조조에게 항복했다.'고 썼고, 24년에 '荊州牧을 겸했다.'고 썼고, 이때에 이르러 또다시 '사신을 보내어 魏나라에 항복했다.'고 썼으니, 이는 손권이 魏나라에 굴복한 실제이다. 후일에 비록 능히 스스로 자기 나라에서 황제가 되었으나 결국은 몰래 점거한 괴수일 뿐이고, 漢나라를 보존하려는 마음과 역적을 토벌하는 의리가 있는 자가 아니다. 한 번 쓰는 데 그치지 않고 특별히 쓰고 여러 번 썼으니, 또한 孫氏가 不義에 굽혀서 애당초 지킬 지조가 없는 자임을 충분히 알 수 있다. 잠시 따르다가 돌연 저버렸으니, 어찌 족히 말할 것이 있겠는가. 아, 슬프다.〔孫氏立國江左 大義不明 始焉曹操東下之時 已有迎降之謀 所賴孔明激發於外 瑜肅獻謀於內 遂得一捷 旣而守義不篤 圖取關羽 捨順就逆 是以建安二十二年書權降操 二十四年書領荊州牧 至是又書遣使降魏 此則孫權屈服於魏之寔 他時雖能自帝其國 要亦竊據之雄而已 非有存漢之心 討賊之義者也 特書屢書 不一書而止 亦足以知孫氏之屈於不義 初無所守者矣 乍從乍違 何足道哉 噫〕" ≪發明≫

【目】孫權이 사신을 魏나라에 보내어 臣을 칭하고 于禁 등을 魏나라에 돌려보내니, 魏나라 조정의 신하들이 모두 축하하였으나 劉曄이 홀로 다음과 같이 말하였다.

“손권이 이유 없이 항복을 청하니, 반드시 국내에 위급한 일이 있을 것입니다. 中國(魏나라)이 가서 그 틈을 탈까 염려되므로 땅을 바치고 항복을 청해서 첫 번째로는 중국의 군대를 물리치고, 두 번째로는 중국의 지원을 빌려 그 무리를 강성하게 하고 敵을 의심하게 하려는 술책일 뿐입니다.

吳와 蜀漢이 각각 한 州를 확보하고 있으니, 급한 일이 있을 때에 서로 구원함은 이는 약소국의 이익입니다. 그런데 지금 자기들끼리 서로 공격하니, 이는 하늘이 망하게 하는 것입니다. 마땅히 크게 군대를 일으켜서 곧바로 長江을 건너가 기습해야 하니, 蜀漢이 그 밖을 공격하고 우리가 그 안을 공격하면, 吳나라의 멸망이 열흘에서 한 달을 넘지 않을 것입니다. 吳나라가 망하면 蜀漢 또한 오래 보존되지 못할 것입니다.”

權이 遣使稱臣하고 送于禁等還魏하니 朝臣이 皆賀로되 劉曄이 獨曰 權이 無故求降하니 必內有急이라 恐中國이 往承其釁故로 委地求降하여 一以却中國之兵하고 二假中國之援하여 以强其衆而疑敵人耳라 夫吳, 蜀이 各保一州하니 有急相救는 此小國之利也[①]어늘 今自相攻하니 天亡之也라 宜大興師하여 徑渡江襲之니 蜀攻其外하고 我攻其內면 吳之亡이 不出旬月이라 吳亡則蜀亦不能久存矣리이다

① “各保一州”는 요약하여 말한 것이니, 吳나라는 揚州를 보유하고 蜀漢은 益州를 보유한 것이다.
各保一州, 謂約而言之, 吳保揚, 蜀保益也.

【目】魏主가 그의 말을 듣지 않고 마침내 吳나라의 항복을 받아들이고, 太常 邢貞을 보내어 策書를 받들어 孫權을 제수해서 吳王으로 삼고 九錫을 가하니, 劉曄이 다음과 같이 간하였다.

“손권은 비록 영웅의 재주가 있으나 옛날 漢나라의 票騎將軍 南昌侯일 뿐입니다. 관직이 하찮고 권세가 낮으며, 군사와 백성들이 중국(魏나라)을 두려워하는 마음이 있으니, 백성들과 더불어 자신이 도모하는 바를 이룰 수 없습니다.

왕의 지위는 천자와의 차이가 한 등급일 뿐이니, 禮秩(禮儀와 爵秩)과 服御(服飾, 車馬, 器用 등)가 서로 혼란스럽습니다. 이제 그가 거짓 항복하는 것을 믿고서 그의 작위와 칭호를 높여주어 후대하고 번성하게 하면 이는 호랑이를 위하여 날개를 달아주는 격입니다.

손권은 蜀漢의 군대를 물리친 뒤에 반드시 겉으로는 禮를 다하여 중국을 섬기고 안으로는 무례한 짓을 자행하여 陛下를 노하게 할 것입니다. 폐하가 그를 정벌하면 그는 서서히 자기 백성들에게 말하기를 '우리가 중국을 섬김에 신하의 예를 잃지 않았는데 이유 없이 우리를 정벌하니, 이는 반드시 우리 국가를 멸망하고 우리 人民을 포로로 잡아서 노예와 妾을 삼고자 하는 것이다.'라고 하면 백성들이 그 말을 믿을 것입니다. 이렇게 되면 윗사람과 아랫사람이 마음을 함께하여 전투력이 10배나 증가할 것입니다."

魏主 曹丕는 그의 말을 듣지 않았다.

魏主不聽하고 遂受吳降하고 遣太常邢貞하여 奉策拜權爲吳王하고 加九錫하니 劉曄이 諫曰 權이 雖有雄才나 故漢票騎將軍, 南昌侯耳라 官輕勢(畢)〔卑〕[50]하며 士民이 有畏中國心하니 不可與成所謀也①라 夫王位는 去天子一階耳니 禮秩服御 相亂也②라 今信其僞降하여 崇其位號以封殖之하면 是爲虎傅翼也③니이다 權이 却蜀兵之後에 必外盡禮以事中國하고 而內爲無禮하여 以怒陛下하리니 陛下伐之면 則彼徐告其民曰 我事中國에 不失臣禮어늘 而無故伐我하니 此는 必欲殘我國家하고 俘我人民하여 以爲僕妾耳④라하면 民信其言하리니 則上下同心而戰加十倍矣리이다 魏主丕不聽하다

① "所謀"는 스스로 자기 나라에서 왕 노릇 하고자 함을 이른다.
所謀, 謂欲自王於國.

② 漢나라는 景帝와 武帝 이후로 藩王(제후왕)들을 제재하여 京師(천자)와 제도를 똑같이 하지 못하게 하였는데, 曹操가 魏王이 되어서 九錫을 가한 뒤로부터 禮秩과 服御가 천자와 차이가 없어 혼란하게 되었다.
漢自景·武以後, 裁削藩王, 不使與京師同制, 自曹操爲魏王, 加九錫, 禮秩服御與天子相亂矣.

③ 封은 땅을 더하여 후대하는 것이고, 殖은 길러서 번성하게 하는 것이다. 爲(위하다)는 去聲이니, 아래의 "爲國"의 爲도 같다. 傅(붙이다)는 附로 읽는다.
封, 增土以培之. 殖, 養之使蕃茂也. 爲, 去聲, 下爲國同. 傅, 讀曰附.

④ 俘는 사로잡음이다.
俘, 虜也.

【目】邢貞이 吳나라에 이르니, 吳나라 사람들은 孫權을 마땅히 上將軍, 九州伯이라고 칭해야 하고 魏나라의 봉작을 받아서는 안 된다고 하였다. 이에 손권이 말하기를 "沛公 또한 項羽의 봉작을 받아 漢王이 되었으니, 時宜에 마땅하게 할 뿐이다. 어찌 손해될 것

---

50) (畢)〔卑〕: 저본에는 '畢'로 되어 있으나, ≪資治通鑑≫에 의거하여 '卑'로 바로잡았다.

이 있겠는가." 하고, 마침내 都亭에 나가서 형정을 기다렸다.

형정이 궁궐 문에 들어오면서 수레에서 내리지 않자, 張昭가 말하기를 "君이 감히 스스로 높은 체하고 큰 체하니, 아마도 江南이 약소하여 한 치 되는 칼날이 없다고 여기기 때문인가." 하니, 형정이 즉시 수레에서 내렸다.

貞이 至吳하니 吳人이 以爲宜稱上將軍, 九州伯이요 不當受魏封①이라한대 權曰 沛公이 亦受項羽封爲漢王하니 蓋時宜耳라 何損邪아하고 遂出都亭候貞하다 貞이 入門不下車어늘 張昭曰 君이 敢自尊大하니 豈以江南寡弱하여 無方寸之刃乎아하니 貞이 卽下車하다

① ≪禮記≫ 〈王制〉에 "九州 중에 한 州는 천자의 縣內(畿內)가 되고, 나머지 여덟 주는 여덟 명의 伯이 된다." 하였다.
王制 "九州, 其一州爲天子之縣內, 八州八伯."

【目】 中郞將 徐盛이 분노를 참지 못하여 同列들에게 이르기를 "우리들이 몸을 떨쳐 일어나 목숨을 내놓아서 국가를 위해 許와 洛을 겸병하고 巴와 蜀을 병탄하지 못해서 우리 군주로 하여금 邢貞과 맹약하게 하니, 치욕이 아니겠는가." 하고 인하여 눈물을 줄줄 흘렸다.

형정은 이 말을 듣고 자신의 무리들에게 이르기를 "江東의 장수와 정승이 이와 같으니, 오랫동안 남에게 낮출 자가 아니다." 하였다. 魏나라의 장수들은 吳나라가 內附했다 하여 마음이 모두 느슨해졌으나, 유독 夏侯尙만은 공격하고 수비하는 대비를 더욱 갖추었다.

中郞將徐盛이 忿憤하여 謂同列曰 盛等이 不能奮身出命하여 爲國家幷許洛, 呑巴蜀하여 而令吾君與貞盟하니 不亦辱乎아하고 因涕泣橫流하다 貞이 聞之하고 謂其徒曰 江東將相이 如此하니 非久下人者也로다 魏諸將이 以吳內附라하여 意皆縱緩이로되 獨夏侯尙이 益修攻守之備러라

【目】 魏主가 于禁으로 하여금 鄴城에 가서 高陵(曹操의 능)에 배알하게 하였는데, 미리 陵의 지붕에다가 關羽가 戰勝하고 龐德이 분노하고 우금이 항복하는 형상[51]을 그려두었다. 우금은 이것을 보고 부끄럽고 화가 나서 병들어 죽었다.

魏主令于禁으로 詣鄴謁高陵할새 豫於陵屋에 畫(화)關羽戰克, 龐德憤怒, 禁降服之狀하니 禁이 見하고 慙恚病死①하다

51) 關羽가……형상 : 이 내용은 본서 123, 124쪽에 보인다.

① 畫는 畵의 古字와 통한다.
畫, 古畵字通.

【目】 司馬公(司馬光)이 다음과 같이 평하였다.

"于禁이 수만 명의 병력을 거느리고서 싸움에 패하여 죽지 못하고 살아서 敵에게 항복하였다가 이윽고 다시 돌아왔으니, 그를 폐출하는 것도 可하고 죽이는 것도 가한데, 마침내 陵의 지붕에 그림을 그려서 욕을 보였으니, 이는 임금답지 못한 짓이다."

司馬公曰 禁이 **將數萬衆**하여 **敗不能死**하고 **生降於敵**이라가 **旣而復歸**하니 **廢之可也**요 **殺之可也**어늘 **乃畫陵屋以辱之**하니 **斯不君矣**①로다

① 賞을 주어 慶賀하고 형벌을 주어 威嚴을 보이는 것을 君이라 한다.
賞慶刑威曰君.

【綱】 孫權이 武昌에 築城하였다

孫權이 **城武昌**하다

【綱】 겨울 10월에 魏나라가 楊彪를 光祿大夫로 삼았다.

◑冬十月에 **魏以楊彪爲光祿大夫**52)하다

【目】 처음에 魏主 曹丕가 楊彪를 太尉로 삼고자 하였는데, 양표가 사양하기를 "일찍이 漢나라 조정의 三公이 되어서 세상이 쇠퇴하고 혼란한 때를 만났으나 尺寸의 작은 공도 세우지 못했습니다. 만약 다시 魏나라의 신하가 되면 국가에서 사람을 선발하는 일에도 또한 영화가 되지 못할 것입니다." 하였다.

이때에 公卿들이 초하룻날 아침 조회할 적에, 마침내 양표도 함께 불러들여서 客의 禮로 대우하였으며 几杖을 하사하여 布單衣와 皮弁을 착용하고서 조비를 뵙게 하였다. 또 光祿大夫를 제수하여 조현할 적에 지위가 삼공의 다음이 되게 하고 또 문에 行馬를

---

52) 魏以楊彪爲光祿大夫 : "楊彪는 정권이 曹氏에게 있을 때에 다리가 접혀 펴지지 않는다고 칭한 뒤로부터 10여 년이 되었고 이때 비로소 나왔는데 '光祿大夫로 삼았다.'고 썼으니, 이는 그를 찬미한 것인가. 아니다. 아래 '管寧이 부름에 나아오지 않았다.'고 썼으니, 그렇다면 이는 찬미한 것이 아니다.〔彪自政在曹氏 遂稱脚攣 積十餘年 至是始出 書爲光祿大夫 其美之歟 非也 下書管寧不至 則此非美矣〕" ≪書法≫

설치하여 우대하고 높였다.

初에 魏主丕欲以彪爲太尉한대 彪辭曰 嘗爲漢朝三公하여 値世衰亂이로되 不能立尺寸之益하니 若復臣魏면 於國之選에 亦不爲榮也라하더니 及是하여 公卿이 朝朔旦에 乃幷引彪하여 待以客禮하고 賜几杖하여 使著(착)布單衣, 皮弁以見(현)①하고 拜光祿大夫하여 朝見에 位次三公하고 又令門施行馬하여 以優崇之②하다

① 著(입다)은 直略의 切이다. 見(뵙다)은 賢遍의 切이니, 아래도 같다.
著, 直略切. 見, 賢遍切, 下同.

② 行馬는 나무 하나를 가운데에 橫(가로)으로 두고 나무 두 개를 서로 꿰어서 四角을 만들어 문에 설치하니, 사람의 출입을 금지하는 것이다. 漢나라와 魏나라는 三公의 문에 행마를 설치하였다.
行馬者, 一木横中, 兩木互穿, 以施四角, 施之於門, 所以斷人出入也. 漢·魏三公門, 施行馬.

【綱】 魏나라가 五銖錢을 혁파하였다.

魏罷五銖錢[53]하다

【目】 곡식 값이 비싸졌기 때문이었다.

以穀貴故也라

【綱】 孫權이 魏나라에 사신을 보냈다.

孫權이 遣使如魏하다

【目】 吳나라가 中大夫 趙咨를 보내어 魏나라에 들어가 사례하게 하였다. 魏主 曹丕가 묻기를 "吳王은 어떠한 군주인가?" 하니, 조자가 대답하기를 "귀 밝고 눈 밝고 인자하고 지혜로우며 영웅스럽고 지략이 있는 군주입니다." 하였다. 魏王이 구체적인 내용을 묻자, 조자가 다음과 같이 대답하였다.

---

53) 魏罷五銖錢 : "五銖錢은 정월로부터 처음 '다시 사용했다.'고 썼었는데, 일찍이 10개월이 못 되어 곡식 값이 비싸다는 이유로 혁파하였고, 7년이 못 되어 다시 사용해서 魏나라의 시대가 끝날 때까지 오수전이 아니면 바로 곡식과 비단을 사용하여 일찍이 바꾸어 주조하지 않았다.〔五銖自正月始書復 曾未十月 以穀貴罷之 不七年而復復 終魏之世 非用五銖 卽用穀帛 未嘗改鑄也〕" ≪書法≫

"魯肅을 보통 사람 중에서 받아들였으니 이는 귀 밝음이요, 呂蒙을 行伍(졸병)에서 발탁하였으니 이는 눈 밝음이요, 于禁을 사로잡고도 살해하지 않았으니 이는 인자함이요, 荊州를 취할 적에 군대를 출동시키고도 병기에 피를 묻히지 않았으니 이는 지혜로움이요, 세 州를 점거하고서 천하를 호시탐탐 노리고 있으니 이는 영웅스러움이요, 폐하에게 몸을 굽히니 이는 지략입니다."

조비가 묻기를 "오왕이 자못 학문을 아는가?" 하니, 대답하기를 "오왕은 어진 이에게 맡기고 능력 있는 자를 부려서 뜻이 經略함에 있으니, 비록 한가로운 여가에 서책과 史籍을 널리 보지만, 書生들이 文章을 찾고 文句를 뽑아다 쓰는 것은 본받지 않습니다." 하였다.

"吳나라를 정벌할 수 있는가?" 하니, 대답하기를 "大國은 정벌하는 군대가 있고 小國은 수비하는 견고함이 있습니다." 하였다.

"吳나라가 魏나라를 어렵게 여기는가?" 하니, 대답하기를 "갑옷 입은 병사가 백만이고 長江과 漢水를 해자로 삼으니, 어찌 어렵게 여기겠습니까." 하였다.

"吳나라에 大夫(趙咨)와 같은 자가 몇 사람이나 되는가?" 하니, 대답하기를 "총명하여 특별히 통달한 자가 8, 90명이고, 臣과 같은 무리는 수레로 싣고 말〔斗〕로 헤아릴 정도여서 이루 다 셀 수 없습니다." 하였다.

吳遣中大夫趙咨하여 入謝于魏하다 魏主丕問曰 吳王은 何等主也오 咨對曰 聰明仁智雄略之主也니이다 魏主問其狀한대 對曰 納魯肅於凡品은 聰也요 拔呂蒙於行陣은 明也요 獲于禁而不害는 仁也요 取荊州而兵不血刃은 智也요 據有三州하여 虎視天下는 雄也요 屈身於陛下는 略也①니이다 丕曰 頗知學乎아 對曰 吳王이 任賢使能하여 志存經略하니 雖有餘閑에 博覽書史나 然不效書生尋章摘句而已②니이다 曰 吳可征不③아 對曰 大國은 有征伐之兵하고 小國은 有備禦之固④하니이다 曰 吳難魏乎아 對曰 帶甲百萬이요 江漢爲池하니 何難之有리잇고 曰 吳如大夫者幾人고 對曰 聰明特達者 八九十人이요 如臣之比는 車載斗量이라 不可勝數니이다

① "三州"는 荊州, 揚州, 交州이다.
三州, 荊·揚·交也.

② 摘은 뽑아냄이니, 魏主가 문장을 좋아하였으므로 趙咨가 이 말로써 기롱한 것이다.
摘, 挑也. 魏主好文章, 故咨以此言譏之.

③ 不는 否로 읽는다.
不, 讀曰否.

④ 〈"大國……有備禦之固"〉 이 두 말은 ≪管子≫에 근본한 것이다.[54)]

此二語, 本之管子.

【綱】魏나라가 사신을 보내어 孫權에게 진귀한 물건을 바칠 것을 요구하였다.

魏遣使하여 **求珍物於孫權**하다

【目】魏主 曹丕가 사신을 보내어 大貝, 明珠, 象牙, 犀角, 玳瑁(대모), 孔雀, 翡翠(비취), 鬪鴨, 長鳴鷄를 吳나라에 요구하였는데, 吳나라의 여러 신하들이 말하기를 "우리 荊州와 揚州에서 공물을 바치는 데에는 일정한 법칙이 있습니다. 魏나라에서 요구하는 것은 禮가 아니니, 마땅히 주지 말아야 합니다." 하였다. 吳王 孫權이 말하기를 "저들이 요구하는 것은 우리에게 있어서는 기왓장과 돌과 같을 뿐이니, 내 어찌 이것을 아끼겠는가. 또 저는 喪中에 있는데도 요구하는 바가 이와 같으니, 어찌 저들과 더불어 예를 말할 수 있겠는가." 하고는 모두 주었다.

魏主丕遣使하여 **求大貝, 明珠, 象, 犀, 玳瑁, 孔雀, 翡翠, 鬪鴨, 長鳴鷄於吳**①한대 **吳群臣曰 荊, 揚**이 **貢有常典**이라 **魏所求非禮**니 **宜勿與**니이다 **吳王權曰 彼所求者**는 **於我瓦石耳**라 **孤何惜焉**이리오 **且彼在諒闇**이어늘 **而所求若此**하니 **寧可與言禮哉**리오하고 **具以與之**하다

① 코끼리는 交趾에서 나오니, 수놈은 두 개의 긴 이빨이 있는데 길이가 한 길 남짓 된다. 玳는 音이 代이고 瑁는 음이 妹이다. 玳瑁는 거북과 비슷하니 그 껍질이 서로 덮인 채로 태어나는데 마치 갑옷과 같고 껍질 위에 얼룩무늬가 있다. 孔雀은 수컷은 꼬리가 金翠色으로 광채가 있어 사랑스러우니, 사람들이 그 꼬리를 채집하여 부채와 佛塵(승려들이 참선할 때 사용하는 拂子)를 만든다. 비취새는 크기가 공작과 같은데, 붉은 수컷을 翡라 하고 푸른 암컷을 翠라 하는바, 깃털이 장식을 만들 만하다. 오리는 순하여 길들이기 쉬우니 싸움을 잘하는 것은 구하기 어렵다. 長鳴鷄는 그 울음소리가 긴 것이다. 范成大가 말하기를 "장명계는 南詔의 여러 南蠻에서 왔으니, 형체가 왜소하고 울음소리가 크다. 소리가 원만하고 긴데 한번 울면 半刻(7, 8분)을 울어서 종일토록 울음소리가 끊이지 않는다. 남만에서는 이것을 매우 귀하게 여겨 이 닭 한 마리의 값이 銀 한 냥이다. 邕州의 谿洞에도 있다." 하였다.

---

54) 이……것이다 : ≪管子≫ 〈小匡〉에 桓公이 管仲에게 從事하는 방법을 묻자, 관중이 대답하기를 "임금께서 卒伍를 정돈하고 甲兵을 정비하고자 하시면 大國에서도 장차 졸오를 정돈하고 갑병을 정비하려 할 것이고, 임금께서 출정하여 싸우는 일을 하려 하시면 小國 제후들의 신하들은 수비하는 대비를 할 것이니, 그렇다면 속히 천하에 뜻을 이루기 어려울 것입니다. 임금께서 속히 천하 제후들에게 뜻을 얻으려 하신다면 군대의 일은 명령을 은밀히 내리시되 정사를 여기에 붙여두소서.〔君若欲正卒伍修甲兵 則大國亦將正卒伍修甲兵 君有征戰之事 則小國諸侯之臣 有守圉之備矣 然則難以速得意於天下 公欲速得意於天下諸侯 則事有所隱 而政有所寓〕"라고 보인다.

象出交趾, 雄者有兩長牙, 長丈餘. 玳, 音代. 瑁, 音妹. 玳瑁如龜, 其甲相覆而生, 若甲然, 甲上有斑文. 孔雀, 雄者尾金翠色, 光耀可愛, 人採其尾, 以飾扇拂. 翡翠, 大小一如雀, 雄赤曰翡, 雌青曰翠, 羽可爲飾. 鴨馴狎, 能鬪者難得. 長鳴鷄者, 其鳴長聲也. 范成大曰"長鳴鷄, 自南詔諸蠻來, 形矮而大鳴. 聲圓長, 一鳴半刻, 終日啼號不絶. 蠻甚貴之, 一鷄直(치)銀一兩. 邕州谿洞亦有之."

【綱】孫權이 아들 孫登을 세워 太子로 삼았다.

孫權이 立子登爲太子하다

【目】吳王 孫權이 孫登을 위해 師友를 잘 선발하여 諸葛瑾의 아들 諸葛恪, 張昭의 아들 張休, 顧雍의 아들 顧譚, 陳武의 아들 陳表를 中庶子로 삼아서, 들어가서는 ≪詩經≫과 ≪書經≫을 講하고 나와서는 따르며 말 타고 활 쏘면서 布衣의 禮로 대하고는, 그들을 四友라고 하였다.

魏나라에서 손등을 萬戶侯에 봉하고자 하였으나, 손권은 나이가 어리다는 이유로 사양하였다.

吳王權이 爲登하여 妙選師友하여 以諸葛瑾子恪, 張昭子休, 顧雍子譚, 陳武子表로 爲中庶子하여 入講詩書하고 出從騎射하여 待以布衣之禮하고 謂之四友라하다 魏欲封登萬戶侯어늘 權이 以年幼辭之하다

【綱】魏나라에서 護鮮卑校尉와 護烏桓校尉를 두었다.

魏置護鮮卑烏桓校尉하다

【目】처음에 魏 太祖(曹操)가 蹋頓(답돈)을 이기자, 烏桓이 점차 쇠약해졌다. 鮮卑의 大人인 軻比能, 素利, 彌加 등이 인하여 通市(관문을 통하여 무역함)를 요구하자, 태조가 표문을 올려 모두 왕으로 삼았다.

가비능은 본래 선비의 작은 종족 출신인데, 용맹하고 굳세고 청렴하고 공평함으로 여러 사람들을 복종시켜 위엄으로 다른 부족을 제어하니, 이때 雲中과 五原으로부터 동쪽으로 遼水에 이르기까지 모두 鮮卑의 뜰로 삼아서 땅을 나누어 통솔하였다. 가비능은 변방과 가까이 있기 때문에 중국을 배반하는 사람들 중에 그에게 귀의하는 자가 많았

고, 소리 등은 변방 밖에 있어서 길이 멀기 때문에 변방의 우환이 되지 않았다.

魏主 曹丕는 牽招를 護鮮卑校尉로 삼고, 田豫를 護烏桓校尉로 삼아서 오랑캐들을 鎭撫하게 하였다.

初에 魏太祖旣克蹋頓하니 烏桓이 浸衰라 鮮卑大人軻比能, 素利, 彌加等이 因求通市[①]어늘 太祖皆表以爲王하다 軻比能은 本小種이라 以勇健廉平으로 爲衆所服하여 威制餘部하니 時에 自雲中, 五原으로 東抵遼水히 皆爲鮮卑庭하여 分地統御[②]러라 軻比能이 近塞하니 中國叛人이 多歸之하고 素利等은 在塞外하여 道遠故로 不爲邊患이러라 魏主丕以牽招爲護鮮卑校尉하고 田豫爲護烏桓校尉하여 使鎭撫之하다

① 〈"通市"는〉 關市(변경에 설치한 시장)를 열어 그들의 토산물을 가지고 중국과 무역하는 것이다.
通關市, 以其土物, 與中國互市也.

② 抵는 이름이다.
抵, 至也.

壬寅年(222)

【綱】 漢나라(蜀漢) 昭烈皇帝 章武 2년이다.

二年이라

【目】 魏나라 文帝 曹丕 黃初 3년이고, 吳나라 大帝 孫權 黃武 원년이다. 예전부터 있던 나라가 하나이고 새로 생긴 나라가 하나이니, 두 나라 모두 僭國이다.

魏黃初三年이요 吳大帝孫權黃武元年[①]이라 ◑舊國一이요 新國一이니 凡二僭國이라

① 吳나라가 黃武로 改元한 것은 또한 五德의 運이 漢나라를 이어 土德이 되기 때문이다.
吳改元黃武, 亦以五德之運承漢, 爲土德也.

【綱】 봄 정월 초하루에 일식이 있었다.

春正月朔에 日食하다

【綱】 魏나라는 貢士의 限年法(나이를 제한하는 법)을 없앴다.

◑ 魏除貢士限年法하다

【綱】 2월에 魏나라는 다시 戊己校尉를 설치하였다.

◑ 二月에 魏復置戊己校尉하다

【目】 鄯善, 龜玆, 于闐(우전)이 각각 사신을 보내어 공물을 바치니, 이후로 西域과 다시 교통하게 되었으므로 戊己校尉를 설치하였다.

鄯善, 龜玆, 于闐이 各遣使奉獻하니 是後에 西域復通이라 置戊己校尉하다

【綱】 昭烈帝가 猇亭(효정)으로 進軍하였다.

帝進軍猇亭하다

【目】 황제가 秭歸에서 장차 吳나라를 進擊하려 할 적에 黃權이 다음과 같이 말하였다.

"水軍은 흐르는 강물을 따라가니, 전진하기는 쉽고 후퇴하기는 어렵습니다. 臣이 청컨대 先驅가 되어서 적을 담당할 것이니, 陛下께서는 마땅히 後鎭이 되셔야 합니다."

황제는 그의 말을 따르지 않고 황권으로 하여금 長江 북쪽의 여러 군대를 감독하게 하고, 자신이 직접 장수들을 인솔하여 장강의 남쪽으로부터 산을 따라 고개를 넘어서 夷道의 猇亭(효정)에 군대를 주둔하였다.

帝自秭歸로 將進擊吳할새 黃權曰 水軍이 沿流하니 進易退難이라 臣請先驅以當寇하리니 陛下宜爲後鎭이니이다 帝不從하고 以權으로 督江北諸軍하고 自率諸將하여 自江南으로 緣山截嶺하여 軍於夷道猇亭①하다

① 夷道縣은 漢나라 때에는 南郡에 속하였고, 吳나라 때에는 宜都郡에 속하였다. 猇는 許交의 切이니, 猇亭은 이도현에 있다.
夷道縣, 漢屬南郡, 吳屬宜都郡. 猇, 許交切. 猇亭, 在夷道.

【目】 吳나라 장수들이 모두 황제를 요격하고자 하자, 陸遜이 다음과 같이 말하였다.

"저들의 銳氣가 막 성대하고 높은 곳에 올라가 험한 곳을 지키고 있으니, 갑자기 공격

하기 어렵다. 만약 승리하지 못하면 우리의 큰 형세를 손상하게 될 것이니, 작은 일이 아니다. 이제 우선 장수와 병사들을 장려하여 그 변화를 관망할 것이다. 저들은 형세를 펼 수 없으면 저절로 나무와 돌 사이에서 피곤할 것이니, 그때 서서히 그 피폐해진 적을 제어하면 된다."

장수들은 모두 육손을 겁쟁이라고 하였다.

吳將이 皆欲迎擊之어늘 陸遜曰 彼銳氣始盛하고 乘高守險하니 難可卒攻①이라 若有不利면 損我大勢니 非小故也라 今且奬厲將士하여 以觀其變이라 彼勢不得展이면 自當罷(피)於木石之間하리니 徐制其敝耳니라 諸將이 皆以爲怯②이러라

① 卒(갑자기)은 猝로 읽는다.
卒, 讀曰猝.
② 罷(피곤하다)는 疲로 읽는다.
罷, 讀曰疲.

【目】 황제가 마침내 佷山에서 武陵을 통하여 馬良을 보내 五谿의 여러 蠻夷에게 金과 비단을 하사하고 官爵을 제수하였다.

帝遂自佷山으로 通武陵①하여 使馬良으로 以金錦賜五谿諸蠻夷하고 授以官爵②하다

① 佷은 桓과 銀 두 음이니, 佷山縣은 前漢 때에는 武陵郡에 속하였고 後漢 때에는 南郡에 속하였고 吳나라 때에는 宜都郡에 속하였다.
佷, 桓·銀二音. 佷山縣, 前漢屬武陵郡, 後漢屬南郡, 吳屬宜都郡.
② 谿는 혹 溪로도 쓴다.
谿, 或作溪.

【綱】 3월에 魏나라가 子弟를 세워 왕으로 삼았다.

三月에 魏立子弟爲王하다

【目】 魏主 曹丕가 아들 曹叡를 세워 平原王으로 삼고, 아우인 鄢陵侯 曹彰 등은 모두 작위를 올려 왕으로 삼았다. 이때 〈魏나라의〉 諸侯王이 모두 빈 이름으로 空地만 받으니 나라에는 늙은 병사 100여 명이 있어서 守衛하였고, 천 리 밖에 멀리 떨어져 있어서 朝聘이 허락되지 않았으며, 防輔와 監國의 관원을 설치하여 伺察하게 하니, 비록 王, 侯의

칭호가 있었으나 匹夫와 같았다. 그리하여 모두 필부가 되고 싶어 하였으나 될 수가 없었다.

魏主丕立子叡爲平原王하고 **弟鄢陵侯彰等**이 **皆進爵爲王**하다 **時**에 **諸侯王**이 **皆寄地空名**하니 **國有老兵百餘人**하여 **以爲守衛**하고 **隔絶千里之外**하여 **不聽朝聘**하며 **設防輔, 監國之官**하여 **以伺察之**①하니 **雖有王侯之號**나 **而儕於匹夫**라 **皆思爲匹夫而不能得**이러라

① 防輔는 王府의 官員이니, 방보란 왕의 非行을 막아서 바름으로써 보필하는 것을 말한다. 監國은 바로 監國謁者이다.
防輔, 王府官. 防輔者, 言防其爲非而輔之以正也. 監國, 卽監國謁者也.

【目】 法이 매우 준엄하여 제후들의 과실과 죄악이 날마다 보고되었는데, 오직 北海王 曹袞(조곤)이 謹愼하고 학문을 좋아하여 일찍이 실수가 있지 않았다. 文學과 防輔가 함께 表文을 올려 그의 아름다운 행실을 칭찬하자, 조곤이 듣고 크게 놀라 다음과 같이 책망하였다.
"몸을 닦아 스스로 지조를 지키는 것은 보통 사람들의 일반적인 행실일 뿐인데, 諸君들이 마침내 이것을 위로 보고하였으니, 이는 다만 나의 죄를 더하는 것일 뿐이다. 어찌 유익함이 되겠는가."

法旣峻切하여 **過惡日聞**이로되 **獨北海王袞**이 **謹愼好學**하여 **未嘗有失**①이라 **文學, 防輔 共表稱其美**②한대 **袞**이 **聞**하고 **大驚**하여 **責之曰 修身自守**는 **常人之行耳**어늘 **而諸君**이 **乃以上聞**하니 **適所以增其累耳**라 **豈所以爲益乎**아하니라

① 曹袞은 武帝(曹操)의 아들이다.
袞, 武帝子.
② 文學은 王府의 관원이다. ≪晉書≫ 〈百官志〉에 "王國에는 師友와 文學 각각 한 사람을 두었다." 하였다.
文學, 王府官. 晉百官志"王國置師友·文學各一人."

【綱】 여름 6월에 吳나라 陸遜이 猇亭을 進擊하니, 여러 군대(蜀軍)가 敗戰하였다. 昭烈帝가 永安으로 돌아왔다.

夏六月에 **吳陸遜**이 **進攻猇亭**하니 **諸軍**이 **敗績**이라 **帝還永安**①하다

① 황제가 吳나라에 패하고는 후퇴하여 白帝城에 주둔하고서 백제성을 고쳐 永安이라 하였으

니, 巴東郡의 治所가 있는 곳이다.

帝爲吳所敗, 退屯白帝, 改白帝爲永安, 巴東郡治也.

【目】 황제가 巫峽과 建平에서 夷陵의 경계에 이르기까지 陣營을 연결하여 수십 개의 주둔지를 세우고, 正月부터 吳軍과 대치하여 6월에 이르도록 승부를 결단하지 못하였다.

황제가 吳班을 보내어 수천 명의 병력을 거느리고 平地에 진영을 세우자, 吳나라 장수들이 공격하고자 하였으나 陸遜은 말하기를 "이는 반드시 속임수가 있으니, 우선 관망해야 한다." 하였다.

황제는 자신의 계책이 행해질 수 없음을 알고는 마침내 伏兵 8,000명을 이끌고서 골짝 안에서 나오니, 육손이 말하기를 "내가 제군들이 공격하자는 청원을 들어주지 않은 것은 이 때문이다." 하고 마침내 吳王 孫權에게 다음과 같이 상소하였다.

陸遜이 계책을 정하여 蜀漢의 군대를 격파하다

"이릉은 나라의 중요한 關防이니, 이곳을 잃으면 荊州를 우려해야 합니다. 臣이 처음에는 저들이 水陸으로 함께 진격할까 염려하였는데, 지금 도리어 배를 버리고 육지로 진군하며 곳곳마다 진영을 설치하니, 진영을 배치한 것을 살펴보건대 반드시 다른 變化가 없을 것이니, 〈크게 염려할 것이 없습니다.〉"

帝自巫峽, 建平으로 連營至夷陵界하여 立數十屯①하고 自正月로 與吳相拒하여 至六月不決하다

遣吳班하여 將數千人하여 於平地立營이어늘 吳將帥欲擊之한대 陸遜曰 此必有譎이니 且觀之니라 帝知計不得行하고 乃引伏兵八千하여 從谷中出하니 遜曰 所以不聽諸君擊之者는 以此故也라하고 遂上疏吳王權曰 夷陵은 國之關限이니 失之則荊州可憂②라 臣이 初嫌彼水陸俱進이러니 今反捨船就步하고 處處結營하니 察其布置컨대 必無他變矣리이다

① ≪水經註≫에 "巫峽은 처음부터 끝까지가 160리이니, 巫縣은 建平郡에 속하였다." 하였으니, 그렇다면 무협은 바로 건평군의 경계에 있는 것이다. 夷陵은 宜都郡의 경계이다. 그러나 孫休(吳 景帝)가 永安 3년(260)에 처음으로 의도군을 나누어 건평군을 세웠으니, 이때는 아직 건평군이란 칭호가 있지 않았고, 史官이 추후의 이름을 따라 쓴 것이다.
水經註"巫峽首尾一百六十里, 巫縣屬建平郡." 則巫峽正在建平郡界. 至夷陵, 則爲宜都郡界. 然孫休永安三年, 始分宜都, 立建平郡, 此時未有建平也, 史追書耳.

② 三峽에서 夷陵으로 내려가기까지 산봉우리가 이어지고 중첩되었는데, 강이 그 가운데를 흘러 굽이돌고 여울져 흐르다가 西陵峽의 어귀에 이르러서야 비로소 번번하여 平流가 된다. 이릉은 바로 서릉협의 어귀에 해당하므로 吳나라의 關限(중요한 關防)이라 한 것이다.
自三峽下夷陵, 連山疊嶂, 江行其中, 回旋湍激, 至西陵峽口, 始漫爲平流. 夷陵正當峽口, 故以爲吳之關限.

【目】陸遜이 장차 蜀漢의 군대를 향해 진격하려 할 적에 장수들이 말하기를 "劉備를 공격하려면 마땅히 처음에 했어야 합니다. 지금 적이 이미 여러 요해처를 모두 굳게 수비하고 있으니, 공격하면 반드시 승리하지 못할 것입니다." 하니, 육손이 말하기를 "저 유비는 많은 일을 경험하였다. 그 군대가 처음 집결했을 적에는 思慮가 정밀하고 전일하여 범할 수가 없었다. 이제 주둔한 지가 이미 오래되었는데 우리에게서 편리한 점을 얻지 못하니, 군사들이 피로에 지치고 戰意가 저상되어서 계책을 다시 내지 못할 것이다. 이 적군을 掎角(군대를 나누어 협공함)하는 것이 바로 금일에 달려 있다." 하고는 마침내 먼저 한 진영을 공격하였는데 승리하지 못하였다.

육손은 말하기를 "내 이미 적을 격파할 방법을 깨달았다." 하고는 명하여 병사마다 각각 한 줌의 띠풀을 손에 잡게 하여 火攻으로 함락시키고, 마침내 諸軍을 인솔하여 동시에 함께 공격해서 40여 개의 진을 격파하였다.

遜이 將進攻漢軍할새 諸將曰 攻當在初라 今諸要害를 皆已固守하니 擊之면 必無利리이다 遜曰 彼更(경)事多라 其軍始集에 思慮精專하여 未可干也①러니 今住既久에 不得我便하니 兵疲意沮하여 計不復生이라 掎角此軍이 正在今日②이라하고 乃先攻一營하여 不利하니 遜曰 吾已曉破之之術이라하고 乃勑各持一把茅하여 以火攻拔之하고 遂率諸軍하여 同時俱攻하여 破四十餘營하다

① 更(겪다)은 工衡의 切이다.
更, 工衡切.

② ≪春秋左氏傳≫ 襄公 14년에 "晉나라 사람은 사슴의 뿔을 잡고〔角之〕, 諸戎은 사슴의 다리를 잡아당겼다.〔掎之〕"[55] 하였으니, 角은 앞을 가로막아 뿔을 잡고 버티는 것이고, 掎는 뒤에서 그 다리를 끌어당기는 것이다.
左傳 "晉人角之, 諸戎掎之." 角者, 當前與之角. 掎者, 從後掎其足也.

【目】 황제가 馬鞍山에 올라가서 병사를 진열하여 자기 주위를 둘러싸게 하였는데, 陸遜이 군대를 재촉하여 四面으로 압박하니, 蜀軍이 흙이 무너지고 기왓장이 깨지듯 하여 죽은 자가 만 명으로 헤아려졌다. 황제가 밤에 도망하여 겨우 白帝城에 들어가니, 선박과 병기, 군수물자가 거의 다 없어졌다.

황제는 크게 부끄러워하고 노여워하며 말하기를 "내 마침내 육손에게 치욕을 받으니, 어찌 天運이 아니겠는가." 하였다.

帝升馬鞍山하여 陳兵自繞①러니 遜이 促兵하여 四面蹙之하니 土崩瓦解하여 死者萬數라 帝夜遁하여 僅得入白帝城하니 舟械, 軍資略盡이라 帝大慙恚(에)하여 曰 吾乃爲陸遜所折辱하니 豈非天邪아

① ≪資治通鑑綱目集覽≫에 "馬鞍山은 지금의 峽州 夷陵縣에 있다." 하였다.
集覽 "馬鞍山, 在今峽州夷陵縣."

【目】 將軍 傅肜(부융)이 後殿(뒤에서 적을 막는 부대)이 되었는데, 병사들이 다 죽었는데도 부융은 기운이 더욱 맹렬하였다. 吳나라 사람들이 항복시키려 하자, 부융이 꾸짖기를 "개 같은 吳나라 놈들아, 어찌 漢나라 장군으로서 항복하는 자가 있겠는가." 하고는 마침내 죽었다.

從事祭酒 程畿는 강을 거슬러 올라가 후퇴하였는데 병사들이 달아날 것을 권하자, 정기가 말하기를 "내 軍中에 있을 적에 敵에게 패주하는 것을 익히지 않았다." 하고는 또한 전사하였다.

將軍傅肜이 爲後殿이러니 兵衆盡死로되 肜이 氣益烈이라 吳人이 使降한대 肜이 罵曰 吳狗아 安有漢將軍而降者리오하고 遂死之하다 從事祭酒程畿 泝江而退①러니 衆勸其走한대 畿曰 吾在軍에 未

---

55) 晉나라……잡아당겼다.〔掎之〕: 諸戎은 여러 戎族이다. 掎와 角은 사슴을 사냥하여 잡는 것에 미숙한 것으로 角은 앞에서 뿔을 잡듯이 敵의 선두를 공격하는 것이고 掎는 뒤에서 다리를 잡듯이 敵의 후미를 공격하는 것으로, 이 일은 魯나라 僖公 33년 晉나라가 秦나라와 散山에서 싸울 때의 상황인바, 이후로 犄角之勢 또는 掎角之勢로 써서 전술적 용어로 사용하게 되었다.

習爲敵之走也라하고 亦死之②하다

① 從事祭酒는 여러 從事의 우두머리이다.
從事祭酒, 諸從事之長也.
② 〈"吾在軍……亦死之"는〉 갑옷을 입고 병기를 잡고서 敵陣에 임함은 진실로 죽음에 나가고자 하는 것이니, 일찍이 패주하는 것을 익히지 않았음을 말한 것이다.
言擐甲執兵以臨敵, 固欲就死, 未嘗習走也.

【目】 陸遜이 처음 大督이 되었을 적에, 여러 장수들이 혹은 討逆將軍(孫策)의 옛 장수였고 혹은 公室의 貴戚들이었다. 이들은 각자 교만하여 권력을 믿고서 육손의 지휘를 따르지 않았다. 육손이 검을 어루만지며 다음과 같이 말하였다.

"저 劉備는 천하에 명성이 알려진 사람으로 曹操도 두려워한 인물인데 지금 우리의 국경에 있으니, 바로 강한 敵이다. 내 비록 書生이나 국가(孫權)가 諸君들을 굽혀서 나를 받들고 바라보게 한 것은, 내가 조금은 칭찬할 만한 것이 있어서 능히 치욕을 참고 重任을 맡길 수 있다고 여겼기 때문이다. 각각 자신의 일을 맡았으니, 어찌 다시 사양하겠는가. 軍令은 일정함이 있으니, 범하면 안 된다."

이때에 이르러 장수들이 마침내 복종하였다.

遜이 初爲大都督하니 諸將이 或討逆舊將이요 或公室貴戚이라 各自矜恃하여 不相聽從①이어늘 遜이 按劍曰 彼는 天下知名으로 曹操所憚이러니 今在境界하니 乃彊對也②라 僕雖書生이나 然國家屈諸君하여 使相承望者는 以僕尺寸可稱하여 能忍辱負重耳③라 各任其事하니 豈復得辭리오 軍令有常하니 不可犯也④라하더니 至是하여 諸將이 乃服이러라

① 討逆은 孫策을 이른다.
討逆, 謂孫策也.
② "彊對"는 強敵이란 말과 같다.
彊對, 猶言强敵.
③ "忍辱(치욕을 참음)"는 능히 여러 장수들을 포용하는 것이고, "負重(중임을 맡음)"은 스스로 책임짐을 말한 것이다.
忍辱, 言能容諸將. 負重則自任也.
④ 〈"軍令有常 不可犯也"는〉 장차 軍法을 시행할 것임을 말한 것이다.
言將行軍法也.

【目】 孫權은 이 말을 듣고 陸遜에게 이르기를 "公은 어찌하여 맨 처음 장수들 중에 節度

(지휘)를 어기는 자를 아뢰지 않았는가?" 하니, 육손이 다음과 같이 대답하였다.

"이 장수들은 혹은 心腹의 임무를 맡고 혹은 爪牙(발톱과 이빨)의 임무를 감당하고 있으니, 모두 국가(손권)가 마땅히 함께 큰일을 이룰 사람들입니다. 臣은 藺相如(인상여)와 寇恂(구순)이 서로 낮춘 의리[56]를 생각해서 國事를 이룰 뿐입니다."

吳王은 마침내 육손에게 輔國將軍을 가하고 荊州牧을 겸하게 하였다.

權이 聞之하고 謂曰 公何以初不啓諸將違節度者邪오 對曰 此諸將이 或任腹心하고 或堪爪牙하니 皆國家所當與共定大事者라 臣竊慕相如, 寇恂相下之義하여 以濟國事耳로이다 王이 乃加遜輔國將軍하여 領荊州牧하다

【目】 처음에 諸葛亮은 좋아하고 숭상하는 것이 法正과 똑같지 않았으나, 公的인 의리로 서로 존중하였다. 제갈량이 매번 법정의 지혜와 계책을 기이하게 여겼는데, 이때에는 법정이 이미 卒하였다. 제갈량은 한탄하기를 "孝直(법정)이 만약 살아 있었더라면 主上이 동쪽으로 정벌하는 것을 반드시 제지했을 것이고, 가령 주상이 동쪽으로 출동하였더라도 반드시 위태롭지 않게 했을 것이다." 하였다.

初에 諸葛亮이 與法正으로 好尙不同이로되 而以公義相取라 亮이 每奇正智術이러니 及是하여 正이 已卒하니 亮이 嘆曰 孝直이 若在면 必能制主上東行이요 就行이라도 必不危矣라하니라

【目】 황제가 白帝城에 있었는데, 吳나라 徐盛 등이 表文을 올려 다시 공격할 것을 청하였다. 吳王이 陸遜에게 물으니, 육손이 다음과 같이 대답하였다.

"曹丕가 크게 병력을 모아서 밖으로는 우리나라를 돕는다는 명분을 내세우지만 안으로는 진실로 간사한 마음을 품고 있습니다. 삼가 계책을 결단하여 곧 돌아가야 합니다."

帝在白帝러니 吳徐盛等이 表請再攻之어늘 吳王이 以問陸遜한대 遜曰 曹丕大合士衆하여 外託助國이나 內實有姦心이라 謹決計輒還하노이다

---

56) 藺相如와……의리 : 전국시대 趙나라의 良將인 廉頗와 上卿인 藺相如는 趙나라의 두 기둥이었는데, 戰功이 많았던 염파는 재상으로 있는 인상여를 깔보고 불쾌하게 생각하였다. 이에 나라의 安危를 걱정한 인상여는 그를 피해 다녔는데, 이를 들은 염파는 인상여에게 사과하고 마침내 刎頸之交를 이루었다. 寇恂은 光武帝 때의 장수로, 執金吾로 있을 적에 함부로 양민을 죽인 賈復의 부하를 사형에 처하였는데, 가복이 크게 노하여 복수하겠다고 별렀으므로 구순은 가복과 마주치지 않으려고 하였다. 광무제가 이 말을 듣고 두 사람을 불러 "천하가 아직 안정되지 않았는데, 두 마리 범이 어찌 사적인 감정으로 싸운단 말인가."라고 타이르고 주연을 베풀어 화해시키자, 마침내 두 사람이 우정을 회복하였다.(≪史記≫ 〈廉頗藺相如列傳〉, ≪後漢書≫ 〈寇恂列傳〉)

【目】 처음에 魏主 曹丕는 蜀漢의 군대가 城柵을 세워 700여 리에 陣營을 연결했다는 말을 듣고는 신하들에게 이르기를 "劉備는 兵法을 알지 못한다. 어찌 700리의 진영으로 敵을 막을 수 있겠는가. 平原과 濕地, 險阻한 곳을 포괄하고서 군영을 설치하는 자는 적에게 사로잡히기 마련이니, 이는 兵法에서 꺼리는 것이다. 孫權이 승전 보고를 올리는 일이 이제 이를 것이다." 하였는데, 7일 만에 吳나라가 蜀漢을 격파했다는 글이 도착하였다.

初에 魏主丕 聞漢兵이 樹柵連營七百餘里하고 謂群臣曰 彼不曉兵이로다 豈有七百里營可拒敵乎아 苞原隰險阻而爲軍者는 爲敵所禽이니 此兵忌也라 孫權上事 今至矣①라하더니 七日에 吳破漢書至하다

① 〈"孫權上事 今至矣"는〉 蜀漢을 격파한 일을 봉함하여 올리는 글이 이제 장차 도착할 것임을 말한 것이다.
謂封上破漢之事, 今將到來也.

【綱】 가을 7월에 魏나라 冀州에 큰 蝗蟲의 재해가 있고 기근이 들었다.

秋七月에 魏冀州大蝗饑하다

【綱】 8월에 將軍 黃權이 배반하여 魏나라에 항복하였다.

◑ 八月에 將軍黃權이 叛하여 降魏[57]하다

【目】 황제가 이미 패하여 후퇴하였는데, 黃權은 강 북쪽에서 길이 끊겨 돌아갈 수가 없게 되자, 자기 병사를 거느리고 魏나라에 항복하였다. 有司가 황권의 처자식들을 체포할 것을 청하자, 황제는 말하기를 "내가 황권을 저버렸지, 황권이 나를 저버린 것이 아니다." 하고는 그의 처자식을 대우하기를 처음과 똑같이 하였다.

帝旣敗退에 黃權이 在江北하여 道絶不得還이라 率其衆降魏하니 有司請收權妻子한대 帝曰 孤負權이요 權不負孤也라하고 待之如初①하다

57) 將軍黃權……降魏 : "길이 끊겨서 항복했을 뿐인데, '叛'이라고 쓴 것은 어째서인가. 절개에 죽지 못한 것을 책망한 것이다.〔道絶降耳 其書叛 何 責不死節也〕" ≪書法≫
"黃權이 魏나라에 항복한 것은 애당초 부득이해서였다. 그러나 '叛'이라고 씀을 면치 못한 것은 人臣의 의리는 죽음만 있고 두 마음을 품지 말아야 하니, 진실로 험하든 평탄하든 절개를 바꿀 수 없기 때문이다.〔權之降魏 初非得已 然不免書叛者 人臣之義 有死無二 固不可以險夷而易節也〕" ≪發明≫

① 〈"孤負權 權不負孤也"는〉 자신이 黃權의 말을 따르지 못했기 때문이다.
以不能用權言也.

【目】 魏主 曹丕가 黃權에게 이르기를 "그대가 陳平과 韓信을 뒤따르고자 하는가?" 하니, 대답하기를 "臣은 劉主(劉備)의 특별한 대우를 받았습니다. 吳나라에 항복할 수 없고 蜀漢으로 돌아갈 길도 없으므로 이 때문에 魏나라에 歸順한 것입니다. 또 군대를 패하게 한 장수는 죽음을 면하면 다행이니, 어찌 古人을 사모할 수 있겠습니까." 하였다. 조비는 그의 말을 좋게 여겨서 황권을 鎭南將軍으로 제수하였다.

혹자가 이르기를 "漢나라에서 이미 黃權의 처자식을 주살했다." 하니, 魏主가 황권으로 하여금 發喪(喪을 알리고 服을 입음)하게 하였다. 황권이 말하기를 "臣은 劉主와 諸葛亮과 함께 誠心을 미루어 서로 믿었으니, 劉主는 臣의 本志를 분명하게 알고 있습니다. 그 말이 사실이 아닐 듯합니다." 하였는데, 뒤에 자세히 물어보니, 과연 황권이 말한 바와 같았다. 馬良 또한 五谿에서 전사하였다.

魏主丕謂權曰 君이 欲追蹤陳, 韓邪①아 對曰 臣이 受劉主殊遇하니 降吳不可요 還蜀無路일새 是以歸命이니이다 且敗軍之將은 免死爲幸이니 何古人之可慕也리잇고 丕善之하여 拜爲鎭南將軍하다 或云 漢이 已誅權妻子라하니 魏主令權發喪한대 權曰 臣與劉, 葛로 推誠相信하니 明臣本志라 竊疑未實②이라하더니 後得審問하니 果如所言이러라 馬良이 亦死於五谿하다

① "陳, 韓"은 陳平과 韓信을 이르니, 두 사람 모두 楚나라를 떠나 漢나라에 항복하였다.
陳·韓, 謂陳平·韓信, 皆去楚降漢.
② "劉, 葛"은 劉先主(劉備)와 諸葛亮을 이른다.
劉·葛, 謂劉先主·諸葛亮.

【綱】 9월에 魏나라가 法을 세웠는데, 지금부터 后의 집안은 정사를 보좌할 수 없게 하였다.

九月에 魏立法호되 自今后家 不得輔政[58]하다

---

58) 魏立法……不得輔政 : "≪資治通鑑綱目≫에서 魏나라를 미워하였으나 法에 전할 만한 것이 있으면 매번 특별히 썼다. 그러므로 宦官들의 관직이 여러 署의 令을 넘을 수 없게 하였을 적에 썼고, 后의 집안은 정사를 보좌할 수 없게 하였을 적에 썼으며, 諸侯로서 들어와 大統을 이었으면 私親을 돌아볼 수 없게 하였을 적에 썼다.〔綱目惡魏 然法有可傳 每每特書之 故宦者不得過諸署令 則書 后家不得輔政 則書 自諸侯入奉大統 不得顧私親 則書〕" ≪書法≫
"앞 수레가 전복되는 것은 뒷 수레의 경계가 된다. 漢나라 황실은 宦官과 外戚 때문에 패망하였

【目】 詔令을 다음과 같이 내렸다.

"婦人이 정사에 참여하는 것은 亂의 근본이다. 지금으로부터 이후로 여러 신하들은 太后에게 정사를 아뢸 수 없으며, 后族의 집안은 정사를 보좌하거나 멋대로 茅土[59]를 받아 侯에 봉해질 수가 없으니, 후세에 이것을 위배하는 자가 있으면 천하가 함께 주살하라."

詔曰 婦人與政은 亂之本也①라 自今以後로 群臣이 不得奏事太后요 后族之家 不得輔政及橫受茅土②하니 後世에 有背違者하면 天下共誅之라하다

① 與(참여하다)는 預로 읽는다.
與, 讀曰預.
② 橫(제멋대로 하다)은 戶孟의 切이다.
橫, 戶孟 切.

【目】 이때에 卞太后가 外戚들을 만나볼 적마다 얼굴빛을 너그럽게 하지 않고 항상 말하기를 "내 武帝(曹操)를 4, 50년 섬기면서 검소함을 행한 지 오래되었으니, 스스로 변하여 사치할 수가 없다. 禁令을 범하는 자가 있으면 내 한 등급의 죄를 더하여 처벌할 것이니, 돈과 쌀을 내려주고 은혜를 베풀고 너그럽게 용서해줄 것을 바라지 말라." 하였다.

時에 卞太后每見外親에 不假以顏色하고 常言吾事武帝四五十年에 行儉日久하니 不能自變爲奢라 有犯禁者하면 吾能加罪一等耳니 莫望錢米恩貸也①하라

① "加罪一等"은 죄를 보통 사람이 법을 범한 경우보다 한 등급을 더하여 처벌함을 말한 것

다. 그러므로 曹氏가 처음 법을 세울 적에 환관들이 여러 署의 令을 넘을 수 없게 한 것을 앞에서 썼고, 이제 법을 세움에 后의 집안은 정사를 보좌할 수 없게 한 것을 이어서 여기에 썼으니, 魏나라와 같은 경우는 또한 殷나라 紂王의 잘못(漢나라의 패망)을 밝게 거울삼아서 禍患을 잘 방비했다고 이를 만하다. 그러나 曹操와 曹丕가 찬탈함으로써 나라를 얻었는데, 찬탈함을 방비하지는 못하여 얼마 있지 않아 마침내 나라가 司馬氏의 소유가 되었으니, 하나만 알고 둘은 알지 못한 것이다. 또 어쩌면 생각하지 못함이 이리도 심한가.〔前車覆 後車戒 漢室敗於宦戚 故曹氏始焉立法 宦者不得過諸署令 前書之矣 今立法 后家不得輔政 繼書于此 若魏亦可謂明於殷鑑 善防患者矣 然操丕以簒奪得國 而不能爲簒奪之防 未幾 遂爲司馬氏所有 知其一而不知其二 又何不思之甚乎〕" ≪發明≫

59) 茅土 : 띠풀과 다섯 종류의 흙을 내려주어 제후에 봉함을 말한다. 王者가 다섯 가지 색깔의 흙을 쌓아 社를 만들었다가 제후왕을 봉하게 되면 封地가 있는 방향에 따라 동쪽은 청색, 서쪽은 백색, 남쪽은 적색, 북쪽은 흑색의 흙을 주어 社를 세우게 하였는데, 위에 黃土를 덮고 흰 띠풀로 흙을 쌌다. 띠풀은 그 깨끗함을 취한 것이니 제사에 술 거르는 용도로 쓰이고, 황색은 王者가 사방을 덮어 주는 뜻을 취한 것이다.

이다.
加罪一等, 言罪加於常人犯法者一等也.

【綱】 魏나라가 貴嬪 郭氏를 세워 后로 삼았다.

魏立貴嬪郭氏爲后하다

【目】 魏主 曹丕가 장차 郭貴嬪을 세워 皇后로 삼으려 하자, 中郎 棧潛(잔잠)이 다음과 같이 상소하였다.

"后妃의 덕은 나라의 盛衰와 治亂이 말미암아 생겨나는 것입니다. 이 때문에 聖哲한 군주가 元妃를 세울 적에는 반드시 명문세가의 아름답고 선한 자를 취하여 六宮을 통솔하게 하고 宗廟를 받들게 하였습니다. ≪周易≫에 '家道가 바로잡힘에 천하가 안정된다.' 하였고,[60] ≪春秋左氏傳≫ 哀公 24년에 宗人 釁夏(흔하)가 이르기를 '妾을 夫人으로 삼는 禮가 없다.'고 기록하였습니다. 만약 애정으로 인하여 后로 올려서 천한 사람을 갑자기 귀하게 하면, 臣은 후세에 아랫사람이 능멸하고 윗사람이 침체하며 법도가 아닌 길을 열어놓아서 난리가 위에서 일어날까 두렵습니다."

조비는 그의 말을 따르지 않았다.

魏主丕將立郭貴嬪爲后어늘 **中郎棧潛**이 **上疏曰**① **后妃之德**은 **盛衰治亂**이 **所由生也**라 **是以**로 **聖哲**이 **立元妃**에 **必取世家令淑**하여 **以統六宮, 奉宗廟**②하니이다 **易曰 家道正而天下定**이라하고 **春秋**에 **書宗人釁夏云 無以妾爲夫人之禮**③라하니 **若因愛登后**하여 **使賤暴**(폭)**貴**하면 **臣恐後世 下陵上替**하고 **開張非度**하여 **亂自上起也**리이다 **不從**하다

① 棧은 士限의 切이니, 姓이다.
棧, 士限切, 姓也.

② 元은 長(우두머리)이다. 淑은 善함이다.
元, 長也. 淑, 善也.

③ 宗人은 禮官이다. 釁夏는 사람의 성명이다. ≪春秋左氏傳≫ 哀公 24년에 "公子 荊의 어미가 총애를 받았는데, 장차 그녀를 夫人으로 삼으려 해서 宗人인 釁夏로 하여금 〈부인을 책봉하는〉 禮를 올리게 하자, 대답하기를 '妾을 부인으로 삼는 것은 본래부터 이러한 禮가 없습니다.' 했다." 하였다.[61]

---

60) 周易에……하였고 : ≪周易≫ 家人卦 彖辭에 "아버지는 아버지답고 자식은 자식답고 형은 형답고 아우는 아우답고 남편은 남편답고 婦人은 婦人다움에 家道가 바르게 되니, 집안을 바르게 하면 天下가 정해지리라.〔父父子子兄兄弟弟夫夫婦婦而家道正 正家而天下定矣〕"라고 보인다.

宗人, 禮官. 釁夏, 姓名. 左傳哀二十四年 "公子荊之母嬖, 將以爲夫人, 使宗人釁夏獻其禮, 對曰 '若以妾爲夫人, 則固無其禮也.'"

【綱】魏나라가 將軍 曹休 등을 보내어 孫權을 공격하였다.

魏遣將軍曹休等하여 擊孫權하다

【目】魏主 曹丕가 吳나라에 使者를 보내어 任子(인질)를 들여보낼 것을 요구하였는데, 보내오지 않았다. 조비가 노하여 정벌하고자 하자, 劉曄이 말하기를 "저들이 막 뜻을 얻어서 上下가 마음을 함께하고 江湖를 띠처럼 두르고 있으니, 창졸간에 제재할 수가 없습니다." 하였다. 그러나 조비는 따르지 않고 將軍 曹休 등에게 명하여 洞口로 출동시키고, 曹仁은 濡須로 출동시키고 曹眞 등은 南郡을 포위하게 하였다.

吳나라는 장군 呂範을 보내어 水軍으로 조휴를 막고, 諸葛瑾 등이 南郡을 구원하고 朱桓이 조인을 막았다.

魏主丕遣使하여 責吳任子하니 不至라 怒하여 欲伐之어늘 劉曄曰 彼新得志하여 上下齊心하고 而阻帶江湖하니 不可倉卒制也니이다 不從하고 命將軍曹休等하여 出洞口하고 曹仁出濡須하고 曹眞等이 圍南郡①하다 吳遣將軍呂範하여 以舟軍拒休하고 諸葛瑾等이 救南郡하고 朱桓이 拒仁하다

① 曹休는 武帝의 族子이다. 洞口는 歷陽의 江邊에 있다. 曹眞 또한 무제의 족자이다.
休, 武帝族子. 洞口, 在歷陽江邊. 眞, 亦武帝族子.

【綱】겨울 10월에 魏나라가 壽陵(황제가 살아 있을 때 만든 陵)을 만들었다.

冬十月에 魏作壽陵하다

【目】魏主 曹丕가 首陽山 동쪽을 지정하여 壽陵을 만들고 終制(喪葬에 관한 제도)를 지었는데, 되도록 검소하고 질박함을 따라서 금과 옥을 부장품으로 사용하지 않고 한결같이

61) 春秋左氏傳……하였다 : 《春秋左氏傳》 哀公 24년에 애공이 공자 荊의 모친을 총애하여 부인으로 삼고자 하여 宗人인 釁夏에게 부인을 策立하는 禮를 상고해 올리라고 하였다. 이에 흔하가 대답하기를 "周公과 武公은 薛나라에서 아내를 맞이하셨고, 孝公과 惠公은 商나라에서 아내를 맞이하셨고, 桓公 이하로는 齊나라에서 아내를 맞이하셨으니, 이에 관한 예는 있지만 첩을 부인으로 삼는 것이라면 본래부터 이러한 예가 없습니다.〔周公及武公娶於薛也 孝惠娶於商 自桓以下娶於齊 此禮也則有 若以妾爲夫人 則固無其禮也〕"라고 하였다.

瓦器(질그릇)를 사용하게 하였다.

魏主丕表首陽山東하여 爲壽陵하고 作終制할새 務從儉薄하여 不藏金玉하고 一用瓦器하다

【綱】 吳王 孫權이 改元하고 魏나라에 항거하니, 11월에 魏主 曹丕가 직접 군대를 거느리고 吳나라를 공격하였다.

吳王權이 改元拒魏하니 十一月에 魏主丕自將擊之[62]하다

【目】 吳王 孫權이 揚州와 越州의 蠻夷가 아직 평정되지 못했다 하여 말을 낮추어 魏主 曹丕에게 글을 올려서 스스로 행실을 고쳐 닦을 것을 청하고, 만약 기어이 용서받지 못한다면 마땅히 토지와 인민을 받들어 반환하고 交州에 목숨을 맡겨 餘生을 마치겠다고 하자, 조비가 답하기를 "朕과 君은 군신간의 大義가 이미 정해졌으니, 만약 孫登이 아침에 오면 내가 저녁에 토벌하는 군대를 소환해 들이겠다." 하였다.

이때에 손권이 黃武로 改元하고 長江에 임하여 막고 지키자, 조비가 許昌의 남쪽에서 吳나라를 정벌하였다.

吳王權이 以揚, 越蠻夷未平①이라하여 卑辭上書魏主丕하여 求自改厲하고 若必不見置면 當奉還土地民人하고 寄命交州하여 以終餘年이라한대 丕報曰 朕之與君이 大義已定하니 若登이 朝到면 夕召兵還耳②니라 於是에 權이 改元黃武하고 臨江拒守어늘 丕自許昌南伐之③하다

① "揚, 越"은 두 州의 이름이다.
揚・越, 二州名.
② 孫登은 吳나라 太子의 이름이다.
登, 吳太子名.
③ 漢나라 獻帝가 許 땅에 도읍하였는데, 魏나라가 禪讓을 받자 도읍을 洛陽으로 옮기고 許를 고쳐 許昌이라 하였다.

62) 吳王權……魏主丕自將擊之 : "孫權은 일찍이 '魏나라에 항복했다.'고 2번 썼는데, 여기서 '叛'이라고 쓰지 않고 '拒'라고 쓴 것은 어째서인가. 魏나라를 미워해서이다. 그러므로 비록 '魏나라가 손권을 봉하여 吳王으로 삼았다.'고 썼으나 일찍이 손권의 이름을 指斥하여 곧바로 썼으니, 그가 魏나라의 봉작을 받은 것을 인정하지 않은 것이다. 이때 改元하고 魏나라를 항거하였으니, 그런 뒤에야 '吳王權'이라고 쓰고 나라가 이로부터 吳라고 칭하게 되었으니, ≪資治通鑑綱目≫에서 魏나라를 미워한 것이 심하다. 그렇다면 그의 개원을 쓴 것은 인정한 것인가. 개원을 쓴 것은 그가 魏나라를 항거한 실제를 드러낸 것이고, 인정한 것이 아니다.〔權嘗再書降魏矣 此其不書叛 書拒 何 惡魏也 故雖書魏封權爲吳王 而嘗斥名孫權 不予其受魏封也 於是改元拒魏 然後書吳王權 而國自是得稱吳 綱目之惡魏深矣 然則其書改元也 許之乎 書改元 所以著其拒魏之寔 非予之也〕" ≪書法≫

漢獻帝都許, 魏受禪, 徙都洛陽, 改許爲許昌.

【綱】이달 그믐에 일식이 있었다.

是月晦에 日食하다

【綱】吳나라 사람이 와서 빙문하자, 大中大夫 宗瑋(종위)를 보내어 답하였다.

◑ 吳人이 來聘이어늘 遣大中大夫宗瑋①하여 報之하다

① 瑋는 羽鬼의 切이다.
瑋, 羽鬼切.

癸卯年(223)

【綱】漢나라(蜀漢) 後主 建興 원년이다.

後主建興元年[63])이라

【目】魏나라 文帝 曹丕 黃初 4년이고, 吳나라 大帝 孫權 黃武 2년이다.

魏黃初四年이요 吳黃武二年이라

【綱】봄에 魏나라 군대가 吳나라의 濡須를 공격하고 別將이 江陵을 포위하였는데, 모두 이기지 못하여 군대를 이끌고 돌아갔다.

春에 魏師攻濡須하고 別將이 圍江陵이러니 皆不克하여 引還하다

【目】曹仁이 步兵과 騎兵 수만 명을 거느리고 濡須로 향하였는데, 吳나라의 朱桓은 병력이 겨우 5,000명이었다. 장수들이 모두 두려워하자, 주환이 다음과 같이 말하였다.

"이기고 지는 것은 장군에게 달려 있고, 병력의 많고 적음에 달려 있지 않다. 兵法에 '客(멀리서 싸우러 온 군대)은 병력이 倍가 되어야 하고 主人(현지에서 방어하는 군대)은 반

63) 後主建興元年 : "처음으로 해를 넘기지 않고 改元하였다.〔始不踰年改元也〕" ≪書法≫

만 되어도 된다.'고 말한 것은, 객과 주인이 모두 平原에 있고 양쪽 士卒들의 용맹한 정도가 똑같은 경우를 말한 것일 뿐이다. 지금 조인은 지혜롭고 용맹한 자가 아니고 魏나라 사졸들은 매우 겁을 먹고 있으며, 천리 먼 길을 도보로 걸어오고 강을 건너와서 사람과 말이 몹시 피곤하다. 내 제군들과 함께 높은 성을 점거하여 강물을 굽어보고 산을 등지고서 편안한 군대로 수고로운 敵을 상대하고 주인으로서 객을 제어한다면, 이는 百戰百勝할 수 있는 형세이다. 비록 曹丕가 직접 군대를 거느리고 오더라도 오히려 근심할 것이 없는데, 하물며 조인 등에 있어서랴."

주환은 마침내 깃발과 북을 눕혀 약함을 보여 조인의 군대를 유인하였다.

조인이 아들 曹泰를 보내어 濡須城을 공격하게 하고 常雕와 王雙 등을 나누어 보내어 中洲를 기습하게 하니, 중주는 朱桓의 部曲과 처자식들이 있는 곳이었다. 주환이 別將을 보내어 상조 등을 공격하게 하고 자신은 직접 조태를 막으니, 조태가 진영을 불태우고 후퇴하였다. 주환이 마침내 상조를 참수하고 왕쌍을 사로잡았다.

曹仁이 以步騎數萬으로 向濡須하니 朱桓이 兵纔五千人①이라 諸將이 皆懼어늘 桓曰 勝負는 在將이요 不在衆寡라 兵法에 稱客倍而主人半者는 謂俱在平原而士卒勇怯等耳라 今仁은 非智勇이요 士卒이 甚怯하고 千里步涉하여 人馬罷(피)困이라 桓이 與諸君으로 共據高城하여 臨江背山하여 以逸待勞하고 以主制客이면 此百戰百勝之勢라 雖曹丕自來라도 尙不足憂어든 況仁等邪아하고 乃偃旗鼓하여 示弱以誘之하다 仁이 遣其子泰하여 攻濡須城하고 分遣常雕, 王雙等하여 襲中洲하니 中洲者는 桓部曲妻子所在也라 桓이 遣別將하여 擊雕等하고 而身自拒泰하니 泰燒營退어늘 桓이 遂斬雕, 虜雙하다

① 지난해에 吳王이 朱桓을 濡須의 督으로 삼았다.
去年, 吳王以朱桓爲濡須督.

【目】 처음에 呂蒙이 병이 위독하자, 吳王 孫權이 묻기를 "卿이 만약 병석에서 일어나지 못한다면, 누가 경을 대신할 만한 자인가?" 하니, 여몽이 말하기를 "朱然이 膽力과 志操가 크고 넉넉하니, 맡길 만합니다." 하였다.

여몽이 죽자, 손권은 주연으로 하여금 江陵에 진주하게 하였는데, 曹眞 등이 강릉을 포위하자 中外에 소식이 단절되었고 성안의 병사들은 腫氣를 많이 앓아서 싸울 수 있는 자가 겨우 5,000명이었다.

조진 등이 土山을 만들고 지하도를 파고서 화살을 비처럼 쏘아대니, 장병들이 모두

놀라 얼굴이 흙빛으로 변했으나, 주연은 두려워하는 기색이 없고 병사들을 격려하면서 틈을 엿보아 魏나라의 두 주둔지를 격파하였다.

初에 呂蒙이 病篤에 吳王權이 問曰 卿如不起면 誰可代者오 蒙曰 朱然이 膽守有餘하니 可任也[①]니이다 蒙卒에 權이 使然鎭江陵이러니 及曹眞等圍之에 中外斷絶하고 城中에 兵多腫病하여 堪戰이 裁五千人이라 眞等이 起土山하고 鑿地道하여 弓矢雨注하니 將士皆失色이로되 然은 無恐意하고 方厲兵伺間하여 攻破魏兩屯[②]하다

① 朱然은 九眞太守 朱治의 누이의 아들이다. 본래 姓이 施氏였는데, 주치가 양자로 삼았다.
朱然, 九眞太守朱治姊子也. 本姓施氏, 治養以爲子.
② 間(엿보다)은 古莧의 切이다.
間, 古莧切.

【目】이때 長江의 水位가 낮아지고 강폭이 좁아졌다. 夏侯尙이 배를 타고 步兵과 騎兵을 거느리고서 섬에 들어가 진영을 설치하고자 하여 浮橋를 만들어서 남북으로 왕래하니, 의논하는 자들이 대부분 江陵의 城이 반드시 함락될 것이라고 하였다. 이에 董昭가 다음과 같이 상소하였다.

"지금 섬 가운데 주둔한 것은 지극히 깊이 들어간 것이고, 부교로 건너는 것은 지극히 위험한 것이고, 한 길로 행군하는 것은 지극히 좁은 것입니다. 이 세 가지는 兵家에서 꺼리는 바인데, 지금 이것을 행하니, 섬의 精銳兵이 장차 뒤바뀌어 吳나라 병사가 될까 염려스럽습니다. 게다가 장강의 물이 불어나고 있으니, 하루아침에 갑자기 수위가 올라가면 어떻게 방어하겠습니까."

魏主 曹丕는 즉시 詔令을 내려 하후상 등에게 섬에서 나올 것을 재촉하였다.

時에 江水淺陜[①]이라 夏侯尙이 欲乘船將步騎하여 入渚中安屯하여 作浮橋하여 南北往來[②]하니 議者 多以爲城必可拔이라 董昭上疏曰 今屯渚中은 至深也요 浮橋而濟는 至危也요 一道而行은 至陜也라 三者는 兵家所忌어늘 而今行之하니 恐渚中精銳 將轉而爲吳矣리이다 加江水向長하니 一旦暴(폭)增이면 何以防禦[③]리잇고 魏主丕卽詔尙等促出하다

① 陜은 狹과 통한다.
陜, 通作狹.
② 渚는 섬이니, 바로 江陵의 中洲이다.
渚, 洲也, 卽江陵之中洲也.
③ 長(불어나다)은 知兩의 切이다.

長, 知兩切.

【目】 吳나라 사람(장수)이 양쪽 끝에서 함께 진격해오니, 魏나라 군대는 한 길로 군대를 이끌고 가서 겨우 강물을 건널 수 있었다. 吳나라가 이미 갈대로 뗏목을 만들고서 浮橋를 불태우려 하였으나, 夏侯尙이 후퇴하였으므로 중지하였다.

열흘 뒤에 長江의 물이 크게 불어나니, 曹丕가 董昭에게 이르기를 "그대가 이 일을 논함에 어찌 그리도 자세히 살폈는가." 하였다. 마침 전염병이 크게 유행하니, 조비는 諸軍을 모두 불러 洛陽으로 돌아오게 하였다.

吳人이 兩頭竝前하니 魏兵이 一道引去하여 僅而獲濟러니 吳已作荻筏하여 欲燒橋로되 尙이 退而止[①]하다 後旬日에 江水大漲하니 丕謂昭曰 君論此事 何其審也오 會에 大疫하니 丕悉召諸軍還洛陽하다

① "荻筏"은 音이 狄伐이니, 갈대를 엮어 뗏목을 만들어서 이것을 타고 물을 건너는바, 큰 것을 '筏'이라 하고 작은 것을 '桴'라 한다.
荻筏, 音狄伐, 編荻爲之, 乘之渡水, 大曰筏, 小曰桴.

【目】 처음에 曹丕가 賈詡에게 묻기를 "내가 명령을 따르지 않는 자들을 정벌하여 천하를 통일하고자 하니, 吳나라와 蜀漢 중에 어느 곳을 먼저 정벌해야 하는가?" 하니, 가후가 다음과 같이 대답하였다.

"劉備는 영웅의 재주가 있고 諸葛亮은 나라를 잘 다스리며, 孫權은 虛實을 알고 陸遜은 군대의 형세를 잘 살핍니다. 蜀漢은 험한 곳을 점거하고 요해처를 지키며 吳나라는 江湖에 배를 띄우니, 두 나라 모두 갑자기 정벌하기 어렵습니다. 用兵하는 방법은 먼저 승리할 방책을 세운 뒤에 싸우고, 敵을 헤아리고 적장을 논합니다. 그러므로 군대를 일으킴에 남겨진 계책이 없는 것입니다. 지금 여러 신하 중에는 유비와 손권을 상대할 자가 없고, 비록 황제의 위엄으로 임하시더라도 萬全의 형세를 볼 수 없습니다."

조비가 그의 말을 받아들이지 않았는데, 군대가 끝내 功을 세우지 못하였다.

初에 丕問賈詡曰 吾欲伐不從命하여 以一天下하노니 吳, 蜀이 何先고 對曰 劉備는 有雄才하고 諸葛亮은 善治國하며 孫權은 識虛實하고 陸遜은 見兵勢하여 據險守要하고 汎舟江湖하니 皆難卒謀也[①]라 用兵之道는 先勝後戰하고 量敵論將이라 故로 擧無遺策이니이다 今群臣이 無備, 權對요 雖以天威臨之라도 未見萬全之勢也니이다 丕不納이러니 軍竟無功하다

① "據險守要"는 蜀漢을 이르고 "汎舟江湖"는 吳나라를 이른다. 卒(갑자기)은 猝로 읽는다.
據險守要, 謂蜀. 汎舟江湖, 謂吳. 卒, 讀曰猝.

白帝城에서 劉備가 諸葛亮에게 劉禪을 부탁하다

【綱】 여름 4월에 황제(劉備)가 永安에서 崩하니, 丞相 諸葛亮이 遺詔를 받아 정사를 보필하였다. 5월에 太子 劉禪이 즉위하여 皇后를 높여 皇太后라 하고, 제갈량을 봉하여 武鄕侯로 삼고서 益州牧을 겸하게 하였다.

夏四月에 **帝崩于永安**①하니 **丞相亮**이 **受遺詔輔政**64)하다 **五月**에 **太子禪**이 **卽位**하여 **尊皇后曰皇太后**라하고 **封亮爲武鄕侯**하여 **領益**

---

64) 帝崩於永安……受遺詔輔政 : "賀善의 贊에 말하였다. '玄德(劉備)이 서쪽(益州)으로 가기 전에는 ≪資治通鑑綱目≫에서 용서하는 말이 많아서 徐州牧을 겸하였을 때에 쓰지 않았고, 스스로 曹操에게 귀의했을 때에 「許都로 돌아갔다.」고 쓰고, 조조가 豫州牧으로 삼았을 적에 「詔命을 내려 삼았다.」고 썼으며, 諸葛亮을 隆中에서 만나본 일을 쓴 것은 ≪자치통감강목≫ 이래로 1번 썼을 뿐이다. 그러나 그가 涪城을 얻었을 때에는 據라고 쓰고 益州牧이 되었을 때는 自라고 쓰고 漢中의 왕이 되었을 때는 自立이라고 썼으니, 이는 獻帝를 황제로 保全해준 것이다. 헌제가 폐위되고 나자, 이에 「황제의 자리에 올랐다.」고 특별히 써서 高祖, 光武帝와 똑같이 대하였고, 또 그 紀元을 게시하여 크게 쓰고, 后와 太子를 皇이라고 썼으며, 그가 생존했을 때에는 帝라고 쓰고 죽었을 때에는 崩이라고 썼으니, ≪자치통감강목≫은 현덕에 대해서 사사로이 봐준 것이 아니고, 오직 그 바름을 따랐을 뿐이다.'〔賀善贊曰 玄德未西 綱目多恕辭 領徐州 不書 自歸操 書歸許 操以爲豫州 書詔以爲 至書見諸葛於隆中 則綱目以來 一書而已 然其得涪城也 書據 牧益州也 書自 王漢中也 書自立 存獻帝也 獻帝旣廢 於是 特書卽皇帝位 如高光 又揭其紀元而大書之 后太子書皇 存書帝 沒書崩 綱目於玄德 非私也 唯其正而已矣〕" ≪書法≫

"宣帝의 말년에 '遺詔를 받았다.'고 쓴 뒤로는 알려진 것이 없었는데 이때 다시 썼으니, 제갈량이 바로 그 사람이다. ≪資治通鑑綱目≫이 끝날 때까지 '유조를 받았다.'고 쓴 것이 6번이다. 司馬懿는 '遺命을 받았다.'고 썼으나 '詔'를 쓰지 않았으니, 여기에 포함되지 못한다.〔○ 自宣帝之末 書受遺詔 是後無聞焉 於是復書 亮其人也 終綱目 書受遺詔六 司馬懿書受遺 不書詔 不與焉〕" ≪書法≫

州牧하다

① 享年이 63세였다.
　壽, 六十三.

【目】諸葛亮이 永安에 이르니, 황제의 병이 위독하였다. 황제가 제갈량에게 명하여 太子 劉禪을 보필하게 하고, 尙書令 李嚴을 副로 삼았다.

황제가 제갈량에게 이르기를 "그대의 재주는 曹丕의 10배가 되니, 반드시 나라를 안정시키고 끝내 大事를 완성할 것이다. 嗣子를 보필할 만하면 보필하고, 만약 보필할 만하지 못하면 그대가 스스로 황제의 자리를 취하라." 하였다. 제갈량이 눈물을 흘리며 말하기를 "신이 감히 股肱의 힘을 다하고 忠貞의 절개를 바쳐서 죽음으로써 잇지 않겠습니까." 하였다.

諸葛亮이 至永安하니 帝病篤이라 命亮輔太子禪하고 以尙書令李嚴爲副하다 帝謂亮曰 君才十倍曹丕하니 必能安國이요 終定大事라 嗣子를 可輔어든 輔之하고 如其不可어든 君可自取하라 亮이 涕泣曰 臣이 敢不竭股肱之力하고 效忠貞之節하여 繼之以死리잇고

【目】황제는 또다시 劉禪에게 다음과 같은 詔勅을 내렸다.

"惡이 적다 하여 하지 말고, 善이 적다 하여 아니하지 말라. 오직 어짊과 德만이 남을 복종시킬 수 있다. 네 아비는 德이 부족하니, 본받을 것이 못 된다. 너는 丞相과 國政에 從事하면서 그를 아버지처럼 섬겨라."

諸葛亮이 상여를 받들어 成都로 돌아오고 李嚴을 中都護로 삼아서 永安에 남아 진무하게 하였다. 劉禪이 즉위하니, 이때 나이가 17세였다. 大赦와 改元을 행하고, 제갈량을 봉하여 武鄕侯로 삼아서 益州牧을 겸하게 하고는, 政事를 모두 제갈량에게 결정하게 하였다.

帝又詔勅禪曰 勿以惡小而爲之하고 勿以善小而不爲하라 惟賢惟德이 可以服人이니 汝父德薄하니 不足效也라 汝與丞相從事하여 事之如父하라 亮이 奉喪還成都하고 以嚴爲中都護하여 留鎭永安①하다 禪이 卽位하니 時年十七이라 大赦改元하고 封亮爲武鄕侯하여 領益州牧하고 政事를 咸取決焉하다

① 蜀漢은 左, 右, 中의 세 都護를 두었다.
　蜀置左・右・中三都護.

【目】 諸葛亮이 官員을 축소하고 法制를 닦고는 敎令을 내어서 여러 부하들에게 다음과 같이 고하였다.

"職務에 종사하는 것은 여러 사람의 생각을 모아서 충성스럽고 유익한 방법을 넓히기 위해서이다. 만약 작은 嫌疑를 멀리하느라 서로 다른 의견을 내어 자세히 살피는 것을 어렵게 여긴다면 정무를 제대로 수행하지 못하여 국정에 손실이 있게 되고, 서로 다른 의견을 내어 자세히 살펴서 이치에 맞는 것을 찾으면 이는 해진 신발을 버리고 珠玉을 얻는 것과 같다. 그러나 사람들의 일반적인 마음은 괴롭게 여겨 힘을 다하지 못하기 마련인데, 오직 徐元直(徐庶)만은 이러한 처지에 처하여 미혹되지 않았고, 董幼宰(董和)는 직무에 종사한 지 7년 동안 일에 미진한 점이 있으면 10번을 반복하여 찾아와 고하였다. 진실로 서원직의 10분의 1과 동유재의 간곡함을 사모하여 본받아서 나라에 충성한다면, 내가 過誤를 줄일 수 있을 것이다."

亮이 乃約官職, 修法制하고 發敎하여 與群下曰 夫參署者는 集衆思, 廣忠益也①라 若遠小嫌하여 難相違覆이면 曠闕損矣②요 違覆而得中이면 猶棄敝蹻(갹)而獲珠玉③이라 然이나 人心이 苦不能盡이로되 惟徐元直이 處茲不惑④하고 又董幼宰 參署七年에 事有不至하면 至于十反하여 來相啓告⑤하니 苟能慕元直之十一과 幼宰之勤渠하여 有忠於國이면 則亮可少過矣⑥리라

① "參署"는 시행할 일을, 그 同異를 참작해서 처리하여 행함을 이른다.
參署, 謂所行之事, 參其同異, 署而行之也.

② 遠(멀리하다)은 去聲이다. 違는 달리함이고 覆은 자세히 살핌이니, 다른 의견을 내는 것을 어려워하여 자세히 살피기 어려워하면, 일에 잘못됨이 있어서 국가에 손해가 되는 것이다.
遠, 去聲. 違, 異也. 覆, 審也, 難於違異, 難於覆審, 則事有曠闕損矣.

③ 蹻는 訖約이 切이니, 신이고 짚신이다.
蹻, 訖約切, 屐(극)也, 草履也.

④ 元直은 徐庶의 字이다.
元直, 庶字.

⑤ 幼宰는 董和의 자이다. 《三國志》 〈蜀書 董和傳〉에 "先主가 蜀 지방을 평정하자 동화를 불러 掌軍中郎將을 삼아서 軍師將軍인 諸葛亮과 함께 左將軍과 大司馬府의 일을 처리하게 했다." 하였다.
幼宰, 和字. 董和傳 "先主定蜀, 徵和爲掌軍中郎將, 與軍師將軍諸葛亮, 竝署左將軍·大司馬府事."

⑥ "勤渠"는 《三國志》 〈董和傳〉에 "殷勤"으로 되어 있으니, 宋나라가 宣祖의 諱인 殷을 避諱하였기 때문에 글자를 고친 것이다. 渠 또한 부지런함(간곡함)이다.
勤渠, 董和傳, 作殷勤, 蓋宋避宣祖諱殷, 故改之也. 渠亦勤也.

【目】 諸葛亮이 또 말하였다.

"내가 옛날에 처음 崔州平과 사귈 적에는 그가 자주 나의 잘잘못을 일깨워주는 말을 들었고, 뒤에 徐元直과 사귈 적에는 그가 부지런히 나를 계도하는 가르침을 받았으며, 董幼宰는 매번 말할 적마다 끝까지 말을 다하였고, 偉度는 자주 간하여 나를 저지하였다. 비록 나의 타고난 천성이 비루하고 어두워서 다 받아들이지 못하였으나 나는 이 네 사람과 더불어 始終 화합하였으니, 이로써 그들의 직언에 혐의하지 않았음을 밝힐 수 있다."

위도는 제갈량의 主簿인 胡濟이다.

又曰 昔에 初交州平에 屢聞得失하고 後交元直에 勤見啓誨①하고 幼宰每言則盡하고 偉度數(삭)有諫止하니 雖資性鄙暗하여 不能悉納이나 然與此四子로 終始好合하니 亦足以明其不疑於直言也니라 偉度者는 亮主簿胡濟也라

① 諸葛亮은 밭두둑에서 직접 농사를 지으면서 崔州平과 徐庶 등과 친하게 지냈다.
亮躬耕隴畝, 與崔州平·徐庶等友善.

【目】 諸葛亮이 일찍이 직접 문서를 살피자, 主簿 楊顒(양옹)이 다음과 같이 간하였다.

"정치를 하는 데에는 體統이 있으니, 상하간에 서로 침해해서는 안 됩니다. 청컨대 明公을 위하여 집안을 다스리는 것으로 비유하겠습니다. 지금 어떤 사람이 남자 종에게 밭 가는 일을 시키고 계집종에게 밥 짓는 일을 맡기며, 닭에게는 새벽에 우는 것을 맡기고 개에게는 도둑이 오면 짖게 하며 소에게는 무거운 짐을 지게 하고 말에게는 먼 곳을 가게 하면, 사사로운 일에 잘못됨이 없고 바라는 바가 모두 충족되어 편안하게 베개를 높이 베고 음식을 마시고 먹으면 될 것입니다.

그런데 갑자기 하루아침에 자신이 그 일을 직접 하고자 하면 육체와 정신이 피곤하여 끝내 한 가지도 이루어지는 일이 없을 것이니, 어찌 그 지혜가 노비와 닭과 개만 못해서이겠습니까. 이는 집안의 주인이 된 법도를 잃었기 때문입니다.

그러므로 옛사람이 말하기를 '앉아서 道를 논하는 것을 王公이라 하고, 일어나서 행하는 것을 士大夫라 한다.' 하였습니다. 丙吉은 죽은 사람을 묻지 않았고[65] 陳平은 돈

65) 丙吉은……않았고 : 丙吉은 漢나라 宣帝 때의 명재상으로, 한번은 길을 가는데 서로 싸우다가 죽은 백성의 시체가 있어도 까닭을 묻지 않더니, 아직 한여름이 아닌데도 소가 헐떡거리는 것을 보고는 이유를 물으며 근심하였다. 이에 동행하던 관리가 이상하게 여겨 묻자, 병길은 "사람들이 싸우다가 죽은 일은 長安令이나 京兆尹의 소관이지만, 아직 한여름이 아닌데 소가 숨을 헐떡거리니 이는 기후가 조화를 잃은 것이다. 재상은 음양을 조화롭게 해야 하는 직임이니, 어찌 걱정하지 않겠느냐."

과 곡식의 숫자를 알지 못하였으니,[66] 저들은 진실로 지위와 직분의 체통을 통달한 것입니다. 지금 公이 직접 문서를 살피느라 하루 종일 땀을 흘리고 계시니, 수고롭지 않습니까."

이에 제갈량이 사례하였다. 양옹이 卒하자, 제갈량은 3일 동안 눈물을 흘렸다.

亮이 嘗自校簿書어늘 主簿楊顒이 諫曰 爲治有體하니 上下不可相侵이라 請爲明公하여 以作家譬之하리이다 今有人이 使奴執耕, 婢典爨하고 鷄司晨, 犬吠盜하고 牛負重, 馬涉遠이면 私業無曠하고 所求皆足하여 雍容高枕하여 飮食而已라가 忽一旦에 盡欲以身親其役하면 形疲神困하여 終無一成하리니 豈其智之不如奴婢鷄狗哉리오 失爲家主之法也라 是故로 古人이 稱坐而論道를 謂之王公이요 作而行之를 謂之士大夫라 丙吉이 不問死人하고 陳平이 不知錢穀하니 彼誠達於位分之體也①라 今公이 躬校簿書하여 流汗終日하니 不亦勞乎잇가 亮이 謝之러니 及顒卒에 亮이 垂泣三日하니라

① 分(직분)은 扶問의 切이다.
分, 扶問切.

【綱】6월에 魏나라에 홍수가 졌다.

六月에 魏大水하다

【綱】益州郡의 耆帥(원로 장수)인 雍闓(옹개) 등이 네 개의 군을 가지고 배반하였다.

○ 益州郡耆帥雍闓等이 以四郡叛하다

【目】처음에 益州郡의 耆帥(老將)인 雍闓가 太守를 죽이고서 吳나라에 歸附하려 하였고 또 익주군 사람인 孟獲으로 하여금 여러 오랑캐들을 선동하게 하니, 牂牁郡(장가군)와 越巂郡(월수군)이 모두 배반하여 옹개에게 응하였다.

그러나 丞相 諸葛亮은 막 大喪(國喪)을 만났다고 하여 이들을 어루만져주고 토벌하지 않았으며, 농사에 힘써 곡식을 증식하고 관문을 폐쇄하여 백성들을 쉬게 해서 백성이

하였다.(≪漢書≫ 〈丙吉傳〉)

66) 陳平은……못하였으니 : 陳平은 漢나라의 개국공신으로 文帝 때 左丞相을 지냈는데, 문제가 조회할 때 한 해 동안 출납하는 돈과 곡식의 수량을 묻자, 돈과 곡식을 주관하는 관원은 따로 있으니 이러한 일은 이들에게 물어야 하며 재상의 직임은 천자를 도와 천하를 다스리는 것이라고 답하였다.(≪漢書≫ 〈陳平傳〉)

편안하고 양식이 풍족한 뒤에야 군대를 사용하였다.

初에 益州郡耆帥雍闓 殺太守하여 求附於吳[①]하고 又使郡人孟獲으로 誘扇諸夷하니 牂牁, 越巂 皆叛應闓로되 丞相亮이 以新遭大喪이라하여 撫而不討하고 務農殖穀하고 閉關息民하여 民安食足而後에 用之[②]러라

① 耆는 우두머리이고 노인이다. 帥(장수)는 所類의 切이다. 闓는 음이 開이고, 또 음이 豈이다.
耆, 長也, 老也. 帥, 所類切. 闓, 音開, 又音豈.

② "閉關"은 越巂의 靈關을 폐쇄한 것이다.
閉關, 閉越巂之靈關也.

【綱】가을 8월에 魏나라가 鍾繇를 太尉로 삼았다.

秋八月에 魏以鍾繇爲太尉하다

【目】이때 三公이 일이 없어서 조정의 정사에 관여하는 일이 드물었다. 廷尉 高柔가 다음과 같이 상소하였다.

"公輔(삼공)는 나라의 기둥과 들보인데 이들로 하여금 정사를 알지 못하게 해서 마침내 각각 편안히 누워 높은 지조를 길러서 좋은 의견을 올리는 일이 적으니, 이는 진실로 조정에서 大臣을 높여 등용하고, 대신이 군주에게 의견을 올려 善을 권하고 잘못을 規諫하는 의리가 아닙니다. 옛날에 刑罰하는 정사에 의심스러운 점이 있으면 번번이 회화나무와 가시나무 아래에서 의논하였으니, 지금부터 의심스러운 의논과 큰일이 있으면 마땅히 삼공을 방문해야 할 것입니다. 그리고 초하루와 보름에 조회할 적에 특별히 삼공을 맞이하여 의논해서 일의 실정을 다 통달하게 된다면, 거의 補益함이 있을 것입니다."

魏主 曹丕가 가상히 여겨 받아들였다.

時에 三公無事하여 希與朝政[①]이라 廷尉高柔上疏曰 公輔는 國之棟梁이어늘 而不使知政하여 遂各偃息養高하여 鮮有進納[②]하니 誠非朝廷崇用大臣, 大臣獻可替否之義니이다 古者에 刑政有疑면 輒議於槐棘之下[③]하니 自今有疑議大事면 宜訪三公이요 三公이 朝朔, 望日에 可特延論하여 博盡事情이면 庶有補益이리이다 魏主丕嘉納之하다

① 與(참여하다)는 預로 읽는다.

與, 讀曰預.

② "偃息"은 누워서 스스로 편안히 있음을 말한 것이다.

偃息, 言偃臥以自安也.

③ ≪周禮≫ 〈秋官 司寇〉에 "朝士가 外朝의 法을 관장하는데, 세 그루의 회화나무〔槐〕를 향하여 三公의 자리가 있고, 왼쪽 아홉 그루의 가시나무〔棘〕에는 孤,[67] 卿, 大夫의 자리가 있다." 하였는데, 鄭玄의 註에 "가시나무를 심어서 자리로 만든 것은 이 나무의 속이 붉고 밖에 가시가 있음을 취하여 赤心(충심)으로 세 번 심문하여 죽임을 형상한 것이다. 槐라는 말은 품어준다(초치한다)는 뜻이니, 사람을 이곳으로 품어 와서 더불어 의논하고자 하는 것이다." 하였다. ≪禮記≫ 〈王制〉에는 "獄辭가 이루어졌을 경우 문서 담당관인 史가 옥사가 이루어졌음을 正(法을 맡은 士師의 등속)에게 보고하면 正은 이것을 듣는다. 正이 옥사가 이루어졌음을 大司寇에게 보고하면 대사구가 가시나무 아래에서 이것을 듣는다. 대사구가 옥사가 이루어졌음을 王에게 보고하면 왕은 三公에게 명하여 참여해서 이것을 듣게 한다." 하였다.

周禮"朝士掌外朝之法, 面三槐, 三公位焉, 左九棘, 孤卿大夫位焉." 鄭註云"樹棘以爲位者, 取其赤心而外刺, 象以赤心三刺[68]也. 槐之言懷也, 懷來人於此, 欲與之謀." 王制曰"成獄辭, 史以獄成告于正, 正聽之. 正以獄成告于大司寇, 大司寇聽之于棘木之下. 大司寇以獄之成告于王, 王命三公參聽之."

【綱】尙書 鄧芝를 吳나라에 사신으로 보냈다.

遣尙書鄧芝하여 **使吳**하다

【目】鄧芝가 丞相 諸葛亮에게 말하기를 "主上이 처음 즉위하셨으니, 마땅히 吳나라와의 우호를 거듭 다져야 합니다." 하니, 제갈량이 말하기를 "내 오랫동안 생각하였으나 사신으로 마땅한 사람을 찾지 못하였는데, 이제야 비로소 마땅한 사람을 찾았다." 하였다. 등지가 누구냐고 묻자, 제갈량이 말하기를 "바로 使君(상대에 대한 존칭)이다." 하고는 마침내 등지를 보내서 吳나라와 우호를 닦게 하였다.

이때 吳王이 魏나라와 아직 절교하지 않은 상태였으므로 제때에 등지를 만나보지 않

67) 孤 : 三公의 아래에 있는 少師, 少傅, 少保를 가리킨다. 周나라 관직제도에 太師, 太傅, 太保를 三公이라 칭하고, 少師, 少傅, 少保는 三孤라 칭하였다.

68) 三刺 : 죄상을 자세히 심문하여 형을 집행하는 것으로, 세 번 심문하여 죄가 확정되면 죽임을 이른다. ≪周禮≫ 〈秋官 司寇〉에 "三刺로써 庶民의 獄訟의 알맞음을 결단하니, 첫 번째는 여러 신하들에게 묻는 것이고, 두 번째는 여러 관리들에게 묻는 것이고, 세 번째는 萬民에게 묻는 것이다.〔以三刺斷庶民獄訟之中 一曰訊群臣 二曰訊群吏 三曰訊萬民〕" 하였다. 註에 "刺는 죽임이니, 세 번 심문하여 죄가 확정되면 죽이는 것이다." 하였다.

았다. 등지가 만나볼 것을 청하면서 말하기를 "臣이 이번에 온 것은 또한 吳나라를 위하고자 하는 것이니, 다만 蜀漢을 위한 것이 아닙니다." 하였다.

芝言於丞相亮曰① 上이 初卽位하시니 宜申吳好②니이다 亮曰 吾思之久矣로되 未得其人이러니 今日에 始得之耳로라 芝問謂誰오 亮曰 卽使君也라하고 乃遣芝하여 修好於吳하다 時에 吳王이 猶未與魏絶이라 不時見芝어늘 芝請見曰 臣今來는 亦欲爲吳니 非但爲蜀也니이다

① 鄧芝는 鄧禹의 후손이다.
芝, 鄧禹之後.
② 申은 거듭함이니, 盟約을 거듭 다지는 것이다.
申, 重也, 所以申固盟約也.

【目】 吳王 孫權이 鄧芝를 만나보고 말하기를 "내 진실로 蜀漢과 和親하기를 원한다. 그러나 촉한은 군주가 어리고 나라가 작아서 魏나라에게 침공을 받아 스스로 온전하지 못할까 두렵다." 하니, 등지가 다음과 같이 말하였다.

"大王은 세상에 이름난 영웅이고, 諸葛亮은 당대의 영걸입니다. 蜀漢에는 중복된 험한 지형이 있고 吳나라는 三江[69]을 보유하고 있으니, 함께 입술과 이빨의 관계가 되면 나아가서는 천하를 겸병할 수 있고 물러나서는 솥발처럼 삼분하여 설 수가 있습니다. 이제 만약 대왕께서 魏나라에게 폐백을 바쳐 신하가 되시면 魏나라에서는 반드시 대왕이 入朝하기를 바라고 太子가 魏나라에 인질로 들어와 모시기를 바랄 것입니다. 만약 명령을 따르지 않으면 〈魏나라는 황제국으로서〉 황제의 말을 받들어 배반한 자를 정벌할 것이고 蜀漢 또한 물길을 순히 따라 승리할 만한 점을 발견하고서 진격할 것이니, 이렇게 되면 江南의 땅은 다시는 대왕의 소유가 아닐 것입니다."

손권이 오랫동안 침묵하고 있다가 말하기를 "그대의 말이 옳다." 하고는 마침내 魏나라와 절교하고 오로지 蜀漢과 연합하였다.

吳王權이 見之하고 曰 孤誠願與蜀和親이라 然이나 恐蜀主幼國小하여 爲魏所乘하여 不自全耳로라 芝曰 大王은 命世之英이요 諸葛亮은 一時之傑이라 蜀有重險하고 吳有三江하니 共爲脣齒하면 進可兼幷天下요 退可鼎足而立①이라 今若委質於魏하면 魏必望大王入朝하고 求太子內侍하리니 若不從命이면 則奉辭伐叛이요 蜀亦順流하여 見可而進이니 如此면 則江南之地 非復大王有也리이다 權이 默然良久에 曰 君言是也라하고 遂絶魏하고 專與漢連和하다

69) 三江 : 松江·錢塘江·浦陽江을 이른다.

① 重(거듭, 중복되다)은 直龍의 切이니, "重險"은 밖으로는 斜谷, 駱谷, 子午谷의 험한 지형이 있고, 안으로는 劍閣의 험한 지형이 있음을 말한 것이다.
重, 直龍切. 重險, 謂外有斜·駱·子午之險, 內有劍閣之險也.

【綱】皇后 張氏를 세웠다.

立皇后張氏[70]하다

【目】皇后는 張飛의 딸이다.

后는 飛之女也라

甲辰年(224)

【綱】漢나라(蜀漢) 後主 建興 2년이다.

二年이라

【目】魏나라 文帝 曹丕 黃初 5년이고, 吳나라 大帝 孫權 黃武 3년이다.

魏黃初五年이요 吳黃武三年이라

【綱】여름 4월에 魏나라에서 太學을 세웠다.

夏四月에 魏立太學하다

70) 立皇后張氏 : "兩漢의 篇에서는 반드시 '某氏를 세워 皇后로 삼았다.'라고 썼으니, 여기서 '皇后 某氏를 세웠다.'고 쓴 것은 그 글을 달리한 것이다. 그 글을 달리한 것은 그 일을 달리한 것이다. 이로부터 東晉에 이르기까지 어진 后가 있다는 말을 듣지 못하였으니, ≪資治通鑑綱目≫에서 으레 '皇后 某氏를 세웠다.'고 쓴 것 또한 이것을 괴이하게 여기지 않은 것이다. 宋나라 이후로는 后를 세웠을 적에 모두 쓰지 않다가 隋나라와 唐나라에 이른 뒤에야 썼고, 唐나라는 德宗 이하는 다시 쓴 적이 없으며(德宗의 세대에 '皇后가 崩했다.'라고 1번 썼으나 성씨는 쓰지 않았다.) 오직 昭宗 때에 1번 썼다. 僭國의 后는 劉淵 이후로 연고가 있지 않으면 쓰지 않았다.〔兩漢之篇 必書立某氏爲皇后 其書立皇后某氏者 異其文也 異其文者 異其事也 自是迄于東晉 未聞有賢后者 綱目例書曰立皇后某氏焉 蓋亦不以是爲異矣 宋以後 立后 皆不書 至隋唐而後書 唐自德宗以下 無復書者(德宗之世 一書皇后崩而不書氏) 惟昭宗一書 僭國之后 自劉淵以後 非有故 不書也〕" ≪書法≫

【目】 初平 연간(190~193) 이래로 학문하는 道가 폐지되고 실추되었는데, 이때에 처음으로 太學을 세우고 博士를 두었으며, 漢나라의 제도를 따라 五經으로 시험하는 법을 만들었다.

初平以來로 學道廢墜①러니 至是하여 初立太學하고 置博士하고 依漢制하여 設五經課試之法하다

① 初平은 漢 獻帝의 年號이다.
初平, 獻帝年號.

【綱】 吳나라 사람이 와서 聘問하자, 다시 鄧芝를 보내어 답하게 하였다.

吳人이 來聘이어늘 復遣鄧芝報之하다

【目】 吳나라가 張溫을 보내와서 聘問하게 하니, 이로부터 사신의 왕래가 끊이지 않았다. 時事에 마땅한 것은 吳王 孫權이 항상 陸遜으로 하여금 諸葛亮에게 말하게 하였고, 또 손권의 印章을 새겨 육손의 처소에 두고서 매번 황제와 제갈량에게 편지를 보낼 적에 반드시 육손에게 보여서 온당치 못한 것이 있으면 그때마다 고쳐 다시 봉함하였다.

鄧芝가 吳나라에 이르자, 孫權이 이르기를 "만약 천하가 태평해지면, 두 군주가 천하를 나누어 다스림이 즐겁지 않겠는가." 하니, 등지가 다음과 같이 대답하였다.

"하늘에는 두 태양이 없고 땅에는 두 왕이 없습니다. 만일 魏나라를 겸병한 뒤에 大王이 天命을 알지 못하시면, 〈우리 두 나라는〉 군주가 각각 그 德을 힘쓰고 신하가 각각 그 충성을 힘쓸 것이니, 이렇게 되면 전쟁이 막 시작될 것입니다."

손권이 크게 웃으며 말하기를 "그대의 충성이 이와 같구나." 하였다.

吳使張溫來聘하니 自是로 行使不絶하고 時事所宜를 吳王權이 常令陸遜語諸葛亮하고 又刻印置遜所하여 每與帝及亮書에 必以示遜하여 有不安이면 輒改而封之러라 鄧芝至吳한대 權이 謂曰 若天下太平이면 二主分治 不亦樂乎아 芝對曰 天無二日이요 土無二王이니 如幷魏之後에 大王이 未識天命이면 君各茂其德하고 臣各茂其忠이리니 則戰爭方始耳니이다 權이 大笑曰 君之誠款이 乃當爾邪아하니라

【綱】 가을 8월에 魏主 曹丕가 水軍을 거느리고 吳나라를 공격하였는데 長江에 임하여 돌아왔다.

秋八月에 **魏主丕以舟師擊吳**러니 **臨江而還**하다

【目】魏主 曹丕가 크게 군대를 일으켜 吳나라를 정벌하려 하자, 辛毗가 다음과 같이 간하였다.

"천하가 막 안정되어서 영토는 넓으나 백성들은 많지 않은데 백성들을 전쟁에 사용하고자 하시니, 그 이로움을 볼 수가 없습니다. 금일의 계책은 백성을 길러 屯田을 해서 10년이 지난 뒤에 전쟁에 사용하는 것만 못하니, 이렇게 하면 〈한 번의 전쟁으로 승리하여〉 다시 군대를 일으키지 않아도 될 것입니다."

조비는 그의 말을 따르지 않고 尙書僕射(상서복야) 司馬懿를 남겨두어 許昌을 진무하게 하고, 직접 龍舟를 몰고 蔡河와 潁水를 따라 淮水에 배를 띄워서 壽春에 가다가 廣陵에 이르렀다.

吳나라 장군 徐盛이 전함을 강에 진열하고는 나무를 꽂아놓고 갈대를 입혀서 疑城(적을 미혹시키기 위해 임시로 만든 성)과 假樓(가짜 望樓)를 만들어 石頭로부터 江乘에 이르기까지 수백 리에 이어졌는데, 하루저녁에 이룬 것이었다.

魏主丕欲大興軍伐吳어늘 **辛毗諫曰 天下新定**하여 **土廣民稀而欲用之**하시니 **未見其利**라 **今日之計**는 **莫若養民屯田**하여 **十年然後用之**하면 **則役不再擧矣**리이다 **丕不從**하고 **留尙書僕射司馬懿**하여 **鎭許昌**하고 **親御龍舟**하고 **循蔡, 潁浮淮**하여 **如壽春**이라가 **至廣陵**①하다 **吳將軍徐盛**이 **列舟艦于江**하고 **而植木衣葦**하여 **爲疑城假樓**하여 **自石頭**로 **至于江乘**히 **聯綿數百里**로되 **一夕而就**②러라

① ≪水經≫에 "蔡河는 陳留 浚儀에서 발원하여 동남쪽으로 흘러 潁水에 들어가며, 潁水는 潁川 陽城縣 少室山에서 발원하여 동남쪽으로 흘러 新陽에 이르러 蔡河와 합류하고, 또 동남쪽으로 愼縣에 이르러 동남쪽으로 淮水에 들어간다." 하였다. ≪後漢書≫ 〈郡國志〉에 "廣陵郡은, 漢 景帝가 江都郡을 설치하였는데, 漢 武帝가 이름을 바꾸었다." 하였다.
水經"蔡河自陳留浚儀, 東南流而入於潁, 潁水出潁川陽城縣少室山, 東南流, 至新陽, 與蔡河合, 又東南至愼縣, 東南入于淮." 郡國志"廣陵郡, 景帝置爲江都, 武帝更名."

② 衣(입히다)는 於旣의 切이다. 나무를 안에 꽂아놓고서 갈대로 그 밖을 가려서 疑城과 假樓를 만든 것이다. 江乘縣은 丹陽郡에 속하였는데, 吳나라는 강승현을 없애고 典農都尉의 치소로 삼았는바, 그 땅이 建業의 동북쪽에 있다.
衣, 於旣切. 植木於內, 以蘆蔽遮其外, 爲疑城假樓. 江乘縣, 屬丹陽郡, 吳省爲典農都尉治, 其地在建業東北.

【目】이때 長江의 물이 크게 불어났다. 曹丕는 長江을 멀리 굽어보며 탄식하기를 "魏나라에 비록 용맹스러운 騎兵 천 개의 무리가 있다 하더라도 쓸 곳이 없으니, 도모할 수가 없다." 하였다. 마침 폭풍이 갑자기 몰려와서 龍舟가 거의 전복될 뻔하였다.

조비가 여러 신하들에게 묻기를 "孫權이 마땅히 직접 싸우러 오겠는가?" 하니, 劉曄이 다음과 같이 대답하였다.

"저 손권은 폐하께서 萬乘 天子의 중함으로써 자신을 견제하고, 江湖를 건너올 자는 別將 가운데에 있을 것이라고 생각하여 반드시 군대를 무장하고서 사태를 관망할 것이요, 전진하거나 후퇴하는 일이 있지 않을 것입니다."

얼마 후, 吳王 손권이 끝내 오지 않으니, 조비가 이에 回軍하였다.

時에 江水盛長[①]이라 丕臨望하고 嘆曰 魏雖有武騎千群이나 無所用之니 未可圖也로다 會에 暴風至하여 龍舟幾覆하다 丕問群臣호되 權當自來否아 劉曄曰 彼謂陛下欲以萬乘之重牽己요 而超越江湖者는 在於別將이라하여 必勒兵待事요 未有進退也리이다 旣而요 吳王權이 果不至하니 於是에 旋師하다

① 長(불어나다)은 知兩의 切이다.
長, 知兩切.

【綱】吳나라 尙書 暨豔(기염)과 選曹郎 徐彪(서표)가 죄가 있어 自殺하였다.

吳尙書暨豔과 郎徐彪有罪自殺하다

【目】吳나라 張溫이 젊어서부터 준걸스러운 재주로 훌륭한 명성이 있으니, 顧雍은 當今에 그를 짝할 만한 자가 없다고 칭찬하였다. 장온이 같은 郡의 暨豔을 천거하여 選部尙書로 삼았는데, 기염은 깨끗한 의논을 하기 좋아해서 백관들을 탄핵하여 지적하고 三署郎官의 잘못을 아뢰어서 높은 사람을 좌천시켜 낮은 자리로 내려보내 10명 중에 1명도 남아 있지 못하였다. 또 지위에 있으면서 탐욕스럽고 비루하며 뜻과 절개가 치사하고 낮은 자를 모두 軍吏로 삼아서 營府를 설치하여 그곳에서 지내게 하였으며, 남의 비밀스러운 잘못을 들추어내어 그 죄를 드러내는 경우가 많았다.

吳張溫이 少以俊才로 有盛名하니 顧雍이 以爲當今無輩라하니라 溫이 薦同郡暨豔하여 爲選部尙書[①]하니 豔이 好爲淸議하야 彈射(석)百僚하고 覈奏三署[②]하여 貶高就下하여 十不存一이요 其居位貪鄙하고 志節汚卑者를 皆以爲軍吏하여 置營府處之하고 多揚人暗昧之失하여 以顯其謫[③]이러라

① 張溫은 吳郡 사람이다. 暨는 居乙의 切이니, 暨豔은 사람의 성명이다. 選部는 바로 選曹이니, 銓衡하여 選用하는 일을 주관하였다.
溫, 吳郡人. 暨, 居乙切. 暨豔, 姓名. 選部, 卽選曹, 主銓選事.
② 彈은 音이 壇이니, 규찰함이다. 射(쏘다)은 食亦의 切이다. 三署는 五官署, 左署, 右署의 郎官을 이른다.
彈, 音壇, 糾也. 射, 食亦切. 三署, 謂五官・左・右三署郎也.
③ 謫(죄)은 罰이다.
謫, 罰也.

【目】 陸遜의 아우 陸瑁는 暨豔에게 편지를 보내 말하기를 "聖人은 善한 사람을 가상히 여기고 어리석은 사람을 가엾게 여기며, 잘못을 잊고 공로를 기억하여 아름다운 교화를 이룬다. 지금 王業이 처음 세워졌으니, 바로 漢 高祖가 결점을 따지지 않고 인재를 등용하던 때이다. 汝南과 潁川의 月旦評을 쉽게 시행할 수 없을 듯하다." 하였고, 朱據는 기염에게 이르기를 "청백한 사람을 천거하여 혼탁한 사람을 격려하는 것은 충분히 惡을 저지하고 善을 권장할 수 있으나, 만약 한때에 모두 좌천시켜 내치면 후일의 禍가 있을까 두렵다." 하였으나, 기염은 모두 받아들이지 않았다.

이때에 원망과 분노가 길에 가득하여, 기염과 選曹郎 徐彪가 사사로운 情을 써서 남을 미워하고 사랑한다고 말하니, 두 사람 모두 죄에 연좌되어 자살하였고 張溫은 배척을 받아 本郡으로 돌아가 卒하였다.

陸遜弟瑁與書曰 聖人이 嘉善矜愚하고 忘過記功하여 以成美化라 今王業始建하니 乃漢高棄瑕錄用之時라 汝, 潁月旦之評을 恐未易行也[①]라하고 朱據謂豔曰 擧淸厲濁이 足以沮勸이나 若一時貶黜이면 懼有後咎라호되 豔이 皆不聽이러라 於是에 怨憤盈路하여 言豔及選曹郎徐彪 用情憎愛라하니 皆坐自殺[②]하고 溫은 斥還本郡以卒하다

① "棄瑕錄用"은 결점이나 잘못을 따지지 않고 인재를 등용함을 이른다. 月旦評은 일이 漢 靈帝 中平 원년(184)에 보인다.[71]
棄瑕錄用, 謂棄其瑕玷而錄其材用. 月旦之評, 事見靈帝中平元年.
② "坐自殺"은 死藥을 하사함을 이른다.
坐自殺, 謂賜死也.

【目】 처음 張溫이 막 기세가 성하여 권력을 행사할 적에, 虞俊이 탄식하기를 "張惠恕가

71) 月旦評은……보인다 : 본서 76쪽 역주 69) 참조.

재주는 많으나 지혜가 부족하며 화려하기만 하고 실제가 없으니, 원망이 모이면 집안이 전복될 禍가 있을 것이다. 내 그 조짐을 보았다." 하였는데, 얼마 되지 않아 과연 실패하였다.

始에 溫이 方盛用事에 虞俊이 嘆曰 張惠恕才多智少하고 華而不實[①]하니 怨之所聚에 有覆家之禍하리니 吾見其兆矣라하더니 未幾에 果敗하다

① 惠恕는 張溫의 자이다.
惠恕, 溫字.

【綱】 겨울 11월 그믐에 일식이 있었다.

冬十一月晦에 日食하다

乙巳年(225)

【綱】 漢나라(蜀漢) 後主 建興 3년이다.

三年이라

【目】 魏나라 文帝 曹丕 黃初 6년이고, 吳나라 大帝 孫權 黃武 4년이다.

魏黃初六年이요 吳黃武四年이라

【綱】 봄 3월에 丞相 諸葛亮이 남쪽(南蠻)을 정벌하였다.

春三月에 丞相亮이 南征하다

【目】 諸葛亮이 병력을 인솔하고 雍闓 등을 토벌할 적에 參軍 馬謖(마속)에게 계책을 물으니, 마속은 다음과 같이 대답하였다.

"南中은 지형이 험고하고 거리가 멂을 믿고서 복종하지 않은 지가 오래되었으니, 오늘 그들을 격파하면 다음날 다시 배반할 것입니다. 더구나 公이 막 북쪽으로 강한 賊과 從事(전쟁)하려 하니, 저들이 우리 국내가 빈 것을 알면 반드시 신속히 배반할 것입니다. 그러나 만약 남은 부류를 다 죽여서 후환을 없앤다면 또 仁者의 마음이 아닙니다.

用兵하는 방법은 적의 마음을 공격하는 것이 上策이고 적의 城을 공격하는 것이 下策이며, 심리전으로 싸우는 것이 상책이고 군대로 싸우는 것이 하책입니다. 공이 그들의 마음을 복종시키기를 바랄 뿐입니다."

제갈량이 그의 말을 받아들였다. 마속은 馬良의 아우이다.

亮이 率衆討雍闓等할새 問計於參軍馬謖[①]한대 謖曰 南中이 恃其險遠하여 不服이 久矣[②]니 今日破之하면 明日復反하리이다 況公이 方北事强賊[③]하니 彼知內虛하면 其反必速이요 若殄盡遺類하여 以除後患이면 又非仁者之情也라 用兵之道는 攻心爲上이요 攻城爲下며 心戰爲上이요 兵戰爲下라 願公은 服其心而已니이다 亮이 納之하다 謖은 良之弟也라

① 謖은 音이 縮이다.
謖, 音縮.
② 南中은 漢나라의 益州郡과 永昌郡 두 지역이다.
南中, 漢益州·永昌二郡之地.
③ 〈"北事强賊"은〉 장차 魏나라를 토벌할 것임을 말한 것이다.
言將討魏.

【綱】 여름 5월에 魏主 曹丕가 水軍을 거느리고 吳나라를 정벌하였다.

夏五月에 魏主丕以舟師伐吳하다

【目】 魏主 曹丕가 다시 수군을 거느리고 吳나라를 정벌하려고 하여 여러 신하들이 크게 모여 의논할 적에 鮑勛(포훈)이 간하기를 "지난해 龍舟가 폭풍을 만나 물위를 떠돌아서 宗廟가 거의 전복될 뻔하였는데, 이제 또다시 군대를 수고롭게 하여 멀리 기습해서 中國을 소모시키시니, 불가하다고 여깁니다." 하자, 조비가 노하여 그를 좌천시키니, 포훈은 鮑信의 아들이다.

魏主丕復以舟師伐吳하여 群臣이 大議할새 鮑勛이 諫以往年龍舟飄蕩하여 宗廟幾覆이어늘 今又勞兵襲遠하여 虛耗中國하니 竊以爲不可[①]라한대 丕怒하여 左遷之하니 勛은 信之子也라

① 勛은 勳과 통한다.
勛, 通作勳.

【綱】 6월에 吳나라가 顧雍을 丞相으로 삼았다.

六月에 吳以顧雍爲丞相하다

【目】 처음에 吳나라가 丞相을 두려 할 적에 衆論이 張昭에게 돌아갔는데, 吳王 孫權이 말하기를 "지금은 일이 많아 직책이 큰 자는 책임이 무거우니, 그를 우대하는 방법이 아니다." 하고 마침내 孫劭를 승상으로 삼았는데, 이때에 이르러 손소가 卒하였다.

百官들이 다시 장소를 천거하자, 손권이 말하기를 "내 어찌 子布(장소)에게 관직을 아까워함이 있겠는가. 다만 승상의 일이 번거롭고 이분의 성품이 강직하니, 그가 말한 것을 따르지 않으면 원망과 비난이 장차 생길 것이니, 그를 유익하게 하는 방법이 아니다." 하고는 마침내 顧雍을 승상으로 삼았다.

顧雍

初에 吳當置相할새 衆議歸張昭어늘 吳王權曰 方今多事에 職大者 責重하니 非所以優之也라하고 乃以孫(卲)〔劭〕[72]爲丞相이러니 至是하여 卒하니 百僚復擧昭어늘 權曰 孤豈於子布에 有愛乎아 顧丞相事煩이요 而此公性剛하니 所言을 不從이면 怨咎將興하리니 非所以益之也라하고 乃以雍爲相하다

【目】 顧雍은 사람됨이 말수가 적고 행동거지가 時宜에 합당하니, 孫權이 일찍이 감탄하기를 "顧公은 말하지 않을지언정 말하면 반드시 도리에 맞는다." 하였다. 잔치하여 즐길 적에 左右 측근이 술에 취하여 실수가 있으면, 고옹이 반드시 알아낸다고 두려워하니, 이 때문에 그들이 감히 감정대로 행동하지 못하였다. 손권 또한 말하기를 "고공이 자리에 있으면 사람(나)으로 하여금 감히 쾌락하지 못하게 한다." 하니, 그가 敬畏를 받음이

72) (卲)〔劭〕: 저본에는 '卲'로 되어 있으나, ≪資治通鑑≫과 ≪御批資治通鑑綱目≫에 의거하여 '劭'로 바로잡았다.

이와 같았다.

雍은 爲人이 寡言하고 擧動이 時當①하니 權이 嘗嘆曰 顧公不言이언정 言必有中이라하니라 至宴樂之際에 左右恐有酒失이면 而雍必見之하니 是以로 不敢肆情하고 權亦曰 顧公在坐에 使人不樂이라하니 其見憚이 如此러라

① 當(합당하다)은 去聲이다.
當, 去聲.

【目】 顧雍이 처음에 尙書令을 겸하고 侯에 봉해지고서 관사로 돌아갔을 적에 집안 식구들이 이 사실을 알지 못했는데, 승상이 되자 등용한 文武官에게 각각 그 재능에 따라 임무를 맡겨서 마음에 주장하거나 주장하지 않음이 없었다. 때로 民間에게까지 자문하여 政務에 마땅한 바가 있으면 번번이 은밀히 아뢰어서, 이것을 임금이 채용하면 上(孫權)에게 功을 돌리고 채용하지 않더라도 끝내 누설하지 않으니, 손권이 이 때문에 그를 소중하게 여겼다.

初領尙書令, 封侯하고 還에 而家人이 不知①러니 及爲相에 所用文武吏를 各隨其能하여 心無適莫②하고 時訪逮民間하여 及政職所宜하면 輒密以聞③하여 用則歸之於上하고 不用이라도 終不宣泄하니 權이 以此重之④러라

① ≪資治通鑑≫에는 "陽遂鄕侯로 봉하였는데 侯에 봉해지고서 관사로 돌아갔을 적에 집안 식구들이 알지 못했다." 하였다. 寺는 官舍이다.
通鑑 "封陽遂鄕侯, 拜侯還寺, 而家人不知." 寺, 官舍也.
② 〈"心無適莫"은〉 ≪論語≫ 〈里仁〉에 "주장함이 없으며 주장하지 않음이 없다." 하였다.[73]
論語 "無適也, 無莫也"
③ 訪은 물음이다. 逮는 미침이다.
訪, 問也. 逮, 及也.
④ 宣은 밝힘이고 선포함이다. 泄은 누설함이다.
宣, 明也, 布也. 泄, 漏也.

【目】 顧雍은 公朝에서 아뢰어 말할 것이 있으면 말소리와 얼굴빛이 비록 순하였으나 지키는 것이 正道였고, 軍國의 得失에 대해서는 임금을 대면하여 뵙는 경우가 아니면 말

73) 論語……하였다 : ≪論語≫ 〈里仁〉에 孔子께서 "君子는 천하의 〈일에〉 있어서 오로지 주장함도 없으며 그렇게 하지 않는다는 것도 없어서, 義를 따를 뿐이다.〔君子之於天下也 無適也 無莫也 義之與比〕" 하였다. 適과 莫은 어떤 일을 지나치게 주장하거나 반대함을 이른다.

하지 않았다.

孫權은 항상 中書郎으로 하여금 고옹에게 가서 자문하게 하였는데, 이때에 만약 일이 시행할 만하면 고옹은 즉시 그와 더불어 반복하여 끝까지 논하고서 그를 위해 술을 진설하여 대접하고, 만약 뜻에 부합하지 않으면 정색을 하고 말을 하지 않으니, 손권이 말하기를 "고공이 기뻐하고 즐거워하였으니 이는 마땅함에 부합한 것이고, 그가 말하지 않은 것은 내 마땅히 거듭 생각해야 한다." 하였다.

其於公朝에 有所陳及이면 辭色雖順이나 而所執者正하고 軍國得失을 非面見이면 不言이라 權이 常令中書郎詣雍하여 有所咨訪①에 若事可施行이면 卽與反覆究論하여 爲設酒食②하고 如不合意면 正色不言하니 權曰 顧公歡悅하니 是事合宜요 其不言者는 孤當重思之③라하니라

① 中書郎은 魏나라에서는 通事郎이라 하였고, 晉나라에서는 中書侍郎이라 하였다.
中書郎, 魏曰通事郎, 晉爲中書侍郎.
② 爲(위하다)는 去聲이니, 아래의 〈"爲其身"과 "爲國"의〉 爲도 같다. 食(먹이다)는 音이 嗣이다.
爲, 去聲, 下同. 食, 音嗣.
③ 重(거듭)은 直用의 切이다.
重, 直用切.

【目】江邊의 장수들이 각각 功을 세워 스스로 나타내고자 해서 便利한 방책을 많이 아뢰어 魏나라를 습격하였는데, 顧雍이 말하기를 "兵法에 작은 이익을 경계하였습니다. 이들은 功名을 바라 자기 몸을 위하고자 하는 것이요 나라를 위하는 것이 아니니, 그 말을 들어서는 안 됩니다." 하자, 孫權이 그의 말을 따랐다.

江邊諸將이 各欲立功自效하여 多陳便宜하여 有所掩襲이어늘 雍曰 兵法에 戒小利하니 此等이 欲邀功名而爲其身이요 非爲國也니 不宜聽이라하니 權이 從之하다

【綱】가을 7월에 丞相 諸葛亮이 雍闓를 토벌하여 참수하고, 마침내 네 郡을 평정하였다.

秋七月에 丞相亮이 討雍闓斬之하고 遂平四郡하다

【目】諸葛亮이 南中에 이르러 주둔해 있는 곳마다 싸워 승리하고, 越嶲(월수)로부터 쳐들어가서 雍闓 등을 참수하였다. 孟獲은 평소 오랑캐와 漢族들에게 복종을 받고

諸葛亮이 孟獲을 일곱 번 사로잡다

있었는데, 남은 무리를 수습하여 제갈량에게 항거하자, 제갈량이 현상금을 내걸어 생포해 오게 하였다. 제갈량은 그를 사로잡은 뒤에 맹획에게 진영 사이를 구경하게 하니, 맹획이 말하기를 "지난번에는 군대의 虛實을 알지 못하였기 때문에 실패하였지만, 지금은 다만 이와 같을 뿐이니 바로 쉽게 승리할 수 있다." 하였다.

제갈량이 이에 풀어주어 그로 하여금 다시 싸우게 해서 일곱 번 풀어주었다가 일곱 번 사로잡았다. 그런데도 제갈량이 다시 맹획을 보내주니, 맹획이 발걸음을 멈추고 떠나가지 않고서 말하기를 "公은 하늘이 내신 위엄입니다. 남중 사람들이 다시는 배반하지 않을 것입니다." 하였다.

亮이 至南中하여 所在戰捷하고 由越巂入하여 斬雍闓等하다 孟獲이 素爲夷, 漢所服이라 收餘衆拒亮이어늘 亮이 募生致之하여 旣得에 使觀於營陳間하니 獲曰 向者에 不知虛實故로 敗러니 今祗如此하니 卽易勝耳라하여늘 乃縱使更戰하여 七縱七禽이로되 而亮猶遣獲하니 獲이 止不去하고 曰 公은 天威也라 南人이 不復反矣라하니라

【目】諸葛亮이 마침내 滇池(전지)에 들어가니, 益州, 永昌, 牂牁, 越巂의 네 郡이 모두 평정되었다. 제갈량이 이곳의 우두머리를 데려다가 〈이곳의 지방관으로〉 즉시 등용하니, 혹자가 이렇게 하지 말도록 간하였다. 이에 제갈량이 다음과 같이 말하였다.

"외부 사람(蜀漢의 관리)을 이곳에 남겨두면 마땅히 兵力을 잔류시켜야 한다. 그런데

병력을 잔류시키면 먹을 것이 없으니, 이것이 첫 번째 쉽지 않은 점이다. 오랑캐가 막 격파되어 父兄들이 죽거나 다쳤다. 그런데 외부 사람을 남겨두되 병력이 없으면 반드시 禍患을 이룰 것이니, 이것이 두 번째 쉽지 않은 점이다. 또 오랑캐가 여러 번 軍將(太守)을 폐위하고 죽인 죄가 있어서 스스로 죄가 무거움을 혐의하고 있다. 그런데 외부 사람을 남겨두면 끝내 서로 믿지 못할 것이니, 이것이 세 번째 쉽지 않은 점이다. 지금 나는 병력을 잔류시키지 않고 식량을 운반해오지 않고서 기강이 대강 정해지고 오랑캐와 漢族이 다소 편안해지게 하려 할 뿐이다."

이에 제갈량은 俊傑인 孟獲 등을 모두 거둬서 官屬으로 삼고, 金과 銀, 丹沙와 漆, 밭 가는 소와 전투하는 말을 내어서 軍國의 비용을 지급하니, 제갈량의 생애를 마치도록 오랑캐가 다시는 배반하지 않았다.

遂入滇池하니 益州, 永昌, 牂牁, 越巂四郡이 皆平①하다 亮이 卽其渠率(거수)而用之하니 或以諫亮②이어늘 亮曰 留外人則當留兵이라 兵留則無所食이니 一不易也요 夷新傷破하여 父兄死喪하니 留外人而無兵이면 必成禍患이니 二不易也요 又夷累有廢殺之罪하여 自嫌釁重이라 留外人이면 終不相信이니 三不易也라 今吾欲使不留兵, 不運粮하고 而綱紀粗定하고 夷漢粗安故耳③라하니라 於是에 悉收其俊傑孟獲等하여 以爲官屬하고 出其金, 銀, 丹, 漆, 耕牛, 戰馬하여 以給軍國之用하니 終亮之世토록 夷不復反하니라

① ≪資治通鑑≫에는 '遂' 위에 '亮'자가 있다. 滇池縣은 益州郡에 속하였으니, 滇池澤은 전지현의 서북쪽에 있다.
通鑑, 遂上有亮字. 滇池縣, 屬益州郡, 滇池澤在縣西北.

② 卽은 나아감이다. 渠는 큼이다. 率는 帥와 같다.
卽, 就也. 渠, 大也. 率, 與(師)〔帥〕[74]同.

③ 粗(대강)는 坐五의 切이다.
粗, 坐五切.

【綱】 겨울 10월에 魏나라 군대가 長江에 임했다가 돌아갔다.

冬十月에 魏師臨江而還하다

【目】 8월에 魏主 曹丕가 水軍을 거느리고 譙郡으로부터 渦水(와수)를 따라 淮水로 들어갔는데, 蔣濟가 물길이 통하기 어렵다고 말하였으나 따르지 않았다.

74) (師)〔帥〕: 저본에는 '師'로 되어 있으나, ≪資治通鑑≫ 註에 의거하여 '帥'로 바로잡았다.

10월에 廣陵의 옛 城에 가서 長江에 임하여 군대의 위엄을 보이니, 병졸이 10여만 명이고 깃발이 수백 리에 이어졌다. 장강을 건너갈 뜻이 있었는데, 吳나라 사람이 군대를 엄격히 통제하여 굳게 수비하였다.

이때 날씨가 매우 추워서 얼음이 얼어 배가 강에 들어갈 수가 없었다. 曹丕는 파도가 크게 일렁이는 것을 보고 탄식하기를 "아! 이는 하늘이 진실로 남쪽과 북쪽을 한계 지은 것이다." 하고는 마침내 돌아갔는데, 吳나라 孫韶 등이 결사적으로 싸우는 병사들을 거느리고 지름길에서 밤에 조비를 요격해서 副車와 깃으로 만든 日傘을 빼앗으니, 이에 戰船 수천 척이 모두 막혀서 움직일 수가 없었다.

八月에 魏主丕以舟師로 自譙循渦入淮①하니 蔣濟言水道難通이라호되 不從하다 十月에 如廣陵故城하여 臨江觀兵②하니 戎卒十餘萬이요 旌旗數百里라 有渡江之志러니 吳人이 嚴兵固守하다 時에 大寒하여 氷이라 舟不得入江이러니 丕見波濤洶湧③하고 嘆曰 嗟乎라 固天所以限南北也로다하고 遂歸어늘 吳孫韶等이 率敢死士하여 於徑路에 夜要丕하여 獲副車羽蓋④하니 於是에 戰船數千이 皆滯不得行이러라

① 渦는 古禾의 切이다. ≪水經≫에 "陰溝水는 河南 陽武縣 浪蕩渠에서 발원하여 동남쪽으로 沛縣에 이르러 渦水가 되고, 와수는 동쪽으로 譙郡을 지나 또 동남쪽으로 下邳의 淮陵縣에 이르러 淮水로 들어간다." 하였다.
渦, 古禾切. 水經"陰溝水, 出河南陽武縣浪蕩渠, 東南至沛, 爲渦水, 渦水東逕譙郡, 又東南至下邳淮陵縣, 入于淮."

② 觀은 보임이다.
觀, 示也.

③ "洶湧"은 물의 형세이다.
洶湧, 水勢也.

④ 孫韶는 본래 姓이 兪氏였는데, 孫策이 그를 사랑하여 孫氏 姓을 하사해서 종친의 족보에 나열하였다. 要(요격하다)는 平聲이다.
孫韶, 本姓兪氏, 孫策愛之, 賜姓爲孫, 列之屬籍. 要, 平聲.

【目】軍事를 의논하는 자들이 군대를 잔류시켜 屯田하고자 하였는데, 蔣濟가 말하기를 "이곳은 동쪽으로 湖水와 가깝고 북쪽으로 淮水에 임하였습니다. 만약 강물이 불어날 때면 賊이 침략하기 쉬우니, 편안히 주둔할 수 없습니다." 하자, 曹丕는 그의 말을 따라 즉시 돌아오고, 배는 장제에게 맡겨두었다.

장제는 땅을 파서 4, 5곳의 수로를 만들고 〈수로에〉 배를 밀어서 모아놓고는 미리 흙

으로 돈대를 만들어서 호수를 막아두었다가 뒤에 있는 배들을 다 끌어들인 후에 막아 놓았던 물을 일시에 터서 회수 가운데로 들어가게 하니, 그제야 배들이 비로소 돌아올 수 있었다.

議者欲留兵屯田이러니 蔣濟以爲東近湖하고 北臨淮하니 若水盛時면 賊易爲寇니 不可安屯이라한대 丕從之하여 即還하고 留船付濟하다 濟鑿地爲四五道하여 蹴船令聚하고 豫作土豚하여 遏斷湖水라가 引後船하여 一時開遏入淮中하여 乃得還①하다

① 豚(돈대)은 徒魂의 切이다. 이 글자는 墩과 통하니, 흙을 쌓아 언덕을 만든 것이다.
豚, 徒魂切. 字通作墩, 加土爲堆也.

【綱】 12월에 吳나라 番陽(파양)의 賊 彭綺(팽기)가 배반하였다.

十二月에 吳番陽賊彭綺反하다

丙午年(226)

【綱】 漢나라(蜀漢) 後主 建興 4년이다.

四年이라

【目】 魏나라 文帝 曹丕 黃初 7년이고, 吳나라 大帝 孫權 黃武 5년이다.

魏黃初七年이요 吳黃武五年이라

【綱】 봄 정월에 中都護 李嚴이 주둔지를 江州로 옮겼다.

春正月에 中都護李嚴이 移屯江州하다

【目】 丞相 諸葛亮이 漢中으로 출병하고자 할 적에 李嚴이 후방의 일을 맡게 되었다. 이엄은 주둔지를 江州로 옮기고 護軍 陳到를 남겨두어 永安에 머물게 하되 이엄에게 소속시켰다.

丞相亮이 欲出軍漢中할새 李嚴이 當知後事라 移屯江州하고 留護軍陳到하여 駐永安而統屬於

嚴하다

【綱】 吳나라가 여러 장수들로 하여금 屯田하게 하였다.

吳令諸將屯田하다

【目】陸遜이 주둔해 있는 곳마다 곡식이 부족하다 하여 表文을 올려서 장수들이 農地를 더욱 넓힐 것을 청하자, 吳王 孫權이 답하기를 "매우 좋다. 우리 父子도 친히 籍田을 경작하여 수레에 딸려 있는 여덟 마리의 소로 짝을 지어 4개의 쟁기를 끌도록 할 것이니, 비록 古人에게는 미치지 못하나 또한 여러 사람들과 수고로움을 같이 하고자 한다." 하였다.

陸遜이 以所在少穀이라하여 表請諸將增廣農畝한대 吳王權이 報曰 甚善하다 孤父子親受田하여 車中八牛로 以爲四耦하리니 雖未及古人이나 亦欲與衆均勞也①로라

① "親受田"은 친히 籍田을 경작하는 것이다. 여덟 마리의 소가 짝을 지어 밭을 가는 것이다. 親受田, 親耕籍田也. 八牛爲耦.

【綱】 魏나라가 執法 鮑勛(포훈)을 죽이고, 將軍 曹洪의 관직을 면직하였다.

魏殺其執法鮑勛하고 **免將軍曹洪官**하다

【目】魏主 曹丕가 太子로 있을 적에 郭夫人의 아우가 죄가 있어 魏郡의 都尉 鮑勛이 治罪하였는데, 조비가 그를 풀어주기를 청하였으나 허락을 받지 못하였다. 조비가 즉위한 뒤에 포훈이 자주 直諫을 하니, 조비가 더욱 분노하였다.

조비가 吳나라를 정벌하고 돌아오다가 陳留의 경계에 군대를 주둔하였는데, 이때 포훈이 治書執法[75]으로 있었다. 陳留太守 孫邕이 포훈의 집을 방문하였는데, 이때 營壘가 아직 완성되지 못하여 길에 표시하는 낮은 담장만을 세워두었다. 손옹이 길을 갈 적에 바른 길을 따르지 않자, 軍營의 令史가 推考하자고 하였는데 포훈은 풀어주고 탄핵하지 않았다. 조비가 이 말을 듣고 詔令을 내리기를 "포훈이 사슴을 가리켜 말이라고 하니, 체포하여 廷尉에게 회부하라." 하였다.

75) 治書執法 : 漢나라 治書侍御使에서 연원하였다. 치서시어사는 律令을 관장하여 옥사의 시비를 평결하였다. 魏나라 때에는 治書執法을 두어서 彈劾을 담당하였다.(≪晉書≫ 〈職官志〉)

정위에서 법조문을 끌어다가 의논하여 五歲刑으로 판결하였는데 三官들이 논박하여 법률대로 벌금을 내게 해야 한다고 주장하니, 조비가 크게 노하여 말하기를 "포훈이 살 명분이 없는데 너희들이 그를 풀어주고자 하니, 삼관 이하를 체포하여 刺姦(척간)76)에게 맡겨서 10마리의 죽은 쥐가 한 구멍에 있는 것처럼 一網打盡해야 한다." 하였다.

魏主丕之爲太子也에 郭夫人弟有罪하여 魏郡都尉鮑勛이 治之어늘 請호되 不能得이러니 及即位에 勛이 數(삭)直諫하니 丕益忿之러라 及伐吳還에 屯陳留界러니 勛이 爲治書執法이라 太守孫邕이 過勛①할새 時營壘未成하여 但立標埒(랄)이러니 邕이 行不從正道②어늘 營令史 欲推之한대 勛이 解止不擧하니 丕聞之하고 詔曰 勛이 指鹿作馬하니 收付廷尉하라 法議하여 正刑五歲③호되 三官이 駁하여 依律罰金④이라하니 丕大怒하여 曰 勛이 無活分이어늘 而汝等이 欲縱之하니 收三官已下하여 付刺姦하여 當令十鼠同穴⑤호리라

① 過(방문하다)는 古禾의 切이다.
過, 古禾切.

② 標는 표함이다. 埒은 음이 劣이니, 낮은 담장이다. 또 길을 경계 짓는 것을 埒이라고 한다.
標, 表也. 埒, 音劣, 庳垣也. 又封道曰埒.

③ "法議"는 법을 인용하여 의논하는 것이다. 正은 판결함이다. 五歲刑은 머리를 깎고 재갈을 물려 城旦舂(아침에 城을 쌓고 온종일 방아를 찧는 형벌)으로 삼는 것이다.
法議, 引法而議也. 正, 結正也. 五歲刑, 髠鉗爲城旦舂.

④ 三官은 廷尉正, 廷尉監, 廷尉平이다. 일설에 三官은 三公이라 한다. 駁은 논박하여 의논함을 이른다.
三官, 廷尉正·監·平也. 一說, 三官, 三公也. 駁, 謂駁議也.

⑤ 分(명분)은 扶問의 切이다. 刺姦은 官名이니, 간악한 자를 검거한다는 뜻이다. "十鼠同穴"은 鮑勛과 三官 이하의 여러 사람들을 모두 죽이되 한곳에서 죽게 하여 10마리의 죽은 쥐를 한 구덩이에 묻는 것처럼 하는 것이다.
分, 扶問切. 刺姦, 官名, 以刺擧姦惡爲義. 十鼠同穴, 謂鮑勛及三官已下諸人皆殺之, 令作一處死, 如十鼠同穴也.

【目】 鍾繇, 華歆, 陳群, 辛毗, 高柔 등이 함께 鮑勛의 아버지 鮑信이 太祖에게 功이 있다고 아뢰어 포훈의 죄를 사면해줄 것을 청하였는데, 황제(曹丕)는 허락하지 않았다. 고유가 고집스레 詔令를 받들지 않자, 조비가 매우 노하여 고유를 尙書臺로 불러내고는 使者를 보내어 포훈을 주살한 뒤에야 고유를 官舍로 돌려보냈다.

76) 刺姦(척간) : 간악한 관리를 감독하는 직책을 말한다. 魏나라에서는 刺奸掾, 刺奸令史, 刺奸主簿 등이 있었다.

鍾繇, 華歆, 陳群, 辛毗, 高柔等이 竝奏勛父信이 有功於太祖라하여 求免勛罪①한대 帝[77]不許라 柔固執不奉詔하니 丕怒甚하여 召柔詣臺②하고 遣使誅勛然後에 遣柔還寺③하다

① 漢 獻帝 初平 3년(192)에 鮑信이 濟北相으로 있으면서 曹操를 맞이하여 兗州牧을 겸하게 하였는데, 黃巾賊이 경내로 들어오자 조조가 포신과 함께 전쟁터를 순행하다가 갑자기 적을 만났다. 이에 포신이 결사적으로 싸워서 조조를 구원하여, 조조는 겨우 포위망을 뚫고 나왔으나 포신은 마침내 죽었다.
漢獻帝初平三年, 信爲濟北相, 迎曹操, 領兗州, 黃巾賊入界, 操與信行戰地, 卒與賊遇. 信殊死戰, 以救操, 操僅得潰圍出, 信遂沒.

② 〈"詣臺"는〉 尙書臺로 불러낸 것이다.
召詣尙書臺也.

③ 寺는 官舍이다.
寺, 官舍也.

【目】 票騎將軍 曹洪은 집안이 부유하였으나 인색하였다. 曹丕가 東宮으로 있을 적에 일찍이 그에게 비단을 빌렸으나 뜻에 흡족하지 못하였다. 이때에 이르러 조홍의 집에 머물던 客이 법을 범했다 하여 조홍을 下獄하여 死刑에 해당시키니, 여러 신하들이 구제할 길이 없었다.

卞太后가 황제를 책망하기를 "梁, 沛의 사이에 子廉(曹洪)이 아니었으면 금일이 없었을 것이다." 하고, 또다시 郭后에게 이르기를 "조홍이 오늘 죽으면 내 명일에 황제에게 勅令을 내려 너를 폐출하게 할 것이다." 하였다. 이에 곽후가 울면서 청하여 마침내 조홍의 官職을 면직하고 領土와 爵位를 삭탈하였다.

票騎將軍曹洪이 富而吝이러니 丕在東宮에 嘗從貸絹호되 不稱意러라 至是하여 以舍客犯法이라하여 下獄當死하니 群臣이 救莫能得이러니 卞太后責帝曰 梁, 沛之間에 非子廉이면 無今日①이라하고 又謂郭后曰 洪이 今日死면 吾明日에 勅帝廢汝호리라 於是에 郭后泣請하여 乃得免官하고 削土爵하다

① 子廉은 曹洪의 字이다. 曹洪이 武帝를 위험에서 탈출시킨 일은 漢 獻帝 初平 원년(190)에 보인다.[78]

---

77) 帝 : ≪資治通鑑綱目≫의 綱에서는 正統을 蜀漢에 주어 '帝'는 오직 昭烈帝 劉備와 後主 劉禪을 가리키고, 曹丕는 魏主로 표기하였는바, ≪자치통감강목≫의 綱에서는 正統에 입각하여 철저하게 이를 따른 것이다. 그러나 目에서는 이를 다 따르지 못한 부분이 자주 보이는바, 아래의 卞太后 '責帝'와 '勅帝'도 모두 그러하다. 독자들이 참작하기 바란다.

78) 曹洪이……보인다 : 曹操가 滎陽에서 董卓의 장수 徐榮과 싸우다가 패하고 流矢를 맞고 타던 말도 부상을 당했는데, 이때 曹洪이 자신의 말을 내주어 밤중에 도망해온 일을 가리킨 것으로, 思政殿訓

子廉, 洪字. 洪脫武帝事, 見獻帝初平元年.

【綱】 여름 5월에 魏主 曹丕가 卒하였다.

夏五月에 **魏主丕卒**①79)하다

① 享年이 40세였다.
壽, 四十.

【目】 처음에 郭后에게 아들이 없었다. 魏主 曹丕가 어머니로 하여금 平原王 曹叡를 기르도록 하였는데, 조예의 어머니가 주살을 당하였으므로 그를 세워 後嗣로 삼지 못하였다. 조예는 곽후를 매우 조심하여 섬겼고, 곽후 또한 그를 사랑하였다.

조비가 조예와 함께 사냥할 적에 새끼와 있는 어미 사슴을 보고 어미를 쏘아 잡은 뒤에 조예에게 명하여 그 새끼를 쏘게 하였다. 조예가 울며 말하기를 "陛下께서 이미 그 어미를 죽이셨으니, 臣은 차마 또다시 그 새끼마저 죽일 수가 없습니다." 하니, 조비는 활과 화살을 놓고 그를 측은하게 여겼다.

조비는 이때 병이 위독하자, 조예를 세워 太子로 삼고 中軍大將軍 曹眞과 鎭軍 陳群과 撫軍 司馬懿를 불러서 함께 遺詔를 받아 政事를 보필하게 하고 卒하였다.

태자 조예가 즉위하여 皇太后를 높여 太皇太后라 하고, 皇后를 皇太后라 하고, 甄夫人을 追謚하여 文昭皇后라 하고, 文帝를 首陽陵에 장사하고 廟號를 世祖라 하였다.

初에 **郭后無子**라 **魏主丕使母養平原王叡**러니 **叡母被誅故**로 **未建爲嗣**하다 **叡事后甚謹**하고 **后**

義 ≪資治通鑑綱目≫ 제12권 하에 보인다.

79) 魏主丕卒 : "魏主에게 '卒'이라고 쓴 것은 어째서인가. 漢나라(蜀漢)를 높인 것이니, 漢나라(蜀漢)가 망한 뒤에야 비로소 '吳主殂'라고 썼다.
賀善의 贊에 말하였다. '魏나라 文帝는 曹操의 뒤를 이어 즉위한 지 한 달이 넘어 「그 아우들을 보내어 모두 封國으로 나아가게 하였다.」라고 씀에 兄弟간의 은혜가 박해졌고, 계절이 지나 「군사와 父老들에게 크게 연향을 베풀었다.」라고 씀에 부자간의 天倫이 없어졌으며, 이해 겨울에 「황제를 칭하고 황제를 폐위하였다.」라고 씀에 군신간의 綱常이 끊어졌고, 이듬해 「夫人 甄氏를 죽였다.」라고 씀에 부부간의 義理가 무너졌으며, 또 「宮室을 경영하였다.」「凌雲臺를 쌓았다.」「진귀한 물건을 요구하였다.」「鮑勛을 죽였다.」라고 써서 7년 사이에 失德한 일이 이어졌다. 이 때문에 당시에 「크게 蟲害가 있어 飢饉이 들었다.」라고 쓰고, 「홍수가 졌다.」라고 쓴 것이 유독 魏나라에만 보이니, 비록 그가 능히 孔羨을 宗聖侯로 봉하고 太學을 세웠으나, 아름다운 옥이 하자를 감출 수 없는 것과 같다.'〔主書卒 何 尊漢也 至漢亡而後 始書吳主殂 賀善贊曰 魏文嗣立 踰月而書遣其弟等皆就國 而兄弟之恩薄 踰時而書大饗軍士父老 而父子之天滅 是冬而書稱帝廢帝 而君臣之綱絶 明年而書殺夫人甄氏 而夫婦之義虧 而又書營宮室 築凌雲 求珍物 殺鮑勛 七年之中 失德相望 是以當時書大蝗饑 書大水 獨魏見之 雖能封宗聖立太學 瑜不掩瑕矣〕" ≪書法≫

亦愛之러라 丕與叡獵할새 見子母鹿하고 旣射其母하고 命叡射其子한대 叡泣曰 陛下已殺其母하시니 臣不忍復殺其子하노이다 丕釋弓矢하고 爲之惻然이러니 及是疾篤에 立爲太子하고 召中軍大將軍曹眞, 鎭軍陳群, 撫軍司馬懿하여 竝受遺詔하여 輔政而卒하다 太子叡卽位하여 尊皇太后曰太皇太后라하고 皇后曰皇太后라하고 追謚甄夫人曰文昭皇后라하고 葬文帝於首陽陵하고 廟號世祖①라하다

① 曹丕를 首陽山에 장사하고는 인하여 首陽陵이라고 이름한 것이다.
葬於首陽山, 因以名陵.

【目】 陳壽가 다음과 같이 평하였다.[80)]

"文帝는 붓을 잡으면 문장을 이루었고 博覽하고 强記(잘 기억함)하였으니, 만약 廣大한 度量을 키우고 공평한 誠心을 힘써서 道를 보존함에 멀리 뜻을 두어 능히 덕스러운 마음을 넓혔더라면, 옛날의 어진 군주와의 거리가 어찌 멀겠는가."

陳壽曰① 文帝下筆成章하고 博聞强識(지)하니 若加曠大之度하고 勵公平之誠하여 邁志存道하여 克廣德心이런들 則古之賢主 何遠之有②리오

① 陳壽는 晉나라 巴西 安漢 사람이니, ≪三國志≫를 편찬하였다.
壽, 晉巴西安漢人, 撰三國志.
② 邁는 멂이다.
邁, 遠也.

【目】 처음에 太子(曹叡)가 東宮에 있을 적에 조정의 신하와 사귀지 않고 政事에 대해 묻지 않고서 오직 침잠하여 書籍을 연구하니, 즉위한 뒤에 여러 신하들이 그의 풍채를 사모하였다. 며칠 뒤에 홀로 侍中 劉曄을 만나 하루 종일 말하였는데, 유엽이 나오자 어떤 이가 "어떠한가?"라고 물으니, 유엽이 대답하기를 "秦 始皇과 漢 武帝의 무리로 재주가 전체를 갖추었으나 미약하여 미치지 못할 뿐이다." 하였다.

○ 初에 太子在東宮에 不交朝臣하고 不問政事하고 惟潛思書籍하니 卽位後에 群臣이 想聞風采러라 居數日에 獨見侍中劉曄하여 語盡日이라 曄이 出에 或問何如오한대 曰 秦皇, 漢武之儔로 才具微不及耳①라하니라

① 〈"才具微不及"은〉 ≪孟子≫ 〈公孫丑 上〉에 "전체를 갖추었으나 미약했다."라고 하였다.[81)]

80) 陳壽……평하였다 : 이 내용은 ≪三國志≫ 〈魏書 文帝〉 卒記에 보인다.

孟子 "具體而微."

【目】曹叡가 정사를 보던 초기에 陳群이 첫 번째로 다음과 같이 상소하였다.

"신하들이 附和雷同하여 옳고 그름을 서로 은폐하는 것은 진실로 나라의 큰 근심입니다. 그러나 만약 신하들이 화목하지 않으면 원수와 黨이 생겨서 훼방과 칭찬이 실정을 잃게 되니, 두 가지를 깊이 살피지 않으면 안 됩니다."

涖政之始에 陳群이 首上疏曰 臣下雷同하여 是非相蔽는 固國之大患이라 然이나 若不和睦이면 則有讐黨而毁譽失實하니 二者를 不可不深察也니이다

【綱】가을 8월에 吳王 孫權이 魏나라 江夏를 포위하였으나 이기지 못하였다.

秋八月에 吳王權이 圍魏江夏러니 不克하다

【目】吳王 孫權이 魏나라에 國喪이 났다는 소문을 듣고는 직접 군대를 거느리고 江夏를 공격하였는데, 江夏太守 文聘이 굳게 수비하였다. 魏나라 조정에서는 군대를 징발하여 구원할 것을 의논하였는데, 魏主 曹叡가 말하기를 "손권은 水戰에 익숙한데 지금 감히 육지에서 공격하니, 이는 우리가 대비하지 않은 틈을 타서 기습하려는 것이다. 그런데 이미 문빙과 서로 대치하고 있으니, 공격과 수비는 형세가 갑절의 차이가 난다. 그는 끝내 감히 오래 있지 못할 것이다." 하였는데, 얼마 있지 않아 손권이 과연 후퇴하였다.

吳王權이 聞魏喪하고 自將攻江夏한대 太守文聘이 堅守①라 魏朝議欲發兵救之한대 魏主叡曰 權이 習水戰이로되 今敢陸攻者는 冀掩不備也라 已與聘相拒하니 攻守勢倍라 終不敢久라하더니 未幾에 果退하다

① 文聘이 이때 石陽에 주둔하고 있었다.
聘時屯石陽.

【綱】吳나라가 襄陽을 공격하니, 魏나라의 撫軍 司馬懿가 격파하였다.

吳攻襄陽하니 魏撫軍司馬懿擊破之하다

---

81) 孟子……하였다 : ≪孟子≫ 〈公孫丑 上〉에 "子夏, 子游, 子張은 모두 聖人(孔子)의 한 지체를 가졌고 冉牛, 閔子騫, 顔淵은 그 전체를 갖추었으나 미약했다.〔子夏子游子張 皆有聖人之一體 冉牛閔子顔淵 則具體而微〕"라고 보인다.

【綱】 겨울에 吳王 孫權이 陸遜과 諸葛瑾으로 하여금 법조문을 가감하게 하였다.

◑ 冬에 吳王權이 令陸遜, 諸葛瑾으로 損益科條하다

【目】 吳나라 陸遜이 便宜를 아뢰어 吳王 孫權에게 德을 베풀고 형벌을 늦추며 부세를 너그럽게 하고 調發(징발)을 그치게 할 것을 권하자, 이에 손권이 有司로 하여금 법률을 다 쓰게 하여 郎中 褚逢으로 하여금 이것을 가지고 陸遜과 諸葛瑾에게 찾아가 마음에 온당치 않게 여기는 것을 가감하게 하였다.

吳陸遜이 陳便宜하여 勸吳王權하여 以施德緩刑, 寬賦息調한대 於是에 權이 令有司로 盡寫科條하여 使郎中褚逢으로 齎以就遜及諸葛瑾하여 意所不安을 令損益之하다

【綱】 魏나라가 處士 管寧을 불렀는데, 오지 않았다.

魏徵處士管寧이러니 不至하다

【目】 管寧이 遼東에 있은 지 37년에 魏主 曹丕가 부르자 마침내 배를 타고 서쪽으로 돌아갔고, 太中大夫로 삼았는데 받지 않았다.

이때에 華歆이 太尉가 되자 자신의 지위를 관녕에게 사양하니 〈황제(曹叡)가〉 허락하지 않았고 관녕을 불러 光祿大夫를 삼고 靑州에 명하여 安車와 따르는 관리들을 주어 禮를 갖춰 데려오게 하였는데, 관녕이 또다시 오지 않았다.

寧이 在遼東三十七年에 魏主丕徵之한대 乃浮海西歸어늘 以爲太中大夫하니 不受러라 至是하여 華歆이 爲太尉하여 讓位於寧하니 不許하고 徵爲光祿大夫하고 勅靑州하여 給安車吏從하여 以禮發遣이러니 寧이 復不至①하다

① 管寧은 北海 朱虛 사람이니, 靑州의 관내이다. 從(따르다)은 才用의 切이다.
寧, 北海朱虛人, 靑州所部. 從, 才用切.

【綱】 吳나라 呂岱가 交趾太守 士徽를 유인하여 죽였다.

吳呂岱誘交趾守士徽하여 殺之하다

【目】 吳나라 交趾太守 士燮이 卒하니, 吳王 孫權이 사섭의 아들 士徽로 九眞太守를 맡게

하고 校尉 陳時로 사섭을 대신하게 하자, 사휘가 스스로 교지태수가 되고 군대를 일으켜 항거하였다.

交州刺史 呂岱가 3천 명의 군대를 감독해서 바다를 건너 사휘을 토벌하고, 사섭의 아우의 아들(조카) 士輔를 師友의 禮로 우대하는 從事로 삼아서 사휘에게 가서 설득하게 하였다. 사휘가 그의 형제 여섯 사람을 데리고 와서 항복하였는데 여대가 모두 참수하였다. 또 從事官을 보내 남쪽 지방에 위엄스러운 명령을 펴니, 변방 밖의 扶南과 林邑의 여러 왕이 각각 使者를 吳나라에 들여보내 공물을 바쳤다.

吳交趾太守士燮이 卒하니 吳王權이 以其子徽로 領九眞太守하고 而以校尉陳時로 代燮한대 徽自署交趾太守하고 發兵拒之라 交州刺史呂岱 督兵三千하여 浮海討徽하고 以燮弟子輔로 爲師友從事하여 遣往說(세)徽[①]한대 徽率其兄弟六人出降이어늘 岱皆斬之하다 又遣從事하여 南宣威命하니 徼外扶南, 林邑諸王이 各遣使入貢於吳[②]하다

① "師友從事"는 從事로 임명하여 師友의 禮로 대우한 것이다.
師友從事者, 署爲從事, 而待以師友之禮.

② 扶南國은 바다의 큰 굽이 가운데에 있으니, 북쪽으로 日南과의 거리가 7천 리이다. 林邑國은 본래 漢나라의 象林縣의 땅으로, 땅이 바로 交趾와 맞닿아 있는데 바닷길로 3천 리이다.
扶南, 在海大灣中, 北距日南七千里. 林邑國, 本漢象林縣地, 直(치)交趾, 海行三千里.

【目】 孫盛이 다음과 같이 평하였다.

"먼 나라를 회유하고 가까운 나라를 길들이는 것은 信義보다 더 좋은 것이 없는데, 呂岱가 항복한 사람들을 죽여 功을 세우고자 하였으니, 君子가 이 때문에 呂氏가 길게 이어가지 못할 줄 알았다."

孫盛曰 柔遠能邇는 莫善於信이어늘 呂岱殺降以要功하니 君子是以知呂氏之不延也하니라

丁未年(227)

【綱】 漢나라(蜀漢) 後主 建興 5년이다.

五年이라

【目】 魏나라 明帝 曹叡 太和 원년이고, 吳나라 大帝 孫權 黃武 6년이다.

魏明帝曹叡太和元年이요 吳黃武六年이라

【綱】 봄 정월에 吳나라가 彭綺를 토벌하여 사로잡았다.

春正月에 **吳討彭綺**하여 **禽之**하다

【目】 처음에 彭綺가 스스로 말하기를 "魏나라를 위하여 吳나라를 토벌하겠다."라고 하니, 의논하는 자들은 "이로 인하여 吳나라를 토벌하면 반드시 승리할 것입니다." 하였다. 魏主가 中書令 孫資에게 묻자, 손자가 다음과 같이 대답하였다.

"番陽(파양)의 宗人이 의병을 일으킨 경우가 여러 번 있었으나 병력이 약하고 계책이 부족하여 곧바로 패망하였습니다. 옛날 文皇(曹丕)이 일찍이 賊의 형세를 은밀히 논하여 말씀하기를 '우리가 洞浦에서 적군 만 명을 죽이고 선박 천 척을 얻었으나 며칠 사이에 저들의 뱃사람들이 다시 모였고, 江陵이 우리에게 포위된 지 한 달이 넘었는데 孫權이 겨우 천수백 명의 병력으로 東門에 주둔하였으나 그 영토가 무너지고 와해되지 않았으니, 이는 吳나라에 法禁이 있어서 上下가 서로 유지하고 있다는 분명한 증험이다.' 하셨습니다. 이로써 팽기를 추측하건대, 그는 손권에게 치명적인 근심거리가 될 수 없습니다."

이때에 이르러 과연 팽기가 패하였다.

初에 綺自言爲魏討吳[①]라하니 議者以爲因此伐吳면 必克이리이다 魏主以問中書令孫資한대 資曰 番陽宗人이 數(삭)有擧義者로되 衆弱謀淺하여 旋輒乖敗[②]하니이다 昔에 文皇이 嘗密論賊形勢하여 言洞浦殺萬人하고 得船千數로되 數日間에 船人復會[③]하고 江陵이 被圍歷月에 權이 裁以千數百兵으로 住東門이로되 而其土地無崩解者는 是有法禁하여 上下相維之明驗也[④]라하시니이다 以此推綺컨대 未能爲權腹心大疾이라하더니 至是하여 果敗하다

① 爲(위하다)는 去聲이다.
爲, 去聲.

② 宗人은 宗賊(宗人들을 위주로 결성된 도적)과 같다.
宗人, 猶宗賊也.

③ "殺萬人"은 魏나라 군대가 吳나라 사람을 죽임을 이른다.
殺萬人, 謂魏兵殺吳人.

④ 裁(겨우)는 纔와 같다. "崩解"는 흙이 무너지고 기왓장이 부서짐을 이른다. "相維"는 서로 유

지함이다.

裁, 與纔同. 崩解, 謂土崩瓦解也. 相維, 相維持也.

【綱】 2월에 魏나라가 크게 宮室을 경영하였다.

二月에 魏大營宮室[82]하다

【目】 魏나라 司徒 王朗이 鄴城에 갔다가, 백성들이 빈곤한데 魏主 曹叡가 한창 宮室을 경영하는 것을 보고는, 상소하여 다음과 같이 간하였다.

"옛날 大禹는 천하의 근심을 구제하고자 하여 궁실을 낮게 하고 음식을 검소하게 하셨고,[83] 句踐은 禦兒의 국경을 넓히고자 하여 또한 자기 몸을 단속하여 그 집안에까지 미쳤고 자기 집안을 단속하여 그 나라에까지 미쳤으며, 漢 文帝는 先朝의 基業을 넓히고자 하여 露臺를 파하고 弋綈(거친 명주옷)를 입었고,[84] 霍去病은 中等의 재주를 지닌 장수인데도 오히려 匈奴를 멸망시키지 못했다고 하여 집을 다스리지 않았으니,[85] 먼 곳을 근심하는 자는 가까운 곳을 소략하게 하고 밖을 일삼는 자는 안을 간략하게 함을 밝힌 것입니다.

지금 建始殿의 앞은 朝會하는 신하들을 진열하기에 충분하고 崇華殿의 뒤는 內宮의 여인을 서열하기에 충분하며, 華林園과 天淵池는 놀고 잔치하는 자리를 펴기에 충분하

---

82) 魏大營宮室 : "曹氏가 나라를 얻은 이후 曹丕가 처음 '洛陽에 가서 宮室을 경영하였다.'라고 썼고, 曹叡가 이어서 '크게 궁실을 경영하였다.'라고 썼다. 父子의 처음 政事가 이와 같으니, 또한 후손에게 물려준 계책이 잘못되었음을 충분히 알 수 있다. 비록 오랫동안 그 나라를 소유하고자 하나 될 수 있겠는가.〔曹氏自得國以來 丕始書如洛陽營宮室 叡繼書大營宮室 父子初政如此 亦足以知詒謀之謬矣 雖欲久有其國 得乎哉〕" ≪發明≫

83) 大禹는……하셨고 : ≪論語≫ 〈泰伯〉에 孔子가 禹王을 찬미한 말씀으로 "禹王은 내 비난할 데가 없으시다. 평소 飮食은 간략하게 하면서도 〈祭祀에는〉 鬼神에게 孝道를 다하시고, 衣服은 검소하게 하면서도 黻·冕의 祭服에는 아름다움을 다하시고, 宮室은 낮게 하면서도 〈백성을 위한〉 治水 사업에는 힘을 다하셨으니, 우왕은 내 비난할 데가 없으시다.〔禹吾無間然矣 菲飮食而致孝乎鬼神 惡衣服而致美乎黻冕 卑宮室而盡力乎溝洫 禹吾無間然矣〕"라고 보인다.

84) 漢……입었고 : 漢 文帝가 露臺를 짓기 위해 목수에게 비용을 계산하도록 하였는데, 노대 하나의 비용이 중산층 열 집의 재산과 맞먹는 것을 알고 先帝가 남긴 궁실을 그대로 사용하고 누대를 짓지 않았다. 또한 弋綈로 만든 질박한 옷을 항상 입었고 총애하던 愼夫人에게도 땅에 끌릴 정도로 긴 옷은 입지 못하게 하는 등 늘 검약을 실천하였다.(≪史記≫ 〈孝文本紀〉)

85) 霍去病은……않았으니 : 霍去病은 漢 武帝 때 匈奴를 여러 차례 정벌하여 큰 공훈을 세웠던 장군인데, 무제가 그를 위해 집을 지어주려 하자, 곽거병이 말하기를 "흉노를 멸망시키지 못했으니, 집을 장만할 수 없습니다.〔匈奴不滅 無以家爲也〕"라고 하였다.(≪漢書≫ 〈衛青霍去病傳〉)

니, 마땅히 먼저 象魏를 만들고 城池(성벽과 해자)를 수리할 것이요, 나머지는 모두 접어 두고 오로지 밭 갈고 농사짓는 것에 부지런히 힘쓰고 武備를 익히는 것을 일삼으시면, 백성들이 번성해지고 군대가 강해져서 적과 오랑캐가 귀순할 것입니다."

魏司徒王朗이 **如鄴**이라가 **見百姓貧困**이어늘 **而魏主叡方營宮室**하고 **上疏諫曰 昔**에 **大禹欲拯天下之患故**로 **卑宮儉食**하시고 **句踐**이 **欲廣禦兒之疆**하여 **亦約其身以及家**하고 **儉其家以及國**①하며 **漢文**이 **欲恢祖業故**로 **罷露臺**, **衣弋綈**(익제)하고 **霍去病**은 **中才之將**이로되 **猶以匈奴未滅**이라하여 **不治第宅**하니 **明卹遠者略近**하고 **事外者簡內也**②니이다 **今建始之前**이 **足列朝會**하고 **崇華之後 足序內宮**하고 **華林**, **天淵**이 **足展游宴**③하니 **宜且先成象魏**, **修城池**④요 **餘悉罷**하고 **專以勤耕農**, **習戎備爲事**하시면 **則民充兵强而寇戎賓服矣**리이다

① ≪國語≫ 〈越語 上〉에 "越王 句踐이 이미 吳나라와 화평을 하여 그 영토가 북쪽으로 禦兒에 이르렀는데, 구천은 자신이 심은 곡식이 아니면 먹지 않고 자기 부인이 짠 것이 아니면 입지 않아, 10년 동안 나라에서 세금을 거두지 않고 끝내 吳나라에 보복했다." 하였다. 禦兒는 吳나라와 越나라의 경계가 나뉘는 곳이다.
國語 "句踐旣獲成於吳, 其地北至于禦兒, 非其身之所種則不食, 非其夫人之所織則不衣, 十年不收於國, 卒以報吳." 禦兒, 吳・越分界之所.

② 卹는 근심함이다.
卹, 憂也.

③ 建始와 崇華 두 궁전은 모두 洛陽의 北宮에 있다. 華林은 동산의 이름이고, 天淵은 연못의 이름이다.
建始・崇華二殿, 皆在洛陽北宮. 華林, 園名. 天淵, 池名.

④ 象魏는 觀闕(왕궁 문앞 양쪽에 세운 누대로 여기에 敎令을 내걸었음)이다. 象은 法象[86]이고, 魏는 高巍(높음)이다.
象魏, 觀闕也. 象者, 法象也. 魏者, 高巍也.

【綱】 3월에 丞相 諸葛亮이 諸軍을 거느리고 나가 漢中에 주둔하여 中原을 도모하였다.

三月에 **丞相亮**이 **率諸軍**하여 **出屯漢中**하여 **以圖中原**[87]하다

---

86) 法象 : 죄인을 다스리는 모습의 法을 이른다. ≪周禮≫ 〈天官 太宰〉에 "정월 초하루 날씨가 처음 온화하면 다스리는 법을 여러 諸侯國의 都鄙에 반포하여 죄인을 다스리는 모습의 법을 象魏에 매달아 萬民들로 하여금 이 모습을 보게 했다.〔正月之吉 始和 布法于邦國都鄙 乃縣治象之法于象魏 使萬民觀治象〕"라고 보인다. 都鄙는 도시와 시골을 이른다.

87) 丞相亮……以圖中原 : "劉繽이 일어남에 '帝室을 흥복시키려 하였다.'라고 쓴 것은 특별히 쓴 것이

【目】 諸葛亮이 諸軍을 이끌고 북쪽으로 漢中에 주둔하고 長史 張裔와 參軍 蔣琬으로 하여금 남아 丞相府의 일을 다스리게 하였다. 제갈량은 출발에 앞서 다음과 같이 상소하였다.

"先帝께서 創業을 절반도 이루기 전에 중도에 崩殂(승하)하시고, 이제 천하가 셋으로 나뉘었는데 우리 益州가 피폐하니, 이는 진실로 국가가 위급하여 존재하느냐 멸망하느냐 하는 시기입니다. 그러나 侍衛하는 신하들이 안(조정)에서 게을리하지 않고, 충성스러운 마음을 품은 군사들이 밖(외지)에서 자기 몸을 잊고 있는 것은 선제의 특별한 대우를 추모하여 폐하에게 보답하고자 해서입니다. 폐하께서는 진실로 聖聽(군주의 귀)을 열고 펴시어

諸葛亮이 出師表를 올리다

다. 그런데 여기에서 '中原을 도모하였다.'라고 특별히 썼으니, 諸葛亮이 적을 토벌하고 나라를 회복하려 한 것을 인정한 것이다. 이로부터 제갈량이 魏나라를 다섯 번 정벌함에 반드시 '丞相' 또는 '右將軍'이라고 썼으니, 그를 인정한 것이다.〔劉績之起 書日興復帝室 特筆也 於是特書日以圖中原 其予亮以討復之義矣 自是亮五伐魏 必書丞相若右將軍 予之也〕" ≪書法≫

"諸葛亮은 劉備가 세 번 찾아가 세상에 나온 뒤로부터 험한 일을 겪으면서 昭烈을 좌우에서 모셨는데, 얼마 되지 않아 遺詔를 받아 정사를 보필하였다. 비록 남쪽 오랑캐를 평정했다고 하였으나 漢室의 王業을 회복하지 못하고 나라의 賊을 肅淸하지 못했으니, 진실로 응당 때를 틈타 進取해야 하였다. 지금 大軍을 직접 거느리고서 북쪽으로 漢中에 주둔하여 장차 국경을 關中과 洛陽으로 넓힐 것을 계획해서 예전의 강토를 회복하려고 하였으니, 그 뜻이 어찌 구차하게 한 모퉁이에서 편안하고자 할 뿐이었겠는가. ≪資治通鑑綱目≫에서 '丞相 諸葛亮이 여러 군대를 거느리고 나가 漢中에 주둔하여 中原을 도모하였다.'라고 썼으니, 이를 읽음에 그 正大한 기상이 늠름하여 아직도 생기가 남아 있어 의로운 명성이 천지 사이에 가득하다.〔亮自三顧而出之後 間關跋履 左右昭烈 未幾受遺輔政 雖日平定南夷 然漢業未復 國賊未淸 固當乘時進取 今焉身率大軍 北駐漢中 將以規恢關洛 克復舊物 其志豈肯苟安一隅而已 綱目書丞相亮率諸軍 出屯漢中 以圖中原 其正大氣象 讀之凜凜 猶有生意 義聲充滿於天地之間矣〕" ≪發明≫

선제의 遺德을 빛내시고 志士들의 사기를 넓히실 것이요. 망령되이 스스로 菲薄(자신을 하찮게 여김)하여 비유함에 本義를 잃어서 忠諫하는 길을 막아서는 안 될 것입니다.

亮이 率諸軍하여 北駐漢中하고 使長史張裔와 參軍蔣琬으로 統留府事하다 臨發에 上疏曰 先帝創業未半而中道崩殂하시고 今天下三分에 益州疲敝하니 此誠危急存亡之秋也라 然이나 侍衛之臣이 不懈於內하고 忠志之士 忘身於外者는 蓋追先帝之殊遇하여 欲報之於陛下也니이다 誠宜開張聖聽하사 以光先帝遺德하고 恢弘志士之氣요 不宜妄自菲薄하여 引喩失義하여 以塞忠諫之路也①니이다

① 菲(박하다)는 敷尼의 切이니, "菲薄"은 하찮게 여김이다.
菲, 敷尼切. 菲薄, 微薄也.

【目】宮中과 府中(丞相府)이 함께 일체가 되어야 하니, 잘하는 사람을 승진시키고 잘못하는 사람을 벌주는 것을 차별하여 달리해서는 안 됩니다. 만일 부정한 일을 저질러 법조문을 범한 자와 忠善한 일을 한 자가 있으면, 마땅히 有司에게 맡겨서 형벌과 상을 논하여 폐하의 공평하고 분명하신 다스림을 밝혀야 할 것이요, 편벽되고 사사로이 하여 內外(宮中과 府中)로 하여금 법을 달리하게 해서는 안 될 것입니다.

宮中, 府中이 俱爲一體니 陟罰臧否(장비)를 不宜異同①이라 若有作姦犯科와 及爲忠善者②어든 宜付有司하여 論其刑賞하여 以昭陛下平明之理요 不宜偏私하여 使內外異法也니이다

① 府中은 丞相府이다.
府中, 蓋丞相府也.
② 科는 법조문이다.
科, 律條也.

【目】侍中과 侍郎인 郭攸之, 費禕(비위), 董允 등은 모두 어질고 성실하여 志慮가 충성스럽고 순수합니다. 이 때문에 先帝께서 선발하시어 폐하에게 물려주셨으니, 어리석은 臣은 생각하건대 宮中의 일은 대소를 막론하고 모두 이들에게 자문하신 연후에 시행하시면 반드시 폐하의 闕漏(부족한 점)를 보충하여 더욱 유익하게 하는 바가 있을 것입니다.

장군 向寵(상총)은 성품과 행실이 착하고 공평하며 軍事를 잘 알아서, 예전에 先帝께서 試用하시고는 그를 '능하다.'고 칭찬하셨습니다. 이 때문에 衆議로 상총을 천거하여

都督으로 삼았으니, 어리석은 臣은 생각하건대 營中의 일은 모두 그에게 자문하신다면, 반드시 行陣(항진)이 화목하고 人物의 優劣이 제자리를 얻을 것입니다.

侍中侍郎郭攸之, 費禕, 董允等①은 此皆良實하여 志慮忠純이라 是以로 先帝簡拔하사 以遺陛下하시니 愚以爲宮中之事는 事無大小히 悉以咨之然後施行하시면 必能裨補闕漏하여 有所廣益하리이다 將軍向寵은 性行淑均하고 曉暢軍事하여 試用於昔日에 先帝稱之曰能이라하사 是以로 衆議擧寵爲督②하니 愚以爲營中之事는 悉以咨之하시면 必能使行陳和睦하고 優劣得所③리이다

① 당시에 郭攸之와 費禕는 侍中이 되었고, 董允은 黃門侍郎이 되었다. 禕는 音이 暉이다.
時攸之・禕爲侍中, 允爲黃門侍郎. 禕, 音暉.

② 督은 大將을 이른다.
督, 謂大將.

③ 行(항오)은 胡郎의 切이다. 陳(진영)은 陣으로 읽는다.
行, 胡郎切. 陳, 讀曰陣.

【目】 賢臣을 가까이하고 소인을 멀리함은 先漢(漢의 先代)이 융성했던 이유이고, 소인을 가까이하고 현신을 멀리함은 後漢(漢의 後代)이 기울고 패망한 이유입니다. 先帝께서 생존해 계실 적에 臣과 이 일을 논할 때마다 일찍이 桓帝와 靈帝에 대하여 탄식하고 통한으로 여기지 않으신 적이 없었습니다.

侍中尙書인 陳震과 長史參軍인 蔣琬은 모두 곧고 성실하여 충절에 죽을 수 있는 신하들이니, 원컨대 폐하께서 이들을 가까이하시고 신임하시면 漢室의 융성함을 날짜를 꼽아 기다릴 수 있을 것입니다.

親賢臣, 遠小人은 此先漢所以興隆也요 親小人, 遠賢臣은 此後漢所以(頹傾)〔傾頹〕[88]也라 先帝在時에 每與臣論此事에 未嘗不嘆惜痛恨於桓, 靈也니이다 侍中尙書, 長史參軍은 此悉端良死節之臣이니 願陛下親之信之하시면 則漢室之隆을 可計日而待也①리이다

① 侍中尙書는 陳震을 이르고, 長史參軍은 蔣琬을 이른다. 이 두 사람은 모두 諸葛亮이 進用한 사람인데, 出師한 뒤에 황제가 등용하지 않을까 염려되었으므로 이들을 부탁한 것이다.
侍中尙書, 謂陳震. 長史參軍, 謂蔣琬也. 此二人皆亮所進用, 出師後, 恐帝不能用, 故屬之.

【目】 臣은 본래 布衣(평민)로서 몸소 南陽 땅에서 농사를 지어 난세에 구차하게 性命(생명)을 보존하려 하였고, 제후들에게 알려지거나 영달하기를 구하지 않았습니다. 그런데

88) (頹傾)〔傾頹〕: 저본에는 '頹傾'으로 되어 있으나, ≪資治通鑑≫에 의거하여 '傾頹'로 바로잡았다.

先帝께서는 신을 비루하다고 여기지 않으시고, 외람되이 직접 왕림하시어 草廬 가운데로 세 번이나 臣을 찾아주시고 臣에게 당시의 일을 자문하시니, 臣은 이 때문에 감격하여 마침내 선제께 驅馳(국사에 분주함)할 것을 허락했습니다. 그 후 나라가 傾覆(경복)된 때를 만나 敗軍한 즈음에 임무를 맡고 危亂한 때에 명령을 받든 지가 21년이 되었습니다.

臣本布衣로 躬耕南陽하여 苟全性命於亂世하고 不求聞達於諸侯러니 先帝不以臣卑鄙하시고 猥自枉屈하사 三顧臣於草廬之中하시고 諮臣以當世之事[①]하시니 由是感激하여 遂許先帝以驅馳러니 後値傾覆하여 受任於敗軍之際하고 奉命於危難之間이 爾來二十有一年矣니이다

① 猥는 비루함이고 많음이다.
猥, 鄙也, 多也.

【目】先帝께서는 신의 謹愼함을 아셨기 때문에 임종하실 적에 臣에게 大事를 맡기시니, 臣은 명령을 받은 이래로 밤낮으로 걱정하고 탄식하여, 부탁하신 것에 효험을 내지 못해서 선제의 밝음을 손상시킬까 두려워하였습니다. 그러므로 5월에 瀘水(노수)를 건너 깊이 불모지로 쳐들어갔습니다. 이제 南方(南蠻)이 이미 평정되었고 병기와 갑옷도 풍족하니, 마땅히 三軍을 장려하여 거느리고 북쪽으로 中原을 평정해야 합니다. 그리하여 거의 저의 노둔한 재주를 다해서 姦兇을 제거하고 漢室을 흥복시켜 옛 도읍으로 돌아가는 것이 臣이 선제에게 보답하고 폐하에게 충성하는 직분입니다.

先帝知臣謹愼이라 故로 臨崩에 寄臣以大事也하시니 受命以來로 夙夜憂嘆하여 恐託付不效하여 以傷先帝之明이라 故로 五月渡瀘하여 深入不毛[①]러니 今南方已定하고 兵甲已足하니 當獎率三軍하고 北定中原하여 庶竭駑鈍하여 攘除姦凶하고 興復漢室하여 還于舊都 此臣所以報先帝而忠陛下之職分也니이다

① 瀘는 音이 盧이다. 李賢이 말하기를 "瀘水는 일명 若水이니, 旄牛의 국경 밖에서 발원하여 朱提를 지나 僰道(북도)에 이르러 長江으로 들어간다. 지금 嶲州(수주) 남쪽에 있는데 특별히 瘴氣가 있다. 그리하여 3, 4월에 사람들이 이 물을 건너가면 반드시 죽으니, 5월 이후라야 물을 건너는 자들이 해를 입지 않을 수 있었다. 그러므로 諸葛亮이 表文에서 5월에 노수를 건넜다고 하였으니, 그 어려움을 말한 것이다."라고 하였다. "不毛"는 草木이 자라지 않음을 말한 것이다.
瀘, 音盧. 賢曰 "瀘水, 一名若水, 出旄牛徼外, 經朱提, 至僰道入江. 在今嶲州南, 特有瘴氣. 三月・四月經之必死, 五月以後, 行者得無害, 故諸葛亮表云 '五月渡瀘.' 言其艱苦也." 不毛,

言草木不生也.

【目】 참작하여 損益(加減)해서 忠言을 다 아뢰는 것으로 말하면 郭攸之, 費禕, 董允 등의 책임이니, 원컨대 폐하께서는 臣에게 역적을 토벌하여 漢室을 興復하는 데 전력을 다하게 하시어, 효험이 없으면 臣의 죄를 다스려 先帝의 英靈에게 고하시고, 곽유지·비위·동윤 등의 태만함을 책하시어 그들의 허물을 드러내시며, 폐하께서도 또한 스스로 도모하시어 善道를 자문하시고 바른말을 받아들이시어 선제의 遺詔를 깊이 추념하소서.

臣은 국가에서 받은 은혜에 감격하는 마음을 감당하지 못하겠습니다. 이제 멀리 떠나야 하니, 表文을 대함에 눈물이 흘러 아뢸 바를 알지 못하겠습니다."

至於斟酌損益하여 進盡忠言은 則攸之, 禕, 允之任也니 願陛下託臣以討賊興復之效하사 不效則治臣之罪하여 以告先帝之靈하시고 責攸之, 禕, 允等之慢하사 以彰其咎하시며 陛下亦宜自謀하사 以諮諏善道하고 察納雅言하여 深追先帝遺詔①하소서 臣不勝受恩感激하오니 今當遠離에 臨表涕零하여 不知所言②이로소이다

① 일을 도모하는 것을 諮라고 하고, 일을 자문하는 것을 諏라고 한다. 雅는 바름이다.
謀事曰諮, 咨事曰諏. 雅, 正也.
② 離(떠나다)는 力智의 切이다.
離, 力智切.

【目】 諸葛亮이 마침내 출정하여 沔水 북쪽 陽平關의 石馬山에 군대를 주둔시키고, 廣漢太守 姚伷(요주)를 辟召하여 丞相掾으로 삼았다. 요주가 文武를 갖춘 인사들을 아울러 登用하자, 제갈량이 요주를 다음과 같이 칭찬하였다.

"나라에 충성하고 국가를 유익하게 함은 인재를 천거하는 것보다 큰 것이 없다. 그런데 인재를 추천하는 자들은 각각 자기가 숭상하는 바에 따라 추천하는 데 힘쓰기 마련인데 지금 丞相掾인 요주는 剛(武)과 柔(文)를 함께 보존하니, 박식하고 단아하다고 이를 만하다."

遂行하여 屯于沔北陽平石馬①하고 辟廣漢太守姚伷爲掾②하니 伷竝進文武之士한대 亮이 稱之曰 忠益이 莫大於進人이로되 而進人者 各務其所尙이어늘 今姚掾이 竝存剛柔하니 可謂博雅矣로다

① ≪水經註≫에 "沔水는 白馬戍의 남쪽을 지나가는데, 이곳을 白馬城이라 하고 일명 陽平關이

라고도 한다. 또 白馬山이 있는데, 산의 바위가 말〔馬〕의 모습과 비슷해서 멀리서 바라보면 말 모습과 거의 같다." 하였다.

水經註 "沔水逕白馬戍南, 謂之白馬城, 一名陽平關. 又有白馬山, 山石似馬, 望之逼眞."

② 掾은 丞相掾이다.

掾, 丞相掾也.

【目】魏主 曹叡가 諸葛亮이 漢中에 주둔해 있다는 말을 듣고 군대를 크게 일으켜 공격하고자 하여 孫資에게 묻자, 손자가 다음과 같이 말하였다.

"옛날에 武皇(武帝 曹操)이 張魯를 취할 적에 위태로운 뒤에야 성공할 수 있었습니다. 무황께서 여러 번 말씀하기를 '南鄭은 바로 天獄 가운데이고 斜谷道는 500리의 바위굴이다.' 하셨습니다. 지금 만약 우리가 남정으로 進軍한다면 길이 이미 험준하니, 정예병과 수송에 필요한 병력, 그리고 南方을 진주하고 水賊을 막는 병사들을 헤아려봄에 모두 15, 6만 명이 필요하며 반드시 또다시 병력을 징발하는 일이 있게 될 것이니, 이렇게 되면 천하가 진동할 것입니다. 이는 깊이 생각해야 하니, 다만 현재 보유하고 있는 병력을 나누어 大將에게 명해서 요해처를 점거하게 하는 것만 못합니다. 이렇게만 해도 疆場(강역)을 진정시키고 백성들이 무사할 수 있을 것이니, 몇 년 사이에 中國은 날로 강성해지고 吳와 蜀漢은 반드시 피폐해질 것입니다."

曹叡가 이에 중지하였다.

魏主叡聞亮在漢中하고 欲大發兵攻之하여 以問孫資한대 資曰 昔武皇이 取張魯에 危而後濟라 數(삭)言南鄭은 直爲天獄中①[89]이요 斜谷道는 爲五百里石穴이라하시니 今若進軍南鄭이면 道旣險阻하니 計用精兵及轉運과 鎭守南方하고 遏禦水賊에 凡十五六萬人이요 必當更有所興이니 天下騷動이라 此宜深慮니 不若但以見(현)兵으로 分命大將하여 據諸要險②이니이다 亦足以鎭靜疆場(역)이요 百姓無事하리니 數年之間에 中國日盛이요 吳, 蜀必自敝矣리이다 乃止하다

① 〈"南鄭直爲天獄中"은〉 南鄭의 지형이 험준하고 깊이 막혀 있음을 말한 것이다.

言南鄭之地險阸深阻也.

② "見兵"은 현재 보유하고 있는 병력이다.

見兵, 見在之兵.

89) 直爲天獄中 : 天獄은 지형이 전후, 좌우가 모두 막혀 있어서 감옥과 같은 것을 이르는바, 《資治通鑑》 標點本에는 '天獄'에서 句를 끊고 '中'을 아래로 연결하였다.

【綱】 여름 4월에 魏나라가 五銖錢을 다시 시행하였다.

夏四月에 魏復行五銖錢하다

【目】 처음에 文帝(曹丕)가 五銖錢을 혁파하고 곡식과 비단을 사용하였는데, 사람들이 대부분 속임수를 써서 다투어 젖은 곡식과 얇은 비단으로 유통하여, 엄한 형벌로도 금지할 수가 없었다. 이 때문에 다시 오수전을 시행한 것이다.

初에 文帝罷五銖錢而用穀帛하니 人多巧僞하여 競以濕穀薄絹으로 爲市하여 嚴刑不能禁이라 故로 復之하다

【綱】 겨울 12월에 魏나라가 貴嬪 毛氏를 세워 后로 삼았다.

冬十二月에 魏立貴嬪毛氏爲后하다

【目】 처음에 魏主 曹叡가 平原王이 되었을 적에 虞氏를 들여 妃로 삼았었는데, 이때에 이르러 后로 삼지 못하였다. 卞太后가 우씨를 위로하고 면려하자, 우씨가 다음과 같이 말하였다.

"曹氏는 본래 천한 사람을 后로 세우기를 좋아하니, 義로운 일을 행한 자가 있지 않습니다. 그러나 皇后는 안의 일을 담당하고 君主는 밖의 정사를 다스려서 그 道가 서로 도와 이루어집니다. 만일 잘 시작하지 못하면 잘 끝맺는 자가 없으니, 거의 반드시 이 때문에 나라를 망칠 것입니다."

우씨가 마침내 내쳐져 鄴宮으로 돌아갔다.

初魏主叡 爲平原王에 納虞氏爲妃러니 至是하여 不得爲后라 卞太后慰勉之한대 虞氏曰 曹氏自好立賤하니 未有能以義擧者[①]라 然이나 后職內事하고 君聽外政하여 其道相由而成이라 苟不能以善始하면 未有能令終者也니 殆必由此亡國矣리이다 虞氏遂絀(출)還鄴宮하다

① 武帝(曹操)는 卞后를 세우고 文帝는 郭后를 세웠으니, 모두 正室이 아니다.
武帝立卞后, 文帝立郭后, 皆非正室.

【綱】 魏나라가 肉刑을 회복할 것을 의논하였는데, 결행하지 못하였다.

魏議復(복)肉刑이러니 不果行[90]하다

【目】 太傅 鍾繇가 다음과 같이 上言하였다.

"마땅히 孝景帝의 법령과 같이 하여, 棄市刑에 해당되는데 오른쪽 발꿈치를 자르기를 원하는 자를 허락하고, 黥刑(얼굴에 刺字하는 형벌), 劓刑(코를 베는 형벌), 左趾刑(왼쪽 발꿈치를 자르는 형벌), 宮刑(去勢刑)을 받을 자에게는 孝文帝가 髡刑(곤형)과 笞刑으로 바꾼 것처럼 한다면, 한 해에 3천 명의 생명을 살릴 수 있을 것입니다."

詔令을 내려 公卿 이하에게 의논하게 하니, 司徒 王朗이 다음과 같이 말하였다.

"형벌을 경감하는 글이 백성들의 눈에 밝게 게시되지 못하고 肉刑을 다시 가한다는 소문이 이미 도적과 원수의 귀에 들어갈 것이니, 먼 지역에 있는 사람들을 회유하여 오게 하는 방법이 아닐 듯합니다. 죽을죄를 가볍게 하고자 하는 종요의 의견을 살펴서 사형을 감하여 髡刑에 처하게 하되, 형벌이 너무 가벼운 것이 아닌가 의심스러운 경우에는 居作하는 햇수를 곱절로 올린다면 안으로는 죽음을 삶으로 바꾸어주는 은혜가 있고, 밖으로는 차꼬를 채우는 형벌을 刖刑(다리를 자르는 형벌)으로 바꾸는 놀라움이 없을 것입니다."

의논하는 자들이 대부분 사도 왕낭의 의견과 같았다. 魏主 曹叡도 吳와 蜀漢이 아직 평정되지 않았다 하여 우선 중지하였다.

太傅鍾繇上言호되 宜如孝景之令하여 其當棄市欲斬右趾者를 許之하고 其黥, 劓, 左趾, 宮刑者는 自如孝文易以髡笞면 可以歲生三千人이니이다 詔公卿以下議하니 司徒朗이 以爲恐所減之文이 未彰於百姓之目하고 而肉刑之問이 已宣於寇讐之耳하리니 非所以來遠人也①라 可按繇所欲輕之死罪하여 使減死髡刑이로되 嫌其輕者는 可倍其居作之歲數②면 內有以生易死之恩이요 外無以刖(월)易釱(체)之駭③니이다 議者多與朗同이라 魏主叡亦以吳, 蜀未平이라하여 且寢하다

① 問은 聞과 통하니, 聲名(소문)이다.
問, 聞通, 聲名也.

② 魏나라 제도에 髡刑은 居作(죄수가 노역하는 것)이 5년이었다.
魏制, 髡刑, 居作五歲.

③ 漢 文帝가 肉刑을 없애서 髡刑(머리와 수염을 자르는 형벌)을 完刑(신체를 훼손하지 않고 노역만

90) 魏議復肉刑 不果行 : "肉刑은 漢나라 文帝 때에 처음으로 없앴다고 썼는데, 이때 거의 400년이 되었다. 그런데 魏나라가 이를 회복하고자 하였으니, 또한 잔인하다. '不果行'이라고 쓴 것은 다행으로 여긴 것이다. ≪資治通鑑綱目≫이 끝날 때까지 육형을 쓴 것이 2번이다(이해와 漢 文帝 13년(B.C. 167)).〔肉刑 自漢文帝始書除 於是近四百年矣 而魏欲復之 亦忍矣哉 書不果行 幸之也 終綱目書肉刑二(是年 文帝十三年)〕" ≪書法≫

시키는 형벌)으로 바꾸고, 劓刑(코를 베는 형벌)을 笞刑(곤장을 치는 형벌)으로 대신하며, 刖刑(다리를 자르는 형벌)을 양쪽 발에 차꼬를 채우는 형벌로 대신하게 하였다.
漢文帝除肉刑, 以完易髡, 以笞代劓, 以鈦左右趾代刖.

【綱】魏나라 孟達이 新城을 가지고 漢나라(蜀漢)로 귀순하니, 魏나라 장군 司馬懿가 군대를 이끌고 공격하였다.

魏孟達이 **以新城來歸**하니 **魏將軍司馬懿 帥兵攻之**하다

【目】 처음에 孟達이 文帝의 총애를 받았었는데, 이때에 내심 스스로 불안해하여 諸葛亮과 자주 편지를 통하여 은밀히 蜀漢으로 귀순할 것을 모의하였다.

魏興太守 申議가 은밀히 表文을 올려 이 일을 아뢰자, 맹달이 두려워하여 배반하려고 하였는데, 이때에 司馬懿가 宛縣에 진주하여 맹달에게 편지를 보내어 위로하여 달래주고는 군대를 은밀히 이동하여 토벌하였다.

初에 達이 爲文帝所寵이러니 至是하여 心不自安하여 數(삭)與諸葛亮通書하여 陰謀歸蜀이러라 魏興太守申議 密表告之①한대 達이 惶懼欲叛이러니 時에 司馬懿鎭宛하여 以書慰解之하고 潛軍進討하다

① 魏興은 蜀漢의 西城郡인데, 魏나라 文帝가 魏興으로 이름을 바꾸었다. 議는 ≪資治通鑑≫에는 儀로 되어 있으니, 申儀는 申耽의 아우이다.
魏興, 蜀之西城郡也, 魏文帝改曰魏(與)〔興〕.[91] 議, 通鑑作儀, 儀, 耽之弟也.

【目】 처음에 孟達이 諸葛亮에게 편지를 보내기를 "宛縣은 洛陽과의 거리가 800리이고, 우리와의 거리가 1,200리입니다. 우리가 擧事한다는 소식을 들으면 응당 表文을 올릴 것이니, 표문을 올려 서로 왕복하게 되면 1개월이 걸립니다. 그렇게 되면 우리 城은 이미 수비가 견고해지고 병사들은 충분히 전쟁 준비를 할 수 있습니다. 또 우리가 있는 곳은 매우 험준하기 때문에 司馬公(司馬懿)이 반드시 오지 못할 것이니, 딴 장수들은 근심할 것이 없습니다." 하였는데, 司馬懿가 행군 속도를 倍加하여 8일 만에 군대가 城 아래에 이르렀다.

初에 達이 與亮書曰 宛去洛이 八百里요 去吾一千二百里니 聞吾擧事하면 當表上이니 比相反

91) (與)〔興〕: 저본에는 '與'로 되어 있으나, ≪資治通鑑≫ 註에 의거하여 '興'으로 바로잡았다.

覆에 一月間也[①]라 則吾城已固요 諸軍足辦이요 吾所在深險하여 司馬公이 必不來하리니 諸將은 無足患者라하더니 懿倍道兼行하여 八日而兵至城下하다

① 比는 미침이다.
比, 及也.

思政殿訓義 資治通鑑綱目 제15권 상

蜀漢 後主 建興 6년(228)~蜀漢 後主 建興 12년(234)

≪資治通鑑綱目≫ 제15권은 戊申年 漢나라(蜀漢) 後主 建興 6년(228)부터 시작해서 壬申年 漢나라(蜀漢) 後主 延熙 15년(252)까지이니, 모두 25년이다.

起戊申漢後主建興六年하여 盡壬申漢後主延熙十五年하니 凡二十五年이라

戊申年(228)

【綱】 漢나라(蜀漢) 後主 建興 6년이다.

六年이라

【目】 魏나라 明帝 曹叡 太和 2년이고, 吳나라 大帝 孫權 黃武 7년이다.

魏太和二年이요 吳黃武七年이라

【綱】 봄 정월에 魏나라가 新城을 함락하니, 孟達이 이때에 죽었다.

春正月에 魏陷新城하니 孟達이 死之[1]하다

---

1) 魏陷新城 孟達死之 : "孟達이 일찍이 '魏나라에 항복했다.'라고 썼었는데 이윽고 '蜀漢으로 歸附하였다.'라고 쓴 것은 바름으로 돌아옴을 찬미한 것이요, 이때 특별히 '죽었다〔死之〕'라고 쓴 것은 그가 義理로 옮겨온 것을 勸勉함이 깊은 것이다.〔孟達嘗書降魏矣 旣而書來歸 美反正也 於是特書死之 其爲徙義之勸 深矣〕" ≪書法≫ 朱子의 ≪資治通鑑綱目≫ 〈凡例〉에 將師가 死節하거나 逆賊을 토벌하다가 패하여 죽을 경우 '死之'라고 한다 하였다.

"孟達이 예전에는 배반하여 魏나라에 항복하였다가 이윽고 또다시 蜀漢으로 귀부하였으니, 이는 미혹되었다가 능히 돌아온 자이다. 城이 함락되어 죽자 마침내 忠節에 죽은 것으로 인정하였다. 오직 漢나라(蜀漢)는 역적을 토벌하는 의리가 있고, 魏나라는 帝位를 찬탈하고 황제를 시해한 나라가 된다. 이 때문에 따르고 어기는 사이에 書法이 이와 같은 것이다.〔孟達前叛降魏 旣而又復來歸 是迷而能反者也 城陷而殞 遂以死節予之 惟漢有討賊之義 魏爲簒弑之國 是以從違之間 書法如此〕" ≪發明≫

【綱】 丞相 諸葛亮이 魏나라를 정벌할 적에 街亭에서 싸워 크게 패하니, 詔令을 내려 제갈량을 右將軍으로 폄출(좌천)하여 승상의 일을 행하게 하였다.

◑ 丞相亮이 伐魏할새 戰于街亭하여 敗績하니 詔貶亮右將軍하여 行丞相事[2)]하다

【目】 처음에 魏나라에서 夏侯淵의 아들 夏侯楙(하후무)로 關中을 都督하게 하였는데, 이때에 丞相 諸葛亮이 장차 魏나라를 정벌하려 할 적에 여러 부하들과 상의하자, 司馬인 魏延이 다음과 같이 건의하였다.

"하후무는 魏나라 임금의 사위로, 겁이 많고 智謀가 없습니다. 이제 저에게 정예병 5천 명을 빌려주시면 5천 명분의 양식을 짊어지고 곧바로 褒中을 따라 나가서 秦嶺을 따라 동쪽으로 가겠습니다. 그래서 子午谷을 만나 북쪽으로 가면 불과 10일 만에 長安에 도착할 수 있습니다. 하후무는 제가 갑자기 쳐들어왔다는 말을 들으면 반드시 城을 버리고 달아날 것이니, 橫門(광문)의 邸閣과 흩어진 백성들의 곡식으로 충분히 군량을 공급할 수 있습니다. 그리고 東方에서 서로 회합할 때까지는 아직도 20여 일의 여유가 있어서 公이 斜谷에서 오시면 또한 충분히 도달할 수 있으니, 이와 같이 하면 一擧에 咸陽 以西를 평정할 수 있습니다."

初에 魏以夏侯淵子楙로 都督關中①이러니 至是하여 丞相亮이 將伐魏할새 與群下謀之한대 司馬魏延曰② 楙는 主壻也라 怯而無謀하니 今假延精兵五千하면 負糧五千하고 直從褒中出하여 循秦嶺而東하여 當子午而北이면 不過十日에 可到長安③이니이다 楙聞延奄至하면 必棄城走하리니 橫門邸閣과 與散民之穀이면 足周食也④라 比東方合聚면 尙二十許日하여 而公從斜谷來하시면 亦足以達⑤이니 如此면 則一擧而咸陽以西를 可定矣니이다

---

2) 丞相亮……行丞相事 : "'伐魏'라고 쓴 것은 漢나라를 높인 것이다. 街亭의 패전은 馬謖이 잘못한 것인데 '敗績했다.'라고 쓰고, 다시 '諸葛亮을 폄출했다.'라고 써서 어진 자를 위하여 잘못을 숨겨주지 않은 것은 어째서인가. 제갈량이 스스로 폄출하였기 때문이다. '詔貶(詔令을 내려 폄출했다.)'이라고 쓴 것은 바로 공평하고 분명한 다스림을 밝힌 것이니, 어찌 숨길 것이 있겠는가. 그러므로 이로부터 다만 '右將軍 諸葛亮'이라고 쓴 것이다.〔書伐魏 尊漢也 街亭之敗 馬謖爲之 書敗績矣 復書貶亮 其不爲賢者諱 何 亮自貶也 書曰詔貶 適所以昭平明之治 何諱焉 故自是止書右將軍亮〕"《書法》

"街亭의 패전에 命을 어긴 자는 馬謖인데 '丞相 諸葛亮'이라고 쓴 것은 권한이 主將에게 귀속되었기 때문이요, 벼슬을 세 등급을 폄출할 것을 자청한 자는 孔明인데 '詔貶亮(詔令을 내려 諸葛亮을 폄출했다.)'이라고 쓴 것은 命이 上(황제)에게서 나왔기 때문이다. 공명은 몸소 역적을 토벌하는 책임을 맡아서 어린 君主를 섬기면서 두 마음이 없었다. 이 때문에 쓴 것이 이와 같으니 《資治通鑑綱目》이 또한 어찌 孔明에게 사사로이 했겠는가.〔街亭之敗 違命者馬謖耳 而以丞相亮書之者 權歸主將也 貶官三等自請者孔明耳 而以詔貶亮書之者 命出于上也 惟孔明身任討伐之責 事幼主而無貳心 是以所書如此 綱目亦豈私於孔明者哉〕"《發明》

① 楙는 음이 茂이니, 夏侯楙는 太祖(曹操)의 딸인 淸河公主에게 장가들었다.
楙, 音茂. 楙尙太祖女淸河公主.

② 漢나라의 丞相은 長史만 있고 司馬가 없었는데, 이때 군대를 출동하여 전쟁하였으므로 司馬를 둔 것이다.
漢丞相, 有長史而無司馬, 是時用兵, 故置司馬.

③ ≪辛氏三秦記≫에 "長安의 正南에 있는 산은 이름이 秦嶺이고 골짜기는 이름이 子午谷인데, 일명 樊川이고 일명은 御宿이다." 하였다. 子는 북방이고 午는 남방이니, 남쪽과 북쪽으로 통하는 길이 여기에서 만나므로 子午谷으로 이름했음을 말한 것이다.
辛氏三秦記[3] "長安正南山, 名秦嶺, 谷名子午. 一名樊川, 一名御宿." 子北方, 午南方也. 言通南北道相當, 故名子午谷.

④ 橫은 음이 光이니, 長安城 北面의 서쪽 끝 첫 번째 문을 橫門이라 한다. "邸閣"은 창고의 별명이다. 魏나라는 橫門에 저각을 설치하여 곡식을 쌓아두었는데, 이 지역 백성들은 蜀漢의 군대가 쳐들어왔다는 말을 들으면 반드시 도망하여 흩어질 것이니, 이 저각의 곡식을 거두어 군량을 충분히 공급할 수 있는 것이다.
橫, 音光, 長安城北面, 西頭第一門曰橫門. 邸閣, 倉之別名也. 魏置邸閣於橫門, 以積粟. 民聞兵至, 必逃散, 可收其穀以周食.

⑤ 比는 미침이다.
比, 及也.

【目】 諸葛亮은 魏延의 건의가 위험한 계책이라서 안전하게 평탄한 길을 따라 편안하게 隴右를 취하는 것만 못하니, 이렇게 하는 것이 완전무결하여 반드시 승리하고 근심할 것이 없다고 여겼다. 그러므로 위연의 계책을 따르지 않았다.

제갈량이 斜谷을 따라 郿縣을 점령하려 한다고 소문을 퍼뜨리고는 將軍 趙雲과 鄧芝로 하여금 疑軍(적을 미혹시키기 위해 虛張聲勢한 군대)을 만들어서 箕谷을 점거하게 하니, 魏나라에서는 曹眞으로 하여금 여러 군대를 감독하여 미현에 군대를 주둔하고서 항거하게 하였다.

제갈량은 마침내 大軍을 거느리고서 祁山을 공격하였는데, 군대의 진영이 정돈되고 號令이 분명하고 엄숙하였다.

亮이 以此爲危計라 不如安從坦道하여 可以平取隴右니 十全必克而無虞라 故로 不用延計하고 揚聲由斜谷取郿하고 使將軍趙雲, 鄧芝로 爲疑軍하여 據箕谷①하니 魏使曹眞督諸軍하여 軍郿以

3) 辛氏三秦記 : 漢나라 隴西의 大姓인 辛氏가 저술한 三秦의 地理, 沿革, 民政, 都邑, 宮室, 山川을 기록한 책으로, 1권이 전한다. 辛氏는 이름이 미상이며, 三秦은 項羽가 秦나라를 멸망시키고 雍, 塞, 翟의 3국으로 나누고 이를 三秦이라 하였다.

拒之하다 亮이 乃率大軍하여 攻祁山할새 戎陳整齊하고 號令明肅②이러라

① 箕谷은 마땅히 陳倉의 남쪽, 漢中의 북쪽에 있을 것이다.
箕谷, 當在陳倉之南・漢中之北.
② 陳(진영)은 陣으로 읽는다.
陳, 讀曰陣.

【目】처음에 昭烈帝(劉備)가 崩하고 나서 몇 년 동안 잠잠하여 들리는 소식이 없자, 魏나라에서는 이 때문에 조금도 미리 대비한 바가 없었다. 그런데 갑자기 諸葛亮이 출병했다는 말을 듣고는 朝野에서 크게 두려워하였다. 이에 天水, 南安, 安定이 모두 郡을 들어 제갈량에게 응하니, 關中 지방이 진동하였다.

始에 魏以昭烈既崩에 數歲寂然無聞이라 是以로 略無備豫러니 而卒聞亮出하고 朝野恐懼①라 於是에 天水, 南安, 安定이 皆擧郡應亮하니 關中이 響震②이러라

① "無備豫"는 미리 대비하지 않음을 이른다. 卒(갑자기)은 猝로 읽는다.
無備豫, 謂不豫爲之備也. 卒, 讀曰猝.
② 魏나라는 隴右를 나누어 秦州를 설치하니, 天水와 南安이 여기에 속하였다. 漢 靈帝는 漢陽의 獂道를 나누어 南安郡과 漢陽郡을 세웠는데, 晉나라 때에 마침내 天水로 이름을 고치니, 여기에서 天水라고 한 것은 史官이 추후의 이름으로 쓴 것이다. 安定郡은 雍州에 속하였다.
魏分隴右, 置秦州, 天水・南安屬焉. 漢靈帝分漢陽之獂道, 立南安郡・漢陽郡, 至晉, 乃改爲天水, 史追書也. 安定郡, 屬雍州.

【目】魏主 曹叡가 長安에 가서 右將軍 張郃에게 보병과 기병 5만 명을 거느리고 諸葛亮을 막게 하니, 제갈량이 參軍 馬謖으로 하여금 여러 군대를 감독하여 장합과 街亭에서 싸우게 하였다.

이때 마속이 제갈량의 節度(지휘)를 어기고 軍事에 대한 조처가 번거롭고 소란하였으며 물(水源池)을 버리고 산으로 올라가 주둔하고 산 아래로 내려와 城을 점거하지 않았다. 장합이 물 긷는 길을 끊고 마속을 공격하여 대파하니, 제갈량은 마침내 西縣에 있는 1,000여 家戶를 공격하여 얻고서 漢中으로 돌아왔다.

魏主叡如長安하여 右將軍張郃으로 率步騎五萬하여 拒之어늘 亮이 使參軍馬謖(속)으로 督諸軍하여 與郃戰于街亭①할새 謖이 違亮節度하고 擧措煩擾하며 舍水上山하고 不下據城②이러니 郃이 絶其汲道하고 擊하여 大破之하니 亮이 乃拔西縣千餘家하여 還漢中③하다

① 街亭은 西縣에 있다.
街亭, 在西縣.

② 舍(버리다)는 捨로 읽는다. ≪三國志≫ 〈魏書 張郃傳〉에 "馬謖이 南山을 의지하여 막았다." 하였다.
舍, 讀曰捨. 郃傳, 謖依阻南山.

③ 西縣은 前漢 때에는 隴西郡에 속하였고 後漢 때에는 漢陽郡에 속하였는데, 嶓冢山(파총산)과 西漢水가 있다.
西縣, 前漢屬隴西郡, 後漢屬漢陽郡, 有嶓冢山・西漢水.

【目】 처음에 諸葛亮은 馬謖이 재주와 지모가 보통 사람보다 뛰어나다 하여 큰 인물로 여기고 重視하였다. 昭烈帝가 임종할 때 제갈량에게 이르기를 "마속은 말이 그 실제보다 더하니, 크게 등용해서는 안 된다. 그대는 부디 그를 잘 살펴라." 하였다.

제갈량은 이 말이 옳지 않다고 여겨서 마속을 參軍事에 발탁하여, 매번 그와 談論을 하면 낮부터 밤중까지 이어지곤 하였다. 그러나 이때에 이르러 마침내 그를 체포하여 죽였는데, 직접 喪에 가서 제사하고서 눈물을 흘리고 그의 어린 아들들을 어루만져, 은혜롭게 대우함이 평소와 같았다.

諸葛亮이 눈물을 흘리며 馬謖을 베다

初에 亮이 以謖才術過人이라하여 深加器異러니 昭烈이 臨終에 謂曰 謖이 言過其實하니 不可大用이라 君其察之어다 亮이 未以爲然하여 引謖參軍事하여 每與談論에 自晝達夜러라 至是하여 乃收

殺之하고 而自臨祭하여 爲之流涕하고 撫其遺孤하여 恩若平生하니라

【目】 蔣琬이 諸葛亮에게 이르기를 "옛날 楚나라가 得臣을 죽이자 晉 文公이 기뻐하였습니다. 지금 천하가 아직 평정되지 않았는데, 지모가 있고 계략이 있는 선비를 죽이니, 어찌 애석하지 않습니까." 하자, 제갈량은 눈물을 흘리며 다음과 같이 말하였다.

"孫武가 천하에서 승리를 쟁취할 수 있었던 이유는 법을 분명하게 적용하였기 때문이다. 지금 四海가 분열되어서 병기를 가지고 교전함이 막 시작되었으니, 만약 다시 법을 폐지하면 무엇으로 賊을 토벌하겠는가."

蔣琬이 謂亮曰 昔에 楚殺得臣에 而文公喜①하니 今天下未定이어늘 而戮智計之士는 豈不惜乎잇가 亮이 流涕曰 孫武所以能制勝於天下者는 用法明也②라 今四海分裂하여 兵交方始하니 若復廢法이면 何用討賊邪리오

① 得臣은 姓이 成이고 字가 子玉이니, 春秋時代 楚나라의 令尹(執政大臣)이다. 이보다 앞서 晉나라와 楚나라가 城濮(성복)에서 전투하여 楚나라 군대가 크게 패하였는데, 晉 文公은 여전히 근심하는 기색이 있었다. 左右 신하들이 묻기를 "기쁜 일이 있는데 근심하심은 어째서입니까?" 하고 물으니, 文公이 말하기를 "득신이 아직도 살아 있으니 근심이 그치지 않는다." 하였다. 그러다가 楚나라에서 득신을 죽이자, 晉侯(문공)는 이 말을 듣고서야 기뻐함을 알 수 있었는데, 말하기를 "나를 해칠 사람이 없어졌다." 하였다.
得臣, 姓成, 字子玉, 春秋楚令尹也. 先是, 晉·楚戰于城濮, 楚師敗績, 晉文公有憂色. 左右曰 "有喜而憂, 何也." 公曰 "得臣猶在, 憂未歇也." 及楚殺得臣, 晉侯聞之, 而後喜可知也. 曰 "莫余毒也已."

② ≪孫子≫ 〈始計篇〉에 "法令을 누가 더 잘 행하는가." 하였으니, 法令을 제대로 행하는 자가 반드시 승리함을 말한 것이다. 그러므로 孫武가 吳나라 궁궐의 미인들에게 전투하는 방법을 가르칠 적에 吳王이 총애하는 여자 두 사람을 참수하여 그 군법을 밝힌 것이다.
孫子始計篇曰 "法令孰行." 言法令行者必勝也, 故其教吳宮美人戰也, 斬吳王寵姬二人, 以明其法.

【目】 이보다 앞서 裨將軍 王平이 연이어 馬謖에게 諫하였으나 마속은 그의 말을 따르지 않았다. 패전하여 병사들이 흩어졌을 적에 오직 왕평이 거느린 1,000여 명만이 북을 울려 자기 진영을 지키니, 張郃은 혹 복병이 있는가 의심해서 감히 가까이 접근하지 못하였다.

이에 왕평이 서서히 여러 진영에 흩어져 있는 병사들을 수습하여 돌아오니, 諸葛亮은 왕평을 參軍에 제수하여 지위를 승진시키고 侯로 封하고는, 上疏하여 자신의 관직을 세 등급 폄출할 것을 청하자, 詔令을 내려 右將軍으로 丞相의 일을 행하게 하였다.

先是에 裨將軍王平이 連規諫謖이로되 謖이 不能用이러니 及敗衆散에 惟平所領千餘人이 鳴鼓自守하니 張郃이 疑其有伏하여 不敢偪이라 於是에 平이 徐徐收合諸營散兵以還하니 亮이 拜平參軍하여 進位封侯하고 上疏請自貶三等이어늘 詔以右將軍으로 行丞相事하다

【目】이때 趙雲 또한 箕谷에서 군대가 패하였으므로 이 일로 인해 좌천되었다. 諸葛亮이 鄧芝에게 묻기를 "箕谷에서 군대가 후퇴할 적에 병사와 장수가 시종 질서정연했던 것은 어째서인가?" 하니, 등지가 대답하기를 "조운이 몸소 직접 후미가 되어 적의 추격을 막으니, 군수물자와 일용품이 조금도 버려진 것이 없었습니다. 단지 병사와 장수가 질서정연했을 뿐만이 아닙니다." 하였다.

조운에게 군수물자와 비단이 남아 있었는데, 제갈량이 조운으로 하여금 장병들에게 이것을 나누어 주게 하자, 조운이 말하기를 "군대가 승리하지 못했는데, 어찌 상을 내리십니까. 청컨대 10월이 되기를 기다려 겨울에 지급하십시오." 하니, 제갈량이 매우 훌륭하게 여겼다.

時에 趙雲이 亦以箕谷兵敗로 坐貶이러니 亮이 問鄧芝曰 箕谷軍退에 兵將이 初不相失은 何也오 芝曰 趙雲이 身自斷後하여 軍資什(집)物이 略無所棄라 不但兵將不相失也①니이다 雲이 有軍資餘絹이어늘 亮이 使分賜將士한대 雲曰 軍事無利하니 何爲有賜리오 請須十月爲冬給하노이다 亮이 大善之②러라

① 군대가 뒤에 있는 것을 "斷後"라 하고, 또한 "殿師"라 한다. 什은 數이니, 사람의 집에 항상 사용하는 그릇은 한 가지가 아니므로 什을 數라 하였다. 일설에 "軍法은 5人을 伍라 하고 3伍를 什이라 하니, 여기에는 기물을 함께 겸하였으므로 什器라 한다." 하였다.
軍居後曰斷後, 亦曰殿師. 什, 數也, 人家常用之器不一, 故以什爲數. 一說, 軍法五人爲伍, 三伍爲什, 則共器物, 故謂之什器.

② 須는 기다림이다.
須, 待也.

【目】혹자가 諸葛亮에게 다시 군대를 징발할 것을 권하자, 제갈량이 다음과 같이 말하였다.

"大軍이 祁山과 箕谷에 있을 적에 모두 賊보다 병력이 많았으나 적을 격파하지 못하고 도리어 적에게 격파당하였으니, 이는 병통이 병력의 적음에 있지 않고 장수 한 사람에게 달려 있는 것이다. 지금 나는 병력을 감축하고 장수의 숫자를 줄이며 형벌을 분명히 밝히고 지난번의 잘못을 반성하여, 變通하는 방도를 장래에 밝히고자 하니, 만약 이렇게 하지 못한다면 비록 병력이 많은들 무슨 유익함이 있겠는가. 지금 이후로 그대들 중에 나라에 충성하려는 생각이 있으면, 다만 나의 잘못을 부지런히 질책하라. 그렇게 하면 일이 안정될 수 있고 賊을 죽일 수 있고, 발꿈치를 높이 들고 서서 큰 功을 기다릴 수 있을 것이다."

이에 제갈량은 작은 공로를 고찰하고 壯烈한 사람을 선별하여 등용하며 허물을 끌어다가 자신을 질책해서 잘못한 바를 경내에 公布하였으며, 병기를 갈고 닦고 무예를 講習하여 후일을 도모하니, 병사들은 숙련되고 백성들은 패전의 시름을 잊었다.

或이 勸亮更發兵者어늘 亮曰 大軍이 在祁山, 箕谷에 皆多於賊이로되 而不破賊하고 乃爲賊所破하니 此는 病不在兵少也요 在一人耳[①]라 今欲減兵省(생)將하고 明罰思過하여 校變通之道於將來[②]하노니 若不能然者면 雖兵多나 何益이리오 自今已後로 諸有忠慮於國이어든 但勤攻吾之闕이면 則事可定이요 賊可死요 功可蹻(교)足而待矣[③]리라 於是에 考微勞하고 甄(견)壯烈[④]하며 引咎責躬하여 布所失於天下하고 厲兵講武하여 以爲後圖하니 戎士簡練하고 民忘其敗矣러라

① 〈"在一人"은〉 군대의 승패가 將帥 한 사람에게 달려 있음을 말한 것이다.
謂兵之勝敗在將也.
② 省은 간략함(줄임)이다.
省, 簡也.
③ 蹻는 발꿈치를 높이 듦이다.
蹻, 擧足高也.
④ 甄는 살핌이요, 분별함이다.
甄, 察也, 別也.

【目】 諸葛亮이 祁山으로 출동했을 적에 天水의 參軍인 姜維가 제갈량에게 와서 항복하였는데, 제갈량은 그의 담력과 지략을 아름답게 여겨서 그로 하여금 군대의 일을 맡게 하였다.

魏나라의 曹眞이 다시 세 郡을 점령하고 諸葛亮이 祁山으로 출동했다가 실패한 것을 경계로 삼아 〈蜀漢의 군대가〉 반드시 陳倉으로 진출할 것이라고 생각해서 장군 郝昭(학

소)로 하여금 城을 지키면서 대비하게 하였다.

亮之出祁山也에 天水參軍姜維 詣亮降이어늘 亮이 美其膽智하여 使典軍事하다 魏曹眞이 復取三郡①하고 以亮懲祁山하여 必出陳倉이라하여 使將軍郝昭로 城守以備之②하다

① 〈"三郡"은 天水, 南安,〉 安定 등 세 郡을 이른다.
謂安定等三郡.
② 陳倉은 京兆 右扶風에 속하였다.
陳倉, 屬京兆右扶風.

姜維

【綱】 여름 4월에 魏나라가 徐邈을 涼州刺史로 삼았다.

夏四月에 魏以徐邈爲涼州刺史하다

【目】 徐邈은 농사에 힘써 곡식을 저축하고 학교를 세워 가르침을 밝히고 선한 사람을 등용하고 악한 사람을 내치며, 羌族과 胡族과 상대할 적에 작은 잘못을 따지지 않고 만약 큰 죄를 범하였으면 먼저 부족의 우두머리에게 고하고서 참수하여 조리돌리니, 이 때문에 그의 위엄과 신의에 복종하여 州의 경계가 엄숙하고 깨끗하였다.

邈이 務農積穀하고 立學明訓하고 進善黜惡하며 與羌, 胡從事에 不問小過하고 若犯大罪면 先告部帥(수)하고 乃斬以徇하니 由是로 服其威信하여 州界肅淸이러라

【綱】 5월에 크게 가물었다.

五月에 大旱하다

【綱】 吳나라 사람이 魏나라 揚州牧 曹休를 유인하여 石亭에서 싸워 대패시켰다.

◑ 吳人이 誘魏揚州牧曹休하여 戰于石亭하여 大敗之[4)]하다

【目】 吳나라에서 鄱陽(파양)太守 周魴으로 하여금 거짓으로 파양군을 가지고 魏나라에 항복하게 하니, 魏나라 揚州牧 曹休가 보병과 기병 10만 명을 거느리고 皖邑(환읍)으로 가서 대응하게 하였고, 魏主 曹叡는 또 司馬懿로 하여금 江陵으로 향하고 賈逵로 하여금 東關으로 향하여 세 길로 함께 진격하게 하였다.

吳使鄱陽太守周魴으로 詐以郡降於魏하니 魏揚州牧曹休 率步騎十萬하여 向皖以應之①하고 魏主叡又使司馬懿向江陵하고 賈逵向東關하여 三道俱進②이러라

① 魏나라 揚州는 다만 漢나라의 九江과 廬江 두 郡을 차지하였고, 江津의 要害處는 대부분 吳나라에서 점령하였다. 皖邑은 漢나라 廬江의 邑이니, 三國時代에는 吳나라에 속하여 중요한 鎭이 되었다.
魏揚州, 止得漢之九江·廬江二郡地, 而江津要害之地, 多爲吳所據. 皖, 漢廬江邑, 三國屬吳, 爲重鎭.

② 東關은 바로 濡須口이니, 또한 柵江口라고도 하였다. 東關과 西關이 있으니, 東關의 南岸은 吳나라가 城을 쌓았고, 西關의 北岸은 魏나라가 城柵(木柵)을 설치하였는데, 뒤에 諸葛恪이 동관에 큰 제방을 만들어 巢湖를 막고 이것을 東興堤라 하였으니, 바로 이 지역이다.
東關, 卽濡須口, 亦謂之柵江口. 有東西關, 東關之南岸, 吳築城, 西關之北岸, 魏置柵, 後諸葛恪於東關, 作大堤, 以遏巢湖, 謂之東興堤, 卽其地也.

【目】 8월에 吳主 孫權이 皖邑에 이르러 陸遜을 大都督으로 삼아 黃鉞을 빌려주고 직접 채찍을 잡고서 육손을 만나보고 朱桓과 全琮을 左督과 右督으로 삼아서 각각 3만 명의 병력을 감독하여 曹休를 공격하게 하였다.

八月에 吳主權이 至皖하여 以陸遜爲大都督하여 假黃鉞하여 親執鞭以見之①하고 以朱桓, 全琮爲左右督하여 各督三萬人하여 以擊休하다

---

4) 誘魏揚州牧曹休……大敗之 : "漢나라 〈武帝 시기에〉 '간첩을 보내어 匈奴를 유인했다.'라고 쓴 것은 유인한 자를 罪責한 것인데, 여기에서 '유인하여 싸웠다.'라고 쓴 것은 어째서인가. 패한 자를 죄책한 것이다. 두 군대가 서로 향하여 싸울 적에 적에게 유인당하여 크게 패함에 이르렀으면 지혜가 있다고 말할 수가 없는 것이다. 《資治通鑑綱目》에 '유인하여 싸웠다.'라고 쓴 것이 4번인데 '敗滅'이라고 쓴 것이 3번이니, 모두 패한 자를 죄책한 것이다.〔漢書遣間誘匈奴 罪誘之者也 此書誘戰 何 罪敗者也 兩軍相向 而爲所誘 以至敗績 不可以言智矣 綱目書誘戰四 而書敗滅者三 皆罪敗者也〕" 《書法》 "遣間誘匈奴"는 思政殿訓義 《資治通鑑綱目》 제4권 중 漢 武帝 建元 2년(B.C. 133) 綱에 있는 말로, 漢나라 장군 王恢가 馬邑의 聶壹을 간첩으로 써서 匈奴의 單于를 유인하여 공격하였는데, 이것이 실패하여 이후로 漢나라와 匈奴가 본격적으로 전쟁을 하게 되었다.

① 鉞은 큰 도끼이니 황금으로 장식하였으므로 黃鉞이라 한 것이다. 大都督은 본래 黃鉞이 없는데 임시로 빌려준 것은 그의 위엄을 중하게 한 것이다. "親執鞭以見之"는 옛날 王者가 장군을 戰地로 보낼 적에 무릎 꿇고서 장군이 탄 수레바퀴를 미는 뜻[5]과 같은 것이다.
鉞, 大斧也, 飾之以金, 故曰黃鉞. 大都督, 本無黃鉞, 假與之, 所以重其威. 親執鞭以見之, 猶古之王者遣將, 跪而推轂之意也.

【目】 朱桓이 다음과 같이 건의하였다.

"曹休는 魏主의 친척으로 임용된 것이지, 지혜가 있고 용맹한 名將이 아닙니다. 그러니 이제 싸우면 반드시 패할 것이요, 패하면 반드시 달아날 것입니다. 달아나면 마땅히 夾石과 挂車嶺(괘차령)을 경유할 것입니다. 이 두 길은 매우 험하니, 마땅히 만 명의 병력으로 섶나무를 쌓아놓아 길을 막아야 합니다. 그렇게 하면 저들의 병력을 다 죽일 수 있고 조휴를 사로잡을 수 있습니다. 臣은 청컨대 부하들을 거느리고 가서 길을 끊겠습니다. 만약 조휴를 잡으면 승승장구하여 나아가 壽春을 점령해서 許昌과 洛陽을 엿볼 수 있을 것이니, 이는 萬代에 한 번 있는 기회입니다."

孫權이 이것을 陸遜에게 물었는데 육손이 "불가하다." 하니, 마침내 중지하였다.

桓曰 休以親見任이요 非智勇名將이니 今戰必敗요 敗必走라 走當由夾石, 挂車①하리니 此兩道險阨하니 若以萬兵柴路면 則彼衆을 可盡而休可虜②라 臣이 請將所部以斷之하오니 若得休면 則可乘勝長驅하여 進取壽春하여 以規許, 洛이니 此萬世一時也③니이다 權이 以問陸遜한대 遜이 以爲不可라하여 乃止하다

① ≪資治通鑑綱目集覽≫에 夾은 본래 硤으로 되어 있으니, 지금 安慶府 桐城의 북쪽 40리 지점에 있는 南硤戍가 이곳이다. 挂는 掛와 通하고 車는 昌遮의 切이니, 桐城의 서쪽 40리 지점에 挂車鎭이 있고 鎭의 북쪽에 挂車嶺이 있다.
集覽, 夾, 本作硤, 今安慶府桐城北四十里南硤戍是. 挂, 與掛通. 車, 昌遮切. 桐城西四十里, 有挂車鎭, 鎭北有挂車嶺.

② "柴路"는 섶나무로 길을 막음을 이른다. 일설에 柴(울타리)는 去聲이라 한다. 塞은 끊음이다.
柴路, 謂以柴塞路也. 一說, 柴, 去聲. 塞, 斷也.

③ 漢나라 말기에 許昌에 도읍하여 許昌宮이 있었는데, 魏나라 때에는 洛陽에 도읍하였다.

---

5) 王者가……뜻 : 제왕이 장군을 임명하여 보낼 적에 베푸는 융숭한 예의를 이른다. ≪史記≫ 〈馮唐列傳〉에 馮唐이 文帝에게 아뢰기를 "臣이 들으니, 上古時代에 왕자가 장수를 보낼 적에 무릎을 꿇고 수레바퀴를 밀면서 말하기를 '도성문 안은 寡人이 통제하고 밖은 장군이 통제하라.'고 했습니다."라고 보이며, 思政殿訓義 ≪資治通鑑綱目≫ 제3권 하 漢 文帝 14년(B.C. 166) 조에도 보인다.

漢末都許, 有許昌宮, 魏時都洛.

【目】 石亭에서 싸울 적에 陸遜이 朱桓과 全琮을 左翼과 右翼으로 삼고서 세 길로 함께 전진하여 曹休의 伏兵을 충돌하고 인하여 뒤쫓아 敗走시키고는 夾石까지 추격하여 적병 만여 명을 참수하거나 생포하고 魏軍의 물자와 兵器를 거의 다 빼앗았다.

戰于石亭①할새 遜이 令桓, 琮으로 爲左右翼하여 三道俱進하여 衝休伏兵하여 因驅走之하고 追至夾石하여 斬獲萬餘하고 資仗略盡하다

① 胡三省이 말하였다. "이때 吳王이 皖口에 있고 陸遜 등을 보내어 曹休와 石亭에서 싸웠으니, 그렇다면 그 지역은 마땅히 지금 舒州의 懷寧과 桐城 두 縣의 사이에 있었을 것이다." 胡三省曰 "時吳王在皖口, 遣遜等, 與休戰于石亭, 則其地當在今舒州懷寧·桐城二縣之間."

【目】 처음에 曹叡가 賈逵에게 명하여 군대를 이끌고 동쪽으로 가서 曹休와 군대를 연합하게 하니, 가규가 말하기를 "賊은 東關(濡須口)의 대비가 없으니 반드시 병력을 皖邑(환읍)으로 집중할 것이다. 그런데 조휴가 깊이 쳐들어가 吳나라와 싸우니, 반드시 패할 것이다." 하고는 마침내 급히 진군하였는데, 조휴가 이미 패하고 吳나라에서 군대를 보내어 夾石을 차단했다는 말을 들었다.

장수들 중에 혹 後軍을 기다리고자 하는 자가 있으니, 가규는 다음과 같이 말하였다. "조휴는 군대가 패하여 길이 끊겨서 전진할 수도 없고 후퇴할 수도 없으니, 安危의 기틀(관건)이 채 하루도 못 된다. 이제 빨리 전진하여 賊이 예상하지 않았을 때에 출동한다면 이것은 이른바 '남(적)보다 먼저 출동하여 적의 마음을 빼앗는다.'는 것이다. 만약 후군을 기다리면 적이 이미 험한 곳을 차단할 것이니 병력이 많은들 무슨 유익함이 있겠는가."

가규는 마침내 행군 속도를 배가하여 진군해서 깃발을 꽂아놓고 북을 울려 疑軍을 많이 설치하니, 吳나라 사람들이 놀라 후퇴하였다. 이에 조휴가 비로소 돌아왔다.

처음에 가규와 조휴는 사이가 좋지 못했는데, 이때 조휴는 가규의 도움으로 죽음을 면하였고 魏나라 또한 조휴를 처벌하지 않았다.

初에 叡命賈逵引兵東하여 與休合①하니 逵曰 賊無東關之備하니 必幷軍於皖②이어늘 而休深入與戰하니 必敗라하고 乃亟進이러니 聞休已敗而吳遣兵斷夾石이라 諸將이 或欲待後軍이어늘 逵曰 休兵敗路絶하여 進退不能하니 安危之機 不及終日이라 今疾進하여 出賊不意하면 此所謂先人以奪其

心也[③]라 若待後軍이면 賊已斷險하리니 兵多何益이리오하고 乃兼道進軍할새 而多設旗鼓疑兵하니 吳人이 驚退라 休乃得還[④]하다 初에 逵與休不善이러니 至是하여 賴逵以免하고 魏亦不之罪也[⑤]하니라

① 살펴보건대 《三國志》 〈賈逵傳〉에 "賈逵는 豫州에서 진군하여 西陽을 점령하고 東關으로 향하였으며, 曹休는 壽春에서 皖邑으로 향하였다." 하였으니, 서양은 환읍의 서쪽에 있고 동관은 또 환읍의 동쪽에 있는 것이다. 지금 조휴와 군대를 연합하게 했다는 것은 가규로 하여금 병력을 합하여 동관으로 향하게 한 것이다.
按逵傳"逵自豫州進兵, 取西陽以向東關, 休自壽春向皖." 西陽在皖之西, 而東關又在皖之東. 今與休合, 蓋使合兵向東關也.

② 幷(합하다)은 必政의 切이다.
幷, 必政切.

③ 先(먼저하다)은 悉薦의 切이다. 《春秋左氏傳》 文公 7년에 "軍志(옛 군사 서적)에 이르기를 '적보다 먼저 출동하면 적의 마음을 빼앗는다.' 했다." 하였다.
先, 悉薦切. 左傳"軍志曰'先人有奪人之心.'"

④ "驚退"는 夾石의 군대를 차단한 것이다.
驚退者, 斷夾石之軍耳.

⑤ 賈逵와 曹休는 사이가 좋지 못했으니, 魏나라 文帝가 黃初 연간에 가규에게 節을 빌려주려 하자, 조휴가 말하기를 "가규는 성질이 강하여 장수들을 하찮게 여기고 업신여기니, 督으로 삼아서는 안 됩니다." 하여, 마침내 중지하였다.
逵與休不善, 魏文帝黃初中, 欲假逵節. 休曰"逵性剛, 易侮諸將, 不可爲督." 遂止.

【綱】 겨울 12월에 右將軍 諸葛亮이 魏나라를 정벌하여 陳倉을 포위 공격하였는데, 이기지 못하고 돌아올 적에 추격하는 魏나라 장수 王雙을 참수하였다.

冬十二月에 右將軍亮이 伐魏하여 圍陳倉이러니 不克而還할새 斬其追將王雙하다

【目】 右將軍 諸葛亮은 曹休가 패전하여 魏나라 군대가 동쪽으로 내려가서 關中(長安)이 허약해졌다는 말을 듣고는 군대를 출동하여 魏나라를 공격하고자 하였으나 여러 신하들이 대부분 魏나라를 정벌할 수 없을 것이라고 의심하였다. 제갈량은 황제(劉禪)에게 다음과 같이 말하였다.

"先帝께서는 漢나라와 賊(魏나라)은 양립할 수 없고 王業은 한쪽 구석인 蜀都에서 편안할 수 없다고 여기셨기 때문에 臣에게 적을 토벌할 것을 부탁하셨습니다. 선제의 밝으신 지혜로 臣의 재주를 헤아려보심에 진실로 臣의 재주가 약하고 적이 강하다는 것을

아셨습니다. 그러나 적을 정벌하지 않으면 王業이 또한 망할 것이니, 앉아서 망하기를 기다리기보다는 차라리 적을 정벌하는 것이 낫기 때문에 臣에게 부탁하고 의심하지 않으신 것입니다.

臣은 명을 받은 날부터 잠자리에 누워도 잠자리가 편안하지 않고 밥을 먹어도 밥맛이 달지 않았습니다. 생각하기에 북쪽을 정벌하려면 마땅히 먼저 南中을 쳐들어가서 평정해야 했기에 5월에 瀘水(노수)를 건너 깊이 불모지에 쳐들어갔습니다. 臣이 제 자신을 아끼지 않는 것은 아니나, 다만 왕업을 한쪽 구석인 촉도에서 편안히 할 수 없기 때문에 危難을 무릅쓰고 선제의 遺意를 받든 것인데, 의논하는 자들은 좋은 계책이 아니라고 합니다.

諸葛亮이 다시 出師表를 올리다

右將軍亮이 聞曹休敗하여 魏兵東下하여 關中虛弱하고 欲出兵擊魏로되 群臣이 多以爲疑①라 亮이 言於帝曰 先帝以漢, 賊不兩立하고 王業不偏安故로 託臣以討賊하시니 以先帝之明으로 量臣之才에 固知臣才弱敵彊이니이다 然이나 不伐賊이면 王業亦亡하리니 惟坐而待亡으론 孰與伐之리오 是故로 託臣而弗疑也하시니이다 臣受命之日에 寢不安席하고 食不甘味하여 思惟北征이면 宜先入南이라 故로 五月渡瀘하여 深入不毛하니 臣非不自惜也로되 顧王業이 不可偏全於蜀都라 故로 冒危難以奉先帝之遺意也어늘 而議者謂爲非計라하니이다

① 〈"欲出兵擊魏 群臣多以爲疑"는〉 祁山의 패전으로 인하여 魏나라를 정벌할 수 없을 것이라고

의심한 것이다.
因祁山之敗, 疑魏不可伐.

【目】 지금 적은 마침 서쪽에서 피폐하고 또 동쪽에서 일(전쟁)을 벌이고 있습니다. 병법에 '적의 피로한 틈을 타라.' 하였으니, 지금이야말로 진격할 시기입니다. 高帝는 밝음이 日月과 같으셨고 謀臣들은 지혜가 못과 같이 깊었으나, 위험을 겪고 상처를 입어 위태로운 뒤에야 편안하였습니다. 그런데 지금 폐하께서는 밝음은 고제에 미치지 못하시고 謀臣들의 지혜는 張良과 陳平만 못한데도, 장구한 계책으로 승리를 취하여 앉아서 천하를 평정하고자 하시니, 이것이 臣이 이해할 수 없는 첫 번째입니다.

今賊이 適疲於西하고 又務於東하니 兵法에 乘勞라하니 此進趨之時也[①]니이다 且高帝明竝日月하시고 謀臣淵深이나 然涉險被創하여 危然後安이어시늘 今陛下未及高帝하시고 謀臣이 不如良, 平이로되 而欲以長計取勝하여 坐定天下하시니 此臣之未解一也[②]니이다

① "疲於西"는 郿縣과 祁山의 군대(전쟁)를 이르고, "務於東"은 江陵과 東關과 石亭의 군대를 이른다.
疲於西, 謂郿縣・祁山之師. 務於東, 謂江陵・東關・石亭之師也.
② 解는 이해함이다. 일설에 "解는 懈로 읽으니, 감히 懈怠하지 않는 것이다."라 한다.
解, 曉也. 一云 "解讀曰懈, 言未敢懈怠也."

【目】 劉繇와 王朗은 각각 州郡을 점거하고는 〈하루 속히 孫策을 정벌하지 않고,〉 安危를 논하고 계책을 말함에 걸핏하면 聖人의 일을 인용하였습니다. 그러나 많은 의심이 뱃속에 가득하고 온갖 곤란하게 여기는 것들이 가슴속에 꽉 차서 올해도 싸우지 않고 내년에도 정벌하지 않다가 손책으로 하여금 가만히 앉아서 강대함을 이루어 마침내 江東 지방을 겸병하게 하였으니, 이것은 臣이 이해할 수 없는 두 번째입니다.

劉繇, 王朗이 各據州郡하여 論安言計에 動引聖人이로되 群疑滿腹하고 衆難塞胸하여 今歲不戰하고 明年不征이라가 使孫策坐大하여 遂幷江東케하니 此臣之未解二也[①]니이다

① "坐大"는 가만히 앉아서 강대해짐을 말한 것이다.
坐大, 言坐致(疆)〔彊〕[6]大也.

6) (疆)〔彊〕: 저본에는 '疆'으로 되어 있으나, ≪資治通鑑≫ 註에 의거하여 '彊'으로 바로잡았다. 다만 ≪資治通鑑≫ 註에는 '强'으로 되어 있는바, '强'과 '疆'은 서로 통용된다.

【目】 臣이 漢中에 도착한 이후[7])로 그간 1주년이 되었는데, 趙雲 등과 曲長, 屯將 70여 명과 突將, 武騎 1천여 명을 상실하였습니다. 이들은 모두 수십 년 동안 사방에서 규합한 정예로운 자들이요 益州 한 고을의 소유가 아닙니다. 만약 다시 몇 년이 지나면 3분의 2를 잃게 될 것이니, 마땅히 무엇으로써 적을 도모하겠습니까. 이것이 臣이 이해할 수 없는 세 번째입니다.

臣到漢中이 中間朞年이로되 已喪趙雲等及曲長, 屯將七十餘人과 突將, 武騎一千餘人①하니 皆數十年所糾合四方之精銳요 非一州之所有니 若復數年이면 則損三分之二하리니 當何以圖敵이리오 此臣之未解三也②니이다

① "曲長"은 한 曲(부대)의 우두머리이다. 군대의 행렬에는 部가 있고, 部 아래에는 曲이 있고, 曲에는 각각 長이 있다. "屯將"은 將帥로서 주둔병을 거느리는 자이다. "突將"과 "武騎"는 모

7) 臣이……이후 : ≪資治通鑑≫에는 이 위에 '臣이 이해할 수 없는 것' 두 가지가 더 있으니, 그 내용은 다음과 같다.

"曹操는 지모와 계략이 보통 사람보다 크게 뛰어나 그 用兵하는 것이 孫武·吳起와 방불하였습니다. 그러나 南陽에서 곤궁을 당하고 烏巢에서 위험을 겪고 祁連에서 위태롭고 黎陽에서 핍박을 당하고 伯山에서 패할 뻔하고 潼關에서 죽을 뻔한 뒤에야 임시로 한때나마 평정할 수 있었는데, 하물며 臣은 재주도 약하면서 위태롭지 않고 천하를 평정하려 하니, 이것은 신이 이해할 수 없는 세 번째입니다.

조조는 다섯 번 昌霸를 공격하였으나 함락시키지 못하였고 네 번 巢湖를 넘어갔으나 성공하지 못하였으며, 李服을 임용하였는데 이복이 〈조조를 칠 것을〉 도모하였고 夏侯淵을 위임하였는데 하후연이 패망하였으니, 선제께서는 매번 조조를 '능하다'고 칭찬하셨는데도, 오히려 이러한 실수가 있었습니다. 하물며 재주가 노둔하고 낮은 臣이 어찌 필승을 기약할 수 있겠습니까. 이것은 신이 이해할 수 없는 네 번째입니다.〔曹操智計殊絶於人 其用兵也 髣髴孫吳 然困於南陽 險於烏巢 危於祁連 偪於黎陽 幾敗伯山 殆死潼關 然後僞定一時耳 況臣才弱而欲以不危而定之 此臣之未解三也 曹操五攻昌霸不下 四越巢湖不成 任用李服而李服圖之 委夏侯而夏侯敗亡 先帝每稱操爲能 猶有此失 況臣駑下 何能必勝 此臣之未解四也〕"

그리하여 '신이 이해할 수 없다.'는 것이 모두 여섯 가지이다.

그리고 첫 번째 글에 대한 胡三省의 註에 "'南陽에서 곤궁을 당하였다.'는 것은 穰 땅을 공격하여 張繡에게 패한 일을 이르고, '烏巢에서 위험을 겪었다.'는 것은 袁紹의 장수 淳于瓊을 공격할 때를 이른다. '黎陽에서 핍박을 당하였다.'는 것은 袁譚의 형제를 공격할 때를 이르고, '伯山에서 패할 뻔하였다.'는 것은 白狼山에서 烏桓과 싸울 때를 이르고, '潼關에서 죽을 뻔했다.'는 것은 馬超와 싸울 때를 이른다. '祁連에서 위태로웠다.'는 것은 마땅히 상고해보아야 하는데, 혹자는 '袁尙을 祁山에서 포위했을 때를 이른 것이다.' 하였다.〔困於南陽 謂攻穰爲張繡所敗也 險於烏巢 謂攻袁紹將淳于瓊時也 偪於黎陽 謂攻袁譚兄弟時也 幾敗伯山 謂與烏桓戰于白狼山時也 殆死潼關 謂與馬超戰時也 危於祁連 當考 或曰圍袁尙於祁山時也〕" 하였다. 그리고 두 번째 글에 대한 주에는 "昌霸는 昌豨이니, 曹操가 여러 번 공격하였으나 항복시키지 못하다가 뒤에 于禁에게 명하여 공격해서 참수하게 하였다. '네 번 巢湖를 넘어갔으나 성공하지 못했다.'는 것은 孫權을 공격함을 이른다. 李服은 아마도 王服인 듯하니, 董承과 함께 조조를 죽이려고 도모하다가 죽임을 당하였다. 夏侯는 夏侯淵이니, 漢中을 지키다가 先主(劉備)에게 패한 것을 이른다.〔昌霸 昌豨也 操累攻不下 後命于禁擊斬之 四越巢湖不成 謂攻孫權也 李服 蓋王服也 與董承謀殺操被誅 夏侯 謂夏侯淵 守漢中 爲先主所敗也〕" 하였다.

두 군대의 칭호이다.
曲長, 一曲之長也. 軍行有部, 部下有曲, 曲各有長. 屯將, 將屯者也. 突將・武騎, 皆軍號也.

② 〈"損三分之二"는〉 싸우지 않고도 장병이 소모되고 줄어듦이 이미 이와 같음을 말한 것이다.
言不戰而將士耗損, 已如此也.

【目】 지금 백성들은 곤궁하고 병사들은 지쳐 있으나 魏나라를 정벌하는 일을 중지할 수가 없으니, 이 일이 중지할 수 없는 것이라면 군대를 주둔하고 있는 것과 군대를 출동하여 진격하는 것은 노력과 비용이 서로 맞먹습니다. 그런데도 關中이 빈틈을 타서 적을 도모하지 않고 한 州의 땅을 가지고 적과 지구전을 벌이고자 하니, 이것이 臣이 이해할 수 없는 네 번째입니다.

今民窮兵疲而事不可息이니 事不可息이면 則住與行이 勞費正等이어늘 而不及虛圖之하고 欲以一州之地로 與賊支久하니 此臣之未解四也[①]니이다

① 〈"不及虛圖之……欲與持久"는〉 諸葛亮의 생각에 魏나라와 吳나라가 전쟁을 계속하여 해결되지 않을 때에 미쳐서 관중이 빈틈을 타 도모하고자 한 것이다. 支는 버팀이니, "支久(지구전을 벌이다)"는 持久라는 말과 같다.
亮意欲及魏與吳連兵未解, 乘虛而圖之也. 支, 持也. 支久, 猶言持久也.

【目】 미리 평정(예측)하기 어려운 것은 일입니다. 옛날에 先帝께서 楚(荊州) 지방에서 패전하시니, 曹操는 손뼉을 치면서 천하를 이미 평정했다고 생각했습니다. 그러나 선제께서는 동쪽으로 吳越(孫權)과 연합하고 서쪽으로 巴蜀을 점령하였으며, 군대를 동원하여 북쪽으로 정벌함에 夏侯淵이 목을 바쳤으니, 이는 曹操의 실책이요 우리 漢나라의 일이 장차 이루어질 계기였습니다. 그러나 뒤에 吳나라가 맹약을 위반하여 關羽가 패하여 죽고 秭歸縣(자귀현)에서 차질이 생겼으며 曹丕가 皇帝를 칭하였으니, 모든 일이 이와 같아 예측하기가 어렵습니다. 臣은 몸을 굽히고 수고로움을 다하여 죽은 뒤에야 그만둘 것이니, 성공과 실패, 유리함과 불리함에 대하여는 臣의 지혜로 미리 예측할 수 있는 바가 아닙니다."

夫難平者는 事也라 昔에 先帝兵敗於楚에 曹操拊手하여 謂天下已定矣[①]니이다 然이나 先帝東連吳越하고 西取巴蜀하며 擧兵北征에 夏侯授首하니 此는 操之失計요 而漢事將成也[②]라 其後에 吳更違盟하여 關羽毁敗하고 秭(자)歸蹉跌하고 曹丕稱帝하니 凡事如是하여 難可逆見[③]이니이다 臣은 鞠躬盡力하여 死而後已니 至於成敗利鈍하여는 非臣之明所能逆覩也니이다

① "兵敗於楚"는 獻帝 建安 13년(208) 當陽 長阪에서 先帝(劉備)가 패한 일을 이른다. "拊手"는 상쾌한 뜻이 외면에 나타난 것이다.
兵敗於楚, 謂獻帝建安十三年, 敗於當陽長阪也. 拊手, 乘快之意發見(현)於外者也.
② 夏侯淵이 머리를 바친 일은 建安 24년(219)에 보인다.
夏侯授首, 事見建安二十四年.
③ 關羽가 패한 일은 建安 24년에 보인다. 秭歸縣에서 蹉跌이 있었던 일은 章武 2년(222)에 보인다.[8] "逆見"은 미리 헤아린다는 말과 같다.
關羽毁敗, 事見建安二十四年. 秭歸蹉跌, 事見章武二年. 逆見, 猶言豫料.

【目】 12월에 諸葛亮이 수만 명의 병력을 인솔하고 散關으로 진출하여 陳倉을 포위 공격하였으나 이기지 못하니, 사람을 시켜서 郝昭를 설득하였으나 항복시키지 못하였다.

학소의 군대가 겨우 천여 명이었다. 제갈량이 나아가 공격할 적에 雲梯와 衝車를 설치하여 城에 가까이 다가갔는데, 학소가 火箭으로 맞서서 운제를 향해 쏘니 운제 위에 있던 병사들이 모두 불타 죽었다. 학소가 또 끈으로 맷돌을 연결하여 충차를 누르니, 충차가 부서졌다.

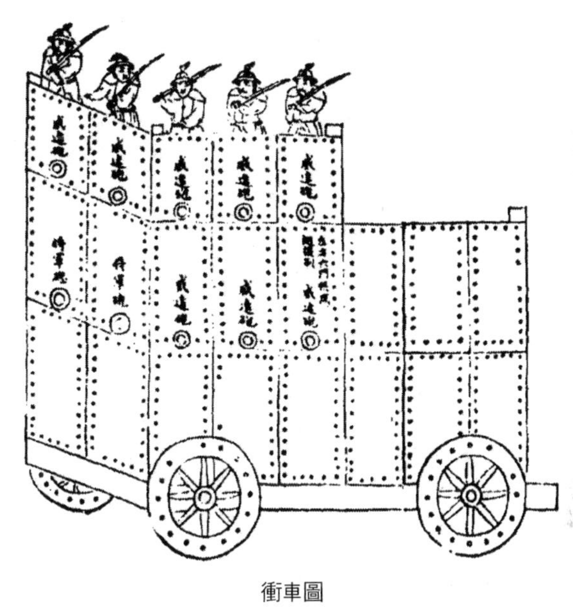

衝車圖

十二月에 引兵數萬하고 出散關하여 圍陳倉不克①하니 使人說(세)郝昭不下하다 昭兵이 纔千餘人이라 亮이 進攻之할새 起雲梯衝車하여 臨城②이러니 昭以火箭으로 逆射其梯하니 人皆燒死③하고 昭又以繩連石磨하여 壓其衝車하니 衝車折④이러라

① "散關"은 關의 이름이니, 漢나라의 故道縣에 있다.
散關, 關名, 在漢故道縣.
② 雲梯는 나무로 만드니, 사다리를 타고서 城을 오를 수 있는 것인바, 雲은 그 높이 올라감이 구름 속으로 들어가는 것과 같음을 말한 것이다.

8) 秭歸縣에서……보인다 : 劉備가 關羽의 죽음을 복수하고자 吳나라를 공격하였으나, 吳나라 陸遜에게 秭歸에서 크게 패하였다. 이를 秭歸大戰, 猇亭大戰, 夷陵大戰이라 한다.

杜佑가 다음과 같이 말하였다. "큰 나무로 牀板을 만들고 아래에 여섯 개의 바퀴를 설치하고 위에는 두 개의 牙를 세우며 牙에는 檢(나무로 만든 기구로 쉽게 풀리지 않게 하는 것임)이 있으며 사다리의 마디(간격)는 1丈 2尺이다. 네 개의 틀이 있는데, 틀의 거리는 3尺이며 형세가 약간 굽어서 서로 구름 사이로 날아 적진의 성안을 엿본다. 성에 올라가는 사다리가 있는데 머리에 두 개의 轆轤(도르래)로 사다리를 성에 가까이 대어 타고 올라가니, 이것을 飛雲梯라 한다."

雲梯, 以木爲之, 可階而登城. 雲者, 言其升若入雲然. 杜佑曰 以大木爲牀, 下置六輪, 上立雙牙, 牙有檢, 梯節長丈二尺. 有四桄, 桄相去(四)〔三〕[9]尺, 勢微(回)〔曲〕,[10] 遞互相檢飛於雲間, 以窺城中. 有上城梯, 首冠雙轆轤, 枕城而上, 謂之飛雲梯.

③ "逆射"는 雲梯를 맞이하여 활을 쏨을 이른다.

逆射, 謂迎其雲梯而射之.

④ 磨는 莫臥의 切이니, 맷돌이다.

磨, 莫臥切, 石磑也.

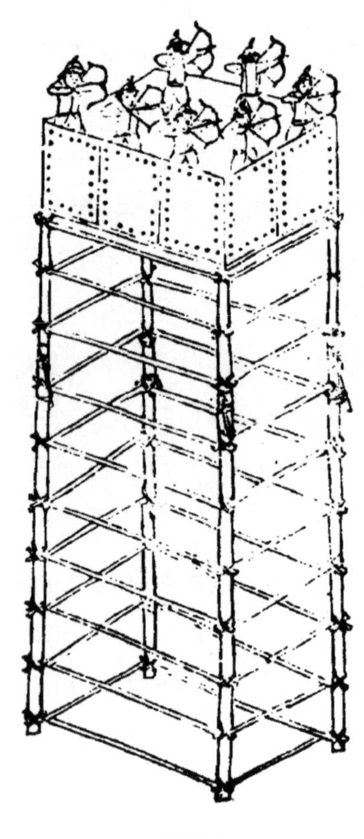
井闌圖

【目】 諸葛亮은 마침내 다시 100尺쯤 되는 井闌(井자 모양의 攻城 기구)을 만들어서 성안에 화살을 쏘고 흙을 둥글게 뭉쳐 塹壕를 메워서 곧바로 성에 올라가고자 하였는데, 郝昭가 또다시 안에 이중 담장을 구축하였다. 제갈량이 또 地突(지하도)을 만들어서 성안으로 뛰쳐 올라가려고 하였는데, 학소가 또다시 성안에 땅을 파 가로로 차단하였다.

兩軍이 서로 밤낮으로 공격하고 항거한 지 20여 일이 되었다.

魏나라에서는 張郃을 보내어 구원하게 하였으나, 장합이 도착하기 전에 제갈량이 식량이 다하여 병력을 인솔하고 돌아왔다. 將軍 王雙이 제갈량을 추격하자 제갈량이 공격하여 참수하였다.

亮이 乃更爲井闌百尺하여 以射城中하고 以土丸塡塹하여 欲直攀城①이러니 昭又於內에 築重墻②하고 亮이 又爲地

9) (四)〔三〕: 저본에는 '四'로 되어 있으나, ≪通典≫에 의거하여 '三'으로 바로잡았다.

10) (回)〔曲〕: 저본에는 '回'로 되어 있으나, ≪通典≫에 의거하여 '曲'으로 바로잡았다.

突하여 欲踊出於城裏③러니 昭又於城內에 穿地橫截之하여 晝夜相攻拒二十餘日이러라 魏遣張郃救之호되 未至에 亮이 糧盡引還이러니 將軍王雙이 追亮이어늘 亮이 擊斬之하다

① 〈"井闌"은〉 나무를 서로 얽어서 우물의 난간 모양처럼 만든 것이다.
以木交構, 若井闌狀.
② 重(거듭)은 平聲이다.
重, 平聲.
③ "地突"은 지하도이다.
地突, 地道也.

【綱】 魏나라가 公孫淵을 遼東太守로 삼았다.

魏以公孫淵爲遼東太守하다

【目】 처음에 公孫康이 卒하니, 아들 公孫淵의 나이가 어렸으므로 그의 아우 公孫恭이 뒤를 이었다. 공손연이 장성하자, 공손공을 위협하여 태수의 지위를 빼앗고 조정에 글을 올려 이러한 내용을 말하였다. 侍中 劉曄(유엽)이 다음과 같이 말하였다.

"公孫氏는 대대로 권력을 잡은 지가 오래되었습니다. 이제 만약 주벌하지 않으면 뒤에 반드시 후환이 생길 것이니, 그가 막 서서 태수가 되어 그를 지지하는 徒黨이 있고 원수가 있는 틈을 타 그들이 예상하지 않을 때에 먼저 출동해서 군대를 거느리고 가까이 다가가고 현상금을 내걸어 공손연을 사로잡을 사람을 모집하는 것만 못하니, 이렇게 하면 군대를 수고롭게 출동하지 않고도 평정할 수 있습니다."

魏主는 그의 말을 따르지 않고 인하여 공손연을 요동태수로 삼는다는 명을 내렸다.

初에 公孫康이 卒하니 子淵이 幼하여 弟恭이 立이러니 及淵長에 脅奪恭位하고 上書言狀한대 侍中劉曄曰 公孫氏世權日久라 今若不誅면 後必生患하리니 不如因其新立하여 有黨有仇하여 先其不意하여 以兵臨之하고 開設賞募하면 可不勞師而定也①리이다 魏主不從하고 因有是命하다

① 〈公孫淵을 지지하는〉 도당이 있었기 때문에 능히 公孫恭의 지위를 빼앗았으니, 그와 원수가 된 자는 공손공의 무리이다. 先(먼저하다)은 悉薦의 切이다.
有黨, 故能奪恭位, 與之爲仇者, 則恭之黨也. 先, 悉薦切.

【綱】 吳나라 大司馬 呂範이 卒하였다.

吳大司馬呂範이 卒[11]하다

【目】 처음에 孫策이 呂範으로 하여금 재정과 회계를 맡게 하였는데, 이때 吳王 孫權이 나이가 어려서 사사로이 요구하는 일이 있으면 여범은 반드시 손책에게 아뢰어 감히 자기 마음대로 허락하지 않았다. 손권이 陽羨縣長을 대리하여 사사로이 재물을 쓰는 경우가 있었는데, 손책이 간혹 헤아리고 자세히 살피면 功曹인 周谷이 손권을 위해 번번이 문서를 덧붙여 만들어서 견책이 없게 하였다. 손권이 이 때문에 여범을 원망하고 주곡을 좋아하였다.

뒤에 손권이 政事를 통솔하게 되자, 손권은 여범이 충성스럽다 하여 그를 신임하고, 주곡은 主君을 속이고 문서를 변경했다 하여 등용하지 않았다. 이때에 이르러 여범을 大司馬로 삼았는데 印綬를 내리기 전에 여범이 卒하였다.

初에 孫策이 使範典財計①러니 時에 吳王權이 年少라 私從有求어든 範이 必關白하여 不敢專許러라 及權이 守陽羨長에 有所私用이러니 策이 或料覆하면 功曹周谷이 輒爲傅著(착)簿書하여 使無譴問②하니 權이 以是로 望範而悅谷③이러라 及後統事에 以範忠誠이라하여 信任之하고 而谷能欺更(경)簿書라하여 不用也④하다 至是하여 以範爲大司馬러니 印綬未下而卒하다

① 典은 주관함(맡음)이다.
典, 主也.

② 陽羨縣은 前漢 때에는 會稽郡에 속하였고, 後漢 때에는 吳郡에 속하였다. 長은 令長(현령)이다. 料는 음이 聊이니 계산함이요, 覆은 자세히 비교하는 것이다. 爲(위하다)는 去聲이다. 傅(붙이다)는 附로 읽는다. 著(붙이다)은 直略의 切이다.
陽羨縣, 前漢屬會稽郡, 後漢屬吳郡. 長, 令長也. 料, 音聊, 計也. 覆, 審校也. 爲, 去聲. 傅, 讀曰附. 著, 直略切.

③ 望은 責望이요, 怨望함이다.
望, 責望也, 怨望也.

④ 更(변경함)은 工衡의 切이다.
更, 工衡切.

---

11) 吳大司馬呂範卒 : "이때 大司馬의 印綬를 아직 내리지 않았는데 大司馬라고 쓴 것은 어째서인가. 어진 사람을 인정한 것이다. 진실로 어질면 呂範이 비록 印綬를 내리기 전에 卒하였더라도 大司馬라고 쓰고, 蔡興宗이 비록 관직을 제수하기 전에 卒하였더라도 中書監이라고 썼으니, 이는 모두 《資治通鑑綱目》에서 특별히 쓴 것이다.〔於是印綬未下 書大司馬 何 予賢也 苟賢也 呂範雖印綬未下而卒 書大司馬 蔡興宗雖未拜而卒 書中書監 皆綱目之特筆也〕" 《書法》

己酉年(229)

【綱】 漢나라(蜀漢) 後主 建興 7년이다.

七年이라

【目】 魏나라 明帝 曹叡 太和 3년이고, 吳나라 大帝 孫權 黃龍 원년이다.

魏太和三年이요 **吳黃龍元年**[①]이라

① 이때 夏口와 武昌에서 모두 黃龍이 나타났다고 말하였으므로 孫權이 마침내 改元한 것이다.
時夏口・武昌竝言黃龍見(현), 權遂以改元.

【綱】 봄에 右將軍 諸葛亮이 魏나라를 정벌하여 武都와 陰平을 함락시키니, 다시 丞相을 제수하였다.

春에 **右將軍亮**이 **伐魏**하여 **拔武都, 陰平**하니 **復拜丞相**[①]하다

① 陰平道는 前漢 때에는 廣漢郡에 속하였고 後漢 때에는 廣漢屬國都尉에 속하였으며, 魏나라 때에는 나누어 陰平郡을 설치하였다.
陰平道, 前漢屬廣漢郡, 後漢屬廣漢屬國都尉, 魏分置陰平郡.

吳主 孫權

【綱】 여름 4월에 吳王 孫權이 皇帝를 칭하였다.

◑夏四月에 **吳王孫權**이 **稱皇帝**하다

【目】 吳王 孫權이 皇帝의 지위에 오르

고 大赦와 改元을 행하니, 百官들이 모두 모였다. 孫權이 이 功을 모두 周瑜에게 돌렸다. 將軍 張昭가 笏을 들고서 손권의 공덕을 찬양하려 하여 미처 말하기 전에 손권이 말하기를 "張公의 계획과 같이 했더라면 내 지금 이미 걸식했을 것이다." 하니, 장소가 크게 부끄러워 땀을 흘렸다.

손권은 아버지 孫堅을 追尊하여 武烈皇帝라 하고, 형 孫策을 長沙桓王이라 하고, 아들 孫登을 세워 太子로 삼았다.

吳王權이 卽皇帝位하고 大赦改元하니 百官이 畢會라 權이 歸功於周瑜[①]하다 將軍張昭擧笏하여 欲褒贊功德하여 未及言에 權曰 如張公計면 今已乞食矣[②]리라하니 昭大慙汗이러라 權이 追尊父堅하여 爲武烈皇帝하고 兄策爲長沙桓王하고 立子登爲太子하다

① 〈"歸功於周瑜"는〉 周瑜가 능히 曹公(曹操)을 막아 三分天下의 공업을 이루었기 때문이다.
以能拒曹公而成三分之業也.

② 〈"如張公計 今已乞食矣"는〉 張昭가 曹公을 맞이하고자 했던 일을 이른다.
謂張昭欲迎曹公也.

【目】 諸葛恪을 太子左輔로 삼고, 張休를 右弼로, 顧譚을 輔正으로, 陳表를 翼正으로 삼고, 謝景과 范愼, 羊衜(양도) 등은 賓客이 되니, 이때에 東宮에 名士가 많다고 일컬어졌다.

太子가 侍中 胡綜으로 하여금 ≪賓友目≫을 짓게 하니, 여기에 이르기를 "영명한 재주가 탁월함은 諸葛恪이요, 당시의 機務에 정통함은 顧譚이요, 논변에 흔들림이 없고 논리가 활달하게 통달함은 謝景이요, 학문을 연구하고 미묘한 뜻을 살핌은 范愼이다." 하였다.

양도가 사사로이 논박하기를 "元遜(제갈각)은 재주가 있으나 소략하고 子嘿(고담)은 정밀하나 모질고 叔發(사경)은 말을 잘하나 실속이 없고 孝敬(범신)은 깊으나 좁다." 하니, 제갈각 등이 그를 미워하였는데, 그 뒤에 모두 실패하여 양도가 말한 바와 같게 되었다.

以諸葛恪爲太子左輔하고 張休爲右弼하고 顧譚爲輔正하고 陳表爲翼正하고 謝景, 范愼, 羊衜等이 爲賓客[①]하니 於是에 東宮이 號多士라 太子使侍中胡綜으로 作賓友目[②]하니 曰 英才卓越則諸葛恪이요 精識時機則顧譚이요 凝辯宏達則謝景이요 究學甄微則范愼[③]이라하다 羊衜私駁之曰 元遜은 才而疏하고 子嘿은 精而狠하고 叔發은 辯而浮하고 孝敬은 深而陝[④]이라한대 恪等이 惡(오)之러니

其後에 皆敗하여 如羊衜所言하니라

① 輔正과 翼正은 모두 吳나라가 스스로 처음 설치한 것이다. 衜는 道의 古字이다.
輔正及翼正, 皆吳自創置之. 衜, 古道字.

② 目은 그 사람의 재주와 인품을 가지고 품평한 것이다.
目者, 因其人之才品, 爲之品題也.

③ 凝은 굳게 지킴이요, 宏은 광활하고 심원함이다. 達은 밝게 통달함이다. "甄微"는 그 미묘한 뜻을 잘 살핌을 이른다.
凝, 堅定也. 宏, 闊遠也. 達, 明通也. 甄微, 謂甄察其微妙之指.

④ 元遜은 諸葛恪의 字이고, 子嘿은 顧譚의 字이고, 叔發은 謝景의 字이고, 孝敬은 范愼의 字이다.
元遜, 諸葛恪字. 子嘿, 顧譚字. 叔發, 謝景字. 孝敬, 范愼字.

【綱】〈漢나라(蜀漢)가〉 衛尉 陳震을 吳나라에 사신으로 보내서 吳主 孫權과 盟約하게 하였다.

遣衛尉陳震使吳하여 及吳主權盟하다

【目】吳主 孫權이 사신을 보내어 두 황제를 아울러 높일 것을 통고하자, 여러 사람들은 모두 말하기를 "손권과 국교를 맺는 것은 유익함이 없고 명분과 체통이 順하지 못하니, 마땅히 바른 義理를 드러내어 밝혀서 그와 동맹한 우호를 끊어야 합니다." 하였다. 이에 丞相 諸葛亮이 다음과 같이 말하였다.

"손권이 참람하고 반역할 마음을 품은 지가 오래되었으나 우리 국가에서 그의 나쁜 情(욕망)을 소략히 하여 덮어둔 이유는 掎角(두 나라의 군대가 서로 호응함)의 원조를 얻기 위해서입니다. 이제 만약 드러내놓고 절교를 하면 우리를 원수로 여김이 반드시 깊을 것입니다. 또 우리는 마땅히 군대를 이동하여 동쪽 지방에 주둔시켜 저들과 힘을 다투어서 그 땅(吳나라)을 점령하고 나서야 비로소 中原(魏나라)을 의논할 수 있을 것입니다. 저 吳나라에는 어질고 재주 있는 이가 아직도 많고 장수와 정승이 화목하니, 하루아침에 평정할 수 없습니다. 군대를 주둔하여 서로 대치해서 가만히 앉아 늙기를 기다려 북쪽의 賊(魏나라)으로 하여금 좋은 방법을 얻게 하는 것은 훌륭한 계책이 아닙니다. 옛날에 孝文帝는 匈奴에게 겸손한 말씀을 하였고, 先帝는 관용을 베풀어 吳나라와 맹약을 하셨으니, 이는 모두 임기응변하여 변통을 하고 먼 후일의 유익함을 깊이 생각한 것이니, 匹夫의 분노처럼 한 것이 아닙니다.

吳主權이 使以竝尊二帝로 來告[①]어늘 衆皆以爲交之無益而名體弗順하니 宜顯明正義하여 絶其盟好[②]라한대 丞相亮曰 權有僭逆之心이 久矣로되 國家所以略其釁(흔)情者는 求掎角之援也[③]라 今若加顯絶이면 讐我必深이요 更當移兵東戍하여 與之角力하여 須幷其土라야 乃議中原[④]이리이다 彼賢才尙多하고 將相輯睦하니 未可一朝定也라 頓兵相守하여 坐而須老하여 使北賊得計는 非算之上者[⑤]니이다 昔에 孝文이 卑辭匈奴[⑥]하고 先帝優與吳盟[⑦]하시니 皆應權通變하고 深思遠益이니 非若匹夫之忿者也[⑧]니이다

① "二帝"는 吳나라와 蜀나라가 함께 황제가 되는 것이다.
二帝, 吳·蜀共爲帝也.

② 하늘에는 두 태양이 없고 땅에는 두 왕(황제)이 없는 것이 古今의 바른 의리이다.
天無二日, 土無二王, 古今之正義也.

③ 釁은 틈이요, 情은 욕망이다.
釁, 隙也. 情, 欲也.

④ 角은 다툼이요, 경쟁함이다.
角, 爭也, 競也.

⑤ 須은 기다림이다. "北賊"은 魏나라를 이른다.
須, 待也. 北賊, 謂魏也.

⑥ 〈"孝文卑辭匈奴"는〉 일이 漢 文帝 前6년(B.C. 174)에 보인다.[12]
事見漢文帝前六年.

⑦ 胡三省이 말하기를 "優는 너그럽게 대함〔饒〕이니, 지금 사람들은 아직도 寬假(관용)을 優饒라고 말한다." 하였다.
胡三省曰 "優, 饒也. 今人猶謂寬假爲優饒."

⑧ 〈"深思遠益"은〉 계책한 바가 큼을 말한 것이다.
言所計者大也.

【目】 의논하는 자들이 말하기를 '孫權의 이익은 천하를 三分하여 鼎足의 형세를 이루는 데 있으니 그와 힘을 합칠 수가 없고, 또 손권의 뜻과 욕망이 이미 가득차서 魏나라의 江岸으로 올라갈 마음이 없다.' 하니, 이는 모두 옳은 것 같으나 잘못된 의논입니다. 그의 지혜와 힘이 魏나라와 대등하지 않기 때문에 長江을 한계로 삼아 스스로 보존하는

12) 일이……보인다 : 漢 文帝 前 6년에 匈奴의 冒頓單于(묵특선우)가 편지를 보내 화친을 청하자, 문제가 이를 받아들이는 답서를 보낸 일과, 宗室의 딸인 옹주를 시집보내 閼氏(연지)로 삼은 일을 이른다.

것이니, 손권이 長江을 건너가지 못하는 것은 魏나라 賊이 漢水를 건너오지 못하는 것과 같습니다. 힘이 有餘한데 이익을 취하지 않는 것이 아닙니다. 만약 우리가 대군을 동원하여 魏나라를 토벌한다면 저들은 위로는 마땅히 魏나라의 토지를 나누어서 후일의 도모를 할 것이요, 아래로는 마땅히 백성을 차지하고 국경을 넓혀서 武勇을 안에 보일 것이니, 가만히 앉아 있을 자가 아닙니다.

만일 그가 동요하지 않고 우리와 화목한다면 우리가 북쪽을 정벌함에 동쪽을 돌아볼 근심이 없고, 河南 지방에 주둔해 있는 魏나라의 병력이 모두 서쪽으로 향하지 못할 것입니다. 이 이로움이 또한 이미 크니, 손권의 참람하고 반역하는 죄는 밝힐 수가 없습니다."

이에 陳震을 吳나라에 보내어 〈황제에 즉위한 것을〉 축하하니, 손권은 蜀漢과 천하를 차지한 다음 반으로 나눌 것을 맹약하였다.

議者 以權利在鼎足하니 不能幷力이요 且志望已滿하여 無上岸之情이라하니 此는 皆似是而非也①니이다 蓋其智力不侔故로 限江自保하니 權之不能越江은 猶魏賊之不能渡漢이라 非力有餘而利不取也②니이다 若大軍致討면 彼高當分裂其地하여 以爲後圖요 下當略民廣境하여 示武於內하리니 非端坐者也③라 就其不動而睦於我하면 我之北伐에 無東顧憂요 河南之衆이 不得盡西하리니 此之爲利 亦已深矣④니 權僭逆之罪는 未宜明也니이다 乃遣震賀吳하니 權이 與盟約中分天下하다

① "無上岸之情"은 孫權의 뜻이 長江을 보존하는 데에 있어서 江岸으로 올라가 북쪽을 향해 공격하지 못함을 말한 것이다.
無上岸之情, 謂孫權之志在保江, 不能上岸而北向也.

② "不能渡漢"은 魏나라가 漢水를 건너 江陵을 도모하지 못함을 말한 것이니, 이 漢水는 班固의 《漢書》 《地理志》에 이른바 東漢水라는 것이다.
不能渡漢, 言魏不能渡漢而圖江陵也. 此漢, 班志所謂東漢水也.

③ 〈"若大軍致討……示武於內"은〉 蜀漢이 만약 魏나라를 격파하면 吳나라 또한 장차 功을 나누어 가질 것임을 말한 것이다.
言蜀若破魏, 吳亦將分功.

④ 〈"我之北伐……不得盡西"는〉 蜀漢이 吳나라와 화친하면 비록 온 국력을 동원하여 북쪽을 공격하더라도 굳이 동쪽을 돌아보아 吳나라를 대비할 것이 없고, 河南 지방에 주둔해 있는 魏나라의 병력이 남아서 吳나라를 대비하고자 해서 모두 서쪽을 향해 蜀漢의 군대와 항거하지 못함을 말한 것이다.
言蜀與吳和, 則雖傾國北伐, 不須東顧以備吳, 而魏河南之衆, 欲留備吳, 不得盡西以抗蜀

兵也.

【綱】 吳나라는 張昭를 輔吳將軍으로 삼았다.

吳以張昭爲輔吳將軍하다

【目】 吳主 孫權이 일찍이 武昌에서 釣臺에 가 술을 마시고 크게 취해서 사람들로 하여금 신하들의 얼굴에 물을 뿌리게 하며 말하기를 "금일에 취하여 釣臺 가운데로 떨어져야 비로소 그치겠다." 하였다.

張昭가 정색하고 나가자, 손권이 그를 불러 들어오게 해서 이르기를 "함께 즐겁게 놀려는 것인데 公은 어찌하여 성내는가?" 하니, 장소가 말하기를 "옛날 紂王이 술지게미로 언덕을 만들고 술로 못을 만들어 긴긴 밤 술을 마셨는데, 當時에도 이것을 즐겁다 하고 나쁘다고 하지 않았습니다." 하였다. 손권은 묵묵히 있다가 마침내 술자리를 파하였다.

이때에 〈손권이 황제를 칭하자〉 장소가 신병이 있다고 告老(致仕)를 청하였는데, 다시 輔吳將軍을 제수하여 三司 다음의 班列에 두었다.

吳主權이 **嘗於武昌**에 **臨釣臺**①하여 **飮酒大醉**하여 **使人以水灑**(쇄)**群臣**②하고 **曰 今日**에 **醉墮臺中**이라야 **乃止**호리라 **昭正色而出**하니 **權**이 **呼入**하여 **謂曰 共作樂**(락)**耳**어늘 **公何爲怒乎**③아 **昭曰 昔**에 **紂糟丘酒池**하여 **長夜之飮**하니 **當時**에 **亦以爲樂**이요 **不以爲惡也**④니이다 **權**이 **默然**하고 **遂罷酒**하다 **至是**하여 **昭以病告老**어늘 **更拜輔吳將軍**하여 **班亞三司**⑤하다

① ≪水經≫에 "武昌에 樊山이 있으니, 북쪽으로 大江을 등지고 있으며 강가에 釣臺가 있다." 하였다.
水經 "武昌有樊山, 北背大江, 江上有釣臺."

② 술에 취한 자는 물을 얼굴에 뿌려서 술이 깬 뒤에야 술을 다시 마실 수 있다.
醉者, 以水灑之, 醒然後能飮.

③ 樂(즐기다)은 음이 洛이니, 아래도 같다.
樂, 音洛, 下同.

④ 紂王은 술로 못을 만들고 술지게미 언덕이 10리를 바라볼 수 있었으며, 한 번 북을 치면 소가 물을 마시듯이 술을 마시는 자가 3천 명이었고, 고기를 매달아 숲을 만들고는 남녀들로 하여금 벌거벗고 그 사이에서 쫓아다니게 하면서 긴긴 밤 술을 마셨다.[13)]

13) 紂王은……마셨다 : 위 내용은 ≪韓詩外傳≫ 등에 보인다.

紂以酒爲池, 糟丘足以望十里, 一鼓而牛飮者三千人, 懸肉爲林, 使男女倮逐於其間, 爲長夜之飮.

⑤ 三司는 三公이다.
三司, 三公也.

【目】張昭는 매번 조회에서 임금을 謁見할 적에 말소리와 얼굴빛이 장엄하여 의로움이 낯빛에 나타났다. 일찍이 직언을 하다가 孫權의 뜻을 거슬러서 중간에 나와 알현하지 못하였다.

뒤에 蜀漢의 사신이 와서 蜀漢의 아름다운 덕을 칭송하였는데, 여러 신하들 중에 아무도 사신의 말을 꺾지 못하였다.

손권이 다시 장소를 생각하여 中使(환관)을 보내어 위로하고 청하여 만나보았는데, 장소가 자리에서 일어나 사죄하였다. 손권은 무릎을 꿇고서 사죄하는 장소를 만류하니, 장소가 좌정한 다음 고개를 들고 다음과 같이 말하였다.

"옛날 太后와 桓王(孫策)이 老臣을 폐하께 부탁하지 않고 폐하를 노신에게 부탁하시니, 이 때문에 臣이 忠節을 다하여 두터운 은혜에 보답할 것을 생각하였으나, 뜻과 생각이 얕고 짧아서 군주의 훌륭한 뜻을 거슬렀습니다. 그러나 臣의 어리석은 생각에 나라를 섬기는 방법은 충성스럽고 국가에 유익하게 하여 목숨을 마침에 뜻을 두는 것일 뿐이니, 마음과 생각을 바꾸어서 구차히 영화를 취하고 용납되기를 구하는 것은 臣이 하지 못합니다."

손권이 사례하였다.

昭每朝見(현)에 辭色壯厲하여 義形於色[1]이라 曾以直言逆旨하여 中不進見[2]이러니 後漢使來에 稱漢德美하니 群臣이 莫能屈이라 權이 復思昭하여 遣中使하여 勞問請見[3]한대 昭避席謝라 權이 跪止之하니 昭坐定에 仰曰 昔에 太后, 桓王이 不以老臣屬陛下而以陛下屬老臣[4]하시니 是以로 思盡臣節하여 以報厚恩이나 而意慮淺短하여 違逆盛旨하니이다 然이나 臣愚心所以事國은 志在忠益畢命而已니 若乃變心易慮하여 以偸榮取容은 此臣所不能也로이다 權이 辭謝焉이러라

① 見(알현하다)은 賢遍의 切이니, 아래도 같다.
見, 賢遍切, 下同.

② 〈"中不進見"은〉 中間에 孫權의 뜻을 거슬렀기 때문에 일찍이 감히 나와 알현하지 못한 것이다.
中間因逆旨, 故不曾敢進見.

③ 中使는 환관이다.

中使, 宦者.

④ 太后는 孫權의 어머니 吳氏를 이른다. 屬은 부탁함이다.
太后, 謂權母吳氏也. 屬, 託也.

【綱】가을 7월에 魏나라에서는 詔令을 내려 後嗣 중에 諸侯로서 들어와 大統을 받드는 자가 있으면 私親(생부모)을 돌아볼 수 없게 하였다.

秋七月에 魏制하여 後嗣有由諸侯入奉大統者어든 不得顧私親하다

【目】詔令을 다음과 같이 내렸다.

"禮에 王后가 후사가 없으면 支子(지차 아들)를 가려 세워서 大宗을 잇게 하였다. 마땅히 正統을 이었으면 公義를 받들어야 하니, 어찌 다시 私親을 돌아볼 수 있겠는가. 公卿과 有司로 하여금 前代의 행한 일을 깊은 경계로 삼아서 후사 중에 만일 諸侯로서 들어와 大統을 받드는 자가 있으면, 마땅히 人後(남의 양자)가 된 의리를 밝혀야 하니, 〈신하 중에〉 감히 군주에게 아첨해서 올바르지 않은 칭호를 세워 正統을 범해서 考(생부)를 일러 皇이라 하고 妣(생모)를 칭하여 后라고 하면, 股肱大臣이 용서하지 말고 주살해야할 것이니, 이것을 金策에 써서 宗廟에 보관하고 令典(법전)에 드러내어라."

詔曰 禮에 王后無嗣면 擇建支子하여 以繼大宗하니 則當纂正統而奉公義니 何得復顧私親哉[①]리오 其令公卿有司로 深以前世行事爲戒하여 後嗣萬一有由諸侯入奉大統이어든 則當明爲人後之義하고 敢爲導諛하여 建非正之號하여 以干正統하여 謂考爲皇하고 稱妣爲后어든 則股肱大臣이 誅之無赦니 其書之金策하여 藏之宗廟하고 著于令典[②]하라

① 纂은 이음이다.
纂, 繼也.

② 金策은 簡策이다. 魏主가 자식이 없으니, 반드시 支孽(庶子)로 후사를 삼아야 할 것임을 알았으므로 미리 詔令을 내려서 남의 자식이 된 자와 남의 신하가 된 자를 申飭한 것이다.
金策, 簡策也. 魏主無子, 知必以支孽爲後, 故豫下此詔, 以約飭爲人子爲人臣者.

【綱】9월에 吳나라가 建業으로 遷都하고, 上大將軍 陸遜으로 하여금 太子 孫登을 보필하여 武昌를 지키게 하였다.

九月에 吳遷都建業하고 使上大將軍陸遜으로 輔太子登하고 守武昌하다

【目】吳主 孫權이 建業으로 천도하였는데 모두 옛 관부의 건물을 따라서 다시 증축하거나 개축하지 않았으며, 上大將軍 陸遜으로 하여금 太子 孫登을 보필하게 하고, 尙書 九卿과 함께 武昌에 남아 있게 하였다.[14)]

吳主權이 遷都建業호되 皆因故府하여 不復增改하고 使上大將軍陸遜으로 輔太子登하고 及尙書九官으로 留武昌①하다

① 吳나라는 大將軍 위에 다시 上大將軍을 두었다. 九官은 九卿이다.
吳於大將軍之上, 復置上大將軍. 九官, 九卿也.

【目】南陽 劉廙(유이)가 일찍이 〈先刑後禮論〉을 지었는데 같은 郡의 사람인 謝景이 그를 陸遜에게 칭찬하자, 육손이 사경을 다음과 같이 꾸짖었다.

"禮가 형벌보다 우선임이 오래되었다. 유이가 하찮은 변론으로 先聖의 가르침을 어기니, 그대는 東宮를 모시면서 마땅히 仁義를 따라 德音(덕스러운 말)을 밝혀야 할 것이다. 저와 같은 말은 강론할 것이 못 된다."

南陽劉廙 嘗著先刑後禮論하니 同郡謝景이 稱之於遜한대 遜이 呵景曰 禮之長於刑이 久矣①라 廙以細辯而詭先聖之敎②하니 君이 侍東宮에 宜遵仁義以彰德音이니 若彼之談은 不須講也니라

① 長(우선하다)은 展兩의 切이니, 〈"禮之長於刑"은〉 마땅히 禮로써 우선을 삼아야 함을 말한 것이다.
長, 展兩切, 言當以禮爲先也.
② 詭는 어김이다.
詭, 違也.

【目】〈吳나라〉 太子가 西陵都督 步騭(보즐)에게 편지를 보내어 계도와 가르침을 받을 것을 청하자, 보즐이 荊州의 경내에 벌어지고 있는 時事와 여러 관료들의 행실과 재능을 조목조목 적어서 보고하고 또 다음과 같이 上疏하였다.

"人君은 작은 일을 직접 처리하지 아니하여 百官과 有司(담당관)들로 하여금 각각 그 직책을 맡게 하여야 합니다. 그러므로 舜임금이 아홉 명의 현자에게 관직을 명함에 마

14) 上大將軍……하였다 : ≪資治通鑑≫에는 "太子 孫登과 尙書 九卿을 武昌에 머물게 하고 上大將軍 陸遜으로 하여금 태자를 보필하게 하고 아울러 荊州와 豫章 3郡의 일을 관장하고 軍事와 國事를 감독하게 하였다.〔留太子登及尙書九官於武昌 使上大將軍陸遜輔太子 弁掌荊州及豫章三郡事 董督軍國〕"라고 하였다.

음을 쓰신 바가 없어서 廟堂을 내려가지 않고도 천하가 잘 다스려졌습니다. 賢人이 있는 곳에는 만 리 밖에서 賊을 꺾을 수 있으니, 현인은 참으로 국가의 利器이고 나라의 융성과 침체가 달려 있는 것입니다. 원컨대 거듭 이것을 유념하시면 천하가 매우 다행일 것입니다."

太子與西陵都督步隲(즐)書하여 求見啓誨①한대 隲이 條時事在荊州界者와 及諸僚吏行能以報之하고 且上疏曰 人君이 不親小事하여 使百官有司로 各任其職이라 故로 舜命九賢에 則無所用心하여 不下廟堂而天下治②하니이다 賢人所在에 折衝萬里하나니 信國家之利器요 崇替之所由也라 願重以經意하시면 則天下幸甚③이리이다

① 吳나라는 江南 지방을 보유하고서 변방의 요지에 모두 督을 설치하였는데 유독 西陵에는 都督을 두었으니, 이는 西陵이 국가의 西門으로 중요한 지역을 총괄하기 때문이었다.
吳保江南, 凡邊要之地, 皆置督, 獨西陵置都督, 以國之西門統攝要重也.

② 舜임금이 아홉 명의 관원을 임명하였으니, 禹임금은 〈司空이 되어〉 水土를 고르게 다스리고, 棄는 〈后稷이 되어〉 百穀을 파종하고, 契(설)은 〈司徒가 되어〉 五教[15]를 펴고, 皐陶는 〈士가 되어〉 五刑[16]을 밝히고, 垂는 共工이 되고, 益은 虞가 되고, 伯夷는 〈秩宗이 되어〉 禮를 주관하고, 夔는 〈典樂이 되어〉 음악을 주장하고, 龍은 納言이 되어 〈王命을 出納하였다.〉
舜命九官, 禹平水土, 棄種百穀, 契敷五教, 皐陶明五刑, 垂共工, 益作虞, 伯夷典禮, 夔典樂, 龍作納言.

③ 重(거듭)은 直用의 切이다.
重, 直用切.

【綱】 겨울 10월에 魏나라는 聽訟觀을 세우고 律博士를 두었다.

冬十月에 魏立聽訟觀하고 置律博士[17]하다

---

15) 五教 : 다섯 가지 윤리 도덕에 관한 가르침으로, 부자간에는 친함이 있고〔父子有親〕, 군신간에는 의리가 있고〔君臣有義〕, 부부간에는 분별이 있고〔夫婦有別〕, 장유간에는 질서가 있고〔長幼有序〕, 붕우간에는 信實함이 있는 것〔朋友有信〕이다. 《書經》 〈虞書 舜典〉에 "舜임금이 契에게 말씀하기를 '百姓들이 친목하지 않으며 五品이 順하지 못하기에 너를 司徒로 삼노니, 공경히 五教를 펴되 너그러움에 있게 하라.' 하였다.〔帝曰 百姓不親 五品不遜 汝作司徒 敬敷五教 在寬〕"라고 보이는바, 五品은 父子, 君臣, 夫婦, 長幼, 朋友 다섯 가지의 명칭과 지위에 따른 등급이다.

16) 五刑 : 옛날 시행하였던 다섯 가지 肉刑으로, 첫째는 얼굴에 자자하는 墨刑, 둘째는 코를 베는 劓刑(의형), 셋째는 발을 베는 剕刑(비형), 넷째는 생식기를 제거하는 宮刑, 다섯 번째는 死刑인 大辟이다.

17) 魏立聽訟觀 置律博士 : "'蜚廉觀과 桂觀을 만들었다.'라고 썼고(武帝 元封 2년(B.C. 109)) 또 400尺의 觀을 일으켰다고 썼으니(靈帝 光和 5년(182)), 이는 모두 비난한 것이다. 그런데 여기에 聽訟觀

【目】魏主 曹叡가 항상 말하기를 "刑獄은 天下 사람들의 목숨에 관계되는 것이다." 하고는 인하여 平望觀을 고쳐 聽訟觀이라 하고, 매번 큰 옥사를 결단할 때에 청송관에 가서 직접 訟事를 다스렸다.

魏主叡常言 獄者는 **天下之命**이라하고 **因改平望觀**하여 **爲聽訟觀**하고 **每斷大獄**에 **詣觀臨聽之**①러라

① 觀(樓觀)은 古玩의 切이다. ≪水經注≫에 "平望觀은 華林園 동남쪽에 있는데 天淵池의 물이 평망관 남쪽을 경유한다." 하였다.
觀, 古玩切. 水經注"平望觀, 在華林園東南, 天淵池水逕觀南."

【目】처음에 魏 文侯의 스승인 李悝(이회)가 ≪法經≫ 6篇을 저술하였고 蕭何가 ≪漢律≫을 정할 적에 3편을 보태어 9편으로 만들었는데 뒤에 차츰 증가하여 60편에 이르렀고, 또 ≪令≫ 300여 편과 ≪決事比≫ 906권이 있고 馬融과 鄭玄 등 여러 儒者들의 章句(주석)가 또 10여 家이니, 이때에 이르러 마땅히 사용해야 할 것이 2만 6천여 조항에 770여만 字였다.

初에 **魏文侯師李悝 著法經六篇**하고 **蕭何定漢律**에 **益爲九篇**이러니 **後稍增至六十篇**①하고 **又有令三百餘篇**과 **決事比九百六卷**②하고 **馬, 鄭諸儒章句 又十餘家**③러니 **至是**하여 **所當用**이 **二萬六千餘條**에 **七百七十餘萬言**이러라

① ≪晉書≫ 〈刑法志〉에 "魏 文侯의 스승이 李悝였는데, 이회가 여러 나라의 법을 차례로 엮어서 ≪法經≫을 지었다." 하였다.
晉志"魏文侯師李悝, 悝撰次諸國法, 著法經"
② 比는 준례로 삼아 서로 비교하는 것이니, ≪決事比≫는 세 가지 斷例와 같은 것이다.
比, 以例相比況也. 決事比, 猶三斷例[18]也.
③ "馬, 鄭"은 馬融과 鄭玄이다.
馬・鄭, 馬融・鄭玄也.

을 쓴 것은 어째서인가. 찬미한 것이니, 魏主가 이때 형벌을 잘 삼갔기 때문이다. ≪資治通鑑綱目≫에 觀을 쓴 것이 7번인데, 魏나라의 聽訟觀과 秦나라의 聽訟觀, 宋나라의 總明觀과 北周의 通道觀은 모두 찬미한 것이요, 蜚廉觀・桂觀과 400尺의 觀과 望僊觀은 모두 비난한 것이다. 律博士를 쓴 것이 이때 처음 시작되었으니 ≪資治通鑑綱目≫이 끝날 때까지 律博士를 쓴 것이 2번이다(이해와 隋나라 癸卯年(583)).〔書作蜚廉桂觀矣(武帝元封二年) 又書起四百尺觀矣(靈帝光和五年) 皆譏也 此其書聽訟觀 何美之也 魏主於是能愼罰矣 綱目書觀七 魏聽訟 秦聽訟 宋總明 周通道 皆美也 蜚廉 桂觀 四百尺觀 望僊觀 皆譏也 書律博士始此 終綱目 書律博士二(是年 隋癸卯年)〕" ≪書法≫

18) 三斷例 : 獄事를 결단한 세 가지 判例로 보이나 자세하지 않다.

【目】이에 詔令을 내려 오직 鄭氏(鄭玄)의 章句만을 사용하게 하니, 尙書 衛覬(위기)가 다음과 같이 아뢰었다.

"형법은 국가에서는 소중히 여기나 사사로이 의논하는 자들은 가볍게 여기고 천시하는 바이며, 獄吏는 백성들의 목숨이 달려 있으나 관직을 選用하는 자는 낮게 여기는 바이니, 王政의 폐해가 반드시 이 때문에 발생하는 것이 아니라고 말하지 못할 것입니다. 律博士를 설치할 것을 청합니다."

魏主는 그의 말을 따랐다.

乃詔但用鄭氏章句하니 **尙書衛覬奏**[①]호되 **刑法者**는 **國家之所貴重而私議者之所輕賤**이요 **獄吏者**는 **百姓之所縣命而選用者之所卑下**[②]니 **王政之敝 未必不由此也**라 **請置律博士**하노이다 **從之**[③]하다

① 覬는 음이 冀이다.
覬, 音冀.

② 縣(매다)은 懸으로 읽는다.
縣, 讀曰懸.

③ 《晉書》〈職官志〉에 "律博士는 廷尉에 속했다." 하였다.
晉職官志"律博士, 屬廷尉."

【目】또 司空 陳群 등에게 詔令을 내려 漢나라의 법률을 삭제하고 요약하여 《新律》 18편과 《州郡令》 45편, 《尙書官令》과 《軍中令》 180여 편을 제정하게 하니, 正律 9편에 대해서는 더 늘렸고, 부속 법률과 條令에 대해서는 줄였다.

又詔司空陳群等하여 **刪約漢法**하여 **制新律十八篇**과 **州郡令四十五篇, 尙書官令, 軍中令百八十餘篇**[①]하니 **於正律九篇**에 **爲增**이요 **於旁章科令**에 **爲省**(생)**矣**러라

① 《州郡令》은 刺史와 太守에게 사용하고, 《尙書令》은 나라에서 사용하고, 《軍中令》은 군대에서 사용하였다.
州郡令, 用之刺史・太守. 尙書令, 用之於國. 軍中令, 用之於軍.

【綱】 12월에 〈漢나라(蜀漢)가〉 漢城과 樂城 두 城을 쌓았다.

十二月에 **築漢, 樂二城**하다

【目】丞相 諸葛亮이 丞相府의 營을 南山 아래로 옮기고는 漢城을 沔陽에 쌓고 樂城을 成固에 쌓았다.

丞相亮이 徙府營於南山下하고 築漢城於沔陽, 樂城於成固①하다

① 沔陽과 成固 두 縣은 모두 漢中郡에 속하였다.
沔陽·成固二縣, 皆屬漢中郡.

庚戌年(230)

【綱】漢나라(蜀漢) 後主 建興 8년이다.

八年이라

【目】魏나라 明帝 曹叡 太和 4년이고, 吳나라 大帝 孫權 黃龍 2년이다.

魏太和四年이요 吳黃龍二年이라

【綱】봄에 吳나라가 군대를 동원하여 바다를 건너서 夷洲와 亶洲(단주)를 찾게 하였다.

春에 吳發兵浮海하여 求夷洲, 亶洲하다

【目】吳主 孫權이 將軍 衛溫과 諸葛直으로 하여금 甲士(갑옷을 입은 병사) 만 명을 거느리고 바다를 건너 夷洲와 亶洲를 찾아서 이곳의 백성들을 포로로 잡아 무리(병력)를 늘리고자 하니, 陸遜과 全琮이 모두 다음과 같이 諫하였다.

"桓王(孫策)이 基業을 창건하실 적에 군대가 1旅(500명)가 못 되었습니다. 지금 江東에 현재 있는 병력이 충분히 일을 도모할 만합니다. 멀리 불모지를 건너가서는 안 되니, 만 리 멀리 남의 지역을 습격하면 풍파를 측량하기 어렵고, 또 백성(병사)들은 水土가 바뀌면 반드시 疫疾에 걸릴 것입니다. 또 그 지역 백성들은 禽獸와 같으니, 얻어도 성공하는 데 보탬이 되지 못하고 그들이 없어도 병력이 부족하지 않을 것입니다."

손권은 끝내 듣지 않았다.

위온 등이 마침내 길을 떠났다가 1년이 지나 비로소 돌아오니, 士卒 중에 역질에 걸

려 죽은 자가 10명에 8, 9명이었다. 단주는 너무 멀어서 가지 못하고 이주에 있는 수천 명을 얻어 돌아오니, 위온 등은 공로가 없다 하여 죄에 걸려 주살당하였다.

吳主權이 **使將軍衛溫, 諸葛直**으로 **將甲士萬人**하여 **浮海求夷洲, 亶洲**하여 **欲俘其民以益衆**[①]하니 **陸遜, 全琮**이 **皆諫**하여 **以爲 桓王創基**에 **兵不一旅**[②]러니 **今江東見**(현)**衆**이 **自足圖事**[③]라 **不當遠涉不毛**니 **萬里襲人**에 **風波難測**이요 **又民易水土**면 **必致疾疫**하리이다 **且其民**이 **猶禽獸**하니 **得之不足濟事**요 **無之不足虧衆**이니이다 **權**이 **不聽**하다 **溫等**이 **遂行**하여 **經歲乃還**하니 **士卒疾疫死者 什八九**라 **亶洲**는 **絶遠不可至**하고 **得夷洲數千人以歸**하니 **溫等**이 **以無功坐誅**하다

① ≪後漢書≫ 〈東夷傳〉에는 다음과 같이 말하였다. "會稽의 海外에 夷洲와 亶洲가 있으니, 전하는 말에 秦나라 始皇帝가 徐福으로 하여금 童男·童女 수천 명을 거느리고 섬으로 들어가서 蓬萊山의 神仙을 찾게 하였는데 찾지 못하였다. 서복은 誅罰을 두려워하여 감히 돌아오지 못하고 마침내 이 섬에 거주하였는데, 대대로 서로 이어와서 수만 가호가 되었다. 이 지역 사람들이 때로 會稽의 市場에 오기도 하고, 會稽의 東冶縣 사람이 배를 타고 가다가 풍랑을 만나 표류하여 亶洲에 이른 경우가 있었는데, 있는 곳이 매우 멀어서 왕래할 수가 없었다."

沈瑩의 ≪臨海水土志≫에는 다음과 같이 말하였다. "夷洲는 臨海의 동쪽에 있으니 臨海郡과 2천 리 떨어져 있다. 이 지역에는 서리와 눈이 내리지 않아 초목이 죽지 않으며 4면이 모두 산과 계곡이고 땅에서는 銅과 鐵이 생산된다. 오직 사슴의 뼈를 사용하여 창을 만들어서 전투하고, 파란 돌을 갈아서 활과 화살을 만든다. 생선과 생고기를 취하여 큰 질그릇에 섞어 담아서 소금으로 염장했다가 한 달여가 지나 그대로 먹었는데, 이것을 최상의 음식이라고 여겼다. 지금 사람들이 서로 전하기를 '倭人은 바로 徐福이 머물며 왕 노릇 한 지역이다. 그 나라에는 지금까지 서복의 사당을 모시고 제사한다.'라 하였다."

後漢書東夷傳曰 "會稽海外, 有夷洲及亶洲, 傳言秦始皇使徐福將童男女數千人, 入海求蓬萊神仙, 不得. 福懼誅, 不敢還, 遂止此洲, 世世相承, 有數萬家. 人民時至會稽市. 會稽東(治)〔冶〕[19]縣人, 有入海行, 遭風流移, 至亶洲者, 所在絶遠, 不可往來." 沈瑩臨海水土志曰 "夷洲, 在臨海東, 去郡二千里. 土地無霜雪, 草木不死, 四面是山谿, 地有銅鐵. 唯用鹿骼爲矛, 以戰鬪, 摩厲靑石, 以作弓矢. 取生魚肉, 雜貯大瓦器中, 以鹽鹵之, 歷月餘日, 仍啖食之, 以爲上肴也. 今人相傳 '倭人, 卽徐福止王之地. 其國中, 至今廟祀徐福.'"

② 5백 명을 旅라 한다.

五百人爲旅.

③ "見衆"은 현재 있는 무리를 이른다.

見衆, 謂據今所有之衆.

---

19) (治)〔冶〕: 저본에는 '治'로 되어 있으나, ≪資治通鑑≫ 註에 의거하여 '冶'로 바로잡았다.

【綱】2월에 魏나라에서 郎吏의 課試法을 세웠다. 尙書 諸葛誕 등이 죄가 있어 면직되었다.

二月에 魏立郎吏課試法하다 尙書諸葛誕等이 有罪免하다

【目】魏나라의 尙書 諸葛誕과 中書郎 鄧颺(등양) 등이 黨友를 맺어서 번갈아 서로 상대방을 품평하고 표방하여 夏侯玄 등을 四聰이라 하고 諸葛誕 등을 八達이라 하였으며, 中書監 劉放의 아들 劉熙와 中書令 孫資의 아들 孫密과 吏部尙書 衛臻의 아들 衛烈은 아버지의 권세와 지위로 〈품평에 참여하는 것이〉 용납되어 三豫라 하였다.

魏尙書諸葛誕과 中書郎鄧颺等①이 結爲黨友하여 更(경)相題表하여 以夏侯玄等爲四聰하고 誕輩爲八達②하고 中書監劉放子熙와 中書令孫資子密과 吏部尙書衛臻子烈이 以父居勢位로 容之爲三豫③하다

① 中書郎은 바로 通事郎이다.
中書郎, 卽通事郎.
② 夏侯玄은 夏侯尙의 아들이다.
玄, 尙之子也.
③ 魏나라는 漢나라의 選部尙書를 고쳐 吏部尙書라 하였다. "三豫"는 세 사람이 품평하는 가운데 참여할 수 있도록 용납된 것이다.
魏改漢選部尙書, 曰吏部尙書. 三豫者, 容三人得豫於題品之(後)〔中〕[20]也.

【目】行司徒事인 董昭가 다음과 같이 上疏하였다.

"무릇 천하를 소유한 자는 질박하고 충성스러운 선비를 귀중히 여기고 虛僞의 사람을 미워하지 않는 이가 없으니, 이는 〈虛僞의 사람이〉 가르침을 훼손하고 다스림을 혼란시키며 풍속을 무너뜨리고 교화를 손상시키기 때문입니다. 엎드려 보건대 지금 나이 젊은 자들이 다시는 학문을 근본으로 삼지 않고 오로지 交游하는 것을 業으로 삼으며, 國士들이 효도하고 공경하고 깨끗이 수행하는 것을 첫 번째로 여기지 않고 도리어 권력을 추종하고 이익을 추구하는 것을 우선으로 삼습니다. 그리하여 黨을 모으고 무리를 지어 서로 상대방을 칭찬하고 감탄해서, 훼방하고 비난하는 것을 처벌하는 것이라고 여기고, 무조건 편들고 비호하는 것을 상을 주는 것이라고 여겨서 자기를 따르는 자에게는 감탄하여 칭송하는 말이 넘쳐나고 자기를 따르지 않는 자에게는 瑕疵와 흠을 만들어내어서,

20) (後)〔中〕: 저본에는 '後'로 되어 있으나, ≪資治通鑑≫ 註에 의거하여 '中'으로 바로잡았다.

심지어는 엄한 禁中을 왕래하면서 서로 통하고 探問하니, 무릇 이러한 여러 가지 일은 모두 법에서 허용하지 않고 형벌에서 용서하지 않는 바입니다."

行司徒事董昭 上疏曰① 凡有天下者는 莫不貴樸忠之士하고 疾虛僞之人하니 以其毁敎亂治하고 敗俗傷化也일새니이다 竊見當今에 年少 不復以學問爲本하고 專以交游爲業하며 國士不以孝悌淸修爲首하고 乃以趨勢游利爲先하여 合黨連群하여 互相褒歎하여 以毁訾爲罰戮하고 用黨譽爲爵賞②하여 附己者則嘆之盈言하고 不附者則作爲瑕釁③하여 至乃往來禁奧하여 交通探問④하니 凡此諸事는 皆法之所不取요 刑之所不赦也니이다

① 資格과 名望이 가벼워서 公이 될 수 없는 자를 行事(行司徒事)라 한다.
資望輕, 未可爲公者, 爲行事.
② 訾는 將此의 切이니, 훼방함이다.
訾, 將此切, 毁也.
③ 嘆은 감탄하면서 그의 아름다움을 칭송하는 것이다. 盈은 넘침이다. 아름다움을 감탄함이 지나쳐서 言辭에 넘쳐나면 지나치게 찬미하는 말이 된다. 옥의 흠을 瑕라 하고 그릇의 흠을 釁이라 한다.
嘆者, 嗟嘆而稱其美也. 盈, 溢也. 嘆美之過, 溢於言辭, 則爲溢美之言. 玉之病曰瑕, 器之隙曰釁.
④ "禁奧"는 禁省의 깊고 엄한 지역을 이른다.
禁奧, 謂禁省深嚴之地.

【目】魏主 曹叡는 그의 말을 좋게 여기고 詔令을 내려서 郎吏 중에 학문이 한 가지 經書를 통달하고 재주가 牧民官을 맡을 만한 자가 있으면 博士가 시험하여 등급이 높은 자를 발탁해서 속히 등용하고 浮華하여 道의 근본을 힘쓰지 않는 자는 파면하여 물리치니, 이로 인해 諸葛誕과 鄧颺 등이 면직되었다.

魏主叡善其言하고 詔郎吏하여 學通一經하고 才任牧民이어든 博士課試하여 擢其高第者하여 亟用①하고 其浮華不務道本者는 罷退之하니 仍免誕, 颺等官하다

① 郎吏는 尙書郎을 이른다.
郎吏, 謂尙書郎也.

【綱】가을 7월에 魏나라가 漢中을 침략하자, 丞相 諸葛亮이 출동하여 成固에 군대를 주둔하니, 9월에 魏나라 군대가 돌아갔다.

秋七月에 **魏寇漢中**[21]이어늘 **丞相亮**이 **出次成固**하니 **九月**에 **魏師還**하다

【目】魏나라 曹眞은 蜀漢 사람들이 자주 침입한다 하여 斜谷을 따라 정벌할 것을 청하였다. 魏主 曹叡가 詔令을 내려 司馬懿에게 漢水를 거슬러 올라가 西城을 따라 曹眞과 漢中에서 만나게 하니, 장수들이 혹은 子午谷을 경유하고자 하고 혹은 武威를 경유하고자 하였다.

陳群이 말하기를 "太祖(曹操)가 옛날 張魯를 공격하실 적에 콩과 보리를 많이 거두어 軍糧을 보탰는데도 장로를 항복시키기 전에 군량이 이미 부족하였습니다. 지금 이미 이용할 것이 없고 斜谷은 길이 험하고 막혀 있어서 곡식을 운반함에 약탈당하고 차단당할 우려가 있으며, 군대를 많이 잔류시켜 요해처를 지키게 하면 전투할 병사들의 숫자가 줄어들 것입니다. 깊이 생각하지 않을 수 없습니다." 하고는 아울러 군대의 用度(재물을 씀)의 계책을 말하였다.

조예는 진군의 의견을 조진에게 회부하여 의논하게 하였는데, 조진은 詔令에 근거하여 마침내 출정길을 떠났다.

魏曹眞이 以漢人數(삭)入이라하여 請由斜谷伐之어늘 魏主叡詔司馬懿하여 泝漢水하여 由西城하여 與眞會漢中①하니 諸將이 或欲由子午谷하고 或欲由武威②라 陳群이 諫曰 太祖昔攻張魯에 多收豆麥하여 以益軍糧이로되 魯未下而食猶乏하니이다 今旣無所因하고 而斜谷阻險하여 轉運에 有鈔截之虞③요 多留兵守要하면 則損戰士라 不可不熟慮也라하고 并言軍事用度之計하니 叡以群議下

---

21) 魏寇漢中 : "魏나라에게 '寇'라고 쓴 것은 漢나라(蜀漢)를 높인 것이다.〔書魏以寇 尊漢也〕" ≪書法≫
"≪資治通鑑綱目≫에 모든 諸侯들이 王室에 있어서와 夷狄이 中國에 있어서와 참람한 괴뢰 정권이 正統에 있어서 혹 군대를 加하여 공격하고 국경을 침범하면 '寇'라고 썼고, 이런 종류가 아니면 쓰지 않았다. 諸葛孔明은 昭烈을 좌우에서 보좌하여 漢나라를 위해 역적을 토벌해서 大義를 천하에 밝혔으니, 功은 비록 성취하지 못했으나 명분은 바르다. 陳壽가 ≪三國志≫를 지음으로부터 魏나라를 위주로 하였다. ≪資治通鑑≫은 이를 따라 紀年하였기 때문에 孔明이 魏나라를 정벌한 조처에 대해 도리어 '入寇'라고 썼으니, 이는 역적을 토벌한 사람을 가지고 도리어 賊이라고 이름한 것이다. ≪자치통감강목≫은 이미 昭烈(劉備)이 漢나라의 正統을 이었다고 여겼으므로 魏나라 군대가 국경을 침범할 적에 '寇'라고 썼으니, 이렇게 한 뒤에야 명분이 바르고 말이 순하여 正과 僞의 구분이 비로소 밝아진다. 이는 진실로 이론을 세우기를 좋아하는 것이 아니요, 예전 사람들이 바로잡지 못한 것을 바로잡아서 끝내 옳음으로 돌아가게 했으니, 또한 서로 發明한 것이다. 司馬公(司馬光)이 구천에서 살아나온다면 반드시 이 말이 옳다고 인정할 것이다.〔綱目 凡諸侯之於王室 夷狄之於中國 僭僞之於正統 或加兵犯境 則書曰寇 非此類 則不書 諸葛孔明左右昭烈 爲漢討賊 聲大義於天下 功雖不就 名則正矣 自陳壽志三國 以魏爲主 通鑑因之紀年 故於孔明伐魏之擧 反以入寇書之 則是以討賊之人 名之爲賊耳 綱目旣以昭烈紹漢之統 故於魏兵犯境 書之爲寇 然後名正言順 而正僞之辨始明 固非好爲立異也 正前人之未正 卒歸之是 亦所以更相發明云耳 九原可作 切謂司馬公光必有取於斯言〕" ≪發明≫

眞이러니 眞이 據之遂行④하다

① 漢中의 西城縣은 漢나라 말기에 西城郡을 설치하였는데, 魏나라 文帝가 魏興郡으로 이름을 고쳤다.
漢中西城縣, 漢末置西城郡, 魏文帝改魏興郡.
② 武威는 마땅히 武都가 되어야 할 듯하다. 그렇지 않으면 建威일 것이다.
武威, 恐當作武都, 否則建威也.
③ 鈔는 노략질함이요, 截은 끊음이다.
鈔, 略也. 截, 斷也.
④ 〈"叡以群議下眞 眞據之遂行"은〉 曹叡가 詔令을 내려 陳群의 의논을 曹眞에게 회부하여 장차 그와 더불어 可否를 商議하게 했는데, 조진이 출병하는 데 마음이 급해서 마침내 詔令을 근거하여 출동한 것이다.
詔以議下眞, 將與之商度可否也. 眞銳於出師, 遂以詔爲據而行.

【目】 丞相 諸葛亮이 이 말을 듣고 成固의 赤坂에 군대를 주둔하고서 魏나라 군대를 기다리고 李嚴을 불러서 2만 명의 병력을 거느려 漢中으로 달려가게 하였는데, 마침 큰비가 30여 일 내려 棧道가 끊겼다.

丞相亮이 聞之하고 次於成固赤坂하여 以待之①하고 召李嚴하여 使將二萬人하여 赴漢中이러니 會天大雨三十餘日에 棧道斷絶이러라

① 胡三省이 말하기를 "赤坂은 지금 洋州 동쪽 20리 지점인 龍亭山에 있으니, 山坂의 빛이 참으로 붉다. 魏나라 군대는 漢水를 거슬러 올라가거나 또는 子午道를 따라 들어오는 경우 모두 成固에서 만난다. 그러므로 여기에서 기다린 것이다." 하였다.
胡三省曰 "赤坂, 在今洋州東二十里龍亭山, 坂色正赤. 魏兵泝漢水, 及從子午道入者, 皆會于成固, 故於此待之."

【目】 魏나라 太尉 華歆이 다음과 같이 上疏하였다.

"陛下께서는 마땅히 정치하는 道에 유념하시어 정벌하는 것을 차후의 일로 삼아야 하니, 나라를 다스리는 자는 백성을 터전으로 여기고 백성은 衣食을 근본으로 삼습니다. 만일 中國에 굶주리고 헐벗는 근심이 없고 백성들에게 君上을 이반하는 마음이 없으면, 蜀漢과 吳나라 두 적의 틈을 앉아서 기다릴 수 있을 것입니다."

魏太尉華歆이 上疏曰 陛下宜留心治道하여 以征伐爲後事니 爲國者는 以民爲基요 民은 以衣食爲本이라 使中國無飢寒之患하고 百姓無離上之心이면 則二敵之釁을 可坐而待也리이다

【目】 少府 楊阜는 다음과 같이 말하였다.

"옛날 武王은 흰 물고기가 배로 들어오자[22] 君主와 신하가 얼굴빛이 변하였습니다. 그때 번번이 길한 祥瑞를 얻었는데도 오히려 근심하고 두려워했는데, 하물며 지금 災異가 있는데 두려워하지 않는단 말입니까. 지금 吳와 蜀漢이 평정되지 못하였는데 하늘이 여러 번 災變을 내려서 諸軍이 처음 진출하자마자 곧바로 하늘에서 비를 내리는 근심이 있으니, 험한 산길에서 지체하여 막힌 지가 이미 여러 날이 되었습니다. 물자를 수송하느라 수고롭고 지출한 비용이 이미 많으니, 이 뒤에 물자를 계속 공급하지 못하면 반드시 본래 도모한 것과 어긋날 것입니다."

少府楊阜曰 昔武王이 白魚入舟에 君臣變色하니 動得吉瑞로되 猶尙憂懼어든 況有災異而不戰竦者哉잇가 今吳, 蜀未平이어늘 而天屢降變하여 諸軍始進에 便有天雨之患하니 稽閡(계애)山險이 已積日矣①라 轉負勞苦하고 所費已多하니 若有不繼하면 必違本圖하리이다

① 稽는 머물러 지체함이다. 閡(막히다)는 礙와 같다.
稽, 留止也. 閡, 與礙同.

【目】 散騎常侍 王肅은 다음과 같이 말하였다.

"옛 기록에 '천 리 먼 곳에서 양식을 공급하면 병사들이 굶주린 기색이 있고, 나무하고 건초를 벤 뒤에 밥을 지으면 병사들이 항상 배부르지 못하다.' 하였으니, 이는 평평한 길에서 行軍하는 경우를 말한 것입니다. 또 더구나 험한 곳에 들어가서 길을 뚫어 전진하니, 그렇다면 그 수고로움이 반드시 평지에서 행군할 때의 백 배가 될 것입니다. 게다가 이제 또 장맛비가 겹쳐서 山坂이 험준하고 미끄러워 병사들이 궁핍하여 기를 펴지 못하고 식량 수송로가 멀어 계속 공급하기가 어려우니, 이는 실로 행군하는 자가 크게 꺼리는 것입니다.

듣건대, 曹眞이 출동한 지 이미 한 달이 넘었는데도 행군이 겨우 子午谷의 반절에 이르렀고, 길을 정비하는 공사에 戰士들이 모두 동원된다고 합니다. 이는 적이 홀로 편안

22) 흰……들어오자 : ≪史記≫ 〈周本紀〉에 "周나라 文王이 崩하자, 武王은 나무로 만든 문왕의 神主를 받들고 동쪽으로 가서 孟津에서 군대를 사열하였다. 무왕이 황하를 건널 적에 中流에서 흰 물고기가 무왕의 배 안으로 뛰어 들어왔다. 이때 약속하지 않고 맹진에 모인 제후들이 800명이었는데, 이들은 모두 말하기를 '殷나라의 紂王을 정벌해야 한다.' 하였으나, 무왕은 '너희들이 天命을 알지 못하니, 아직 안 된다.' 하였다.〔周文王崩 武王奉文王木主 東觀兵于孟津 武王渡河 中流 白魚躍入王舟 是時諸侯不期而會者八百 皆曰 紂可伐矣 武王曰 汝未知天命 未可也〕"라고 보인다. 이에 대해 馬融은 "물고기는 비늘이 있는 물건으로 군대의 象이고 흰색은 殷나라에서 숭상하는 正色이니, 이는 殷나라와 周나라의 군대가 교전할 象을 나타낸 것이다." 하였다.

함으로써 수고로운 우리 군대를 상대하는 것이니, 바로 兵家에서 꺼리는 바입니다. 멀리는 周 武王이 關門을 나갔다가 다시 돌아왔고, 가까이는 武帝(曹操)와 文帝(曹丕)가 長江에까지 갔다가 건너가지 않으셨으니, 어찌 하늘의 뜻을 순종하고 때를 알아서 權變에 통달한 자가 아니겠습니까."

曹叡는 詔令을 내려 班師(회군)하도록 명하였다.

散騎常侍王肅曰[①] 前志에 有之하니 千里饋糧이면 士有飢色하고 樵蘇後爨이면 師不宿飽[②]라하니 此謂平途之行軍者也라 又況深入險阻하여 鑿路而前하니 則其爲勞 必相百也리이다 今又加之以霖雨하여 山坂峻滑하여 衆迫而不展하고 糧遠而難繼하니 實行軍之大忌也라 聞曹眞이 發已踰月而行裁半谷이요 治道功夫 戰士悉作[③]이라하니 是彼偏得以逸待勞니 乃兵家之所憚也니이다 遠則周武出關而復還[④]하고 近則武, 文臨江而不濟[⑤]하시니 豈非順天知時하여 通於權變者哉잇가 乃詔班師하다

① 王肅은 司徒 王朗의 아들이다.
肅, 司徒朗之子也.

② 〈"千里饋糧……師不宿飽"는〉 ≪漢書≫에 李左車가 陳餘를 설득한 말이나, 이좌거 이전에 이미 이런 말이 있었다. 섶나무를 채취하는 것을 樵라 하고, 건초를 채취하는 것을 蘇라 한다. 爨은 음이 竄이니, 밥을 짓는 것이다. 이는 비록 양식이 있더라도 반드시 땔나무와 건초가 있어야 밥을 지을 수 있음을 말한 것이다. "師不宿飽"는 병사들이 하룻밤을 지내면서도 스스로 배부를 리가 없음을 말한 것이다.
前書, 李左車說(세)陳餘之言, 蓋前乎左車, 已有是言矣. 採薪曰樵, 取草曰蘇. 爨, 音竄, 炊也, 言雖有糧, 必待樵蘇而後, 可炊爨. 師不宿飽, 謂師衆無越宿而自飽之理.

③ "行裁半谷"은 子午谷까지 가는 길에 행군이 겨우 절반에 미쳤음을 말한 것이다.
行裁半谷, 謂子午谷之路, 行纔及半也.

④ 〈"周武出關而復還"은〉 周 武王이 동쪽으로 군대를 사열하여 위용을 보이고 孟津에 이르자, 諸侯들이 모두 말하기를 "紂王을 정벌해야 합니다." 하였으나, 무왕은 말씀하기를 "너희들이 天命을 알지 못하니, 아직 안 된다." 하고는 마침내 회군하였다.
武王東觀兵, 至于孟津, 諸侯皆曰 "紂可伐." 王曰 "汝未知天命, 未可也." 乃還師.

⑤ 〈"武文臨江而不濟"는〉 魏 武帝는 濡須口로 進軍하여 吳나라와 서로 대치하였는데 한 달이 넘자 돌아왔고, 文帝는 水軍을 거느리고 吳나라를 공격하였는데 長江까지 갔다가 되돌아왔다.[23)]

---

23) 魏 武帝는……되돌아왔다 : 武帝는 曹操에 대한 追尊으로, 본서 48쪽 綱에 "겨울 10월에 조조가 孫權을 공격하여 濡須에 이르렀다."라고 보이고, 다음 해 "봄 정월에 조조가 군대를 이끌고 돌아왔다."라고 보인다. 文帝는 曹丕로, 본서 212쪽 綱에 "가을 8월에 魏主 조비가 水軍을 거느리고 吳나라를 공격하였는데 長江에 임하여 돌아왔다."라고 보이고, 그 다음 해 여름에도 吳나라를 공격하다가 포

魏武帝進軍濡須口, 與吳相守, 月餘而還, 文帝以舟師擊吳, 臨江而還.

【綱】 魏主 曹叡가 許昌에 갔다.

魏主叡如許昌하다

【目】 魏主 曹叡가 許昌에 가니, 左僕射 徐宣이 留守의 일을 총괄하였다.

조예가 돌아오자 주관하는 자가 문서를 올릴 것을 아뢰니, 조예가 말하기를 "내가 살펴보는 것이 僕射(徐宣)가 살펴보는 것과 어찌 다르겠는가." 하고는 끝내 살펴보지 않았다.

魏主叡如許昌하니 **左僕射徐宣**이 **摠留事**러니 **及還**에 **主者奏呈文書**[①]한대 **叡曰 吾省與僕射省**이 **何異**리오하고 **竟不視**하다

① 尙書의 여러 曹에 각각 주관하는 자가 있었다.
尙書諸曹, 各有主者.

【綱】 겨울 12월에 吳나라 사람이 魏나라의 合肥를 공격하였는데, 이기지 못하였다.

冬十二月에 **吳人**이 **攻魏合肥**러니 **不克**하다

【目】 魏나라 征東將軍 滿寵이 吳나라에서 合肥를 공격하려고 한다는 말을 듣고는, 表文을 올려서 군대를 〈兗州와 豫州의 군대를〉 召集할 것을 청하였다.

吳나라가 얼마 후 후퇴하여 돌아가니, 만총은 "賊이 크게 군대를 일으켰다가 돌아가는 것은 그들의 본래 뜻이 아니다. 이는 반드시 거짓 후퇴하여 우리 군대를 해산시키고 다시 돌아와서 우리의 허약한 틈을 타 우리가 대비하지 못한 것을 덮치기 위한 술책이다." 하고는 마침내 표문을 올려 군대를 해산시키지 않게 하였다. 10여 일 뒤에 吳나라가 과연 와서 공격하였는데, 승리하지 못하고 돌아갔다.

魏征東將軍滿寵이 **聞吳欲攻合肥**하고 **表請召兵**이러니 **吳尋退還**하니 **寵**이 **以爲賊大擧而還**은 **非其本意**라 **此必欲僞退**하여 **以罷吾兵**하고 **而倒還乘虛**하여 **掩不備也**라하고 **遂表不罷兵**[①]하다 **後十餘**

기하고 돌아온 내용이 보인다.

日에 吳果來攻이러니 不克而還하다

① 〈"遂表不罷兵"은〉 表文을 올려서 敵의 실정을 말하고 군대를 해산하지 않을 것을 청한 것이다.
上表言敵情, 請不罷兵也.

【綱】 丞相 諸葛亮이 蔣琬을 長史로 삼았다.

丞相亮이 **以蔣琬爲長史**하다

【目】 諸葛亮이 자주 밖으로 출동하니, 蔣琬은 항상 식량과 병력을 충분히 지원하여 공급을 도왔다. 제갈량이 매번 말하기를 "公琰이 충성스러움과 바름에 뜻을 두니, 마땅히 나와 함께 王業을 도울 자이다." 하였다.

亮이 **數**(삭)**外出**하니 **琬**이 **常足食足兵**하여 **以相供給**①이라 **亮**이 **每言公琰**이 **託志忠雅**하니 **當與吾共贊王業者也**②라하니라

① 數(자주)은 음이 朔이다.
數, 音朔.
② 公琰은 蔣琬의 字이다.
公琰, 琬字.

【綱】 吳나라 廷尉監 隱蕃이 난을 일으켰다가 伏誅되었다.

吳廷尉監隱蕃이 **作亂**이라가 **伏誅**하다

【目】 青州 사람 隱蕃이 도망하여 吳나라로 들어가서 글을 올려 吳主를 만나볼 것을 청하자, 吳主 孫權이 은번을 불러 들어오게 하였다. 은번이 時務를 아뢰었는데, 言辭가 매우 민첩하고 행동거지가 볼만하였다. 손권이 그를 廷尉監으로 임명하였는데, 將軍 朱據와 廷尉 郝普는 모두 그가 왕자를 보좌할 만한 재주가 있다고 칭찬하였다. 이에 은번의 문하에는 수레와 말이 구름 떼처럼 모여들었다.

青州人隱蕃이 **逃奔入吳**하여 **上書求見**(현)①이어늘 **吳主權**이 **召入**하니 **蕃**이 **陳時務**호되 **甚有辭觀**②이라 **權**이 **以爲廷尉監**이러니 **將軍朱據**와 **廷尉郝普** **皆稱其有王佐才**하니 **於是**에 **蕃門**에 **車馬雲集**이러라

① 隱蕃은 사람의 성명이다.
隱蕃, 姓名.
② 觀(儀表)은 古玩의 切이니, "辭觀"은 그가 言辭에 민첩하고 행동거지가 아름다움을 말한 것이다.
觀, 古玩切. 辭觀, 言其敏於言辭, 美於儀觀也.

【目】 潘濬의 아들 潘翥(반저) 또한 隱蕃과 더불어 왕래하고 음식물을 선물로 보내니, 반준은 이 말을 듣고 크게 노하여 글을 지어 조목조목 지적해서 반저를 다음과 같이 책망하였다.

"내가 나라의 두터운 은혜를 받고서 목숨을 바쳐 보답할 것을 생각하니, 너희들이 도성에 있을 적에 마땅히 공손히 행동하여 현자를 가까이하고 善한 사람을 사모할 것을 생각하여야 하는데, 무슨 연고로 항복한 오랑캐와 사귀어서 음식물을 갖다 주었느냐. 이 편지를 받으면 곧바로 使者에게 찾아가서 곤장 100대를 맞고 은번에게 선물한 음식물을 빨리 되찾아와라."

당시 사람들은 이것을 괴이하게 여겼는데, 얼마 후 은번이 난을 일으킬 것을 도모하다가 伏誅를 당하니, 郝普는 자살하고 朱據는 이에 연루되어 연금당하였다가 오랜 뒤에야 비로소 풀려났다.

潘濬子翥(저)亦與周旋饋餉之[①]러니 濬이 聞하고 大怒하여 疏責翥曰[②] 吾受國厚恩하여 志報以命[③]하노니 爾等在都에 當念恭順하여 親賢慕善이어늘 何故與降虜交하여 以糧餉之오 疏到에 急就往使(시)하여 受杖一百하고 促責所餉[④]하라하니 時人이 怪之러라 頃之요 蕃이 謀作亂이라가 伏誅하니 普는 自殺하고 據는 坐禁止라가 久之에 乃解[⑤]하다

① 翥는 章庶의 切이다. "周旋"은 서로 어울리는 것이다.
翥, 章庶切. 周旋, 相追逐也.
② 疏는 所去의 切이니, 글로 조목조목 말함을 이른다.
疏, 所去切, 謂條陳也.
③ 〈"志報以命"은〉 뜻이 목숨을 바쳐 나라의 은혜에 보답함에 있음을 말한 것이다.
言志在致命以報國恩.
④ 使(사신)는 疏吏의 切이다. "促責所餉"은 이전에 선물한 음식물을 다시 찾아오게 함을 이른다. 이는 潘濬이 그 아들의 죄를 온 나라에 선포하여 후일의 화를 끊고자 한 것이다.
使, 疏吏切. 促責所餉, 謂復取索前所贈遺也. 濬欲布其子之罪於國中, 以絶後禍.
⑤ "禁止"는 그를 하옥시키지는 않았으나 사람들로 하여금 그를 지켜서 출입하지 못하도록 금

하고 억류하여 가까이하는 徒黨과 왕래하지 못하게 함을 이른다. 일설에 "禁止는 殿省에 출입하는 것을 금함을 이른다." 한다. 解는 佳買의 切이니, 풀림이다.
禁止者, 雖未下之獄, 使人守之, 禁其不得出入, 止不得與親黨交通也. 一說, "禁止, 謂禁入殿省也." 解, 佳買切, 脫也.

辛亥年(231)

【綱】漢나라(蜀漢) 後主 建興 9년이다.

九年이라

【目】魏나라 明帝 曹叡 太和 5년이고, 吳나라 大帝 孫權 黃龍 3년이다.

魏太和五年이요 吳黃龍三年이라

【綱】봄 2월에 吳나라 武陵의 蠻族이 반란을 일으키자, 吳主 孫權이 潘濬을 보내어 공격하게 하였다.

春二月에 吳武陵蠻이 叛이어늘 吳主權이 遣潘濬擊之하다

【目】吳나라 武陵의 五溪蠻이 반란을 일으키자 吳主 孫權이 太常 潘濬을 보내어 토벌하게 하니, 武陵太守 衛旍(위정)이 아뢰기를 "반준의 姨兄 蔣琬이 諸葛亮의 長史가 되었습니다. 반준이 은밀히 사람을 보내어 서로 내통하여 자신을 의탁하고자 합니다." 하였다. 손권이 말하기를 "承明(반준)은 그럴 사람이 아니다." 하고는 즉시 이 表文을 봉함하여 반준에게 보내 보이게 하고, 위정의 관직을 면직시켰다.

吳武陵五溪蠻이 叛이어늘 吳主權이 遣太常潘濬討之하니 武陵太守衛旍이 奏濬姨兄蔣琬이 爲諸葛亮長史라 濬이 密使相聞하여 欲以自託①이라한대 權曰 承明이 不爲此也②리라하고 即封表示濬而免旍官하다

① 旍은 旌과 같다. 외조에게서 같이 나온 것을 姨라 하니, 어머니의 자매를 姨라 하고 아내의 자매 또한 姨라 한다. 만약 어머니의 형제간이면 마땅히 舅(외삼촌)라고 불러야 하니, 이는 아마도 아내의 형제인 듯하다.
旍, 與旌同. 同出爲姨, 母之姊妹曰姨, 妻之姊妹亦曰姨. 若母之兄弟, 則當呼爲舅, 此蓋妻之

兄弟也.

② 承明은 潘濬의 字이다.

承明, 濬字.

【綱】丞相 諸葛亮이 魏나라를 정벌하여 祁山를 포위하였다.

丞相亮이 **伐魏**하여 **圍祁山**하다

【綱】10월부터 비가 내리지 않아서 3월에 이르렀다.

◑**自十月不雨**하여 **至于三月**[24)]하다

【綱】여름 5월에 諸葛亮이 魏나라 司馬懿를 鹵城(노성)에서 패퇴시키고 그의 장수 張郃을 죽였다.

◑**夏五月**에 **亮**이 **敗魏司馬懿于鹵城**하고 **殺其將張郃**[25)]하다

【目】魏나라가 司馬懿를 보내어 長安에 주둔하고 將軍 張郃과 郭淮 등을 감독하여 蜀漢의 군대를 막게 하였는데, 이때 사마의가 정예병 4천 명을 남겨두어 上邽(상규)를 지키

---

24) 自十月不雨 至于三月 : "秦나라 때 처음 '6월부터 비가 오지 않아서 8월에 이르렀다.'라고 쓴 뒤로부터 그 뒤에 '4월부터 7월에 이르렀다.'라고 쓴 적이 있으나 대부분 3, 4개월에 불과하였다. 이때 '10월부터 3월에 이르렀다.'라고 썼으니, 이는 반년이 되는 것이다. 이 뒤에 '정월부터 비가 내리지 않아서 10월에 이르렀다.'라고 쓴 경우가 있으니, 이는 또 더욱 심하다. ≪資治通鑑綱目≫이 끝날 때까지 '아무 달부터 비가 오지 않아서 아무 달에 이르렀다.'라고 쓴 것이 6번이다.〔自秦初書六月不雨 至于八月 其後有書四月至于七月者矣 率不過三四月爾 於是而書十月至于三月 是半年也 後此 有書正月不雨至于十月者 又甚矣哉 終綱目 書某月不雨至于某月者六〕" ≪書法≫

25) 亮敗魏司馬懿于鹵城 殺其將張郃 : "司馬懿는 용병술이 귀신과 같아서 계책에 미흡한 것이 없어 쉽게 대적할 수가 없었다. 그러나 丞相 諸葛亮과 교전할 때마다 번번이 패하였다. 이 때문에 그의 무리가 '蜀漢을 두려워하기를 범을 두려워하듯 한다.'는 조롱이 있었는데, 陳壽는 도리어 '將略(장수가 用兵하는 謀略)은 諸葛亮의 所長이 아니다.'라고 폄하하였다. 이제 ≪資治通鑑綱目≫에 이것을 쓴 것을 보면, '제갈량이 魏軍을 패퇴시켰다.'라고 말하지 않고 '제갈량이 사마의를 패퇴시켰다.'라고 썼으니, 이는 그 상대한 바가 강한 적이었고 약한 적이 아님을 드러낸 것이니, 제갈량이 이미 그를 이겼다면 그 將略이 과연 보통 사람보다 크게 뛰어남이 있는 것이다. 그렇다면 진수가 제갈량을 함부로 비난하고 폄하하여 평한 것은 그 설을 굳이 공격하지 않아도 저절로 깨지는 것이다. 세상에서는 성공과 실패를 가지고 사람을 논하여 진수와 같은 무리가 한두 명이 아니니, 이루 탄식할 수 있겠는가.〔司馬懿用兵如神 算無遺策 未易敵也 然每與丞相亮交鋒 動輒敗北 是以其徒有畏蜀如虎之譏 而陳壽乃以將略非亮所長貶之 今觀綱目書此 不曰亮敗魏軍 而曰亮敗司馬懿者 見其所對者勍敵而非脆敵 亮能勝之 則其將略果有大過人者 然則壽之妄肆譏評 其說不攻自破矣 世以成敗論人 若壽輩者非一 可勝歎哉〕" ≪發明≫

게 하고, 나머지 병력은 모두 祁山을 구원하게 하였다.

장합이 군대를 나누어 雍縣과 郿縣에 주둔시키려 하자, 사마의가 말하기를 "내가 헤아려보건대 前軍이 홀로 적군을 감당할 수 있으면 장군의 말이 옳지만, 만약 당해내지 못하여 군대를 前軍과 後軍으로 나눈다면 이는 楚의 三軍이 黥布에게 사로잡힌 이유이다." 하고는 마침내 진군하였다.

諸葛亮은 군대를 나누어 祁山을 공격하게 하고 자신은 上邽에서 사마의를 맞이하여 싸웠는데, 魏나라 장수 곽회 등이 제갈량을 저지하자, 제갈량이 이들을 격파하고 인하여 상규의 보리를 많이 베어왔다. 사마의와 상규의 동쪽에서 만났으나, 사마의가 군대를 거두고 험한 곳에 의지하여 두 군대가 교전할 수 없었다.

魏遣司馬懿하여 **屯長安**하고 **督將軍張郃, 郭淮等**하여 **以禦漢**할새 **懿留精兵四千**하여 **守上邽**하고 **餘衆**은 **悉救祁山**①이러라 **張郃**이 **欲分兵駐雍, 郿**②어늘 **懿曰 料前軍能獨當之者**면 **將軍言**이 **是也**어니와 **若不能當而分爲前後**면 **此**는 **楚之三軍**이 **所以爲黥布禽也**라하고 **遂進**③하다 **亮**이 **分兵攻祁山**하고 **自逆懿于上邽**러니 **魏將郭淮等**이 **徼亮**④이어늘 **亮**이 **破之**하다 **因大芟**(삼)**其麥**하고 **與懿遇于上邽之東**이로되 **懿斂軍依險**하여 **兵不得交**러라

① 上邽縣은 前漢 때에는 隴西郡에 속하였고 後漢 이래로는 漢陽郡에 속하였다.
上邽縣, 前漢屬隴西郡, 後漢以來屬漢陽郡.

② 雍縣과 郿縣 두 縣은 모두 扶風郡에 속하였다.
雍・郿二縣, 皆屬扶風郡.

③ 黥布의 일은 高帝 11년 조에 보인다.[26)]
黥布事, 見高帝十一年.

④ 徼(저지하다)는 邀로 읽는다.
徼, 讀曰邀.

---

26) 黥布의……보인다 : 韓信이 죽임을 당하자, 淮南王으로 있던 黥布가 자신에게 화가 미칠까 두려워하여 高祖 11년(B.C. 196)에 반란을 일으키니, 고조가 직접 토벌하였다. 이때 경포가 동쪽으로 荊을 공격하니, 荊王 劉賈가 패주하여 죽었다. 경포가 楚를 공격하니, 楚에서는 경포와 徐縣, 僮縣의 사이에서 싸웠는데, 三軍(세 진영)을 만들어 서로 구원하는 것을 기이한 계책으로 여겼다. 이에 혹자가 말하기를 "경포는 용병을 잘하여 백성들이 평소 그를 두려워하며, 또 兵法에 '자기 지역에서 싸우는 것을 散地라 하니, 이제 병력을 나누어 세 진영을 만들었다가 저 경포가 우리 군대의 한 진영을 패퇴시키면, 나머지 진영도 모두 달아날 것이다. 어떻게 서로 구원하겠는가." 하였으나 듣지 않다가 과연 그의 예상대로 패하였다. 고조는 일찍이 從兄 劉賈를 荊王으로, 아우 劉交를 楚王으로 봉하였다. 散地는 병사들이 자기 지역에서 싸울 경우 도망해서 흩어진다 하여 붙여진 이름으로 ≪孫子≫ 〈九地〉에 보이며, 위의 내용은 思政殿訓義 ≪資治通鑑綱目≫ 제3권 상과 ≪資治通鑑≫ 同年條에 자세히 보인다.

木門道에서 일 만의 쇠뇌로 張郃을 맞추다

【目】 諸葛亮이 군대를 이끌고 돌아왔는데, 司馬懿가 그 뒤를 따라 鹵城에 이르러 또다시 산에 올라 진영을 파고 싸우려고 하지 않았다. 賈詡와 魏平이 여러 번 싸움을 청하며 말하기를 "公이 蜀漢을 두려워하기를 마치 범처럼 여기시니, 천하 사람들이 비웃는 것을 어쩌겠습니까." 하였다.

사마의는 이 말을 근심하여 마침내 張郃으로 하여금 남쪽의 포위된 곳을 공격하게 하고 사마의 자신은 가운데 길을 점거하여 제갈량에게로 향하였다. 제갈량이 魏延 등으로 하여금 맞이하여 싸우게 하여 魏나라 군대가 크게 패하니, 사마의가 돌아가 진영을 지켰다.

제갈량이 양식이 다하여 군대를 후퇴하자, 사마의가 장합을 보내어 추격하게 하였는데, 장합은 木門에 이르러 제갈량과 싸우다가 매복한 弓弩부대의 쇠뇌를 맞고 卒하였다.

亮이 引還이러니 懿躡其後하여 至于鹵城하여 又登山掘營하고 不肯戰①이어늘 賈詡, 魏平이 數(삭)請戰하여 曰② 公이 畏蜀如虎하니 奈天下笑何③니잇고 懿病之하여 乃使張郃으로 攻南圍하고 自案中道向亮④이어늘 亮이 使魏延等逆戰하여 魏兵이 大敗하니 懿還保營이러라 亮이 以糧盡退軍한대 懿遣郃追之러니 至木門하여 與亮戰이라가 中伏弩而卒⑤하다

① 掘은 팜이다.
掘, 穿也.
② 詡는 《資治通鑑》에는 栩로 되어 있다.

詡, 通鑑作栩.

③ 司馬懿는 실로 諸葛亮을 두려워하였고, 또 張郃이 일찍이 2번 제갈량을 막아서 이름이 關右(관서) 지방에 드러났으므로 그의 계책을 따르려고 하지 않았는데, 진군해서는 감히 싸우지 못하여 실정이 드러나고 형세가 굽히게 되어 장수들에게 비웃음을 산 것이다.
懿實畏亮, 又以張郃嘗再拒亮, 名著關右, 不欲從其計, 及進而不敢戰, 情見(현)勢屈, 爲諸將所笑.

④ "南圍"는 蜀漢의 군대가 祁山의 남쪽에 주둔해 있는 魏軍을 포위한 것이다. 案은 占據함이다. 司馬懿는 길을 나누어 진군해서 〈張郃으로 하여금〉 祁山의 포위를 풀고자 하였고, 자신은 중간 길을 점거하여 諸葛亮과 깃발과 북을 서로 마주하여 싸우려고 한 것이다.
南圍, 蜀兵圍祁山之南屯. 案, 據也. 懿分道進兵, 欲以解祁山之圍, 自據中道, 與亮旗鼓相向也.

⑤ ≪資治通鑑綱目集覽≫에 "木門은 地名이니, 天水軍 天水縣에 있다." 하였다. 中(맞추다)은 去聲이다.
集覽 "木門, 地名, 在天水軍天水縣." 中, 去聲.

【綱】 가을 8월에 魏나라가 宗室의 王侯들로 하여금 明年 정월에 조회하게 하였다.

秋八月에 **魏令其宗室王侯**로 **朝明年正月**[27]하다

【目】 魏나라는 黃初 이래로 諸侯王에 대한 法禁이 매우 엄격해서 관리들이 엄하게 살피니, 친인척들이 감히 서로 안부를 묻고 선물을 주고받지 못하였다. 東阿王 曹植이 다음과 같이 上疏하였다.

"堯임금이 백성들을 가르칠 적에 친한 사람을 먼저하고 疏遠한 사람을 뒤에 하고 가

---

27) 魏令其宗室王侯 朝明年正月 : "≪資治通鑑綱目≫에 周나라와 漢나라의 篇에 '〈宗室의 王侯들이〉 와서 조회했다.'라고 쓴 것이 많으나, '〈종실의 왕후들로〉 하여금 조회하게 했다.'라고 쓴 적은 있지 않았는데, '하여금 조회하게 했다.'고 쓴 것은 어째서인가. 비난한 것이다. 魏나라 法에 宗室은 朝覲하거나 往來를 통하지 못하게 하였는데, 이때 이르러 처음으로 詔令을 내려서 명년 정월에 조회할 것을 허락하였으니, 魏나라 시대에 친척을 친애하는 의리가 또한 박하였다. 그러므로 魏나라 시대가 끝날 때까지 '와서 조회했다.'라고 쓴 것이 없고, '하여금 조회하게 했다.'라고만 쓴 것이다.〔綱目 周漢之篇 書來朝多矣 未有書令其朝者 書令其朝 何 譏也 魏法 宗室毋得朝覲 通往來 至是 始詔聽朝明年正月 魏世親親之義亦薄甚矣 故終魏之世 無書來朝 書令其朝也〕" ≪書法≫
"魏나라에서 宗室을 禁錮함이 엄격하였는데, 이제 마침내 '명년 정월에 하여금 조회하게 했다.'고 쓴 것은 어찌 이를 인정한 것이겠는가. 明年에 조회할 것을 허락하였으면 이보다 전에는 일찍이 조회할 수 없게 하였음이 분명하니, 바로 이를 비난한 것이다.〔魏禁錮宗室甚嚴 今乃書其令朝明年正月 豈予之乎 許朝明年 則前乎此 未嘗得朝 明矣 正所以譏之也〕" ≪發明≫

까운 데로부터 먼 곳에 미쳤으며,[28] 周 文王은 寡妻(嫡妻)에게 모범이 되어 兄弟에 이르러서 집과 나라를 다스렸습니다.[29] 지금 陛下께서는 은혜가 椒房[30]에 흡족하고 혜택이 九族에 밝게 드러나 여러 諸侯와 百官들이 번갈아 쉬고 번갈아 숙직을 합니다. 그리하여 친인척이 왕래하는 길이 통하고, 慶弔事에 서로 경하하고 조문하는 정을 펴니, 진실로 자기 마음을 미루어 남을 다스리고 은혜를 미루어 널리 베푸는 것이라고 이를 수 있습니다.

魏黃初以來로 諸侯王法禁이 嚴切하여 吏察之急하니 親姻이 皆不敢相通問①이라 東阿王植이 上疏曰 堯之爲教에 先親後疏하고 自近及遠하며 周文王이 刑于寡妻하여 至于兄弟하여 以御于家邦하니이다 今陛下惠洽椒房하고 恩昭九族하사 群后百寮 番休遞上이라 親(理)〔姻〕[31]之路通하고 慶弔之情展하니 誠可謂恕己治人이요 推恩施惠者矣②니이다

① "通問"은 서로 안부를 묻고 선물을 주고받음을 이른다.
通問, 謂問遺之往來也.
② 遞는 음이 第이니, 번갈아 하는 것이다. 〈"群后百寮 番休遞上"은〉 백관들이 宿衛할 적에 차례로 쉬고 번갈아 숙직함을 말한 것이다.
遞, 音第, 迭也. 言百寮宿衛, 以次休息, 更遞上直.

【目】 그러나 臣과 같은 자에 이르러는 사람의 道가 끊기고 좋은 시절에 禁錮를 당하여 혼인한 인척끼리 서로 왕래하지 못하고 형제들이 헤어져 만나지 못하며, 또 임시로 만든 제도 때문에 조회하고 알현할 희망이 영원히 없습니다. 그리하여 臣이 황제가 계신 皇極에 마음을 쏟고 紫闥에 심정이 맺혀 있음을 神明들이 알고 있습니다. 그러나 하늘이 실로 이렇게 하시니, 일러 무엇하겠습니까. 원컨대 陛下께서는 크게 詔令을 내리셔

28) 堯임금이……미쳤으며 : 이 말은 ≪書經≫ 〈虞書 堯典〉에 堯임금의 덕을 말하면서 "능히 큰 德을 밝히시어 九族을 친애하자 구족이 이미 화목하였고, 百姓을 고르게 다스리자 백성들이 자기 덕을 밝혔으며, 萬邦을 화합하게 하자 여러 백성들이 크게 변화하여 이에 화합하였다.〔克明俊德 以親九族 九族既睦 平章百姓 百姓昭明 協和萬邦 黎民於變時雍〕" 한 것에 근거한 것이다. 九族은 蔡沈의 ≪集傳≫에 "高祖로부터 玄孫에 이르기까지 9대에 걸친 친족으로, 가까운 것을 들어 먼 것을 포함하였으니, 五服의 異姓의 친족도 이 가운데 포함되어 있다." 하였다. 五服은 친척이 입는 다섯 가지 喪服으로 三年, 朞年, 大功 9월, 小功 5월, 緦麻 3월을 가리킨다.

29) 周……다스렸습니다 : 이 내용은 ≪詩經≫ 〈大雅 思齊〉에 그대로 보이는데, 鄭玄의 註에 "이는 文王이 禮法으로 자기 아내를 접대하여 宗族에 이르고 또 이것으로 집안과 나라를 다스림을 말한 것이다." 하였다.

30) 椒房 : 황후가 거처하는 궁으로, 직접 황후를 가리키기도 한다.

31) (理)〔姻〕: 저본에는 '理'로 되어 있으나, ≪資治通鑑≫에 의거하여 '姻'으로 바로잡았다.

서 諸侯國들로 하여금 慶賀하고 問安하여 四時節에 형제간의 정을 펴게 하며, 妃妾의 집안에 膏沐과 같은 선물을 1년에 두 번 보내어 왕래할 수 있게 하신다면, 성스러운 세상에 은혜를 입지 않은 물건이 없을 것입니다."

至於臣者하여는 人道絶緖하고 禁錮明時하여 婚媾不通하고 兄弟乖隔하며 又以一切之制로 永無朝覲之望①이라 至於注心皇極하고 結情紫闥은 神明知之矣②니이다 然이나 天實爲之시니 謂之何哉리오 願陛下는 沛然垂詔하사 使諸國慶問하여 四節得展하며 妃妾之家에 膏沐之遺 歲得再通이면 則聖世에 無不蒙施之物矣③리이다

① "一切"는 權宜(임시방편)를 이른다. 일설에는 "一切는 可否를 묻지 않고 일체 정돈함을 이른다." 한다.
一切, 謂權宜也. 一說 "一切, 謂不問可否, 一切整齊之也."

② "皇極"은 宸極이라는 말과 같다. "皇極"과 "紫闥"은 天子가 거처하는 곳이다.
皇極, 猶言宸極. 皇極・紫闥, 天子所居也.

③ "沛然"은 너그럽고 넓은 뜻이다. "四節"은 四時의 절기를 이른다. 膏는 머리를 윤택하게 하는 것이요, 沐은 머리를 씻어 때를 제거하는 것이다. 遺(선물하다)는 于季의 切이다.
沛然, 寬廣之意. 四節, 謂四時之節. 膏, 所以澤髮者. 沐, 滌首去垢者. 遺, 于季切.

【目】 魏主 曹叡는 이에 다음과 같이 답하였다.

"諸侯國들이 본래 禁錮하는 詔令이 없었는데, 잘못을 바로잡다가 너무 지나치게 되었고 또 아래 관리들이 견책을 두려워하여 이에 이르렀을 뿐이다. 이미 有司에게 명하여 王이 하소연한 바와 같게 하였노라."

魏主叡報曰 諸國이 本無禁錮之詔어늘 矯枉過正하고 下吏懼譴하여 以至於此耳라 已敕有司하여 如王所訴①하노라

① 矯는 굽은 것(잘못)을 바로잡는 것이다.
矯, 正曲也.

【目】 曹植이 다시 다음과 같이 상소하였다.

"옛날 管叔과 蔡叔이 추방되고 주살되었으나 같은 형제인 周公과 召公은 보필이 되었고,[32] 叔魚가 형벌에 빠졌으나 그의 형인 叔向은 나라를 도왔으니,[33] 三監의 죄는 臣

32) 옛날……되었고 : 周公은 文王의 아들이고 武王의 아우이며, 管叔은 주공의 형이고, 蔡叔은 주공의 아우인바, 관숙과 채숙은 모두 成王의 叔父로 管과 蔡에 봉해졌으므로 관숙, 채숙이라 칭한 것이다. 召公은 召公 奭으로 周나라의 가까운 宗室이다. 주공은 周南 지역을 다스리고 소공은 召南 지역을

이 스스로 감당할 것이요, 二南의 보좌는 구하면 반드시 멀리 있지 않을 것입니다.[34)]

천하 사람들로 하여금 耳目을 집중하게 하는 것은 바로 권세를 담당한 자입니다. 권세가 있으면 비록 임금의 친척이 아니라도 반드시 중하게 대접을 받고, 권세를 잃으면 비록 임금의 친척이라도 반드시 가볍게 여겨집니다. 齊나라를 취한 자는 田氏 집안이지 呂氏 집안이 아니며, 晉나라를 나누어 가진 자는 趙氏와 魏氏이지 姬姓이 아닙니다. 나라가 吉할 때에는 그 지위를 독차지하고 나라가 凶할 때에는 그 환란을 버리는 것은 異姓의 신하요, 나라가 보존하면 함께 그 영화를 누리고 나라가 망하면 그 화를 함께하는 것은 公族(皇族)의 신하인데, 지금 公族을 소원히 하고 異姓을 친히 하시니, 臣은 의혹을 품게 됩니다. 분하고 답답한 마음을 이기지 못하여 表文을 올려 실정을 아룁니다."

植이 復上疏曰 昔에 管, 蔡放誅로되 周, 召作弼하고 叔魚陷刑이로되 叔向贊國①하니 三監之釁은 臣自當之요 二南之輔는 求必不遠②하리이다 夫能使天下傾耳注目者는 當權者 是也라 權之所在엔 雖疏나 必重하고 勢之所去엔 雖親이나 必輕이니이다 蓋取齊者는 田族이요 非呂宗也며 分晉者는 趙, 魏요 非姬姓也니이다 吉專其位하고 凶離其患者는 異姓之臣也③요 存共其榮하고 歿同其禍者는 公族之臣也어늘 今公族疏而異姓親하니 臣竊惑焉이라 不勝憤懣하여 拜表陳情하노이다

① 叔魚는 叔向의 庶弟이다. ≪春秋左氏傳≫ 昭公 14년에 "晉나라 邢侯가 雍子와 토지를 다투어서 오랫동안 해결하지 못하였다. 韓宣子가 숙어로 하여금 옛날의 옥사를 결단하게 하니, 죄가 옹자에게 있었다. 그런데 옹자가 그 딸을 숙어에게 바치자, 숙어는 형후에게 죄가 있다고 판결하니, 형후가 노하여 숙어와 옹자를 조정에서 죽였다. 한선자는 이들에 대한 죄를 숙향에게 물었으니, 숙향이 그 친척을 두둔하지 않는다고 여겨서 그에게 결정하게 한 것이다." 하였다.

다스려 周公과 召公이라 칭하였다. 주공은 무왕을 도와 殷나라를 정벌해서 천하를 통일하고 紂王의 아들 武庚을 殷 지역에 봉하여 殷나라의 선왕에 대한 제사를 받들게 한 다음, 관숙과 채숙, 霍叔을 감시관으로 보내어 무경을 감시하게 하고 이들을 三監이라 하였다. 그러다가 무왕이 죽고 어린 성왕이 즉위하여 주공이 섭정을 하자, 관숙 등은 이에 불만을 품고 "주공이 끝내 성왕을 몰아내고 자신이 천자가 될 것이다."라는 유언비어를 퍼뜨리고 무경과 함께 반란을 일으켰다가 주공의 토벌을 받아 관숙은 처형되고 채숙과 곽숙은 추방당하였다. 이는 곧 관숙, 채숙, 곽숙이 죄를 지어 추방되고 주살되었으나 같은 형제간인 주공과 소공은 끝까지 성왕을 보필하였음을 말한 것이다.

33) 叔魚가……도왔으니 : 이 역시 숙어가 죄를 지었으나 그의 형인 叔向은 아무런 문제없이 晉나라의 大臣이 되어 國政을 도왔음을 말한 것이다. 숙향은 羊舌肸(양설힐)의 字로 춘추시대 晉나라의 명재상이며, 숙어는 羊舌虎의 자이다.

34) 三監의……것입니다 : 三監은 殷 지역에 봉해진 武庚을 감시하던 成王의 세 숙부이며, 二南은 周南을 다스린 周公과 召南을 다스린 召公이다. 이는 곧 皇族 중에 三監처럼 죄를 짓는 자가 있으면 曹植 자신이 그 책임을 질 것이요, 황족의 제후 중에 주공과 소공처럼 어진 자들을 찾으면 멀리 있지 않고 가까이 있을 것이라고 말한 것이다.

叔魚, 叔向庶弟也. 左傳"晉邢侯與雍子爭田, 久而無成. 韓宣子使叔魚斷舊獄, 罪在雍子, 雍子納其女於叔魚, 叔魚蔽罪於邢侯, 邢侯怒, 殺叔魚及雍子於朝. 宣子問其罪於叔向, 不以叔向爲私其親, 而從之決平也."

② "三監"은 바로 管叔, 蔡叔, 霍叔이다. "二南"은 ≪詩經≫의 周南과 召南이다. 周公은 周南을 다스렸고, 召公은 召南을 다스렸다.
三監, 卽管叔・蔡叔・霍叔. 二南, 詩周南・召南也. 周公治周南, 召公治召南.

③ 離(버리다)는 力智의 切이다.
離, 力智切.

【目】 曹叡는 우대하는 글로 답했을 뿐이었는데, 이때에 이르러 마침내 다음과 같은 詔令을 내렸다.

"先帝가 법령을 만들어서 여러 왕들로 하여금 京都에 머물지 않게 하신 것은 어린 君主가 지위에 있고 母后가 攝政을 할 적에 작은 조짐을 막는 것이 國家의 盛衰에 관계되기 때문이었다. 朕이 諸王들을 만나보지 못한 지가 12년이 되었으니, 여러 왕과 宗室의 公侯들로 하여금 각각 適子 한 사람을 데리고 明年 정월에 조회하게 하되, 뒤에 어린 君主와 母后가 宮에 있는 경우가 생기면 본래 先帝의 명령대로 하라."

叡優文答報而已[①]러니 **至是**하여 **乃詔曰 先帝著令**하사 **不欲使諸王留京都者**는 **謂幼主在位**하고 **母后攝政**에 **防微漸**이 **關盛衰也**일새라 **朕不見諸王**이 **十有二載**니 **其令諸王及宗室公侯**로 **各將適子一人**하여 **朝明年正月**호되 **後有少主, 母后在宮者**어든 **自如先帝令**하라

① 曹植은 스스로 등용되기를 바랐는데, 曹叡가 다만 우대하는 詔書로 답했으니, 이는 끝내 그를 의심한 것이다.
植求自試, 而但以優詔答之, 終疑之也.

【綱】 中都護 李平이 죄가 있어 폐출되어 梓潼으로 귀양 갔다.

中軍護李平이 **有罪**하여 **廢徙梓潼**[①]하다

① 軍은 마땅히 都가 되어야 한다.
軍, 當作都.

【目】 丞相 諸葛亮이 祁山을 공격할 적에 李嚴에게 명하여 中都護의 신분으로 丞相府의 일을 대신하게 하고, 이름을 平으로 바꾸었다.

마침 장마가 들어 비가 계속 내리자, 李平은 군량의 수송을 감독하는 일을 주관할 적에 군량이 계속 이어지지 못할까 염려해서 參軍을 보내어 황제의 뜻이라고 말하고 제갈량을 불러 회군하게 하였다.

제갈량이 군대를 이끌고 후퇴하자, 이평은 마침내 말을 바꾸어 "군량이 풍족한데 어째서 후퇴하였는가." 하고 군량 수송을 감독한 자를 죽여서 자신이 일을 제대로 수행하지 못한 책임을 벗어나고자 하였으며, 또 표문을 올려 군대가 거짓 후퇴하여 적을 유인했다고 말하였다.

제갈량이 그가 전후로 손수 쓴 편지를 꺼내어 보니, 本末이 서로 어긋났다. 이평이 말이 궁색하여 謝罪하자, 제갈량은 그의 전후의 잘못과 죄악을 표문으로 올려서 관직을 파면하고 작위와 봉지를 삭탈하여 梓潼郡으로 귀양 보냈다.

丞相亮之攻祁山也에 命李嚴하여 以中都護로 署府事하고 更名平①이러니 會天霖雨라 平이 主督運할새 恐糧不繼하여 遣參軍諭指하여 呼亮來還②이러니 亮이 旣退軍에 平이 乃更(경)言軍糧饒足하니 何爲而退오하고 欲殺督運하여 以解不辦之責하고 又表言軍僞退以誘賊③이라하다 亮이 出其前後手書하니 本末違錯이라 平이 辭窮謝罪어늘 於是에 亮이 表其前後過惡하여 免官하고 削爵土하여 徙梓潼郡④하다

① "署府事"는 漢中에 머물러 丞相府의 일을 대신한 것이다.
署府事, 署漢中留府事也.
② 〈"諭指"는〉 後主의 뜻이라고 밝혀서 군량 수송을 계속하지 못한다고 말한 것이다.
喩以後主指, 言運糧不繼.
③ "軍僞退以誘賊"은 또 上(劉禪)의 뜻이라고 제갈량에게 말한 죄를 변명하고자 한 것이다.
此又欲解以上指喩亮之罪也.
④ 〈"削爵土"는〉 李平이 아마도 일찍이 侯에 봉해진 듯하다.
平蓋嘗封侯也.

【目】 諸葛亮은 다시 李平의 아들 李豐을 中郎將 參軍事으로 삼고, 敎令을 내어 다음과 같이 명하였다.

"나는 그대의 父子와 힘을 다해 王室을 도왔다. 그리하여 진심으로 감동하여 始終 그 마음을 보존할 것이라고 생각했으니, 어찌 중간에 어긋날 줄을 헤아렸겠는가. 만약 都護(이평)가 지은 죄를 후회하여 한마음으로 국가를 위하고, 그대가 公琰(蔣琬)과 함께 진심을 다하여 從事한다면, 막힌 것이 다시 서로 통할 수 있고 지나간 일을 되돌릴 수

있을 것이다."

復以平子豐爲中郎將參軍事하고 出教勑之曰 吾與君父子로 戮力以奬王室하여 謂至心感動하여 終始可保러니 何圖中乖乎아 若都護思負一意하고 君與公琰이 推心從事하면 否(비)可復通이요 逝可復還也[①]니라

① "思負"는 李平이 그 죄를 후회함을 이른다. "一意"는 한마음으로 나라를 위하여 다시는 속임수로 말을 바꿔 스스로 도모함이 없음을 이른다. 否(막히다)는 皮鄙의 切이다.
思負, 謂思其罪負也. 一意, 謂一意於爲國, 無復詭變以自營也. 否, 皮鄙切.

【目】 諸葛亮이 또 蔣琬과 董允에게 편지를 보내 다음과 같이 말하였다.

"孝起(陳震)가 예전에 나에게 말하기를 '正方(李平)은 뱃속에 비늘과 갑옷(교묘하게 속이는 마음)이 있어서 鄕黨에서 가까이할 수 없다고 여겼다.'라고 하기에 나는 말하기를 '비늘과 갑옷은 다만 범하지 않으면 그만이다.' 하였는데, 다시 蘇秦, 張儀처럼 번복하는 일이 생길 줄은 예상하지 못하였다."

효기는 진진의 字이다.

亮이 又與蔣琬, 董允書曰 孝起前爲吾說호대 正方이 腹中有鱗甲이라 鄕黨이 以爲不可近[①]이라하여늘 吾謂鱗甲者는 但不當犯之耳라하여 不圖復有蘇, 張之事也[②]로라 孝起者는 陳震也라

① 前은 지난날이다. 爲(위하다)는 去聲이다. 正方은 李平의 字이다.
前, 往日也. 爲, 去聲. 正方, 李平字.

② 〈"不圖復有蘇張之事"는〉 蘇秦, 張儀가 자기가 한 말을 마음대로 뒤집어서 諸侯의 사이에 자주 번복하였는데, 지금 李平이 다시 그렇게 한다고 말한 것이다.
謂蘇秦·張儀捭闔其說, 以反覆諸侯之間, 今李平復爲之.

【綱】 겨울 10월에 吳나라 사람이 魏나라 군대를 유인하여 阜陵에서 패퇴시켰다.

冬十月에 吳人이 誘敗魏兵於阜陵[35]하다

35) 吳人 誘敗魏兵於阜陵 : "兵法은 비록 속임수를 쓰는 방도이나 다만 이것을 진영 사이에 쓸 뿐, 나라를 정벌하는 큰일에 이르러서는 반드시 正大함으로써 해야 하니, 이렇게 정대하게 하면 군대가 이기고 사람들이 복종한다. 지금 吳나라 사람은 이미 참람하게 도둑질하여 스스로 황제가 되어서 명분과 의리가 이미 궁색하므로 군대를 동원하여 魏나라를 공격할 적에 대부분 〈속임수를 써서〉 도적과 소인의 계책을 사용하였다. 이 때문에 앞에서는 '曹休를 유인하여 패퇴시켰다.'라고 썼고, 이제 여기에서는 '魏나라 군대를 유인하여 패퇴시켰다.'라고 썼으니, 이는 모두 그 속인 죄를 드러내었

【目】吳主 孫權이 中郞將 孫布를 보내어 거짓으로 魏나라에 항복하게 해서 揚州刺史 王凌을 유인하고는 阜陵에 군대를 매복하고서 기다렸다. 왕릉이 손포의 글을 보고하고서 군대를 보내어 맞이할 것을 청하자, 征東將軍 滿寵은 이것이 반드시 속임수일 것이라 하여 군대를 주지 않고 왕릉을 대신하여 손포에게 답서를 보내기를 "내 그대가 화를 피하고 順으로 나오고자 함을 알았으니 심히 嘉尙하게 여긴다. 이제 군대를 보내어 맞이하고자 하나, 병력이 적으면 호위할 수가 없고 병력이 많으면 반드시 일이 멀리 소문날 것이니, 우선 은밀히 계획하여 본래의 뜻을 이루되 때에 마땅하도록 節度하라." 하였다.

마침 만총이 詔書를 받고 入朝하였는데, 또다시 留府에 명하여 병력을 주지 말게 하니, 왕릉이 병력을 요구하였으나 얻지 못하였다. 이에 다만 督將 한 명을 보내 보병과 기병 7백 명을 거느리고 가서 맞이하게 하였는데, 손포가 밤에 습격하여 魏나라 병사 중에 죽거나 부상당한 자가 절반이 넘었다.

吳主權이 遣中郞將孫布하여 詐降於魏하여 以誘揚州刺史王凌하고 伏兵阜陵以俟之①하다 凌이 謄布書하여 請兵迎之②한대 征東將軍滿寵이 以爲必詐라하여 不與兵하고 而爲凌作報書曰 知欲避禍就順하니 甚相嘉尙이라 今欲遣兵相迎이로되 然少則不足相衛요 多則事必遠聞③이니 且先密計하여 以成本志호되 臨時節度其宜하라 會에 寵이 被書入朝할새 又勅留府勿與兵하니 凌이 索兵不得이라 乃單遣一督하여 將步騎七百人하여 往迎之러니 布夜掩擊하여 死傷過半하다

① 王凌은 王允의 형의 아들이다. 阜陵縣은 漢나라 때에는 九江郡에 속하였는데 魏나라 때에는 九江郡을 고쳐 淮南郡이라 하였다.
凌, 允之兄子也. 阜陵縣, 漢屬九江郡, 魏改九江爲淮南郡.

② 謄은 ≪資治通鑑≫에는 騰으로 되어 있으니, 말을 전함이요 올림이다.
謄, 通鑑作騰, 傳也, 上也.

③ 聞(소문나다)은 음이 問이다.
聞, 音問.

【目】이보다 앞서 王凌은 表文을 올려서 "滿寵은 나이가 많고 술을 좋아하니 方伯의 임무에 두어서는 안 됩니다."라고 하니, 魏主 曹叡는 만총을 불러 돌아오게 하고자 하였다.

고, 또 吳나라 사람이 군대를 출동함에 명분이 없는 잘못을 나타낸 것이니, 어찌 높일 것이 있겠는가.〔兵雖詭道 特可用之行陣間 至於伐國大事 必以正大行之 則兵勝而人服 今吳人旣以僭竊自立 名義已索 故其用兵攻魏 率用盜賊小人之計 是以前此書誘敗曹休 今此書誘敗魏兵 皆以著其詭詐之罪 且以見吳人師出無名之失耳 何足尙哉〕≪發明≫

給事中 郭謀가 말하기를 "만총은 方岳에 功이 있은 지가 20여 년이요, 淮南에 진주했을 적에 吳나라 사람들이 그를 두려워하였으니, 만약 왕릉의 表文에서 말한 바와 같지 않으면 장차 賊이 우리의 실정을 엿보게 될 것입니다. 그를 조정으로 돌아오게 하여 東方의 일을 물어 살펴야 합니다." 하니, 조예가 그의 말을 따랐다.

만총이 이르렀는데 신체와 기운이 강건하니, 조예는 그를 위로하여 돌려보냈다.

先是에 **凌**이 **表寵年過耽酒**하니 **不可居方任**①이라한대 **魏主叡欲召寵還**이러니 **給事中郭謀曰 寵**이 **有勳方岳**이 **二十餘年**이요 **及鎭淮南**에 **吳人**이 **憚之**②하니 **若不如所表**하면 **將爲所闚**라 **可令還朝**하여 **問東方事以察之**니이다 **叡從之**러니 **旣至**에 **體氣康彊**이라 **乃慰勞遣還**하다

① "方任"은 方面의 임무이다.
方任, 方面之任也.

② 魏나라로부터 督州[36]를 方岳의 임무라 하였으니, 그 직책이 옛날 方伯과 岳牧과 같음을 말한 것이다. 建安 연간에 魏王 曹操가 滿寵을 汝南太守로 삼았는데, 위의 建興 7년(229)에는 豫州刺史가 되었고 이해에는 都督揚州가 되었다.
自魏以下, 以督州爲方岳之任, 謂其職猶古之方伯・岳牧也. 建安中, 魏王操以寵爲汝南太守, 上七年, 刺豫州, 是年都督揚州.

【綱】 11월 그믐에 일식이 있었다.

十一月晦에 **日食**하다

壬子年(232)

【綱】 漢나라(蜀漢) 後主 建興 10년이다.

十年이라

36) 督州 : 아래 都督揚州는 《三國志》 〈魏書 滿寵傳〉에는 都督揚州諸軍事로 되어 있다. 督州는 都督某州諸軍事, 또는 都督諸州諸軍事를 가리킨 것으로 보인다. 督은 後漢 光武帝 시기에 督軍御史라는 직명이 보이나 後漢 말기에서 三國時代에 집중적으로 보이기 시작한다. 특히 당시 혼란으로 인해 刺史를 중심으로 한 지방통치체제가 한계를 나타내고, 또한 지방에 주둔한 군대의 역할이 중시되었다. 주둔군의 사령관이 그 지방의 민정까지 통할하게 되어 都督諸州諸軍事가 등장한 것으로 보인다. 이에 吳나라와 蜀나라는 군사적 요지에 督이나 都督을 두어 그 지역의 민정까지 통할하였으며, 魏나라의 경우 文帝 黃初 初期에 정식으로 都督諸軍事를 두었다고 보고 있다. 다만 黃初 3년에 설치된 都督中外諸軍事나 吳나라의 大都督은 지역의 군사적 통치보다 국가 차원의 중요한 군사적 임무에 있어서 총사령관을 의미한다.

【目】魏나라 明帝 曹叡 太和 6년이고, 吳나라 大帝 孫權 嘉禾 원년이다.

魏太和六年이요 吳嘉禾元年①이라

① 〈"吳嘉禾元年"은〉 會稽의 南始平에 嘉禾(좋은 곡식)가 생산되었다고 말하였으므로 이로써 改元한 것이다.
會稽南始平, 言嘉禾生, 故以改元.

【綱】봄 3월에 魏主 曹叡가 동쪽으로 순행하였다.

春三月에 魏主叡東巡하다

【目】魏主 曹叡의 어린 딸 曹淑이 卒하니, 조예는 몹시 애통해하여 추후에 시호를 짓고 사당을 세우고서 南陵에 장례하였는데, 甄后(견후)의 죽은 從孫인 甄黃을 데려다가 그녀와 합장하고, 견황을 추봉하여 列侯로 삼고서, 그를 위해 後嗣를 세워 작위를 세습하게 하였다. 조예는 직접 장송하고자 하고 또 許昌에 가고자 하였다.

魏主叡幼女淑이 卒하니 叡痛之甚하여 追諡立廟하고 葬于南陵호되 取甄后從孫黃하여 與之合葬하고 追封黃爲列侯①하여 爲之置後襲爵하고 欲自送葬하고 又欲幸許②하다

① ≪三國志≫ 〈魏書 甄后傳〉에 '從'자 위에 '亡'자가 있다.
甄后傳, 從上, 有亡字.
② 爲(위하다)는 去聲이니, 아래 〈"爲制"의〉 爲도 같다.
爲, 去聲, 下同.

【目】司空 陳群이 다음과 같이 諫하였다.

"'8세의 下殤은 〈喪葬하는〉 禮를 구비하지 않는 것입니다. 더구나 태어난 지 1년이 못 되어 죽었는데 상복을 만들어 온 조정이 素服을 입고 아침저녁으로 가서 곡을 하니, 예로부터 이러한 例가 있지 않았습니다. 더구나 임금께서 직접 가서 陵을 보고 친히 祖載에 임하고자 하신단 말입니까. 원컨대 폐하께서는 손해만 있고 유익함이 없는 일을 억제하셔야 하니, 이는 萬國의 지극한 바람입니다. 또 듣건대, 車駕가 許昌에 행차하여 장차 쇠한 氣運(재앙)을 피하려고 하신다고 하였습니다. 吉과 凶은 운명에 달려 있고 禍와 福은 사람에게 달려 있으니, 이사하여 편안함을 구하는 것 또한 유익함이 없습니다. 또 吉士와 賢人들도 오히려 함부로 자기 집을 옮기지 아니하여 鄕邑을 편안하게 하는

데, 하물며 萬國의 주인인 帝王의 행동거지를 어찌 가벼이 할 수 있겠습니까."

司空陳群이 諫曰 八歲下殤은 禮所不備①어늘 況未期月에 而爲制服하여 擧朝素衣하고 朝夕哭臨하니 自古以來로 未有此比라 況欲自往視陵하고 親臨祖載乎②잇가 願陛下는 抑割有損無益之事하니 此萬國之至望也니이다 又聞車駕欲幸許昌하여 將以避衰③라하니이다 夫吉凶有命이요 禍福由人이니 移徙求安은 則亦無益이니이다 且吉士賢人도 猶不妄徙其家하여 以寧鄕邑이온 況帝王萬國之主 行止動靜을 豈可輕脫也잇가

① 16세부터 19세까지는 長殤이라 하고, 12세부터 15세까지는 中殤이라 하고, 8세부터 11세까지는 下殤이라 하며, 7세 이하는 服이 없는 殤이 된다. 그리고 태어나서 3개월이 못 되었으면 殤이라 하지 않는다.
十六至十九, 爲長殤, 十二至十五, 爲中殤, 八歲至十一, 爲下殤, 七歲以下, 爲無服之殤. 生未三月, 不爲殤.

② 祖는 처음이니, 처음 뜰에서 시신을 상여에 싣는 것이다. 망자의 영혼이 상여를 타고 할아버지와 아버지의 사당에 하직하므로 祖載라 한 것이다.
祖, 始也, 始載於庭也. 乘車辭祖禰, 故爲祖載.

③ "避衰"는 五行의 기운이 왕성할 때가 있고 쇠할 때가 있어서 집(궁궐)을 옮겨 쇠한 기운을 피함을 이른다.
避衰, 謂五行之氣, 有王有衰, 徙舍以避之也.

【目】 少府 楊阜가 다음과 같이 말하였다.

"文皇帝(曹丕)와 武宣皇后가 崩했을 적에 陛下께서 모두 장송하지 않으신 것은 社稷을 중하게 여겨 비상사태에 대비하고자 해서였습니다. 그런데 어찌 어린 赤子(갓난아이)를 위해 장송한단 말입니까."

曹叡는 그들의 말을 모두 듣지 않았다.

少府楊阜曰 文皇帝, 武宣皇后崩에 陛下皆不送葬은 所以重社稷하여 備不虞也①라 何至孩抱赤子而送葬哉잇가 皆不聽하다

① 武宣皇后는 바로 文帝의 어머니 卞氏이다.
武宣皇后, 卽文帝母卞氏.

【綱】 吳나라가 遼東에 사신을 보내고 騎都尉 虞翻을 蒼梧로 귀양 보냈다.

吳遣使如遼東하고 **徙其騎都尉虞翻於蒼梧**하다

【目】吳主 孫權이 周賀 등을 보내어 遼東에 가서 말을 구해오게 하였다.

처음에 虞翻은 성품이 솔직하여 술을 마시다가 여러 번 실수를 저질렀고, 또 사람들을 저촉하여 거스르기를 좋아해서 비방을 많이 받았다.

吳主 孫權이 일찍이 여러 신하들과 술을 마실 적에 직접 일어나 술잔을 돌렸는데, 우번은 땅에 엎드려 거짓 취한 체하다가 손권이 떠나가자 일어나 앉았다. 이에 손권이 크게 노하여 손으로 劍을 끌어다가 우번을 치고자 하니, 劉基가 諫하기를 "大王이 술 세 잔을 마신 뒤에 손수 善한 선비를 죽이신다면, 비록 우번에게 죄가 있으나 天下 사람들이 누가 이것을 알겠습니까." 하였다. 손권이 말하기를 "曹孟德도 오히려 孔文擧를 죽였으니,[37] 내 우번에게 무슨 염려할 것이 있겠는가." 하였다.

유기가 말하기를 "大王은 몸소 德과 義를 행하시어 堯, 舜과 높음을 견주고자 하시는데, 어찌 마침내 스스로 曹孟德에게 비유하십니까." 하니, 우번이 이 때문에 죽음을 면하였다.

손권은 인하여 좌우 신하들에게 명하기를 "지금 이후로 내가 술을 마신 뒤에 사람을 죽이라고 말하면 모두 죽여서는 안 된다." 하였다.

吳主遣周賀等하여 之遼東하여 求馬하다 初에 虞翻이 性疎直하여 數(삭)有酒失하고 又好抵忤人하여 多見謗毁①러라 吳主權이 嘗與群臣飮에 自起行酒러니 翻이 伏地陽醉라가 權去에 翻이 起坐②라 權이 大怒하여 手劍欲擊之③한대 劉基諫曰④ 大王이 以三爵之後로 手殺善士하시니 雖翻有罪나 天下孰知之⑤리잇고 權曰 曹孟德이 尙殺孔文擧하니 孤於虞翻에 何有哉⑥리오 基曰 大王이 躬行德義하사 欲與堯舜比隆하시니 何乃自喩於孟德이니잇고 翻이 由是得免하니 權이 因勅左右하여 自今酒後言殺이면 皆不得殺하다

① 抵는 저촉함이요, 忤는 거스름이다.
抵, 觸也. 忤, 逆也.

② 虞翻이 이렇게 땅에 엎드려 거짓 취한 체한 것은 술 마시는 것을 諫하기 위한 것이었다.
翻爲是者, 所以諫也.

③ "手劍"은 손으로 검을 잡아당기는 것이다.
手劍, 手援劍也.

④ 劉基는 劉繇의 아들이다.

---

37) 曹孟德도……죽였으니 : 孟德은 曹操의 字이고 文擧는 孔融의 자이다. 공융은 평소 재주와 명망을 믿고 자주 조조를 놀리니, 조조가 그를 미워하였다. 공융은 御史大夫 郗慮와 원한이 있었는데, 치려는 조조의 뜻에 영합하여 "공융이 北海에 있을 적에 사람들을 불러모아 반역을 도모하고 孫權의 사자와 말하면서 조정을 비방했다."라고 무함하자, 조조가 그를 죽이고 멸족하였는바, 이 내용이 思政殿訓義 《資治通鑑綱目》 제13권 하 建安 13년(208) 8월에 보인다.

基, 繇之子也.

⑤ 爵은 새의 이름이니, 참새의 모습을 본떠 술 마시는 그릇(술잔)을 만들었는바, 참새가 잘 날고 술에 빠지지 않음을 취하고 인하여 경계하는 뜻을 붙인 것이다. 옛날 신하가 군주를 모시고 잔치할 때에는 세 잔을 넘지 않았으니, 예절을 잃을까 두려워한 것이다.
爵, 鳥名, 象其形爲酌器, 取其能飛而不溺於酒, 因以寓儆戒焉. 古者, 臣侍君宴, 不過三爵, 懼其失節也.

⑥ 文擧는 孔融의 字이다.
文擧, 融字.

【目】 후일에 孫權이 張昭와 神仙을 말할 적에, 虞翻이 또 장소를 질책하며 말하기를 "저 신선이란 자들은 모두 죽은 사람인데 그대가 신선을 말하니, 세상에 어찌 신선이 있겠는가." 하였다. 손권은 노여움이 쌓여서 마침내 우번을 交州로 귀양 보냈다.

周賀 등이 遼東으로 길을 떠나게 되자, 우번은 이 말을 듣고 생각하기를 '백성들의 재물을 버려서 말〔馬〕을 구하는 것은 이미 국가의 이익이 아니요, 게다가 遼東은 길이 매우 머니 가서 소득이 없을까 두렵다.' 하여, 諫하고자 하였으나 감히 말하지 못하고서 表文을 지어 呂岱에게 보였는데, 어떤 사람이 이 사실을 손권에게 아뢰어 다시 蒼梧의 猛陵으로 귀양 보내졌다.

虞翻

他日에 與張昭論神仙할새 翻이 又指昭曰 彼皆死人而語神仙하니 世豈有仙人也리오 權이 積怒하여 遂徙翻交州하다 及周賀等行에 翻이 聞之하고 以爲去人財以求馬①는 旣非國利요 而遼東絶遠하니 (徒)〔往〕[38]恐無獲이라하여 欲諫不敢하여 作表以示呂岱러니 爲人所白하여 復徙蒼

38) (徒)〔往〕: 저본에는 '徒'로 되어 있으나, ≪資治通鑑綱目集覽≫에 의거하여 '往'으로 바로잡았다.

梧猛陵②하다

① 去(버리다)는 棄와 같다.
去, 猶棄也.
② 白은 아룀이다. 猛陵은 縣의 이름이니, 蒼梧郡에 속하였다.
白, 陳奏也. 猛陵, 縣名, 屬蒼梧郡.

【綱】 가을 9월에 魏나라가 許昌宮을 수리하였다.

秋九月에 魏治許昌宮하다

【綱】 魏나라가 遼東을 정벌하였는데, 이기지 못하고 돌아오는 길에 吳나라 使者를 공격하여 참수하였다.

◑ 魏伐遼東[39]이러니 不克하고 還擊吳使者하여 斬之하다

【目】 公孫淵이 여러 번 吳나라와 내통하니, 魏主 曹叡가 汝南太守 田豫는 바닷길로 출동시키고 幽州刺史 王雄은 육로로 출동시켜 토벌하게 하였다.

散騎常侍 蔣濟가 다음과 같이 諫하였다.

"무릇 서로 倂呑하는 나라가 아니며 침략하고 배반하는 신하가 아니면 가볍게 정벌해서는 안 되니, 정벌하여 제압하지 못하면 이는 저들을 몰아서 적이 되게 하는 것입니다. 그러므로 옛말에 이르기를 '호랑이가 길을 가로막으면 여우와 살쾡이를 다스리지 않는다.' 하였으니, 먼저 큰 해로움을 제거하면 작은 해로움이 스스로 사라집니다. 지금 해외에서 歸附하여 貢物이 끊이지 않고 있는데, 의논하는 자들이 먼저 公孫淵을 공격하려 하니, 승리하더라도 나라에 유익함이 없을 것이요, 혹시라도 뜻대로 되지 않는다면 이는 원망을 맺고 신의를 잃는 것입니다."

魏主는 그의 말을 듣지 않았는데 田豫 등이 공격하러 갔으나 모두 功이 없으니, 詔令을 내려 군대를 해산하게 하였다.

公孫淵이 數(삭)與吳通하니 魏主叡使汝南太守田豫로 自海道하고 幽州刺史王雄은 自陸道討

---

39) 魏伐遼東 : "魏나라에 '伐'이라고 쓴 것은 어째서인가. 公孫淵이 魏나라의 관직을 받았기 때문이다. 이때 공손연이 여러 번 吳나라와 내통하였으므로 끝내 '伐'이라고 쓴 것이다.〔魏書伐 何 淵受魏官也 於是 數(삭)與吳通 故一書伐〕" ≪書法≫

之①하다 散騎常侍蔣濟諫曰 凡非相呑之國과 不侵叛之臣은 不宜輕伐이니 伐之不能制면 是驅使爲賊也라 故로 曰 虎狼當路면 不治狐狸라하니 先除大害면 小害自已니이다 今海表委質하여 不乏職貢이어늘 而議者先之②하니 正使克之라도 無益於國이요 儻不如意면 是爲結怨失信也니이다 不聽이러니 豫等이 往皆無功하니 詔令罷軍하다

① 바닷길은 東萊로부터 바다를 항해하고, 육로는 遼西로부터 遼水를 건너간 것이다.
海道, 自東萊浮海. 陸道, 自遼西度遼水.

② 先(먼저하다)은 悉薦의 切이다.
先, 悉薦切.

【目】이때 吳나라에서 將軍 周賀를 보내어 바다를 건너와 公孫淵에게 말을 달라고 요구하였다. 田豫는 주하 등이 돌아올 무렵에는 한 해가 이미 저물어가므로 바람이 거세어서 반드시 成山으로 올 것이라고 생각하여, 마침내 즉시 병력을 이끌고 成山을 점거하였다. 주하 등이 성산으로 돌아오다가 큰 바람을 만났는데, 전예가 군대를 무장하고서 그들을 공격하여 참수하였다.

孫權은 비로소 虞翻의 말을 생각하고 불렀는데, 마침 우번이 卒하여 그의 喪(시신)을 가지고 돌아오게 하였다.

時에 吳遣將軍周賀하여 乘海求馬於淵이러니 豫以賀等垂還에 歲晩風急하여 必赴成山이라하여 遂輒以兵據之①러니 賀等이 還至遇風이어늘 豫勒兵擊斬之하다 權이 始思翻言하고 召之러니 會卒하여 以其喪還하다

① ≪後漢書≫ 〈地理志〉에 "成山은 東萊郡 不夜縣에 있으니, 後漢에서는 不夜縣을 없앴다." 하였다.
班志 "成山, 在東萊郡不夜縣, 後漢省(생)不夜縣."

【綱】魏나라가 劉曄을 大鴻臚(대홍려)로 삼았다.

魏以劉曄爲大鴻臚하다

【目】魏나라 侍中 劉曄이 魏主 曹叡에게 친애와 소중히 여김을 받았다. 조예가 장차 蜀漢을 정벌하려고 할 적에 조정의 신하들이 모두 諫하니, 유엽은 들어가서 의논할 적에는 "정벌할 만하다." 하고, 나와서 조정의 신하들과 말할 적에는 "정벌해서는 안 된다."

하였는데, 유엽은 담력과 지략이 있어서 말하면 모두 승부의 형세를 잘 나타내었다.

中領軍 楊暨(양기)가 일찍이 蜀漢을 정벌하는 것을 諫하니, 조예는 말하기를 "卿은 書生이니, 어찌 군대의 일을 알겠는가." 하였다. 양기가 사죄하며 말하기를 "臣의 말은 진실로 채택할 것이 못 되지만, 유엽은 先帝의 謀臣인데도 또한 이렇게 말했습니다." 하였다.

조예가 말하기를 "유엽이 나와 말할 때에는 정벌할 만하다고 했다." 하니, 양기가 말하기를 "청컨대 그를 불러 대질하소서." 하였다. 이에 유엽을 불러와서 물었으나, 유엽은 끝내 可否를 말하지 않았다.

魏侍中劉曄이 **爲魏主叡所親重**이라 **叡將伐蜀**할새 **朝臣**이 **皆諫**하니 **曄**이 **入贊議**엔 **則曰可伐**이라하고 **出與朝臣言**엔 **則曰不可**라하니 **曄**이 **有膽智**하여 **言之皆有形**①이러라 **中領軍楊暨 嘗諫伐蜀**②하니 **叡曰 卿**은 **書生**이니 **焉知兵事**③리오 **暨謝曰 臣言**은 **誠不足采**어니와 **劉曄**은 **先帝謀臣**이로되 **蓋亦云然**이러이다 **叡曰 曄**이 **與吾言**에 **可矣**니라 **暨曰 請召質之**④하소서 **乃召曄至**하여 **問之**한대 **曄**이 **終不言**하다

① 〈"言之皆有形"은〉 蜀漢을 정벌할 만하다고 하고, 정벌해서는 안 된다고 말한 것이 모두 勝負의 형세가 있어서 사람의 귀를 움직일 수 있음을 말한 것이다.
謂言蜀之可伐與不可伐, 皆有勝負之形, 可以動人之聽.

② 中領軍은 中壘와 五校, 武衛 등의 세 營을 주관한다. 魏나라 武帝의 丞相府에 본래 中領軍을 두었는데, 文帝가 처음으로 領軍將軍을 설치하였다. 이후로 품계가 높은 자는 領軍將軍이라 하고, 품계가 낮은 자는 中領軍이라 하였다.
中領軍, 主中壘·五校·武衛等三營. 魏武丞相府, 自置中領軍, 文帝始置領軍將軍. 其後以資重者, 爲領軍將軍, 資輕者, 則爲中領軍.

③ 焉(어찌)은 於虔의 切이다. 아래 "焉敢"의 焉도 같다.
焉, 於虔切, 下焉敢同.

④ 質은 증명함이요, 시험함이요, 대질심문하는 것이다.
質, 證也, 驗也, 對問也.

【目】 뒤에 劉曄은 임금과 獨對함을 인하여 曹叡를 책망하기를 "남의 나라를 정벌하는 것은 큰 계책입니다. 臣이 정벌하는 계책에 참여하여 이 말을 들었으니, 항상 꿈속에 잠꼬대를 하다가 누설하여 죄를 얻을까 두려워하였는데, 어찌 감히 남에게 이것을 말하겠습니까. 병법은 속이는 방도입니다. 出兵하기 전에는 비밀스러울수록 좋은 법인데, 陛下께서 공공연히 노출하셨으니 臣은 敵國이 이 소식을 들었을까 두렵습니다." 하였다.

曹叡는 그에게 사과하였다.

유엽이 나와서 양기를 책망하기를 "낚시질을 하는 자는 큰 물고기가 걸렸으면 〈낚싯줄을〉 풀어주고 달아나는 대로 내버려두어 제압할 만한 시기를 기다린 뒤에 끌어당겨야 하니, 이렇게 하면 잡지 못하는 경우가 없다. 人主의 위엄이 어찌 다만 큰 물고기와 같을 뿐이겠는가. 그대는 실로 정직한 신하이나 계책은 채택할 것이 못 되니, 정밀히 생각하지 않으면 안 된다." 하니, 양기 또한 사죄하였다.

後因獨見(현)하여 責叡曰① 伐國은 大謀也라 臣得與(예)聞하니 常恐眯夢漏泄爲罪호니 焉敢向人言之②리오 夫兵은 詭道也라 未發에 不厭其密이어늘 陛下顯然露之하시니 臣恐敵國已聞之矣로소이다 叡謝之하다 曄이 出責曁曰 夫釣者 中大魚則縱而隨之하여 須可制而後牽이면 則無不得也③니 人主之威는 豈徒大魚而已乎아 子誠直臣이어니와 然이나 計不足采니 不可不精思也니라 曁亦謝之러라

① 見(뵙다)은 賢遍의 切이다.
見, 賢遍切.

② 與(참여하다)는 預로 읽는다. 眯는 母禮의 切이니, 一本에는 寐로 되어 있다. ≪說文解字≫에 "자면서 악몽〔米厭〕을 꾼다." 하였으니, 米는 바로 寐字이고, 厭은 魘(악몽)으로 읽는다. 잠자는 중에 정신이 노는 것을 夢이라 한다.
與, 讀曰預. 眯, 母禮切, 一作寐. 說文曰 "寐而米厭." 米卽寐字, 厭讀曰魘(염). 寐中神游曰夢.

③ 中(맞추다)은 去聲이다.
中, 去聲.

【目】 혹자가 曹叡에게 다음과 같이 말하였다.

"劉曄이 충성을 다하지 않고 上의 뜻이 향하는 바를 잘 살펴서 영합하니, 폐하께서 한 번 폐하의 뜻과 반대로 물으소서. 그리하여 그의 대답이 물으신 바와 반대가 되면 이는 유엽이 항상 聖上의 뜻과 부합하는 것이요, 매번 물을 때마다 모두 동의하면 유엽의 영합하는 實情이 여지없이 드러날 것입니다."

조예가 그대로 시험하여 그의 실정을 알아내고는 이로부터 그를 소원히 하니, 유엽은 狂病이 나서 外朝로 나가 大鴻臚가 되어 근심하다가 죽었다.

或謂叡曰 曄이 不盡忠하고 善伺上意所趨而合之①하니 陛下試反意而問之하소서 與所問反者면 是曄이 常與聖意合也요 每問皆同者면 曄之情이 必無所逃矣②리이다 叡驗之하여 果得其情이라 從此疏焉하니 曄이 遂發狂이라 出爲大鴻臚하여 以憂死③하다

① 趨는 향함이다.

趨, 嚮也.

② 말하는 자가 이르기를 "劉曄이 上의 뜻에 잘 영합하니, 上이 만약 물을 일이 있을 적에 한 번 上의 뜻과 반대로 물으시면 유엽의 대답이 반드시 上의 묻는 바와 반대가 되어 上의 뜻이 향하는 바와 부합될 것이니, 매번 물으실 때마다 이렇게 하면 유엽이 영합하는 실정을 볼 수 있습니다."라고 한 것이다.

言者, 謂曄善迎合上意, 上若有所問, 試反上意而問之, 曄之對, 必與上所問者反, 而與上意所向者合, 每問皆然, 則可以見曄迎合之情矣.

③ 侍中은 天子의 左右에 있고, 大鴻臚은 外朝의 관원이다.

侍中, 在天子左右. 大鴻臚, 外朝官也.

【目】≪傅子≫에 다음과 같이 평하였다.

"공교롭고 간사한 속임수가 졸렬하고 진실함만 못하다는 말이 참으로 맞다. 劉曄이 오직 재주와 지혜에만 맡기고 진실과 정성을 숭상하지 아니하여, 안으로는 군주의 마음을 잃고 밖으로는 세속 사람들에게 곤욕을 당하여 끝내 스스로 위태로웠으니, 어찌 애석하지 않겠는가."

傅子曰[①] 巧詐不如拙誠이 信矣로다 曄이 獨任才智하고 不敦誠慤하여 內失君心하고 外困於俗하여 卒以自危하니 豈不惜哉리오

① 〈"傅子"는〉 晉나라 傅玄이 三史인 ≪史記≫·≪漢書≫·≪後漢書≫의 고사를 찬하여 논하고 得失을 평론하여 각각 구별하고는 ≪傅子≫라고 이름하였다.

晉傅玄撰論三史故事, 評斷得失, 各爲區別, 名爲傅子.

【綱】 吳나라 사람이 魏나라 廬江을 공격하였는데 이기지 못하였다.

吳人이 **擊魏廬江**이러니 **不克**하다

【目】陸遜이 병력을 이끌고 廬江을 향하니, 魏나라 사람들은 "마땅히 빨리 여강을 구원해야 한다."라고 하였으나, 滿寵은 다음과 같이 반대하였다.

"여강이 비록 작으나 장수가 강하고 병사들이 정예로우니, 지키면 충분히 한 철을 버틸 수 있습니다. 더구나 賊이 배를 버리고 200리 길을 달려와서 後尾가 비고 끊겼으니, 그들이 쳐들어오지 않더라도 우리가 오히려 유인하여 오게 하여야 합니다. 이제 그들이 진격하도록 내버려두어야 하니, 다만 敗走할 때에 따라잡지 못할까 염려됩

니다."

만총은 마침내 군대를 정돈하여 楊宜口로 향하니, 吳나라 사람이 이 말을 듣고 밤에 도망하였다.

陸遜이 **引兵向廬江**하니 **魏人**이 **以爲宜速救之**라한대 **滿寵曰 廬江**이 **雖小**나 **將勁兵精**하니 **守足經時**[①]라 **況賊**이 **舍船**하고 **二百里來**[②]하여 **後尾空絶**[③]하니 **不來**라도 **尙欲誘致**라 **今宜聽其遂進**이니 **但恐走不可及耳**라하고 **乃整軍趨楊宜口**하니 **吳人**이 **聞之夜遁**[④]하다

① 〈"守足經時"는〉 陸遜이 만약 군대로 포위하여 지키더라도 한 철이 지나도 반드시 함락시키지 못할 것임을 말한 것이다.
謂遜若以兵圍守, 必經時而不能拔也.

② 여기서 句를 뗀다.
句.

③ 舍(버리다)는 捨로 읽는다.
舍, 讀曰捨.

④ 魏나라의 廬江郡은 陽泉縣을 治所로 하였다. ≪水經註≫에 "陽泉의 물은 決水를 받아 동북쪽으로 흘러서 陽泉縣 옛 城의 동쪽을 경유하여 또다시 서북쪽으로 흘러 決水로 들어가는데 이곳을 陽泉口라 한다." 하였다.
魏廬江郡, 治陽泉縣. 水經註 "陽泉水受決水, 東北流, 逕陽泉縣故城東, 又西北入決水, 謂之陽泉口."

【目】 이때 吳나라 사람들은 해마다 북쪽(魏나라)을 공격할 계획을 하고 있었다. 이에 滿寵이 다음과 같이 上疏하였다.

"合肥城은 남쪽으로는 江湖(長江, 巢湖)에 임하고 북쪽으로는 壽春과 머니, 賊이 와서 공격하고 포위할 적에 반드시 강을 점거하여 유리한 형세로 삼을 것입니다. 우리 군대가 이를 구원하려면 마땅히 먼저 賊을 격파한 뒤에야 포위가 풀릴 것이니, 賊이 떠나가기는 매우 쉽고 우리가 구원하기는 매우 어렵습니다. 그러나 그 서쪽 30리 지점에 의지할 만한 기이하고 험한 곳이 있으니, 마땅히 여기에 다시 城을 세워서 현재 있는 군대를 옮겨 굳게 수비한다면, 이는 적을 평지로 유인하여 그 돌아갈 길을 막는 것이니, 계책에 있어 매우 유리합니다."

蔣濟가 말하기를 "이와 같이 하면 천하에 약함을 보이는 것이고, 또 적의 연기와 불을 바라보고서 城을 파괴한다면 이는 적이 공격하기도 전에 스스로 城을 버리는 것입니다. 일단 이 지경에 이르면 적의 침탈과 노략질이 끝이 없어서, 우리는 반드시 淮水 북쪽을

지키게 될 것입니다." 하니, 魏主 曹叡가 만총의 건의를 의심하였다.

時에 吳人이 歲有北計라 寵이 上疏曰 合肥城이 南臨江湖하고 北遠壽春①하니 賊來攻圍에 必據水爲勢라 官兵救之인댄 當先破賊然後에 圍解니 賊往甚易요 救之甚難이라 然이나 其西三十里에 有奇險可依하니 更宜立城하여 徙見(현)兵以固守면 此爲引賊平地而掎其歸路니 於計에 爲便이니이다 蔣濟以爲如此면 旣示天下以弱이요 且望賊煙火而壞城은 此爲未攻而自拔이라 一至於此면 劫略無限하여 必以淮北爲守矣리이다하니 魏主叡疑之러라

① 魏나라 揚州는 壽春을 治所로 하였는데, 合肥에서 2백여 리 떨어져 있었다.
魏揚州, 治壽春, 距合肥二百餘里.

【目】 滿寵이 거듭 表文을 올려 다음과 같이 주장하였다.

"≪孫子≫에 이르기를 '병법은 적을 속이는 방도이다. 그러므로 능하거든 능하지 못한 것처럼 보이라.'[40] 하였으니, 외형과 실제가 서로 응할 필요는 없습니다. ≪孫子≫에 또 이르기를 '적을 잘 움직이게 하는 자는 자신을 드러나게 한다.'[41] 하였으니, 지금 적이 오기 전에 성을 옮겨 內地로 퇴각하여 적을 이끌어 물을 멀리 떠나오게 해서 이로운 때를 가려 출동하면 이른바 '자신을 드러나게 하여 적을 유인한다.'는 것입니다."

尙書 趙咨가 만총의 계책이 좋다고 하니, 이에 曹叡는 그의 말을 따르겠다고 답하였다.

寵이 重表曰① 孫子言 兵者는 詭道也라 故로 能而示之不能이라하니 形實이 不必相應也니이다 又曰 善動敵者는 形之②라하니 今賊未至而移城却內하여 引賊遠水하여 擇利而動이면 所謂形而誘之也니이다 尙書趙咨 以寵策爲長이라하니 乃報聽之③하다

① 重(거듭)은 直用의 切이다.
重, 直用切.
② 孫子는 바로 孫武이다.
孫子, 卽孫武.
③ 趙咨는 아마도 반드시 章武 初年에 吳나라에서 魏나라에 사신 간 자일 것이다. 魏 文帝가 그의 口辯을 소중하게 여겨 마침내 魏나라에서 신하가 된 듯하다.[42]
趙咨, 蓋必章武初自吳使于魏者也. 魏文帝重其辯給, 遂臣於魏.

---

40) 孫子에……보이라 : 이 내용은 ≪孫子≫ 〈始計〉에 보인다.
41) 孫子에 또……한다 : 이 내용은 ≪孫子≫ 〈兵勢〉에 "적을 잘 움직이게 하는 자는 자신을 드러내면 적이 반드시 따라온다.〔善動敵者 形之 敵必從之〕"라고 보인다.
42) 趙咨는…듯하다 : 이 내용은 본서 180, 181쪽에 보인다.

癸丑年(233)

【綱】漢나라(蜀漢) 後主 建興 11년이다

十一年이라

【目】魏나라 明帝 曹叡 青龍 원년이고, 吳나라 大帝 孫權 嘉禾 2년이다.

魏青龍元年이요 吳嘉禾二年이라

【綱】봄 정월에 青龍이 魏나라 摩陂(마피)의 우물 안에 나타나니, 2월에 魏主 曹叡가 가서 구경하였다.

春正月에 青龍이 見(현)魏摩陂井中하니 二月에 魏主叡往觀之①[43]하다

① 이로부터 摩陂를 고쳐 龍陂라 하였다.
自是改摩陂曰龍陂.

【綱】吳나라가 사자를 보내어 公孫淵을 燕王으로 임명하였다.

◑吳遣使하여 拜公孫淵爲燕王하다

【目】公孫淵이 校尉 宿舒 등을 吳나라에 보내서 表文을 올려 臣이라고 칭하니, 吳主 孫權이 크게 기뻐하여 太常 張彌와 執金吾 許晏 등을 보내어 1만 명의 병력을 거느리고 진귀한 금은보화와 九錫의 물건을 구비해서 바다를 건너가 공손연에게 주고 燕王으로 봉하였다.

온 朝廷의 신하들이 모두 諫하기를 "공손연을 믿을 수 없으니, 다만 군대와 관리를 보내어 그 사자를 호송하면 됩니다."라고 하였으나, 孫權은 듣지 않았다.

---

43) 青龍見魏摩陂井中……魏主叡往觀之 : "龍을 구경하는 것을 쓰지 않는데 여기에서는 어찌하여 썼는가. 거리가 멀기 때문이다. 그러므로 특별히 갔다고 쓴 것이다.〔觀龍不書 此何以書 遠也 故特書往〕" ≪書法≫

"용은 하늘에 있는 물건인데 우물 안에 나타났으니, 이는 아마도 뒤에 曹芳과 曹髦가 지위를 잃을 조짐일 것이다. 그런데 曹叡는 가서 구경하여 경계하고 살필 줄을 알지 못하였다. 그러므로 이것을 써서 비난하는 뜻을 보인 것이다.〔龍 在天之物 而見於井中 其殆芳髦失位之兆乎 叡往觀之 不知警省 故書以示譏〕" ≪發明≫

公孫淵이 遣校尉宿舒等하여 奉表稱臣於吳[①]하니 吳主權이 大悅하여 遣太常張彌와 執金吾許晏等하여 將兵萬人하여 金寶珍貨와 九錫備物하여 乘海授淵하고 封爲燕王하다 擧朝皆諫하여 以爲淵未可信이니 但可遣兵吏하여 護送其使而已라한대 權이 不聽하다

① 宿은 姓이다.
宿, 姓也.

【目】張昭가 다음과 같이 諫하였다.

"公孫淵이 魏나라를 배반하고는 토벌받을 것을 두려워하여 멀리 우리에게 와서 구원을 청하니, 이는 그의 본래 뜻이 아닙니다. 만약 공손연이 생각을 바꾸어서 魏나라에 자신의 입장을 해명하고자 한다면 張彌와 許晏 두 사신은 〈죽임을 당하여〉 돌아오지 못할 것이니, 이렇게 되면 천하에 비웃음거리가 되지 않겠습니까."

孫權이 反覆하여 장소를 힐난하니, 장소의 뜻이 더욱 간절하였다. 손권은 이를 참지 못하고 칼을 어루만지며 怒하여 다음과 같이 위협하였다.

"吳나라의 人士들이 궁중에 들어오면 나에게 절하고 궁중을 나가면 그대에게 절한다. 내가 그대를 존경함 또한 지극한데도 그대는 여러 사람들이 있는 가운데서 자주 나를 꺾으니, 내 항상 실책을 저질러 그대를 죽이게 될까 두렵노라."

張昭曰 淵이 背魏懼討하여 遠來求援하니 非本志也라 若淵改圖하여 欲自明於魏하면 兩使不反하리니 不亦取笑於天下乎잇가 權이 反覆難昭하니 昭意彌切[①]이라 權이 不能堪하여 案刀而怒曰 吳國士人이 入宮則拜孤하고 出宮則拜君하니 孤之敬君이 亦爲至矣로되 而數(삭)於衆中에 折孤하니 孤常恐失計[②]하노라

① 難(힐난하다)은 去聲이다.
難, 去聲.
② 옛 의리를 생각하지 않고 형벌을 가하면 이는 失計(失策)가 되는 것이다.
不念故舊而加刑, 是爲失計.

【目】張昭가 孫權을 한동안 쳐다보고 말하기를 "臣은 비록 저의 말이 쓰이지 않을 줄을 알지만, 매번 어리석은 충성을 다하는 것은 진실로 太后께서 임종하실 적에 老臣을 침상 아래로 불러서 顧命하신 말씀이 여전히 귀에 남아 있기 때문입니다." 하고는 인하여 눈물을 줄줄 흘리니, 孫權은 칼을 땅에 던지고는 그와 마주 대하여 울었다. 그러나 손

권은 끝내 張彌와 許晏을 遼東으로 보냈다.

장소가 병을 칭탁하고 조회하러 나오지 않자 손권이 흙으로 그의 문을 막으니, 장소는 안에서 흙을 쌓아 봉합하였다.

昭熟視曰 臣雖知言不用이나 每竭愚忠者는 誠以太后臨崩에 呼老臣於牀下하여 顧命之言이 故在耳라하고 因涕泣橫流[①]하니 權이 擲刀於地하고 與之對泣이라 然이나 卒遣彌, 晏往하다 昭稱疾不朝한대 權이 土塞其門하니 昭於內에 以土封之하다

① 故는 固와 통한다.
故, 通作固.

【綱】 여름 윤5월 초하루에 일식이 있었다.

夏閏五月朔에 **日食**하다

【綱】 6월에 魏나라 洛陽宮 鞠室에 화재가 발생하였다.

◑ **六月**에 **魏洛陽宮鞠室**이 **災**[①]하다

① "鞠室"은 땅에 금을 그어 구역을 만들어서 蹴鞠(축구의 일종)을 하였는데, 인하여 집의 이름을 鞠室이라 한 것이다.
鞠室者, 畫地爲域以蹴鞠, 因以名室.

【綱】 公孫淵이 吳나라의 使者를 참수하여 그 首級을 魏나라에 바치니, 魏나라가 공손연을 봉하여 樂浪公으로 삼았다.

◑ **公孫淵**이 **斬吳使者**하여 **獻首於魏**하니 **魏封淵爲樂浪公**하다

【目】 公孫淵은 吳나라가 멀리 떨어져 있어서 믿기 어려움을 알고는 마침내 張彌 등의 머리를 베어 그 首級을 파발마로 魏나라에 보내니, 魏나라에서는 공손연을 大司馬에 임명하고 樂浪公으로 봉하였다.

吳主 孫權은 이 말을 듣고 크게 노하여 다음과 같이 말하였다.

"朕의 나이 60세에 어렵고 쉬운 세상일을 겪지 않은 것이 없는데, 근래 쥐새끼 같은 자에 의해 앞으로 나아가기도 하고 뒤로 밀쳐지기도 하였으니, 사람(나)으로 하여금 憤

氣가 산과 같이 일게 한다. 내 직접 쥐새끼의 머리를 잘라 바다에 던지지 않으면 다시 萬國에 군림할 면목이 없을 것이니, 가령 내가 이 때문에 顚沛(전패)를 당하더라도 恨하지 않겠다."

淵이 知吳遠難恃하고 乃斬張彌等首하여 傳送於魏[①]하니 魏拜淵大司馬하고 封樂浪公하다 吳主權이 聞之하고 大怒曰 朕年六十에 世事難易를 靡所不嘗[②]이로되 近爲鼠子所前却하니 令人氣踊如山[③]이로다 不自截鼠子頭하여 以擲于海하면 無顏復臨萬國이로니 就令顚沛라도 不以爲恨[④]이리라

① 傳(파발)은 直戀의 切이다.
傳, 直戀切.
② 嘗은 시험하여 겪는 것이다.
嘗, 試也.
③ 公孫淵을 불러 쥐새끼라 한 것은 그를 미워하고 천하게 여긴 것이다. "前却"은 臣을 칭하여 吳나라 사신을 유인해서 앞으로 오게 하고 이윽고 또 그 사신을 참수하여 밀쳐냄을 말한 것이다.
呼淵曰鼠子, 憎賤之也. 前却, 謂稱臣以誘吳使使前, 旣又斬其使以却之也.
④ "顚沛"는 쓰러짐이다. 〈"就令顚沛 不以爲恨"은〉 孫權이 공격하여 이길 수 없음을 알면서도 忿兵(작은 일을 참지 못하고 분노하여 출동한 군대)을 일으키고자 한 것이다.
顚沛, 僵仆也. 知其不可而欲興忿兵也.

【目】 陸遜이 상소하여 다음과 같이 諫하였다.

"陛下께서는 曹操를 烏林에서 격파하고[44] 劉備를 西陵에서 패퇴시키고 關羽를 荊州에서 사로잡으셨으니, 이 세 적들은 당시의 영웅호걸로 알려진 인물인데 모두 그 銳鋒을 꺾으셨습니다. 장차 華夏(중국)를 평정하여 천하를 큰 道에 통일하셔야 하는데, 이제 마침내 작은 분노를 참지 못하시어 萬乘 천자의 소중함을 가벼이 하고 垂堂의 경계[45]를 어기시니, 이는 臣이 의혹하는 바입니다. 臣이 들으니 '만 리 길을 가는 자는 중도에 발길을 멈추지 않고, 四海를 도모하는 자는 작은 것을 생각하여 큰 것을 해치지 않는다.' 하였습니다. 이제 강한 도적(魏나라)이 국경 앞에 있고 먼 오랑캐(公孫淵)가 귀부해 오지 않는데, 마침내 멀리 있는 遼東의 백성과 말을 아까워하여 江東의 만 번 편안한 基業을 버리십니까."

---

44) 曹操를……격파하고 : 赤壁大戰을 가리킨다.
45) 垂堂의 경계 : 위험한 곳에 가까이하지 말라는 경계를 이른다. ≪漢書≫ 〈袁盎傳〉에 "千金의 부잣집 자식은 堂의 귀퉁이〔垂堂〕에 앉지 않는다." 하였다.

陸遜이 上疏曰 陛下破操烏林하고 敗備西陵하고 禽羽荊州①하시니 斯三虜者는 當世雄傑이로되 而皆摧其鋒矣라 方將蕩平華夏하여 總一大猷②어시늘 今乃不忍小忿하사 而輕萬乘之重하고 違垂堂之戒하시니 此臣之所惑也③니이다 臣聞行萬里者는 不中道而輟足이요 圖四海者는 不懷細而害大④라하니 今彊寇在境하고 荒服未庭이어늘 乃遠惜遼東之衆與馬하여 而捐江東萬安之業乎⑤잇가

① "敗備西陵"은 바로 夷陵의 전투[46]이다.
敗備西陵, 卽夷陵之戰.

② 猷는 道이다.
猷, 道也.

③ 〈"違垂堂之戒"는〉 千金의 부잣집 아들은 堂의 귀퉁이에 앉지 않으니, 이로써 孫權이 스스로 바다를 건너가 遼東에 공격을 加해서는 안 됨을 비유한 것이다.
千金之子, 坐不垂堂, 以喩權不當自越海而加兵於遼東.

④ 輟은 그침이다.
輟, 止也.

⑤ 〈"遠惜遼東衆之與馬"는〉 孫權이 멀리 遼東을 아까워하여 차마 버리고 끊지 못하는 이유는 그 지역의 백성과 그곳에서 생산되는 말 때문임을 말한 것이다.
謂權所以遠惜遼東而不忍棄絶之者, 以其民衆與其地産馬也.

【目】 僕射 薛綜과 尙書 陸瑁 또한 다음과 같이 上疏하였다.

"북쪽 오랑캐(魏나라)와 우리나라는 국경이 連接하였으니, 만일 우리에게 빈틈이 생기면 저들은 기회를 틈타 쳐들어올 것입니다. 우리가 바다를 건너가서 公孫淵에게 말을 구한 이유는 이 때문(魏나라의 騎兵을 물리치려 함)이었는데, 다시 근본을 버려 末을 따르고 가까운 곳을 버려 먼 곳을 다스려서 분노 때문에 계획을 바꾸고 감정 때문에 군대를 동원하려 하시니, 이는 바로 교활한 오랑캐가 듣기를 원하는 바이고 우리 大吳의 지극한 계책이 아닙니다. 또 沓渚[47]는 공손연과 거리가 머니, 가령 우리가 그 江岸에 이르려면 병력을 셋으로 나누어서 강한 병사로 하여금 앞으로 나아가 적을 공격하게 하고 다음은 선박을 지키게 하고 그 다음은 군량을 운반하게 해야 할 것이니, 출동하는 사람

46) 夷陵의 전투 : 章武 2년(222) 蜀漢의 關羽가 呂蒙에게 죽임을 당하자, 昭烈帝가 吳나라를 공격하다가 夷陵에서 吳나라 장수 陸遜에게 火攻을 당하여 크게 패한 것을 이른다. 이릉은 三峽 지역에 있는 지명이다. 夷陵大戰은 猇亭大戰, 秭歸大戰이라 한다. 이 전투의 내용은 본서 187쪽에 보인다.

47) 沓渚 : ≪資治通鑑≫ 註에 "魏 明帝 景初 3년(239) 遼東 東沓縣의 관리와 백성들이 바다를 건너간다 하여, 이들을 齊郡의 경계에 살게 하고 新沓縣을 만드니, 이곳이 바로 沓渚이다.〔魏明帝景初三年 以遼東東沓縣吏民過海 居齊郡界 爲新沓縣 卽沓渚〕" 하였다.

이 비록 많으나 다 전쟁에 동원하기가 어렵습니다.

만약 공손연이 속임수를 써서 북쪽 魏나라와 관계를 끊지 않으면 우리가 많은 병력을 동원하는 날에 저들은 입술과 이빨처럼 서로 구제할 것이요, 만약 그렇지 않으면 공손연이 우리의 위엄을 두려워하여 멀리 도망해서 하늘(임금)의 토벌이 북방의 들에 지체하게 되고 산중의 오랑캐가 틈을 타서 일어나게 될 것이니, 이는 만 번 편안한 長久한 생각이 아닙니다."

僕射薛綜과 尙書陸瑁 亦上疏曰 北寇與國은 壤地連接하니 苟有間隙이면 應機而至라 所以越海求馬於淵者는 爲此故也어늘 而更棄本追末하고 捐近治遠하여 忿以改規하고 激以動衆하시니 斯乃猾虜所願聞이라 非大吳之至計也[①]니이다 且沓渚去淵이 道里尙遠[②]하니 今到其岸인댄 兵勢三分하여 使彊者進取하고 次當守船이요 又次運糧하리니 行人雖多나 難得悉用이라 若淵狙詐하여 與北未絶이면 動衆之日에 脣齒相濟[③]요 若其不然이면 畏威遠迸하여 使天誅稽於朔野하고 山虜乘間而起하리니 恐非萬安之長慮也[④]니이다

① "北寇"와 "猾虜"는 모두 魏나라를 이른다.
北寇·猾虜, 皆謂魏也.
② 遼東郡에 沓氏縣이 있으니, 서남쪽으로 바닷가에 임하였다.
遼東郡, 有沓氏縣, 西南臨海渚.
③ "脣齒相濟"는 魏나라에서 吳나라가 遼東을 정벌하는 틈을 타서 南侵을 할까 염려한 것이다.
此慮魏乘吳伐遼之間而南侵也.
④ 稽는 지체함이다. "山虜"는 丹陽과 豫章, 鄱陽, 廬陵, 新都 등의 郡에 있는 山越을 이른다. "乘間"은 빈틈을 타고 쳐들어오는 것이다.
稽, 留也. 山虜, 謂丹陽·豫章·鄱陽·廬陵·新都等郡山越也. 乘間, 因空隙也.

【目】 이에 孫權은 마침내 중지하였다.

손권이 자주 사람을 보내어 張昭를 위로하고 사과하였으나, 장소는 한사코 조정에 나오지 않았다. 손권이 인하여 궁 밖으로 나가 장소의 집 문을 지나면서 그를 소리쳐 불렀으나, 장소는 병이 위독하다고 사양하였다. 손권은 그의 문에 불을 놓아 두렵게 하려 하였으나 장소가 여전히 나오지 않으니, 이에 불을 끄게 하고는 한동안 문에 머물러 있었다.

장소의 아들들이 함께 장소를 부축하여 일어나게 하자, 손권은 그를 수레에 태워 還宮해서 자신을 깊이 책망하니, 장소가 그제야 조회에 나왔다.

權이 乃止하고 數(삭)遣人慰謝張昭로되 昭固不起라 權이 因出過其門하여 呼昭한대 昭辭疾篤이어늘 權이 燒其門以恐之로되 昭亦不出이라 乃滅火하고 駐門良久하다 昭諸子 共扶昭起한대 權이 載以還宮하여 深自克責하니 昭乃朝會하다

【目】 처음에 張彌 등이 襄平에 도착하자, 公孫淵은 이들을 도모하고자 해서 먼저 그 관리와 병사들을 분산시켜 中使인 秦旦, 張群, 杜德, 黃疆 등 60명을 玄菟(현도)에 留置하였다.

진단 등이 의논하기를 "우리가 이 郡을 보건대 형세가 매우 약하니, 만약 이 城郭을 불태우고 이곳의 長吏를 살해하여 국가를 위해 치욕을 보복한 뒤에 죽으면 충분히 여한이 없을 것이다. 어찌 생명을 도둑질하여 구차히 살아서 영원히 갇혀 있는 포로가 되는 것만 하겠는가." 하고는 이에 은밀히 거사를 약속하였는데, 거사하기 전에 고발당하니 진단 등이 모두 달아났다.

初에 彌等이 至襄平하니 淵이 欲圖之하여 乃先分散其吏兵하여 中使秦旦, 張群, 杜德, 黃疆等 六十人을 置玄菟①러라 旦等이 議曰 吾觀此郡컨대 形勢甚弱하니 焚其城郭하고 殺其長吏하여 爲國報恥然後에 伏死하면 足以無恨②이니 孰與偸生苟活하여 長爲囚虜乎리오하고 於是에 陰相結約이러니 未發에 爲人所告하니 旦等이 皆走하다

① 襄平縣은 遼東郡의 治所이니, 公孫淵이 도읍한 곳이다. 中使는 환관이다. ≪三國志≫ 〈吳書〉에 "처음 張彌와 許晏 등이 함께 襄平에 이르니 수행하는 官屬이 4백여 명이었는데, 공손연은 장미와 허안을 도모하고자 해서 먼저 吳나라에서 온 사람들을 나누어 遼東의 여러 縣에 留置하고, 中使인 秦旦, 張群, 杜德, 黃疆 등과 관리와 병사 60명을 玄菟郡에 유치했다." 하였다.

襄平縣, 遼東郡治所, 淵所都也. 中使, 宦者. 吳書"初張彌·許晏等, 俱到襄平, 官屬從者四百許人, 淵欲圖彌·晏, 先分(北)〔其〕[48]人衆, 置遼東諸縣, 以中使秦旦·張群·杜德·黃疆等及吏兵六十人, 置玄菟郡.

② 爲(위하다)는 去聲이다.

爲, 去聲.

【目】 이때에 張群은 무릎에 종기가 나서 전진할 수가 없었다. 이에 秦旦과 黃疆을 밀쳐내어 전진하게 하고 杜德이 남아 장군을 지키면서 채소와 과일을 채취하여 그에게

48) (北)〔其〕: 저본에는 '北'으로 되어 있으나, ≪三國志≫ 〈吳書 吳主傳〉 裴松之 注에 의거하여 '其'로 바로잡았다.

먹였다.

진단과 황강이 길을 떠난 지 며칠 만에 高句麗에 도착하고 인하여 손권의 詔命을 그 왕 高位宮(東川王)에게 전달하니, 고위궁이 급히 사람을 시켜 장군과 두덕을 맞이해서 모두 吳나라로 돌려보내고, 표문을 올려 臣이라고 칭하였다. 진단 등이 吳나라에 도착하자 모두 校尉를 제수하였다.

時에 群病이 疽創著𦁸(착슬)하여 不能前이라 乃推(퇴)旦, 彊使前①하고 德이 留守群하여 採菜果食(사)之②러라 旦, 彊이 行數日에 得達句驪하여 因宣權詔於其王位宮③하니 位宮이 卽使人迎群, 德하여 幷遣還吳하고 奉表稱臣하다 旦等이 至吳에 皆拜校尉하다

① 創(종기)은 瘡과 같다. 著(붙다)은 陟略의 切이다. 推(밀치다)는 吐回의 切이다.
創, 與瘡同. 著, 陟略切. 推, 吐回切.
② 食(먹이다)는 飤로 읽는다.
食, 讀曰(飮)〔飤〕.[49]
③ 高句麗國은 遼東의 동쪽 천 리 지점에 있다. 高位宮은 漢나라 때 高句麗王 高宮(太祖王)의 曾孫이다. 고궁은 태어나면서부터 눈을 뜨고 잘 보았는데, 장성하자 용감하고 건장하여 자주 漢나라 변경을 침범하였다. 고위궁 또한 태어나자마자 눈을 떠 사람을 보니, 고구려에서는 서로 비슷한 것을 불러 位라 하였는바 그의 할아버지(고궁)와 유사하다 하여 이름을 位宮이라 한 것이다.
高句麗國, 在遼東之東千里. 位宮, 漢高句麗王宮之曾孫也. 宮生而開目能視, 及長, 勇壯, 數犯漢邊. 位宮生墮地, 亦能開目視人, 句麗呼相似爲位, 以似其祖故, 名曰位宮.

【綱】 吳主 孫權이 직접 군대를 거느리고 魏나라 新城[50](새로 구축한 合肥城)을 공격하였는데, 이기지 못하였다.

吳主權이 自將攻魏新城이러니 不克하다

【目】 吳主 孫權이 출병하여 新城을 포위하고자 하였으나, 강과 거리가 멀다 하여 20여 일 동안 감히 배에서 내리지 못하니, 滿寵이 장수들에게 다음과 같이 말하였다.

“손권이 우리가 城을 옮겼다는 소식을 듣고 반드시 사람들 앞에서 스스로 과시하는 말이 있을 것이니, 이번에 감히 여기까지 오지는 못하더라도 반드시 江岸에 올라 군대

49) (飮)〔飤〕: 저본에는 ‘飮’으로 되어 있으나, ≪資治通鑑≫ 註에 의거하여 ‘飤’로 바로잡았다.
50) 新城 : 魏나라 滿寵이 合肥城을 옮길 것을 건의한 내용이 본서 312쪽에 보인다.

의 위용을 과시해서 有餘함을 보일 것이다."

만총은 마침내 은밀히 보병과 기병 6천 명을 보내서 肥水의 으늑한 곳에 매복하였다. 孫權의 군대가 과연 江岸으로 올라오자 복병이 갑자기 일어나 기습 공격해서 수백 명을 참수하니, 吳軍 가운데 혹 물에 뛰어들어 죽은 자도 있었다.

吳主權이 **出兵**하여 **欲圍新城**이로되 **以其遠水**라하여 **積二十餘日**토록 **不敢下船**[①]하니 **滿寵**이 **謂諸將曰 孫權**이 **得吾移城**하고 **必於衆中**에 **有自大之言**하리니 **今來**에 **雖不敢至**나 **必當上岸耀兵**하여 **以示有餘**라하고 **乃潛遣步騎六千**하여 **伏肥水隱處**[②]러라 **權**이 **果上岸**이어늘 **伏軍**이 **卒起擊之**하여 **斬首數百**하니 **或有赴水死者**[③]러라

① 新城은 合肥의 新城이다. 큰 배가 江岸으로 향하면 배가 높고 강안이 낮으므로 배를 버리고 강안으로 나아가는 것을 下船이라 하니, 배에서 내려오기 때문이다.
新城, 合肥新城也. 大船向岸, 船高岸卑, 故謂舍船就岸曰下船, 以自船而下也.

② 處는 처소이다.
處, 所也.

③ 卒(갑자기)은 猝로 읽는다.
卒, 讀曰猝.

【綱】 馬忠을 庲降都督으로 삼았다.

以馬忠爲庲(래)**降都督**하다

【目】 庲降都督 張翼이 법을 엄격하게 적용하니, 오랑캐의 우두머리 劉胄가 반란을 일으켰다.

丞相 諸葛亮이 參軍 馬忠으로 張翼을 대신하게 하고 장익을 불러 돌아오게 하니, 그 사람이 장익에게 이르기를 "속히 돌아가 죄를 받아야 한다." 하였다. 장익이 말하기를 "내 전장에 임하여 교대하는 사람이 아직 도착하지 않았으니, 마땅히 곡식을 운반하여 군량을 비축해서 賊을 멸망시킬 밑천으로 삼아야 한다. 어찌 퇴출을 당했다는 이유로 公家(국가)의 사무를 폐하겠는가." 하고는 이에 단속하기를 게을리하지 않다가 마충이 도착하고서야 비로소 출발하였다. 마충은 그 물자를 이용하여 유주를 격파하여 참수하였다.

庲**降都督張翼**이 **用法嚴**하니 **夷帥**(수)**劉胄叛**[①]이라 **丞相亮**이 **以參軍馬忠**으로 **代翼**하고 **召翼令還**하니 **其人**이 **謂翼**호되 **宜速卽罪**[②]하라 **翼曰 吾臨戰場**하여 **代人**이 **未至**하니 **當運糧積穀**하여 **爲滅**

賊之資라 豈可以黜退之故로 而廢公家之務乎리오하고 於是에 統攝不懈라가 代到乃發하니 忠이 因其資하여 破胄斬之하다

① 㽝降은 음이 來絳이니 地名이다. ≪水經注≫에 "寧州 建寧縣은 옛날 㽝降의 都督이 주둔하던 곳이다. 蜀漢 後主 建興 3년(225)에 益州郡을 나누어 설치했다." 하였다.
㽝降, 音來絳, 地名. 水經注"寧州建寧縣, 故㽝降都督屯. 蜀後主建興三年, 分益州郡置之."

② "其人"은 張翼을 부른 자를 이른다. 卽은 나아감이다. "其人謂"는 ≪三國志≫ 〈蜀書 張翼傳〉에는 '여러 부하 사람들이 모두 말했다.〔群下咸謂〕'로 되어 있다.
其人, 謂召翼者也. 卽, 就也. 其人謂, 翼傳, 作群下咸謂.

甲寅年(234)

【綱】 漢나라(蜀漢) 後主 建興 12년이다.

十二年이라

【目】 魏나라 明帝 曹叡 青龍 2년이고, 吳나라 大帝 孫權 嘉禾 3년이다.

魏青龍二年이요 吳嘉禾三年이라

【綱】 봄 2월에 丞相 諸葛亮이 魏나라를 정벌하였다.

春二月에 丞相亮이 伐魏하다

【目】 처음에 丞相 諸葛亮이 농업을 권장하고 무예를 강습하고 木牛와 流馬를 만들어서 쌀을 운반하여 斜谷의 어귀로 집결하고 邸閣(창고의 이름)을 수리하여 백성들과 병사들을 휴식시키고는, 3년이 지난 뒤에야 비로소 전쟁에 사용하였다.

이때 10만 명의 병력을 총동원해서 斜谷을 경유하여 魏나라를 정벌할 적에 사신을 보내어 吳나라와 동시에 군대를 크게 일으키기로 약속하였다.

初에 丞相亮이 勸農講武하고 作木牛流馬하여 運米集斜谷口하고 治邸閣하여 息民休士하여 三年而後에 用之①하다 至是에 悉衆十萬하여 由斜谷伐魏할새 遣使約吳하여 同時大擧하다

① 木牛는, 배 부분은 네모지고 머리는 굽게 만들었으며, 다리 하나에 네 개의 발이 있는데 머리는 목 속으로 들어가 있고 혀는 배에 붙어 있으니, 짐은 많이 실을 수 있으나 속도는 느

리다. 많은 짐을 싣기에는 좋고 적은 것을 사용하기에는 좋지 못하였다. 혼자 갈 때에는 하루에 수십 리를 가고 무리 지어 갈 때에는 20리를 간다. 굽어 있는 것은 목우의 머리가 되고, 한 쌍인 것은 목우의 다리가 되며, 가로로 된 것은 목우의 목이 되고, 회전하는 것은 목우의 발이 되며, 덮여 있는 것은 목우의 등이 되고, 네모진 것은 목우의 배가 되며, 드리워져 있는 것은 목우의 혀가 되고, 굽은 것은 목우의 갈빗대가 되며, 뾰족한 것은 목우의 이빨이 되고, 서 있는 것은 목우의 뿔이 되며, 가는 것은 목우의 고삐가 되고, 쥐는 것은 목우의 鞦軸(소의 꼬리에 거는 끈)이 된다. 木牛는 두 개의 멍에를 사용하는바, 사람이 6尺을 갈 때 목우는 4步[51]를 가는데, 1년의 양식을 싣고 하루에 20리를 가니, 사람은 크게 수고롭지 않았다.

諸葛亮이 木牛와 流馬를 만들다

流馬는 치수가 다음과 같다. 갈빗대는 길이가 3尺 5寸, 너비가 3寸, 두께가 2寸 2分으로 좌우가 똑같다. 앞 軸(수레바퀴의 한 가운데 끼는 굴대)의 구멍은 分墨(거리)이 머리까지 4寸, 지름이 2寸이다. 앞다리의 구멍은 분묵이 앞 軸의 구멍까지 4寸 5分이며 너비는 1寸이다. 앞부분의 杠(가로대)의 구멍은 분묵이 앞다리의 구멍과 3寸 7分이고 구멍의 크기가 2寸, 너비가 1寸이다. 뒷 軸의 구멍은 앞부분의 杠의 구멍과 분묵이 1尺 5分이며 크기는 앞부분과 똑같다. 뒷다리의 구멍은 분묵이 뒷 軸의 구멍과는 3寸 5分이며 크기는 앞부분과 똑같다. 뒷부분의 杠의 구멍은 뒷다리의 구멍과 분묵이 2寸 7分이고, 뒷부분의 물건 싣는 곳에서 뒷부분의 杠의 구멍과는 분묵이 4寸 5分이다. 앞부분의 杠은 길이가 1尺 8寸, 너비가 2寸, 두께가 1寸 5分이다. 뒷부분의 杠도 이와 똑같다. 나무 적재함 2칸은 두께가

51) 步 : 길이를 재는 단위로, 시대별로 차이가 있어서 周代에는 8尺, 秦代에는 6尺, 唐代 이후에는 營造尺(목수가 工事에 사용하던 자)으로 5尺을 1步라고 하였다.

8分, 길이가 2尺 7寸, 높이가 1尺 6寸 5分, 너비가 1尺 6寸이니, 나무 적재함마다 쌀 2斛 3斗를 실을 수 있다. 뒷부분의 杠에 난 구멍에서 갈빗대 아래까지는 7寸이니, 앞뒤가 모두 똑같다. 윗부분의 杠의 구멍에서 아랫부분에 난 2개의 杠의 구멍까지는 분묵이 1尺 3寸이고 구멍의 길이는 1寸 5分이며 너비는 7分인데, 8개의 구멍이 똑같다. 앞뒤로 4개의 다리가 있는데 너비는 2寸, 두께는 1寸 5分이니 그 모양은 코끼리와 같으며, 활집(전대)의 길이는 4寸이고 지름은 4寸 3分이며 구멍의 지름에는 2개의 杠이 있는데 길이는 2尺 1寸, 너비는 2寸 5分, 두께는 1寸 4分이어서 杠과 같다.[52] 靬(流馬의 부속품)은 居言의 切이다. 木牛者, 方腹曲頭, 一脚四足, 頭入領中, 舌著於腹, 載多而行少, 宜可大用, 不可小使. 特行者數十里, 群行者二十里也. 曲者爲牛頭, 雙者爲牛脚, 橫者爲牛領, 轉者爲牛足, 覆者爲牛背, 方者爲牛腹, 垂者爲牛舌, 曲者爲牛肋, 刻者爲牛齒, 立者爲牛角, 細者爲牛鞅, 攝者爲牛鞦軸. 牛仰雙轅, 人行六尺, 牛行四步, 載一歲糧, 日行二十里, 而人不大勞. 流馬尺寸之數, 肋長三尺五寸, 廣三寸, 厚二寸二分, 左右同. 前軸孔, 分墨去頭四寸, 徑中二寸. 前脚孔, 分墨去前軸孔四寸五分, 廣一寸. 前杠孔, 分墨去前脚孔三寸七分, 孔長二寸 廣一寸. 後軸孔, 去前杠孔, 分墨一尺五分, 大小與前同. 後脚孔, 分墨去後軸孔三寸五分, 大小與前同. 後杠孔, 去後脚孔, 分墨二寸七分, 後載剋, 去後杠孔, 分墨四寸五分. 前杠, 長一尺八寸, 廣二寸, 厚一寸五分, 後杠與等. 板方, 囊二枚, 厚八分, 長二尺七寸, 高一尺六寸五分, 廣一尺六寸, 每枚, 受米二斛三斗. 從上杠孔, 去肋下七寸, 前後同. 上杠孔, 去下杠孔, 分墨一尺三寸, 孔長一寸五分, 廣七分, 八孔同. 前後四脚, 廣二寸, 厚一寸五分, 形制如象, 靬長四寸, 徑面四寸三分, 孔徑中二脚杠, 長二尺一寸, 廣二寸五分, 厚一寸四分, 同杠耳. 靬, 居言切.

【綱】 3월에 魏나라 山陽公(漢 獻帝)이 卒하였다.

三月에 魏山陽公이 卒[①53]하다

52) 木牛는……같다 : 이 내용은 ≪三國志≫ 〈蜀書 諸葛亮傳〉과 ≪資治通鑑≫ 魏 明帝 靑龍 원년 조와 ≪通鑑節要≫에 각각 실려 있는데, 글자에 異同이 있고 치수도 약간씩 다르며 내용 역시 자세히 알 수 없다.

53) 魏山陽公卒 : "山陽公이 스스로 폐위된 지 이때 15년이 되었다. 이때에 '卒'이라고 쓰고 '魏나라 山陽公'이라고 쓴 것은 魏나라가 厚德함을 보존한 것을 찬미한 것이다. 陳留王(魏나라 曹奐)이 卒했을 때에 姓名을 썼는데 산양공은 어찌하여 성명을 쓰지 않았는가. 漢나라 황제이기 때문에 차마 쓰지 못한 것이다. 그렇다면 安樂公(蜀漢 劉禪)은 황제가 아닌가. 안락공은 세대가 달라서 漢나라에 비할 바가 아니기 때문이다. 이 때문에 산양공은 성명을 쓰지 않았고 唐나라 酆公도 성명을 쓰지 않은 것이다. 魏나라 산양공이 15년 만에 卒한 것을 시작으로 그 뒤 晉나라 안락공 劉禪이 8년 만에 卒하였고, 歸命侯 孫皓가 4년 만에 卒하였고, 陳留王 曹奐이 38년 만에 卒하였으니, 이는 魏나라가 啓導를 잘한 것이다. 산양공은 나라를 傳하여 晉나라 永嘉 연간에 이르러 비로소 오랑캐에게 멸망당하였으니, 魏나라는 前代보다 후덕하다고 이를 만하다. ≪資治通鑑綱目≫이 끝날 때까지 나라를 멸망한 군주에게 '卒'이라고 쓴 것이 6번이요(山陽公, 晉나라 安樂公, 歸命侯, 陳留王, 陳나라 陳叔寶, 後唐 楊溥), '薨'이라고 쓴 것이 1번이다(唐나라 酆公).〔山陽公自廢 至是十五年矣 於是書卒 書魏山陽公 美存厚也 陳留卒 書姓名 山陽則曷爲不書 漢帝故 不忍書也 然則安樂公 非帝乎 安樂異世 非漢比也 是故山陽公不書姓

① 漢 獻帝가 禪位한 뒤로부터 卒하기까지 모두 14년이니, 나이가 54세이다.
獻帝自禪位至卒, 凡十有四年, 年五十四.

【目】 魏主 曹叡가 素服을 입고 喪을 발표하였다. 山陽公이 나라를 傳하여 晉나라 永嘉 연간에 이르러 마침내 오랑캐들에게 멸망을 당하였다.

魏主叡素服發喪하다 **山陽**이 **傳國**하여 **至晉永嘉中**하여 **乃爲胡寇所滅**①하니라

① 永嘉는 晉나라 懷帝의 연호이다.
永嘉, 晉懷帝年號

【綱】 여름 4월에 魏나라에 疫病이 크게 돌고, 崇華殿에 화재가 발생하였다.

夏四月에 **魏大疫**하고 **崇華殿**이 **災**하다

【綱】 丞相 諸葛亮이 渭水 남쪽으로 進軍하니, 魏나라 大將軍 司馬懿가 군대를 이끌고 굳게 수비하였다. 이에 제갈량이 비로소 군대를 나누어 屯田을 하였다.

◑ **丞相亮**이 **進軍渭南**하니 **魏大將軍司馬懿 引兵拒守**어늘 **亮**이 **始分兵屯田**하다

【目】 丞相 諸葛亮이 郿縣에 이르러 渭水의 남쪽에 군대를 주둔하였다. 司馬懿가 군대를 이끌고 위수를 건너와서 강물을 등지고 堡壘를 만들어 막고는 장수들에게 말하기를 "제갈량이 만약 武功縣을 나와 산을 따라 동쪽으로 오면 진실로 걱정스럽지만, 만약 서쪽으로 五丈原으로 올라온다면 장수들은 무사할 것이다." 하였는데, 제갈량이 과연 오장원에 주둔하였다.

丞相諸葛亮이 **至郿**하여 **軍於渭水之南**하다 **司馬懿引軍渡渭**하여 **背水爲壘**하여 **以拒之**러니 **謂諸將曰 亮**이 **若出武功**하여 **依山而東**이면 **誠爲可憂**①어니와 **若西上五丈原**이면 **諸將**이 **無事矣**②라하더니 **亮**이 **果屯五丈原**하다

① 武功은 縣의 이름이니, 右扶風에 속하였다.

名 唐鄒公不書姓名 自魏山陽公十五年卒 其後晉安樂公劉禪八年卒 歸命侯孫皓四年卒 陳留王曹奐三十八年卒 魏啓之也 山陽傳國 至晉永嘉 始爲胡寇所滅 魏於前代 可謂厚矣 終綱目 滅國之君書卒六(山陽 晉安樂 歸命 陳留 陳叔寶 後唐楊溥) 書薨一(唐鄒公)」" ≪書法≫

武功, 縣名, 屬右扶風.

② 司馬懿가 이미 諸葛亮이 틀림없이 五丈原에 군대를 주둔할 것이라고 짐작하였으나 힘으로 저지할 수 없기에 일부러 이런 말을 해서 장수들의 마음을 편안하게 한 것이다. ≪水經注≫에 "오장원은 郿縣의 서쪽에 있으니, 渭水가 그 북쪽을 지나간다." 하였고, 또 제갈량이 步騭(보즐)에게 준 편지에 이르기를 "오장원은 武功縣 서쪽 10리 지점에 있다." 하였다.

懿已料亮之必屯五丈原, 而力不能制, 姑爲此言, 以安諸將之心耳. 水經注 "五丈原, 在郿縣西, 渭水逕其北." 又亮與步騭書曰 "原在武功西十里."

【目】郭淮가 다음과 같이 말하였다.

"諸葛亮이 만약 渭水를 건너 北原(五丈原과 渭水 북쪽의 지명)으로 올라와서 北山에 군대를 연결하여 隴道를 차단하고 백성과 오랑캐들을 동요시킨다면, 나라의 이로움이 아닙니다."

司馬懿가 이에 곽회를 보내 북원을 먼저 점거하게 하였는데, 참호와 보루가 완성되기 전에 蜀漢의 군대가 크게 몰려오니, 곽회가 맞이하여 공격해서 물리쳤다.

郭淮曰 亮이 若跨渭登原하여 連兵北山하여 隔絶隴道하고 搖蕩民夷하면 非國之利也니이다 懿乃使淮先據北原이러니 塹壘未成에 漢兵이 大至라 淮逆擊却之하다

【目】諸葛亮은 예전에 여러 번 출병했을 적에 모두 군량의 수송이 계속되지 못하여 자신의 뜻을 펴지 못했다고 생각하여, 마침내 군대를 나누어 屯田을 해서 오랫동안 주둔할 기반으로 삼았다. 밭을 경작하는 병사들이 渭水 가에 거주하는 백성들 사이에 섞여 지냈으나, 백성들은 安堵하고 병사들은 사사로이 침탈하는 일이 없었다.

亮이 以前者數(삭)出에 皆以運糧不繼하여 使己志不伸이라하여 乃分兵屯田하여 爲久駐之基하니 耕者雜於渭濱居民之間이로되 而百姓安堵하고 軍無私焉이러라

【綱】5월에 吳主 孫權이 魏나라를 공격하니, 가을 7월에 魏主 曹叡가 직접 군대를 거느리고 공격하여 물리쳤다.

五月에 吳主權이 擊魏하니 秋七月에 魏主叡 自將擊却之하다

【目】吳王 孫權이 居巢湖의 어귀로 쳐들어가서 合肥의 新城으로 향하였는데, 10만 대군

이라고 칭하였다. 또 陸遜과 諸葛瑾을 江夏와 沔口로 들여보내 襄陽으로 향하게 하고, 孫韶와 張承은 淮水로 들여보내 廣陵과 淮陰으로 향하게 하였다.

吳主權이 入居巢湖口하여 向合肥新城하니 衆號十萬①이요 又遣陸遜, 諸葛瑾하여 入江夏, 沔口하여 向襄陽하고 孫韶, 張承은 入淮하여 向廣陵, 淮陰②하다

① 居巢湖는 바로 巢湖이다. ≪資治通鑑綱目集覽≫에 "巢湖는 無爲軍 巢縣 동남쪽에 있으니, 周圍가 4백 리이다. 合肥, 舒城, 廬江, 巢縣 네 邑과 접경이 되었다." 하였다. 新城은 바로 滿寵이 축조한 新城이다.
居巢湖, 卽巢湖. 集覽"巢湖在無爲軍巢縣東南, 周圍四百里. 與合肥・舒城・廬江・巢縣四邑接境." 新城, 卽滿寵所築新城也.

② 張承은 張昭의 아들이다.
承, 昭之子也.

【目】魏나라 滿寵이 군대를 거느리고 新城을 구원하고자 하였는데, 장군 田豫가 다음과 같이 말하였다.

"賊은 신성을 담보로 하여 우리의 대군을 오게 하려는 것입니다. 마땅히 적이 城을 공격하도록 내버려두어서 적의 銳氣를 꺾어 피로하고 태만하기를 기다려야 하니, 그런 뒤에 공격하면 大勝을 거둘 수 있습니다. 만약 곧바로 진군을 하면 다만 그들의 계책에 빠져들 뿐입니다."

魏滿寵이 欲率兵救新城이어늘 將軍田豫曰 賊이 欲質新城하여 以致大軍耳①라 宜聽使攻城하여 挫其銳氣하여 俟其疲怠然後에 擊之면 可大克也니 若便進兵이면 適入其計矣리이다

① 質(담보)는 음이 致이다.
質, 音致.

【目】散騎常侍 劉劭가 다음과 같이 말하였다.

"먼저 보병과 기병 수천 명을 내보내어서 큰길로 출동한다고 소문을 퍼뜨리고는 군대를 이끌고 적의 후미로 나아가서 적의 돌아갈 길을 미리 헤아리고 적의 군량 수송로를 차단하면 적이 반드시 두려워하여 도망가서 싸우지 않아도 스스로 굴복할 것입니다."

散騎常侍劉劭曰 可先遣步騎數千하여 揚聲進道하고 引出賊後하여 擬其歸路하고 要其糧道하면 賊必震怖遁走하여 不戰自屈矣리이다

【目】滿寵이 또 新城의 수비군을 뽑아 賊을 壽春으로 불러들이고자 하자, 魏主 曹叡가 듣지 않고 다음과 같이 말하였다.

"先帝가 동쪽으로 合肥를 설치하고 남쪽으로 襄陽을 지키고 서쪽으로 祁山을 견고히 수비하시어 적이 쳐들어올 적에 번번이 세 城의 아래에서 격파했던 것은, 이 지역은 반드시 다툴 필요가 있었기 때문이었다. 비록 孫權이 신성을 공격하더라도 반드시 함락시키지 못할 것이니, 장수들에게 명하여 견고히 수비하게 하라. 내 장차 직접 가서 공격하겠다. 내가 도착하게 되면 짐작컨대 손권이 이미 달아났을 것이다."

寵이 又欲拔新城守하여 致賊壽春이어늘 魏主叡不聽하고 曰 先帝東置合肥하고 南守襄陽하고 西固祁山하사 賊來에 輒破於三城之下者는 地有所必爭也[①]일새라 縱權攻新城이라도 必不能拔이니 勑諸將堅守하라 吾將自往攻之호리라 比至에 度(탁)權已走矣리라

① 合肥와 襄陽으로써 吳나라를 대비하고, 祁山으로써 蜀漢을 대비한 것이다.
合肥・襄陽以備吳, 祁山以備蜀也.

【目】曹叡는 마침내 秦朗으로 하여금 보병과 기병 2만 명을 감독하여 司馬懿를 도와 蜀漢을 막게 하고, 사마의에게 명하기를 "다만 굳게 지켜서 그 銳鋒을 꺾도록 하라. 저들이 전진하여도 뜻을 얻지 못하고 후퇴하여도 더불어 싸울 상대가 없다. 오래 머물 경우 군량이 다하고 노략질하여도 얻을 것이 없게 되면 반드시 달아날 것이다. 적이 달아날 때 추격하는 것이 바로 완전히 승리하는 방도이다."

조예는 마침내 龍舟를 타고 동쪽으로 진출하였는데, 滿寵이 壯士를 모집하여 吳軍의 공격하는 기구들을 불태웠다. 吳나라는 관리와 병사들 중에 병자가 많았고 또 조예가 온다는 말을 듣고는 마침내 후퇴하였다.

乃使秦朗督步騎二萬하여 助司馬懿拒漢하고 勑懿호되 但堅守하여 以挫其鋒하라 彼進不得志하고 退無與戰이라 久停則糧盡이요 虜略無所獲이면 則必走하리니 走而追之면 全勝之道也라하고 乃御龍舟而東이러니 滿寵이 募壯士하여 焚吳攻具하다 吳吏士多病하고 又聞叡至하고 遂退하다

【目】陸遜이 사람을 보내어 孫權에게 表文을 올렸는데 魏나라의 정탐하는 자에게 표문을 빼앗겼다. 諸葛瑾은 이 말을 듣고 매우 두려워해서 육손에게 편지를 보내어 속히 떠날 것을 권하였다. 육손은 답하지 않고 막 병사들을 재촉하여 무와 콩을 심고 장수들과 평상시처럼 바둑을 두고 활쏘기 놀이를 하였다.

제갈근이 육손을 만나러 오자, 육손이 다음과 같이 말하였다. "지금 장수와 병사들의 마음이 동요하려 하니, 우선 직접 안정시켜 그들의 마음을 편안하게 하고 변통하는 방법을 시행한 뒤에 撤軍할 것입니다. 만약 지금 곧바로 후퇴하면 적들은 내가 두려워한다고 생각하고 쳐들어와서 우리를 압박할 것이니, 이는 반드시 패하는 형세입니다."

陸遜이 **遣人奉表於權**이러니 **爲魏邏者所得**하니 **諸葛瑾**이 **聞之**하고 **甚懼**하여 **與遜書**하여 **速其去**러니 **遜**이 **未答**에 **方催人種葑豆**하고 **與諸將奕棊射戲如常**①이라 **瑾**이 **來見遜**한대 **遜曰 今兵將意動**②하니 **且當自定以安之**하고 **施設變術然後**에 **出耳**라 **今若便退**면 **賊謂吾怖**라하여 **而來相蹙**하리니 **必敗之勢也**니라

① 葑은 음이 封으로 채소이니, 蔓菁이라고도 한다. 豆(콩)는 菽이다. 奕은 음이 亦이니, 바둑알로 에워싸는 것이다.
葑, 音封, 菜也, 亦謂之蔓菁. 豆, 菽也. 奕, 音亦, 圍棊也.

② 〈"今兵將意動"은〉 敵이 이미 孫權이 돌아간 것을 알고 陸遜의 군대가 마땅히 후퇴할 것이라고 헤아리면, 이미 要害處를 나누어 지켜서 육손이 거느린 군대를 차단하고자 할 것이니, 이미 進取할 기세가 없는데 차단을 당할 우려가 있으면 장수와 병사들의 마음이 두려워하고 동요되어 장차 혹 항복하거나 혹 궤멸하게 될 것이라고 말한 것이다.
謂敵旣知權還, 料遜兵當退, 已分守要害之處, 欲以遮截遜所部兵, 旣無進取之氣, 而有遮截之慮, 則其意恐動, 將至於或降或潰也.

【目】 陸遜은 마침내 은밀히 諸葛瑾과 계책을 세워 제갈근으로 하여금 선박을 감독하게 하고, 자신은 군대와 말을 모두 출동시켜 위로 襄陽城을 향하니, 魏나라 사람들은 평소 육손의 명성을 두려워하여 급히 돌아가 양양성으로 달려갔다.

제갈근이 곧 선박을 이끌고 나오자, 육손이 서서히 부대를 정돈하여 聲勢를 키우고 빠른 걸음으로 배에 오르니, 魏나라 사람들이 감히 가까이 접근하지 못하였다.

육손은 행군하여 白圍에 이르러서 사냥하러 간다고 칭탁하고는 周峻 등을 보내어 江夏와 新市, 安陸과 石陽을 공격하게 해서 천여 명을 참수하거나 사로잡고서 돌아왔다.

乃密與瑾立計하여 **令瑾督舟船**하고 **遜**이 **悉上兵馬**하여 **以向襄陽城**하니 **魏人**이 **素憚遜名**하여 **遽還赴城**이러라 **瑾**이 **便引船出**하니 **遜**이 **徐整部伍**하여 **張拓聲勢**하고 **步趨船**하니 **魏人**이 **不敢逼**①이러라 **行到白圍**하여 **託言往獵**②하고 **遣周峻等**하여 **擊江夏, 新市, 安陸, 石陽**하여 **斬獲千餘人而還**③하다

① 張(키우다)은 之亮의 切이다.
張, 之亮切.

② 白圍는 포위하는 진영을 白河口에 세우고는 이로 인하여 이름한 것이다.
白圍, 蓋立圍屯於白河口, 因以爲名.

③ 新市, 安陸, 石陽 세 縣은 모두 江夏郡에 속하였다.
新市・安陸・石陽三縣, 皆屬江夏郡.

思政殿訓義 資治通鑑綱目 제15권 중

蜀漢 後主 建興 12년(234)~蜀漢 後主 延熙 원년(238)

【綱】8월에 魏나라가 漢나라 孝獻皇帝를 禪陵에 장례하였다.

八月에 魏葬漢孝獻皇帝于禪陵①1)하다

① ≪帝王紀≫에 말하였다. "禪陵은 濁鹿城 서북쪽 10리 지점에 있다."
帝王紀曰"禪陵在濁鹿城西北十里."

【綱】丞相 武鄕侯 諸葛亮이 군중에서 卒하니, 長史 楊儀가 군대를 이끌고 돌아왔다. 前軍師 魏延이 亂을 일으키자 양의가 공격하여 참수하였다.

◑丞相武鄕侯諸葛亮이 卒于軍하니 長史楊儀 引軍還2)이러니 前軍師魏延이 作亂이어늘

---

1) 魏葬漢孝獻皇帝于禪陵 : "魏나라가 장례했다고 쓴 것은 厚德함을 보존함을 인정한 것이다. ≪資治通鑑綱目≫이 끝날 때까지 멸망한 나라의 군주를 장례했다고 쓴 것이 5번인데(山陽公과 晉나라의 陳留王, 宋나라의 晉 恭帝, 陳나라의 梁 孝元帝, 石晉(後晉)의 故唐主), 오직 晉 恭帝는 弑害를 당했는데 장례했다고 썼으므로 비난한 것이다.〔書魏葬 予存厚也 終綱目 滅國之君書葬五(山陽公 晉陳留王 宋晉恭帝 陳梁孝元帝 石晉故唐主) 惟晉恭帝弑書葬 故譏之〕" ≪書法≫

2) 丞相武鄕侯諸葛亮……引軍還 : "무릇 '軍中에서 卒했다.'라고 쓴 것은 國事를 위해 죽은 것을 가상히 여긴 것이다. 그러므로 官職과 爵位와 姓을 갖춰 쓴 것이다. '諸葛亮이 나가 漢中에 주둔하여 中原을 도모하였다.'라고 쓴 뒤로부터 이때까지 모두 5번 '魏나라를 정벌했다.'라고 썼는데, 첫 번째는 '街亭에서 싸워 敗績했다.'라고 썼고, 두 번째는 '陳倉을 포위하여 그 장수를 참수했다.'라고 썼고, 세 번째는 '武都와 陰平을 함락했다.'라고 썼고, 네 번째는 '司馬懿를 패퇴시키고 張郃을 죽였다.'라고 썼고, 여기에서는(이해 4월) '進軍했다'라고 쓰고 '屯田했다'라고 썼으니, 모두 기록할 만한 것인데, 오직 가정에서 1번 패한 것은 馬謖의 죄이다. 제갈량은 막 양식을 풍족히 할 계책을 세우고 있었는데 '군중에서 卒했다.'라고 썼다. ≪資治通鑑綱目≫에서 '군중에서 卒했다.'고 쓴 것이 8번인데, 丞相이라고 쓴 경우는 일찍이 있지 않았다. 그런데 여기에서 '丞相 武鄕侯 諸葛亮이 군중에서 卒했다.'라고 썼으니, 軍國의 애통함이 깊은바, 이는 ≪자치통감강목≫에서 매우 애석히 여긴 것이다. 이로부터 晉나라에 이르기까지 諸臣이 卒했을 때에 관직과 작위를 갖춰 쓴 사람이 12명이다.(諸葛亮, 司馬孚, 司馬攸, 張軌, 溫嶠, 陶侃, 王導, 郗鑒, 何充, 謝安, 袁宏, 桓冲)〔凡書卒于軍 嘉死事也 故具官爵姓 亮自書出屯漢中以圖中原 至是凡五書伐魏 一書戰街亭敗績 二書圍陳倉 斬其將 三書拔武都陰平 四書敗司馬懿 殺張郃 於是書進軍 書屯田 皆可紀也 唯街亭一敗 馬謖之罪耳 亮方爲足食計 而以卒于軍書矣 綱目書卒于軍八 未有以丞相書者 書丞相武鄕侯諸葛亮卒于軍 軍國之可痛深矣 此綱目所甚惜也 自是至晉諸臣卒 具官爵者十二人(諸葛亮 司馬孚 司馬攸 張軌 溫嶠 陶侃 王導 郗鑒 何充 謝安 袁宏 桓冲)〕" ≪書法≫

儀擊斬之하다

【目】 諸葛亮이 여러 번 도전하였으나 司馬懿가 출동하지 않으니, 제갈량은 이에 머리 수건과 머리쓰개 등 부인의 복식을 보냈다. 사마의가 노하여 表文을 올려서 출전할 것을 청하자, 魏主 曹叡가 衛尉 辛毗로 하여금 節을 가지고 軍師가 되어 제재하게 하였다.

姜維가 제갈량에게 이르기를 "賊이 다시는 출동하지 않을 것입니다." 하자, 제갈량이 말하기를 "저 사마의가 원래 싸우고 싶은 마음이 없는데도 굳이 싸움을 청한 이유는, 자기 武勇을 병사들에게 보여주고자 했을 뿐이다. 將帥가 군중에 있을 때에는 임금의 명령도 받지 않는 경우가 있으니, 만일 능히 나를 제재할 수 있다면 어찌 천리 멀리 떨어져 있는 임금에게 출전할 것을 청하겠는가." 하였다.

亮이 數(삭)挑戰이로되 懿不出이어늘 乃遺以巾幗(괵)婦人之服①하니 懿怒하여 上表請戰한대 魏主叡使衛尉辛毗로 杖節爲軍師하여 以制之하다 姜維謂亮曰 賊不復出矣로이다 亮曰 彼本無戰情이로되 所以固請者는 以示武於衆耳라 將在軍에 君命도 有所不受하나니 苟能制吾면 豈千里而請戰邪아

"군대가 돌아왔다고 써도 되는데 楊儀를 쓴 것은 어째서인가. 양의를 가상히 여긴 것이다. 이때에 막 元帥를 잃었는데 군대를 온전히 하여 돌아왔으니, 양의는 時宜에 맞게 대처했다고 이를 만하다. 〔書軍還 可矣 書楊儀 何 嘉儀也 於是新喪元帥 全軍而歸 儀可謂能權矣〕" ≪書法≫

"아, 諸葛亮이 中原을 經略한 뒤로부터 이때에 이르기까지 겨우 8년인데, ≪資治通鑑綱目≫에서 5번 魏나라를 정벌했다고 썼으니, 한 번은 街亭에서 싸웠고, 한 번은 成固에 주둔하였고, 한 번은 陳倉과 祁山을 포위하였고, 한 번은 武都와 陰平을 함락하였고, 한 번은 王雙을 참수하고 司馬懿을 패퇴시키고 張郃을 죽였으며, 이때에 군대를 동원함에 이르러는 渭水의 남쪽으로 進軍하고 군대를 나누어 屯田했다고 썼으니, 사마의가 비록 군대를 이끌고 와서 항거하여 지켰으나, 머리 수건과 머리쓰개 등 부인의 복식을 달게 받아서 형세가 이미 곤궁하고 위축되었다. 그런데 제갈량이 마침내 죽음을 告하였으니, 하늘이 漢나라를 돕지 아니하여 功業이 성취되지 못한 것을 말하여 무엇하겠는가. 그러나 제갈량은 先主(劉備)로부터 孤(아들 劉禪)를 부탁하는 遺詔를 받을 때에 일찍이 股肱의 힘을 다하여 忠貞의 절개를 바치고 죽음으로써 잇겠다고 告하였고, 출병하면서 유선에게 表文(〈出師表〉)을 올림에 이르러는 또 몸을 굽히고 힘을 다하여 죽은 뒤에야 그만두겠다고 말하였으니, 지금 글을 살펴보면 그 말을 食言하지 않았다고 이를 만하다. '군중에서 卒하였다.'라고 써서 王事를 위해 죽은 실제를 나타냈으니, 그가 역적을 토벌한 의리가 죽어도 꺾이지 않아서 지금까지도 凜凜하여 여전히 生氣가 있다. 저 曹氏와 司馬氏 등이 고아를 속이고 과부를 무시하여 여우처럼 술수를 써서 남의 집안과 나라를 취한 것을 보면, 저들은 전혀 개돼지만도 못하니, 세상에 어찌 성패를 가지고 인물을 논하겠는가. ≪자치통감강목≫에서 특별히 쓰고 여러 번 써서 표출하지 않았으면 孔明 또한 보통 사람과 같았을 것이니, 아! 슬프다. 〔嗚呼 亮自經略中原 至是首尾僅八載 綱目五書伐魏 一戰街亭 一次成固 一圍陳倉祁山 一拔武都陰平 一斬王雙 敗司馬懿 殺張郃 至於是擧 書進軍渭南 分兵屯田 懿雖引兵拒守 甘受巾幗婦人之服 勢已窮蹙 而亮乃告終 天不祚漢 使之功業不就 謂之何哉 然亮受遺託孤之際 蓋嘗以竭股肱之力 效忠貞之節 繼之以死爲告 至其出軍上表 又以鞠躬盡力死而後已爲言 由今觀之 可謂不食其言矣 書卒于軍 以見歿於王事之實 其討賊之義 死而不屈 至今凜凜 猶有生氣 其視曹馬輩欺孤弱寡 狐媚以取人家國者 曾犬彘之不若 世豈可以成敗論人物哉 不有綱目特書屢書 表而出之 則孔明亦若而人耳 噫〕" ≪發明≫

① 巾은 머리의 꾸밈이다. 幗은 古百과 古外의 두 가지 切이니, 婦人의 喪冠이다. 劉昭의 ≪補輿服志≫[3] 注를 근거해보면 公卿, 列侯의 婦人은 감색 비단의 幗을 사용하였으니, 이는 婦人의 머리 꾸밈의 칭호요 喪冠만을 칭하는 것이 아니다.
巾, 首飾也. 幗, 古百・古外二切, 婦人喪冠也. 據劉昭注補輿服志, 公卿・列侯婦人紺繒幗, 蓋婦人首飾之稱, 不特喪冠也.

【目】諸葛亮이 使者를 司馬懿의 軍中으로 보내니, 사마의는 제갈량의 자고 먹는 것과 일의 번거롭고 간략함을 묻고, 군대의 일에는 언급하지 않았다. 使者가 말하기를 "諸葛公은 일찍 일어나고 밤늦게 자면서 笞罰 20대 이상의 안건을 모두 직접 살펴보고, 먹는 음식은 하루에 몇 되에 이르지 못합니다." 하니, 사마의가 사람들에게 말하기를 "孔明이 먹는 것은 적고 일은 번거로우니, 어찌 능히 오래 살겠는가." 하였다.

亮이 遣使者至懿軍하니 懿問其寢食과 及事之煩簡하고 而不及戎事①어늘 使者曰 諸葛公이 夙興夜寐하여 罰二十已上을 皆親覽焉하고 所噉食이 不至數升②이라하니 懿告人曰 孔明이 食少事煩하니 其能久乎아

① 司馬懿가 두려워한 것은 諸葛亮이니, 그는 제갈량의 자고 먹는 것과 일의 번거롭고 간략함을 물어서 수명의 오래고 짧음을 엿본 것이다.
懿所憚者, 亮也, 問其寢食及事之煩簡, 以覘壽命之久近耳.

② 噉(먹다)은 또한 啖으로도 되어 있다. 옛날 되가 작았기 때문에 하루에 몇 되라고 한 것이다.
噉, 亦作啖. 古升小, 故曰數升.

【目】諸葛亮이 병이 위독하자, 황제가 僕射 李福으로 하여금 병을 살펴보고 모시면서 인하여 큰 계책을 묻게 하였는데, 이복은 제갈량과 말을 마치자 작별하고 떠나갔다가 며칠 뒤에 다시 돌아왔다.

제갈량이 말하기를 "내 그대가 돌아온 뜻을 알겠다. 公이 묻고자 하는 것은 公琰(蔣琬)이 그 적임자이다." 하였다. 이복이 사례하기를 "사실은 전에 公의 100년 뒤(死後)에 누가 큰일을 맡을 만한 자인가를 놓치고 자문하지 않았으므로 곧바로 다시 돌아왔습니다." 하였다. 그리고 또다시 그 다음이 누구인지를 묻자, 제갈량이 말하기를 "文偉(費禕)

3) 補輿服志 : ≪輿服志≫는 ≪後漢書≫ 志의 하나로, 范曄이 ≪후한서≫를 저술할 적에 志 부분을 끝마치지 못하고 죽었는데, 뒤에 梁나라의 劉昭가 이것을 보충하였으므로 ≪補輿服志≫라 하며 유소는 또 여기에 註를 달았다. 유소는 高唐 사람으로 字가 宣卿이며 ≪후한서≫의 志에 註를 달았다.

가 可하다." 하였다. 또다시 묻자, 제갈량이 대답하지 않았다.

五丈原에 부는 가을바람

亮이 病篤이어늘 帝使僕射李福으로 省侍하고 因諮大計러니 與亮語已에 別去①라가 數日復還이라 亮曰 孤知君還意로라 公所問者는 公琰이 其宜也니라 福이 謝호되 前實失不諮請 公百年後에 誰可任大事者라 故로 輒還耳로이다 又請其次한대 亮曰 文偉可②하니라 又問한대 亮이 不答③하다

① 已는 끝남이니, 〈"語已別去"는〉 말을 끝내고 작별한 것이다.
已, 竟也. 語竟而別也.
② 文偉는 費禕의 자이다.
文偉, 費禕字.
③ 諸葛亮이 費禕를 이을 사람을 대답하지 않은 것은, 高帝의 '이 뒤는 또한 네가 알 바가 아니다.'[4]라는 뜻이 아니요, 또한 蜀漢의 人士 중에 비위를 이을 만한 자가 없음을 보았기 때문이다.
亮不答繼禕之人, 非高帝此後亦非乃所知之意, 蓋亦見蜀之人士, 無足以繼禕者矣.

【目】 8월에 諸葛亮이 薨하자, 長史 楊儀가 군대를 정돈하여 출발하였는데, 백성들이 달

4) 高帝가……아니다 : 高帝는 劉邦으로 黥布를 토벌하러 갔다가 流矢를 맞고 병이 위독하였다. 呂后가 "陛下께서 돌아가신 뒤에 蕭相國(蕭何)이 죽으면 누구로 하여금 대신하게 하여야 합니까?" 하고 물으니, 고제는 "曹參이다." 하였다. 그 다음을 묻자, 대답하기를 "王陵이다. 그러나 그는 조금 우직하니, 陳平이 보좌할 수 있으며, 진평은 지혜는 충분하나 홀로 맡기기는 어렵다. 周勃이 중후하고 文雅가 적으나 우리 劉氏를 편안히 할 자는 필시 주발일 것이다." 하였다. 여후가 또다시 그 다음을 묻자, 고제는 "이 뒤는 또한 그대가 알 바가 아니다." 하였다. 이 내용은 思政殿訓義 ≪資治通鑑綱目≫ 제3권 중 漢 高祖 12년(B.C. 195)에 보이는바, 고제가 "이 뒤는 또한 네가 알 바가 아니다."라고 말한 것은, 그때가 되면 呂后 또한 죽어서 더 이상 알 수 없다고 한 것이다. 이때 제갈량이 대답하지 않은 것은 더 이상 천거할 만한 인물이 없어서였던 것이다.

려가 司馬懿에게 고하니, 사마의가 추격하였다. 姜維가 양의로 하여금 깃발을 되돌리고 북을 울려서 장차 사마의에게 향할 것처럼 하게 하니, 사마의가 감히 가까이 접근하지 못하였다. 이에 양의가 진영을 결집하여 떠나서 斜谷에 들어간 뒤에야 喪을 발표하였다. 後主는 策書를 내려 제갈량에게 추증한 印綬를 내리고 謚號를 忠武라 하였다.

八月에 薨하니 長史楊儀 整軍而出이러니 百姓이 奔告懿한대 懿追之어늘 姜維令儀로 反旗鳴鼓하여 若將向懿者하니 懿不敢偪[①]이라 於是에 儀結陳而去하여 入谷然後發喪[②]하다 策贈印綬하고 謚曰忠武라하다

① 〈"懿不敢偪"은〉 司馬懿가 諸葛亮이 아직 죽지 않았나 하여 두려워한 것이다.
猶恐亮未死也.

② 陳(진영)은 陣으로 읽는다. "入谷"은 斜谷으로 들어간 것이다.
陳, 讀曰陣. 入谷, 入斜谷也.

【目】 백성들이 속담을 만들어 司馬懿를 놀리기를 "죽은 諸葛亮이 산 仲達(사마의)을 달아나게 했다." 하니, 사마의는 이 말을 듣고 웃으며 말하기를 "나는 그가 살아 있는 것만 헤아리고 죽은 것은 헤아리지 못했기 때문이다." 하였다.

제갈량이 일찍이 兵法을 부연해서 八陣圖를 만들었는데, 이때에 사마의가 그 陣營과 堡壘를 순행하여 살펴보고 감탄하기를 "천하에 기이한 재주이다." 하였다. 사마의는 추격하여 赤岸에 이르렀으나 따라잡지 못하고 돌아갔다.

百姓이 爲之諺曰 死諸葛이 走生仲達[①]이라하니 懿聞之하고 笑曰 吾能料生이요 不能料死故也라하니라 亮이 嘗推演兵法하여 作八陣圖[②]러니 至是하여 懿案行其營壘하고 嘆曰 天下奇才也로다 追至赤岸호되 不及而還[③]하다

① 仲達은 司馬懿의 字이다
仲達, 懿字.

② 武侯 諸葛亮의 八陣圖는 모두 세 개이니, 하나는 沔陽의 高平 舊壘에 있고, 하나는 廣都의 八陣鄕에 있고, 하나는 魚腹 永安宮 南江의 여울물 가에 있다. 그 法은 64개의 陣이니, 天衡 16진은 양쪽 끝에 있고 地軸 12진은 中間에 있으며, 天의 前衝 4진은 오른쪽에 있고 後衝 4진은 왼쪽에 있으며, 地의 前衝 6진은 앞에 있고 後衝 6진은 뒤에 있으며, 風 8진은 天에 붙어 있고 雲 8진은 地에 붙어 있어서 합하여 八陣(64진)이 된다. 天衡은 전충과 후충을 아울러 24진인데 여기에 風 8진을 합하여 32陽이 되며, 地軸은 전충과 후충을 아울러 24진인데 雲 8진을 합하여 32陰이 되며, 遊兵(유격하는 군대) 24진은 64진의 뒤에 있다. 무릇 行軍하고 陣營을 만들고 合戰할 적에 疑兵(虛張聲勢하여 적을 미혹시키는 군대)을 만들고

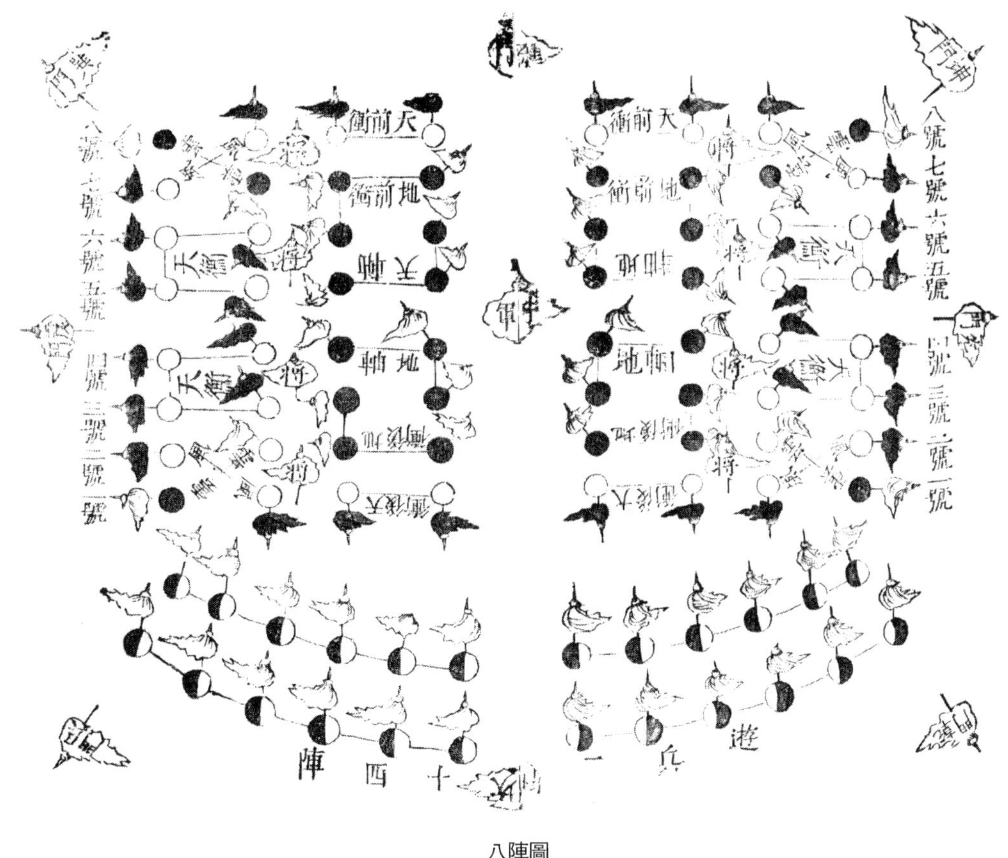

八陣圖

빠진 부분을 보충하는 것은 오로지 遊兵에 달려 있다.[5)]

天地의 前衝은 虎翼風이 되고 蛇蟠이 되니, 兵家는 陰을 먼저하여 오른쪽을 앞으로 삼으며, 또 風은 虎를 따르니 虎와 蛇는 모두 陰의 종류여서 함께 서북쪽에 위치한다. 天地의 後衝은 飛龍雲이 되고 鳥翔이 되니, 兵家는 陽을 뒤로하여 왼쪽을 뒤로 삼으며 또 雲은 龍을 따르니 龍과 鳥는 모두 陽의 종류여서 함께 동남쪽에 위치한다. 天, 地, 風, 雲을 四正으로 삼고 龍, 虎, 鳥, 蛇를 四奇로 삼으니, 이것이 이른바 八陣이다. 매번 두 陣끼리 서로 따르게 하고, 한 陣 가운데 또 두 陣이 있어서 하나는 싸우고 하나는 수비함에 中外에는 輕重의 권세가 있고, 陰陽에는 剛柔의 節度가 있고, 彼此에는 虛實의 땅이 있고, 主客은 先後의 數가 있다.

武侯八陣圖凡三, 一在沔陽之高平舊壘, 一在廣都之八陣鄕, 一在魚腹永安宮南江灘水上. 其法六十四陣, 天衝十六陣居兩端, 地軸十二陣居中間, 天前衝四陣居右, 後衝四陣居左, 地前衝六陣居前, 後衝六陣居後, 風八陣附天, 雲八陣附地, 合爲八陣. 天衝倂前後衝二十四陣, 合風八陣, 爲三十二陽, 地軸倂前後衝二十四陣, 合雲八陣, 爲三十二陰. 遊兵二十四陣, 在六十

5) 八陣圖는……있다 : 이 내용은 자세하지 않은 부분이 많음을 밝혀둔다.

四陣之後. 凡行軍, 結陣合戰, 設疑補闕, 全在遊兵. 天地之前衝, 爲虎翼風, 爲蛇蟠, 兵家先陰, 以右爲前, 又風從虎, 虎與蛇皆陰類, 同位西北也. 天地之後衝, 爲飛龍雲, 爲鳥翔, 兵家後陽, 以左爲後, 又雲從龍, 龍與鳥皆陽類, 同位東南也. 以天・地・風・雲爲四正, 以龍・虎・鳥・蛇爲四奇, 所謂八陣也. 每以二陣相從, 一陣之中, 又有兩陣, 一戰一守, 中外有輕重之權, 陰陽有剛柔之節, 彼此有虛實之地, 主客有先後之數.

③ ≪水經注≫에 "褒水는 서북쪽으로 衙嶺山 동남쪽에서 발원하여 大石門을 지나 옛 棧道 아래 골짝을 지나가니 世俗에서는 千梁無柱(棧道의 가로댄 나무가 천 개인데 밑을 받쳐주는 기둥이 없다.)라고 칭한다." 하였다. 諸葛亮이 형 諸葛瑾에게 준 편지에 "예전에 趙子龍이 군대를 후퇴시킬 적에 赤崖의 골짝에 붙어 있는 1백여 리의 閣道를 불태워 파괴하였는바, 閣梁(잔도의 橫木)의 한쪽 끝은 산 중앙으로 들어가고 한쪽 끝은 물 가운데에 기둥을 세웠는데, 지금 강물이 크게 불어나고 급히 흘러서 기둥을 편안히 할 수 없다." 하였다. 赤崖는 바로 赤岸이다.
水經注 "褒水西北出衙嶺山東南, 逕大石門, 歷故棧道下谷, 俗謂千梁無柱也." 諸葛亮與兄瑾書曰 "前趙子龍退軍, 燒壞赤崖閣道緣谷一百餘里, 其閣梁一頭入山腹, 一頭立柱於水中, 今水大而急, 不得安柱." 赤崖, 卽赤岸.

【目】 처음에 前軍師 魏延이 보통 사람보다 용맹이 뛰어나고 士卒들을 잘 길렀는데, 매번 만 명의 병력을 청해서 諸葛亮과 길을 달리하여 潼關에서 만나기를 韓信이 군대를 청한 故事와 같이 하고자 하였으나, 제갈량이 허락하지 않으니, 위연은 항상 제갈량이 겁이 많아서 자신의 재주를 다 쓰지 못한다고 생각하였다.

楊儀는 사람됨이 일을 잘 처리하고 민첩하였다. 그리하여 제갈량이 출정할 때마다 양의가 부서를 나누는 일을 계획하고 군량의 조달을 헤아려서, 모두 그에게서 결정을 취하였다. 魏延은 성품이 교만하고 높은 체하였는데, 당시 사람들이 모두 그에게 몸을 낮추었으나 양의가 홀로 굽히지 않으니, 위연은 몹시 분하게 여겼다. 제갈량은 두 사람의 재주를 매우 아까워하여 차마 한 사람도 버리지 못하였다.

初에 前軍師魏延이 勇猛過人하고 善養士卒①이러니 每欲請兵萬人하여 與亮異道하여 會于潼關을 如韓信故事②로되 亮이 不許하니 延이 常謂亮怯하여 不能盡用己才러라 儀는 爲人이 幹敏하여 亮이 每出軍에 儀規畫分部하고 籌度(탁)糧穀하여 咸取辦焉③이러라 延性矜高하니 當時皆下之로되 唯儀不假借하니 延이 以爲至忿④이러니 亮이 深惜二人之才하여 不忍偏廢也러라

① 蜀漢은 中軍師와 前軍師, 後軍師를 설치하였다.
蜀置中軍師・前軍師・後軍師.

② 韓信이 군대를 청한 故事는 高帝 2년 조에 보인다.[6)]

韓信請兵故事 見高帝二年.

③ 分(나누다)은 扶問의 切이다. 度(헤아리다)은 徒洛의 切이다.
分, 扶問切. 度, 徒洛切.

④ "不假借"는 따뜻한 말과 기뻐하는 얼굴빛으로 상대방을 예우하고 자신을 낮추지 않음을 이른다.
不假借, 謂不以溫辭悅色禮下之也.

【目】 費禕가 吳나라에 사신으로 가자, 吳主 孫權이 다음과 같이 말하였다.

"楊儀와 魏延은 목동과 같은 小人이다. 비록 일찍이 닭 울음을 흉내 내고 개처럼 짖는 유익함[7]이 있었으나, 이미 그들에게 임무를 맡겼으니 형편상 가벼이 여길 수가 없다. 만약 하루아침에 諸葛亮이 죽고 없으면 반드시 禍亂을 일으킬 것이니, 諸君들은 마음이 혼란하여 홀로 이것을 염려할 줄 모르는가."

이에 비위가 다음과 같이 대답하였다.

"양의와 위연이 화합하지 못함은 사사로운 분노에서 나온 것이요, 黥布와 韓信[8]처럼 제압하기 어려운 마음은 없습니다. 지금 막강한 賊(魏나라)을 깨끗이 청소하여 華夏(중화)를 통일해야 하니, 功은 재주로 이루어지고 業은 재주로 말미암아 넓혀지는 것입니다. 만약 그 후환을 방비하기 위하여 이들을 버리고 쓰지 않는다면, 이는 풍파를 대비하여 배와 노를 미리 버리는 것과 같으니, 좋은 계책이 아닙니다."

費禕使吳에 **吳主曰 楊儀, 魏延**은 **牧豎小人**이라 **雖嘗有鳴吠之益**이나 **然已任之**하니 **勢不得輕**이라 **若一朝無諸葛亮**이면 **必爲禍亂**하리니 **諸君**이 **憒憒**하여 **獨不知慮此乎**①아 **禕曰 儀, 延不協**은 **起於私忿**이요 **而無黥, 韓難御之心**②하니 **今方掃除彊賊**하여 **混一函夏**니 **功以才成**이요 **業由才廣**③이라 **若防其後患**하여 **舍而不用**이면 **是猶備風波而逆廢舟檝**이니 **非長計也**④니이다

① 憒는 古對의 切이니, "憒憒"는 마음이 혼란한 것이다.
憒, 古對切. 憒憒, 心亂也.

---

6) 韓信이……보인다 : 漢 高祖 2년(B.C. 205)에 "韓信은 魏나라를 평정한 다음 사람을 漢王(高祖)에게 보내어 3만 명의 병력을 얻어 북쪽의 燕과 趙를 점령하고 동쪽으로 齊를 공격하고 남쪽으로 楚(項羽)의 군량수송을 차단하고서, 서쪽으로 漢王과 滎陽에서 만날 것을 청하니, 한왕이 이를 허락하였다."라고 보이는데, 한신은 이 계획대로 하여 천하를 평정하였다.

7) 닭……유익함 : 하찮은 재주로 국가를 유익하게 함을 이른다. 戰國時代 齊나라 孟嘗君(田文)의 食客 중에 닭 울음소리를 잘 흉내 내고 개처럼 도둑질을 잘하는 자가 있었는데, 뒤에 맹상군이 秦나라에 들어가 곤궁했을 때에 이들의 도움으로 무사히 돌아올 수 있었다. 여기서는 개처럼 도둑질〔狗盜〕을 잘하는 것을 '개가 주인을 위해 짖는 것'으로 바꿔놓은 것이다.

8) 黥布와 韓信 : 모두 漢나라 高祖의 名將들인데, 뒤에 謀反을 하다가 처형되었다.

② "黥, 韓"은 黥布와 韓信이다.
黥·韓, 黥布·韓信也.

③ "混一函夏"는 混一中原이란 말과 같다. 函은 函谷關을 이르니, 函谷關 동쪽은 中夏가 되므로 函夏라 한 것이다. 일설에 "函은 용납함이요 夏는 큼이니, 中原의 지역은 포용하는 것이 큼을 말한다." 하였다.
混一函夏, 猶言混一中原也. 函, 謂函谷關, 關之東爲中夏, 故曰函夏. 一說"函, 容也. 夏, 大也. 言中原之地, 所函容者大也."

④ 檝(노)은 楫과 같다.
檝, 與楫同.

【目】諸葛亮은 병이 위독해지자, 군대를 후퇴할 節度를 만들어서 魏延으로 하여금 뒤를 차단하게 하고 姜維가 그 다음이 되게 하되, 위연이 혹 따르지 않으면 군대가 즉시 따로 출발하게 하였다.

제갈량이 薨하자 楊儀가 費禕로 하여금 위연에게 가서 그의 뜻을 헤아리게 하였는데, 위연이 다음과 같이 말하였다.

"丞相이 비록 별세하였으나 나는 현재 살아 있으니, 丞相府의 직속 관리들은 곧 喪(시신)을 모시고 돌아가서 장례해야 할 것이요, 나는 마땅히 諸軍들을 인솔하여 賊을 공격할 것이다. 어찌 한 사람이 죽었다 하여 天下의 일을 폐기하겠는가. 또 이 위연이 어떤 사람이기에 양의를 위해 뒤를 차단하는 장수가 되겠는가."

亮이 **病篤**에 **作退軍節度**하여 **令延斷後**하고 **姜維次之**호되 **延或不從**이어든 **軍卽自發**①하라하다 **亮**이 **薨**에 **儀令費禕**로 **往揣**(취)**延意**한대 **延曰 丞相**이 **雖亡**이나 **吾自見**(현)**在**②하니 **府親官屬**은 **便可將喪還葬**③이요 **吾自當率諸軍擊賊**이니 **云何以一人死**라하여 **廢天下之事邪**리오 **且魏延**이 **何人**이완대 **當爲楊儀作斷後將乎**아

① 〈"延或不從 軍卽自發"은〉 諸葛亮이 魏延은 楊儀가 명령할 수 있는 사람이 아님을 잘 안 것이다.
亮固知延非儀所能令矣.

② 〈"丞相雖亡 吾自見在"는〉 이는 魏延이 자랑하고 높은 체한 말이다. 見(현재)은 賢遍의 切이다.
此延矜高之語也. 見, 賢遍切.

③ "府親官屬"은 〈丞相府의〉 長史 이하를 이른다.
府親官屬, 謂長史以下也.

【目】楊儀 등이 마침내 諸葛亮이 정해놓은 규정을 따라 군대를 이끌고 돌아오니, 魏延이 과연 크게 노하여 양의가 출발하기에 앞서서 자기가 거느리고 있는 군대를 데리고 먼저 돌아가 棧道를 불태워 끊었다. 양의와 위연이 서로 表文을 올려 상대방이 반역을 한다고 아뢰니, 하루 안에 두 檄文이 도착하였다. 황제가 이 일을 董允과 蔣琬에게 물으니, 모두 양의를 보증하고 위연을 의심하였다.

儀等이 乃案亮成規하여 引還하니 延이 果大怒하여 攙(참)儀未發하여 率所領先歸하여 燒絶閣道[①]하고 與儀相表叛逆하니 一日之中에 羽檄交至라 帝以問董允, 蔣琬한대 咸保儀而疑延이러라

① 攙은 初銜의 切이니, 뒤에서 앞을 다투는 것을 攙이라 한다.
攙, 初銜切, 自後爭前曰攙.

【目】楊儀 등이 산에 나무를 베어 길을 통하여 밤낮으로 행군해서 속도를 倍加하여 魏延의 뒤를 바짝 뒤따르니, 위연이 南谷의 어귀를 점거하고서 양의 등을 맞아 공격하였다. 將軍 何平이 먼저 南谷의 어귀로 올라간 병사들을 꾸짖으며 말하기를 "諸葛公이 별세하시어 몸이 아직도 식지 않았는데, 너희들이 어찌 감히 이와 같이 행동하는가." 하니, 士卒들은 잘못이 위연에게 있음을 알고는 모두 흩어졌다. 위연이 도망하여 漢中으로 달아나자, 양의가 장수를 보내어 참수하고 위연의 三族을 멸하였다.

처음 魏延이 楊儀 등을 죽이고자 하였지만, 時論이 자기를 諸葛亮을 대신하여 정사를 보좌할 사람으로 여겨주기를 바랐기 때문에, 북쪽으로 魏나라에 항복하지 않고 남쪽으로 양의를 공격하였다. 그러나 실로 배반할 뜻은 없었다.

儀等이 槎(사)山通道하여 晝夜兼行하여 亦繼延後[①]하니 延이 據南谷口하여 逆擊儀等[②]이어늘 將軍何平이 叱先登曰 公亡에 身尙未寒하니 汝輩何敢乃爾[③]오하니 士卒이 知曲在延하고 皆散이라 延이 逃奔漢中이어늘 儀遣將斬之하고 夷三族하다 始延이 欲殺儀等호되 冀時論이 以己代諸葛輔政故로 不北降魏而南擊儀나 實無反意也러라

① 槎는 仕下의 切이니, 나무를 비스듬하게 베는 것이다.
槎, 仕下切, 邪斫木也.

② 南谷은 바로 褒谷이다. 남쪽 골짝을 褒라 하고 북쪽 골짝을 斜라 하니, 길이가 470리인데 함께 한 골짝이 되었다.
南谷, 卽褒谷也. 南谷曰褒, 北谷曰斜, 長四百七十里, 同爲一谷.

③ 何平은 바로 王平인데, 본래 외갓집인 何氏에게서 길러져 〈何氏라고 하다가〉 뒤에 王氏 姓을 회복하였는바, 여기서는 처음 姓을 따른 것이다.

何平, 卽王平也, 本養外家何氏, 後復姓王, 此從其初姓.

【目】 처음에 諸葛亮이 황제에게 表文을 올리기를 "臣은 成都에 뽕나무 800株와 척박한 토지 15頃이 있으니, 자제들의 衣食이 자연 여유가 있습니다. 〈녹봉 이외에〉 별도로 생업을 다스려서 한 자와 한 치의 재산을 불리지 않았으니, 臣이 죽는 날에 안에는 남은 비단이 있고 밖에는 남은 재물이 있어서 폐하를 저버리는 일이 없게 하겠습니다." 하였는데, 이때에 이르러 끝내 그의 말과 같았다.

初에 亮이 表於帝曰 臣은 成都에 有桑八百株와 薄田十五頃하니 子弟衣食이 自有餘饒라 不別治生하여 以長尺寸[①]하오니 臣死之日에 不使內有餘帛하고 外有贏(영)財하여 以負陛下[②]하노이다 至是하여 卒如其言하니라

① 長(키우다)은 知兩의 切이다.
長, 知兩切.
② 贏은 남음이다.
贏, 餘也.

【目】 長史 張裔가 항상 諸葛亮을 칭찬하여 다음과 같이 말하였다.

"公은 賞을 줄 때에는 소원한 사람을 버리지 않고 벌을 내릴 때에는 가까운 사람을 두둔하지 않았으며, 官爵은 功이 없이 취할 수 없고 형벌은 귀하고 세력이 있다 하여 면할 수 없었으니, 이 때문에 어진 자와 어리석은 자가 모두 분발하여 자기 몸을 돌아보지 않고 報國할 수 있었던 것이다."

長史張裔嘗稱亮曰 公이 賞不遺遠하고 罰不阿近하며 爵不可以無功取요 刑不可以貴勢免이니 此賢愚所以僉忘其身者也[①]라하니라

① 〈"賢愚所以僉忘其身"은〉 사람들이 모두 분발하여 자기 몸을 돌아보지 않음을 이른다.
謂奮不顧身.

【目】 陳壽가 다음과 같이 평하였다.

"諸葛亮이 相國으로 있을 적에 백성을 어루만지고 儀軌(법도)를 보였으며, 관직을 축소시키고 權道의 제도를 따랐으며, 誠心을 열어 보이고 공정한 道를 폈쳤다. 그리하여 충성을 다하고 세상에 유익한 자는 비록 원수라 해도 반드시 상을 내리고, 법을 범하고

태만한 자는 비록 친하더라도 반드시 벌을 주었으며, 죄를 자백하여 실정을 바치는 자는 비록 죄가 무겁더라도 반드시 풀어주었고, 말을 이리저리 돌려 공교하게 꾸미는 자는 죄가 비록 가볍더라도 반드시 죽였다. 善은 아무리 작아도 상을 주지 않음이 없고 惡은 아무리 작아도 폄하하지 않음이 없었으며, 여러 일을 정밀하게 익혀서 사물마다 그 근본을 다스렸고, 명칭을 따라 실제를 책망하여 허위가 끼지 못하였다. 그리하여 끝내는 나라 안에서 모두 그를 두려워하고 사랑하여 刑政이 비록 준엄하나 원망하는 자가 없었으니, 이는 그의 마음 씀이 공평하고 권면과 경계가 분명하기 때문이었다. 그는 참으로 정치하는 방도를 아는 훌륭한 재주요, 管仲과 蕭何[9]의 짝이라고 이를 만하다."

陳壽曰 亮이 爲相國에 撫百姓하고 示儀軌하며 約官職하고 從權制하며 開誠心하고 布公道①하여 盡忠益時者는 雖讐나 必賞하고 犯法怠慢者는 雖親이나 必罰하고 服罪輸情者는 雖重이나 必釋하고 游辭巧飾者는 雖輕이나 必戮하다 善無微而不賞하고 惡無纖而不貶하며 庶事精練하여 物理其本②하고 循名責實하여 虛僞不齒하여 終於邦域之內에 畏而愛之하여 刑政雖峻而無怨者는 以其用心平而勸戒明也라 可謂識治之良才요 管, 蕭之亞匹矣③로다

① 儀는 法度이고, 軌는 法이다.
　儀, 度也. 軌, 法也.
② 〈"物理其本"은〉 모든 事物이 반드시 그 根本을 따라 다스려짐을 말한 것이다.
　言事事物物必從其本而治之.
③ "管, 蕭"는 管仲과 蕭何이다.
　管・蕭, 管仲・蕭何也.

【目】 처음에 長水校尉 廖立이 자신의 재주와 명성이 마땅히 諸葛亮의 副(다음)가 되어야 한다고 생각해서 怏怏하여 제갈량을 원망하고 비방하자, 제갈량이 요립을 폐출시켜 평민으로 삼아서 汶山(민산)으로 귀양 보냈다. 제갈량이 薨하자, 요립은 눈물을 떨구며 말하기를 "나는 끝내 옷깃을 왼쪽으로 하는 오랑캐가 되겠구나." 하였다.

李平 또한 제갈량이 죽었다는 말을 듣고 병이 나서 죽으니, 이평은 항상 제갈량이 다시 자기를 등용하여 자신의 잘못을 補塡(보전)하여 보답할 수 있기를 바랐는데, 後人들은 이렇게 하지 못할 줄을 헤아렸기 때문이었다.

○初에 長水校尉廖立이 自謂才名이 宜爲亮副라하여 怏怏怨謗①이어늘 亮이 廢立爲民하여 徙之

9) 管仲과 蕭何 : 管仲은 춘추시대 齊나라 桓公을 보좌하여 霸者가 되게 한 名相이고, 蕭何는 漢나라 高祖를 보좌하여 開國한 名相이다.

汶山[②]이러니 及亮薨에 立이 垂泣曰 吾終爲左衽矣로다 李平이 聞之하고 亦發病死하니 平이 常冀亮復收己하여 得自補復이러니 策後人不能故也[③]러라

① 廖는 力弔의 切이니, 姓이다.
廖, 力弔切, 姓也.
② 汶은 음이 岷이니, 汶山은 본래 冉駹國(염방국)이었는데 漢나라 武帝가 개척하여 汶山郡을 설치하였는바, 三國時代 蜀漢에 속하였다.
汶, 音岷. 汶山, 本冉駹國, 漢武帝開置汶山郡, 三國系蜀.
③ 策은 헤아림과 같다.
策, 猶料度(탁)也.

【目】 習鑿齒가 다음과 같이 평하였다.

"옛날 管仲이 伯氏의 騈邑 300戶를 빼앗았으나 백씨가 죽을 때까지 원망하는 말이 없으니, 聖人이 이것을 어렵다고 하셨다.[10] 諸葛亮이 廖立으로 하여금 눈물을 떨구게 하고 李嚴으로 하여금 실망하여 죽게 하였으니, 어찌 다만 원망하는 말이 없었을 뿐이겠는가. 물이 지극히 평평한데 기울어진 자가 법을 취하고, 거울이 지극히 밝은데 추한 자가 노여워하지 않는 것은 사사로움이 없기 때문이다. 하물며 大人君子가 남을 살려주기를 좋아하는 마음을 품고 남을 가엾게 여기고 용서하는 德을 펴서, 法은 시행하지 않을 수 없는 경우에 행하고 형벌은 스스로 범한 죄에만 加하며, 官爵을 내리되 사사로이 한 것이 아니고 誅罰을 가하되 노여워하는 감정으로 하지 않았으니, 천하에 복종하지 않는 자가 있겠는가."

習鑿齒曰 昔에 管仲이 奪伯氏騈邑三百호되 沒齒而無怨言하니 聖人이 以爲難이라하시니라 亮이 使廖立垂泣하고 李嚴致死하니 豈徒無怨言而已哉리오 夫水至平而邪者取法하고 鑑至明而醜者亡(무)怒는 以其無私也라 況大人君子 懷樂生之心하고 流矜恕之德하여 法行於不可不用하고 刑加乎自犯之罪하며 爵之而非私요 誅之而不怒하니 天下有不服者乎아

---

10) 옛날……하셨다 : 管仲은 춘추시대 齊나라의 명재상인바, 이름이 夷吾인데 字인 仲으로 행세하였다. 伯氏는 齊나라의 大夫이고 騈邑은 地名이며, 聖人은 孔子를 가리킨다. ≪論語≫ 〈憲問〉에 "어떤 사람이 孔子에게 관중을 묻자, 대답하시기를 '이 사람이 伯氏의 騈邑 300戶를 빼앗았는데, 伯氏는 (食邑을 빼앗기고) 거친 밥을 먹었으나 죽을 때까지 관중을 원망하는 말이 없었다.〔人也奪伯氏騈邑三百 飯疏食 沒齒無怨言〕'라고 하셨다."라고 보인다. 이에 대해 朱子의 ≪集註≫에 "齊나라 桓公이 백씨의 식읍을 빼앗아 관중에게 주니, 백씨는 스스로 자신의 죄를 알았고 진심으로 관중의 功에 복종하였으므로 곤궁하게 몸을 마치면서도 원망하는 말이 없었던 것이다."라고 풀이하였다.

【綱】吳懿를 車騎將軍으로 삼아 漢中을 감독하게 하고 蔣琬을 尙書令으로 삼아 國事를 總統하게 하였다.

以吳懿爲車騎將軍하여 督漢中하고 蔣琬爲尙書令하여 總統國事하다

【目】이때에 蜀漢은 막 元帥를 잃어서 遠近이 위태롭고 두려워하였으나 蔣琬이 여러 관료의 위로 발탁되어서 슬퍼하는 모습도 없고 또 기뻐하는 기색도 없어서 정신과 행동거지가 평소와 같으니, 이 때문에 衆望이 점점 복종하였다.

時에 新喪元帥하여 遠近이 危悚[①]이로되 琬이 拔處群僚之右하여 既無戚容하고 又無喜色하여 神守擧止 有如平日하니 由是로 衆望이 漸服하니라

① 喪(잃다)은 息浪의 切이다.
喪, 息浪切.

【綱】中郎將 宗預를 吳나라에 사신으로 보냈다.

遣中郎將宗預使吳하다

【目】吳나라 사람들은 諸葛亮이 卒하였다는 말을 듣고 魏나라가 蜀漢의 허약한 틈을 타고 蜀漢을 점령할까 염려해서 巴丘에 수비병 만 명을 증가하여 첫 번째로는 蜀漢을 구원하고자 하고 두 번째로는 蜀漢 지역을 分割 점거하려고 하였다. 蜀漢 사람들도 이 소식을 듣고 永安에 병력을 증가하여 비상사태에 대비하였다.

宗預가 吳나라에 이르자, 이에 대해 吳主 孫權이 물으니, 대답하기를 "동쪽 吳나라가 파구의 수비병을 증가하고, 서쪽 蜀漢이 白帝城(영안)의 수비를 강화하는 것은 事勢에 당연한 것이니, 모두 따질 것이 못 됩니다." 하였다. 손권은 그의 말이 강직함을 가상히 여겨 그에 대한 예우를 鄧芝 다음으로 하였다.

吳人이 聞諸葛亮卒하고 恐魏乘衰取蜀하여 增巴丘守兵萬人[①]하여 一欲以爲救援하고 二欲以事分割[②]하니 漢人이 聞之하고 亦增兵永安하여 以備非常이러라 預至吳에 吳主權이 問之한대 對曰 東益巴丘之戍하고 西增白帝之守는 皆事勢宜然이니 俱不足以相問也니이다 權이 嘉其抗直하여 禮之亞於鄧芝러라

① 여기의 巴丘는 바로 巴陵이다.

此巴丘, 卽巴陵也.

② 〈"欲以事分割"은〉 魏나라와 함께 蜀漢을 분할 점령하고자 함을 이른다.
謂與魏分取蜀.

【綱】 吳나라가 諸葛恪을 丹陽太守로 삼았다.

吳以諸葛恪爲丹陽太守하다

【目】 諸葛恪은 丹陽의 山이 험하고 백성들이 용감하고 강한 자가 많다 하여 스스로 官(국가)을 위해 이곳의 外職으로 나갈 것을 청하고는 "3년이면 甲士 4만 명을 얻을 수 있다." 하였다.

여러 사람들은 의논하기를 "단양은 지세가 험하고 吳郡, 會稽, 新都, 番陽(파양) 네 郡과 인접하여 둘레가 수천 리이고, 산에서는 銅과 鐵이 생산되어 스스로 갑옷과 병기를 주조하며, 풍속이 무용을 좋아하고 힘을 숭상하여 병기를 가지고 들에서 놀며, 수시로 틈을 보고 나와서 도적질을 한다. 그리하여 싸우게 되면 벌 떼처럼 몰려오고 敗하면 새처럼 숨으니, 前代로부터 단속하지 못한 바이다." 하여 모두 제갈각의 계책을 어렵게 여겼다.

제갈각의 아버지 諸葛瑾도 이 말을 듣고 탄식하기를 "제갈각이 우리 집안을 크게 일으키지 못하고, 장차 우리 집안을 붉은 피로 물들이겠구나." 하였다.

제갈각이 자신이 반드시 승리할 수 있음을 강력히 아뢰자, 吳主 孫權은 마침내 그를 丹陽太守로 임명하여 그 계책을 시행하게 하였다.

恪이 **以丹陽山險**하고 **民多果勁**이라하여 **自求爲官出之**호되 **三年**이면 **可得甲士四萬**[①]이라한대 **衆議以丹陽**이 **地勢險阻**하고 **與吳郡, 會稽, 新都, 番陽四郡隣接**하여 **周旋數千里**요 **山出銅鐵**하여 **自鑄甲兵**하며 **俗好武尙氣**하여 **仗兵野逸**하며 **時覩間隙**하여 **出爲寇盜**하여 **戰則蠭至**하고 **敗則鳥竄**하니 **自前世**로 **所不能羈**[②]라하여 **皆以恪計爲難**이러라 **恪父瑾**이 **聞之**하고 **亦嘆曰 恪**이 **不大興吾家**하고 **將赤吾族也**[③]로다 **恪**이 **盛陳其必捷**한대 **吳主權**이 **乃拜爲丹陽守**하여 **使行其策**하다

① 爲(위하다)는 去聲이다. 官은 國家를 이른다.
爲, 去聲. 官, 謂國家也.

② 蠭(벌)은 사람을 쏘는 나는 벌레이다. 羈는 管束하는 뜻이다.
蠭, 螫人飛蟲也. 羈, 管束之意.

③ 誅殺를 당한 者는 반드시 피를 흘리므로 "赤族"이라 한 것이다.

見誅殺者必流血, 故云赤族.

【綱】 겨울 11월에 魏나라 洛陽에 地震이 있었다.

冬十一月에 魏洛陽이 地震하다

【綱】 吳나라 潘濬이 武陵蠻을 평정하였다.

◑ 吳潘濬이 平武陵蠻하다

乙卯年(235)

【綱】 漢나라(蜀漢) 後主 建興 13년이다.

十三年이라

【目】 魏나라 明帝 曹叡 靑龍 3년이고, 吳나라 大帝 孫權 嘉禾 4년이다

魏靑龍三年이요 吳嘉禾四年이라

【綱】 봄 정월에 魏나라 太后 郭氏가 卒하였다.

春正月에 魏太后郭氏卒[11]하다

【目】 魏主 曹叡가 甄后의 죽은 상황을 太后에게 자주 물으니, 태후는 이 때문에 근심하여 卒하였다.[12]

魏主叡數(삭)問甄后死狀於太后하니 由是로 太后以憂卒하다

11) 魏太后郭氏卒 : "'以憂卒(근심하여 卒하였다.)'이라고 쓰지 않은 것은 어째서인가. 죄가 魏主에게 있지 않기 때문이다.〔不書以憂卒 何 罪不在魏主也〕" 《書法》

12) 甄后의……卒하였다 : 甄后는 曹叡의 生母이다. 章武 원년(221) 魏主 曹丕는 즉위하자, 부인 견씨를 멀리하고 郭貴嬪을 총애하였다. 견씨가 鄴城에 남아 있으면서 실의에 빠져 원망하는 말을 하자, 곽귀빈이 모함하여 그녀를 죽게 하였다. 다음 해 조비는 마침내 곽귀빈을 后로 삼으니, 이가 바로 郭太后이다. 견씨는 曹叡가 즉위한 뒤에 太后로 추존되었는데, 곽태후는 자신이 그녀를 죽게 하였으므로 근심하여 죽은 것이다.

【綱】 中軍師 楊儀가 죄가 있으므로 廢하여 漢嘉로 귀양 보내니, 자살하였다.

中軍師楊儀有罪어늘 **廢徙漢嘉**하니 **自殺**하다

【目】 楊儀는 魏延을 죽이고 나서 자신이 마땅히 諸葛亮을 대신하여 정권을 잡을 것이라고 생각하였다. 그러나 제갈량이 평소 은밀하게 지시한 것은, 양의가 고집스럽고 편협하다 하여 뜻이 蔣琬에게 있었다. 양의가 成都에 이르렀는데 中軍師에 제수되어 통솔하는 바가 없으니, 양의는 자신의 나이와 벼슬이 장완보다 앞서고 재능이 그보다 낫다고 생각하여, 이 때문에 원망과 분노가 말소리와 얼굴빛에 나타났다.

後軍師 費禕가 가서 위로하고 살피자, 양의가 말하기를 "지난번 丞相이 막 사망했을 적에 내가 만약 군대를 모두 데리고 魏나라로 갔으면, 내 처지가 어찌 이처럼 실의에 빠져 처량했겠는가." 하였다. 비위가 그의 말을 은밀히 表文을 올려 아뢰자, 詔令을 내려 양의를 폐하여 平民으로 삼아서 漢嘉郡으로 귀양 보내니, 양의가 자살하였다.

楊儀既殺魏延에 **自以爲宜代諸葛亮秉政**이로되 **而亮平生密指 以儀狷狹**이라하여 **意在蔣琬**①이라 **儀至成都**에 **拜中軍師**하여 **無所統領**하니 **儀自以年宦先琬**하고 **才能踰之**라하여 **由是怨憤**하여 **形于聲色**②이러라 **後軍師費禕 往慰省之**한대 **儀語曰 往者丞相初亡**에 **吾若擧軍就魏**면 **處世寧當落度**(탁)**如此邪**③아하니 **禕密表其言**한대 **詔廢爲民**하여 **徙漢嘉郡**하니 **自殺**④하다

① "密指"는 諸葛亮이 은밀히 여러 관료와 보좌관들에게 말한 것인데 楊儀만 알지 못한 것이다. 狷은 성질이 편협하고 급한 것이고, 狹은 좁은 것이다.
密指, 蓋亮密以語諸僚佐, 特儀不知耳. 狷, 褊急也. 狹, 隘狹也.

② 先(앞서다)은 悉薦의 切이다.
先, 悉薦切.

③ 度은 음이 鐸이다. "落度"은 落魄과 같으니, 뜻을 얻지 못한 모양이다.
度, 音鐸. 落度(탁), 猶落魄也, 不得志貌.

④ 漢嘉郡은 옛날 青衣縣이다. 漢 順帝 陽嘉 2년(133)에 漢嘉로 이름을 고쳐서 蜀郡屬國都尉에 소속되었다. 蜀郡屬國은 安帝 延光 원년(122)에 설치하였는데, 蜀漢이 나누어 漢嘉郡으로 만들었다.
漢嘉(縣)〔郡〕,[13] 故青衣也. 漢順帝陽嘉二年, 改爲漢嘉, 屬蜀郡屬國都尉. 蜀郡屬國, 安帝延光元年所置, 蜀分爲漢嘉郡.

---

13) (縣)〔郡〕: 저본에는 '縣'으로 되어 있으나, 본문의 원문에 따라 '郡'으로 바로잡았다.

【綱】 여름 4월에 蔣琬을 大將軍 錄尙書事로 삼고 費禕를 尙書令으로 삼았다.

夏四月에 以蔣琬爲大將軍, 錄尙書事하고 費禕爲尙書令하다

【綱】 魏나라가 洛陽宮을 지었다.

◑ 魏作洛陽宮[14]하다

【目】 魏主 曹叡가 토목공사를 좋아하여 許昌宮을 지은 뒤에 또 洛陽宮을 수리하였으며, 昭陽殿과 太極殿을 일으키고 總章觀을 지었는데 觀의 높이가 10여 丈이었다. 그리하여 부역하는 일이 그치지 않으니, 농사짓는 자와 누에 치는 자가 생업을 잃었다. 이에 陳群이 다음과 같이 諫하였다.

"옛날 禹임금은 唐, 虞의 성대한 基業을 이었으나 오히려 궁실을 낮추고 衣服을 나쁘게 하였는데,[15] 더구나 지금 喪亂을 겪은 뒤에 인민이 지극히 적고 변경에 일(전쟁)이 있는 우리 국가에 있어서이겠습니까. 옛날 劉備가 傳舍(驛站의 관사)를 많이 짓느라 부역을 일으켜 인력을 소모하자, 太祖(曹操)는 그가 백성들을 피폐하게 함을 아셨으니, 지금 中國(魏나라)이 백성들의 힘을 수고롭게 하는 것은 바로 吳나라와 蜀漢에서 원하는 바입니다. 이는 나라의 安危의 관건이니, 부디 폐하께서는 염려하소서."

조예가 답하기를 "王業과 宮室은 또한 아울러 세워야 한다. 賊을 멸한 뒤에 어찌 다시 부역을 일으키겠는가. 이는 그대의 직분이니, 蕭何의 큰 경륜을 본받아 시행하라." 하였다.

魏主叡好土功하여 旣作許昌宮에 又治洛陽宮하고 起昭陽, 太極殿하고 築總章觀하니 高十餘

---

14) 魏作洛陽宮 : "魏主 曹叡가 즉위한 지 9년에 '크게 宮室을 경영하고 聽訟觀을 세우고 許昌宮을 다스렸다.'라고 썼으니, 백성을 부역에 동원한 것이 많은 것이다. 지난해에 '崇華殿에 화재가 발생했다.'라고 썼으니 하늘의 뜻을 또한 알 수 있는데, 이때 또다시 洛陽宮을 지었으니, 그가 하늘의 경계를 거스른 것 또한 심하다. 뒤이어 崇華殿에 화재가 발생한 것을 쓴 것이 당연하다.〔魏主叡卽位九年 書大營宮室 立聽訟觀 治許昌宮 用民多矣 去年書崇華殿災 天意亦可知也 於是又作洛陽宮焉 其逆天戒亦甚矣 繼有崇華殿災之書 宜哉〕" 《書法》

15) 옛날……하였는데 : 唐은 堯임금의 나라이고 虞는 舜임금의 나라인바, 禹임금은 순임금의 禪讓을 받아 즉위하였다. 《論語》 〈泰伯〉에 "우임금은 내 흠잡을 데가 없도다. 음식은 박하게 하면서도 조상의 귀신에게는 효성을 지극히 하였으며, 의복은 나쁘게 하면서도 祭服인 슬갑과 면류관에는 아름다움을 지극히 하였으며, 궁실은 낮게 하면서도 도랑을 준설하는 治水에는 힘을 다하였으니, 우임금은 내 흠잡을 데가 없다.〔禹 吾無間然矣 菲飮食而致孝乎鬼神 惡衣服而致美乎黻冕 卑宮室而盡力乎溝洫 禹 吾無間然矣〕"라고 한 孔子의 말씀이 보인다.

丈이라 力役不已하니 農桑失業[①]이러라 陳群이 諫曰 昔에 禹承唐虞之盛호되 猶卑宮室而惡衣服이어든 況今喪亂之後에 人民至少하고 邊境有事乎잇가 昔에 劉備多作傳舍하여 興費人役이어늘 太祖知其疲民也[②]하시니 今中國勞力은 亦吳蜀之所願이라 此安危之機也니 惟陛下는 慮之하소서 叡答曰 王業宮室이 亦宜竝立이라 滅賊之後에 豈可復興役邪아 此君之職이니 蕭何之大略也[③]니라

① 魏主 曹叡는 위로 太極을 본받아서 洛陽의 南宮에 太極殿을 일으키니, 바로 漢나라 崇德殿의 옛터이다. 舜임금은 總章에 대한 물음이 있었으니, 傳하는 말에 "總章은 바로 明堂이다." 라 하였다. 觀은 궁궐이니, 總章觀은 太極殿 앞에 있었다.
魏主叡, 上法太極, 於洛陽南宮, 起太極殿, 卽漢崇德殿之故處. 舜有總章之訪, 相傳以爲總章卽明堂也. 觀, 闕也, 總章觀, 蓋在太極殿前.

② ≪典略≫[16)]에 "劉備가 成都에 진주해 있을 적에 魏延을 발탁하여 漢中을 감독하게 하였는데, 이때 館舍를 일으키고 亭障을 쌓아 成都로부터 白水關에 이르기까지 4백여 구역이 있었다." 하였다.
典略曰 "備鎭成都, 拔魏延, 督漢中, 於是起館舍, 築亭障, 從成都至白水關四百餘區."

③ "蕭何之大略"은 蕭何가 未央宮을 다스린 것[17)]을 가리켜 말한 것이다. 君은 陳群을 가리킨 것이다.
此指蕭何治未央宮事爲言. 君, 指陳群.

【目】 陳群이 다음과 같이 말하였다.

"옛날 漢 高祖가 項羽를 멸망시키고 나자, 궁실이 모두 불탔으므로 이에 蕭何가 武庫와 太倉을 건립하였으니, 이는 모두 중요하고 시급한 일인데도 오히려 高祖는 그 웅장하고 화려함을 비난하였습니다. 지금 吳와 蜀漢 두 오랑캐가 아직 평정되지 않았으니, 진실로 옛날과 똑같이 해서는 안 됩니다. 또 사람이 욕망하는 일에는 모두 구실이 있게 마련인데, 하물며 王者에게는 감히 어길 자가 없으니, 군주가 만약 기어이 호화로운 궁

16) 典略 : 三國時代 魏나라의 郎中을 지낸 魚豢(어환)이 지은 책이다. 여러 史書의 典故를 抄錄하였으나, 이미 失傳된 중국 古代의 夜事이다. 내용은 周·秦 시대부터 삼국시대까지인데 記事가 자못 광범위하나 체재가 잡박한 것으로 알려졌다.

17) 蕭何가……것 : 漢 高祖 7년(B.C. 200) 蕭何가 關中에 있으면서 未央宮을 화려하게 다스리자, 高祖는 이 궁궐이 매우 웅장하고 화려한 것을 보고 소하에게 이르기를 "천하가 흉흉하여 몇 년 동안 勞苦해서 成敗를 아직 알 수 없는데, 어찌하여 이처럼 궁실을 度에 지나치게 다스렸는가?" 하고 질책하자, 소하가 대답하기를 "천하가 아직 안정되지 않았으므로 이 기회를 인하여 궁실을 이룰 수 있습니다. 또 君子는 四海를 집안으로 여기니, 웅장하고 화려하지 않으면 위엄을 보일 수가 없으며, 또 후세로 하여금 이보다 더함이 있지 않게 하려는 것입니다." 하니, 고조가 기뻐하였다. 이 내용은 思政殿訓義 ≪資治通鑑綱目≫ 제3권 상 漢 高祖 7년 조에 보인다. 미앙궁은 長安縣 서북쪽 10리 지점인 옛 성터에 있었던 正殿으로 '未央'은 ≪詩經≫ 〈小雅 庭燎〉의 "밤이 얼마나 되었는가. 밤이 아직 다하지 않았다.〔夜如何其 夜未央〕"에서 유래한 것으로, 勤政의 뜻을 취한 것이다.

궐을 만들고자 한다면 진실로 신하들이 말하여 굴복시킬 수 있는 바가 아니요, 만약 우뚝하게 마음을 돌리신다면 이 또한 신하들이 미칠 바가 아닙니다.

漢나라 明帝가 德陽殿의 正殿을 일으키고자 하였으나 鍾離意가 諫하여 그쳤는데, 뒤에 다시 지을 적에 여러 신하들에게 이르기를 '鍾離 尙書가 살아 있었으면 내 이 궁전을 이룰 수가 없었을 것이다.' 하였습니다.[18] 王者가 어찌 한 신하를 꺼리겠습니까. 이는 百姓을 위해서입니다."

曹叡는 이 때문에 궁궐의 규모와 꾸밈을 다소 줄였다.

群曰 昔에 漢祖已滅項羽에 宮室焚燒라 是以로 蕭何建武庫, 太倉하니 皆是要急이로되 然高祖猶非其壯麗하니이다 今二虜未平하니 誠不宜與古同也니이다 且人之所欲이 莫不有辭온 況乃王者는 莫之敢違하니 若必欲作之인댄 固非臣下言辭所屈이요 若卓然回意면 亦非臣下所及也니이다 漢明帝欲起德陽前殿이어늘 鍾離意諫而止러니 後復作之할새 謂群臣曰 鍾離尙書在면 不得成此殿也라하니이다 夫王者 豈憚一臣이리오 蓋爲百姓也니이다 叡爲之少省(생)하다

【目】曹叡는 內寵(안에 총애하는 여인들)에게 빠져서 貴人으로부터 掖庭에서 물을 뿌리고 청소하는 여인에 이르기까지 모두 수천 명이었다. 廷尉 高柔가 다음과 같이 諫하였다.

"≪周禮≫에 天子는 后妃 이하가 120명이니 이미 너무 많습니다. 그런데 듣건대 後庭의 궁녀 수가 이제 이보다 많다 하니, 聖上의 후사가 번창하지 않음은 아마도 이 때문인 듯합니다. 어리석은 臣은 생각건대 貞淑한 미녀를 잘 선발하여 內官[19]의 수를 구비하고 그 나머지는 모두 집으로 돌려보내며, 또 정력을 기르고 정신을 수양해서 專一하고 고요함을 보배로 삼으시면, 螽斯(종사)의 징험[20]을 거의 이룰 수 있을 것입니다."

---

18) 漢나라……하였습니다 : 漢 明帝 永平 3년(60)에 가물었는데도 명제가 궁궐을 크게 일으키자 鍾離意가 上疏하여 그치게 하였는바, 綱에 "北宮을 크게 일으켰으나 얼마 후 중지하였다.〔大起北宮 旣而罷之〕"라고 보이며 ≪書法≫에 "'위에서는 크게 일으켰다.'라고 쓰고 아래에는 '얼마 후 중지하였다.'라고 썼으니, 명제가 諫言을 잘 따른 용맹함을 볼 수 있다. 그러므로 乙丑年(66) 다시 궁궐을 지어 이루어졌으나 쓰지 않았다." 하였다. 위에 보이는 명제의 말은 이때에 한 것이다.

19) 內官 : 宮中에 있는 女官의 등속으로, 后妃는 天子에, 3명의 夫人은 三相에, 9명의 嬪은 九卿에 비유하였다.

20) 螽斯(종사)의 징험 : 螽斯는 메뚜기로, 메뚜기는 多産을 한다 하여 아들을 많이 낳을 징험을 이른다. ≪詩經≫ 〈周南 螽斯〉에 "메뚜기의 깃이 和하여 모였으니, 너의 자손이 번성함이 당연하도다.〔螽斯羽 詵詵兮 宜爾子孫 振振兮〕"라고 보이는데, 朱子는 ≪集傳≫에서 "메뚜기는 한 번에 99개의 새끼를 낳는다. '너〔爾〕'는 메뚜기를 가리킨 것이다. 이때 后妃가 질투하지 않아서 자손이 많았다. 그러므로 여러 妾들이 메뚜기가 여럿이 모여 사이좋게 지내며 새끼가 많은 것을 들어서, 后妃가 이러한 德이 있으니 마땅히 이러한 福이 있어야 한다고 말한 것이다."라고 풀이하였다.

조예가 답하기를 "내 번번이 昌言(善言)으로 스스로 잘 극복하니, 다시 다른 것도 자세히 아뢰라." 하였다.

◑ 叡耽于內寵하여 自貴人以下로 至掖庭灑掃히 凡數千人이라 廷尉高柔諫曰 周禮에 天子后妃以下 百二十人이니 旣已盛矣①니이다 竊聞後庭之數 今復過之라하니 聖嗣不昌이 殆或由此라 臣愚以爲可妙簡淑媛하여 以備內官之數②요 其餘는 盡遣還家하고 且以育精養神하여 專靜爲寶면 則螽斯之徵을 可庶而致矣리이다 叡報之曰 輒克昌言하노니 它復以聞③하라

① 王은 1명의 后, 3명의 夫人, 9명의 嬪, 27명의 世婦와 81명의 御妻를 세우니, 120명이다.
王立后, 三夫人, 九嬪, 二十七世婦, 八十一御妻, 是爲百二十人.
② 淑은 善함이요, 媛은 음이 院이니 〈"淑媛"은〉 美女이다.
淑, 善也. 媛, 音院. 美女也.
③ 〈"輒克昌言"은〉 번번이 昌言으로써 스스로 극복하는 것이다. ≪揚子法言≫에 이르기를 "자기 사욕을 이겨냄을 克이라 한다." 하였다.
輒以昌言自克也. 揚子曰 "勝己之私之謂克."

【目】 이때에 사냥하는 법이 준엄하여 禁地에 있는 사슴을 죽인 자는 몸이 죽고 재산이 관청에 몰수되었는데, 高柔가 다시 다음과 같이 상소하였다.

"百姓들이 부역에 동원되어 농사짓는 자가 이미 줄어들었는데 또다시 사슴의 포악함으로 인해 손상된 곡식이 적지 않고, 滎陽(형양)의 좌우 부근으로 말하면 주위 수백 리에 사람들이 전혀 들어가지 못합니다. 지금 天下가 생산하는 재물은 적고 고라니와 사슴이 손상시키는 곡식은 많으니, 그 禁令을 제거해주시기를 청합니다."

是時에 獵法嚴峻하여 殺禁地鹿者 身死하고 財產沒官이러니 柔復上疏曰 百姓供役에 田者旣減이어늘 復有鹿暴하여 所傷不貲①요 至如滎陽左右하여는 周數百里에 略無所入이니이다 方今天下生財者少하고 而麋鹿之損者多하니 請除其禁하노이다

① ≪資治通鑑≫에는 "백성들이 여러 부역에 동원되어 직접 농사짓는 자가 줄어들었고 게다가 또 사냥을 금지하여 사슴 떼가 농지를 침범하여 자라는 곡식을 마구 갉아 먹어서 곳곳마다 피해를 일으켜 곡식을 손상하는 것이 적지 않다." 하였다. "親田"은 몸소 밭두둑을 경작하는 것을 이른다. "不貲"는 숫자로 헤아릴 수 없이 많음을 말한 것이다.
通鑑 "百姓供給衆役, 親田者旣減, 加頃復有獵禁, 群鹿犯暴, 殘食生苗, 處處爲害, 所傷不貲." 親田, 謂躬親田畝者. 不貲, 言不可計量也.

【目】 曹叡는 또 北芒山을 평평하게 해서 臺觀을 만들어 孟津을 바라보고자 하였는데, 衛尉 辛毗가 다음과 같이 諫하였다.

"하늘과 땅의 이치는 높은 곳을 높게 하고 낮은 곳을 낮게 하는데 지금 이것을 반대로 하고자 하시니 이미 옳은 이치가 아니요, 게다가 사람의 功力을 허비하니 백성들이 부역을 감당하지 못합니다."

조예는 마침내 이것을 중지하였다.

◑ 叡又欲平北芒하여 作臺觀하여 以望孟津[①]이러니 衛尉辛毗諫曰 天地之性이 高高下下[②]어늘 今欲反之하시니 既非其理요 加以損費人功하니 民不堪役이니이다 叡乃止하다

① 北芒은 洛陽에 있는 北山의 이름이다.
北芒, 洛陽北山名.

② ≪國語≫ 〈周語〉에 말하였다. "周나라 太子 晉이 말하기를 '天地가 이루어짐에 높은 곳으로 모이고 물건은 낮은 곳으로 돌아가게 하였다. 四岳이 禹王을 보좌하여 높은 것은 높게 하고 낮은 것은 낮게 하여 九州의 산을 높이 봉하고 九州의 냇물을 깊이 팠다.' 하였다."
國語 "周太子晉曰 '天地成而聚於高, 歸物於下. 四岳佐禹, 高高下下, 封崇九山, 決汨九川.'"

【目】 少府 楊阜가 다음과 같이 상소하였다.

"堯임금이 띠풀로 만든 초가집을 숭상하자 萬國이 거처를 편안히 여겼고, 禹임금이 궁실을 낮게 하자 천하가 그 생업을 즐거워하였으며, 殷나라와 周나라에 이르러서는 혹 堂의 높이가 3尺이었고 너비는 9筵으로 헤아릴 뿐이었습니다. 그런데 桀王은 璇室(옥으로 만든 방)과 象廊(상아로 만든 행랑)을 만들고 紂王은 傾宮과 鹿臺를 만들어서 나라를 잃었고, 楚나라 靈王은 章華臺를 쌓고서 자신이 禍를 받았으며, 秦나라 始皇은 阿房宮을 짓고서 二世皇帝 때에 멸망하였습니다.

萬民의 역량을 헤아리지 않고서 군주 자신의 귀와 눈의 욕망을 따르면 망하지 않은 자가 있지 않습니다. 폐하께서는 마땅히 堯, 舜과 殷, 周를 법으로 삼고, 걸왕과 주왕, 秦나라와 楚나라를 경계로 삼으셔야 하는데, 도리어 스스로 한가롭고 편안하여 오직 궁실을 꾸미시니, 반드시 국가가 위태롭고 멸망하는 禍가 있을 것입니다. 君主는 元首가 되고 신하는 股肱이 되어 存亡을 같이하고 득실을 함께하니, 臣이 비록 노둔하고 겁이 많으나 감히 이 의리를 잊겠습니까. 말이 간절하고 지극하지 못하면 폐하를 감동시키고 깨닫게 하지 못하니, 삼가 棺을 다듬어 만들고 목욕하고서 무거운 誅罰이 내리기를 엎드려 기다립니다."

曹叡는 그의 忠誠에 감동하여 손수 우대하는 詔書를 써서 答하였다.

少府楊阜上疏曰 堯尙茅茨而萬國安其居하고 禹卑宮室而天下樂其業①하고 及至殷, 周하여는 或堂崇三尺하고 度(탁)以九筵耳②러니 桀作璇室象廊하고 紂蔿傾宮鹿臺하여 以喪其國③하고 楚靈이 築章華而身受禍하고 秦皇이 作阿房하여 二世而滅④하니이다 夫不度(탁)萬民之力하여 以從耳目之欲이면 未有不亡者也니이다 陛下當以堯, 舜, 殷, 周爲法이요 桀, 紂, 秦, 楚爲戒어늘 而乃自暇自逸하여 惟宮室是飾하시니 必有危亡之禍矣리이다 君作元首하고 臣爲股肱이라 存亡一體요 得失同之하니 臣雖駑怯이나 敢忘斯義리잇고 言不切至하면 不足以感寤陛下니 謹叩棺沐浴하고 伏俟重誅⑤하노이다 叡感其忠하여 手筆詔答하니라

① 띠풀로 지붕을 덮는 것을 茨라 한다. 堯임금은 흙으로 만든 계단이 3尺이었고, 띠풀로 이엉을 만들어서 지붕을 덮되 그 끝을 가지런하게 자르지 않았다.
以茅覆屋曰茨. 堯土階三尺, 茅茨不翦.

② ≪周禮≫ 〈考工記〉에 "殷나라 사람은 지붕을 이중으로 하고 堂의 길이를 7尋(8척), 堂의 높이를 3尺으로 하였다. 周나라 사람의 明堂은 9尺의 筵으로 펼 수 있도록 너비를 헤아려서 동서로 9筵이고 남북으로 7筵이며, 堂의 높이가 1筵이다." 하였다. 度(헤아리다)은 大各의 切이니, 아래도 같다. 筵은 자리이니, 아래에 깐 것을 筵이라 하고 위에 깐 것을 席이라 한다. 筵마다 길이가 9尺이니, 동서의 너비가 8丈 1尺이 되고 남북의 너비가 6丈 3尺이 됨을 이른다.[21)]
周禮考工記 "殷人重屋, 堂修七尋, 堂崇三尺. 周人明堂, 度九尺之筵, 東西九筵, 南北七筵, 堂崇一筵." 度, 大各切, 下同. 筵, 席也, 鋪陳曰筵, 藉之曰席. 每筵長九尺, 謂東西之廣爲八丈一尺, 南北之廣爲六丈三尺.

③ 璇은 아름다운 옥돌로 玉과 비슷한 것이다. ≪新序≫에 "鹿臺는 그 크기가 3리이고 높이가 천 길이다." 하였다. 臣瓚이 말하였다. "鹿臺는 지금의 朝歌城 안에 있다."
璇, 美石似玉. 新序曰 "鹿臺其大三里, 高千仞." 臣瓚曰 "今在朝歌城中."

④ 楚나라 靈王이 章華臺를 만들자 백성들이 명령을 감당하지 못해서 亂을 따르기를 마치 나그네가 집에 돌아가는 듯이 하니, 王이 달아나 芈尹氏(미윤씨)에게서 죽었다.
楚靈王爲章華之臺. 民不堪命. 從亂如歸. 王走而死于芈尹氏.

⑤ 叩는 침(다듬음)이다. 일설에 "가까이함이다."라고 한다.
叩, 擊也. 一曰 "近也."

【目】 曹叡가 일찍이 작은 모자를 쓰고 옅은 청색의 무늬 있는 비단으로 만든 반소매의

21) 筵마다……이른다 : 筵은 건축물 양끝의 거리를 재는 단위로 1筵은 9尺이다. 9筵이므로 9×9=81이어서 8丈 1尺이 되고, 남북으로는 7筵이므로 7×9=63이어서 6丈 3尺이 되는 것이다.

옷을 입자, 楊阜가 묻기를 "이는 禮에 있어 무슨 法服(예법에 맞는 옷)에 해당됩니까?" 하니 조예가 묵묵히 있었다. 이후로 조예는 예법에 맞는 법복을 입지 않고서는 양부를 만나보지 않았다.

양부가 또다시 상소하여 宮人을 줄이고자 해서 御府의 아전을 불러 後宮의 인원수를 묻자, 아전이 대답하기를 "禁中의 비밀은 드러내어 노출시킬 수가 없습니다." 하였다. 양부가 노하여 곤장을 치며 질책하기를 "國家(皇帝)는 九卿과 비밀을 나누지 않고 도리어 작은 관리와 비밀을 나눈단 말인가." 하니, 조예가 더욱 양부를 두려워하고 공경하였다.

叡常著(착)帽하고 被縹綾半袖[①]어늘 阜問曰 此於禮에 何法服也잇고 叡默然이러니 自是로 不法服하여는 不見阜러라 阜又上疏하여 欲省(생)宮人하여 乃召御府吏하여 問後宮人數[②]한대 吏對曰 禁密은 不得宣露니이다 阜怒하여 杖而數之曰 國家不與九卿爲密이요 反與小吏爲密乎아하니 叡愈嚴憚之[③]하니라

① 著(착용하다)은 陟略의 切이다. 帽는 음이 冒이니, 小兒와 또는 오랑캐들이 머리에 쓰는 것이다. 被(입다)는 去聲이다. 縹는 普沼의 切이니, 靑白色이다. 비단에 무늬가 있는 것을 혹 綺라 하고 혹 紋繒라 한다. "半袖"는 반소매이다.
著, 陟略切. 帽, 音冒, 小兒及蠻夷頭衣也. 被, 去聲. 縹, 普沼切, 靑白色. 綾, 紋帛, 或謂之綺, 或謂之紋繒. 半袖, 半臂也.

② 少府의 屬官에 御府令이 있으니 官婢를 주장하는바, 관리가 70명이고 여기에 딸린 관원이 30명이다.
少府屬官, 有御府令, 典官婢, 員吏七十人, 吏從官三十人.

③ 國家는 天子를 稱한 것이다.
國家, 天子之稱也.

【目】 散騎常侍 蔣濟가 다음과 같이 상소하였다.

"옛날에 越王 句踐은 백성의 生育을 권장하여 전쟁에 쓰기를 기다렸고, 燕나라의 昭王은 병든 자를 구휼하여 원수를 설욕하였습니다. 지금 두 賊이 彊盛하니 폐하께서 當代에 제거하지 못하면 百代의 책임이 됩니다. 폐하의 神武함으로써 급하지 아니하여 느슨히 해도 되는 것을 버려두고 賊을 토벌함에 마음을 專一히 하시면, 臣은 어려움이 없을 것이라고 생각합니다."

◑散騎常侍蔣濟 上疏曰 昔에 句踐이 養胎以待用[①]하고 昭王이 恤病以雪仇[②]하니이다 今二

敵彊盛하니 **當身不除**면 **百世之責也**[③]라 **以陛下神武**로 **舍其緩者**하시고 **專心討賊**이면 **臣以爲無難矣**[④]라하노이다

① ≪國語≫ 〈越語〉에 "越王 句踐이 會稽山에서 吳나라에 패하여 곤궁함을 겪다가 본국으로 돌아가자, 命하여 장성한 자는 늙은 부인에게 장가들지 못하고 늙은 자는 젊은 아내에게 장가들지 못하게 하였으며, 女子가 17세가 되었는데도 시집가지 않고 丈夫가 20세가 되었는데도 장가가지 않으면 그 父母에게 罰을 내렸으며, 장차 아이의 젖을 뗄 자는 나라에 申告하여 의원으로 하여금 지켜 다시 출산하게 하되, 丈夫(男子)를 낳으면 술 두 병에 개 한 마리를 주었고 女子를 낳으면 술 두 병에 돼지 한 마리를 주었으며, 자녀 세 명을 낳으면 나라에서 유모를 주고 두 명을 낳으면 나라에서 곡식을 주게 하였다." 하였다.
國語"越王句踐困於會稽, 旣反國, 命壯者無娶老婦, 老者無娶壯妻, 女子十七不嫁, 丈夫二十不娶, 其父母有罪, 將免乳者以告公, 令醫守之, 生丈夫, 二壺酒・一犬, 生女子, 二壺酒・一豚, 生三人, 公與之母, 生二人, 公與之餼."

② 燕 昭王은 燕나라가 齊나라에게 격파된 뒤에 〈즉위하여〉 죽은 이를 위로하고 병든 자를 위문하여 齊나라에 복수전을 전개해서 先王의 수치를 설욕하고자 하였다.
燕昭王, 於破燕之後, 弔死問疾, 欲以報齊, 雪先王之恥.

③ 〈"二敵彊盛……百世之責"은〉 임금의 當代에 吳와 蜀漢을 멸망시키지 못하면 후세의 책임이 반드시 임금에게 돌아올 것임을 말한 것이다.
謂當帝之身, 不能滅吳・蜀, 後世之責, 必歸於帝.

④ 舍(버리다)는 捨로 읽는다.
舍, 讀曰捨.

【目】 **中書侍郞 王基**가 다음과 같이 상소하였다.

"옛사람이 물로써 백성을 비유하여 말하기를 '물은 배를 띄우기도 하고 또한 배를 뒤엎기도 한다.' 하였고, 顔淵이 말하기를 '東野子가 말을 몰 적에 말의 힘이 다하였는데도 쉬지 않고 더 달려가려고 하였으니, 아마도 장차 실패할 것이다.' 하였습니다.

지금 백성들이 부역에 동원되어 고생스러워서 남녀가 헤어져 소원하니, 원컨대 폐하께서는 동야자의 폐해를 깊이 살피고 배와 물의 비유에 유념하소서. 漢 文帝 때에는 오직 同姓 諸侯만 있었는데도 賈誼가 이를 근심하여 말하기를 '섶나무를 쌓아놓은 아래에 불을 지펴놓고 그 위에서 잠을 자는 격이다.' 하였습니다. 지금 賊이 아직 섬멸되지 않아서 猛將들이 병력을 보유하고 있으니, 맹장들의 兵權을 제한한다면 敵을 대응할 수가 없고 맹장들이 오래도록 병권을 보유한다면 후세에 물려주기가 어려울 것이니, 만일 가의가 다시 나온다면 반드시 그때보다 더 깊고 간절하게 걱정할 것입니다."[22)]

中書侍郞王基上疏曰① **古人**이 **以水喩民**하여 **曰 水**는 **所以載舟**요 **亦所以覆舟**②라하고 **顔淵曰 東野子之御**에 **馬力盡矣**어늘 **而求進不已**하니 **殆將敗矣**③라하니이다 **今事役勞苦**하여 **男女離曠**하니 **願陛下**는 **深察東野之敝**하고 **留意舟水之喩**하소서 **漢文之時**에 **唯有同姓諸侯**로되 **賈誼憂之**하여 **以爲置火積薪之下而寢其上**이라하니 **今寇賊未殄**하여 **猛將擁兵**하니 **檢之則無以應敵**이요 **久之則難以遺後**④하니 **使賈誼復起**면 **必深切於曩時矣**⑤리이다

① 이것을 살펴보면, 魏나라가 이미 通事郞을 고쳐 中書侍郞이라 한 것이다.
按此, 則魏已改通事郞, 爲中書侍郞矣.

② 孔子가 말씀하기를 "비유하면 人君은 배이고 庶人은 물이다. 물은 배를 띄우기도 하고 배를 뒤엎기도 하니, 人君이 이것으로써 위태로움을 생각하면 위태로움이 장차 이르지 않을 것이다."[23] 하였다.
孔子曰 "君者舟也, 庶人者水也, 水則載舟, 水則覆舟, 君以此思危, 則危將焉而不至矣."

③ ≪孔子家語≫ 〈顔回篇〉에 다음과 같이 보인다.
"魯나라 定公이 顔回(顔淵)에게 묻기를 '그대 또한 東野畢이 말을 잘 몬다는 이야기를 들었는가?' 하니, 대답하기를 '잘 몰기는 하나, 장차 그 말이 반드시 도망갈 것입니다.' 하였다. 〈말이 도망가고 난 뒤에〉 公이 묻기를[24] '말이 도망갈 줄을 어찌 알았는가?' 하자, 안회가 다음과 같이 대답하였다. '政事로써 압니다. 옛날 舜임금은 백성을 부리기를 잘하였고 造父(조보)는 말을 잘 부려서, 순임금은 그 백성의 힘을 다하게 하지 않았고 조보는 그 말의 힘을 다하게 하지 않았습니다. 이 때문에 순임금에게는 노는 백성이 없었고 조보에게는 도망간 말이 없었습니다. 지금 동야필이 말을 모는 것은, 말에 올라타고 고삐를 잡음에 말 모는 법도가 반듯하고, 걷고 달려감에 훈련이 잘되어 있고, 험한 곳을 지나가고 먼 곳을 달려감에 말의 힘이 다하였습니다. 그런데도 쉬지 않고 달려가기를 바라니, 臣은 이 때문에 실패할 줄을 안 것입니다.' 공이 말하였다. '그대의 말이 의의가 크니, 원컨대 조금 더 깊이 있게 말해줄 수 있는가?' 하니, 안회가 대답하기를 '臣이 들으니 「새가 곤궁하면 부리

---

22) 漢 文帝……것입니다. : 賈誼는 文帝 때의 名臣으로, 이때 漢나라는 無事太平하였으나, 북쪽에는 匈奴가 강성하여 자주 변경을 침입하였고, 제후왕들이 封地가 넓은 것을 믿고 跋扈하였다. 문제 6년(B.C. 174) 梁王의 太傅로 있던 가의는 다음과 같은 上疏文을 올렸다.
"臣이 지금의 事勢를 생각건대, 통곡할 만한 것이 한 가지이고 눈물을 흘릴 만한 것이 두 가지이고 장탄식을 할 만한 것이 여섯 가지이니, 기타 도리에 위배되는 것은 일일이 들기가 어렵습니다. 말을 올리는 자들은 모두 '천하가 이미 편안하고 다스려졌다.'라고 말하나, 臣은 그렇지 않다고 생각합니다. 불을 안아다가 쌓아놓은 섶나무의 아래에 지펴두고 그 위에서 잠을 자면서 불이 미처 타오르지 않으면 인하여 편안하다고 말하니, 지금의 형세가 어찌 이와 다르겠습니까."
長篇의 이 상소문은 名文으로 알려져 있어 상소문의 典範이 되었다.

23) 孔子가……것이다 : 이 내용은 ≪荀子≫ 〈哀公篇〉에 보인다.

24) 公이 묻기를 : ≪孔子家語≫에는 본래 이 위에 "3일 뒤에 말을 먹이는 사람이 와서 하소연하기를 '東野畢의 말이 도망갔습니다.' 하였다. 公이 顔回를 불러 묻기를 '그대가 그 말이 장차 도망갈 것이다.'라고 말하였는데, 어떻게 도망갈 줄을 알았는가?' 하였다."라고 되어 있어 더욱 분명하다.

로 사람을 쪼고, 짐승이 곤궁하면 발톱으로 할퀴고, 사람이 곤궁하면 속이고, 말이 곤궁하면 도망한다.」 하였으니, 예로부터 지금까지 아랫사람의 힘을 다하게 하고서 능히 위태로움이 없었던 자는 있지 않았습니다.' 하였다."

家語 "魯定公問於顔回曰 '子亦聞東野畢之善御乎.' 對曰 '善則善矣. 雖然其馬將必佚.' 公曰 '奚以知之.' 顔回對曰 '以政知之, 昔者帝舜巧於使民, 造父巧於使馬, 舜不窮其民力, 造父不窮其馬力. 是以舜無佚民, 造父無佚馬. 今東野畢之御也, 升馬執轡, 御體正矣, 步驟馳騁, 朝禮畢矣, 歷險致遠, 馬力盡矣. 然而猶求進不已, 臣以此知之.' 公曰 '吾子之言, 其義大矣, 願少進乎.' 顔回曰 '臣聞之「鳥窮則啄, 獸窮則攫, 人窮則詐, 馬窮則佚.」自古及今, 未有窮其下而能無危者也.'"

④ 〈"猛將擁兵……久之則難以遺後"는〉 다섯 가지 큰 것[25]이 변방에 있어서 꼬리가 커 흔들지 못하니, 계책을 잘하여 後人에게 물려줄 수 있는 것이 아님을 말한 것이다. 遺(물려주다)는 于季의 切이다.

謂五大在邊, 尾大不掉, 非善計以詒後人也. 遺, 于季切.

⑤ 〈"使賈誼復起 必深切於曩時"는〉 다만 통곡하고 눈물을 흘리고 길게 탄식할 뿐이 아님을 말한 것이다.

言不特痛哭流涕長太息而已.

【目】 魏나라의 殿中監이 궁전을 짓는 부역을 감독할 적에 멋대로 蘭臺令史를 체포하니, 僕射 衛臻이 이 일을 조사할 것을 奏請하였다. 曹叡가 詔令을 내리기를 "궁전이 아직 이루어지지 못하여 내가 유념하고 있는데, 卿이 그를 推考하는 것은 어째서인가?" 하니, 위진이 다음과 같이 대답하였다.

"옛날 제도에 남의 직책을 침해하는 죄를 무겁게 다스린 것은 일을 부지런히 하는 것을 싫어해서가 아니요, 진실로 유익한 것이 적고 훼손되는 것이 크기 때문입니다. 臣이 매번 校事[26]를 살펴봄에 대체로 모두 이와 같았으니, 만약 또다시 그를 풀어주면 여러 官司에서 마침내 장차 직책을 뛰어넘어서 국가를 침체하게 할까 두렵습니다."

---

25) 다섯……것 : 太子와 太子의 同母弟, 신분이 귀하고 총애받는 公子와 公孫, 여러 代에 걸쳐 正卿이 된 자를 이른다. 《春秋左氏傳》 昭公 11년 조에 "다섯 가지 큰 것이 변경에 있어서는 안 된다.〔五大不在邊〕"라고 보이는바, 장수들이 병력을 보유하고 변경에 있을 경우, 이들을 단속하면 적을 맞아 싸울 수가 없고 이들을 오랫동안 풀어놓으면 뒤에 반드시 반란을 일으켜 후손에게 물려줄 수 없음을 말한 것이다. '꼬리가 커서 흔들지 못한다.'는 것은, 머리는 황제가 있는 도성을, 꼬리는 제후나 변경에 있는 장수들을 비유하여, 중앙정부에서 제후나 장수들을 제대로 통제하지 못함을 말한 것이다.

26) 校事 : 三國時代 魏나라와 吳나라에서 설치했던 官名으로, 황제와 執政大臣을 위해 관리와 백성들의 정보를 수집하는 임무를 맡았다.

◑ 殿中監이 督役에 擅收蘭臺令史①하니 僕射衛臻이 奏案之한대 詔曰 殿舍不成하여 吾所留心이어늘 卿推之는 何也②오 臻曰 古制에 侵官之法은 非惡(오)其勤事也라 誠以所益者小하고 所墮(휴)者大也③일새니이다 臣이 每察校事에 類皆如此④하니 若又縱之하면 懼群司遂將越職하여 以至陵夷矣로소이다

① 여기의 殿中監은 당시 宮室을 경영하였기 때문에 그로 하여금 궁전을 만드는 것을 감독하게 했을 뿐, 唐나라의 殿中監의 관원이 아니다.[27] 뒤에 이른바 校事를 보면 알 수 있다. ≪晉書≫ 〈輿服志〉에 의하면 "大駕의 鹵簿(호종하는 儀仗隊)에 왼쪽에는 殿中御史가 있고 오른쪽에는 殿中監이 있다." 하였으니, 그렇다면 魏나라 때 殿中監에는 이미 정해진 관원이 있었던 것이다. 蘭臺令史는 御史臺에 속하였으니, ≪會要≫에 이르기를 "漢나라에서는 御史臺를 일러 蘭臺라 했다." 하였다.
此殿中監, 以其時營造宮室, 使監作殿中耳, 非唐殿中監之官也. 觀後所謂校事, 可知矣. 又據晉書輿服志"大駕鹵簿, 左殿中御史, 右殿中監." 則魏時殿中監已有定官. 蘭臺令史, 屬御史臺, 會要曰"漢謂御史臺爲蘭臺."

② 推는 추고하여 국문함이다.
推, 考鞫也.

③ 옛날 백관은 서로 직책을 뛰어넘어 越權하지 않았다. ≪春秋左氏傳≫ 〈成公 16년 조〉에 欒鍼(난함)이 말하기를 "侵官은 남의 관직(직책)을 침범하는 것이다." 하였다. 墮(훼손하다)는 隳로 읽는다.
古者, 百官不相踰越. 左傳, 欒鍼曰"侵官, 冒也." 墮, 讀曰隳.

④ 魏 武帝가 建國할 적에 校事를 두어 아랫사람들을 살피게 하였다.
魏武建國, 置校事, 使察群下.

【目】尙書 孫禮가 굳이 부역을 중지할 것을 청하자, 曹叡가 詔令을 내리기를 "내 바른말을 공경히 받아들인다." 하고 부역하는 백성들을 속히 되돌려 보내게 하였다. 監者가 다시 한 달만 더 머물게 할 것을 주청하자, 손례가 곧바로 일하는 곳에 가서 詔令이라고 稱하여 부역을 중지시키니, 조예는 비록 直言을 다 따르지는 못했으나 모두 우대하여 포용하였다.

尙書孫禮 固請罷役한대 詔曰 欽納讜言하노라하고 促遣民作하다 監者復奏留一月이어늘 禮徑至

---

27) 여기의……아니다 : 殿中監은 三國時代 魏나라에 설치된 7品 관직으로 황제의 服食, 車馬, 器用과 관련된 일을 담당한 관리이다. 그러나 北齊에 와서는 門下省 아래에 殿中監을 두었으며, 唐나라 때는 殿中省을 두었으며, 그 장관이 殿中監이었다. 여기에서는 魏나라 때는 殿中監이고, 唐나라 때는 殿中監(殿中省)의 관원이 아님을 말한 것이다.

作所하여 稱詔罷之하니 叡雖不能盡用直言이나 然皆優容之러라

【綱】 가을 7월에 魏나라 崇華殿에 화재가 발생하였다.

秋七月에 魏崇華殿이 災[28)]하다

【目】 魏主 曹叡가 궁전에 화재가 발생한 일로 太史令 高堂隆에게 묻기를 "이것은 무슨 나쁜 조짐인가?" 하자, 대답하기를 "≪易傳≫에 이르기를 '윗사람이 검소하지 않고 아랫사람이 절제하지 않으면 나쁜 불이 그 집을 태운다.' 하였고, 또 이르기를 '군주가 그 臺를 높게 지으면 하늘의 불이 재앙이 된다.' 하였습니다. 人君이 宮室을 꾸미는 데 힘써 백성들의 재물과 힘이 고갈되는 것을 알지 못하기 때문에 하늘이 가뭄으로써 應하여 불이 높은 궁전에서 일어나는 것입니다." 하였다.

魏主叡以殿災로 問太史令高堂隆曰 此何咎也①오 對曰 易傳曰 上不儉하고 下不節이면 孽火燒其室이라하고 又曰 君高其臺하면 天火爲災②라하니이다 人君이 務飾宮室하여 不知百姓空竭故로 天應以旱하여 火從高殿起也니이다

① 太史令은 太常에 속하였다. 高堂은 複姓이다.
太史令, 屬太常. 高堂, 複姓.
② 〈"易傳曰"은〉 京房[29)]의 ≪易傳≫의 글이다. 孽은 요망한 재앙이다.
京房易傳之辭. 孽, 妖孽也.

【目】 曹叡가 또다시 詔令을 내려 高堂隆에게 "漢나라의 柏梁臺에 화재가 났을 때 크게 궁전을 일으켜 눌렀으니, 그 意義가 어떠한가?" 하고 묻자, 고당륭이 다음과 같이 대답하였다.

"이는 越나라 무당이 한 말이니, 聖賢의 가르침이 아닙니다. 이제 마땅히 부역에 동원된 백성들을 해산하여 보내고 화재가 난 곳을 깨끗이 청소하고서 감히 이곳에 다시 궁전을 세우거나 짓는 일이 있지 않으면 萐莆(첩포)와 嘉禾(아름다운 벼)가 반드시 그 자리

---

28) 魏崇華殿災 : "하나의 崇華殿에 두 해에 두 번 화재가 났으니, 하늘의 경계가 두려울 만하다. ≪資治通鑑綱目≫에서 이것을 모두 쓴 것은 土木工事를 경계한 것이다.〔一崇華也 兩年兩災 天戒凜凜矣 綱目悉書之 所以戒土木也〕" ≪書法≫

29) 京房 : 前漢 말기 사람으로 字는 君明이며 본래 李氏였으나 스스로 姓을 바꾸었다. 焦延壽에게 ≪周易≫을 배웠는데 災變의 이치에 밝아 災異를 말하다가 權臣인 石顯에게 죽임을 당하였다. 著書로는 ≪京氏易傳≫이 있다.

에서 자랄 것입니다."

又詔問隆漢柏梁災에 而大起宮殿以厭(압)之하니 其義云何[①]오하니 對曰 此越巫所爲니 非聖賢之訓也[②]니이다 今宜罷遣民役하고 淸掃所災之處하여 不敢有所立作이면 則萐莆, 嘉禾必生其地矣[③]리이다

① 厭(누르다)은 益涉의 切이다.
厭, 益涉切.

② 漢나라 武帝 太初 원년(B.C. 104)에 柏梁臺에 화재가 발생하였는데, 越나라 사람 勇之가 말하기를 "越나라 풍속에 화재가 나면 다시 집을 일으키되 반드시 더 크게 해서 눌러 이겨 복종시킨다." 하니, 이에 建章宮을 지었다.
漢武帝太初元年, 柏梁臺災, 越人勇之曰 "越俗有火災, 復起屋, 必以大, 用勝服之." 於是作建章宮.

③ 萐은 山輒과 色洽의 두 가지 切이고 莆는 음이 甫이다. "萐莆"는 상서로운 풀이다. 堯임금 때 푸줏간에서 자랐는데, 〈그 잎이 흔들리며 바람을 일으켜서〉 더위를 물리쳐 시원하게 하였다.
萐, 山輒·色洽二切. 莆, 音甫. 萐莆, 瑞草也. 堯時生於庖廚, 扇暑而涼.

【綱】 8월에 魏나라에서 아들 曹芳을 세워 齊王으로 삼고 曹詢을 秦王으로 삼았다.

八月에 魏立子芳爲齊王하고 詢爲秦王하다

【目】 魏主 曹叡에게 아들이 없어서 두 왕(曹芳과 曹詢)을 양자로 삼았는데, 宮省의 일이 비밀스러워서 아무도 그들의 내력을 알지 못하였다. 혹자는 이르기를 "曹芳은 任城王 曹楷의 아들이다." 하였다.

魏主叡無子라 養二王爲己子하니 宮省事秘하여 莫知其所由來者라 或云 芳은 任城王楷之子也[①]라하니라

① 曹楷는 文帝의 아우 任城王 曹彰의 아들이다.
楷, 文帝弟任城王彰之子.

【綱】 魏나라에서 다시 崇華殿을 세웠다.

魏復立崇華殿[30)]하다

【目】 魏主 曹叡가 다시 崇華殿을 세우고서 이름을 九龍殿이라고 바꾸었다. 穀水를 끌어다가 숭화전 앞을 지나게 하였는데, 玉으로 우물을 만들고 우물의 난간을 비단 무늬로 조각하고서, 두꺼비가 곡수의 물을 받아들이고 神龍이 토해내게 하였다. 博士 馬鈞으로 하여금 司南車와 水轉百戲(물로 돌리는 놀이판)를 만들게 하니, 여기에 노역한 자가 3, 4만 명이었다.

魏主叡復立崇華殿하여 **更**(경)**名九龍**①하고 **通引穀水過殿前**호되 **爲玉井綺欄**하여 **蟾蜍**(섬서)**含受**하고 **神龍吐出**②하다 **使博士馬鈞**으로 **作司南車**와 **水轉百戲**하니 **作者三四萬人**③이러라

① 이때 郡國에 아홉 마리의 龍이 나타났으므로 인하여 宮殿의 이름을 九龍殿이라 한 것이다. 時郡國有九龍見, 因以名殿.

② ≪水經注≫에 "穀渠는 동쪽으로 옛 金市의 남쪽을 지나 千秋門과 만나면 支流가 돌로 된 동굴로 들어가 땅속으로 흘러 靈芝 九龍池로 注入한다." 하였다. "綺欄(기란)"은 조각하여 비단 무늬를 만듦을 이른다. 蜍는 署魚의 切이니, "蟾蜍"는 蝦蟆(두꺼비)이다. "含受"는 그 물을 받는 것이다."

水經注 "穀渠東歷故金市南, 直(치)千秋門, 枝流入石逗, 伏流注靈芝九龍池." 綺欄, 謂鏤爲綺文. 蜍, 署魚切. 蟾蜍, 蝦蟆也. 含受, 受其水也.

③ 司南車는 바로 指南車이다. 黃帝가 蚩尤와 涿鹿에서 싸울 적에 치우가 큰 안개를 일으키자, 장병들이 갈 곳을 알지 못하였는데, 黃帝가 마침내 지남거를 만들었다. 周나라 成王 때 越裳氏가 거듭 통역하여 와서 공물을 바쳤는데, 使者가 돌아갈 적에 길을 잃자 周公이 駢車를 하사하여 남쪽을 가리키게 하였다. ≪晉書≫ 〈輿服志〉에 "나무를 조각하여 신선 사람을 만들어서 깃털로 만든 옷을 입히고 수레 위에 세웠는데, 수레바퀴가 돌아가더라도 손은 항상 남쪽을 가리켰는바, 大駕가 출행하게 되면 先導의 수레가 되어 사방의 방향을 바로잡았다." 하였다. "水轉百戲"는 큰 나무를 깎아 만들어서 그 형체를 바퀴와 같게 하였는데, 平地에 세워놓고서 사람들이 보지 못하게 은밀히 물로 돌렸는바, 여자 樂工을 만들어 象이라는 樂章에 맞춰 춤추게 하였고, 심지어는 나무로 만든 사람〔木人〕이 북을 치고 퉁소를 불게 하였으며, 山嶽을 만들어서 나무로 만든 사람으로 하여금 줄을 뛰어넘고 劍을 던지고 줄을

---

30) 魏復立崇華殿 : "앞에서 '崇華殿에 화재가 발생했다.'고 2번 썼었는데 이때 또다시 세웠으니, 하늘의 경계를 거스르는 것이 무엇이 이보다 심하겠는가. 그러므로 '復(다시)'라고 쓴 것이다. 唐나라 玄宗이 集僊殿을 고쳐 集賢殿이라고 하자 집현전이라고 썼는데(唐나라 開元 13년(725)), 이때 九龍殿이라고 이름을 바꾸었는데도 어찌하여 구룡전이라고 쓰지 않았는가. 九龍이라고 쓰지 않고 崇華라고 쓴 것은 하늘의 경계를 거스른 것을 드러낸 것이다. 이 때문에 秦나라에서 백성들의 원망을 돌아보지 않고 阿房宮을 짓자 '復'라고 썼고(秦 二世皇帝 원년(B.C. 210)), 魏나라에서 하늘의 경계를 두려워하지 않고 崇華殿을 세우자 '復'라고 썼으니(이해), ≪資治通鑑綱目≫이 끝날 때까지 宮殿을 지을 적에 '復'라고 쓴 것이 2번뿐이다.〔前再書崇華殿災矣 於是再立 逆天戒 孰甚焉 故書復 玄宗更集僊爲集賢則書集賢(唐開元十三年) 於是更名九龍殿 則曷爲不書 不書九龍 書崇華 所以著其逆天戒也 是故秦不恤人怨而作阿房則書復(秦二世元年) 魏不畏天戒而立崇華則書復(是年) 終綱目作宮殿書復者 二而已〕" ≪書法≫

타고 거꾸로 서서 출입을 자유자재로 하게 하였으며, 百官의 行署(府署)에서는 맷돌로 방아를 찧고 닭싸움을 하는 등 변화가 多端하여 기기묘묘한 것이 백 가지이다.
司南車, 卽指南車也. 黃帝與蚩尤戰于涿鹿, 蚩尤起大霧, 將士不知所之, 帝遂作指南車. 周成王時, 越裳氏重譯來獻, 使者迷失歸路, 周公錫駢車以指南. 晉志云 "刻木爲仙人, 衣以羽衣, 立車上, 車雖回轉, 而手常指南, 大駕出, 爲先導之乘, 以正四方." 水轉百戲, 以大木彫構, 使其形若輪, 平地施之, 潛以水發焉, 設爲女樂舞象, 至令木人擊鼓吹簫, 作山嶽, 使木人跳絙擲劍, 緣絙倒立, 出入自在, 百官行署, 舂磨鬪鷄, 變巧百端.

【目】陵霄闕을 처음 지을 적에 까치가 그 위에 둥지를 틀었다. 魏主가 이 일을 高堂隆에게 묻자, 다음과 같이 대답하였다.

"≪詩經≫ 〈召南 鵲巢〉에 이르기를 '까치가 둥지를 지음에 비둘기가 거기에서 산다.' 하였습니다. 이제 막 궁궐을 짓기 시작하였는데 까치가 그 위에 둥지를 틀었으니, 하늘의 뜻은 대략 '宮室이 이루어지기 전에 황제의 몸이 그곳에 거처하지 못하여 장차 다른 성씨가 소유한다.'는 것입니다. 天道는 특별히 친애하는 사람이 없어서 오직 善人을 친애하니, 이제 마땅히 온갖 부역을 중지하고 德스러운 정사를 더 높이면 轉禍爲福이 될 것입니다."

陵霄闕이 始構에 有鵲이 巢其上하니 魏主以問高堂隆한대 對曰 詩曰 惟鵲有巢에 惟鳩居之라하니이다 今始構闕而鵲巢之하니 天意若曰 宮室未成에 身不得居하여 將有他姓制御之耳라 天道無親하여 惟與善人하나니 今宜休罷百役하고 增崇德政하시면 則可以轉禍爲福矣리이다

【目】曹叡는 성품이 엄하고 급해서 宮室을 수리하는 것을 감독할 적에 기한을 지체하는 자가 있으면 직접 불러 심문하였는데, 말이 채 다 끝나기도 전에 몸과 머리가 이미 잘리어 나뉘졌다. 散騎常侍 王肅이 다음과 같이 諫하였다.

"폐하께서 그때그때 형벌한 자들은 모두 罪가 있는 관리입니다. 그러나 많은 사람들은 실정을 자세히 알지 못하고 창졸간에 형벌했다고 말하니, 원컨대 죄가 있는 자들을 법을 다스리는 관리에게 회부하여 그 죄를 드러내어 誅殺해서, 그들로 하여금 궁정을 더럽혀 遠近에서 의심받는 일이 없게 하소서.

또 사람의 목숨은 지극히 소중하니, 살리기는 어렵고 죽이기는 쉽기 때문에 聖賢이 사람의 목숨을 중하게 여기신 것입니다. 옛날 漢 文帝가 辟除를 犯한 자를 죽이려고 하자, 張釋之가 말하기를 '만약 벽제를 범한 그때에 上이 사람을 시켜서 誅殺했으면 모르

지만 이제 廷尉에게 회부하셨으니, 정위는 천하의 공평한 저울대와 같아서 기울게 해서는 안 됩니다.' 하였는데,[31] 臣은 이 말이 그 의리를 크게 잃은 것이라고 생각합니다.

정위는 天子의 관리인데도 공평함을 잃어서는 안 되는데, 하물며 천자의 몸이 도리어 미혹되어 잘못할 수 있겠습니까. 이는 자기 몸을 위하는 데에 중하게 하고 군주를 위하는 데에 가볍게 한 것이니, 불충함이 심한 것입니다. 살피지 않으면 안 됩니다."

叡性嚴急하여 督修宮室에 有稽限者하면 親召問之하여 言猶在口에 身首已分①이라 散騎常侍王肅이 諫曰 陛下臨時所刑이 皆有罪之吏也라 然이나 衆庶不知하여 謂爲倉卒이라하니 願下之吏하여 暴(폭)其罪而誅之하여 無使汚宮掖而爲遠近所疑하소서 且人命至重하니 難生易殺이라 是以로 聖賢重之하시니이다 昔에 漢文帝欲殺犯蹕者어늘 張釋之曰 方其時에 上使誅之則已어니와 今下廷尉하시니 廷尉는 天下之平이라 不可傾也라하니 臣以爲大失其義라하노이다 廷尉는 天子之吏也로되 猶不可以失平이어든 而天子之身이 反可以惑謬乎잇가 斯重於爲己而輕於爲君하니 不忠之甚也라 不可不察②이니이다

① 期限을 세워서 완성하기를 期必하였는데 시기가 되어도 완성하지 못한 것을 "稽限"이라 한다.
立爲期限, 以必其成, 及期而不成, 爲稽限.

② 爲(위하다)는 去聲이다.
爲, 去聲.

【綱】 겨울 10월에 魏나라 中山王 曹袞이 卒하였다.

冬十月에 魏中山王袞이 卒하다

【目】 曹袞은 병이 위독해지자, 官屬들에게 명하기를 "남자는 부인의 손에서 죽지 않으

---

31) 漢 文帝가……하였는데 : 辟除는 帝王이 출행할 때에 行人들을 물리치는 것을 이른다. 文帝 즉위 3년(B.C. 177), 황제가 행차하여 中渭橋를 지나갈 적에 어떤 사람이 다리 밑에서 갑자기 도망하여 乘輿의 말이 놀랐다. 그를 체포해서 당시 刑獄을 맡고 있던 廷尉 張釋之에게 죄를 다스리게 하자, 장석지는 벌금형에 해당한다고 아뢰었다. 황제가 이에 노하자, 장석지가 다음과 같이 말하였다. "법이란 天子가 천하 사람들과 함께 公共하게 쓰는 것입니다. 지금 법조문이 이와 같은데, 더 무겁게 처벌한다면 이는 백성들로 하여금 법을 믿지 못하게 하는 것입니다. 당시에 聖上께서 使者를 시켜 그를 주살하셨다면 모르지만 지금 이미 廷尉에게 회부하여 죄를 다스리게 하셨으니, 정위는 비유하면 천하의 공평한 저울대입니다. 저울대가 한 번 기울면 천하에서 법을 적용하는 것이 모두 이로 인해 輕重을 잃게 됩니다." 이에 문제는 한동안 있다가 "정위의 말이 옳다." 하고 장석지의 말대로 처벌하게 하였다.

니, 빨리 제때에 東堂을 이루라." 하였다. 동당이 이루어지자, 조곤은 병든 몸을 수레에 태워 동당에 가서 거주하였다. 또 世子에게 다음과 같이 명령하였다.

"네가 어려서 人君이 되어 즐거움만 알고 고생을 알지 못하니, 반드시 장차 교만과 사치로 실수할 것이다. 형제간에 선량하지 못한 행실이 있으면 마땅히 무릎 가까이 다가가서 諫할 것이요, 諫하여 따르지 않으면 눈물을 흘리며 타이를 것이요, 타일러도 고치지 않으면 마침내 그 어미에게 아뢰고, 그래도 고치지 않으면 마땅히 황제에게 아뢰고 아울러 나라의 토지(封地)를 사양하여야 하니, 은총을 지키다가 禍에 걸리기보다는 貧賤하면서 몸을 온전히 하는 것이 낫다. 그러나 이는 또한 큰 罪惡을 말했을 뿐이니, 작은 과실과 하찮은 연고는 마땅히 덮어주어야 한다."

그는 마침내 卒하였다.

袞이 疾病에 令官屬曰 男子는 不死於婦人之手[①]하나니 亟以時成東堂하라 堂成에 輿疾往居之하다 又令世子曰 汝幼爲人君하여 知樂不知苦하니 必將以驕奢爲失者也라 兄弟有不良之行이어든 當造膝(슬)諫之[②]요 諫之不從이어든 流涕喩之요 喩之不改어든 乃白其母하고 猶不改어든 當以奏聞하고 幷辭國土니 與其守寵罹禍론 不若貧賤全身也라 此亦謂大罪惡耳니 其微過細故는 當掩覆(부)之니라 遂卒하다

① 〈"男子 不死於婦人之手"는〉 ≪禮記≫ 〈喪大記〉의 글이다.
禮喪大記之言.

② "造膝"는 무릎 앞으로 다가가는 것이다.
造膝, 詣膝前也.

【綱】 魏나라가 鮮卑의 軻比能을 죽였다.

魏殺鮮卑軻比能하다

【目】 이보다 앞서 軻比能이 변방을 보호하는 鮮卑인 步度根을 유인하여 함께 배반해서 魏나라 將軍 蘇尙과 董弼 두 사람을 죽이고, 마침내 幕北(고비사막 북쪽)으로 달아나서 다시 보도근마저 죽였다. 이때에 이르러 幽州刺史 王雄이 사람을 시켜 그를 찔러 죽이니, 선비의 부락이 흩어져서 邊境이 마침내 편안하였다.

先是에 軻比能이 誘保塞鮮卑步度根以叛하여 殺魏將軍蘇尙, 董弼二人하고 遂走幕北하여 復殺步度根[①]이러니 至是하여 幽州刺史王雄이 使人刺(척)殺之하니 種落離散하여 邊陲遂安하다

① 步度根은 檀石槐의 손자이다.
步度根, 檀石槐之孫也.

【綱】 魏나라 張掖郡에 그림이 그려진 돌이 솟아 나왔다.

魏張掖에 **涌石負圖**[32)]하다

【目】 張掖郡의 柳谷 입구에 물이 넘쳐서 그림이 그려진 寶石이 솟아 나왔다. 신령스러운 거북 모양으로 냇물 서쪽에 서 있었는데, 石馬 7필과 鳳凰과 麒麟, 白虎와 犧牛, 璜玦과 八卦, 列宿(28수)와 孛彗(별)의 象이 있고, 또 '大討曹(曹氏를 크게 토벌함)'라고 쓰여 있었다.

이에 天下에 詔書를 반포하여 아름다운 祥瑞라고 하였다. 任縣令 于綽이 이 일을 鉅鹿 사람 張臶에게 묻자, 장천이 다음과 같이 대답하였다.

"神으로는 미래를 알고 이미 지나간 것을 뒤쫓지는 않으니, 상서와 조짐이 먼저 나타난 뒤에 나라의 興廢가 뒤따르는 법이다. 이제 漢나라가 오래전에 멸망하고 魏나라가 이미 천하를 얻었으니, 어찌 추후에 상서로운 조짐이 일어나겠는가. 이 돌은 當今의 이변이고, 장래의 符瑞(상서로운 조짐)이다."

張掖柳谷口水溢涌하여 **寶石負圖**호되 **狀象靈龜**하여 **立于川西**하고 **有石馬七及鳳凰, 麒麟, 白虎, 犧牛, 璜玦, 八卦, 列宿, 孛彗之象**하고 **又有文曰大討曹**①라 **詔書班天下**하여 **以爲嘉瑞**라하니 **任令于綽**이 **以問鉅鹿張臶**②한대 **臶曰 夫神以知來**요 **不追已往**이라 **祥兆先見**(현)**而後**에 **廢興從之**하나니 **今漢久亡**하고 **魏已得之**하니 **何所追興祥兆乎**리오 **此石**은 **當今之變異**요 **而將來之符瑞也**③니라

① ≪魏氏春秋≫에 말하였다. "이해에 張掖郡 刪丹縣 金山에 玄川이 넘쳐서 그림이 그려진 보석이 솟아 나오니, 모양이 신령스러운 거북과 같았는바 너비가 1丈 6尺, 길이가 1丈 7尺 1寸, 둘레가 5丈 8寸인데, 현천 서쪽에 서 있었다. 石馬 7필이 있는데, 그 가운데 하나는

---

32) 魏張掖涌石負圖 : "'隕石'을 쓴 경우가 있고 '돌이 섰다.'라고 쓴 경우가 있으나, '돌이 솟아 나왔다.'라고 쓴 적은 있지 않았다. 솟아 나온 돌에 그림이 그려 있고 '大討曹'라고 쓰여 있었으니, 하늘이 曹氏를 버린 것이 분명하다. 그런데도 天下에 詔書를 반포하여 아름다운 祥瑞라 하였으니, 이 또한 어리석은 짓이다. ≪資治通鑑綱目≫이 끝날 때까지 '隕石'을 쓴 것이 12번이고 '돌이 섰다.'라고 쓴 것이 2번인데, '돌이 솟아 나왔다.'라고 쓴 것은 1번뿐이다.〔有書隕石者矣 有書立石者矣 未有書涌石者 涌石負圖而文曰大討曹 天之棄曹氏也決矣 而詔頒天下 以爲嘉瑞 亦愚矣哉 終綱目 書隕石十二 石立二 書涌石一而已〕" ≪書法≫

신선이 탔고 하나는 고삐로 매여 있고 나머지 다섯 필은 형체는 있으나 선명하지 못하였다. 앞에 뚜껑을 덮은 玉匣이 있는데, 위에 玉으로 쓴 글자가 있고 玉玦 2개와 璜玉 하나가 있었다. 麒麟은 동쪽에 있고 봉황새는 남쪽에 있고 白虎는 서쪽에 있고 犧牛(제물로 삼는 純色의 소)는 북쪽에 있으며, 말은 중앙에서 四面으로 분포되어 되어 있는데 모두 蒼白色이었다. 그 남쪽에는 '上上三天王'이라는 다섯 글자가 있었다.

또 '述大金 大討曹 金但取之 金立中 大金馬一匹在中 大吉開壽 此馬甲寅述水'라는 글이 쓰여 있는데 모두 '中'자가 여섯 개이고 '金'자가 열 개이며, 또 八卦와 列宿와 孛彗와 같은 象도 있었다."

≪漢晉春秋≫에 말하였다. "氐池縣 大柳谷 어귀에 밤에 파도가 쳐서 물이 넘치니, 그 소리가 우레와 같았다. 새벽에 보니 푸른 돌이 물 가운데 서 있었는데, 길이가 1丈 6尺이고 높이가 8尺이었다. 흰 돌에 13필의 말과 한 필의 소와 한 마리의 새와 八卦와 玉玦의 象이 그려져 있었는데, 모두 높이 솟아 나와 있었다. '大討曹 適水中甲寅'이라고 쓰여 있었는데, 魏 明帝(曹叡)는 '大討曹'라고 한 것을 싫어하여 '討'자를 다시 파서 '計'자로 만들고 푸른 돌로 메웠으나, 하룻밤을 자고 나니 흰 돌이 가득히 채워져 원래와 같았다. 晉나라 초기까지도 그 글이 더욱 선명하고 말의 형상이 모두 분명하게 보여 옥과 같았다."[33)]

璜玦은 음이 黃決이니, 璜은 璧玉의 절반으로 아래에 차는 장식이고, 玦 또한 佩玉이니 고리와 같이 생겼는데 이지러진 부분이 있다.

魏氏春秋曰"是歲張掖郡刪丹縣金山, 玄川溢涌, 寶石負圖, 狀象靈龜. 廣一丈六尺, 長一丈七尺一寸, 圍五丈八寸, 立于川西. 有石馬七, 其一仙人騎之, 其一羈絆, 其五有形而不善成. 有玉匣關蓋於前, 上有玉字, 玉玦二, 璜一. 麒麟在東, 鳳鳥在南, 白虎在西, 犧牛在北, 馬自中布列四面, 色皆蒼白. 其南有五字, 曰'上上三天王.' 又曰'述大金, 大討曹, 金但取之, 金立中, 大金馬一匹在中, 大(告)〔吉〕開壽, 此馬甲寅述水.' 凡中字六, 金字十, 又有若八卦及列宿孛彗之象焉." 漢晉春秋曰"氐池縣大柳谷口, 夜激波涌溢, 其聲如雷. 曉而有蒼石立水中, 長一丈六尺, 高八尺, 白石畫之, 爲十三馬・一牛・一鳥・八卦・玉玦之象, 皆隆起. 其文曰'大討曹, 適水中甲寅.' 帝惡其討也, 使鑿去爲計, 以蒼石(窒)〔窒〕之, 宿昔而白石(蒲)〔滿〕焉. 至晉初, 其文愈明, 馬象皆煥徹如玉焉." 璜玦, 音黃決. 璜, 半璧, 佩下之飾也, 玦, 亦玉佩, 如環而有缺.

② 任縣은 前漢 때에는 廣平國에 속하였고 後漢 때에는 鉅鹿郡에 속하였는데, 魏나라 때에는 다시 廣平郡에 속하였다. 㾓은 在甸과 祖悶의 두 가지 切이니, 張㾓은 內學(圖讖書)과 外學

33) ≪魏氏春秋≫에……같았다. : 위의 내용은 ≪三國志≫ 〈魏書 明帝紀〉 註에 보이고 ≪宋書≫ 〈天文志 符瑞〉에도 보이는데, 내용이 서로 다르다. 돌에 쓰여 있는 내용은 '大討曹' 이외에는 뜻이 자세하지 않은바, ≪宋書≫의 註에는 "大는 盛함이 지극한 것이고 金은 晉나라의 行(五行의 하나)이며 中은 물건의 쓰임이고 吉은 福의 시초이다. 이는 司馬氏가 앞으로 천하에 왕(황제) 노릇 하려고 德에 감응하여 나와서 正吉에 응하여 왕 노릇 할 符瑞임을 말한 것이다.〔夫大者盛之極也 金者晉之行也 中者物之會也 吉者福之始也 此言司馬氏之王天下 感德而生 應正吉而王之符也〕"라고 한 太尉屬 程猗의 해설이 실려 있다. 여기서는 ≪三國志≫의 註에 의거하여 誤字를 바로잡았음을 밝혀둔다.

(經學)을 겸하여 통달하였으므로 그에게 물은 것이다.
任縣, 前漢屬廣平國, 後漢屬鉅鹿郡, 魏復屬廣平郡. 踈, 在甸・祖悶二切, 踈兼內外學, 故以問之.

③ 〈"將來之符瑞"는〉 후세 사람들은 이것을 晉나라가 魏나라를 이을 징조라 하였고, 또 "소가 말의 뒤를 잇는다는 것"을 가지고 元帝가 본래 牛氏이므로 司馬氏를 이을 징조라 하였다.[34)]
後人以此爲晉繼魏之徵. 牛繼馬, 又以爲元帝本牛氏, 繼司馬之徵.

【綱】 魏나라가 말을 가지고 吳나라의 진귀한 물건과 교역하였다.

魏以馬易珍物於吳[35)]하다

【目】 魏主 曹叡가 사람을 보내 말을 가지고 吳나라에서 珠璣와 翡翠(비취), 玳瑁(대모)를 교역하려 하니, 吳主 孫權이 말하기를 "이는 모두 내가 쓰지 않는 것들인데 말을 얻을 수 있으니, 내 어찌 아끼겠는가." 하고는 주었다.

魏主叡使人以馬易珠璣, 翡翠, 玳瑁於吳①하니 **吳主權曰 此皆孤所不用**이어늘 **而可以得馬**하니 **孤何愛焉**이리오하고 **與之**하다

① 구슬이 둥글지 않은 것을 璣라 한다.
珠不圓者, 爲璣.

丙辰年(236)

【綱】 漢나라(蜀漢) 後主 建興 14년이다.

十四年이라

34) 소가……하였다 : 元帝는 司馬睿이다. 魏나라는 司馬懿와 司馬昭, 司馬炎이 3대에 걸쳐 국정을 전횡하다가 사마염이 魏나라를 찬탈하고 晉나라를 세우니, 이를 西晉이라 하였다. 사마염은 황제가 된 다음 사마의를 宣帝로 추존하였는바 사마예는 사마의의 손자인 琅邪恭王 司馬覲의 아들이다. 西晉이 五胡의 침략으로 망하자, 사마예는 지금의 南京에 나라를 세우니, 이를 東晉이라 하였다. 그러나 전설에 사마근의 妃인 夏侯氏가 낮은 관리인 牛禁과 사통하여 사마예를 낳았다고 한다. 그리하여 司馬氏는 말이고 牛氏는 소라 하여 소가 말을 잇는다고 한 것이다.

35) 魏以馬易珍物於吳 : "앞에서 '진귀한 물건을 요구했다.'라고 쓴 것은 물건을 玩好함을 비난한 것이고, 쓸모 있는 것을 가지고 쓸모없는 것과 교역함에 이르러는 '말을 가지고 교역했다.'라고 썼으니, 심히 비난한 것이다.〔前書徵珍物 譏玩物也 至以有用易無用 書曰以馬易 甚譏之〕" ≪書法≫

【目】 魏나라 明帝 曹叡 靑龍 4년이고, 吳나라 大帝 孫權 嘉禾 5년이다.

魏靑龍四年이요 **吳嘉禾五年**이라

【綱】 봄에 吳나라가 大錢을 주조하였다.

春에 **吳鑄大錢**[36]하다

【目】 大錢 하나가 500錢에 해당하였다.

一當五百①이러라

① 돈에 '大泉五百'이라 쓰여 있었는데, 지름이 1寸 3分이고 무게가 12銖이다.
文曰大泉五百, 徑一寸三分, 重十二銖.

【綱】 3월에 吳나라 婁侯 張昭가 卒하였다.

三月에 **吳婁侯張昭卒**①하다

① 婁는 옛 縣이니, 前漢 때에는 會稽郡에 속하였는데, 東漢 때에는 나뉘어 吳郡에 속하였다.
婁, 古縣也, 前漢屬會稽郡, 東漢分屬吳郡.

【目】 張昭는 容貌가 장엄하여 威風이 있으니, 吳主 孫權 이하가 모두 그를 두려워하였다. 이때 卒하니, 나이가 81세였다. 遺命을 하여 시신에 幅巾과 명주 관을 씌우고, 평상시 입는 의복으로 염하게 하였다.

昭는 **容貌矜嚴有威風**하니 **吳主權以下 皆憚之**라 **卒**하니 **年八十一**이라 **遺令幅巾素冠**하고 **斂以時服**하다

【綱】 여름 4월에 皇帝(後主)가 湔縣(전현)에 가서 汶水(민수)를 구경하고 열흘 만에 돌아왔다.

夏四月에 **帝如湔**하여 **觀汶水**하고 **旬日而還**①[37]하다

---

36) 吳鑄大錢 : "'大錢'이라고 쓴 것은 어째서인가. 비난한 것이다. 이때 大錢 하나가 500錢에 해당한다고 썼으니, 輕重의 알맞음을 잃은 것이다. 大錢을 쓴 것이 이때 처음 시작되었는데 ≪資治通鑑綱目≫이 끝날 때까지 大錢을 쓴 것이 6번이다.〔書大錢 何 譏也 於是書大錢 一當五百 失輕重之中矣 書大錢始此 終綱目 書大錢六〕" ≪書法≫

① 湔은 음이 翦이니, 縣의 이름인데 蜀郡에 屬하였다. 汶은 岷과 같이 읽으니, 汶水는 바로 岷江의 물줄기이다. 岷江은 氐道의 서쪽 변방 밖 岷山에서 발원하여 동쪽으로 흘러 都安縣을 경유한다.
湔, 音翦, 縣名, 屬蜀郡. 汶讀與岷同. 汶水, 卽岷江水也. 岷江, 出氐道西徼外岷山, 東流歷都安縣.

【綱】 武都의 氐王 苻健이 항복하였다.

◑ **武都**氐王苻**健**이 **降**①하다

① 杜佑가 말하였다. "氐는 西戎의 別種이니 漢 武帝가 武都郡을 개설하고는 그 종족을 배척하자, 그들은 각기 산골짝으로 도망해서 혹은 上祿에 거주하고 혹은 河·隴의 좌우에 거주하였다. 魏 武帝가 夏侯淵으로 하여금 배반한 氐族인 阿貴와 千萬 등을 토벌하고 뒤에 인하여 漢中을 버리고 마침내 武都에 있는 종족을 秦川으로 옮기니 바로 楊氏이다. 苻堅의 선조는 바로 苻氏이니, 楊氏와 苻氏는 똑같이 略陽에서 나와 대대로 혼인을 하였다."
杜佑曰 "氐者, 西戎別種, 漢武帝開武都郡, 排其種人, 分竄山谷, 或在上祿, 或在河·隴左右. 魏武令夏侯淵討叛氐阿貴·千萬等, 後因拔棄漢中, 遂徙武都之種於秦川, 是曰楊氏. 苻堅之先, 是曰苻氏, 楊氏·苻氏同出略陽, 世爲婚姻."

【綱】 겨울 10월에 孛星이 大辰(대신)에 나타나고, 또 동방에 나타났다.

◑ **冬十月**에 **有星**孛**于大辰**하고 **又**孛**于東方**①하다

① "大辰"은 大火星이니, 大火와 伐星은 하늘이 농사철의 이르고 느림을 보여주어 天下 사람들이 바름을 취하는 것이다. 그러므로 大辰이라 한 것이다. 亢宿 8度로부터 尾宿 4度까지를

---

37) 帝如湔……旬日而還 : "무릇 '觀'이라고 쓴 것은 비난한 것이니, 열흘 만에 돌아왔다고 쓴 것은 매우 비난한 것이다. 이 때문에 桓帝가 馮石의 부서에 갔을 때에 '머물러 술 마시기를 열흘 동안 했다.'라고 썼고, 後主가 汶水를 구경하였을 적에 '열흘 만에 돌아왔다.'라고 썼으니, 모두 비난한 가운데 비난한 것이다.〔凡書觀 譏也 旬日而還 甚譏之也 是故桓帝之幸馮石府 書留飮十日 後主之觀汶水 至旬日而還 皆譏之譏也〕" ≪書法≫
"魯나라 군주(隱公)가 棠邑에서 물고기를 잡는 것을 구경한 일을 ≪春秋≫에 특별히 써서 비난하였다. 丞相 諸葛亮이 卒한 지 이때 미처 두 해가 되지 못하였는데, 後帝(後主)의 하는 바가 이미 이와 같았다. '汶水를 구경하고 열흘 만에 돌아왔다.'라고 썼으면 그가 國政을 소홀히 하여 버리고 안일과 놀이에 멀리 종사하여 社稷의 重함을 소홀히 하고 귀와 눈의 욕심을 방종하게 하였는데, 당시 大臣 중에 또한 능히 諫하여 그치게 한 자가 없었으니, 그 惡과 그 잘못이 모두 直筆의 사이에 자세히 나타난다. 비록 벼랑을 타고 올라오는 적이 없다 하더라도 그 나라를 오랫동안 보유할 수 있었겠는가.〔觀魚于棠 春秋特筆以譏之 丞相亮卒 至是未及再期 而後帝所爲已若此 書觀汶水 旬日而還 則其慢棄國政 遠事逸遊 忽社稷之重 縱耳目之慾 而當時大臣 亦無能諫止 其惡其失 皆具見於直筆之間矣 雖無緣崖之寇 尙能久有其國乎〕" ≪發明≫

大火라 이른다. 일설에는 氐宿 5度로부터 尾宿 9度까지를 大火之次라 하니, 12방위의 卯方에 있다.

大辰者, 大火也, 大火與伐, 天之所以示民時早晩, 天下之所以取正, 故謂之大辰. 自亢八度, 至尾四度, 謂之大火. 一說, 自氐五度, 至尾九度, 曰大火之次, 於辰在卯.

【目】 魏나라 高堂隆이 다음과 같이 상소하였다.

"옛날 장차 宮室을 경영하려 할 적에는 宗廟가 맨 먼저이고 居室이 그 다음이 되었습니다. 이제 郊廟를 정하지 않았는데 거실을 높이 꾸며서 士民이 부역에 동원되어 생업을 잃고 있습니다. 그리고 外人들이 모두 말하기를 '궁인(궁녀)들의 비용이 軍國의 물자와 대략 비슷하다.'라고 하니, 이 때문에 백성들이 국가의 명령을 감당하지 못하여 모두 원망하고 노여워하는 마음을 품고 있습니다.

다듬지 않은 서까래와 낮은 궁실은 唐·虞와 大禹가 皇風을 후세에 남긴 것이요,[38] 玉臺와 瓊室은 夏癸(桀王)와 商辛(紂王)이 하늘을 犯한 것입니다. 이제 궁실이 너무 지나치게 성대하여 하늘의 彗星이 분명하게 나타났으니, 이는 바로 慈父의 간절한 가르침입니다.[39] 마땅히 효자가 공경하여 받드는 禮를 높여야 할 것이요, 소홀히 함이 있어서 하늘의 노여움을 더해서는 안 됩니다."

魏高堂隆이 上疏曰 古者將營宮室에 宗廟爲先하고 居室爲後①하니이다 今郊廟未定이어늘 而崇飾居室하여 士民失業하니이다 外人이 咸云 宮人之用이 與軍國之資略齊라하니 民不堪命하여 皆有怨怒②하니이다 夫采椽, 卑宮은 唐, 虞, 大禹之所以垂皇風也③요 玉臺, 瓊室은 夏癸, 商辛之所以犯昊天也④라 今宮室過盛하여 天彗章灼⑤하니 斯乃慈父懇切之訓이라 當崇孝子祗聳之禮⑥요 不宜有忽하여 以重天怒니이다

① 〈"將營宮室……居室爲後"는〉 ≪禮記≫ 〈曲禮〉의 말이다.
記曲禮之言.

② 齊는 동등함이다.

---

38) 다듬지……것이요 : ≪韓非子≫ 〈五蠹〉에 "堯임금이 천하에 왕 노릇 할 적에 띠풀을 엮어 이엉을 만들어서 지붕을 하되 처마 끝을 자르지 않았고 다듬지 않은 나무로 서까래를 만들었다.〔堯之王天下也 茅茨不翦 采椽不斲〕"라고 보이며, 大禹는 禹王을 높여 칭한 것으로 禹王이 궁실을 낮게 한 일은 ≪論語≫ 〈泰伯〉에 보인다. 皇風은 帝王의 훌륭한 敎化를 이른다.

39) 慈父의……가르침입니다 : 慈父는 인자한 아버지로 하늘을 가리키는바, '간절한 가르침'이란 天災地變과 凶兆인 孛星이나 彗星의 출현을 이른다. 옛날에 천재지변과 별자리들의 나쁜 징조는 하늘이 군주의 잘못을 깨우치기 위하여 내리는 간절한 경계라고 생각하였다. 그리하여 하늘의 경계에 조심하여 잘못을 고치는 제왕을 孝子에 비유하였다.

齊, 等也.

③ "釆椽"은 곧바로 채집해온 나무로 서까래를 만들어서 자르거나 다듬지 않은 것이다. 일설에는 "떡갈나무를 채취하여 만든다." 한다.
釆椽, 卽釆來之木爲椽, 不加斲削也. 一說"釆櫟木也."

④ 紂王이 瓊室을 만들어서 붉은 玉으로 꾸몄다. 癸는 桀王의 이름이고, 辛은 紂王의 이름이다.
紂爲瓊室, 以瓊瑤飾之. 癸, 桀名. 辛, 紂名.

⑤ 灼은 밝음이다.
灼, 明也.

⑥ 祗는 恭敬함이다.
祗, 敬也.

【目】 魏主 曹叡가 기뻐하지 않으니, 侍中 盧毓(노육)이 나와서 아뢰기를 "臣은 들으니, 君主가 현명하면 신하가 정직하다고 하였습니다. 옛날 聖王들은 행여 자신의 잘못을 듣지 못할까 두려워하였으니, 이것이 臣들이 高堂隆에게 미치지 못하는 이유입니다." 하였다. 이에 조예의 기뻐하지 않는 마음이 마침내 풀렸다. 노육은 盧植의 아들이다.

魏主叡不悅하니 侍中盧毓이 進曰① 臣聞君明則臣直이라하니이다 古之聖王이 惟恐不聞其過하니 此臣等所以不及隆也니이다 叡意乃解하다 毓은 植之子也라

① 毓은 음이 育이다.
毓, 音育.

【綱】 魏나라 司空 陳群이 卒하였다.

魏司空陳群이 卒하다

【目】 陳群이 前後에 걸쳐 여러 번 封事疏를 올렸으나 번번이 그 草稿를 없애니, 子弟들도 그 내용을 알지 못하였다. 혹자는 그가 지위에 있으면서 팔짱만 끼고 침묵했다고 비난하였는데, 正始 연간에 이르러 詔令을 내려 名臣들의 奏議들을 撰하게 하니, 조정의 선비들은 그제야 진군이 諫한 일을 보고 모두 감탄하였다.

群이 前後數(삭)上封事호되 輒削其草하니 雖子弟라도 莫知也라 或譏其居位拱默①이러니 及正始中에 詔撰名臣奏議할새 朝士乃見群諫事하고 皆嘆息焉②이러라

① 〈"居位拱默"은〉 팔짱을 끼고 있을 뿐, 침묵하여 한 마디 말도 하지 않음을 말한 것이다.
言拱手而已, 默無一言.
② "正始"는 魏나라 邵陵厲公(曹芳)의 연호이다.
正始, 魏邵陵厲公年號.

【目】 袁子[40]가 다음과 같이 평하였다.

"혹자는 말하기를 '楊阜는 어찌 忠臣이 아니겠는가. 君主가 잘못을 저지르면 발끈하여 저촉하고 사람들과 말할 적에 일찍이 군주의 잘못을 말하지 않은 적이 없었다.' 하였다. 이에 나는 답하기를 '仁者는 남을 사랑한다. 이것을 君主에게 베풀면 忠이라 하고, 이것을 어버이에게 베풀면 孝라 하니, 지금 人臣이 되어서 곧바로 君主의 잘못을 비방하여 그 惡을 전파하고 드날리니, 정직한 선비라고 이를 수는 있으나 忠臣이라고 할 수는 없다. 陳群으로 말하면 그렇지 않아서 하루 종일 談論함에 일찍이 군주의 잘못을 말하지 않았고, 글을 수십 번 올림에 외부 사람들은 그 내용을 알지 못했으니, 군자들이 이르기를 「진군은 이처럼 長者이다.」라고 했다.' 하였다."

袁子曰[①] **或云 楊阜**는 **豈非忠臣哉**리오 **人主之非**에 **則勃然觸之**하고 **與人言**엔 **未嘗不道**[②]라하여늘 **答曰 夫仁者**는 **愛人**이라 **施之君**이면 **謂之忠**이요 **施之親**이면 **謂之孝**니 **今爲人臣**하여 **直詆其君之非而播揚其惡**하니 **可謂直士**요 **未爲忠臣也**라 **若陳群則不然**하여 **談論終日**에 **未嘗言人主之非**하고 **書數十上**에 **外人不知**하니 **君子謂群於是乎長者矣**라하니라

① ≪資治通鑑≫에는 '曰'자 위에 '論'자가 있다.
通鑑, 曰上有論字.
② 道는 말함이다.
道者, 言之也.

【綱】 魏나라에서 公卿들로 하여금 재주와 德을 겸비한 선비를 천거하게 하였다.

魏令公卿擧才德兼備之士하다

【目】 이때 司馬懿가 兗州刺史 王昶(왕창)으로 선발에 應하니, 왕창은 인품이 근신하고 후

---

40) 袁子 : 袁準으로 자는 孝尼로 魏晉時代 인물이다. 儒學에 뛰어나서 많은 저술을 남겼다. ≪三國志≫ 〈魏書 袁渙傳〉의 注에 인용된 ≪袁氏世紀≫에 자세히 보인다.

덕하여 그 형의 아들의 이름을 默이라고 하고 沈이라 하고, 아들의 이름을 渾이라 하고 深이라 하고는 글을 지어 다음과 같이 경계하였다.

"내가 네 가지로써 너희들의 이름을 지은 것은 너희들이 이름을 돌아보고 뜻을 생각하여[41] 감히 어기지 않기를 바라서이다. 물건이 속히 이루어지면 빨리 없어지고, 늦게 성취하면 끝을 잘 마치니, 아침에 꽃이 피는 풀은 저녁이면 꽃이 떨어지고 소나무와 측백나무의 무성함은 한겨울 추위에도 쇠하지 않는다. 이 때문에 君子가 闕黨을 경계한 것이다.

능히 굽힘을 폄으로 삼고 사양함을 얻음으로 삼고 약함을 강함으로 삼으면 성공하지 못하는 경우가 드물다. 훼방과 칭찬은 사랑하고 미워하는 근원이요 禍와 福의 기틀이니, 가볍게 여겨서는 안 된다. 남이 혹 자기를 훼방하거든 마땅히 물러가서 자신에게 찾아보아 만약 자신이 훼방받을 만한 일이 있으면 저 말이 합당한 것이요, 훼방할 만한 것이 없으면 저 말이 망령된 것이다. 합당하면 저 사람을 원망할 것이 없고 망령되면 내 몸에 해로울 것이 없으니, 또 어찌 보복할 것이 있겠는가. 속담에 이르기를 '추위를 이기는 것은 갖옷을 겹으로 입는 것만 못하고, 비방을 그치게 하는 것은 스스로 행실을 닦는 것만 못하다.' 하였으니, 이 말이 참으로 좋다."

時에 司馬懿以兗州刺史王昶으로 應選①하니 昶은 爲人謹厚하여 名其兄子曰默, 曰沈이요 子曰渾, 曰深이라하고 爲書戒之曰 吾以四者爲名은 欲汝曹顧名思義하여 不敢違也니라 夫物이 速成則疾亡하고 晩就則善終하나니 朝華之草는 夕而零落하고 松柏之茂는 隆寒不衰라 是以로 君子戒於闕黨也②니라 夫能屈以爲伸하고 讓以爲得하고 弱以爲彊이면 鮮不遂矣니라 毁譽者는 愛惡(오)之原而禍福之機니 不可輕也라 人或毁己어든 當退而求之於身하여 若己有可毁면 則彼言當矣요 無可毁면 則彼言妄矣라 當則無怨於彼요 妄則無害於身이니 又何報焉이리오 諺曰 救寒은 莫如重裘요 止謗은 莫如自修라하니 斯言이 善矣③니라

① 昶은 丑兩의 切이다.
   昶, 丑兩切.
② ≪論語≫ 〈憲問〉에 闕黨의 童子가 명령을 전달하자, 혹자가 孔子에게 묻기를 "학문에 유익한 자입니까?" 하니, 공자가 말씀하였다. "나는 그가 자리에 버젓이 앉아 있는 것을 보았고 그가 선생과 나란히 걸어가는 것을 보았으니, 학문에 유익함을 구원하는 자가 아니요 속히 이루고자 하는 자이다."[42]

41) 이름을……생각하여 : 默은 침묵을 지켜 말이 적은 것이고, 沈은 침착한 것이고, 渾은 渾厚(厚德)한 것이고, 深은 속이 깊은 것이므로 말한 것이다.

42) 闕黨의……자이다 : 闕黨은 孔子가 거처하던 곳을 이른다. '명령을 전달한다.'는 것은 孔子가 그 童

論語, 闕黨童子將命, 或問之曰"益者與." 孔子曰"吾見其居於位也, 見其與先生竝行也, 非求益者也, 欲速成者也."

③ 重(거듭, 더)은 直龍의 切이다.
重, 直龍切.

丁巳年(237)

【綱】 漢나라(蜀漢) 後主 建興 15년이다.

十五年이라

【目】 魏나라 明帝 曹叡 景初 원년이고, 吳나라 大帝 孫權 嘉禾 6년이다.

魏景初元年①이요 吳嘉禾六年이라

① 책력을 바꿨으므로 景初로 紀元하였다.
以改曆, 紀元景初.

【綱】 봄 정월에 魏나라에 黃龍이 나타나니, 3월을 여름 4월이라 하였다.

春正月에 魏黃龍見(현)하니 以三月로 爲夏四月[43]하다

【目】 高堂隆은 "魏나라가 土德을 얻었으므로 그 祥瑞로 黃龍이 나타났으니, 마땅히 正朔을 고치고 의복의 색깔을 바꾸어서 백성들의 이목을 변화시켜야 합니다." 하니, 魏主 曹

子에게 심부름을 시켜 명령을 전달하게 한 것이다. 禮에 동자는 귀퉁이에 앉고 제자리에 버젓이 앉지 않으며, 어른과 길을 걸을 때에 뒤따라가서 어른과 나란히 가지 않아야 하는데, 이 동자는 속히 이루고자 하여 그렇게 하지 못함을 말씀한 것이다.

43) 以三月 爲夏四月 : "建丑月을 정월로 하였으니, 그렇다면 3월을 4월로 했다고 하면 될 터인데 여름 4월이라고 쓴 것은 어째서인가. 옛날 道가 아님을 비난한 것이다. 三代가 正朔을 고칠 적에는 달수를 고치지 않았다. 그리하여 漢나라 초기에 秦나라의 建亥月을 그대로 계승하여 '겨울 10월'이라고 썼으니, 그렇다면 秦나라와 漢나라가 비록 正朔을 고쳤으나 그 겨울이 됨은 그대로인 것이다. 그런데 이제 달수를 고쳐서 3월을 4월이라 하였으니 이는 잘못된 의논이요, 봄을 여름이라 하였으니 이는 四時의 실제를 變易한 것이다. 그러므로 '夏'라고 써서 비난한 것이다. 《資治通鑑綱目》이 끝날 때까지 '正朔을 고쳤다.'라고 쓴 것이 5번이다.〔建丑也 然則書以三月爲四月可矣 書夏四月 何 譏非古也 三代改正 不改月數 漢初承秦建亥 書冬十月 則秦漢雖改正 而其爲冬自若也 今改月數 以三爲四 末論也 而以春爲夏 是變易四時之實矣 故書夏譏之 終綱目 書改正五〕" 《書法》

叡가 그의 말을 따라서 마침내 建丑月을 정월로 삼고 의복의 색깔은 黃色을 숭상하고 犧牲은 白色을 사용하였다.

高堂隆이 以魏得土德故로 其瑞黃龍見(현)하니 宜改正朔하고 易服色하여 以變民耳目이라한대 魏主叡從之하여 遂以建丑之月爲正하고 服色尙黃하고 牲用白①하다

① 殷나라는 地正이 되니 建丑月인 12월을 歲首로 하였다.[44] 의복의 색깔을 黃色을 숭상한 것은 土로써 火의 차례를 대신한 것이요, 犧牲을 백색을 사용한 것은 殷나라를 따른 것이다.
殷爲地正, 以建丑十二月爲歲首. 服色尙黃, 以土代火之次, 犧牲用白, 從殷也.

【綱】 여름 6월에 魏나라에 지진이 있었다.

夏六月에 魏地震[45]하다

【綱】 魏나라가 陳矯를 司徒로 삼았다.

◑ 魏以陳矯爲司徒하다

---

44) 殷나라는……하였다 : 建丑月은 北斗七星의 자루가 丑方을 가리키는 달로 음력 12월을 이른다. 북두칠성의 자루는 1년에 366번을 돌아 하루에 한 바퀴를 돌고 한 바퀴를 더 돌아 매월 한 방위씩 바뀌어 간다. 그리하여 초저녁에 북두성의 자루가 정북방인 子方을 가리키면 음력 동짓달이 되고 정동방인 卯方을 가리키면 2월이 되고 정남방인 午方을 가리키면 5월이 되고 정서방인 酉方을 가리키면 8월이 된다. 歲首는 正月을 이른다. 옛날 夏나라는 建寅月을 정월로 삼으니 이를 人正이라 하고, 殷나라는 建丑月을 정월로 삼으니 이를 地正이라 하고, 周나라는 建子月을 정월로 삼으니 이를 天正이라 하였는바, 이는 "하늘은 子會에서 열리고 땅은 丑會에서 열리고 사람은 寅會에서 태어났다.〔天開於子 地開於丑 人生於寅〕"는 運會說에 근거한 것이다. 律曆은 대부분 建寅月을 정월로 하여 建丑月은 음력 섣달이 되고 建子月은 동짓달이 되었는바, 이때 建丑月을 정월로 하여 종전에 사용하던 책력에서 한 달을 앞당겨 3월을 4월이라 한 것이다. 秦나라는 建亥月을 정월로 삼았는데, 漢나라 초기에는 秦나라 책력을 그대로 사용하여 매년 冬十月을 歲首로 하다가 武帝 때에 太初曆이 나오면서 建寅月을 정월로 하였다. 古代에는 五行說에 입각하여 국가마다 숭상하는 德과 이에 따른 색깔이 있었는바, 殷나라는 建丑月을 정월로 삼고 백색을 숭상하여 희생도 백색을 사용하였으며, 漢나라는 火德이라 하여 赤色을 숭상하였는데 火는 土를 낳으므로 魏나라는 土德을 쓰고 黃色을 숭상하면서도 殷나라의 제도를 일부 반영하여 희생은 백색을 사용한 것이다.

45) 魏地震 : "≪資治通鑑綱目≫에서 지진을 쓴 것이 101번인데 漢代가 90번을 차지하니, 地道(땅의 道)의 변고가 漢나라보다 많은 적이 있지 않다. 이로부터 50년 동안 지진을 쓰지 않다가 晉 武帝 太康 9년(288)에 이른 뒤에 다시 썼고 ≪資治通鑑綱目≫이 끝날 때까지 쓴 것도 10분의 1에 불과하니, 어찌 地道가 그 떳떳함을 편안히 여겨서였겠는가. 이는 사관의 記注(기록)가 생략된 부분이 많아서일 것이다.〔綱目書地震一百一 而漢世居九十 地道之變 未有多於漢者也 自是五十年不書地震 至晉武太康九年而後書 迄綱目之終 所書亦不過當十之一 豈地道之安其常哉 記注蓋多略矣〕" ≪書法≫

【目】 陳矯가 처음 尙書令이 되었을 적에 劉曄이 늘 그를 중상모략하니, 진교가 두려워하였다. 그의 아들 陳騫이 말하기를 "主上은 밝고 성스러우시며, 大人은 大臣이십니다. 이제 만약 和合하지 못하더라도 三公이 되지 못함에 불과할 뿐입니다." 하였다.

尙書郞 廉昭가 재능으로 君主의 총애를 받아 여러 신하들의 작은 잘못을 들춰내 지적해서 윗사람에게 아첨하기를 좋아하였는데, 일찍이 아뢰기를 "尙書左丞이 죄인을 처벌할 때에는 마땅히 아뢰어야 하는데, 조서를 따르지 않습니다."라고 하여, 좌승이 죄를 얻게 되니, 진교도 이 일에 連坐되어 처벌을 받게 되었다.

矯初爲尙書令에 **劉曄**이 **嘗譖之**하니 **矯懼**라 **其子騫曰 主上**이 **明聖**하고 **大人**은 **大臣**이니 **今若不合**이라도 **不過不作公耳**니이다 **尙書郞廉昭 以才能得幸**하여 **好抉擿群臣細過以媚上**이러니 **嘗奏左丞罰當關**호되 **不依詔**라하여 **抵罪**하니 **矯當連坐**①러라

① 抉은 들춰냄이요 擿은 적발함이다. ≪續漢志≫에 "尙書의 左丞과 右丞이 각각 한 사람이니, 文書를 기록하여 시기에 맞추는 일을 관장하였다."라고 하였다. 罰은 罪罰이다. 關은 아룀이다. 〈"罰當關 不依詔"는〉 좌승이 죄인을 처벌할 적에 마땅히 군주에게 아뢰어야 하는데 詔書를 따르지 않음을 말한 것이다. 일설에 "漢나라는 當關이라는 관직을 설치하였으니, 새벽이 되면 즉시 관문에 이르러서 사람을 불러 깨우고자 한 것이다."라 하였다. 이는 尙書左丞 曹璠(조번)이 관문을 지키는 당관에게 형벌을 행하면서 詔令을 따르지 않았으므로 廉昭가 그의 죄를 아뢰었는데, 陳矯가 尙書令이었으므로 連坐된 것을 말한 것이다.
抉, 挑也. 擿, 發動也. 續漢志"尙書左右丞各一人, 掌錄文書期會." 罰, 罪罰也. 關, 白也. 言有罪罰, 當關白而不依詔書. 一說"漢置當關之職, 欲曉卽至門, 呼人使起." 此言尙書左丞曹璠, 行罰於當關之人, 而不依詔令, 故廉昭奏其罪, 陳矯爲尙書令, 當連坐也.

【目】 黃門侍郞 杜恕가 상소하여 다음과 같이 말하였다.

"폐하께서는 만 가지 機務에 근심하고 수고로워 때로 직접 등잔불을 가까이하시는데도 여러 가지 일이 제대로 시행되지 못하고 형벌과 禁令이 날로 해이해지니, 그 이유를 근원해보면 다만 신하가 충성을 다하지 않을 뿐만 아니라, 또한 폐하께서 전적으로 委任하지 않아서 世俗에서 忌諱하는 바가 많기 때문입니다.

臣은 생각건대 忠臣이 반드시 親하지는 못하고 親한 신하가 반드시 충성스럽지는 못합니다. 관계가 소원한 자가 남을 훼방하면 폐하께서는 그가 미워하는 사람에게 사사로이 보복하는가 의심하시고, 남을 칭찬하면 폐하께서는 그가 친한 사람을 사사로이 사랑하는가 의심하시니, 左右가 혹 폐하의 이러하신 태도에 영합하여 사랑하고 미워하는 말을 올려서 마침내 소원한 자로 하여금 감히 남을 훼방하거나 칭찬하지 못하게 하며, 政

事의 損益에 이르러도 또한 혐의되는 바가 있습니다. 폐하께서는 마땅히 조정의 신하들의 마음을 넓히고 道가 있는 선비들의 節操를 장려할 것을 생각하셔야 하는데, 도리어 廉昭와 같은 자로 하여금 그 사이에서 소란을 피우게 하시니, 臣은 大臣들이 장차 몸을 편안히 하고 직위만을 보존하여 가만히 앉아서 정사의 得失을 觀望할까 염려됩니다.

黃門侍郎杜恕上疏曰 陛下憂勞萬機하사 或親燈火로되 而庶事不康하고 刑禁日弛하니 原其所由컨대 非獨臣不盡忠이요 亦委任不專而俗多忌諱故也니이다 臣以爲忠臣不必親이요 親臣不必忠이라 有疏者毁人이면 而陛下疑其私報所憎하고 譽人이면 而陛下疑其私愛所親하시니 左右或因之하여 以進憎愛之說하여 遂使疏者로 不敢毁譽하며 至於政事損益하여도 亦有所嫌하니 陛下當思所以廣朝臣之心하고 厲有道之節이어늘 反使如廉昭者로 擾亂其間①하시니 臣懼大臣이 遂將容身保位하여 坐觀得失也하노이다

① "有道"는 道가 있는 선비를 이른다.
有道, 謂有道之士也.

【目】 옛날 周公이 魯侯에게 경계하기를 '大臣으로 하여금 자신의 의견을 따르지 않는 것을 원망하게 하지 말라.'[46] 하였으니, 어질지 않으면 大臣으로 삼아서는 안 되고, 大臣으로 삼았으면 그의 말을 따르지 않을 수 없음을 말한 것입니다. 그러므로 능력이 있는 자가 감히 그 힘을 남기지 않고, 능하지 못한 자가 자기 임무가 아닌 자리에 처할 수가 없는 것입니다.

지금 폐하께서는 여러 신하들에 대하여 그가 힘을 다하지 않는 줄 알고서 대신하여 그 직책을 걱정하시고, 그가 능하지 못한 줄을 알고서 가르쳐 그 일을 다스리게 하시니, 어찌 다만 君主가 수고롭고 신하가 편안할 뿐이겠습니까. 비록 聖賢이 한 시대 한 세상에 있더라도 끝내 또한 이런 방식으로는 정치를 할 수 없을 것입니다.

폐하께서는 또 臺閣의 禁令이 엄밀하지 못하고 人事의 請託이 끊이지 않는 것을 염려하시어 손님을 맞이하여 나가고 들어오는 제도를 만들어서 나쁜 관리들로 하여금 寺門을 지키게 하시니, 이는 禁하는 근본을 얻지 못한 것입니다.

昔에 周公이 戒魯侯曰 不使大臣怨乎不以①라하니 言不賢則不可爲大臣이요 爲大臣則不可不用也라 故로 能者不敢遺其力하고 而不能者不得處非其任이니이다 今陛下於群臣에 知其不盡力

46) 周公이……말라 : 魯侯는 魯나라에 봉해진 周公의 아들 伯禽을 가리킨다. 이 내용은 《論語》 〈微子〉에 그대로 보이는바, 이는 주공이 封地로 나가는 아들을 보내면서 경계한 말씀이다.

也하여 而代之憂其職하시고 知其不能也하여 而教之治其事하시니 豈徒主勞而臣逸哉리오 雖聖賢竝世라도 終亦不能以此爲治也리이다 陛下又患臺閣禁令不密하고 人事請屬(촉)不絶하사 作迎客出入之制하여 以惡吏守寺門하시니 斯未得爲禁之本也②니이다

① 以는 따름이다.
以, 用也.
② "臺閣"은 尙書를 이른다. "寺門"은 官寺의 門이다.
臺閣, 謂尙書也. 寺門, 官寺之門也.

【目】 옛날 漢나라 安帝 때에 少府 竇嘉는 廷尉 郭躬의 죄 없는 형의 아들(조카)을 辟召하였는데도 오히려 탄핵을 당하였습니다. 그런데 근래에 司隷校尉 孔羨(공선)은 大將軍의 狂悖(망령되고 도리에 어긋남)한 아우를 벽소하였는데도 有司가 침묵을 지켰으니, 이는 폐하께서 본래 기필코 행하는 형벌이 없어서 阿黨하는 근원을 끊지 못하셨기 때문입니다.
간사한 일을 규찰하고 적발하는 것은 충성스러운 일입니다. 그러나 세상에서 소인들이 이것을 행하는 것을 미워하는 이유는 그들이 도리를 돌아보지 않고 구차히 용납되어 등용되기를 바라기 때문입니다. 만약 폐하께서 그 始終을 고찰하지 않으시고, 반드시 사람들을 어기고 세상과 반대되는 것을 奉公으로 여기시며, 은밀히 남의 행실을 아뢰는 것을 충절을 다한다고 여기시면, 어찌 통달한 사람과 큰 재주를 가지고 있는 사람이 이것을 못하겠습니까. 진실로 도리를 돌아보아 하지 않을 뿐입니다. 만일 천하 사람들이 모두 도리를 등지고 이익을 추구한다면, 이는 군주가 가장 미워하는 것입니다. 폐하께서 어찌 이것을 즐거워하시겠습니까."
杜恕는 杜畿의 아들이다.

昔漢安帝時에 少府竇嘉 辟廷尉郭躬無罪之兄子호되 猶見奏劾①이러니 近司隷校尉孔羨은 辟大將軍狂悖之弟而有司嘿然②하니 蓋陛下自無必行之罰하여 以絶阿黨之原耳니이다 夫糾擿姦宄는 忠事也로되 然而世憎小人行之者는 以其不顧道理而苟求容進也일새니이다 若陛下不考其終始하고 必以違衆忤世爲奉公하고 密行白人爲盡節③하시면 焉有通人大才而不能此邪잇가 誠顧道理而弗爲耳니 使天下皆背道而趨利하면 則人主之所最病者也라 陛下何樂焉이시리잇고 恕는 畿之子也라

① 살펴보건대 范曄의 ≪後漢書≫에 郭躬이 章帝 元和 3년(86)에 廷尉에 제수되고 和帝 永元 6년(94)에 卒하여, 安帝 때에 미치지 못하였으니, 아마도 郭躬이 죽은 뒤에야 竇嘉가 비로소 그 형의 아들을 辟召한 듯하다.

按范書, 郭躬章帝元和三年, 拜廷尉, 和帝永元六年卒, 不及安帝時, 蓋躬死後, 竇嘉方辟其兄子也.

② 裴松之가 말하였다. "살펴보건대 大將軍은 司馬宣王(司馬懿)이다. ≪晉書≫에 '宣帝의 다섯 번째 아우가 이름이 通인데 司隷從事가 되었다.' 하였으니, 의심컨대 杜恕가 말한 狂悖한 자인 듯하다."

裴松之曰 "案大將軍, 司馬宣王也. 晉書云 '宣帝第五弟名通, 爲司隷從事.' 疑恕所云狂悖者."

③ 〈"密行白人爲盡節"은〉 은밀히 남의 과실을 사찰하여 上에게 아뢰고는 마침내 이것을 충절을 다했다고 여김을 말한 것이다.

謂潛伺人之過失, 以白上, 乃以爲盡節也.

【目】 魏主 曹叡가 갑자기 尙書門에 이르니, 陳矯가 무릎을 꿇고 묻기를 "폐하께서 어디를 가시려고 하십니까?" 하였다. 대답하기를 "文書를 살펴보고자 하는 것이다." 하니, 진교가 말하기를 "이는 본래 臣의 직책이니 폐하께서 마땅히 보실 바가 아닙니다. 만약 臣이 직책을 제대로 수행하지 못한다면 퇴출당할 것을 청합니다." 하니, 조예가 부끄러워하면서 돌아갔다.

조예가 일찍이 진교에게 "司馬公(司馬懿)의 忠貞이 社稷의 신하(忠臣)라고 일컬을 만한가?" 하니, 진교가 대답하기를 "사마공은 조정에 명망이 있는 분이지만 사직의 신하인지는 알지 못합니다." 하였다.

◑ **魏主叡嘗卒至尙書門**[①]하니 **矯跪問曰 陛下欲何之**시니잇고 **曰 欲案行文書耳**로라 **矯曰 此自臣職分**이니 **非陛下所宜臨也**니이다 **若臣不稱職**이면 **請就黜退**하노이다하니 **叡慙而反**하다 **叡嘗問矯 司馬公忠貞**이 **可謂社稷之臣乎**[②]아 **矯曰 朝廷之望也**어니와 **社稷**은 **未之知也**로이다

① 卒(갑자기)은 猝로 읽는다. 尙書門은 尙書臺의 門이다.

卒, 讀曰猝. 尙書門, 尙書臺門也.

② 司馬公은 司馬宣王을 가리킨 것이다.

司馬公, 指司馬宣王也.

【綱】 **魏**나라에서 詔制를 내려 三祖를 毁撤하지 않는 사당으로 삼았다.

魏制三祖爲不毁之廟하다

【目】 **魏**나라 有司가 武皇帝(曹操)를 太祖로, 文皇帝(曹丕)를 高祖로, 지금의 皇帝(曹叡)를 烈祖로 삼아서 三祖의 사당은 萬世에 훼철하지 않을 것을 주청하니, 魏主는 詔令을 내

려 그의 말을 따랐다.

魏有司奏以武皇帝爲太祖하고 文皇帝爲高祖하고 今皇帝爲烈祖하여 三祖之廟는 萬世不毁하니 詔從之하다

【目】 孫盛이 다음과 같이 평하였다.

"諡號로써 행실을 표하고 사당으로써 용모(威儀)를 보존하니, 當年에 미리 祖宗를 만들고 죽기 전에 미리 스스로 자신을 높이고 드러낸 자가 있지 않다. 魏나라의 많은 신하가 이때에 바름을 잃었다."

孫盛曰 夫諡以表行①이요 廟以存容이니 未有當年而逆制祖宗하고 未終而豫自尊顯이라 魏之群司 於是乎失正矣②로다

① 行(행실)은 去聲이다.
行, 去聲.

② "群司"는 百官의 신하이다.
群司, 百執事之臣也.

【綱】 가을 7월에 魏나라가 遼東을 공략하여 승리하지 못하니, 公孫淵이 스스로 燕王이라 稱하였다.

秋七月에 魏擊遼東하여 不利하니 公孫淵이 自稱燕王하다

【目】 公孫淵이 여러 번 國內의 賓客에게 나쁜 말을 하니, 魏主 曹叡가 토벌하고자 하여 毌丘儉을 幽州刺史로 삼았다. 관구검이 다음과 같이 상소하였다.

"폐하께서 卽位하신 以來로 기록할 만한 일(행적)이 없습니다. 吳와 蜀漢이 험한 지역을 믿고 있으니 갑자기 평정할 수가 없고, 아쉽지만 우선 吳와 蜀漢의 전쟁에 사용하지 않는 지역의 병사로써 遼東을 평정할 수 있습니다."

公孫淵이 數(삭)對國中賓客하여 出惡言하니 魏主叡欲討之하여 以毌丘儉爲幽州刺史①하다 儉上疏曰 陛下卽位以來로 未有可書라 吳, 蜀恃險하니 未可卒平이요 聊可以此方無用之士로 克定遼東②이니이다

① 毌는 음이 無이니, 毌丘는 複姓이다.[47]
毌, 音無. 毌丘, 複姓.

② 卒(갑자기)은 猝로 읽는다. 聊는 우선 대략이라는 말이다.
卒, 讀曰猝. 聊, 且略之辭.

【目】 光祿大夫 衛臻이 다음과 같이 諫하였다.

"公孫淵은 해외에서 生長하여 3代가 서로 이어오면서 밖으로는 戎族과 夷族을 어루만지고 안으로는 전쟁과 활쏘기를 익혔습니다. 그런데 毌丘儉이 일부의 군대를 거느리고 길게 몰아서 아침에 도착하여 그날 저녁에 적을 席捲하고자 하니, 이는 망령된 생각입니다."

曹叡는 그의 말을 듣지 않고 관구검으로 하여금 여러 군대를 거느려 遼東의 남쪽 경계에 주둔하게 하고 璽書(옥새를 찍은 親書)로 공손연을 불렀다.

光祿大夫衛臻이 諫曰 淵이 生長海表하여 相承三世①하여 外撫戎夷하고 內修戰射어늘 而儉이 欲以偏軍長驅하여 朝至夕卷하니 妄矣②니이다 不聽하고 使儉率諸軍하여 屯遼東南界하고 璽書로 徵淵하다

① 〈"相承三世"는〉 公孫度와 公孫康, 公孫淵이니, 모두 3代이다.
度・康・淵, 凡三世.

② 卷은 (諡)〔捲〕으로 읽는다.
卷, 讀曰(諡)〔捲〕48)

【目】 公孫淵이 마침내 군대를 일으켜서 遼隧에서 毌丘儉을 맞이하여 싸우자, 관구검이 그와 싸워 승리하지 못하고는 군대를 이끌고 돌아왔다. 공손연이 인하여 스스로 서서 燕王이 되고, 紹漢으로 改元하고 百官을 설치하였으며, 鮮卑를 유인하여 北方을 소란하게 하였다.

淵이 遂發兵하여 逆儉於遼隧①어늘 儉이 與戰不利하여 引軍還하다 淵이 因自立爲燕王하고 改元紹漢하고 置百官하고 誘鮮卑하여 以擾北方하다

① 遼隧縣은 二漢(前漢과 後漢) 때에는 遼東郡에 속하였는데, ≪晉書≫ 〈地理志〉에는 이 땅이 없으니, 아마도 遼水의 東岸에 있는 듯하다.

---

47) 毋는……複姓이다 : 여기에는 毋의 음이 無로 되어 있으나, 一本에는 毌으로 되어 있어 음과 뜻이 貫과 같은바, 毋丘는 山東省 曹縣에 있었던 옛 地名이다. 毋丘儉은 특히 高句麗를 정벌하여 유명한 인물인바, 우리나라 역사책에서는 '관구검'으로 읽는 경우가 많으므로 번역문에서 모두 관구검으로 표기하였다.

48) (諡)〔捲〕 : 저본에는 '諡'으로 되어 있으나, ≪資治通鑑≫ 註에 의거하여 '捲'으로 바로잡았다.

遼隧縣, 二漢屬遼東郡, 晉志無其地, 蓋在遼水東岸.

【綱】〈漢나라(蜀漢)〉 皇后 張氏가 崩하였다.

皇后張氏崩하다

【綱】 9월에 魏나라에 홍수가 졌다.

◑ **九月**에 **魏大水**하다

【綱】 魏主 曹叡가 그 后 毛氏를 죽였다.

◑ **魏主叡殺其后毛氏**[49)]하다

【目】 郭夫人이 魏主 曹叡에게 寵愛를 받으니, 毛后에 대한 사랑이 날로 쇠하였다. 조예가 後園에서 놀면서 사사로이 잔치하여 지극히 즐거웠는데, 곽부인이 황후를 맞이해올 것을 청했으나 조예는 허락하지 않고 인하여 좌우에게 禁하여 이 사실을 누설하지 못하게 하였다.

모후가 이 일을 알고 다음 날 조예에게 이르기를 "어제 북쪽 후원에서 노신 것이 즐거우셨습니까?" 하니, 조예는 좌우 신하들이 누설한 것이라고 여겨서 신하 10여 명을 죽이고 인하여 모후에게 사약을 내렸다.

郭夫人이 **有寵於魏主叡**하니 **毛后愛弛**①라 **叡遊後園**하여 **曲宴極樂**②이러니 **夫人**이 **請延皇后**한대 **叡不許**하고 **因禁左右不得宣**③이러라 **毛后知之**하고 **明日**에 **謂叡曰 昨遊北園**이 **樂乎**④잇가하니 **叡以左右泄之**라하여 **殺十餘人**하고 **因賜后死**하다

① 郭夫人은 河右(河西)의 큰 富豪家였는데, 黃初 연간에 本郡이 배반함으로 인해 籍沒되어 宮으로 들어왔다.

49) 魏主叡殺其后毛氏 : "魏나라에서 일찍이 '夫人 甄氏를 죽였다.'라고 쓰면서 魏王 曹조를 指斥하지 않았으나 이때 魏主 曹叡를 지척한 것은 어째서인가. 조예를 심하다고 여긴 것이다. 毛氏가 잔치에 참여하지 못해서 잠깐 물어본 것은 떳떳한 情인데, 그녀에게 사약을 내렸으니 조예 또한 몹시 잔인하다. ≪資治通鑑綱目≫에 '그 后를 죽였다.'라고 쓴 것이 2번이고, '廢하여 죽였다.'라고 쓴 것이 3번인데, 남에게 살해당한 것은 여기에 포함되지 않는다.〔魏嘗書殺夫人甄氏矣 不斥魏主丕 於是而斥魏主叡何 甚叡也 毛氏不得與宴 薄有問焉 常情也 而賜之死 叡亦忍甚矣哉 綱目書殺其后二 廢而殺之三 爲人所殺不與焉〕" ≪書法≫

夫人, 河右大族, 黃初中, 以本郡反叛, 沒入宮.

② "曲宴"은 禁中의 잔치이니, 사사로운 잔치라는 말과 같다.
曲宴, 禁中之宴, 猶言私宴也.

③ 宣은 폄이니, 일을 드러낸 것이다.
宣, 布也, 露其事也.

④ 後園은 洛陽城 북쪽 귀퉁이에 있다.
後園, 在洛城北隅.

【綱】 겨울 10월에 **魏**나라는 **圜丘**와 **方丘**, **南郊**와 **北郊**를 경영하였다.

冬十月에 **魏營圜方丘, 南北郊**[50]하다

【目】 **魏**나라는 **高堂隆**의 의논을 따라 **洛陽**의 남쪽 **委粟山**을 경영하여 **圜丘**를 만들고 다음과 같이 **詔令**을 내렸다.

"**漢**나라는 **秦**나라의 혼란한 틈을 뒤이어서 禘祭를 지내는 **禮**를 폐지하여 없앴다. **曹氏**의 **世系**가 **有虞**에서 나왔으니, 이제 **皇皇帝天**을 **圜丘**에서 제사하여 **虞舜**으로 배향하고, **皇皇后地**를 **方丘**에서 제사하여 **虞舜**의 **妃**인 **伊祈氏**로 배향하며, **天神**을 **南郊**에서 제사하여 **武帝**로 배향하고, **地祇**를 **北郊**에서 제사하여 **武宣皇后**로 배향하라."

魏用高堂隆議하여 **營洛陽南委粟山**하여 **爲圜丘**①하고 **詔曰 漢承秦亂**하여 **廢無禘禮**②라 **曹氏世系**는 **出自有虞**하니 **今祀皇皇帝天於圜丘**하여 **以虞舜配**하고 **祭皇皇后地於方丘**하여 **以舜妃伊氏配**③하고 **祀天神於南郊**하여 **以武帝配**하고 **祭地祇**(기)**於北郊**하여 **以武宣皇后配**④하라

① 孔穎達이 말하였다. "委粟山은 洛陽 남쪽 20里 지점에 있다."
孔穎達曰 "委粟山, 在洛陽南二十里."

② 禮에 5년에 한 번 禘祭를 지내니, 始祖가 말미암아 나온 분(할아버지)을 禘祭하고 그 시조로 배향하는바, 체제는 昭穆을 자세히 살펴서 太祖에게 제사한다는 뜻이다. 아래 글을 가지고 살펴보면, 이것은 바로 ≪禮記≫ 〈祭法〉에 이른바 郊·禘의 禘이니, 鄭玄의 註에 "祖·宗을 郊·禘함은 제사하여 配食함을 이른다. 이 禘는 圜丘(원구)에서 昊天에게 제사함을 이른다." 하였다.

---

50) **魏營圜方丘, 南北郊**: "원형과 방형은 언덕과 못의 높고 낮음의 뜻이니, 이것이 옛 법이다. 그런데 圜과 方에 모두 '丘'자를 뒤에 붙였으니, 잘못이다. 이미 圜丘와 方丘를 세우고 또 南郊와 北郊가 있었으니, 더욱 잘못이다. 그러므로 이것을 써서 비난한 것이다. 아래에 '晉나라가 원구와 방구의 제사를 남교와 북교로 합쳤다.'라고 썼으니, 이것은 晉나라를 좋게 여긴 것이다.〔圜方 丘澤高下之義 古也 皆取諸丘 非矣 旣立圜方丘 又有南北郊 益非矣 故書譏之 下書晉幷圜方丘之祀於南北郊 善晉也〕" ≪書法≫

禮, 五年一禘, 禘其祖之所自出, 以其祖配之, 審諦昭穆而祭于太祖也. 以下文觀之, 則此乃禮記祭法所謂郊禘之禘, 鄭氏註曰 "禘郊祖宗, 謂祭祀以配食也. 此禘, 謂祭昊天於圜丘也."

③ 舜의 妃는 堯임금의 딸이니, 요임금은 伊祁氏이다.
舜妃, 堯女也. 堯, 伊祁氏.

④ 祇(地神)는 巨移의 切이니, "地祇"는 萬物을 끌어내는 자이다.
祇, 巨移切. 地祇, 提出萬物者也.

【綱】 吳나라는 諸葛恪을 威北將軍으로 삼았다.

吳以諸葛恪爲威北將軍하다

【目】 諸葛恪이 丹陽에 도착해서 소속된 城邑의 長吏(수령)들에게 글을 보내어 각자 국경을 잘 지키고 隊伍를 분명하게 하며, 귀순한 平民은 모두 모여 거주하게 하였다.

그런 뒤에 장수들을 들어오게 해서 그윽하고 막힌 곳에 군대를 진열한 다음 울타리만 수선하고 賊과 교전하지 않게 하였다. 곡식과 벼가 장차 익기를 기다렸다가 번번이 군대를 풀어 곡식과 벼를 수확하여 남은 종자가 없게 하고, 모여 거주하는 平民은 조금도 침범하는 바가 없으니, 이에 산속에 숨어 있던 백성들이 굶주리고 곤궁해서 차츰 산에서 나와 자수하였다. 제갈각은 다시 이들을 후대하여 위로하고 어루만지고는 아랫사람들에게 명하여 사로잡지 못하게 하였다.

恪이 至丹陽하여 移書屬城長吏하여 令各保疆界하고 明立部伍하고 從化平民을 悉令屯居①하다 乃內(납)諸將하여 羅兵幽阻②하여 但繕藩籬하고 不與交鋒③하며 俟其穀稼將熟하여 輒縱兵芟刈(삼예)하여 使無遺種하고 平民屯居는 略無所犯하니 於是에 山民饑窮하여 稍稍自首④어늘 恪이 復厚慰撫之하고 勅下不得拘執⑤이러라

① 여기에서 句를 뗀다.
句.

② 內(들이다)은 納으로 읽으니, 장수들로 하여금 그윽하고 막힌 지역에 들어와 적을 막게 하였으므로 內이라 한 것이다.
內, 讀曰納, 使諸將入扼幽阻之地, 故謂之內.

③ 繕은 다스림이다.
繕, 治也.

④ 首는 잘못이 있음을 스스로 말함을 이른다.
首, 謂有咎自陳也.

⑤ "勅下"는 敎令를 내려서 그 아랫사람들을 단속한 것이다.
勅下者, 出敎令, 約束其下也.

【目】 臼陽縣長 胡伉(호항)이, 옛날 나쁜 백성으로서 곤궁하고 군색하여 잠시 산에서 나온 자를 잡아서 포박하여 丹陽府로 보내자, 諸葛恪은 호항이 敎令을 어겼다 하여 참수하여 조리돌렸다. 민간에서 이 말을 듣고는 늙은이와 어린이가 서로 손을 잡고 나오니, 1년 후에 병사의 숫자가 모두 본래 약속했던 것과 같게 되었다. 제갈각은 직접 만 명을 거느리고 나머지는 장수들에게 나누어 주니, 吳主 孫權은 그 功을 가상히 여겨서 威北將軍으로 제수하여 都鄕侯에 封하고 주둔지를 廬江의 晥口(환구)로 옮겼다.

臼陽長胡伉이 得舊惡民困迫暫出者하여 縛送府①어늘 恪이 以伉違敎라하여 斬以徇하다 民間聞之하고 老幼相(告)〔攜〕[51]而出하니 歲期人數 皆如本規②라 恪이 自領萬人하고 餘分給諸將하니 吳主權이 嘉其功하여 拜爲威北將軍하여 封都鄕侯하고 徙屯廬江晥口③하다

① 臼陽은 縣의 이름이니, 丹陽郡에 속하였다. 長은 令長이다.
臼陽, 縣名, 屬丹陽郡. 長, 令長也.

② 〈"歲期人數 皆如本規"는〉 諸葛恪이 예전에 "3년이면 甲士 4만 명을 얻을 수 있다." 하였다.
恪前云"三年可得甲士四萬."

③ 威北將軍은 孫氏가 처음 설치한 것이다. 晥水는 霍山縣에서 발원하여 동남쪽으로 340리를 흘러 大江(長江)으로 들어가니, 이곳을 晥口라 한다.
威北將軍, 孫氏所創置. 晥水, 自霍山縣, 東南流三百四十里, 入大江, 謂之晥口.

【綱】 魏나라에서 銅人(구리로 만든 인형)을 주조하고 芳林園에 土山을 일으켰다.

魏鑄銅人하고 起土山於芳林園[52]하다

---

51) (告)〔攜〕: 저본에는 '告'로 되어 있으나, ≪資治通鑑≫에 의거하여 '攜'로 바로잡았다.

52) 魏鑄銅人 起土山於芳林園 : "秦나라에서 金人을 주조했을 때에 쓰지 않았는데 여기에 쓴 것은 어째서인가. 秦나라는 굳이 責할 것이 못 되지만 秦나라를 뒤이은 자는 책할 만하기 때문이다. 그러므로 靈帝가 銅人을 주조하면 썼고, 魏나라에서 銅人을 주조하면 쓴 것이다. '土山을 일으켰다.'라고 쓴 것은 어째서인가. 백성을 수고롭게 함을 비난한 것이다. '토산을 일으켰다.'라고 쓴 것이 이때 처음 시작되었는데 ≪資治通鑑綱目≫이 끝날 때까지 '토산을 일으켰다.'라고 쓴 것이 2번이다.〔秦鑄金人不書 此其書 何 秦不足責 踵秦者可責也 故靈帝鑄銅人則書 魏鑄銅人則書 書起土山 何 譏勞民也 書起土山始此 終綱目 書起土山二〕" ≪書法≫
"魏나라 曹叡가 基業을 이은 이후로 土木工事가 끊이지 않았고 이제 또다시 銅人을 주조하고 土山을 일으켰는데 ≪資治通鑑綱目≫에 모두 책에 자세히 썼으니, 이는 후세에 사치하고 화려함을 좋아한 군주의 경계로 삼은 것이다.〔魏叡承業以來 土木之工不已 今又鑄銅人 起土山 綱目皆詳書于冊 所以爲後世侈靡者之戒也〕" ≪發明≫

芳林園을 조성하다

【目】魏主 曹叡가 長安에 있는 鍾簴(종거), 橐佗(탁타), 銅人, 承露盤을 洛陽으로 옮겼는데 승로반이 부러지니, 소리가 수십 리에 들렸다. 銅人은 무거워서 가져올 수가 없자, 백성들에게 銅을 많이 징발하여 銅人 둘을 주조하고 이름을 翁仲이라 하여 司馬門 밖에 나란히 앉혔다. 또 黃龍과 鳳凰을 주조하여 內殿의 앞에 두고, 芳林園에 土山을 일으켜서 公卿들로 하여금 모두 흙을 져 나르게 하였으며, 토산에 각종 나무와 좋은 풀을 심고 새와 짐승을 잡아다가 이 가운데에 풀어놓게 하였다.

魏主叡徙長安鍾簴, 橐佗, 銅人, 承露盤於洛陽①이러니 盤折하니 聲聞數十里②하고 銅人은 重不可致러니 大發銅하여 鑄銅人二하여 號曰翁仲이라하여 列坐於司馬門外하고 又鑄黃龍, 鳳凰하여 置內殿前하고 起土山於芳林園할새 使公卿으로 皆負土하고 樹雜木, 善草하고 捕禽獸하여 致其中③하다

① 簴(종틀)는 鐻와 通한다. "橐佗"는 秦 始皇이 구리로 주조한 낙타이다. "銅人"은 바로 진 시황이 주조한 金人이다. "承露盤"은 해석이 漢나라 武帝 元鼎 2년(B.C. 115)에 보인다.[53]

簴, 與鐻通. 槖佗, 秦始皇所鑄銅槖駝也. 銅人, 卽始皇所鑄金人. 承露盤, 解見漢武帝元鼎二年.

② 聞(들리다)은 음이 問이다.
聞, 音問.

③ ≪水經注≫에 "大夏門 안 동쪽 城 가에 景陽山이 있으니, 바로 芳林園의 서북쪽 귀퉁이다." 하였다. 裴松之가 말하기를 "芳林園은 바로 지금의 華林園이니, 齊王 曹芳이 즉위하여 화림원으로 이름을 고쳤다." 하였다.
水經注 "大夏門內東側際城, 有景陽山, 卽芳林園之西北陬也." 裴松之曰 "芳林園, 卽今華林園, 齊王芳卽位, 改曰華林園."

【目】 司徒掾 董尋이 다음과 같이 상소하였다.

"建安 以來로 병사들이 들판에서 싸우다가 죽고 도망하여 혹 가문이 모두 없어졌으며, 비록 生存한 자가 있더라도 남은 孤兒와 老弱者들 뿐입니다. 만약 宮室이 狹小해서 마땅히 넓히고 키워야 한다 하더라도 시기에 맞게 해서 농사일을 방해하지 않아야 하는데, 하물며 유익함이 없는 물건을 만듦에 있어서이겠습니까. 폐하께서 이미 여러 신하들을 높여서 冠冕으로 드러나게 하고 화려한 수레에 태우셨는데, 이들로 하여금 네모지게 땅을 파 짊어져서 흙이 온 몸과 발에 묻게 해서 나라의 광채를 훼손하여 유익함이 없는 일을 숭상하시니, 매우 옳지 않습니다. 孔子가 말씀하기를 '군주는 신하를 禮로써 부리고 신하는 군주를 충성으로써 섬긴다.' 하였으니, 충성이 없고 禮가 없으면 나라가 어떻게 존재하겠습니까.

臣은 이 말이 입에서 나오면 반드시 죽을 줄을 알지만 스스로 소의 한 터럭에 견주니, 살아서 이미 국가에 유익함이 없다면 죽은들 또한 무슨 손해될 것이 있겠습니까. 붓을 잡고 눈물을 흘리면서 마음속으로 이미 세상과 하직하였습니다. 臣에게 여덟 명의 자식이 있으니, 제가 죽은 뒤에 폐하에게 부탁드립니다."

동심은 글을 아뢰려 할 적에 沐浴하고 처벌 명령이 내리기를 기다리고 있었는데, 曹叡가 말하기를 "동심은 죽음을 두려워하지 않는가?" 하였다. 刑獄을 주관하는 자가 그를 체포할 것을 주청하자, 詔令을 내려 그의 죄를 묻지 말라고 하였다.

---

53) 承露盤은……보인다 : 思政殿訓義 ≪資治通鑑綱目≫ 제4권 하 漢 武帝 元鼎 2년 綱에 "봄에 柏梁臺를 건조하고 承露盤을 만들었다."라고 하였으나 그 아래 훈의에 승로반의 뜻이 해석되어 있지 않다. 오히려 同書 제5권 상 漢 武帝 元封 2년(B.C. 109) 綱에 "蜚廉觀, 桂觀, 通天莖臺를 만들었다."라 하고 아래 訓義에 "臺 위에 承露盤이 있는데 仙人이 옥잔을 잡고 받들어 구름 위에 있는 이슬을 받게 하였다.〔臺上 有承露盤 仙人掌擎玉杯 以承雲表之露〕" 하였다.

司徒掾董尋이 上疏曰 建安以來로 野戰死亡하여 或門殫(탄)戶盡하고 雖有存者나 遺孤老弱이라 若宮室狹小하여 當廣大之라도 猶宜隨時하여 不妨農務어든 況作無益之物哉잇가 陛下旣尊群臣하여 顯以冠冕하고 載以華輿어시늘 而使穿方擧土하여 沾體塗足하여 毁國之光하여 以崇無益하시니 甚無謂也[①]니이다 孔子曰 君使臣以禮하고 臣事君以忠이라하시니 無忠無禮면 國何以立이리오 臣知言出必死나 而自比於牛之一毛하니 生旣無益인댄 死亦何損[②]이리오 秉筆流涕하여 心與世辭라 臣有八子하니 死後에 累陛下矣[③]니이다 將奏에 沐浴以待命이러니 叡曰 尋이 不畏死邪아 主者奏收之하니 詔勿問하다

① 方은 흙을 파서 네모지게 만드는 것이다.
方, 穴土爲方也.

② 〈"自比於牛之一毛"는〉 司馬遷이 任安에게 答한 편지에 "가령 내가 법에 따라 죄를 얻어 죽임을 당하더라도 아홉 마리 소에 한 터럭이 없어지는 것과 같으니, 땅강아지와 개미와 무엇이 다르겠는가." 하였다.
司馬遷答任安書曰 "假令僕伏法受誅, 若九牛亡一毛, 與螻蟻何異."

③ 累는 부탁함이다.
累, 託也.

【目】 高堂隆이 다음과 같이 상소하였다.

"지금의 小人들은 秦, 漢 시대의 사치하고 화려함을 말하기 좋아하여 聖上의 마음을 방탕하게 하고, 멸망한 나라의 법도에 맞지 않는 器物을 가져와서 덕스러운 정사를 해치니, 이는 禮樂의 조화로움을 일으키고 神明의 아름다움을 보전하는 것이 아닙니다.

더구나 지금 吳와 蜀漢이 우리 中國과 힘을 겨루고자 하니, 만약 어떤 사람이 와서 아뢰기를 '孫權과 劉禪이 모두 덕스러운 정사를 닦아서 조세와 부역을 경감시키고, 항상 나이 많은 원로와 賢者들에게 자문하며, 일마다 예와 법도를 따릅니다.'라고 하면, 폐하께서는 이 말을 들으심에 저들이 이와 같이 훌륭한 정치를 하여 우리 국가의 근심이 됨을 어찌 싫어하지 않으시겠습니까. 그리고 만약 아뢰는 자가 말하기를 '저들은 모두 無道한 짓을 자행하여 사치를 숭상함에 한도가 없어서 부역과 세금을 무겁게 하여 백성들이 명령을 감당하지 못합니다.'라고 하면, 폐하께서는 이 말을 들으심에 저들이 피폐하여 저들을 점령하기가 어렵지 않음을 어찌 다행으로 여기지 않으시겠습니까.

진실로 이와 같다면 마음을 바꾸어 헤아려볼 수 있으니, 事情을 헤아리는 것도 거의 바랄 수 있을 것입니다.

○高堂隆이 上書曰 今之小人이 好說秦, 漢之奢靡하여 以蕩聖心하고 取亡國不度之器하여 以傷德政하니 非所以興禮樂之和요 保神明之休也[①]니이다 況今吳, 蜀이 欲與中國爭衡[②]하니 若有人이 來告權, 禪이 竝修德政하여 輕省(생)租賦하고 動咨耆賢하며 事遵禮度라하면 陛下聞之에 豈不惡(오)其如此而爲國憂乎잇가 若告者曰 彼竝爲無道하여 崇侈無度하여 重其賦斂하여 民不堪命이라하면 陛下聞之에 豈不幸彼疲敝而取之不難乎잇가 苟如此면 則可易心而度(탁)이니 事義之數 亦不遠矣[③]리이다

① "不度之器"는 長安의 鍾簴와 橐佗, 銅人과 承露盤을 이른다.
不度之器, 謂長安鍾簴・橐佗・銅人・承露盤也.

② 衡(저울대)은 輕重을 저울질하는 것이니, "爭衡"은 吳와 蜀漢이 스스로 생각하기를 국가의 形勢가 中國(魏나라)과 대등해서 더 낫고 못한 바가 없다고 생각함을 말한 것이다.
衡, 所以稱輕重. 爭衡者, 言吳・蜀自謂國勢與中國鈞, 無所輕重也.

③ 度(헤아리다)은 徒洛의 切이니, 아래도 같다.
度, 徒洛切, 下同.

【目】 멸망한 나라의 군주는 스스로 망하지 않는다고 편안하게 생각하니 그런 뒤에 결국 나라가 멸망하게 되었고, 어질고 성스러운 군주는 스스로 망할지도 모른다고 생각하니 그런 뒤에 결국 망하지 않게 되었습니다. 지금 天下가 피폐하니, 만약 적이 침입했다는 경보가 있으면 臣은 築城에 동원된 병사들이 변경에서 목숨을 바쳐 싸우지 않을까 염려됩니다. 또 장수와 관리들의 녹봉이 점점 깎여 줄어들고, 세금을 내지 않아야 할 자들이 지금 모두 절반을 내고 있으니, 이는 官의 수입은 옛날보다 갑절이 많아지고 지출은 옛날보다 3분의 1이 줄어든 것입니다. 그런데도 度支(국가의 재정)의 경비가 다시 매번 부족하니, 돌이켜 推究해보면 무릇 여러 비용은 반드시 별도로 쓰이는 곳이 있을 것입니다."

曹叡는 이 글을 보고 말하기를 "高堂隆의 이 上奏文을 보니, 朕으로 하여금 두렵게 한다." 하였다.

亡國之主는 自謂不亡이니 然後에 至於亡하고 賢聖之君은 自謂亡이니 然後에 至於不亡이니이다 今天下彫敝하니 若有寇警이면 臣懼版築之士 不能投命虜庭矣로이다 又將吏俸祿이 稍見折減하고 不應輸者 今皆出半[①]하니 此爲官入이 兼多於舊요 其所出與 參少於昔이로되 而度(탁)支經用이 更每不足[②]하니 反而推之하면 凡此諸費 必有所在矣[③]리이다 叡覽之하고 曰 觀隆此奏하니 使朕懼哉인저

① 將(장수)은 去聲이다. 折은 소모됨이다.

將, 去聲. 折, 耗也.

② 參은 셋으로 나눔이다.
參, 三分也.

③ 靑龍 연간(233~236) 以來로 宮殿을 넓게 경영하고, 궁중의 女官에게 지급되는 봉록의 石이 百官에게 지급되는 石數에 비견되었으며, 後宮이 수천 명이었다. 高堂隆이 말한 여러 비용이 별도로 쓰이는 곳이란 아마도 이를 가리킨 듯하다.
自靑龍以來, 廣營宮殿, 婦官秩石, 擬百官之數, 後宮數千人. 隆言諸費所在, 蓋指此也.

【目】 尙書 衛覬가 다음과 같이 상소하였다.

"지금 의논하는 자들은 대부분 남이 듣기 좋아하는 말을 하여, 政治를 말하게 되면 폐하를 堯, 舜에 견주고 征伐을 말하게 되면 두 오랑캐(吳·蜀漢)를 살쾡이와 쥐에 비하니, 臣은 옳지 않다고 여깁니다. 지금 四海의 안이 세 나라로 나뉘어서 여러 선비들이 힘을 폄에 각각 자기 군주를 위하니, 이는 옛날 6국이 나누어 다스리던 것과 다를 것이 없습니다. 武皇帝 때에 後宮은 먹는 것이 한 가지 고기에 지나지 않고 옷은 錦綉를 쓰지 않고 풀로 만든 자리에 가를 꾸미지 않았으며, 器物에는 丹沙와 옻칠을 하지 않았습니다. 이 때문에 천하를 平定하고 자손들에게 복을 남겨주셨던 것입니다. 지금 府庫의 물자를 계산해서 수입을 헤아려 지출하더라도 오히려 미치지 못할까 두려운데, 工役이 그치지 않고 사치가 날로 더해서 국고가 날로 고갈되고 있습니다.

○尙書衛覬上疏曰 今議者 多好悅耳하여 其言政治면 則比陛下於堯, 舜하고 其言征伐이면 則比二虜於狸鼠하니 臣以爲不然이라하노이다 四海之內 分而爲三하여 群士陳力에 各爲其主하니 是與六國分治로 無以異也라 武皇帝之時에 後宮이 食不過一肉이요 衣不用錦綉하고 茵蓐不緣飾하고 器物無丹漆이라 用能平定天下하고 遺福子孫[①]이니이다 當今宜計校府庫하여 量入爲出이라도 猶恐不及이어늘 而工役不休하고 侈靡日崇하여 帑(탕)藏日竭이니이다

① "茵蓐"의 글자가 草邊을 따른 것은 古人이 풀을 사용하여 자리를 만들었기 때문이다. 後世의 '鞇'자의 偏旁에 革邊을 따른 것은 가죽을 사용하여 만들었기 때문이다. '裀褥' 두 글자의 偏旁에 衣邊을 따른 것은 비단을 사용하여 만들었기 때문이다. 예스러움과 질박함이 사라지고 文飾이 성행하고 또 여기에 선을 둘러 꾸밈을 加한 것이다. 緣(선을 두르다)은 兪絹의 切이다.
茵蓐之字從草, 蓋古人用草爲之. 後世鞇字有旁從革者, 用皮爲之也. 裀褥二字有旁從衣者, 用帛爲之也. 古樸散而文飾盛, 又從而加緣飾焉. 緣, 兪絹切.

【目】 옛날에 漢 武帝가 神仙의 道를 믿어서 구름 밖에 있는 이슬을 받아 옥가루와 섞어 먹으면 〈不老長生한다고〉 믿었으므로 仙掌(신선의 손바닥)을 세워서 높은 하늘의 이슬을 받게 하니,[54] 폐하께서는 통달하고 밝으시어 매번 이것을 비웃으셨습니다. 한 무제는 이슬을 받아먹으려 하였는데도 오히려 비난을 받았는데, 폐하께서는 이슬을 얻을 생각이 없으시면서 공연히 承露盤(이슬을 받는 그릇)을 설치하여 공력을 허비하시니, 모두 聖上의 생각에 마땅히 재재해야 할 바입니다."

昔에 漢武信神仙之道하여 謂當得雲表之露하여 以餐玉屑이라 故로 立仙掌以承高露하니 陛下通明하사 每所非笑니이다 漢武有求於露로되 而猶尙見非어늘 陛下無求於露로되 而空設之하여 糜費功夫하시니 皆聖慮所宜裁制也니이다

【目】 이때에 曹叡가 詔令을 내려서 병사들의 딸 중에 예전에 이미 시집가서 관리와 백성의 아내가 된 자들을 수습하여 빼앗아서 다시 병사들에게 배필로 주니, 太子舍人 張茂가 다음과 같이 上書하였다.

"폐하는 하늘의 아들이요, 관리와 백성 또한 폐하의 아들입니다. 이제 저 사람에게서 빼앗아서 이 사람에게 주는 것은 또한 형의 아내를 빼앗아서 아우에게 시집보내는 것과 다를 것이 없으니, 이는 父母의 은혜에 있어서 한쪽으로 치우치는 것입니다. 또 縣官(국가)에서는 병사들에게 배필로 준다고 명분을 삼고 있으나 실제는 〈용모가 아름다운 여인은〉 掖庭(궁중)으로 들이고, 못생긴 여인만 병사들에게 보내주니, 부인을 얻은 자가 반드시 기뻐하지는 않고 아내를 잃은 자는 반드시 근심합니다. 天下의 君主로 있으면서 만백성의 환심을 얻지 못하면 위태롭지 않은 자가 적었습니다.

또 군대가 밖에 주둔하고서 하루에 千金을 허비하고 있습니다. 그런데 後庭에 기록되지 않은 여인과 椒房(황후가 거처하는 곳)과 母后의 집안에게 마구 재물을 하사하여 그 비용이 군대의 비용의 절반이 되고, 게다가 尙方에서는 구경하고 희롱하는 물건을 만들며 後園에 承露盤을 세우시니, 이는 진실로 한때 사람의 이목을 상쾌하게 합니다. 그러나 또한 賊이 우리를 침략하려는 마음을 불러일으키기에 충분합니다."

그러나 조예는 모두 듣지 않았다.

○時에 有詔錄奪士女前已嫁爲吏民妻者하여 還以配士①하니 太子舍人張茂 上書曰 陛下는 天之子也요 百姓吏民은 亦陛下子也니 今奪彼以與此는 亦無以異於奪兄之妻妻弟也라 於父母之

54) 구름……하니 : 漢 武帝가 元鼎 2년(B.C. 115) 承露盤을 만든 故事를 말한 것으로, 높은 하늘의 깨끗한 이슬을 받아 옥가루와 함께 마시면 不老長生하여 神仙이 된다는 道敎의 말을 따른 것이다.

恩에 偏矣[②]니이다 又縣官이 以配士爲名이나 實內(납)之掖庭하고 其醜惡이라야 乃出與士[③]하니 得婦者 未必喜하고 而失妻者 必有憂라 夫君天下而不得萬姓懽心者는 鮮不危殆니이다 且軍師在外하여 日費千金이어늘 而後庭無錄之女와 椒房母后之家 賞賜橫與하여 其費半軍[④]하고 加以尙方이 作玩弄之物하며 後園에 建承露之盤하니 斯誠快耳目之觀이나 然亦足以騁寇賊之心矣니이다 皆不聽하다

① 錄은 收拾함이요, 奪은 빼앗음이다. "士女"는 軍士의 딸이다.
錄, 收拾也. 奪, 攘取也. 士女, 軍士之女.
② 아래의 妻(시집보내다)는 去聲이다.
下妻, 去聲.
③ 內(들이다)은 納으로 읽는다.
內, 讀曰納.
④ "無錄"은 宮中의 기록에 그 이름이 없는 자를 이른다. 橫(멋대로)은 戶孟의 切이다. "其費半軍"은 그 비용이 군대에게 지급하는 비용의 절반이 됨을 말한 것이다.
無錄, 謂宮中錄籍無其名者. 橫, 戶孟切. 其費半軍, 謂其費與給軍之費相半也.

【綱】 魏나라 光祿勳 高堂隆이 卒하였다.

魏光祿勳高堂隆이 卒하다

【目】 高堂隆은 병이 위독하자, 입으로 글을 불러주어 다음과 같이 상소하였다.

"夏, 殷, 周 三代가 천하를 소유했을 적에 수백 년을 지나도록 한 자의 땅과 한 명의 백성도 그들의 소유가 아님이 없었습니다. 그런데도 癸(桀王)와 辛(紂王)이 함부로 욕심을 부리자 皇天이 震怒하여 宗國이 빈터가 되었습니다. 그리하여 紂王은 머리가 太白의 旗에 효시되고, 桀王은 鳴條에서 쫓겨나서 天子의 높은 지위를 湯王과 武王이 소유하였으니, 어찌 저들(桀王과 紂王)이 다른 사람이었겠습니까. 모두 훌륭한 왕자의 후손이었습니다.

黃初 연간에 하늘이 경계하는 조짐을 보여 종류가 다른 새가 제비의 둥지에서 자랐으니, 이는 큰 異變입니다. 마땅히 鷹揚(매처럼 무예를 드날림)하는 신하를 蕭墻(담장)의 안에서 방비해야 하니, 諸王들을 선발하여 그들로 하여금 병권을 주관하게 하고 병사들을 바둑판의 바둑알처럼 포진시켜 황제의 畿內를 鎭撫하고 황실을 돕게 해야 합니다.

皇天은 특별히 친애하는 사람이 없어서 오직 德이 있는 사람을 돕습니다. 백성들이

덕스러운 政事를 읊으면 국운이 연장되어 국가가 오랫동안 유지되고, 아래에 원망하고 탄식하는 자가 있으면 圖錄(國統)을 그치게 하여 유능한 자에게 천하를 주니, 이로 말미암아 보건대, 천하는 바로 천하 사람의 천하이고 폐하만의 천하가 아닙니다."

魏主 曹叡는 손수 詔令을 내려 위로하였는데, 얼마 안 있다가 고당륭이 卒하였다.

隆이 疾篤하여 口占上疏曰① 三代之有天下에 歷數百載하여 尺土一民이 莫非其有로되 然癸, 辛縱欲에 皇天震怒하여 宗國爲墟하니이다 紂梟白旗하고 桀放鳴條하여 天子之尊을 湯, 武有之하니 豈伊異人이리오 皆明王之胄也②니이다 黃初之際에 天兆其戒하여 異類之鳥 育長燕巢하니 此大異也③라 宜防鷹揚之臣於蕭墻之內니 可選諸王하여 使典兵碁跱하여 鎭撫皇畿하고 翼亮帝室④이니이다 夫皇天無親하여 惟德是輔라 民詠德政이면 則延期過歷하고 下有怨嘆이면 則輟錄授能⑤하나니 由此觀之컨대 天下는 乃天下之天下요 非獨陛下之天下也니이다 魏主叡手詔慰勞之러니 未幾而卒하다

① 〈"疾篤 口占上書"는〉 병이 위독하여 글을 손수 쓸 수 없으므로 입으로 불러주어 남으로 하여금 쓰게 한 것이다.
疾篤, 不能自書, 故口占而使人書之.
② 〈"紂梟白旗 桀放鳴條"는〉 武王은 紂王의 머리를 참수하여 太白의 旗에 매달았고, 商나라 湯王은 桀王을 鳴條에서 격파하고는 마침내 南巢에 추방(유치)하였다. 胄는 후손이다.
武王斬紂首, 懸之太白之旗, 商湯破桀於鳴條, 遂放之于南巢. 胄, 後也.
③ 〈"異類之鳥 育長燕巢"는〉 ≪晉書≫ 〈五行志〉에 "黃初 원년에 未央宮 안에 제비가 매를 낳았는데, 입과 발톱이 모두 붉다." 하였다.
晉書五行志 "黃初元年, 未央宮中, 有燕生鷹, 口爪俱赤."
④ "鷹揚之臣"은 司馬懿를 가리킨 것이다. 跱는 섬이니, 병사는 마땅히 바둑판의 바둑알처럼 포진하고 서 있어야 한다. "翼亮"은 輔弼하는 뜻이다.
鷹揚之臣, 指司馬懿也. 跱, 立也, 兵宜如碁之布立. 翼亮, 輔弼之意.
⑤ 輟은 그침이요, 錄은 圖錄(國祚)이다.
輟, 止也. 錄, 圖錄也.

【目】 陳壽가 다음과 같이 평하였다.

"高堂隆은 학문이 정통하고 군주를 바로잡음에 뜻이 있어서, 災變으로 인하여 경계 말씀을 올린 것이 간곡한 정성에서 나왔으니, 충성스럽다. 반드시 正朔을 고치고 魏나라로 하여금 虞나라를 선조로 삼게 한 것에 이르러서는, 이른바 미리 헤아리는 말이 학문이 통달한 바를 넘었다는 것이다."

陳壽曰 隆이 學業修明하고 志存匡君하여 因變陳戒 發於懇誠하니 忠矣哉라 及至必改正朔하고

俾魏祖虞하여는 所謂意過其通者與[①]인저

① "意過其通"은 일에 앞서 미리 헤아려 한 말을 너무 고집해서, 도리어 그 학문이 통하고 익힌 바를 넘음을 말한 것이다.
意過其通, 謂意料之說, 執之甚堅, 反過其學之所通習者也.

【綱】 魏나라에서 考課法을 만들었는데, 끝내 시행하지 못하였다.

魏作考課法이러니 不果行하다

【目】 魏主 曹叡가 浮華(겉만 화려하고 실제가 없음)한 선비를 매우 미워하여 吏部尙書 盧毓(노육)에게 詔令을 내리기를 "사람을 가려 뽑을 적에 有名한 사람을 취하지 말라. 명성은 땅에 그림을 그려 떡을 만들더라도 실제로 먹을 수가 없는 것과 같다." 하였다. 이에 노육이 다음과 같이 대답하였다.

"명성으로는 특이한 사람을 데려올 수는 없고 보통의 선비를 얻을 수는 있습니다. 보통의 선비가 가르침을 두려워하고 善을 사모하면 뒤에 명성이 있게 되니, 마땅히 미워할 바가 아닙니다. 어리석은 臣은 기이한 사람을 알지도 못하고 또 주관하는 일이 바로 이름을 따라 떳떳함을 살피는 것을 직책으로 삼고 있으니, 다만 마땅히 등용한 뒤를 징험할 수 있을 뿐입니다. 옛날에 펴서 아뢰기를 말로써 하고 밝게 시험하기를 功으로써 하였는데,[55] 지금 성적을 考課하는 법이 폐지되어 훼방하는 말과 칭찬하는 말로써 사람을 등용하고 물리칩니다. 그러므로 참과 거짓이 뒤섞이고 虛와 實이 서로 가려 분별하기 어렵습니다."

魏主叡深疾浮華之士하여 詔吏部尙書盧毓曰 選擧를 勿取有名이라 名은 如畫(화)地作餠하여 不可啖也니라 毓對曰 名不足以致異人이요 而可以得常士니이다 常士畏敎慕善然後에 有名하나니 非所當疾也니이다 愚臣이 旣不足以識異人이요 又主者正以循名案常爲職하니 但當有以驗其後耳니이다 古者에 敷奏以言하고 明試以功이러니 今考績之法廢하여 而以毁譽爲進退라 故로 眞僞渾雜하고 虛實相蒙이니이다

【目】 曹叡가 그의 말을 받아들여서 詔令을 내려 散騎常侍 劉劭에게 都官考課法 72조항

55) 옛날에……하였는데 : ≪書經≫ 〈虞書 舜典〉에 "천자가 5년에 한 번 제후국을 巡守하면 제후들은 네 번 조회를 하였는데, 아뢰기를 말로써 하고 밝게 시험하기를 功으로써 하고 수레와 의복으로써 공에 대한 상을 내렸다.〔五載一巡守 群后四朝 敷奏以言 明試以功 車服以庸〕"라고 보인다.

을 만들어 百官들에게 회부해서 의논하게 하니, 司隷 崔林이 다음과 같이 말하였다.

"≪周官≫에 考課하는 법은 그 글이 자세히 갖추어져 있으나 康王 이후로 마침내 침체하였으니, 法은 시행하는 사람에게 달려 있는 것입니다. 또 만 가지 조목이 펼쳐지지 않을 때에는 큰 綱을 들어야 하고, 여러 털이 정리되지 않았을 때에는 옷깃을 떨쳐야 하니, 만약 大臣이 능히 그 직책을 잘 수행한다면 누가 감히 직책에 공경을 다하지 않겠습니까. 考課가 무슨 필요가 있겠습니까."

叡納其言하여 **詔散騎常侍劉劭**하여 **作都官考課法七十二條**하여 **下百官議**하니 **司隷崔林曰 周官考課 其文備矣**[①]로되 **康王而下**로 **遂以陵夷**하니 **蓋法存乎其人也**[②]니이다 **且萬目不張**이면 **擧其綱**하고 **衆毛不整**이면 **振其領**이니 **若大臣**이 **能任職**이면 **則孰敢不肅**이리오 **烏在考課哉**잇가

① 〈"周官考課 其文備矣"는〉 周나라 冢宰가 百官을 총괄하여 歲終(연말)이 되면 여러 官府로 하여금 각각 관부의 치적을 정비하고 회계를 받고 政事를 듣고는 王에게 관리를 버릴 것인지, 그대로 둘 것인지를 보고하였으며, 3년이 되면 官吏들의 치적을 크게 계산하여 상과 벌을 시행하였다.
周冢宰, 摠百官, 歲終則令百官府, 各正其治, 受其會, 聽其政事, 而詔王廢置, 三歲, 則大計群吏之治而誅賞之.

② "陵夷"는 丘陵이 점점 평평해지는 것처럼 법도가 무너지고 침체함을 말한 것이다.
陵夷, 言法度頹替, 若丘陵之漸平.

【目】 杜恕가 다음과 같이 말하였다.

"밝게 功으로써 시험하여 세 번 상고해서 내치고 올리는 것은 帝王의 훌륭한 제도입니다.[56)] 그러나 그 법은 대략만 따를 수 있고 그 글은 자세히 거행하기가 어렵습니다. 세상에 난을 일으키는 사람은 있어도 혼란을 일으키는 법은 없습니다. 만약 법에만 오로지 맡겼다면 唐, 虞에서는 后稷과 契(설)의 보좌를 필요로 하지 않았을 것이요, 殷나라와 周나라는 伊尹과 呂尙의 보필이 필요 없었을 것입니다.[57)]

---

56) 밝게……제도입니다 : ≪書經≫ 〈虞書 舜典〉에 "3년마다 신하들의 공적을 상고하여 세 번 考課한 다음 공적이 어두운 자는 내치고 공적이 밝은 자는 올리니, 여러 공적이 모두 밝게 드러났다.〔三載考績 三考黜陟幽明 庶績咸熙〕"라고 보인다.

57) 唐, 虞에서는……없었을 것입니다 : 唐은 堯임금의 나라 이름이고, 虞는 舜임금의 나라 이름이다. 契은 唐虞시대에 司徒가 되어 교육을 관장하고 后稷은 이름이 棄인데 후직이라는 農官이 되어 요임금과 순임금을 차례로 보필해서 요순의 태평시대를 여는 데 크게 공헌하였다. 伊尹은 이름이 摯인데 商나라 초기의 名相으로 湯王을 보좌해서 夏나라의 桀王을 토벌하고 商나라 왕조를 일으켰으며, 呂尙은 姓이 姜이고 뒤에 齊나라에 봉해져 太公이 되었으므로 姜太公으로도 불리는바, 周나라 文王과 武王을 차례로 보좌해서 殷나라의 紂王을 토벌하고 周나라 왕조를 일으켰다. 이는 곧 법에만 맡

지금 州郡들로 하여금 선비를 고과할 적에 반드시 먼저 四科를 통과하게 하여 이 四科에 실제 효험이 있은 뒤에야 다시 천거하며, 公府의 辟召로 試用을 거쳐 백성과 가까운 長吏로 삼았다가 점점 功績에 따라 차례로 郡守에 보임하며, 그렇지 않으면 품계를 올려주고 관작을 하사해야 하니, 이것이 考課의 가장 시급한 일입니다.

臣은 생각건대 마땅히 그들의 말을 따라 州郡을 考課하는 법을 만들게 해서 법을 철저히 시행하되 반드시 상벌을 뒤따르게 해야 할 것입니다. 三公의 경우에는 앉아서 治國의 道를 논하고, 內職의 大臣들은 훌륭한 말씀을 올려 君主의 잘못을 바로잡아서 善行은 기록하지 않음이 없고 잘못은 열거하지 않음이 없어야 하니, 어찌 직책만 지키고 고과만 하면서 천하의 화평함을 이루는 자가 있겠습니까. 진실로 자기 한 몸을 편안히 하고 지위를 보전하는 자는 축출되어 면직되는 죄를 받지 않고, 마음과 힘을 다하여 충절을 지키면서 公事를 처리하는 사람은 의심을 받는다면, 공정한 도리가 행해지지 않고 사사로운 의논이 풍속을 이루게 될 것이니, 이렇게 된다면 비록 仲尼가 고과를 하더라도 한 가지의 재주도 다할 수 없을 터인데, 또 하물며 세속의 사람이 고과하는 경우이겠습니까."

杜恕曰 明試以功하여 三考黜陟은 帝王之盛制也라 然이나 其法은 可粗依요 其文은 難備擧니이다 蓋世有亂人而無亂法이니 若法可專任이면 則唐, 虞不須稷, 契之佐요 殷, 周無貴伊, 呂之輔矣리이다 今欲使州郡考士에 必由四科하여 皆有事效然後에 察擧하여 試辟公府하여 爲親民長吏라가 轉以功次補郡守者하고 或就增秩賜爵이니 此最考課之急務也①니이다 臣以爲當用其言하여 使爲課州郡之法하여 法具施行호되 必以賞罰隨之요 至於三公하여는 坐而論道하고 內職大臣은 納言補闕하여 無善不紀하고 無過不擧니 焉有守職辨課而可以致雍熙者哉잇가 誠使容身保位 無放退之辜하고 而盡節在公이 抱見疑之勢하면 公義不修而私議成俗하리니 雖仲尼爲課라도 猶不能盡一才온 又況於世俗之人乎잇가

① 〈"四科"는〉 ≪漢官儀≫에 "光祿은 敦厚하고 質樸하고 遜讓하고 節儉한 자를 천거하였으니, 이것이 네 가지 행실이 된다." 하였다. 일설에 "四科는 바로 漢나라 左雄이 올린 것에 黃瓊이 더한 것이다." 한다.[58]
漢官儀"光祿擧敦厚·質(璞)〔樸〕[59]·遜讓·節儉, 此爲四行也." 一說 "四科, 卽漢左雄所上,

기고 훌륭한 신하가 없으면 안 됨을 역설적으로 말한 것이다.

58) 四科는……한다 : 四科는 漢 順帝 때에 사람을 등용하던 네 科目으로, 順帝 陽嘉 원년(132) 尙書令 左雄에 의하여 孝廉과 英才를 천거하게 하였는데, 그 뒤 漢安 2년(143) 尙書令 黃瓊은 "좌웅이 건의한 孝廉의 선발은 오로지 儒學과 文吏를 등용하니 선비를 선발하는 의의에 부족한 바가 있다." 하여 마침내 孝悌와 能從政을 더 추가하여 四科로 만들 것을 아뢰니, 황제가 이를 따랐다.

黃瓊所增者也."

【目】 司空掾 傅嘏(부하)가 다음과 같이 말하였다.

"官吏를 세우고 직책을 고르게 나누어 백성을 깨끗이 다스리는 것은 근본을 세우는 것이요, 이름을 따라 실제를 고찰하여 이루어놓은 법을 살피고 힘쓰는 것은 末을 다스리는 것입니다. 근본적인 정치 원칙〔綱〕이 아직 거행되지 못하였는데 말단의 법조문〔程〕을 제정하고, 국가의 經常적인 제도를 높이지 않고 考課를 먼저 하면, 賢·愚의 구분을 헤아리고 幽·明[60]의 이치를 정밀히 살피지 못할까 두렵습니다."

이에 考課에 대한 의논이 끝내 행해지지 못하였다.

司空掾傅嘏曰① **建官均職**하여 **淸理民物**은 **所以立本也**요 **循名考實**하여 **糾勵成規**는 **所以治末也**니 **本綱未擧而制末程**하고 **國略不崇而先考課**②면 **懼不足以料賢愚之分**하고 **精幽明之理也**니이다 **議竟不行**③하다

① 嘏는 古雅의 切이다.
嘏, 古雅切.

② 綱(벼리)을 들면 여러 細目이 펼쳐지니, 관계된 바가 큼을 말한 것이다. 10髮을 程이라 하고 10程을 分이라 하니, 그 가늚(작음)을 말한 것이다. 또 말하기를 "程은 品式(法式)이다."라 한다. "國略"은 나라의 經常的인 제도이다. 先(먼저 하다)은 悉薦의 切이다.
擧綱則衆目張矣, 言所繫者大也. 十髮爲程, 十程爲分, 言其細也. 又曰 "程, 品式也." 國略, 國經也. 先, 悉薦切.

③ 料는 음이 聊이니, 헤아림이다.
料, 音聊, 量也.

【目】 司馬溫公(司馬光)이 다음과 같이 평하였다.

"政治하는 요점은 인물을 등용하는 것보다 우선하는 것이 없고, 인물을 아는 것은 聖賢도 어렵게 여기신 것이다. 그러므로 사람들의 훼방하는 말과 칭찬하는 말로 인물을 구하면 사랑하고 미워하는 말을 다투어 올려서 善과 惡이 뒤섞이고, 공로를 기록한 글로 상고하면 기교와 거짓이 멋대로 생겨서 참과 거짓이 서로 뒤바뀌니, 그 근본을 요약해보면 군주의 마음이 지극히 공정하고 지극히 밝음에 달려 있을 뿐이다.

---

59) (璞)〔樸〕: 저본에는 '璞'으로 되어 있으나, ≪後漢書≫에 의거하여 '樸'으로 바로잡았다.

60) 幽·明: ≪書經≫ 〈虞書 舜典〉에 "3년에 한 번씩 공적을 상고하고 세 번 상고한 다음 어두운 자와 밝은 자를 내치고 올려주시니 여러 공적이 다 넓혀졌다.〔三載考績 三考黜陟幽明 庶績咸熙〕"라 하였다.

공정하고 밝은 것은 마음이요 공로를 기록한 글은 자취이니, 자기의 마음을 다스리지 못하고서 남의 자취를 고찰하려고 하면 어렵지 않겠는가. 남의 윗사람이 된 자는 진실로 親疎와 貴賤에 따라 그 마음을 달리하지 않고, 喜怒와 好惡(호오)에 따라 그 뜻을 어지럽히지 않아야 한다. 그리하여 비록 남에게 묻더라도 결정은 자기 자신이 하고, 비록 자취에서 구하더라도 공정한 마음으로 살피면, 아랫사람들의 능하고 능하지 못함이 분명하게 눈 안에 나타나서 도피하는 바가 없을 것이니, 어찌 미리 법을 만들어 모두 有司에게 맡길 수 있겠는가.

만일 친척과 귀한 사람이 능하지 못한데도 직책을 맡기고, 소원하고 비천한 사람이 어질고 재주가 있는데도 버려지며, 기뻐하고 좋아하는 자는 직책을 수행하지 못하는데도 제거하지 않고, 노여워하고 미워하는 자는 功이 있어도 錄用하지 않는다면, 비록 다시 좋은 법을 만들어서 그 조목을 많게 하더라도 또 어찌 그 진실을 얻겠는가.

혹자가 '內外의 관직이 천이나 만으로 헤아려지니, 상고하고 살펴서 내치고 올림을 군주가 어찌 홀로 그 일을 맡겠는가.' 하기에, 나는 다음과 같이 대답하였다.

'무릇 남의 윗사람이 된 자는 비단 군주뿐만이 아니다. 公卿과 刺史와 太守도 각각 이 방도를 사용해서 아랫자리에 있는 자들을 고찰하여 내치고 올리며, 군주가 된 자 또한 이 방도를 사용하여 公卿과 刺史와 太守를 고찰하여 내치고 올리면, 어찌 번거로움과 수고로움이 있겠는가.'

혹자는 '공적을 상고하는 법은 唐·虞 시대에서 한 것인데, 京房과 劉劭가 이것을 따라 修明하였을 뿐이다.' 하기에 나는 다음과 같이 대답하였다.

'唐·虞의 관원은 한 지위에 오랫동안 있었고 임무를 받음이 전일하고 법을 세움이 너그럽고 성공을 책임 지우는 기간이 길었다. 그러므로 鯀(곤)이 홍수를 다스릴 적에 9년이 되어도 공을 이루지 못한 뒤에야 그 죄를 다스렸고,[61] 禹가 홍수를 다스릴 적에 九州가 모두 똑같게 된 뒤에야 그 功을 상 주었으니,[62] 京房[63]과 劉劭가 쌀과 소금처

61) 鯀(곤)이……다스렸고 : 堯임금 때에 9년 동안 큰 홍수가 있었다. 요임금이 홍수를 다스릴 자를 신하들에게 물으니 崇伯으로 있던 鯀을 천거하므로, 그로 하여금 홍수를 다스리게 하였는데, 9년 동안 功績이 이루어지지 못하였다. 그리하여 그를 羽山이란 곳에 가두었다.(≪書經≫ 〈虞書 堯典·舜典〉)

62) 禹가……주었으니 : 禹는 鯀의 아들이다. 鯀이 홍수를 제대로 다스리지 못하자, 당시 섭정을 하던 舜임금이 그를 등용하여 홍수를 다스리게 하였는데, 禹는 治水에 성공하여 司空이 되고 순임금의 뒤를 이어 섭정하다가 끝내 帝位에 올랐다. ≪書經≫의 〈禹貢〉은 禹가 홍수를 다스린 다음 九州를 나누어 조세와 공물을 바치게 한 내용을 기록하였는바, 여기에 "九州가 모두 똑같게 되니 四海의 물이 모여 바다로 들어갔다.〔九州攸同 四海會同〕" 하였고, 또 "敎化가 동쪽으로는 동해까지 스며들고 서쪽으로는 流沙에까지 임하였고 남쪽과 북쪽에 뻗쳐서 聲敎가 四海에 이르렀으므로 禹가 玄圭를 올

럼 자잘하고 번거로운 일을 비교하고 조석간에 효험을 책임 지우려 한 것과는 똑같지 않다. 일은 진실로 이름은 같으나 실제가 다른 경우가 있으니, 살피지 않으면 안 된다.'"

司馬公曰 爲治之要는 莫先用人이요 而知人은 聖賢所難也라 故로 求之毀譽면 則愛憎競進而善惡混殽하고 考之功狀이면 則巧詐橫生而眞僞相冒①하나니 要其本컨대 在至公至明而已矣라 蓋公明者는 心也요 功狀者는 迹也니 已之心不能治어늘 而以考人之迹이면 不亦難乎아 爲人上者誠能不以親疎貴賤異其心하고 喜怒好惡(오)亂其志하여 雖詢於人이라도 而決之在已하고 雖求於迹이라도 而察之在心이면 則群下之能否 焯(작)然形於目中하여 無所逃矣②리니 安得豫爲之法而悉委有司哉리오 苟親貴不能而任職하고 疎賤賢才而見遺하며 所喜好者는 敗官不去하고 所怒惡(오)者는 有功不錄이면 則雖復爲之善法而繁其條目이나 又安能得其眞乎리오 或曰 內外之官이以千萬數니 考察黜陟을 人君이 豈能獨任其事哉리오 曰 凡爲人上者는 不特人君而已라 公卿, 刺史, 太守 各用此道하여 以考察黜陟其在下之人하고 而爲人君者 亦用此道하여 以考察黜陟公卿, 刺史, 太守면 則奚煩勞之有리오 或曰 考績之法은 唐, 虞所爲니 京房, 劉邵 述而修之耳니라 曰 唐, 虞之官은 居位久而受任專하고 立法寬而責成遠이라 故로 鯀之治水에 九載弗成然後에 治其罪하고 禹之治水에 九州攸同然後에 賞其功하니 非若房, 邵의 校米鹽之課하고 責旦[64]夕之效也라 事固有名同而實異者하니 不可不察也니라

① 橫(멋대로)은 戶孟의 切이다.
橫, 戶孟切.

② 焯은 음이 酌이니, 밝음이다.
焯, 音酌, 明也.

려 그 성공을 아뢰었다.〔東漸于海 西被于流沙 朔南曁 聲教訖于四海 禹錫玄圭 告厥成功〕"라고 보인다. 玄圭는 검정색의 圭인데 禹가 이것을 神物로 삼아 순임금에게 성공을 아뢴 것이라 한다. 圭는 옛날 제후왕의 信標로 들었는바, 물〔水〕의 색깔이 검정색이므로 治水의 성공을 나타내기 위해 玄圭를 올린 것이라 한다.

63) 京房 : 漢 武帝때의 易術家인데, 孝廉으로 천거되어 郎官이 되었는바, 災異을 말하면 아주 적중하였다. 建昭 2년(B.C. 37) 황제가 불러 나라를 다스리는 방법을 묻자 대답하기를 "옛날 帝王들은 공로에 따라 賢者를 등용하여 온갖 敎化가 이루어지고 상서로운 증험이 나타났는데, 후세에는 사람들의 훼방과 칭찬에 따라 사람을 선발하기 때문에 功業이 무너지고 재이를 불러오는 것입니다. 마땅히 百官들로 하여금 각기 그 공적을 시험하게 하여 재이를 그치게 해야 합니다." 하였다. 그리하여 考功課吏法(공적을 상고하여 관리를 고과하는 법)을 만들었으나, 곧 죽임을 당하여 제대로 시행되지 못하였다.

64) 旦 : 奎章閣本에는 '朝'로 표기되어 있으나, 이는 朝鮮 太祖의 諱가 旦이므로 이를 피하여 글자를 바꾸어 놓은 것으로 원래의 板刻이 그러한 것이 아니고 후대에 글자를 고쳐 붙인 경우가 허다하다.

【目】 처음에 衛臻이 選擧를 맡자, 蔣濟가 다음과 같은 내용의 편지를 보내었다.

"漢 高祖는 도망한 포로를 대우하여 上將軍으로 삼았고,[65] 周 文王은 漁父를 발탁하여 太師로 삼았으니,[66] 布衣와 노역하는 자들도 王公에 오를 수 있는 것이다. 하필 시험한 뒤에야 등용하겠는가."

이에 위진이 다음과 같이 말하였다.

"그대는 武王이 牧野에서 싸운 것을 成王·康王과 똑같이 보고자 하고 漢 高祖가 뱀을 벤 것을 文帝·景帝에 비유하고자 하여, 常規에 어긋나는 일을 좋아하고 기이한 사람을 발탁하는 나루터를 열어놓으니,[67] 장차 天下 사람들로 하여금 다투어 치달려서 일어나게 할 것이다."

◑初에 衛臻이 典選擧에 蔣濟遺之書曰 漢祖遇亡虜爲上將하고 周文이 拔漁父爲太師①하니 布衣廝(시)養이 可登王公이라 何必試而後用이리오 臻曰 子欲同牧野於成, 康하고 喩斷蛇於文, 景②하여 好不經之擧하고 開拔奇之津하니 將使天下로 馳騁而起矣③로다

① "亡虜"는 韓信을 이르고, "漁父"는 呂望을 이른다.
亡虜, 謂韓信. 漁父, 謂呂望.

② 〈"欲同牧野於成康 喩斷蛇於文景"은〉 草創할 때의 規模와 經倫을 承平할 때에 쓸 수 없음을 말한 것이다.
謂草創之規略, 不可用於承平之時也.

③ 津은 江河의 물을 건너는 요지(나룻터)이다. 그러므로 〈官界의 要路로〉 비유한 것이다.
津, 江河濟度之要, 故以爲喩.

---

65) "漢 高祖는……삼았고 : 韓信은 淮陰 사람인데 처음 布衣로 있으면서 곤궁하여 이름이 알려지지 않은 인물이었다. 項羽에게 찾아갔으나 등용되지 못하자 漢 高祖인 劉邦에게 귀의하였는데 蕭何의 천거로 上將軍이 되어 큰 功을 세우고 開國三傑의 한 사람이 되었다.

66) 周 文王은……삼았으니 : 漁父는 물고기를 잡는 사람인 姜太公(呂尙)을 이른다. 강태공은 殷나라 말기 혼란한 세상을 피하여 周나라의 渭水 가에서 낚시질을 하였는데, 文王을 만나 太師로 등용되어 殷나라의 紂王을 토벌하고 천하를 통일하여 周王朝를 세운 인물이다.

67) 그대는……열어놓으니 : 武王은 殷나라 紂王과 牧野에서 최후의 一戰을 벌여 천하를 통일하였다. 成王은 무왕의 아들이고 康王은 성왕의 아들이니, 무왕은 創業을 하고 성왕과 강왕은 守成을 하였다. 漢 高祖가 처음 起兵을 했을 적에 한 못가에 이르렀는데, 흰색의 큰 뱀이 길을 막고 있으므로 칼로 베어 죽였다. 뒤따라오던 병사가 그곳에 이르니, 한 할미가 나와서 울며 말하기를 "내 아들은 白帝였는데 지금 赤帝에게 죽임을 당했다." 하였다.(白帝는 秦나라를, 赤帝는 漢나라의 劉邦을 가리킨 것이라 한다.) 高祖는 이 말을 듣고 자신이 앞으로 황제가 될 조짐이라 하며 내심 몹시 기뻐하였는데, 과연 천하를 통일하고 황제가 되었다. 惠帝와 文帝는 모두 高祖의 아들로 차례로 뒤를 이어 즉위하였는바, 고조는 창업을 하고 혜제와 문제는 수성을 하였다. 이는 곧 창업할 때의 규모와 정치를 수성할 때에 똑같이 적용하고자 한 것을 비판한 것이다.

【目】盧毓은 選擧를 논할 적에 모두 사람들의 성품과 행실을 먼저 하고 재주를 뒤에 말하였다. 어떤 사람이 그 이유를 묻자, 노육이 말하기를 "재주는 善을 하기 위한 것이다. 그러므로 큰 재주는 큰 善을 이루고 작은 재주는 작은 善을 이루는 것이니, 지금 재주가 있다고 일컬어지나 善을 하지 못한다면 이는 재주가 그릇에 맞지 못하는 것이다." 하니, 당시 사람들이 그의 말에 탄복하였다.

盧毓이 論選에 皆先性行而後言才[①]하니 人或問之한대 毓曰 才는 所以爲善也라 故로 大才成大善하고 小才成小善하나니 今稱有才而不能爲善이면 是才不中器也니라 時人이 服其言[②]하다

① 先(먼저 하다)은 悉薦의 切이다.
先, 悉薦切.
② 中(알맞다)은 去聲이다.
中, 去聲.

戊午年(238)

【綱】漢나라(蜀漢) 後主 延熙 원년이다.

延熙元年이라

【目】魏나라 明帝 曹叡 景初 2년이고, 吳나라 大帝 孫權 赤烏 원년이다.

魏景初二年이요 吳赤烏元年[①]이라

① 孫權은 붉은 까마귀가 宮殿 앞에 이르렀다 하여 赤烏로 改元하였다.
權以赤烏至於殿前, 改元.

【綱】봄 정월에 魏나라에서 太尉 司馬懿를 보내어 遼東을 공격하게 하였다.

春正月에 魏遣太尉司馬懿하여 擊遼東하다

【目】魏主 曹叡가 司馬懿를 長安에서 불러와 그로 하여금 4만 명의 병력을 거느리고 遼東을 토벌하게 하였다. 의논하는 신하들이 혹 말하기를 "병력이 너무 많아 군량과 물자를 공급하기가 어렵습니다." 하자, 조예가 "4천 리 멀리 征伐함에 비록 기이한 대책을

쓴다고 하더라도 또한 마땅히 힘을 다해야 하니, 노역과 비용을 계산해서는 안 된다." 하였다. 조예는 인하여 사마의에게 묻기를 "公孫淵이 장차 무슨 계책으로 君을 상대하겠는가?" 하니, 대답하기를 "城을 버리고 미리 도망하는 것이 上策이요, 遼水를 점거하여 大軍에 항거하는 것이 그 다음이요, 襄平을 死守하면 이는 사로잡히는 방법입니다." 하였다.

魏主叡召司馬懿於長安하여 **使將兵四萬**하여 **討遼東**하니 **議臣**이 **或以爲兵多**하여 **難供**이라한대 **叡曰 四千里征伐**에 **雖云用奇**나 **亦當任力**이니 **不當計役費也**[①]니라 **因謂懿曰 公孫淵**이 **將何計以待君**고 **對曰 棄城豫走 上計也**요 **據遼東**하여 **拒大軍**이 **其次也**요 **坐守襄平**이면 **此成禽耳**[②]니이다

① ≪續漢志≫에 "遼東郡은 洛陽의 동북쪽 3,600리 지점에 있다." 하였다.
續漢志 "遼東郡, 在洛陽東北三千六百里."
② 遼東은 마땅히 遼水가 되어야 한다.
遼東, 當作遼水.

【目】 曹叡가 묻기를 "세 가지 방법 중에 公孫淵이 어떤 방책으로 나오겠는가?" 하니, 대답하기를 "오직 밝고 지혜로운 자라야 능히 彼我의 형세를 살피고 헤아려서 일에 앞서 포기하는 것이니, 이는 공손연이 미칠 바가 아닙니다. 그는 반드시 먼저 遼水에서 막고 뒤에 후퇴하여 襄平을 지킬 것입니다." 하였다. 조예가 묻기를 "갔다가 돌아오는 데 며칠이 걸리겠는가?" 하니, 대답하기를 "가는 데 100일, 공격하는 데 100일, 돌아오는 데 100일이 걸리고 60일 동안 휴식을 해야 하니, 이와 같이 하면 1년이면 충분합니다." 하였다.

曰 三者에 **何出**고 **對曰 唯明智**라야 **能審量彼我**하여 **乃豫有所割棄**니 **此非淵所及**이라 **必先拒遼東**하고 **後守襄平也**리이다 **曰 還往幾日**고 **對曰 往百日**이요 **攻百日**이요 **還百日**이요 **以六十日爲休息**이니 **如此**면 **一年**에 **足矣**리이다

【目】 公孫淵은 魏나라에서 정벌해온다는 말을 듣고 다시 吳나라에 使者를 보내어 臣이라 稱하고 구원을 요청하였다. 吳나라 사람들은 그 사신을 죽이고자 하였으나 羊衜(양도)가 다음과 같이 말하였다.

"不可합니다. 이것은 匹夫의 노여움을 부려서 霸者와 王者의 계책을 버리는 것입니다. 이 일을 기회로 사자를 후대하여 보내고 奇兵을 은밀히 보내어서 그(공손연)와 화친

을 약속하는 것만 못합니다. 만약 魏나라 군대가 정벌하여 이기지 못하였는데 우리 군대가 멀리 달려가서 구원하면, 이는 먼 오랑캐와 은혜를 쌓고 의리가 만 리에 드러나는 것이요, 만약 전쟁이 이어져서 해결되지 아니하여 전방과 후방이 離隔되면 우리가 그 주변 고을의 백성들을 사로잡아 노략질하고 돌아올 수 있으니, 또한 지난날의 일에 원수를 갚고 치욕을 설욕하는 데 충분할 것입니다."

吳主 孫權은 이에 군대를 크게 무장하고 공손연의 사자에게 이르기를 "회신을 기다려서 마땅히 簡書를 따르겠다." 하였다.

淵이 聞之하고 復遣使稱臣하고 求救於吳한대 吳人이 欲戮其使①러니 羊衜曰 不可하다 是肆匹夫之怒而捐霸王之計也라 不如因而厚之하여 遣奇兵潛往하여 以要其成②이니 若魏伐不克而我軍遠赴면 是恩結遐夷하고 義形萬里요 若兵連不解하여 首尾離隔이면 則我虜其傍郡하여 驅略而歸리니 亦足以報雪曩事矣③리이다 吳主權이 乃大勒兵하고 謂淵使曰 請俟後問하라 當從簡書④호리라

① 〈"欲戮其使"는 公孫淵이〉 張彌와 許晏을 죽인 데 대한 분노를 보복하고자 한 것이다.
欲報張彌·許晏之忿也.

② 要는 약속함이요, 成은 화친이다.
要, 約也. 成, 和也.

③ "報雪"은 원수를 갚고 치욕을 설욕함을 이른다. "曩事"는 지난날의 일이니, 또한 張彌와 許晏을 참수한 일을 이른다.
報雪, 謂報讐雪恥也. 曩事, 曏日之事也, 亦謂斬張彌·許晏也.

④ 《春秋左氏傳》에 "狄이 邢나라를 정벌하자, 管仲이 齊侯에게 말하기를 '《詩經》〈小雅 出車〉에 「어찌 돌아가기를 생각하지 않겠는가마는 이 簡書를 두려워해서이다.」 하였으니, 簡書는 누군가를 함께 미워하여 서로 구휼함을 이르니, 邢나라를 구원하여 簡書를 따를 것을 청합니다.' 했다."[68] 하였다.
左傳 "狄伐邢, 管仲言於齊侯曰 '詩云「豈不懷歸. 畏此簡書.」 簡書, 同惡(오)相恤之謂也, 請救邢以從簡書.'"

【綱】 2월에 魏나라에서 韓暨(한기)를 司徒로 삼았다.

二月에 魏以韓暨爲司徒하다

68) 春秋左氏傳에……청합니다 : 簡書는 竹簡이나 木簡에 쓴 글을 이른다. 옛날 이웃나라가 적의 공격을 받아 위급해서 簡書를 보내어 위급한 상황을 알려오면 즉시 군대를 출동시켜 구원하였는바, 이 내용은 《春秋左氏傳》 閔公 원년에 보인다.

【目】魏主 曹叡가 盧毓에게 묻기를 "누가 司徒가 될 만한 자인가?" 하니, 노육은 處士 管寧을 천거하였다. 曹叡가 그를 등용하지 않고 다시 그 다음 사람을 묻자, 대답하기를 "敦厚하고 지극한 행실이 있는 자는 太中大夫 韓暨요, 성실하고 정직하고 깨끗하고 方正한 자는 司隸 崔林이요, 貞固하고 純粹한 자는 太常 常林입니다." 하였다. 이에 한기를 사도로 삼았다.

魏主叡問盧毓호되 誰可爲司徒者오 毓이 薦處士管寧이러니 叡不能用하고 更問其次한대 對曰 敦篤至行은 則太中大夫韓暨요 亮直淸方은 則司隸崔林이요 貞固純粹는 則太常常林이니이다 乃以暨爲之하다

【綱】皇后 張氏를 세웠다.

立皇后張氏[①]하다

① 前 皇后의 여동생이다.
前后之妹也.

【綱】〈漢나라(蜀漢) 後主가〉 아들 劉璿(유선)을 세워 皇太子로 삼았다.

◑ 立子璿爲皇太子하다

【目】大司農 孟光이 秘書郎 郤正(극정)에게 太子가 읽고 있는 책과 性情의 좋아하고 숭상하는 것을 물으니, 극정이 대답하기를 "어버이를 받듦에 삼가고 공손하며, 행동거지가 仁愛하고 寬恕하여 옛날 世子의 風貌가 있다." 하였다.

맹광이 말하기를 "이는 모든 집안의 자제에게 있는 것이다. 나는 太子의 權略(權謀와 智略)과 智調(지혜와 재주)가 어떠한가를 알고자 하는 것이다." 하니, 극정이 말하기를 "세자의 道理는 군주의 뜻을 잘 받들고 힘을 다하여 기쁘게 해드리는 데 있으니, 이미 무슨 일을 함부로 시행할 수가 없다. 智調는 가슴속에 감춰져 있고 權略은 때에 응하여 발로되니, 이것이 있고 없음을 어찌 미리 알 수 있겠는가." 하였다.

이에 맹광이 "지금 天下가 아직 평정되지 않았으니, 지혜로운 생각이 최우선이다. 儲君(太子)이 글을 읽을 적에 어찌 우리들처럼 힘을 다하고 널리 알아서 諮問을 기다려서, 마치 博士가 策을 취하여 답하고 고시를 준비해서 爵位를 구하는 것과 같이 하겠는가. 마땅히 그 급한 것을 힘써야 한다." 하니, 극정은 그의 말을 매우 옳게 여겼다.

大司農孟光이 **問太子讀書及情性好尙於秘書郎**郤正[①]한대 **正曰 奉親虔恭**하고 **擧動仁恕**하여 **有古世子之風**이니라 **光曰 此皆家戶所有耳**[②]라 **吾欲知其權略智調何如也**[③]로라 **正曰 世子之道**는 **在於承志竭歡**하니 **旣不得妄有施爲**라 **智調**는 **藏於胸懷**하고 **權略**은 **應時而發**하니 **此之有無**를 **焉可豫知也**[④]리오 **光曰 今天下未定**하니 **智意爲先**이라 **儲君讀書**에 **寧當傚吾等竭力博識**하여 **以待訪問**하여 **如博士探策講試**하여 **以求爵位邪**아 **當務其急者**니라 **正**이 **深然之**[⑤]라

① 郤正은 郤儉의 손자이다.
正, 儉之孫也.
② 〈"皆家戶所有"는〉 그 재주와 행실이 보통 사람을 넘지 못함을 말한 것이다.
謂其才行不逾中人也.
③ 調(才氣)는 徒弔의 切이니, 才調의 調이다.
調, 徒弔切, 才調之調.
④ "承志"는 君父의 뜻을 받듦을 이르고, "竭歡"은 좌우로 나아가 봉양해서 君父의 얼굴빛을 받들어 순종하여 어버이의 기쁨을 지극하게 함을 이른다. 焉(어찌)은 於虔의 切이다.
承志, 謂承君父之志. 竭歡, 謂左右就養, 承顔順色, 以盡親之歡. 焉, 於虔切.
⑤ 探은 시험삼아 取하는 것이니, 主文(시험관)이 물을 바가 어떤 策인지를 알지 못하여, 시험삼아 취해서 答하는 것을 射策이라 이르니 바로 探策이다. 만약 정치와 교화의 得失을 기록하여 드러나게 물으면, 이것을 對策이라 한다.
探, 試取也. 不知主文所問何策, 試取而答之, 謂之射策, 卽探策也. 若錄政化得失, 顯而問之, 謂之對策.

【綱】 吳나라가 1,000錢에 해당하는 大錢을 주조하였다.

吳鑄當千大錢[①69)]하다

① 한 개의 錢이 1,000錢의 가치에 해당하였는데, 지름이 1寸 4分이고 무게가 16銖였다.
一當千, 徑一寸四分, 重十六銖.

【綱】 가을 8월에 魏나라 司馬懿가 遼東을 공격하여 이기고 公孫淵을 참수하였다.

---

69) 吳鑄當千大錢 : "이보다 앞서 吳나라에서 大錢을 주조하였는데 돈 한 개가 500錢에 해당하였다. 이것을 綱에 쓰지 않았으나 지금 '當千'이라고 쓴 것은 어째서인가. 보통이 아니기 때문이다. 500전에 해당한 것도 큰데 1,000전에 해당하니, 너무 심하다. 그러므로 곧바로 써서 거듭 비난한 것이다. ≪資治通鑑綱目≫이 끝날 때까지 '大錢'을 쓴 것이 6번인데 1,000전에 해당한 것보다 더 큰 것은 있지 않았다.〔先是 吳鑄大錢 一當五百矣 不書大錢 此其書當千 何 非常也 當五百大矣 當千甚哉 直書 重譏之 終綱目 書大錢六 莫大於當千者矣〕" ≪書法≫

◑ **秋八月**에 **魏司馬懿克遼東**하고 **斬公孫淵**하다

司馬懿가 公孫淵을 공격하다

【目】 6월에 司馬懿의 군대가 遼東에 이르니, 公孫淵이 부하 장수 卑衍 등으로 하여금 보병과 기병 수만 명을 거느리고 遼隧에 주둔하게 하고서 주위에 20여 리의 참호를 팠다.

魏나라의 장수들이 공손연을 공격하고자 하자, 사마의가 다음과 같이 말하였다.

"이는 적이 우리 군대를 지치게 하려는 술책이니, 저들을 공격하면 바로 저들의 술책에 넘어가는 것이다. 또 賊의 큰 병력이 모두 이곳에 있어 그 소굴이 텅 비었을 것이니, 우리가 곧바로 襄平으로 향하면 틀림없이 격파할 수 있을 것이다."

六月에 司馬懿軍이 至遼東하니 公孫淵이 使其將卑衍等으로 將步騎數萬하여 屯遼隧하여 圍塹二十餘里①라 諸將이 欲擊之어늘 懿曰 此欲以老吾兵也라 攻之면 正墮其計②요 且賊大衆이 在此하여 其巢窟空虛하리니 直指襄平이면 破之必矣니라

① 卑는 姓이다.
卑, 姓也.

② 墮는 徒果의 切이니, 넘어감이다.
墮, 徒果切, 落也.

【目】司馬懿가 마침내 旗幟를 많이 벌려 남쪽으로 진출하려는 것처럼 위장하자, 비연 등이 정예부대를 거느리고서 뒤쫓았다. 사마의가 은밀히 遼水을 건너 그 북쪽으로 나와서 곧바로 襄平으로 향하니, 비연 등이 두려워하여 밤에 군대를 이끌고 달아났다. 諸軍이 전진하여 首山에 이르니, 公孫淵이 다시 비연 등으로 하여금 맞이하여 싸우게 하였는데, 사마의가 이들을 격파하고서 마침내 나아가 襄平城을 포위하였다.

가을에 큰 장맛비가 내려서 遼水가 갑자기 불어나니, 漕運하는 선박이 요수 어귀로부터 곧바로 襄平城 아래에 이르렀다. 비가 한 달이 넘도록 그치지 않으니, 평지에 물이 몇 자나 올라와 차 있었다. 三軍이 두려워해서 진영을 옮기고자 하였는데, 사마의가 군중에 명령하여 "감히 진영을 옮길 것을 말하는 자가 있으면 참형에 처하겠다." 하였다. 都督令史가 軍令을 범하자 그를 참수하니, 군중이 마침내 진정되었다.

乃多張旗幟하여 欲出其南한대 衍等이 盡銳趣之①어늘 懿潛濟水하여 出其北하여 直趣(추)襄平하니 衍等이 恐하여 引兵夜走라 諸軍이 進至首山②하니 淵이 復使衍等逆戰이어늘 懿擊破之하고 遂進圍襄平하다 秋에 大霖雨하여 遼水暴(폭)張하니 運船이 自遼口로 徑至城下③라 雨月餘不止하니 平地에 水數尺이라 三軍이 恐하여 欲移營이어늘 懿令軍中하여 敢有言徙者면 斬호리라 都督令史 犯令이어늘 斬之하니 軍中이 乃定④하다

① 趣(달려가다)는 七喩의 切이다.
   趣, 七喩切.
② 首山은 襄平의 서남쪽에 있다.
   首山, 在襄平西南.
③ "遼口"는 遼水의 물을 건너는 어귀이다.
   遼口, 遼水津渡之口也.
④ 魏나라 제도에 諸公에게 병력을 통솔하는 임무를 주었을 경우에는 부하에 都督令史 한 사람을 두었다.
   魏制, 諸公加兵者, 置都督令史一人.

【目】賊(公孫淵의 무리)은 물을 믿고서 태연자약하게 나무하고 방목하였는데, 장수들이 가서 이들을 잡고자 하였으나 司馬懿는 그들의 말을 모두 듣지 않았다.

司馬 陳珪가 묻기를 "옛날 孟達의 上庸을 공격할 적에는 여덟 개의 부대가 동시에 진격하여 밤낮으로 쉬지 않았습니다. 그러므로 능히 5일 만에 적의 견고한 城을 함락하여 맹달을 참수하였습니다. 그런데 지금 멀리 왔는데도 다시 편안하고 느슨히 하시니, 저

는 속으로 의아하게 생각합니다." 하였다. 이에 사마의가 다음과 같이 말하였다.

"맹달은 병력이 적으나 양식이 1년을 지탱할 수 있었고, 우리 군대는 맹달보다 4배나 더 많으나 양식이 한 달을 지탱할 수 없었다. 한 달을 지탱할 수 있는 양식을 가지고 1년을 지탱할 수 있는 양식을 가진 적을 도모해야 하니, 어찌 속히 싸우지 않을 수 있었겠는가. 병력이 4배나 많아 우리 병사 네 명이 적병 한 명을 공격하니, 설령 절반을 잃고 승리한다 하더라도 마땅히 싸워야 했다. 이 때문에 사상자를 계산하지 않고서 양식에 맞춰 싸운 것이다.

賊이 恃水하여 樵牧自若이어늘 諸將이 欲取之한대 懿皆不聽하다 司馬陳珪曰 昔攻上庸에 八部竝進하여 晝夜不息이라 故로 能一旬之半에 拔堅城하여 斬孟達이러니 今者遠來로되 而更安緩하니 愚竊惑焉하노이다 懿曰 達은 衆少而食支一年이요 我軍은 四倍於達而糧不淹月①하니 以一月圖一年이니 安可不速이리오 以四擊一하니 正令失半而克이라도 猶當爲之라 是以로 不計死傷하여 與糧競也②로라

① 淹은 남아 있음이니, 남아 있는 양식이 한 달을 지탱하지 못함을 말한 것이다.
淹, 留也, 言所留之糧不支一月也.

② 競은 다툼이다. 司馬懿가 陳珪에게 말하는 중에 오히려 숨기는 말이 있었으니, 그가 孟達을 급히 공격한 것이 어찌 다만 양식과 맞추었을 뿐이겠는가. 吳와 蜀漢의 구원병이 이를까 두려워한 것이다.
競, 爭也. 懿之語珪, 猶有廋辭, 蓋其急攻孟達, 豈特與糧競哉. 懼吳·蜀救兵至耳.

【目】지금 賊은 병력이 많고 우리는 적으며, 적은 굶주리고 우리는 배부르며, 큰비가 내린 것이 마침내 이와 같아서 功力을 베풀 수가 없으니, 비록 싸움을 재촉한다 하더라도 또한 무슨 일을 하겠는가. 나는 京師를 출발한 뒤로부터 적의 공격을 근심하지 않고 다만 적이 달아날까 두려워하였다. 지금 적의 양식이 다해가는데 적을 완전히 포위하지 않은 채 저들의 소와 말을 노략질하고 땔감을 빼앗는다면, 이는 일부러 적이 달아나도록 내모는 것이다. 兵法이란 상대방을 속이는 방도이다. 일에 따라 변화를 잘해야 하니, 적이 많은 병력과 큰비를 믿기 때문에 비록 굶주리고 곤궁하나 손을 묶고서 항복하려고 하지 않는 것이니, 우리가 마땅히 무능함을 보여서 적을 안심시켜야 한다. 작은 이익을 취하여 적을 놀라게 하는 것은 좋은 계책이 아니다."

今賊衆我寡하고 賊飢我飽하고 水雨乃爾하여 功力不設하니 雖當促之나 亦何所爲①리오 自發京師로 不憂賊攻이요 但恐賊走라 今賊糧垂盡而圍落未合하고 掠其牛馬하고 抄其樵采하니 此는 故驅之走也②니라 夫兵者는 詭道라 善因事變③하나니 賊이 憑衆恃雨故로 雖飢困이나 未肯束手하니 當示

無能以安之라 取小利以驚之는 非計也④니라

① 爾는 이와 같음이다.
爾, 如此也.
② 抄는 빼앗음이다.
抄, 略取也.
③ 〈"善因事變"은〉 용병을 잘하는 자는 능히 일을 따라 변화함을 말한 것이다.
言善兵者, 能因事而變化也.
④ 〈"當示無能以安之……非計也"는〉 司馬懿가 公孫淵을 사로잡을 수 있음을 알고는 온전하게 잡고자 한 것이다.
懿知淵可禽, 欲以全取之.

【目】魏나라 조정에서는 군대가 큰비를 만났다는 말을 듣고 모두 군대를 해산하고자 하였는데, 魏主 曹叡가 말하기를 "司馬懿는 위태로운 상황에 임하여 변화에 잘 대응하니, 얼마 안 있어 公孫淵을 사로잡을 수 있을 것이다." 하였다.

비가 개자, 사마의가 마침내 완전히 포위하여 土山과 지하도를 만들고 방패와 망루와 쇠뇌와 衝車를 동원하여 밤낮으로 공격하니, 화살과 포석이 비 오듯 하였다.

朝廷이 聞師遇雨하고 咸欲罷兵이어늘 魏主叡曰 懿臨危制變하니 禽淵은 可計日待也니라 雨霽에 懿乃合圍하여 作土山, 地道하고 楯, 櫓, 鉤, 衝으로 晝夜攻之하니 矢石如雨①러라

① 楯은 방패이니, 城을 공격하는 병사들이 자기 몸을 가리는 것이다. 櫓는 樓車(망루를 설치한 수레)이니, 올라가서 성을 바라보는 것이다. 鉤는 鉤梯(갈고리를 단 사다리)이니, 갈고리를 걸고서 성에 오르는 것이다. 衝은 衝車(성벽이나 성문에 충격을 가하는 수레)이니 성을 공격하는 것이다.
楯, 干也, 攻城之士以扞蔽其身. 櫓, 樓車, 登之以望城中. 鉤, 鉤梯也, 所以鉤引上城者. 衝, 衝車也, 以衝城.

【目】公孫淵의 군대가 곤궁하고 양식이 다하여 사람들이 서로 잡아먹었는데, 8월에 그의 相인 王建과 柳甫를 보내 포위를 풀고 魏나라의 군대를 퇴각시키면 마땅히 君臣의 禮에 따라 두 손을 등 뒤로 묶고 얼굴을 앞으로 향하고 항복하겠다고 청하자, 司馬懿는 명하여 이들을 참수하고 檄文을 보내어 공손연에게 다음과 같이 통고하였다.

"옛날 楚나라와 鄭나라는 같은 列國인데도 鄭伯이 오히려 웃통을 벗고 羊을 끌고 가서 楚나라의 임금을 맞이하였다. 나는 天子의 上公인데도 王建 등이 나에게 30리를 후

퇴하기를 요구하니, 어찌 禮에 맞는 일이겠는가. 두 사람이 늙어서 말을 전함에 본래의 뜻을 잃었으므로, 내 이미 그대를 위해 그들을 참수하였다. 만약 항복할 뜻이 아직 남아 있으면, 나이가 젊어 분명하게 결단하는 자를 다시 보내라."

淵이 窘急糧盡하여 人相食이러니 八月에 使其相王建, 柳甫로 請解圍却兵이면 當君臣面縛이라한대 懿命斬之하고 檄告淵曰 楚, 鄭은 列國이로되 鄭伯이 猶肉袒牽羊迎之①어든 孤는 天子上公이어늘 而建等이 欲使退舍하니 豈得禮邪②아 二人老耄하여 傳言失指하니 已相爲斬之③라 若意有未已어든 可更遣年少有明決者來니라

① 〈"鄭伯猶肉袒牽羊迎之"는〉 《春秋左氏傳》 宣公 12년에 "楚子가 鄭나라를 포위하자 鄭伯이 웃통을 벗고 양을 끌고 가서 맞이했다." 하였는데, 註에 "복종하여 臣僕이 됨을 보인 것이다." 하였다.
左傳宣公十二年, "楚子圍鄭, 鄭伯肉袒牽羊以逆." 註 "示服爲臣僕."
② 漢나라의 太傅는 지위가 上公이다. 司馬懿가 이때 太尉였는데 스스로 上公이라 한 것은 태위가 三公보다 위가 되기 때문이다. 《春秋左氏傳》 僖公 25년에 "晉侯가 原 지역을 포위하였는데 1舍를 후퇴하자 原이 항복했다." 하였는바, 註에 "1舍는 30里이다." 하였다.
漢太傅, 位上公, 懿時爲太尉, 而自謂上公, 以太尉於三公爲上也. 左傳僖公二十五年 "晉侯圍原, 退一舍而原降." 註 "一舍, 三十里."
③ 爲(위하다)는 去聲이다.
爲, 去聲.

【目】 公孫淵이 다시 侍中 衛演을 보내어 날짜를 잡아 아들을 인질로 보낼 것을 청하자, 司馬懿가 공손연에게 다음과 같이 말하였다.

"軍事에는 大要가 다섯 가지가 있으니, 싸울 수 있으면 마땅히 싸워야 하고, 싸울 수 없으면 마땅히 지켜야 하고, 지킬 수 없으면 마땅히 달아나야 하고, 나머지 두 가지 일은 오직 항복과 죽음뿐이다. 너희들이 얼굴을 앞으로 향하고 두 손을 묶고서 항복하려 하지 않으니, 이는 결단코 죽음으로 나아가려는 것이다. 군이 인질을 보낼 필요가 없다."

淵이 復遣侍中衛演하여 乞克日送任①이어늘 懿謂演曰 軍事는 大要有五하니 能戰이면 當戰이요 不能戰이면 當守요 不能守면 當走요 餘二事는 惟降與死耳라 汝不肯面縛하니 此爲決就死也라 不須送任이니라

① 任은 보증함이니, "送任"은 자식을 보내어 인질로 삼아서 신의를 잃지 않을 것을 보증함을 이른다.

任, 保也. 送任, 謂送子爲質, 以保其不失信.

【目】 얼마 후 襄平城이 무너지니, 公孫淵은 수백 명의 기병을 거느리고 포위망을 뚫고 달아났다. 司馬懿가 추격하여 그를 참수하고 마침내 성안에 들어가서 公卿 이하와 병사와 백성 7천여 명을 주살하여 京觀을 쌓으니, 遼東과 帶方, 樂浪과 玄菟의 네 郡이 모두 평정되었다.

공손연이 장차 배반하려 할 적에 將軍 綸直과 賈範 등이 굳이 諫하니 공손연은 이들을 모두 죽였다. 사마의는 마침내 그들의 묘를 봉분하고, 그들의 남은 後嗣(아들)를 높이 등용하고 감옥에 갇혀 있던 공손연의 叔父 公孫恭을 석방하고 마침내 회군하였다.

旣而요 **城潰**하니 **淵**이 **將數百騎突圍走**어늘 **懿擊斬之**하고 **遂入城**하여 **誅其公卿以下及兵民七千餘人**하여 **築爲京觀**하니 **遼東, 帶方, 樂浪, 玄菟四郡**이 **皆平**①하다 **淵之將反也**에 **將軍綸直, 賈範等**이 **苦諫**하니 **淵**이 **皆殺之**②러니 **懿乃封其墓而顯其遺嗣**하고 **釋淵叔父恭之囚**하고 **遂班師**하다

① 觀(京觀)은 去聲이니, 전사한 적의 시신을 쌓고 그 위에 흙을 봉분하여 적을 이긴 공을 드러내는 것을 京觀이라 한다. 漢나라 帶方縣은 樂浪郡에 속하였는데 公孫氏가 나누어 郡을 설치하였다.
觀, 去聲, 積戰死之尸, 封土其上, 以彰克敵之功, 謂之京觀. 漢帶方縣, 屬樂浪郡, 公孫氏分立郡.

② 綸直은 사람의 姓名이다.
綸直, 姓名.

【目】 처음에 公孫淵의 형 公孫晃이 公孫恭의 인질이 되어서 洛陽에 와 있었다. 공손황은 공손연이 배반하기 이전에 여러 번 공손연이 변란을 일으키려 한다고 아뢰었다. 공손연이 반역을 도모하자, 曹叡는 차마 공손황을 시장에서 참수할 수가 없어서 獄에 보내 죽이고자 하였다. 이에 廷尉 高柔가 다음과 같이 말하였다.

"仲尼(孔子)는 司馬牛의 근심을 밝게 살피셨고, 祁奚는 叔向의 허물을 분명하게 아셨습니다. 공손황이 진실로 이러한 말을 했다면 마땅히 그의 죽음을 용서해야 할 것이요, 만일 본래 이러한 말이 없었다면 곧바로 시장에서 참형해야 합니다. 그런데 지금 나아가서는 그의 목숨을 사면하여 구해주지 않고 물러나서는 그의 죄를 밝히지 않으시니, 臣은 사방에서 혹 이 조처를 의심할까 두렵습니다."

曹叡는 그의 말을 듣지 않고 끝내 사자를 보내어 금가루를 가지고 옥으로 가서 공손

황에게 먹여 죽게 하고 棺을 하사하여 斂襲하게 하였다.

初에 淵兄晃이 爲恭任子在洛陽이라 先淵未反하여 數(삭)陳其變①이러니 及淵謀逆에 叡不忍市斬하여 欲就獄殺之②한대 廷尉高柔曰 仲尼亮司馬牛之憂③하시고 祁奚明叔向之過④하니 晃信有言인댄 宜貸其死요 苟自無言이면 便當市斬이어늘 今進不赦其命하고 退不彰其罪하니 臣恐四方이 或疑此擧也로이다 不聽하고 竟遣使齎金屑飮(임)之하고 賜以棺斂⑤하다

① 先(앞서다)은 悉薦의 切이다.
先, 悉薦切.

② 公孫晃은 여러 번 公孫淵이 반드시 배반할 것이라고 말하였으니, 함께 역모를 꾸민 자가 아니다. 曹叡가 그를 죽여서 그 종류를 끊고자 하였는데, 그를 시장에서 형벌하기에는 명분이 없으므로 그를 옥에 보내어 죽이고자 한 것이다.
晃數(삭)陳淵之必反, 非同逆者也. 叡欲殺之以絶其類, 刑之於市, 則無名, 故欲就獄殺之.

③ 亮은 밝게 살핌이다. 司馬牛가 君子를 묻자, 孔子가 말씀하시기를 "君子는 근심하지 않고 두려워하지 않는다." 하셨으니, 사마우는 자기 형 桓魋(환퇴)가 장차 亂을 일으킬까 염려하여 항상 근심하는 마음을 갖고 있었기 때문에 孔子가 이렇게 말씀하신 것이다.70)
亮, 照察也. 司馬牛問君子, 子曰 "君子不憂不懼." 蓋牛以其兄桓魋將爲亂, 心常負憂, 故孔子告之以此.

④ ≪春秋左氏傳≫에 "晉나라 사람이 欒盈을 축출하고 羊舌虎를 죽이고 양설호의 형인 叔向(羊舌肸)을 가두자, 祁奚가 范宣子를 보고 말하기를 '管叔과 蔡叔이 죽임을 당하였는데도 周公이 王을 보좌하였으니, 어찌 양설호 때문에 社稷의 신하를 버린다 말인가.'71) 하니, 범선자가 公에게 말하여 그의 죄를 면해주었다." 하였다.
左傳 "晉人逐欒盈, 殺羊舌虎, 囚虎兄叔向, 祁奚見范宣子曰 '管·蔡爲戮, 周公右王, 若之何以虎也棄社稷.' 宣子言諸公而免之."

⑤ 飮(마시게 하다)은 於鴆의 切이다. ≪晉書≫ 〈趙王倫傳〉을 살펴보면 "금가루를 탄 쓴 술을 마셔 죽게 했다." 하였다.

---

70) 司馬牛가……것이다 : 司馬牛는 孔子의 제자 이름이고, 桓魋는 사마우의 형으로 본명이 向魋인데 성질이 포악하여 공자도 죽이려 한 적이 있었다. "君子는 근심하지 않고 두려워하지 않는다."는 공자의 말씀은 ≪論語≫ 〈顔淵〉에 보이는데, 바로 다음 章에 사마우가 근심하면서 "남들은 모두 형제가 있는데 나만 홀로 없다."라고 하자, 子夏가 말하기를 "나는 들으니, 죽고 사는 것은 天命에 달려 있고 富와 貴는 하늘에 달려 있다."라고 하였다. 이에 대해 朱子의 ≪集註≫에 "사마우가 형제가 있었는데도 이렇게 말한 것은 아마도 상퇴가 난을 일으키다가 장차 죽을 것을 우려한 듯하다." 하였다. 여기에서 자하의 말을 공자의 말씀으로 인용한 것은 편의상 두 가지 일을 하나로 묶은 것으로 보인다.

71) 管叔과……말인가 : 管叔과 蔡叔과 周公은 모두 周나라 成王의 叔父이며, 관숙은 주공의 형이고 채숙은 주공의 아우이다. 관숙과 채숙이 반란을 일으켰으나 그와 형제간인 주공은 그대로 성왕을 보필하였는바, 이는 곧 형제간에 죄가 서로 미치지 않음을 말한 것이다. 이 내용은 ≪春秋左氏傳≫ 襄公 22년에 보인다.

飮, 於鴆切. 案晉趙王倫傳云, 飮以金屑苦酒.

【綱】 吳나라 中書郞 呂壹이 伏誅되었다.

吳中書郞呂壹이 伏誅하다

【目】 吳主 孫權이 中書郞 呂壹로 하여금 官府와 州郡의 文書를 맡아 校勘하게 하니, 여일이 이로 인하여 威嚴(형벌)과 福(상)을 제멋대로 내려서 법조문을 까다롭게 적용하고 교묘히 질책해서 죄 없는 사람을 배척하여 죄에 빠뜨리고 大臣의 단점을 들춰내어 하찮은 일도 반드시 손권에게 보고하였다. 太子 孫登이 여러 번 諫했으나 손권이 듣지 않으니, 여러 신하들이 감히 다시는 말하지 못하였다.

吳主權이 使中書郞呂壹로 典校官府州郡文書러니 壹이 因此作威福하여 深文巧詆하여 排陷無辜하고 毁短大臣하여 纖介必聞①하다 太子登이 數(삭)諫不聽하니 群臣이 莫敢復言이러라

① "深文"은 법조문을 매우 까다롭게 적용함을 이른다. 巧는 穿鑿함이요, 詆는 무함함이니, 〈"深文巧詆"는〉 公平하지 못함을 말한 것이다.
深文, 謂文法深刻. 巧, 穿鑿也. 詆, 誣也. 言不公平也.

【目】 呂壹이 이에 前 江夏太守 刁嘉(조가)가 國政을 비방한다고 모함하여 그를 체포해서 심문하니, 당시 연루되었던 사람들이 모두 여일을 두려워해서 조가가 비방하는 말을 들었다고 말했으나, 侍中 是儀는 홀로 듣지 못했다고 하였다. 여러 날 동안 끝까지 심문하여 詔令의 뜻이 더욱 엄하였으나 시의는 끝내 말을 바꾸지 않으니, 조가가 마침내 죄를 면하였다. 陸遜과 潘濬은 여일이 나라를 어지럽히는 것을 염려하여 이 일을 말할 때마다 번번이 눈물을 흘리곤 하였다.

壹이 誣故江夏太守刁嘉 謗訕國政이라하여 收繫驗問①하니 時同坐人이 皆畏壹하여 竝言聞之②로되 侍中是儀 獨云 無聞③이라 窮詰累日에 詔旨轉厲호되 儀終無變辭하니 嘉遂得免하다 陸遜, 潘濬이 憂壹亂國하여 每言之에 輒流涕러라

① 故는 옛날 일찍이 이 官職을 지냈음을 말한 것이다.
故, 謂舊嘗爲此官也.
② 坐(걸리다)는 徂臥의 切이니, "時同坐"는 그 당시 刁嘉와 함께 연루되었던 자를 이른다.
坐, 徂臥切. 時同坐, 謂其時與嘉同坐者.

③ 是는 姓이다.
是, 姓也.

【目】 呂壹이 丞相 顧雍의 잘못을 아뢰자, 孫權이 怒하여 고옹을 힐문하였다.

謝厷(사굉)이 여일에게 이르기를 "이 顧公이 면직하고 물러가면 潘太常(潘濬)이 대신하지 않겠는가." 하였다. 여일이 말하기를 "아마도 그럴 것이다." 하니, 사굉이 말하기를 "반태상은 항상 그대에게 원한을 품어 이를 갈고 있다. 오늘날 반태상이 顧公을 대신하면 明日에 곧바로 君을 공격할까 두렵다." 하니, 여일이 두려워해서 마침내 고옹의 일을 무마하였다.

반준이 建業에 가서 極諫하려고 하다가 太子가 여러 번 말해도 손권이 듣지 않는다는 말을 듣고는, 마침내 백관들을 크게 초청하여 모이게 한 다음 틈을 타서 여일을 죽여 나라를 위해 걱정거리를 제거하고자 하였는데, 여일이 이것을 알고는 병을 칭탁하고 가지 않았다.

壹이 白丞相顧雍過失한대 權이 怒하여 詰責雍하다 謝厷이 謂壹曰 此公이 免退면 潘太常이 得無代之乎[①]아 壹曰 近之니라 厷曰 潘常切齒於君이라 今日代顧公이면 恐明日便擊君矣[②]리라 壹이 懼하여 乃解散雍事하다 濬이 詣建業하여 欲極諫이라가[③] 聞太子數(삭)言不聽하고 乃大請百寮하여 欲因會殺之하여 爲國除患이러니 壹이 知之하고 稱疾不行하다

① 厷은 宏과 같다.
厷, 與宏同.
② 漢나라 制度에 丞相과 御史는 百官 중에 죄가 있는 자를 들어 아뢰었다.
漢制, 丞相·御史擧奏百官有罪者.
③ 潘濬은 본래 武昌에 머물러 있었다.
濬, 本留武昌.

【目】 左將軍 朱據의 部曲이 3만 緡(1,000錢의 돈꿰미)을 받기로 되어 있었는데 工人인 王遂가 속여서 이 돈을 받아 챙겼다. 呂壹은 주거가 직접 돈을 받았는가 의심하여 일을 주관하는 자를 고문해서 곤장 아래에서 죽게 하였다. 주거는 자신의 결백을 밝힐 길이 없어서 떼풀을 땅에 깔고 엎드려서 죄가 내리기를 기다렸는데, 典軍吏 劉助가 이 일의 진상을 알고는 왕수가 돈을 받았다고 말하였다. 孫權은 크게 감동하여 깨닫고 말하기를 "주거도 억울한 누명을 썼으니, 하물며 일반 관리와 백성이겠는가." 하고는 마침내 유조

에게 백만 전을 賞으로 주고, 여일의 죄를 끝까지 다스렸다.

左將軍朱據部曲이 應受三萬緡이러니 工王遂 詐而受之[①]라 壹이 疑據自取하여 考問主者하여 死於杖下[②]라 據無以自明하여 藉草待罪[③]어늘 典軍吏劉助覺하고 言遂取[④]라하니 權이 大感寤曰 朱據見枉하니 況吏民乎아하고 乃賞助百萬하고 窮治壹罪러라

① 工은 官名이고, 王遂는 사람의 姓名이다.
工, 官名. 王遂, 姓名.
② "主者"는 朱據의 사무를 주관하는 관리이다.
主者, 據管事之吏.
③ 藉는 慈夜의 切이니, 띠풀을 땅에 까는 것이다
藉, 慈夜切, 以茅藉地.
④ 覺은 그 일의 진상을 깨닫고 말함을 이른다.
覺, 言覺其事而言之.

【目】顧雍이 廷尉에 이르러 呂壹을 보고 얼굴빛을 온화하게 하여 묻기를 "그대의 생각에 말하고 싶은 바가 있지 않은가." 하니, 여일이 머리를 조아리며 말이 없었다. 이때 尙書郞 懷敍가 여일을 대면하여 꾸짖고 욕하니, 고옹이 회서를 꾸짖기를 "관청에는 바른 법이 있으니, 어찌 이렇게까지 하는가." 하였다.

서중이 다음과 같이 평하였다.

"고옹은 長者라고 이를 만하다. 그러나 여일에게 말하고 싶은 바를 물은 것은 잘못이다. 여일이 간사하고 음험하여 법을 어지럽혀서 忠賢을 훼방하여 해쳤는데, 이제 마침내 그의 뜻을 열어 말하게 해서 혹시라도 임금의 용서를 받게 된다면, 어찌 大臣이 군주에게 충성하고 악한 자를 미워하는 의리이겠는가."

顧雍이 至廷尉하여 見壹하고 和顔色而問之曰 君意得無欲有所道乎[①]아하니 壹이 叩頭無言이러라 時에 尙書郞懷敍 面詈辱壹[②]이어늘 雍이 責敍曰 官有正法하니 何至於此오하니라 徐衆曰 雍은 可謂長者矣로다 然이나 問所欲道則非也라 壹이 姦險亂法하여 毁傷忠賢이어늘 今乃開引其意하여 儻獲原宥면 豈大臣忠主疾惡之義哉아

① "得無(아니겠는가)"는 無乃라는 말과 같다. 道는 말함이다.
得無, 猶言無乃也. 道, 言也.
② 懷敍는 사람의 姓名이다.
懷敍, 姓名.

【目】 여일이 伏誅되자, 孫權은 인하여 사람을 보내어 여러 大將들에게 사과의 말을 전하고 時事에 마땅히 줄이고 더할 바를 물었는데, 장수들은 모두 감히 말하려 하지 않았다. 손권은 다시 詔書를 내려 다음과 같이 責望하였다.

"子瑜(諸葛瑾)와 子山(步騭), 義封(朱然)과 定公(呂岱)은 모두 말을 하려고 하지 않고, 伯言(陸遜)과 承明(潘濬)은 눈물을 흘리며 위태롭게 여기고 두려워해서 스스로 편안하지 못한 마음이 있다 하니, 내 이 말을 들음에 마음이 서글퍼져서 통렬히 자책하노라.

오직 聖人이라야 능히 잘못된 행실이 없고, 현명한 자는 능히 스스로 자신의 잘못을 아는 것이다. 사람의 擧措가 어찌 능히 모두 도리에 맞겠는가. 다만 내가 스스로 옳다고 여겨서 사람들의 의견을 어기면서도 소홀하여 깨닫지 못해서, 諸君들이 혐의하여 말하기를 어려워하는 것이다. 내 제군들과 함께 일하여 젊었을 때로부터 장성함에 이르러서 머리털이 斑白이 되었으니, 의리는 비록 군신 간이나 은혜는 골육 간과 같아서 榮華와 福, 기쁨과 슬픔을 서로 함께하고 있다. 충성스러우면 실정을 숨기지 않고 지혜로우면 계책을 남기지 않고 다 말하는 법이니, 일의 옳고 그름에 군주와 신하의 의견이 함께해야 하는데, 諸君들이 어찌 從容하게 있을 수 있는가.

齊 桓公이 善行이 있을 적에 管子(管仲)가 일찍이 감탄하지 않은 적이 없었고 잘못이 있을 적에 일찍이 諫하지 않은 적이 없어서 간하여 듣지 않으면 그치지 않고 끝까지 간하였다. 지금 내 스스로 살펴봄에, 나는 제 환공의 덕이 없고, 諸君들은 간쟁하는 말을 일찍이 입에서 내지 아니하여 그대로 혐의하고 어려워하는 태도를 취하고 있으니, 이것을 가지고 말하건대 〈잘못을 깨달은〉 나는 제 환공에게 비하여 참으로 넉넉하지만, 제군들은 관자에 비하여 어떨지 모르겠다."

壹이 旣伏誅에 權이 因遣人하여 告謝諸大將하고 問時事所當損益이러니 諸將이 皆不敢有所言이라 權이 復以詔責之曰 子瑜, 子山, 義封, 定公이 皆不肯有所陳하고 而伯言, 承明이 涕泣危怖하여 有不自安之心이라하니 聞之에 悵然하여 深自刻怪①하노라 夫惟聖人이라야 能無過行이요 明者라야 能自見耳②라 人之擧厝 何能悉中③이리오 獨當已有以傷拒衆意로되 忽不自覺이라 故로 諸君이 有嫌難耳④라 與諸君從事하여 自少至長하여 髮有二色⑤하니 義雖君臣이나 恩猶骨肉하여 榮福喜戚을 相與共之라 忠不匿情하고 智無遺計하니 事統是非어늘 諸君이 豈得從容而已哉⑥리오 齊桓이 有善에 管子未嘗不歎하고 有過에 未嘗不諫하여 諫而不得이면 終諫不止라 今孤自省에 無桓公之德이요 而諸君諫諍이 未嘗出口하고 仍執嫌難하니 以此言之컨대 孤於齊桓에 良優로되 未知諸君於管子에 如何耳로라

① 子瑜는 諸葛瑾의 字이고, 子山은 步騭(보즐)의 字이고, 義封은 朱然의 字이고, 定公은 呂岱의 字이고, 伯言은 陸遜의 字이고, 承明은 潘濬의 字이다. 刻은 克과 通하니, 痛烈히 책망함이요, 怪 또한 책망함이다.
子瑜, 諸葛瑾字. 子山, 步騭字. 義封, 朱然字. 定公, 呂岱字. 伯言, 陸遜字. 承明, 潘濬字. 刻, 通作克, 痛責也. 怪, 亦責也.

② 行(행실)은 去聲이다.
行, 去聲.

③ 厝는 措와 通한다. 中(맞다)은 去聲이니, "悉中"은 모두 도리에 맞다는 말과 같다.
厝, 通作措. 中, 去聲. 悉中, 猶言皆當也.

④ 當은 應과 같다. 〈"獨當已有以傷拒衆意"는〉 자신이 응당 사람들의 마음을 어기는 바가 있어 혐의를 받게 됨을 말한 것이다. 難은 즐거워하지 않는다는 말과 같으니, 〈"有嫌難"은〉 諸君들이 모두 혐의를 피하여 말하는 것을 어려워함을 이른 것이다.
當, 猶應也. 言已應有違衆心, 處嫌疑也. 難, 猶不肯也. 謂諸君皆避嫌疑, 而難於陳言也.

⑤ "二色"은 班白(검은 머리와 흰 머리가 반반임)을 말한다.
二色, 謂班白也.

⑥ "事統是非"는 행하는 일이 옳으면 君主와 신하가 그 옳게 여김을 함께하고, 그르면 그 그르게 여김을 함께함을 말한 것이다. 從은 七容의 切이고 容은 본음대로 읽으니, 〈"從容"은〉 느긋하고 자유로움을 말한 것이다.
事統是非, 言行事是則君臣同其是, 非則同其非也. 從, 七容切. 容, 如字. 謂其舒肆自在也.

【綱】 겨울 12월에 蔣琬이 나가 漢中에 주둔하였다.

冬十二月에 **蔣琬**이 **出屯漢中**하다

【綱】 魏主 曹叡가 병이 위독하자, 郭夫人을 세워 后로 삼고 司馬懿를 불러 들어와 조회하게 하고 曹爽를 大將軍으로 삼았다.

◑ **魏主叡有疾**하니 **立郭夫人爲后**[72)]하고 **召司馬懿入朝**하고 **以曹爽爲大將軍**하다

---

72) 魏主叡有疾 立郭夫人爲后 : "魏나라에 일찍이 貴嬪 某氏를 세워 后로 삼았다고 2번 썼었는데, 여기에서 곧바로 郭夫人를 세웠다고 한 것은 어째서인가. 내용을 생략한 것이다. 어찌하여 생략하였는가. 毛氏의 죽음은 그 발단이 郭氏에게서 일어났으니, 魏主가 곽씨를 마음에 둔 것이다. 이때 병이 위독하자 급급히 郭夫人를 세워 행여 미치지 못할까 염려했으니, 그 어두워 시비를 가리지 못함이 또한 심하다. ≪資治通鑑綱目≫에서 특별히 그 글을 달리한 것은 비난하는 뜻을 보인 것이다.〔魏嘗再書立貴嬪某氏爲后矣 此則直曰 立郭夫人 何 略之也 曷爲略之 毛氏之死 釁起郭氏 魏主蓋有心矣 於是疾革 汲汲立焉 惟恐不及 其蔽亦甚矣哉 綱目特異其文 所以示譏也〕" ≪書法≫

【目】 처음에 魏 太祖(曹操)가 劉放과 孫資를 秘書郎으로 삼았는데, 文帝(曹丕)가 秘書의 이름을 고쳐 中書라 하고 유방을 中書監으로 삼고 손자를 中書令으로 삼아서 기밀의 일을 관장하게 하였다.

魏主 曹叡가 즉위하자 이들을 더욱 총애하고 신임하여, 조예가 때로 직접 萬機를 살피고 자주 군대를 일으켰으나, 심복의 임무는 모두 이 두 사람이 관장하였다. 그리하여 큰일이 있어서 朝臣들이 회의할 때마다 항상 이들로 하여금 그 옳고 그름을 결정해서 선택하여 행하게 하였다.

初에 魏太祖以劉放, 孫資爲秘書郎이러니 文帝更(경)命秘書曰中書라하고 以放爲監하고 資爲令하여 遂掌機密하다 魏主叡卽位에 尤見寵任하여 時에 親覽萬機하고 數(삭)興軍旅호되 腹心之任을 皆二人管之하여 每大事朝臣會議에 常令決其是非하여 擇而行之러라

【目】 中護軍 蔣濟가 다음과 같이 상소하였다.

"臣이 들으니 大臣의 권력이 너무 무거우면 나라가 위태롭고, 좌우의 신하가 너무 군주와 친하면 군주가 愚昧해진다." 하였으니, 옛날의 지극한 경계입니다. 先君 때의 大臣이 政事를 전횡하여 外內가 선동하였는데, 폐하께서 卓然히 직접 萬機를 살펴보시니, 신하 중에 공경하고 숙연해하지 않는 사람이 없습니다. 大臣이 충성하지 않는 것이 아니라, 권세가 아랫사람에게 있으면 사람들이 윗사람(군주)을 소홀히 여김은 당연한 형세입니다. 폐하께서 이미 大臣들을 살피셨으니, 좌우 신하들에 대한 경계를 잊지 마시기 바랍니다.

中護軍蔣濟 上疏曰 臣聞大臣太重者는 國危하고 左右太親者는 身蔽라하니 古之至戒也니이다 往者大臣秉事하여 外內扇動①이러니 陛下卓然自覽萬機하시니 莫不祗肅이라 夫大臣이 非不忠也로되 然權在下하면 則衆心慢上은 勢之常也니이다 陛下旣已察之於大臣矣시니 願無忘於左右하노이다

① 〈"往者大臣"은〉 아마도 文帝(曹丕) 때의 대신을 이른 듯하다. 혹자는 "遺詔를 받은 大臣을 이른다." 한다.
蓋謂文帝時也. 或曰 "謂受遺大臣也."

【目】 좌우 신하들은 충성스럽고 정직한 마음과 멀리 생각하는 뜻이 반드시 大臣보다 낫지는 못하지만, 외모를 잘 꾸며 군주에게 영합하고 뜻을 받들어 호감을 얻음에 이르러서는 혹 더 잘하기도 합니다. 더구나 이들은 실로 권력을 장악하고 날마다 군주의 눈앞

에 있으니, 혹시라도 군주의 피곤한 틈을 타서 국정을 농단하여 결정하는 바가 있으면, 여러 신하들은 그들이 일을 자기 마음대로 옮기고 바꾸는 것을 보고는 이 틈을 타서 즉시 이들에게 향할 것입니다. 한 번이라도 이런 단서가 있으면 사사로이 朋黨과 지원 세력을 불러 모아서 잘한다 하여 칭찬하고 잘못한다 하여 훼방하는 일이 반드시 생길 것이요, 功이 있는 자와 罪를 지은 자의 賞罰이 반드시 서로 뒤바뀌는 경우가 있을 것입니다. 正道를 따라 승진하려는 자는 혹 막히고 아첨하여 서로 빌붙는 자는 도리어 영달합니다. 그리하여 작은 기회를 틈타 조정으로 들어가고 군주의 안색을 살펴 조정에서 나오는데도, 폐하께서는 마음속으로 친애하고 믿는 사람은 의심하여 살피지 못할 것이니, 이는 마땅히 일찍 유념하셔야 할 것입니다."

左右忠正遠慮가 未必賢於大臣이요 至於便辟取容하여는 或能工之①니이다 況實握事要하고 日在目前하니 儻因疲倦之間하여 有所割制②면 衆臣이 見其能推移於事하고 即亦因而向之하리니 一有此端이면 私招朋援하여 臧否(비)毁譽 必有所興이요 功負賞罰이 必有所易③이라 直道而上者 或壅하고 曲相比附者 反達④하여 因微而入하고 緣形而出이로되 意所狎信은 不復猜覺하리니 此宜早以經意也니이다

① 辟(외모)은 僻으로 읽는다.
辟, 讀曰僻.

② 〈"疲倦之間 有所割制"는〉 군주가 피곤한 때를 틈타 左右 신하들이 농단하여 결정하는 바가 있음을 이른다.
謂因人主疲倦之時, 有所剖割而制斷也.

③ 負는 죄이다. 易은 상과 벌이 功과 罪에 합당하지 못한 것이다.
負, 罪也. 易, 則賞罰不當乎功罪

④ 上(올라가다)은 時掌의 切이다.
上, 時掌切.

【目】曹叡는 그의 말을 듣지 않았는데, 병이 위독해지자 死後의 일을 깊이 생각해서 마침내 武帝의 아들 燕王 曹宇를 大將軍으로 삼고, 夏侯獻과 曹爽, 曹肇(조조)와 秦朗 등으로 정사를 보좌하게 하였다.

叡不聽이러니 及寢疾에 深念後事하여 乃以武帝子燕王宇爲大將軍하고 夏侯獻, 曹爽, 曹肇, 秦朗等으로 輔政①하다

① 曹肇는 曹休의 아들이다.

肇, 休之子也.

【目】 劉放과 孫資가 오랫동안 기밀의 임무를 맡으니 夏侯獻과 曹肇가 불평하는 마음이 있었다. 대궐에 닭이 깃들어 사는 나무가 있었는데, 하후헌과 조조 두 사람이 서로 말하기를 "이 또한 오래되었으니, 얼마나 더 있을 수 있겠는가." 하니, 유방과 손자가 두려워하여 은밀히 이들을 이간질할 것을 도모하였다.

曹宇가 성품이 공손하고 선량하여 誠心을 다하여 大將軍의 직책을 굳이 사양하자, 曹叡가 유방과 손자를 臥室로 불러 들어오게 해서 묻기를 "燕王이 진실로 이와 같이 사양한단 말인가." 하니, 대답하기를 "연왕은 실제로 자신이 큰 임무를 감당하지 못할 줄을 스스로 알기 때문입니다." 하였다. 조예가 묻기를 "누가 임무를 감당할 수 있는 자인가?" 하니, 이때 曹爽이 곁에 있었다. 유방과 손자는 인하여 조상을 천거하고 또 司馬懿를 불러와 함께 정사를 보좌하는 일에 참여하게 할 것을 청하였다. 조예가 그들의 말을 따랐는데, 얼마 후 중간에 마음이 변하였다.

劉放, 孫資 久典機任하니 獻, 肇心不平이러니 殿中에 有鷄棲樹어늘 二人이 相謂曰 此亦久矣라 其能復幾[①]리오하니 放, 資懼하여 陰圖間之[②]러라 宇性恭良하여 陳誠固辭어늘 叡引放, 資하여 入臥內하여 問曰 燕王이 正爾爲[③]아 對曰 燕王이 實自知不堪大任故耳니이다 叡曰 誰可者오 時에 惟爽在側이라 放, 資因薦之하고 且請召司馬懿하여 與相參하니 叡從之러니 旣而요 中變이러라

① 宮殿에 닭을 길러서 새벽에 울어 시간을 알리는 일을 맡게 하였는데, 나무 위에 깃들었으므로 인하여 鷄棲樹라 한 것이다. 夏侯獻과 曹肇는 이것을 가리켜 劉放과 孫資를 비유한 것이다.
殿中畜鷄, 以司晨, 棲於樹上, 因謂之鷄棲樹. 獻・肇指以喩放・資.

② 間(이간질하다)은 古莧의 切이다.
間, 古莧切.

③ "正爾爲"는 "진실로 이와 같이 사양한단 말인가."라는 말과 같다. 일설에 "그의 성품이 공손하고 선량하여 일을 함이 바로 이와 같다고 말한 것이다." 한다.
正爾爲, 猶言誠然如此乎. 一說 "言其性恭良, 爲事正如此也."

【目】 劉放과 孫資가 다시 들어가 설득하자 曹叡가 또다시 이들의 말을 따랐는데 유방이 手詔(직접 쓴 詔書)를 쓸 것을 청하니, 조예가 말하기를 "내 너무 피곤하여 쓰지 못하겠다." 하였다. 유방이 침상으로 올라가서 조예의 손을 잡아 억지로 조서를 쓰게 하고는

마침내 조서를 가지고 나와서 큰소리로 말하기를 "燕王 曹宇 등을 면직하라는 조서가 있으니, 궁 안에 머물러서는 안 된다." 하니, 조우 등이 모두 눈물을 흘리고 나왔다.

마침내 曹爽을 大將軍으로 삼으니, 조예는 그의 재주가 부족한 것을 혐의하여 尙書 孫禮를 大將軍의 長史로 삼아서 조상을 돕게 하였다.

放, 資復入說(세)한대 又從之러니 放이 請爲手詔한대 叡曰 我困篤하여 不能이로라 放이 上牀하여 執其手하여 强作之①하고 遂齎出하여 大言曰 有詔免燕王宇等官하니 不得停省中이라하니 皆流涕而出하니라 遂以爽爲大將軍하니 叡嫌其才弱하여 拜尙書孫禮爲長史하여 以佐之하다

① 强(억지로)은 其亮의 切이다.
强, 其亮切.

【目】이때 司馬懿가 汲縣에 있었다. 曹宇가 關中(장안)의 일이 중요하니 마땅히 사마의를 長安으로 돌아오게 해야 한다고 아뢰어, 일이 이미 시행되고 있었다. 이때에 사마의가 다시 조예의 手詔를 받아 보니, 앞과 뒤가 서로 맞지 않았다. 사마의는 京師에 변란이 있는가 의심해서 마침내 급히 수레를 몰고 들어와 조회하였다. 曹爽은 曹眞의 아들이다.

時에 懿在汲①이라 宇以爲關中事重하니 宜遣懿還長安이라하여 事已施行②이러니 至是하여 復得手詔하니 前後相違라 懿疑京師有變하여 乃疾驅入朝하다 爽은 眞之子也라

① 〈"時 懿在汲"은〉 이때 司馬懿가 遼東에서 회군하여 汲縣에 머물고 있었다. 급현은 漢나라 이래로 河內郡에 속하였다.
時自遼東還師, 次于汲也. 汲縣, 自漢以來, 屬河內郡.
② "關中事重"은 蜀漢을 대비하는 것과 氐族과 羌族을 어루만져 편안히 함을 이른다.
關中事重, 謂備蜀及撫安氐・羌也.

附錄

思政殿訓義 資治通鑑綱目11 年表

年度	在位年	역문쪽수	주요 사건
209 己丑年	漢 獻帝 建安 14	13 14 15 16 17	• 孫權이 合肥를 공격하였다가 회군함. • 曹操가 合肥에 군대를 주둔하고 芍陂의 屯田을 개척하게 함. • 曹操가 合肥에 張遼 등을 주둔하게 하고 돌아감. • 孫權이 周瑜에게 南郡太守를 겸하게 함. 劉備가 표문을 올려 손권을 行車騎將軍 徐州牧으로 삼게 하였는데, 손권이 표문을 올려 유비를 荊州牧으로 삼음. 周瑜가 땅을 나누어 유비에게 주자, 유비는 油口에 진영을 세우고 그곳의 명칭을 公安으로 고침. • 孫權이 자기 여동생을 劉備에게 시집보냄. • 曹操가 蔣幹을 보내 周瑜를 설득하게 함.
210 庚寅年	漢 獻帝 建安 15	18 20 21 23 29 30	• 和洽의 권유로 曹操가 인재를 구하는 令을 내림. • 曹操가 鄴城에 銅爵臺를 축조함. • 曹操가 3개의 食邑을 반납함. • 周瑜가 사망하자 孫權이 魯肅으로 그를 대신하게 함. 노숙의 주청으로 손권이 荊州를 劉備에게 빌려줌. • 劉備가 龐統을 治中從事로 삼음. • 交州刺史 張津이 죽자 孫權이 步騭을 교주자사로 삼음. 이에 交阯太守 士燮이 손권에게 복속함.
211 辛卯年	漢 獻帝 建安 16	31	• 曹操가 아들 曹丕를 五官中郎將으로 삼아 丞相의 副로 삼음. • 曹操가 鍾繇를 보내어 張魯를 공격하게 함. • 關中의 馬超와 韓遂 등이 반란을 일으켜 潼關을 점거하자, 曹操가 西河를 건너 마초 등을 격파하고 渭水를 건너 마초 등을 다시 격파하니 마초 등이 涼州로 달아남.

年度	在位年	역문쪽수	주요 사건
211 辛卯年	漢 獻帝 建安 16	37	• 鍾繇가 漢中으로 향하자 劉璋이 使者를 보내어 劉備를 맞이하니 유비가 군대를 거느리고 蜀으로 향함. 유장이 유비에게 張魯를 공격하게 함.
212 壬辰年	漢 獻帝 建安 17	42	• 曹操가 鄴城으로 돌아오자, 獻帝가 조조에게 贊拜할 때 이름을 부르지 않는 등 殊禮를 내림.
		44	• 馬超의 반란으로 馬騰을 주살하고 삼족을 멸함. • 梁興이 반란을 일으키자 左馮翊인 鄭渾이 토벌하여 평정함.
		46	• 孫權이 治所를 建業으로 옮김. • 孫權의 長史 張紘이 卒함.
		47	• 孫權이 曹操의 침입을 대비하여 濡須에 塢를 축조함.
		48	• 曹操가 작위를 國公으로 올리고자 하자 荀彧이 반대하였는데, 조조가 濡須를 공격할 때 순욱이 자살함.
		51	• 劉備가 劉璋의 涪城을 장악함.
213 癸巳年	漢 獻帝 建安 18	54	• 曹操가 濡須에서 孫權과 대치하다 돌아감. • 曹操가 14州를 병합하여 9州로 편성하였는데, 자신의 근거지인 冀州의 영역을 넓힘.
		55	• 曹操가 長江 근교의 백성을 내륙으로 옮김.
		56	• 曹操가 魏公이 되고 九錫을 받음.
		57	• 劉備가 成都를 향해 진군하여 雒城을 포위함.
		59	• 魏나라가 宗廟와 社稷을 세움. • 曹操가 獻帝에게 자신의 딸인 曹憲, 曹節, 曹華를 바쳐 貴人으로 삼게 함.
		60	• 馬超가 涼州를 침입하여 刺史를 죽였으나 參軍事인 楊阜가 군대를 일으켜 공격하니, 마초가 漢中으로 달아남.
		64	• 魏나라가 尙書, 侍中, 六卿을 설치하였는데, 荀攸를 尙書令, 涼茂를 僕射, 毛玠, 崔琰, 何夔 등을 尙書, 王粲, 杜襲, 衛覬, 和洽을 侍中, 鍾繇를 大理, 王脩를 大司農, 袁渙을 郎中令, 陳群을 御史中丞으로 삼음.
214 甲午年	漢 獻帝 建安 19	68	• 魏公 曹操가 자신의 지위를 올려 諸侯王의 위에 있게 함.

年度	在位年	역문쪽수	주요 사건
214 甲午年	漢 獻帝 建安 19	69 70 81 82 83 85	• 孫權이 呂蒙에게 皖城을 공격하게 하여 격파함. • 諸葛亮이 關羽를 남겨 荊州를 지키게 하고 蜀으로 진군하여 張飛는 巴郡, 趙雲은 江陽 등을 평정하였으며, 劉備가 雒城을 함락시키고 成都를 포위하자 제갈량 등도 이에 합류함. 馬超가 유비에게 항복하자 劉璋이 항복함. 유비가 益州牧을 겸하고 제갈량을 軍師將軍으로 삼음. • 曹操가 孫權을 공격함. • 魏나라 荀攸 사망. • 伏皇后가 그 아버지 伏完에게 曹操를 도모하게 하였다가 누설되자 조조가 복황후를 유폐하여 죽이고 그녀가 낳은 皇子를 독살함. • 曹操가 高柔를 丞相 理曹掾으로 삼음.
215 乙未年	漢 獻帝 建安 20	86 87 91 95 97 98	• 獻帝가 貴人 曹氏(曹節)를 皇后로 삼음. • 曹操가 張魯를 공격함. • 韓遂가 부하들에게 살해당함. • 孫權이 劉備에게 荊州의 반환을 요구하여 서로 반목하였는데, 曹操가 漢中을 공격하자 유비가 손권과 화친하고 형주를 분할하여 關羽에게 江陵을 지키게 함. • 曹操가 漢中을 취하고 夏侯淵과 張郃을 남겨두고 돌아옴. • 孫權이 合肥를 공격하였는데 張遼가 손권을 크게 격파함. • 曹操가 名號侯를 두어 軍功을 세운 자에게 내림. • 도망갔던 張魯가 항복하자 曹操는 그를 鎭南將軍으로 삼음. • 劉備가 張飛를 보내 巴郡을 공격하여 평정함.
216 丙申年	漢 獻帝 建安 21	99 103	• 曹操가 작위를 올려 王이 됨. 조조가 尙書 崔琰을 죽임. • 代郡 烏桓의 大人들이 單于를 칭하자 이에 曹操가 裴潛을 보내 복종시킴. • 南匈奴 單于 呼廚泉이 魏나라에 입조하자 그를 鄴城에 머물게 하고 右賢王 去卑에게 남흉노를 감독하게 함. 또 남흉노를 5部로 나누고 貴人을 세웠으며 漢人을 뽑아 司馬로 삼아 감독하게 함.

年度	在位年	역문쪽수	주요 사건
216 丙申年	漢 獻帝 建安 21	104	• 魏나라가 鍾繇를 相國으로 삼음.
217 丁酉年	漢 獻帝 建安 22	104 106 107 110 111 112	• 魏나라가 孫權을 공격하자 손권이 魏나라에게 항복을 청하고 周泰를 濡須에 남겨 감독하게 함. • 魏王 曹操가 천자의 수레와 복식을 사용함. • 魏나라가 華歆을 御史大夫로 삼음. • 魏나라가 曹丕를 太子로 삼음. • 劉備가 漢中을 공격하자 曹操가 曹洪을 보내 막게 함. • 魯肅이 죽자 孫權이 呂蒙으로 그를 대신하게 함. • 孫權이 陸孫을 보내 丹陽의 山越을 토벌하여 평정함.
218 戊戌年	漢 獻帝 建安 23	113 115 116 117	• 少府 耿紀와 司直 韋晃이 군대를 일으켜 魏王 曹操를 토벌하였는데, 이기지 못함. • 代郡 上谷의 烏桓이 반란을 일으키자 魏나라는 曹彰을 보내 격파함. • 劉備가 張郃을 공격하였지만 이기지 못함. • 曹操가 劉備를 공격하려고 長安에 이름.
219 己亥年	漢 獻帝 建安 24	118 119 120 123 126 127 129 142	• 劉備가 漢中을 지키던 夏侯淵을 크게 격파하고 참수함. • 曹操가 漢中을 침입하자 劉備가 험한 곳을 막아 지키고 趙雲이 魏나라 군대를 격파하자 조조가 철군하니, 유비가 한중을 차지함. • 劉備가 漢中王이 됨. • 關羽가 樊城을 공격하여 于禁을 사로잡고 龐德을 참수하고 번성을 포위함. 또 襄陽을 항복시킴. • 魏王 曹操가 曹植의 일에 관여한 丞相主簿 楊脩를 죽임. • 關中의 營帥인 許攸가 曹操에게 항복함. • 孫權이 呂蒙을 보내 江陵을 기습하게 하고 曹操가 樊城을 구원하니 關羽가 패주하여 손권에게 참수를 당함. 얼마 후 여몽이 사망함. • 曹操가 표문을 올려 孫權을 票騎將軍 荊州牧 南昌侯로 삼음.

年度	在位年	역문쪽수	주요 사건
220 庚子年	漢 獻帝 建安 25 魏 文帝 黃初 1	146 149 150 153 154 155 160	• 魏王 曹操가 사망하자 太子 曹丕가 즉위하여 丞相 冀州牧이 됨. • 魏나라가 賈詡를 太尉, 華歆을 相國, 王朗을 御史大夫로 삼음. • 魏王 曹丕가 그 동생인 曹彰, 曹植 등을 封國으로 나아가게 함. • 魏나라가 법을 세워 환관들은 여러 官署의 令이 되지 못하게 함. • 魏나라가 尙書 陳群의 건의로 九品官人法을 제정하여 실시함. • 劉備의 장수 孟達이 上庸을 가지고 魏나라에 항복함. • 魏나라가 賈逵를 豫州刺史로 삼음. • 魏王 曹丕가 皇帝를 칭하고 獻帝를 폐하여 山陽公으로 삼음. • 曹丕가 洛陽에 궁궐을 축조함. • 魏나라가 冀州의 士卒의 집을 河南으로 옮김.
221 辛丑年	蜀漢 昭烈帝 章武 1 魏 文帝 黃初 2	162 163 168 169 170 171 172 173 175 179 180	• 魏나라가 孔子의 21세손 孔羨(공선)을 宗聖侯로 봉함. • 魏나라가 五銖錢을 다시 사용함. • 漢中王 劉備가 황제를 칭함. • 孫權이 武昌으로 治所를 옮김. • 劉備가 宗廟를 세우고 漢 高祖 이하를 祫祭함. • 魏나라가 甄皇后를 죽임. • 魏나라가 宗廟가 鄴城에 있어서 洛陽 建始殿에서 太祖(曹操)를 제사함. • 劉備가 직접 군대를 이끌고 孫權을 공격함. • 張飛가 부하들에게 살해당함. • 孫權이 사신을 보내 蜀漢과 화해하고자 하였으나 이루어지지 않자 陸遜을 파견하여 막음. • 魏나라가 洛陽에 淩雲臺를 쌓음. • 孫權이 魏나라에 稱臣하니 魏나라가 손권을 吳王으로 봉함. • 孫權이 武昌에 성을 축조함. • 魏나라가 楊彪를 光祿大夫로 삼음. • 魏나라가 곡식 가격이 올라 五銖錢을 혁파함.

年度	在位年	역문쪽수	주요 사건
221 辛丑年	蜀漢 昭烈帝 章武 1 魏 文帝 黃初 2	180 182 183	• 孫權이 趙咨를 魏나라에 사신 보냄. • 魏나라가 吳나라에 진귀한 물건을 바치게 함. • 孫權이 孫登을 太子로 삼음. • 鮮卑 軻比能이 강성해지자 魏나라는 牽招를 護鮮卑校尉로 삼고, 田豫를 護烏桓校尉로 삼아 진무하게 함.
222 壬寅年	蜀漢 昭烈帝 章武 2 魏 文帝 黃初 3 吳 大帝 黃武 1	185 186 187 193 194 196 197 198	• 魏나라가 貢士의 限年法을 없앰. • 魏나라가 西域에 戊己校尉를 설치함. • 劉備가 吳나라로 진격하여 猇亭에 주둔함. • 魏나라 曹丕가 자신의 아들과 아우들의 작위를 올려 왕으로 삼았으나 모두 실제 권한은 없음. • 陸遜이 猇亭을 공격하니 蜀漢의 군대가 패하고 劉備가 白帝城(永安)으로 후퇴함.(猇亭大戰) • 蜀漢의 장군 黃權이 배반하여 魏나라에 항복함. • 魏나라가 外戚이 정사에 참여할 수 없게 함. • 魏나라가 貴嬪 郭氏를 皇后로 삼음. • 魏나라가 吳나라에게 인질을 들여보낼 것을 요구하였는데, 보내지 않자 將軍 曹休 등을 보내어 吳나라를 공격함. • 魏나라가 壽陵을 만듦. • 吳나라가 黃武로 改元하고 魏나라에 항거하자 曹丕가 직접 吳나라를 공격함.
223 癸卯年	蜀漢 後主 建興 1 魏 文帝 黃初 4 吳 大帝 黃武 2	199 203 207 208 209 211	• 魏나라가 吳나라의 濡須를 공격하고 별도로 江陵을 포위하였는데, 모두 이기지 못하고 철수함. • 劉備가 永安에서 사망하니 丞相 諸葛亮이 정사를 보필하고 태자 劉禪이 즉위함. 제갈량을 武鄕侯 益州牧으로 삼음. • 蜀漢의 益州郡 등 4郡에서 雍闓 등이 반란함. • 魏나라가 鍾繇를 太尉로 삼음. • 蜀漢이 鄧芝를 吳나라에 사신으로 보내 연합함. • 蜀漢이 張飛의 딸 張氏를 皇后로 세움.
224 甲辰年	蜀漢 後主 建興 2 魏 文帝 黃初 5 吳 大帝 黃武 3	211 212	• 魏나라가 太學을 세우고 博士를 두고 五經으로 課試함. • 吳나라가 張溫을 蜀漢에 보내자, 蜀漢이 鄧芝를 吳나라에 보냄.

年度	在位年	역문쪽수	주요 사건
224 甲辰年	蜀漢 後主 建興 2 魏 文帝 黃初 5 吳 大帝 黃武 3	212 214	• 魏나라 曹丕가 수군을 거느리고 長江으로 나아가서 吳나라와 대치하다가 철군함. • 吳나라 尙書 曁豔과 選曹郎 徐彪가 자살하고 張溫이 죄에 걸려 고향으로 돌아감.
225 乙巳年	蜀漢 後主 建興 3 魏 文帝 黃初 6 吳 大帝 黃武 4	216 217 220 222 224	• 蜀漢 丞相 諸葛亮이 반란한 雍闓 등을 정벌함. • 魏나라 曹丕가 수군을 거느리고 가서 吳나라를 정벌함. • 吳나라가 顧雍을 丞相으로 삼음. • 蜀漢 丞相 諸葛亮이 雍闓를 토벌하고 孟獲을 복종시킴. • 魏나라 曹丕가 수군을 거느리고 長江에 나아갔다가 철군함. • 吳나라 番陽(파양)의 賊首 彭綺가 배반함.
226 丙午年	蜀漢 後主 建興 4 魏 文帝 黃初 7 吳 大帝 黃武 5	224 225 228 230 231	• 蜀漢 中都護 李嚴이 주둔지를 江州로 옮김. • 吳나라 陸遜이 표문을 올려 屯田하게 함. • 魏나라 曹丕가 執法 鮑勛을 죽이고, 將軍 曹洪을 면직시킴. • 魏나라 曹丕 사망. 조비는 曹叡를 태자로 세우고 中軍大將軍 曹眞과 鎭軍 陳群, 撫軍 司馬懿에게 보필하게 함. • 吳王 孫權이 魏나라 江夏를 포위하였으나 이기지 못함. • 吳나라가 襄陽을 공격하였으나 魏나라 司馬懿가 격파함. • 吳나라가 陸遜과 諸葛瑾으로 하여금 법조문을 정비하게 함. • 魏나라가 處士 管寧을 부름. • 吳나라 呂岱가 交趾太守 士徽를 유인하여 죽임.
227 丁未年	蜀漢 後主 建興 5 魏 明帝 太和 1 吳 大帝 黃武 6	233 234 235 242 244	• 吳나라가 彭綺를 토벌함. • 魏나라가 鄴城에 궁전을 세움. • 蜀漢 丞相 諸葛亮이 〈出師表〉를 올리고 漢中에 주둔함. • 魏나라가 五銖錢을 다시 시행함. • 魏나라가 貴嬪 毛氏를 황후로 세움. • 魏나라가 肉刑을 회복할 것을 의논함. • 魏나라 孟達이 新城을 가지고 蜀漢에 귀순하자 司馬懿가 신성을 공격함.

年度	在位年	역문쪽수	주요 사건
228 戊申年	蜀漢 後主 建興 6 魏 明帝 太和 2 吳 大帝 黃武 7	246 247 254 258 265	• 魏나라 司馬懿가 新城을 함락시키고 孟達을 참수함. • 蜀漢 丞相 諸葛亮이 祁山으로 나아가 關中을 도모하다가 街亭에서 패함.(街亭戰鬪) 詔令을 내려 제갈량을 右將軍으로 폄출하고 승상의 일을 행하게 함. • 魏나라가 徐邈을 涼州刺史로 삼음. • 吳나라가 魏나라 揚州牧 曹休를 유인하여 石亭에서 대패시킴.(石亭戰鬪) • 蜀漢 右將軍 諸葛亮이 表文(〈後出師表〉)을 올리고 魏나라 陳倉을 공격하였으나 郝昭가 이를 막아내자 철군함. • 公孫淵이 숙부 公孫恭에게 遼東太守를 빼앗고 魏나라에 알리자 曹叡가 이를 인정함. • 吳나라 大司馬 呂範 사망.
229 己酉年	蜀漢 後主 建興 7 魏 明帝 太和 3 吳 大帝 黃龍 1	267 269 272 274 276 278	• 蜀漢 右將軍 諸葛亮이 魏나라를 공격하여 武都와 陰平을 함락시키자 제갈량이 다시 丞相이 됨. • 吳王 孫權이 稱帝함. 孫登을 태자에 세우고 東宮의 屬官에 諸葛恪 등을 임명함.(太子四友) • 蜀漢이 陳震을 吳나라에 사신 보내서 吳나라의 稱帝를 인정하고 盟約함.(二帝竝尊) • 孫權이 稱帝하자 張昭가 致仕를 청하였는데, 손권이 장소를 輔吳將軍에 임명함. • 魏나라가 詔令을 내려 後嗣 중에 諸侯로서 들어와 大統을 받드는 자가 있으면 私親을 받들지 못하게 함. • 吳나라가 建業으로 遷都하고, 上大將軍 陸遜으로 하여금 太子 孫登을 보필하여 武昌를 지키게 함. • 魏나라가 聽訟觀을 세워 황제가 친히 大獄을 결정하고 尙書 衛覬의 주청으로 律博士를 두었으며, 司空 陳群 등에게 漢나라 律를 정리하고 《州郡令》, 《尙書官令》, 《軍中令》 등을 제정하게 함. • 蜀漢이 漢中에 漢城과 樂城 두 城을 쌓음.

年度	在位年	역문쪽수	주요 사건
230 庚戌年	蜀漢 後主 建興 8 魏 明帝 太和 4 吳 大帝 黃龍 2	279 281 282 287 288	• 吳나라가 군대를 동원하여 바다를 건너서 夷洲와 亶洲를 찾아서 이곳의 백성을 잡아오게 함. • 魏나라가 董昭의 건의로 郎吏 중에 한 가지 經書에 통달하고 재주가 지방관을 맡을 만한 자를 博士가 課試하는 法을 세우자 淸談을 일삼던 尙書 諸葛誕 등이 면직됨. • 魏나라가 曹眞 등을 보내서 漢中을 침략하였다가 철군함. • 吳나라가 魏나라 合肥를 공격하였으나 征東將軍 滿寵이 이를 막음. • 蜀漢 諸葛亮이 蔣琬을 長史로 삼음. • 吳나라에서 孫權의 총애를 받던 廷尉監 隱蕃이 난을 일으켰다가 伏誅됨.
231 辛亥年	蜀漢 後主 建興 9 魏 明帝 太和 5 吳 大帝 黃龍 3	290 291 294 298 300	• 武陵蠻이 반란을 일으키자, 吳나라가 潘濬을 보내어 공격하게 함. • 蜀漢 丞相 諸葛亮이 魏나라를 정벌하여 祁山를 포위함. 魏나라 司馬懿를 鹵城에서 패퇴시키고 張郃을 죽임. • 東阿王 曹植의 건의로 魏나라가 宗室 王侯들에게 明年 正月에 조회하게 함. • 蜀漢 中都護 李平(李嚴)이 군량 문제로 폐출됨. • 吳나라가 孫布를 거짓으로 魏나라에 항복하게 해서 揚州刺史 王凌을 유인하였으나 征東將軍 滿寵의 계책으로 魏나라는 큰 피해를 막음.
232 壬子年	蜀漢 後主 建興 10 魏 明帝 太和 6 吳 大帝 嘉禾 1	303 304 307 308	• 魏나라 曹叡가 어린 딸이 죽자 그녀를 장례하고자 許昌으로 감. • 吳나라가 遼東에 將軍 周賀를 보내 말을 구하고자 하자 虞翻이 이를 간했다가 蒼梧로 귀양 감. • 魏나라가 許昌의 궁전을 수리함. • 公孫淵이 吳나라와 내통하자 魏나라가 遼東을 정벌하였는데, 이기지 못하고 돌아오는 길에 吳나라의 將軍 周賀를 공격하여 참수함. 이즈음에 虞翻이 사망함. • 魏나라 曹叡가 劉曄이 자신에게 영합한다고 여겨 外朝의 관직인 大鴻臚로 삼음.

年度	在位年	역문쪽수	주요 사건
232 壬子年	蜀漢 後主 建興 10 魏 明帝 太和 6 吳 大帝 嘉禾 1	311	• 吳나라가 魏나라 廬江을 공격하였다가 滿寵의 계책으로 철군함. 또한 만총의 건의로 合肥에 新城을 쌓음.
233 癸丑年	蜀漢 後主 建興 11 魏 明帝 青龍 1 吳 大帝 嘉禾 2	314 316 321 322	• 公孫淵이 吳나라에 稱臣하자 吳나라가 공손연을 燕王에 임명함. • 公孫淵이 吳나라의 使者를 참수하여 그 首級을 魏나라에 바치니, 魏나라가 공손연을 봉하여 樂浪公으로 삼음. 공손연에게 잡혀 있던 秦旦과 黃彊이 高句麗로 탈출하자 고구려가 이들을 吳나라에 돌려보내고 吳나라에 稱臣함. • 吳나라 孫權이 직접 魏나라 新城을 공격하였으나 滿寵의 활약으로 패함. • 蜀漢 庲降都督 張翼이 법을 엄격히 적용하자 劉冑가 반란을 일으킴. 이에 馬忠으로 교체하여 반란을 진압함.
234 甲寅年	蜀漢 後主 建興 12 魏 明帝 青龍 2 吳 大帝 嘉禾 3	323 325 326 327 332 345 346 347	• 蜀漢 丞相 諸葛亮이 魏나라를 정벌함.(木牛와 流馬를 사용) • 魏나라 山陽公(漢 獻帝) 사망. • 蜀漢 丞相 諸葛亮이 渭水 남쪽으로 進軍하여 五丈原에 주둔하니, 魏나라 大將軍 司馬懿가 굳게 수비함. 이에 제갈량이 屯田함. • 吳나라 孫權이 合肥의 新城을 공격하고, 陸遜과 諸葛瑾에게 襄陽을 공격하고 孫韶와 張承에게 廣陵과 淮陰으로 향하게 함. • 魏나라가 山陽公(漢 獻帝)을 禪陵에 장례함. • 蜀漢 丞相 諸葛亮이 五丈原에서 사망하자, 長史 楊儀가 군대를 이끌고 철군함. 前軍師 魏延이 亂을 일으키자 양의가 공격하여 참수함. • 蜀漢이 吳懿를 車騎將軍으로 삼아 漢中을 감독하게 하고 蔣琬을 尙書令으로 삼음. • 蜀漢이 中郎將 宗預를 吳나라에 사신으로 보냄. • 吳나라가 諸葛恪을 丹陽太守로 삼음. • 吳나라 潘濬이 武陵蠻을 평정함.

年度	在位年	역문쪽수	주요 사건
235 乙卯年	蜀漢 後主 建興 13 魏 明帝 靑龍 3 吳 大帝 嘉禾 4	347 348 349 361 364 365	• 魏나라 郭太后 사망. • 蜀漢 中軍師 楊儀가 죄에 걸려 자살함. • 蜀漢이 蔣琬을 大將軍 錄尙書事, 費禕를 尙書令으로 삼음. • 魏나라가 洛陽의 궁전을 대대적으로 수리하고 궁녀를 늘렸는데 陳群, 高柔, 辛毗, 楊阜, 蔣濟, 孫禮 등이 간언하자, 조예가 이를 다 따르지는 못했으나 우대함. • 魏나라 曹叡가 후사가 없자 曹芳과 曹詢을 양자로 삼고 齊王과 秦王으로 봉함. • 魏나라 曹叡가 불탄 崇華殿을 다시 세움. • 魏나라 中山王 曹袞 사망. • 魏나라가 鮮卑 軻比能을 암살함.
236 丙辰年	蜀漢 後主 建興 14 魏 明帝 靑龍 4 吳 大帝 嘉禾 5	369 370 372 373	• 吳나라가 大錢을 주조함. • 吳나라 婁侯 張昭 사망. • 武都의 氐王 苻健이 蜀漢에 항복함. • 魏나라 司空 陳群 사망. • 魏나라가 公卿들에게 인재를 천거하게 하니 司馬懿가 王昶을 천거함.
237 丁巳年	蜀漢 後主 建興 15 魏 明帝 景初 1 吳 大帝 嘉禾 6	376 380 381 383 384 385 386 393 395	• 魏나라가 陳矯를 司徒로 삼음. • 魏나라가 三祖(曹操, 曹丕, 曹叡)를 毁撤하지 않는 사당으로 삼음. • 魏나라가 毌丘儉을 보내 公孫淵을 공격하였으나 승리하지 못하자 공손연이 燕王을 칭함. • 蜀漢 張皇后 사망. • 魏나라 曹叡가 毛皇后를 죽임. • 魏나라가 圜丘와 方丘, 南郊와 北郊를 세움. • 吳나라가 諸葛恪을 威北將軍으로 삼음. • 魏나라가 2개의 銅人을 주조하고 芳林園에 土山을 일으킴. • 魏나라 光祿勳 高堂隆 사망. • 魏나라 曹叡가 散騎常侍 劉劭에게 考課法을 만들게 하였으나 시행되지 못함.

年度	在位年	역문쪽수	주요 사건
238 戊午年	蜀漢 後主 延熙 1 魏 明帝 景初 2 吳 大帝 赤烏 1	402	• 魏나라가 太尉 司馬懿를 보내어 遼東의 公孫淵을 공격하게 함.
		404	• 魏나라가 韓曁를 司徒로 삼음.
		405	• 蜀漢이 前皇后의 여동생 張氏를 皇后로 삼음. • 蜀漢이 劉璿을 皇太子로 삼음.
		406	• 吳나라가 當千大錢을 주조함. • 魏나라 司馬懿가 遼東을 공격하여 이기고 公孫淵을 참수함.
		414	• 吳나라 中書郎 呂壹이 손권의 총애를 믿고 전횡하였는데, 左將軍 朱據를 모함하다가 도리어 誅殺됨.
		418	• 蜀漢 蔣琬이 漢中에 주둔함. • 魏나라 曹叡가 병이 위독해지자, 郭夫人을 皇后로 삼고 曹爽를 大將軍으로 삼고 司馬懿 등을 불러들임.

2. 思政殿訓義 資治通鑑綱目 11 地圖

1) 建安 15년(210) 荊州 勢力圖

2) 建安 16년(211) 曹操 關中 征伐圖

3) 建安 16년(211) 劉備 入蜀圖

4) 建安 18년(213) 後漢 九州 및 魏國 領域圖

5) 建安 19년(214) 劉備의 蜀 平定圖

6) 建安 24년(219) 劉備의 漢中 平定圖

7) 建安 24년(219) 關羽 北伐圖

8) 建安 24년(219) 關羽 敗沒圖

9) 昭烈帝 章武 2년(222) 猇亭大戰圖

10) 昭烈帝 章武 2년(222) 三國鼎立圖

11) 後主 建興 3년(225) 諸葛亮의 南征圖

12) 諸葛亮 北伐圖

※ 이 지도는 ≪柏楊白話版 資治通鑑≫(北岳文藝出版社, 2006)을 참조하여 本書를 이해하는 데 도움이 되도록 수정 편집하였다.

1) 建安 15년(210) 荊州 勢力圖(24쪽)

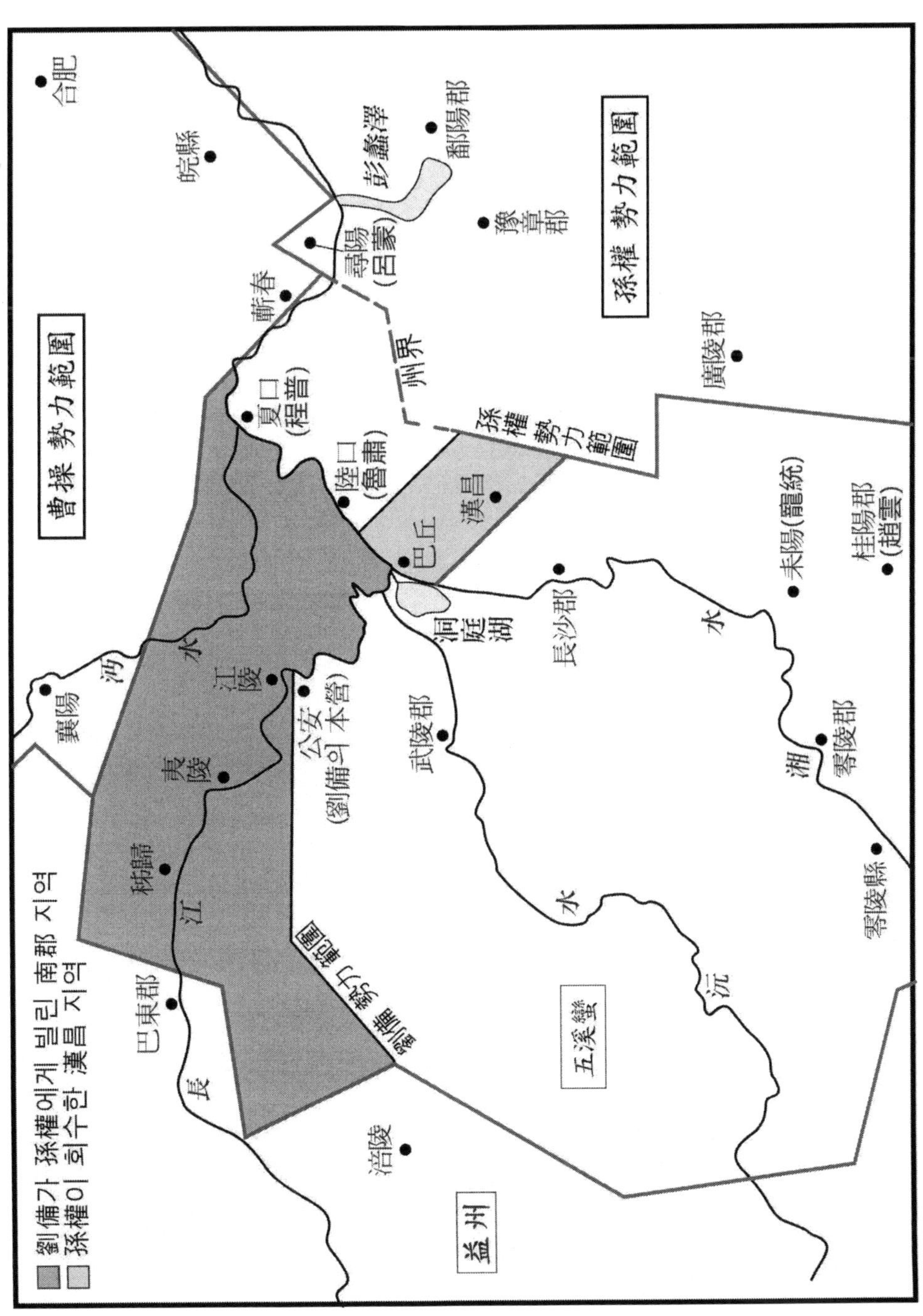

2) 建安 16년(211) 曹操 關中 征伐圖(32~35쪽)

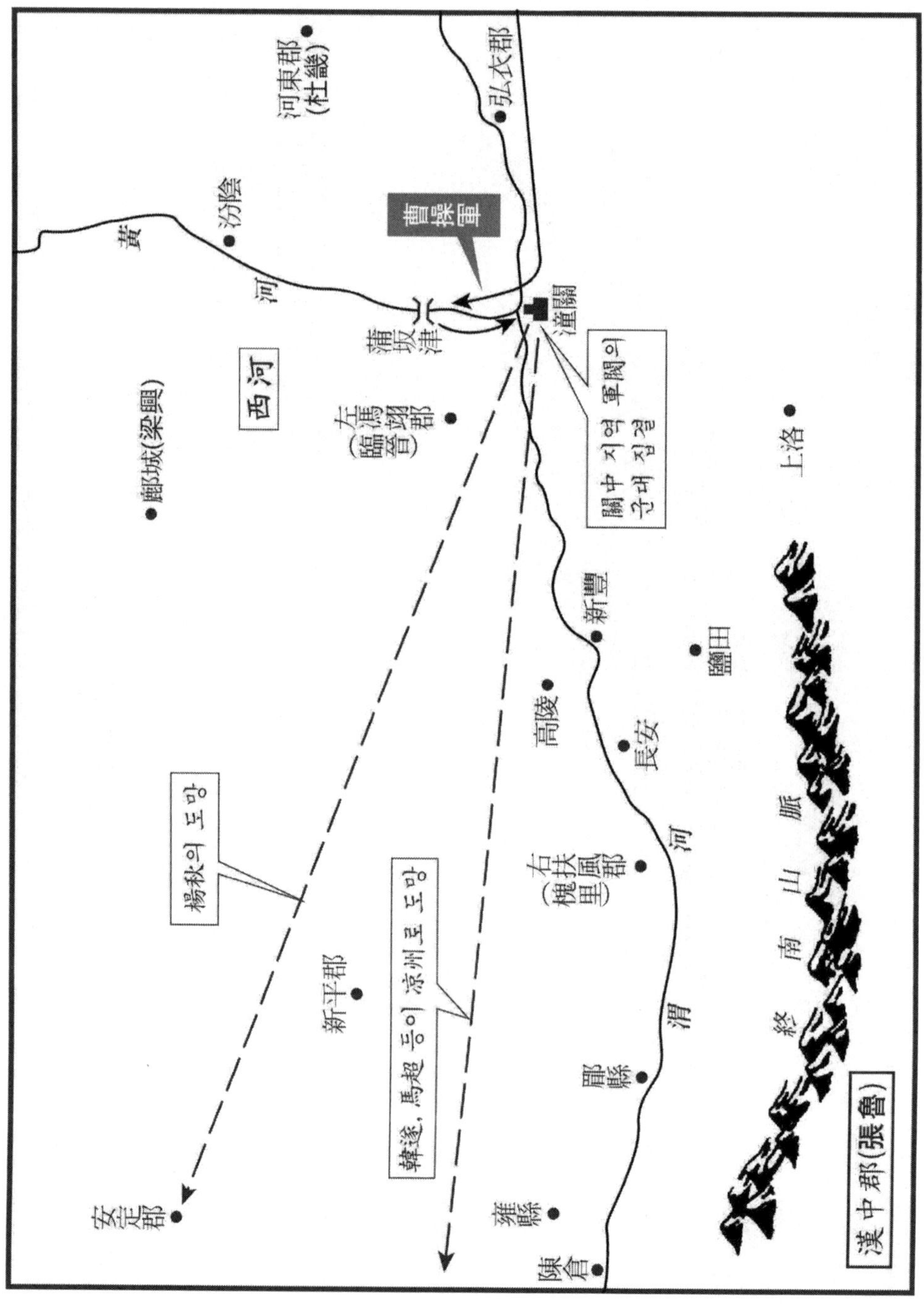

3) 建安 16년(211) 劉備 入蜀圖(40~41쪽)

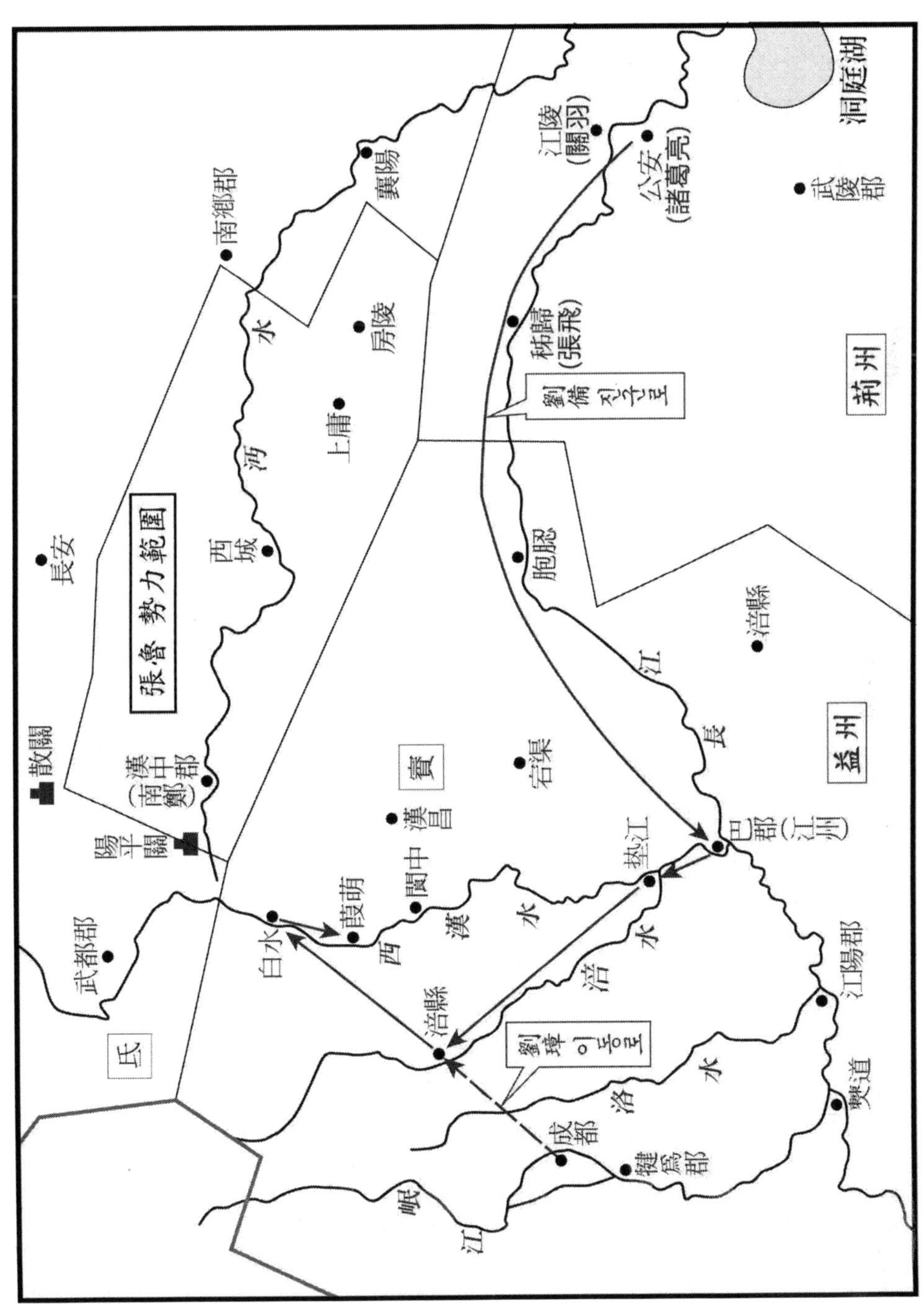

4) 建安 18년(213) 後漢 九州 및 魏國 領域圖(54쪽)

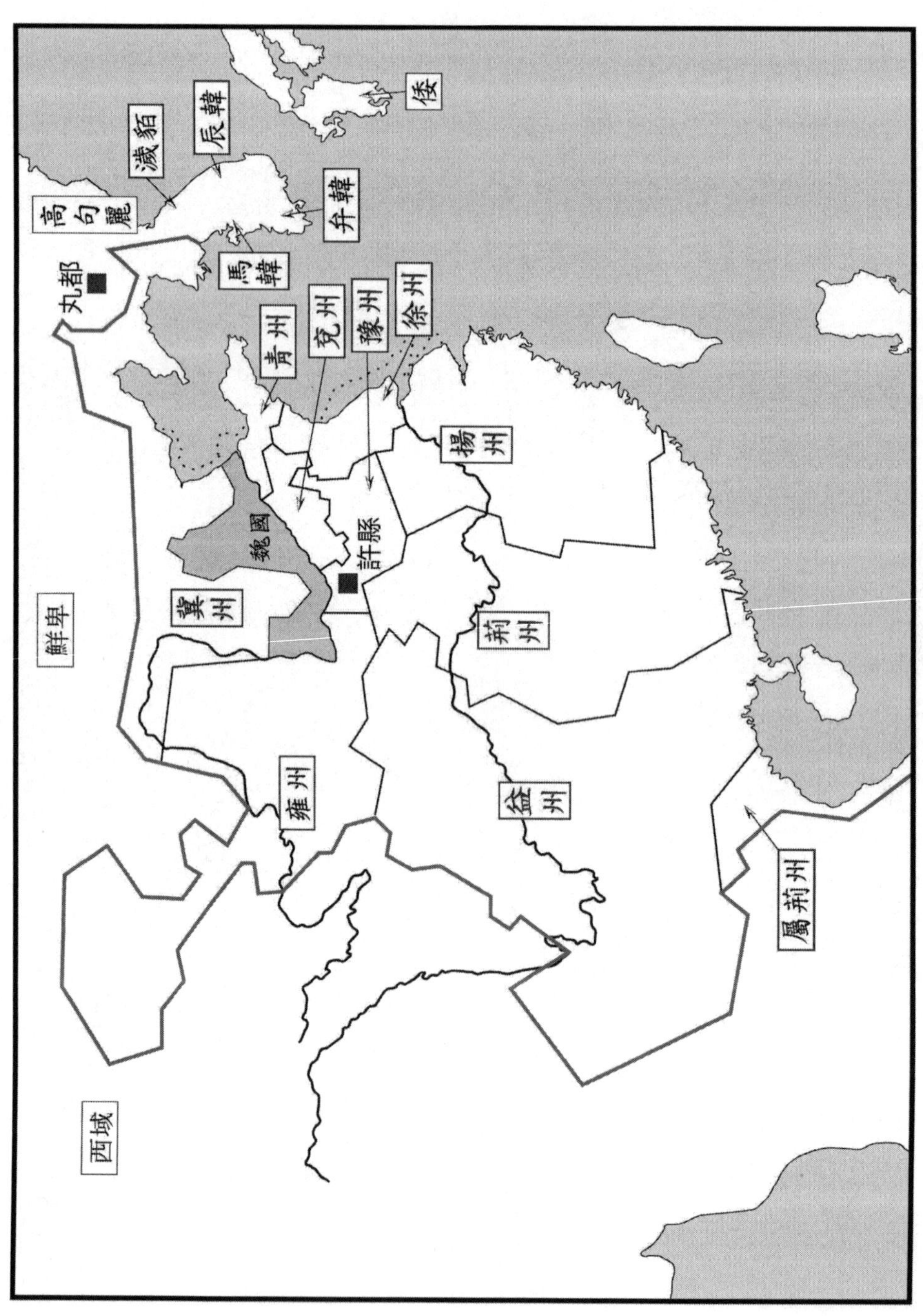

5) 建安 19년(214) 劉備의 蜀 平定圖(51~73쪽)

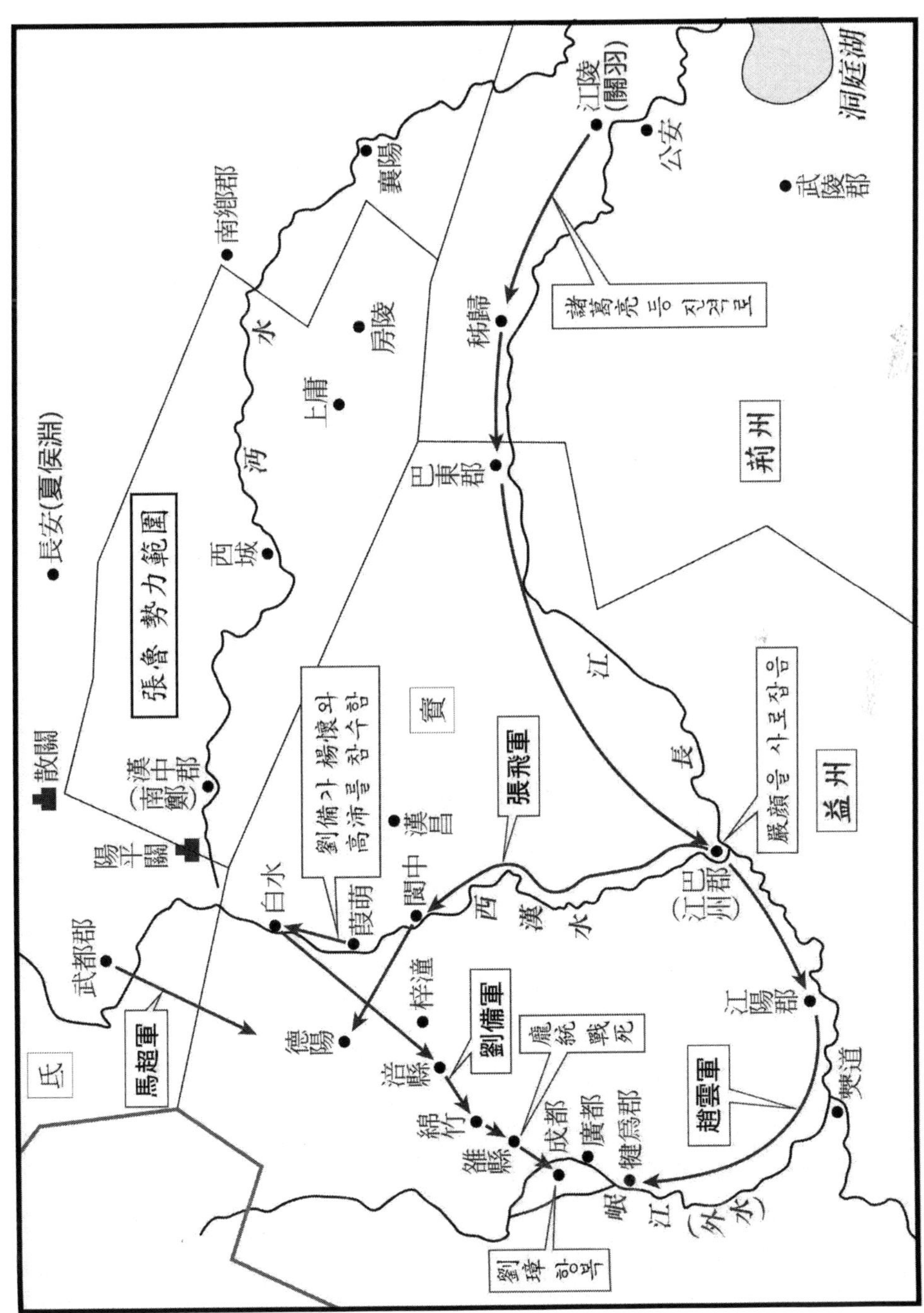

6) 建安 24년(219) 劉備의 漢中 平定圖(118~120쪽)

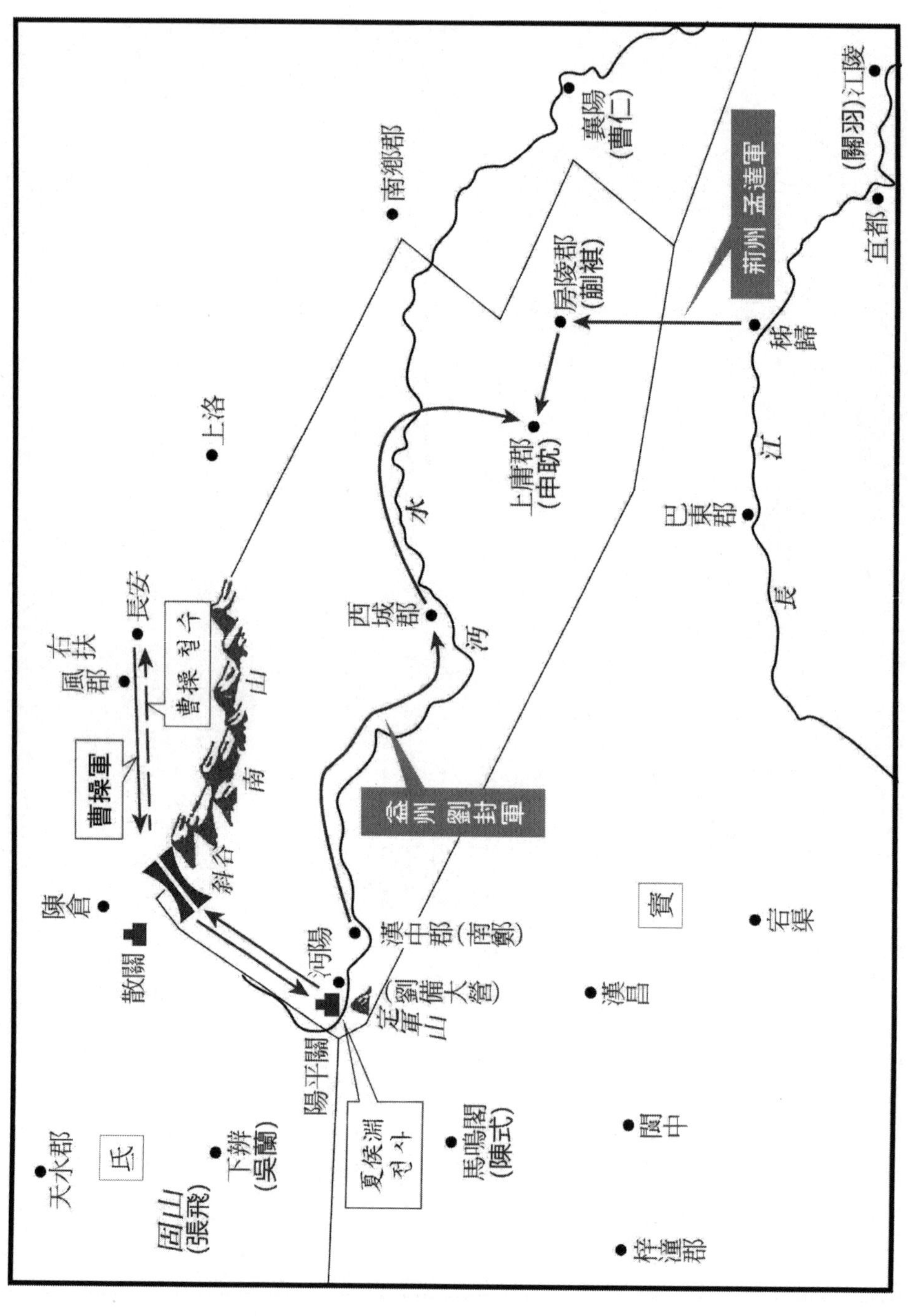

7) 建安 24년(219) 關羽 北伐圖(123~135쪽)

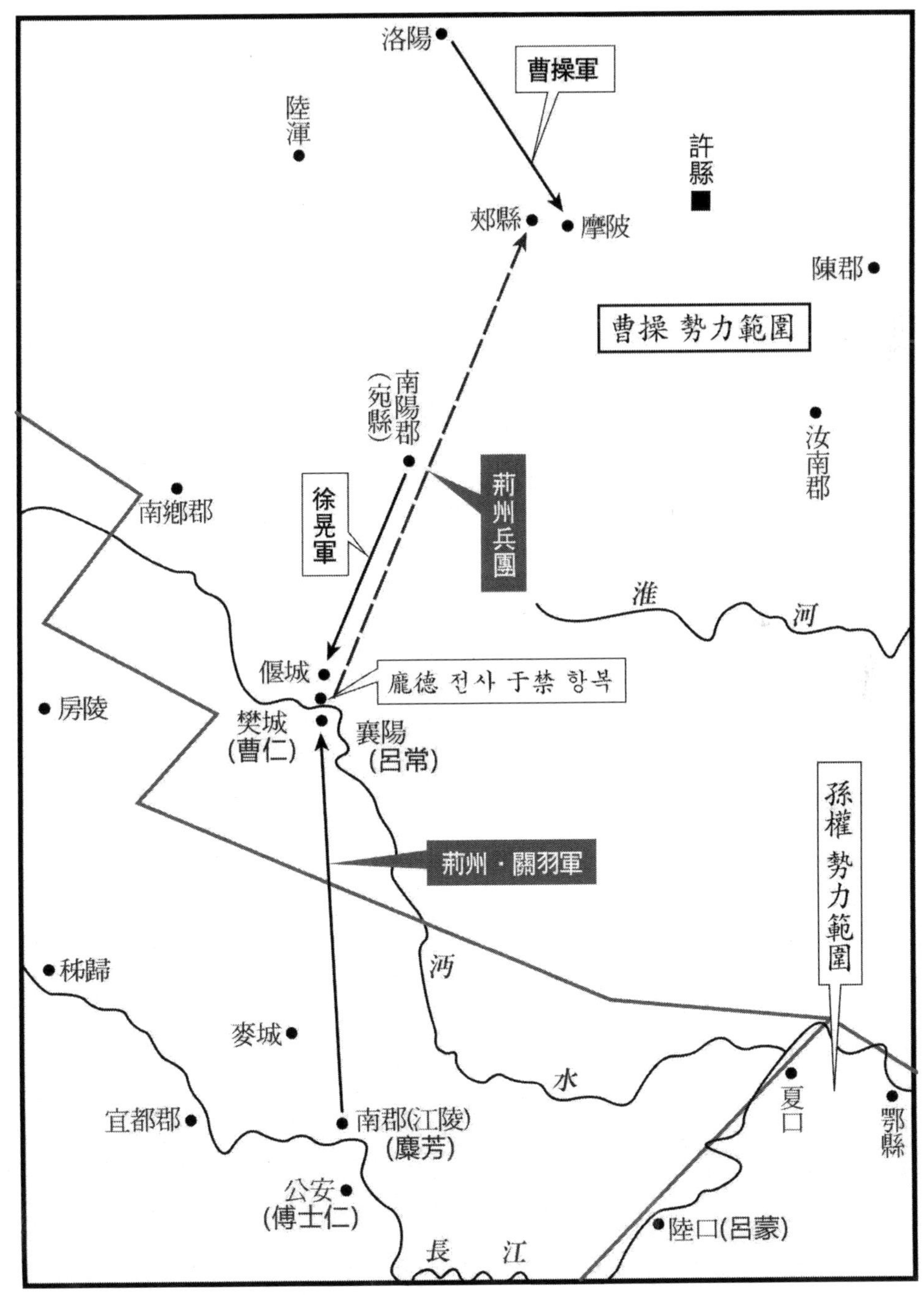

8) 建安 24년(219) 關羽 敗沒圖(135~139쪽)

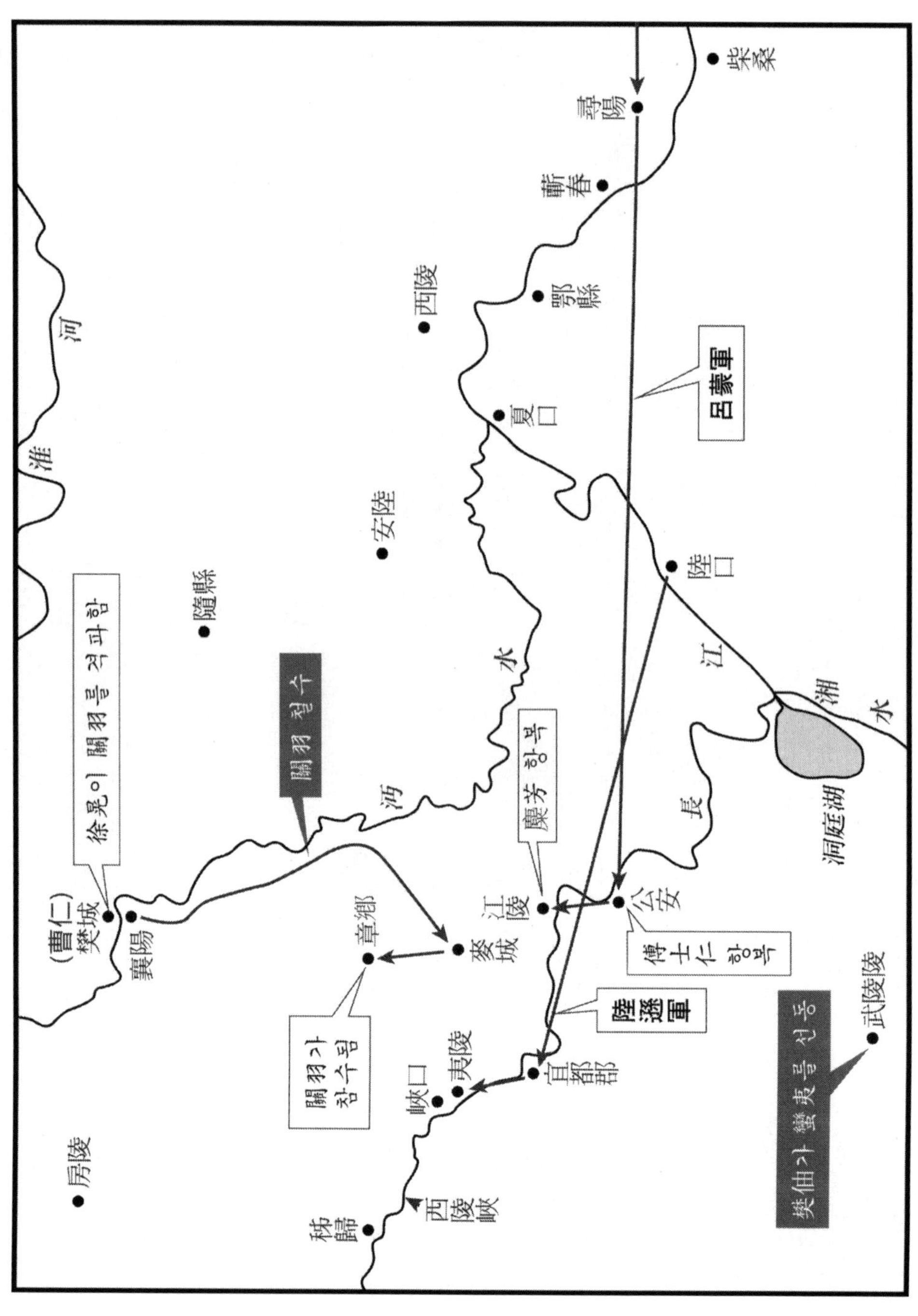

9) 昭烈帝 章武 2년(222) 猇亭大戰圖(185~190쪽)

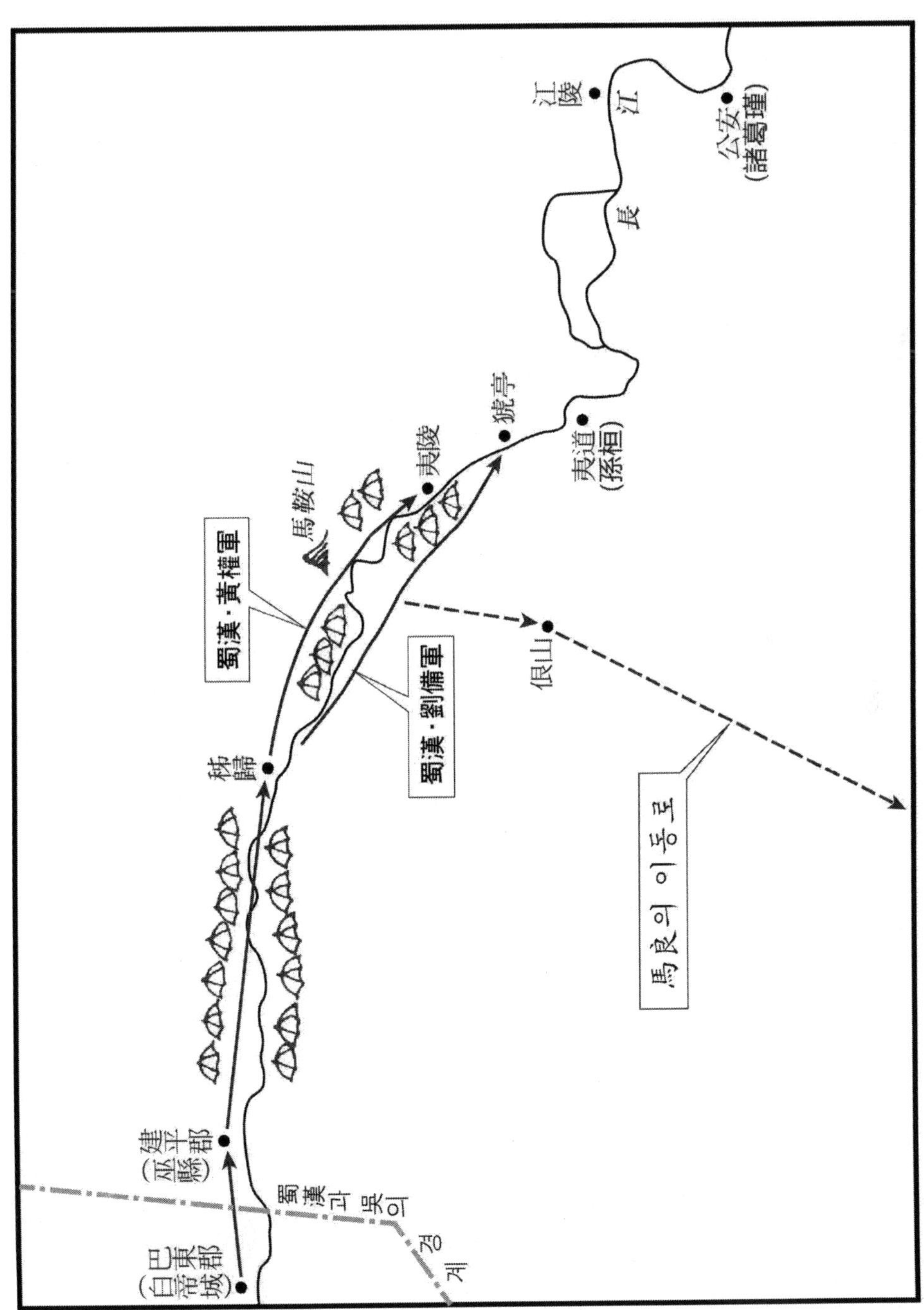

10) 昭烈帝 章武 2년(222) 三國鼎立圖(198쪽)

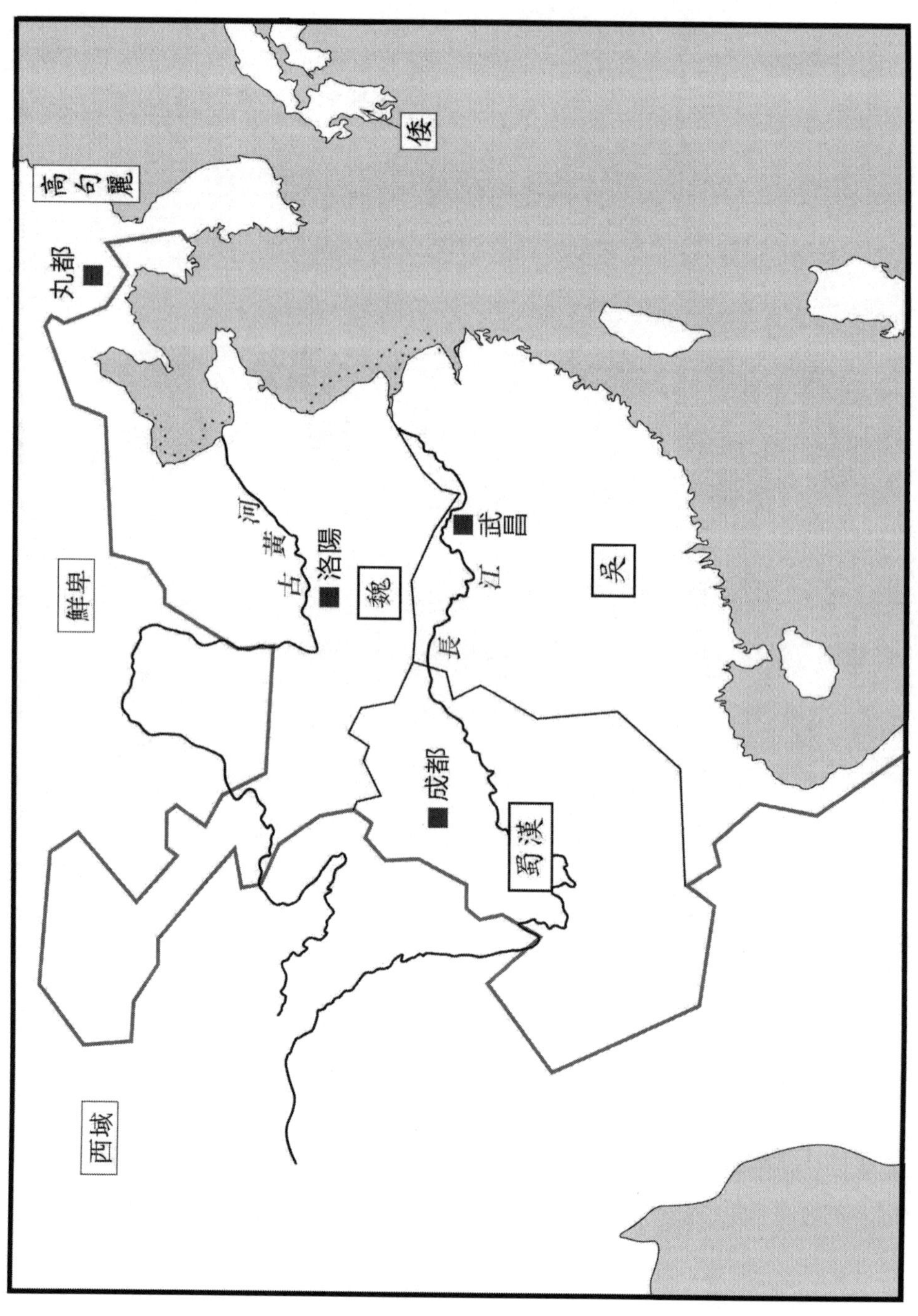

11) 後主 建興 3년(225) 諸葛亮의 南征圖(220~221쪽)

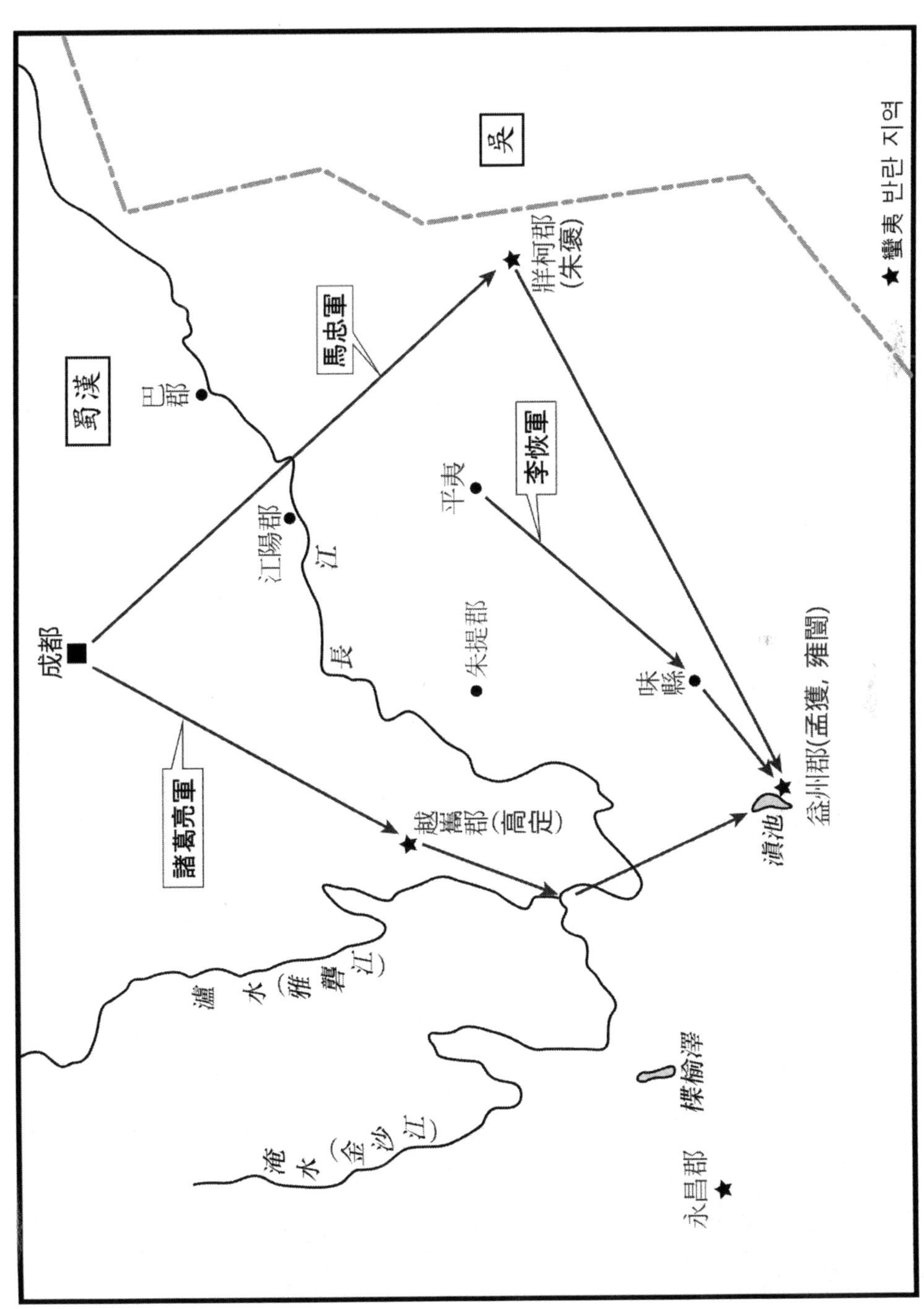

12) 諸葛亮 北伐圖(247~336쪽)

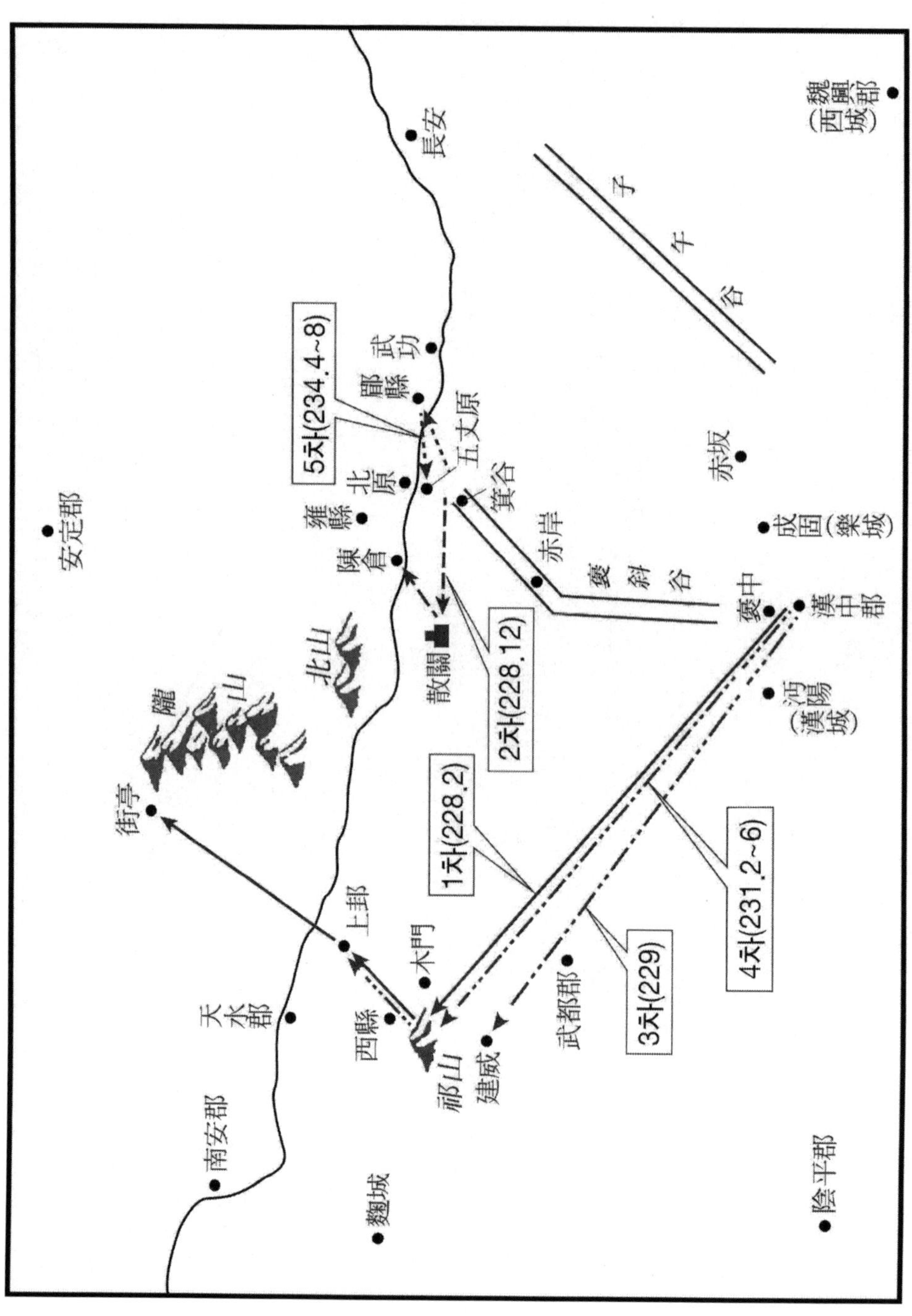

3. 三國世系表

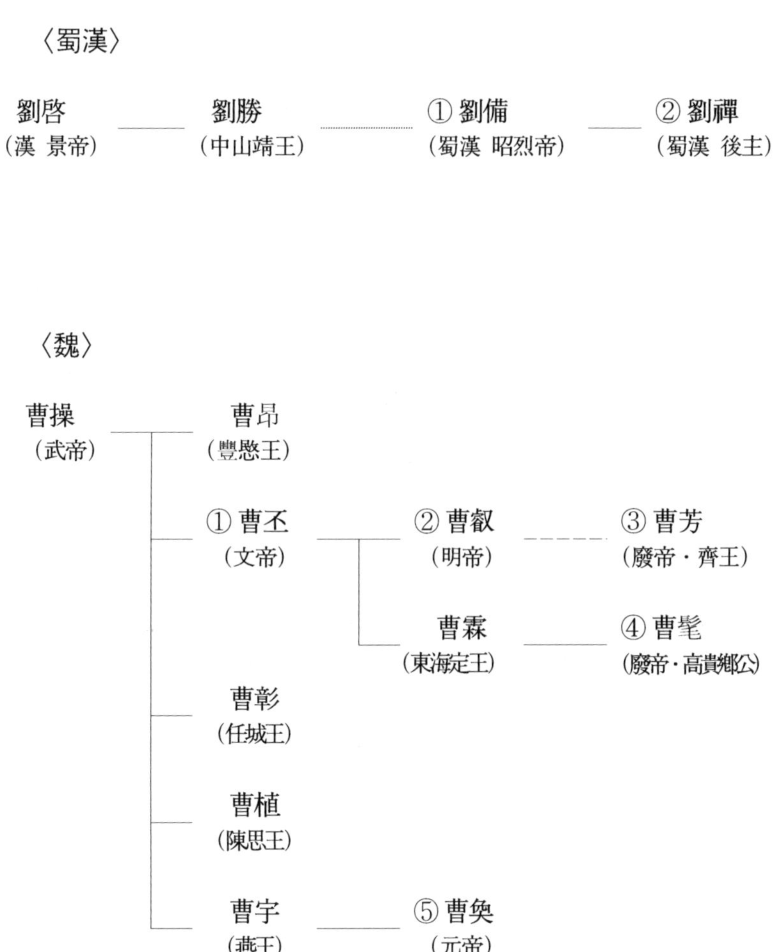
〈蜀漢〉
劉啓
(漢 景帝)
劉勝
(中山靖王)
① 劉備
(蜀漢 昭烈帝)
② 劉禪
(蜀漢 後主)
〈魏〉
曹操
(武帝)
曹昂
(豐愍王)
① 曹丕
(文帝)
② 曹叡
(明帝)
③ 曹芳
(廢帝・齊王)
曹霖
(東海定王)
④ 曹髦
(廢帝・高貴鄕公)
曹彰
(任城王)
曹植
(陳思王)
曹宇
(燕王)
⑤ 曹奐
(元帝)

〈吳〉

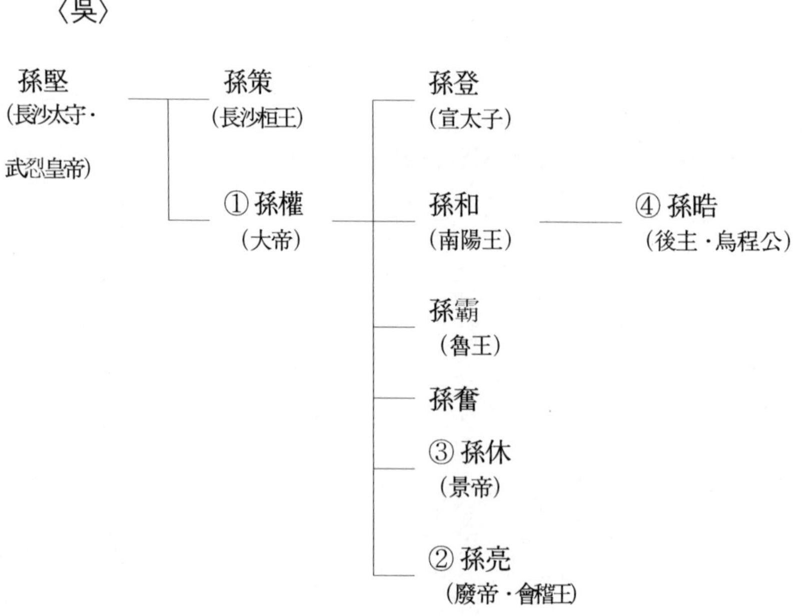

○ 帝位 순서 — 親屬關係 … 親族關係 ····· 養子關係

4. 諸葛亮·周瑜·張昭 世系表

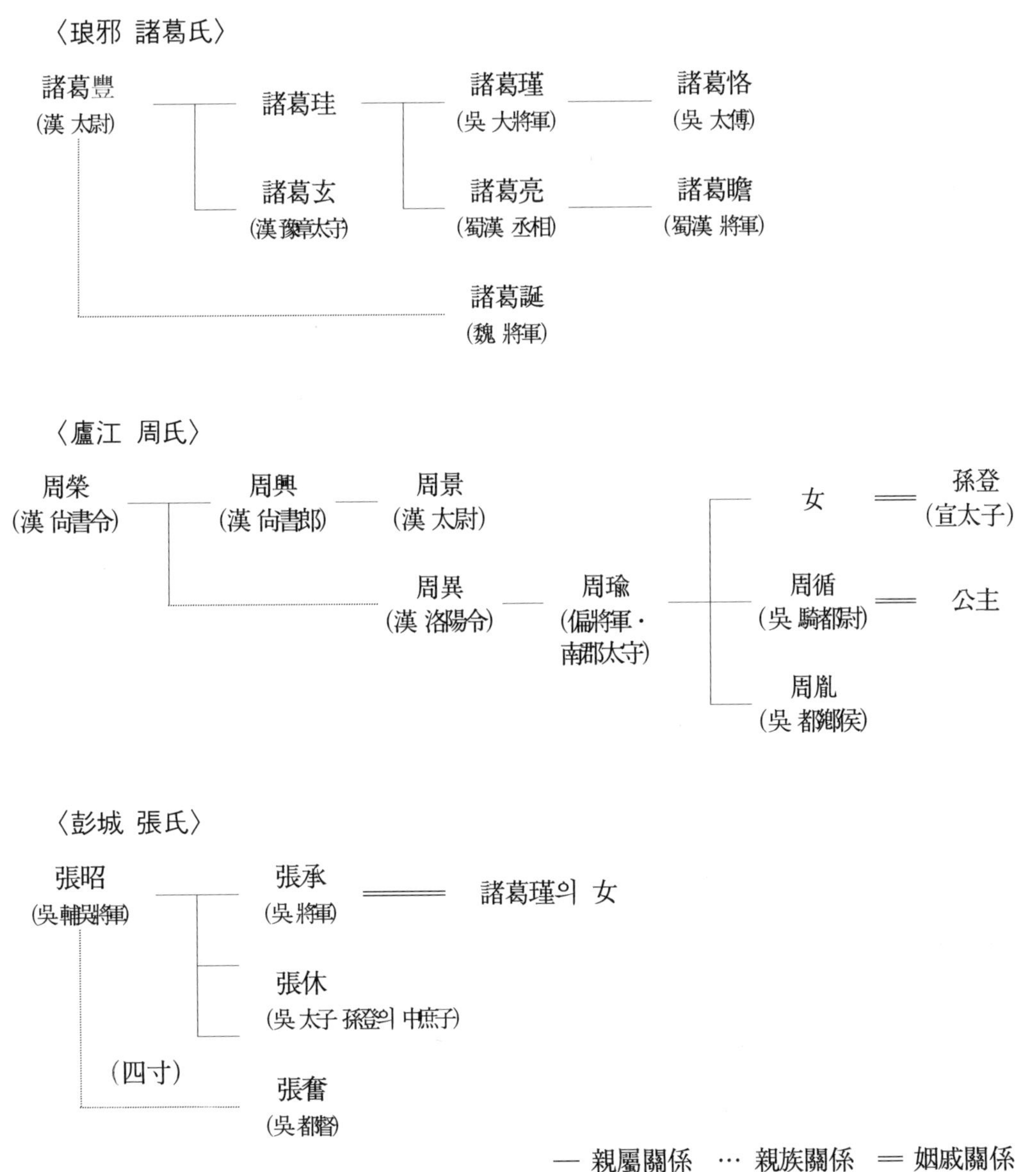

5. 思政殿訓義 資治通鑑綱目 11 圖版目錄

1) 〈孫權〉, 田琦(朝鮮) 畵, ≪萬古際會圖像≫ / 13
2) 〈張遼〉, 未詳, ≪三國志人物象≫ / 15
3) 劉備가 孫夫人에게 장가들다(李贄(明) 批評, ≪李卓吾批評三國志演義≫) / 16
4) 銅雀臺圖(王圻(明) 撰, ≪三才圖會≫) / 20
5) 〈呂蒙〉, 未詳, ≪三國志人物象≫ / 28
6) 〈龐統〉, 未詳, ≪三國志人物象≫ / 29
7) 馬超가 渭水에서 曹操와 크게 싸우다(李贄(明) 批評, ≪李卓吾批評三國志演義≫) / 33
8) 〈張松〉, 未詳, ≪三國志人物象≫ / 38
9) 趙雲과 張飛가 강을 막고 劉禪을 구하다(李贄(明) 批評, ≪李卓吾批評三國志演義≫) / 41
10) 劉備가 楊懷와 高沛를 참하다(李贄(明) 批評, ≪李卓吾批評三國志演義≫) / 53
11) 〈大輅〉, 王圻(明) 撰, ≪三才圖會≫ / 56
12) 〈革輅〉, 王圻(明) 撰, ≪三才圖會≫ / 56
13) 楊阜가 병사를 빌려 馬超를 격파하다(李贄(明) 批評, ≪李卓吾批評三國志演義≫) / 63
14) 〈遠遊冠〉, 丁鼎(五代) 撰, ≪新訂三禮圖≫ / 68
15) 〈通天冠〉, 丁鼎(五代) 撰, ≪新訂三禮圖≫ / 68
16) 張飛가 嚴顔을 의롭게 여기고 풀어주다(李贄(明) 批評, ≪李卓吾批評三國志演義≫) / 71
17) 劉備가 益州를 평정하다(李贄(明) 批評, ≪李卓吾批評三國志演義≫) / 73
18) 曹操가 伏皇后를 杖殺하다(李贄(明) 批評, ≪李卓吾批評三國志演義≫) / 85
19) 曹操가 漢中에서 張魯를 격파하다(李贄(明) 批評, ≪李卓吾批評三國志演義≫) / 91
20) 張遼가 逍遙津에서 크게 싸우다(李贄(明) 批評, ≪李卓吾批評三國志演義≫) / 96
21) 〈陸遜〉, 顧沅(淸) 撰, ≪古聖賢像傳略≫ / 112
22) 黃忠이 夏侯淵을 베다(毛宗崗(淸) 批評, ≪繡像金批第一才子書三國志演義≫) / 117
23) 劉備가 漢中王의 자리에 나아가다(毛宗崗(淸) 批評, ≪繡像金批第一才子書三國志演義≫) / 121

24) 關羽가 華夏에서 위엄을 떨치다(李贄(明) 批評, 《李卓吾批評三國志演義》) / 124
25) 呂蒙이 智謀로 荊州를 취하다(李贄(明) 批評, 《李卓吾批評三國志演義》) / 135
26) 獻帝를 폐위하고 曹丕가 漢나라를 찬탈하다(李贄(明) 批評, 《李卓吾批評三國志演義》) / 156
27) 〈歷代帝王圖 魏 文帝 曹丕〉, 閻立本(唐) 畫, 미국 보스톤 예술박물관 所藏 / 157
28) 劉備가 成都에서 稱帝하다(李贄(明) 批評, 《李卓吾批評三國志演義》) / 163
29) 〈歷代帝王圖 蜀主 劉備〉, 閻立本(唐) 畫, 미국 보스톤 예술박물관 所藏 / 164
30) 先主 劉備가 군대를 일으켜 吳나라를 정벌하다(李贄(明) 批評, 《李卓吾批評三國志演義》) / 172
31) 陸遜이 계책을 정하여 蜀漢의 군대를 격파하다(李贄(明) 批評, 《李卓吾批評三國志演義》) / 188
32) 白帝城에서 劉備가 諸葛亮에게 劉禪을 부탁하다(李贄(明) 批評, 《李卓吾批評三國志演義》) / 203
33) 〈顧雍〉, 顧沅(清) 撰, 《吳郡名賢圖傳讚》 / 218
34) 諸葛亮이 孟獲을 일곱 번 사로잡다(李贄(明) 批評, 《李卓吾批評三國志演義》) / 221
35) 諸葛亮이 出師表를 올리다(李贄(明) 批評, 《李卓吾批評三國志演義》) / 236
36) 諸葛亮이 눈물을 흘리며 馬謖을 베다(毛宗崗(清) 批評, 《繡像金批第一才子書三國志演義》) / 250
37) 〈姜維〉, 未詳, 《三國志人物象》 / 254
38) 諸葛亮이 다시 出師表를 올리다(李贄(明) 批評, 《李卓吾批評三國志演義》) / 259
39) 〈衝車圖〉, 程子頤(明) 等 撰, 《武備要略》 / 263
40) 〈井闌圖〉, 程子頤(明) 等 撰, 《武備要略》 / 264
41) 〈歷代帝王圖 吳主 孫權〉, 閻立本(唐) 畫, 미국 보스톤 예술박물관 所藏 / 267
42) 木門道에서 일 만의 쇠뇌로 張郃을 맞추다(李贄(明) 批評, 《李卓吾批評三國志演義》) / 293
43) 〈虞翻〉, 任熊(清) 畫, 王齡(清) 撰, 《於越先賢像傳讚》 / 306
44) 諸葛亮이 木牛와 流馬를 만들다(李贄(明) 批評, 《李卓吾批評三國志演義》) / 324
45) 五丈原에 부는 가을바람(李贄(明) 批評, 《李卓吾批評三國志演義》) / 335
46) 〈八陣圖〉, 王圻(明) 撰, 《三才圖會》 / 337
47) 〈芳林營建(芳林園을 조성하다)〉, 張居正(明) 撰, 《帝鑑圖說》 / 387

48) 司馬懿가 公孫淵을 공격하다(毛宗崗(淸) 批評, ≪繡像金批第一才子書三國志演義≫) / 407

6. 思政殿訓義 資治通鑑綱目 總目次

總目次

※ 總目次는 QR코드를 통해 스마트 기기로만 이용 가능

7. 思政殿訓義 資治通鑑綱目 解題

解題

※ 解題는 QR코드를 통해 스마트 기기로만 이용 가능

譯註者 略歷

成百曉

忠南 禮山 出生
家庭에서 父親 月山公으로부터 漢文 修學
月谷 黃璟淵, 瑞巖 金熙鎭 先生 師事
民族文化推進會 國譯研修院 修了
高麗大學校 教育大學院 漢文教育科 修了
한국고전번역원 부설 고전번역교육원 名譽漢學教授(現)
傳統文化研究會 副會長(現) 해동경사연구소 소장(現)
古典國譯賞 受賞

論文 및 譯書

〈艮齋의 性理說小考〉〈燕岩의 學問思想研究〉
四書集註 ≪詩經集傳≫ ≪書經集傳≫ ≪周易傳義≫
≪古文眞寶≫ ≪牛溪集≫ 등 數十種 國譯
≪宣祖實錄≫ ≪宋子大全≫ ≪茶山集≫ ≪退溪集≫ 등 共譯

延錫煥

慶北 奉化 出生
啓明大學校 漢文教育科 卒業
高麗大學校 一般大學院 古典飜譯協同課程學科 碩・博士課程 卒業
韓國古典飜譯院 研修課程Ⅰ 및 專門課程Ⅰ 卒業
海東經史研究所 研究員(現)

論文 및 譯書

≪晦隱 南鶴鳴의 〈雜說〉 研究≫, ≪南鶴鳴의 ≪晦隱集≫ 譯注≫
≪梅山集≫, ≪承政院日記≫, ≪槿域書彙≫ 共譯 등

譯註 思政殿訓義 資治通鑑綱目 11　정가 35,000원

2018년 12월 30일 초판 발행
2019년 03월 30일 초판 2쇄

編　　著　朱 熹
責任飜譯　成百曉
共同飜譯　延錫煥
諮問委員　吳圭根
潤文校訂　朴勝珠 李孝宰
編　　輯　東洋古典飜譯編輯委員會
發 行 人　李啓晃
發 行 處　社團法人 傳統文化硏究會

서울시 종로구 삼일대로 428 낙원빌딩 411호
전화 : (02)762-8401　전송 : (02)747-0083
전자우편 : juntong@juntong.or.kr
홈페이지 : juntong.or.kr
사이버書堂 : cyberseodang.or.kr
온라인서점 : book.cyberseodang.or.kr

등록 : 1989. 7. 3. 제1-936호

인쇄처 : 한국법령정보주식회사(02-462-3860)
총　판 : 한국출판협동조합(070-7119-1750)

ISBN 979-11-5794-184-1 94910
979-11-5794-061-5(세트)

※ 이 책은 2018년도 교육부 고전문헌 국역지원사업 지원비에 의해 초판(비매품) 간행.